F. 4382.

21.

# RÉPERTOIRE

## *UNIVERSEL ET RAISONNÉ*

# DE JURISPRUDENCE

## *CIVILE, CRIMINELLE,*

## CANONIQUE ET BÉNÉFICIALE.

### *OUVRAGE DE PLUSIEURS JURISCONSULTES :*

Mis en ordre & publié par M. GUYOT, Écuyer, ancien Magiftrat.

---

## TOME SEIZIÈME.

---

### *A PARIS,*

Chez PANCKOUCKE, Hôtel de Thou, rue des Poitevins.

*Et fe trouve* chez les principaux Libraires de France.

## M. DCC. LXXVII.

*Avec Approbation & Privilége du Roi.*

# RÉPERTOIRE

*UNIVERSEL ET RAISONNÉ*

# DE JURISPRUDENCE

*CIVILE, CRIMINELLE,*

CANONIQUE ET BÉNÉFICIALE.

## C

**C**ONTRÔLEUR. C'eſt en général un officier dont la charge conſiſte à tenir contrôle de certaines choſes.

Il y a pluſieurs ſortes de Contrôleurs qu'on diſtingue par des épithètes particulières. Nous allons parler ſucceſſivement des principaux de ces officiers ſous la dénomination propre à chacun d'eux.

CONTRÔLEUR GÉNÉRAL DES FINANCES. C'eſt le titre que portoit en France celui qui avoit la direction & adminiſtration générale de toutes les finances ordinaires & extraordinaires du royaume.

Le Contrôleur général n'étoit autrefois que le second officier des finances, mais il en étoit devenu le chef depuis la disgrâce du surintendant Fouquet dont la charge fut supprimée par l'édit du 15 septembre 1661.

C'étoit lui seul qui faisoit le rapport de toutes les affaires au conseil royal des finances.

Il opinoit le premier après les commissaires, dans les assemblées de la grande & de la petite direction des finances, qui ne pouvoient se tenir sans lui ; & lorsqu'on y rapportoit quelque affaire qui paroissoit intéresser les finances du roi, il pouvoit après l'exposition des faits & des moyens, avant que les opinions fussent ouvertes, demander que les pièces lui fussent remises, ce que M. le chancelier ordonnoit, & ensuite le Contrôleur général rapportoit l'affaire au conseil royal des finances.

Il avoit aussi entrée & séance aux assemblées qui se tenoient chez M. le chancelier, pour les cahiers du clergé & pour la signature du contrat que le roi passoit avec lui.

Ses fonctions hors du conseil étoient, 1°. de vérifier & parapher les enregistremens faits par les gardes des registres du contrôle général des finances, de tous les actes qui concernoient les finances du roi, tels que les quittances comptables délivrées par les gardes du trésor royal aux officiers comptables, pour raison des payemens qu'ils y avoient faits des deniers de leur maniement destinés au trésor royal ; les quittances de finances aussi délivrées par le garde du trésor royal, pour constitutions de rentes, & généralement pour tout payement de finances, à l'exception de celles qui concernoient les offi-

# RÉPERTOIRE

*UNIVERSEL ET RAISONNÉ*

## DE JURISPRUDENCE

*CIVILE, CRIMINELLE,*

CANONIQUE ET BÉNÉFICIALE.

## C

**CONTRÔLEUR.** C'est en général un officier dont la charge consiste à tenir contrôle de certaines choses.

Il y a plusieurs sortes de Contrôleurs qu'on distingue par des épithètes particulières. Nous allons parler successivement des principaux de ces officiers sous la dénomination propre à chacun d'eux.

**CONTRÔLEUR GÉNÉRAL DES FINANCES.** C'est le titre que portoit en France celui qui avoit la direction & administration générale de toutes les finances ordinaires & extraordinaires du royaume.

Le Contrôleur général n'étoit autrefois que le second officier des finances, mais il en étoit devenu le chef depuis la disgrâce du surintendant Fouquet dont la charge fut supprimée par l'édit du 15 septembre 1661.

C'étoit lui seul qui faisoit le rapport de toutes les affaires au conseil royal des finances.

Il opinoit le premier après les commissaires, dans les assemblées de la grande & de la petite direction des finances, qui ne pouvoient se tenir sans lui ; & lorsqu'on y rapportoit quelque affaire qui paroissoit intéresser les finances du roi, il pouvoit après l'exposition des faits & des moyens, avant que les opinions fussent ouvertes, demander que les pièces lui fussent remises, ce que M. le chancelier ordonnoit, & ensuite le Contrôleur général rapportoit l'affaire au conseil royal des finances.

Il avoit aussi entrée & séance aux assemblées qui se tenoient chez M. le chancelier, pour les cahiers du clergé & pour la signature du contrat que le roi passoit avec lui.

Ses fonctions hors du conseil étoient, 1°. de vérifier & parapher les enregistremens faits par les gardes des registres du contrôle général des finances, de tous les actes qui concernoient les finances du roi, tels que les quittances comptables délivrées par les gardes du trésor royal aux officiers comptables, pour raison des payemens qu'ils y avoient faits des deniers de leur maniement destinés au trésor royal ; les quittances de finances aussi délivrées par le garde du trésor royal, pour constitutions de rentes, & généralement pour tout payement de finances, à l'exception de celles qui concernoient les officiers ; les quittances de finance délivrées par le trésorier des revenus casuels pour payemens de finance ou droits, au sujet de toutes sortes de charges & offices du royaume ; de tous les baux des fermes générales & leurs cautionnemens ; des traités des vivres, des munitions & autres qui concernoient le roi directement ; de toutes les lettres de dons faits par le roi, lettres de priviléges, commissions des tailles, arrêts du conseil portant impositions, commissions pour faire la recette des deniers du roi, & autres expéditions mentionnées dans la déclaration du roi du 6 mars 1716, & de signer les certificats d'enregistremens au contrôle, au dos de ces pièces.

Il avoit droit par sa charge, & notamment par édit du mois d'avril 1637, & par la déclaration du 16 mai 1655, de commettre les gardes des regiftres du contrôle général des finances, à l'exercice des fonctions que les continuelles & importantes occupations qu'il avoit au conseil pour les affaires & le service du roi ne lui permettoient pas de remplir. L'édit du mois d'août 1667 & la déclaration du 6 mars 1716 lui donnoient le droit de commettre aux fonctions des offices de Contrôleurs des finances, domaines & bois, dans toute l'étendue du royaume, en cas de décès, abfence, maladie ou autres empêchemens des titulaires. Il commettoit tous les ans un officier dans chaque province, pour exercer le contrôle de la recette du prêt & annuel, fans que ceux qui étoient ainsi commis en vertu d'un pouvoir signé de lui, fuffent tenus de se pourvoir en chancellerie pour obtenir des lettres du grand sceau.

2°. Les intendans des finances lui faisoient le rapport de toutes les affaires des départemens dont chacun d'eux étoit chargé. Il donnoit en matière de finances tous les ordres nécessaires aux commissaires du roi départis dans les provinces, aux trésoriers des deniers royaux, fermiers, receveurs & payeurs du roi pour le domaine, tailles, capitation, aides & autres droits compris dans les fermes générales, octrois, dixième, vingtième, &c.

Outre l'inspection générale qu'il avoit sur tous les officiers de finances, il avoit lui-même le principal département des affaires de finances, qui comprenoit le trésor royal, les parties casuelles, la direction générale de toutes les fermes du roi, le clergé, le commerce de l'intérieur du royaume, & extérieur par terre, la compagnie des Indes & les différens commerces maritimes dont elle avoit le privilége ; l'extraordinaire des guerres, le pain de munition & les vivres de l'artillerie ; toutes les rentes, les pays d'états, les monnoies, les parlemens du royaume & les cours supérieures ; les ponts & chaussées, le pavé de Paris ; les manufactures, les octrois des villes, les dettes de communauté, les ligues Suisses & la caisse générale des amortissemens.

Enfin c'étoit lui qui sous le bon plaisir du roi donnoit l'agrément de toutes les chages de finances.

Ce qui vient d'être dit fait connoître que le Contrôleur général n'étoit pas seulement le chef de toutes les finances du roi, mais qu'en cette qualité il avoit aussi part dans les conseils du roi à l'administration de la justice & au gouvernement de l'état en général.

Comme la place de Contrôleur général eſt aujourd'hui vacante & que par l'édit du mois de juin de la préſente année 1777, & les lettres patentes du 29 de ce mois, il a été établi une nouvelle forme dans l'adminiſtration des finances, nous renvoyons à l'article FINANCES, pour tout ce qui a rapport à cette matière.

CONTRÔLEUR GÉNÉRAL DES DOMAINES ET BOIS. C'eſt le titre qu'on a donné à des officiers créés pour veiller à la conſervation des domaines du roi.

Ces officiers furent d'abord établis dans chaque généralité par édit du mois d'octobre 1582 ſous le titre de Contrôleurs généraux des domaines.

Par un autre édit du mois de mai 1639, il fut encore créé trois offices de Contrôleurs généraux des domaines de France, ainſi que trois Contrôleurs généraux provinciaux dans chaque généralité & trois Contrôleurs dans chaque bailliage, ſénéchauſſée & bureau de recette ordinaire. Mais tous ces offices furent enſuite ſupprimés par un édit du mois d'août 1669 qui érigea en titre d'office formé deux Contrôleurs généraux des tréſoriers des domaines, ancien & alternatif, dans chacune des chambres des comptes de Paris, Rouen, Dijon, Grenoble, Aix, Montpellier & Nantes. Il fut dit qu'outre le contrôle que ces officiers tiendroient de tout ce qui feroit reçu & payé par les tréſoriers des domaines, ils feroient & exerceroient toutes les fonctions, recherches, pourſuites & diligences attribuées aux Contrôleurs généraux & particuliers des domaines, & au Contrôleur du tréſor, conformément aux édits de 1581, 1582 & 1583. Il fut en même temps attribué des gages à ces officiers, ainsi que quatre deniers pour livre dans les casuels affermés, & les mêmes privilèges que ceux dont jouissoient les tréforiers de France.

Par un autre édit du mois de mars 1673, il fut créé deux receveurs & deux Contrôleurs provinciaux anciens & alternatifs des domaines dans chaque généralité du reffort de la chambre des comptes de Paris, pour recevoir des fermiers des domaines le fonds ordonné pour l'acquit des fiefs & aumônes, rentes, gages d'officiers, & autres redevances affignées fur les domaines, &c.

Et par l'article onze de l'édit du mois d'avril 1685, les offices de tréforiers & Contrôleurs généraux, de receveurs & Contrôleurs provinciaux des domaines créés en 1669 & en 1673, & autres de quelque création qu'ils fuffent, furent fupprimés, à l'exception néanmoins des offices de Contrôleurs généraux des domaines, anciens & alernatifs de la chambre des comptes de Paris qui furent confervés, pour exercer leurs fonctions conformément à l'édit de 1669. Il fut dit par l'article 12 que les quittances des receveurs généraux feroient contrôlées par les Contrôleurs des recettes générales des finances de chaque généralité, à l'exception de celle de Paris où les Contrôleurs des domaines continueroient de les contrôler.

Un autre édit du mois de décembre 1689 créa deux offices héréditaires de confeillers du roi, Contrôleurs généraux des domaines & bois, anciens & alternatifs dans la généralité de Paris, & un dans chacune des autres provinces &

généralités du royaume où il y a des receveurs généraux établis. Les deux offices de Contrôleurs du reffort de la chambre des comptes réfervés en 1685 furent en même-temps fupprimés , & il fut ordonné que les Contrôleurs généraux nouvellement créés contrôleroient chacun dans leur département , les quittances comptables que les receveurs généraux delivreroient aux fermiers des domaines , tant des fonds des charges locales employés dans les états du roi , que des frais de juftice , réparations & autres dépenfes , ainfi que les quittances finales qui feroient délivrées aux adjudicataires des bois, & celles qui feroient pareillement délivrées aux engagiftes, du fonds des charges locales de leurs domaines : il fut en outre dit qu'ils contrôleroient tous les contrats ou actes tranflatifs de propriété des héritages mouvans en fief ou en cenfive des domaines du roi , avant que ces actes puffent être enfaifinés par les receveurs généraux. Il fut attribué par la même loi aux Contrôleurs généraux des domaines & bois , des gages & un fou pour livre de tous les droits cafuels affermés , donnés , ou refervés, avec les mêmes privilèges , prérogatives , franchifes & exemptions que ceux dont jouiffoient les receveurs généraux , foit qu'ils réfidaffent dans le lieu de l'établiffement des bureaux des finances , ou dans quelqu'autre lieu de l'étendue de la généralité.

Ces offices de Contrôleurs généraux des domaines & bois créés en 1689 , furent encore fupprimés par un édit du mois de juin 1725 qui créa en même-temps dans chaque province & généralités trois offices de confeillers du roi

Contrôleurs généraux anciens, alternatifs & triennaux des domaines & bois : il fut dit que les offices triennaux demeureroient réunis aux anciens & alternatifs pour être possédés sous le titre d'anciens mi-triennaux , & d'alternatifs mi-triennaux , & exercés alternativement par année , aux fonctions , droits , privilèges & exemptions portées par les règlemens antérieurs. Les gages de ces nouveaux officiers furent fixés au denier 25 de la finance.

Suivant l'article onze de ce dernier édit, les offices dont il s'agit peuvent être possédés sans incompatibilité avec tout autre office , & les acquéreurs peuvent en être pourvus à l'âge de vingt-deux ans accomplis. Ces offices peuvent aussi être possédés dans chaque généralité par une seule & même personne qui peut ensuite les désunir & les vendre si elle le juge à propos.

Par l'article premier de l'édit du mois de décembre 1727 , les receveurs & Contrôleurs généraux des domaines & bois ont été maintenus dans leurs offices pour en jouir conformément aux édits de création de 1685 , 1689 , 1701 , 1725 & autres , moyennant un supplément de finance. L'article 13 les a rétablis dans le droit d'hérédité attribué à leurs offices par les mêmes édits , nonobstant la révocation portée par la déclaration du 9 août 1722 à laquelle il a été dérogé à cet égard. Et l'article 14 a maintenu les mêmes officiers dans toutes leurs fonctions , gages , chauffages , remises , taxations , dispense de donner caution & de faire résidence actuelle , exemption de tailles , taillon , ustensile , & logemens de gens de guerre , & droit d'entrée , rang , & séance aux bureaux des finances & chambres qui connoiſſent des domaines & autres droits.

Un arrêt du conſeil du 12 octobre 1728 a déclaré que l'office de Contrôleur général alternatif des finances de la généralité de Touloufe que le ſieur Falguières poſſédoit conjointement avec celui de Contrôleur général des domaines, n'avoit point vaqué, attendu l'union qui en avoit été faite par les déclarations des 15 mai 1692 & 30 juin 1693 à l'office de Contrôleur général des domaines & bois, pour en jouir à titre d'hérédité, au moyen de la finance payée. Il a été en même temps ordonné que le fils du ſieur Falguières & tout autre pourvu de pareils offices dans les différentes généralités du royaume, jouiroient du bénéfice des déclarations dont on vient de parler, au moyen des finances par eux payées, & en conſéquence demeureroient confirmés ou rétablis, en tant que beſoin feroit, dans l'hérédité de ces offices, conformément à l'article 13 de l'édit de 1727, comme ſi les mêmes offices unis y avoient été nommément exprimés.

Les Contrôleurs généraux des domaines & bois doivent jouir de leurs attributions dans les caſuels, nonobſtant les priviléges accordés poſtérieurement à ces attributions. C'eſt ce qui réſulte de différentes lois.

D'après cette juriſprudence, le conſeil a par arrêt du 17 février 1739 ordonné l'exécution de l'édit du mois de décembre 1689, & de la déclararion du 15 mai 1692, & en conſéquence a condamné MM. Brayer, conſeillers au parlement de Paris, à payer au ſieur Duval, Contrôleur général des domaines de la généralité de Rouen, le ſou pour livre des droits de treizième de l'ac quifition par eux faite en 1734 de la terre de Rieux mouvante du roi, attendu que la conceſſion du privilége des officiers du parlement de Paris n'eſt que du mois de novembre 1690, & que l'attribution des Contrôleurs généraux eſt du mois de décembre 1689.

Les Contrôleurs généraux des domaines & bois ont entrée, rang & ſéance aux bureaux des finances, ainſi qu'aux ſiéges qui connoiſſent des domaines, dans les lieux où il n'y a point de bureau des finances. C'eſt ce qui réſulte des édits de décembre 1689, mars 1693, & décembre 1727.

Par arrêt du 23 août 1735, le conſeil, ſans s'arrêter aux demandes & prétentions des officiers du bureau des finances de Bordeaux dont ils ont été déboutés, a ordonné que le ſieur Miſonnet ſeroit inſtallé en la manière accoutumée ; qu'il auroit rang & ſéance aux audiences du bureau où il ſeroit placé immédiatement après le procureur & l'avocat du roi, & qu'il payeroit ſeulement cent quarante livres ſeize ſous pour les droits de ſon inſtallation, ſomme pareille à celle qu'il avoit payée pour les droits de ſa réception à la chambre des comptes de Paris. Il a en outre été ordonné par le même arrêt, qu'à l'avenir les officiers du bureau des finances de Bordeaux ne pourroient exiger pour les droits d'inſtallation des officiers qui ſeroient inſtallés dans leur bureau, des ſommes plus fortes que celles que ces derniers auroient payées à la chambre des comptes de Paris.

Par arrêt du conſeil du 16 mai 1730, il a été permis aux Contrôleurs généraux des domaines & bois, d'établir en vertu de leurs procurations enregiftrées aux bureaux des finances, des commis (*) dans les lieux éloignés du chef-lieu de la généralité, à l'effet de contrôler les enfaifinemens & enregiftremens prefcrits par l'article 5 de l'édit du mois de décembre 1727, tenir des regiftres & les dépofer : il a même été ordonné que ces officiers feroient tenus d'établir des commis dans tous les lieux où les receveurs généraux jûgeroient à propos d'en mettre, à peine de demeurer déchus des droits qu'ils auroient à prétendre ; & qu'en cas de négligence de leur part, les officiers du domaine pourroient établir des commis qui percevroient à leur profit les droits de contrôle.

Les Contrôleurs généraux des domaines & ceux des finances ont prétendu qu'ils devoient jouir de l'exemption des droits de franc fief. Ils fe fondoient fur un édit de 1554, & fur deux déclarations de 1576 & 1624, qui avoient attribué aux receveurs généraux & aux Contrôleurs généraux des finances, les priviléges des tréforiers de France : mais comme ni la nobleffe ni l'exemption du droit de franc fief ne font fpécifiées dans ces lois non plus que dans les édits de création des Contrôleurs généraux, ils ont été déboutés de leurs prétentions par différens arrêts du confeil. Il y en a un, entr'autres, du 10 mai 1723, contre le fieur Boyer d'An-

---

(*) Par arrêt du confeil du 19 juillet 1723, il a été ordonné aux commis des contrôleurs des domaines, bois & finances, de prendre des provifions & commiffions au grand fceau, à peine de mille livres d'amende, conformément à l'arrêt du 25 feptembre 1718, concernant les offices de judicature, police, finance, ou domaniaux.

glezard, Contrôleur général alternatif des finances & domaines de la généralité d'Auch, & un autre du 18 mars 1732, contre le sieur Garreau de Haute-Faye, Contrôleur des finances, domaines & bois de la généralité de Moulins.

Par édit du mois de mai 1773 (*), le feu roi

(*) *Comme cet édit détermine les fonctions & les droits des offices dont il s'agit, il convient de le rapporter ici :*

Louis, par la grace de Dieu, roi de France & de Navarre : A tous présens & à venir ; salut. Notre très-cher & très-amé petit-fils Louis-Stanislas-Xavier, fils de France, nous auroit représenté que son apanage s'étend dans plusieurs provinces différentes, & qu'il seroit nécessaire pour la conservation des domaines dudit apanage, de suivre pour le recouvrement des droits qui en dépendent, le même ordre que dans nos autres domaines, en y établissant des offices de receveurs & contrôleurs généraux des domaines & bois à l'instar de ceux créés dans les différentes généralités du royaume ; & pour cet effet, il nous auroit supplié de créer en titre d'office dans l'étendue de sondit apanage, deux receveurs généraux desdits domaines & bois, semblables à ceux créés dans chacune généralité de notre royaume, & deux contrôleurs généraux desdits domaines & bois ; savoir, un receveur général ancien, alternatif & triennal, & un contrôleur général ancien, alternatif & triennal, pour le duché d'Anjou, & les comtés du Maine & du Perche, & un autre receveur général ancien, alternatif & triennal, & un contrôleur général ancien, alternatif & triennal, pour le comté de Senonches & le Thimerais, aux gages de quinze cens livres pour le receveur général des domaines & bois du duché d'Anjou, comtés du Maine & du Perche, de cinq cens livres pour le receveur général des domaines & bois du comté de Senonches & du Thimerais, & de quatre cens livres pour chacun des Contrôleurs généraux desdits domaines, & aux autres droits, fonctions, honneurs & priviléges que nous avons accordés auxdits receveurs & Contrôleurs généraux de nos domaines, par nos édits des mois d'avril 1685, août 1689, décembre 1701, décembre 1727, &

créa pour l'appanage de monſeigneur le comte

décembre 1743 , & de vouloir bien que la finance qui proviendra deſdites charges ſoit employée au payement des indemnités qui ſeront dues aux offices de nos receveurs &
contrôleurs généraux des domaines, dont ſeront diſtraits à
l'avenir les domaines & bois qui compoſent ſon apanage ;
& voulant contribuer au bien & avantage de notredit petit-
fils, & lui donner en toute occaſion des marques de notre
affection : A ces cauſes, & autres a ce nous mouvant, &
de notre certaine ſcience, pleine puiſſance & autorité royale,
nous avons, à la priere de notredit petit-fils, comte de
Provence, par le préſent édit perpétuel & irrévocable, dit,
ſtatué & ordonné, diſons, ſtatuons & ordonnons, voulons
& nous plaît, qu'à l'avenir le duché d'Anjou, les comtés
du Maine & du Perche, & le Thimerais, ſoient diſtraits
des recettes générales de nos domaines & bois des généralités de Tours, d'Alençon & de Paris, ſauf à pourvoir par
nous aux indemnités qui pourront être dues aux receveurs
& contrôleurs généraux de nos domaines & bois deſdites
généralités, & ce ſur les mémoires qu'ils ſeront tenus à cet
effet de remettre au ſieur contrôleur général de nos finances,
& de la même autorité que deſſus, nous avons par notre
préſent édit créé & érigé, créons & érigeons en titre d'office
deux nos conſeillers receveurs généraux, & deux nos con-
ſeillers-contrôleurs généraux des domaines & bois dans
l'étendue de l'apanage de notredit petit-fils le comte de Provence ; ſavoir un receveur général ancien, alternatif &
triennal, & un Contrôleur général des domaines & bois pour
l'Anjou, le Maine & la partie du Perche qui faiſoit partie
de la recette générale d'Alençon, & un receveur général
ancien, alternatif & triennal, & un contrôleur général des
domaines & bois pour le comté de Senonches & le Thimerais, pour en jouir par ceux qui en ſeront par nous pourvus
auxdits titres, & recevoir en conſéquence des adjudicataires
des ventes, tant ordinaires qu'extraordinaires des bois &
forêts dudit apanage, les deniers provenans deſdites ventes,
enſemble des reſtitutions qui ſeront adjugées pour dégrada-
tions commiſes dans leſdits bois, acquitter les charges aſſignées ſur leſdites recettes, recevoir les droits ſeigneuriaux

de Provence, aujourdhui MONSIEUR, frère du

casuels & fruits adjugés au profit de notredit petit-fils le comte de Provence, & faire chacun dans l'étendue de leur département, toutes les fonctions attribuées à nos receveurs & Contrôleurs généraux des domaines bois, tant par nos édits de 1685, 1689, 1701, 1727 & 1743, que par les déclarations & réglemens rendus en conséquence sans aucune exception, & compter en notre chambre des comptes dans la forme prescrite par nos édits, déclarations & lettres patentes ; voulons que lesdits receveurs & contrôleurs généraux des domaines & bois, créés par notre présent édit, jouissent, à compter du premier janvier de cette année, des gages ci-après, savoir, le receveur général des domaines & bois des duchés d'Anjou & comtés du Maine & du Perche qui étoient compris en la généralité d'Alençon, de quinze cens livres ; le receveur général du comté de Senonches & Thimerais, de cinq cens livres ; & chacun des Contrôleurs généraux, de quatre cens livres ; desquels gages le fonds sera fait dans les états des domaines de notredit petit-fils, ensemble & à compter du même jour des taxations, attributions, chauffages & autres droits dont jouissent les receveurs généraux de nos domaines & bois, à l'effet de quoi lesdits receveurs généraux des domaines & bois des généralités de Tours, Alençon & Paris, seront tenus de remettre entre leurs mains, chacun pour ce qui les concerne, tous les deniers qu'ils peuvent avoir reçus, tant du sou pour livre des ventes des bois de l'apanage de notredit petit-fils, que du principal d'icelles pour l'ordinaire de la présente année, à ce faire contraints comme pour nos deniers & affaires ; & en ce faisant, ils en demeureront bien & valablement déchargés ; voulons que lesdits receveurs & contrôleurs généraux jouissent de tous les honneurs, dignités, fonctions, rang, séance, prérogatives & priviléges dont jouissent les receveurs généraux de nos domaines & bois, que lesdits contrôleurs généraux aient droit d'assister aux adjudications des ventes des bois de l'apanage, qu'ils fassent le contrôle desdites ventes & en tiennent bons & fidèles registres ; à l'effet de quoi les adjudicataires seront tenus de représenter leurs adjudications & actes de caution-

roi,

roi, deux offices de Contrôleurs généraux des domaines & bois. Ces officiers rempliffent dans l'apanage les mêmes fonctions que celles dont les Contrôleurs généraux des domaines & bois du roi font chargés dans les différentes généralités du royaume, & il n'y a aucune différence entre les priviléges & attributions des uns & des autres.

Voyez *les édits d'octobre 1582, mai 1639, août 1669, mars 1673, avril 1685, décembre 1701, mai 1717, juin 1725; & décembre 1727; l'arrêt du conseil du 12 octobre 1728; les déclarations des 15 mai 1692, & 30 juin 1693; l'arrêt du conseil du 19 juillet 1723; le dictionnaire raisonné des domaines*, &c. Voyez auffi les articles DOMAINE, FRANF-FIEF, ENSAISINEMENT, &c.

CONTRÔLEUR DES GUERRES. C'eft le titre d'un officier chargé de tenir regiftre

—————————————————————————

mement; voulons en outre qu'il foit par nous pourvu, pour la première fois feulement, auxdits offices, & ci-après par notredit petit-fils, ainfi qu'aux autres offices de fon apanage; ordonnons qu'il fera procédé inceffamment à la liquidation des indemnités dues aux receveurs généraux de nos domaines & bois des généralités d'Alençon, Tours & Paris, & qu'il fera pourvu au payement defdites indemnités du fonds qui proviendra de la finance defdits offices créés par notre préfent édit, & que ceux qui prêteront leurs deniers pour l'acquifition defdits offices, auront privilége fur iceux en en faifant mention tant dans les contrats d'emprunts, que dans les quittances de finances qui feront délivrées par le receveur de nos revenus cafuels; & defirant faciliter l'exécution du préfent édit, nous ordonnons qu'il ne fera payé par les pourvus defdits offices, que moitié des droits de marc d'or & frais de réception, fans tirer à conféquence. Si donnons en mandement, &c.

& contrôle des montres & revues des troupes du roi.

Les offices de Contrôleurs des guerres ayant été fupprimés par édit du mois de mars 1667, il en a été créé de nouveaux par édits des mois de décembre 1691, feptembre 1692, & par d'autres édits poftérieurs.

L'âge pour la réception de ces officiers eft réputé compétent lorfqu'ils font entrés dans leur vingt-cinquième année.

Un arrêt du confeil du 16 juin 1693 a maintenu les Contrôleurs des guerres dans tous les droits, priviléges, franchifes & exemptions à eux attribués par les édits de 1691 & 1692, & par ceux de création des anciens pourvus de pareilles charges ; en conféquence il a été fait défenfe aux maires, échevins, jurats & capitouls des villes & communautés, même aux baillis & fénéchaux, d'impofer ces officiers à aucune taxe pour raifon des charges des villes ou communautés, de quelque nature qu'elles foient, & de les commander pour le fervice perfonnel du ban & arrière ban, ou de les taxer à ce fujet, fous quelque prétexte que ce fût, à peine de tous dépens, dommages & intérêts.

Par un autre arrêt du confeil, du 4 août 1693, il a été ordonné que les Contrôleurs des guerres créés par les édits de décembre 1691 & feptembre 1692, jouiroient de l'exemption de tutelle & curatelle, de guet & de garde, & de toutes les autres charges de ville quoique non exprimées dans ces édits.

Les Contrôleurs des guerres jouiffent auffi du droit de committimus à l'inftar des commenfaux de la maifon du roi.

Divers arrêts & décisions du conseil des 15 novembre 1720, 17 novembre 1722, 9 juillet 1730, 21 janvier 1731, &c. avoient déclaré les Contrôleurs des guerres assujettis au droit de franc-fief, dont ils prétendoient devoir être exempts : mais ils ont enfin obtenu un arrêt du conseil en leur faveur le 26 mai 1757.

Par cet arrêt le roi a ordonné qu'ils demeureroient maintenus & confirmés, & en tant que de besoin, rétablis dans l'exemption du droit de franc-fief & dans les autres exemptions, priviléges, prérogatives, franchises & immunités dont jouissent les commensaux de la maison du roi, & qui leur sont attribués par les édits de création de leurs offices ; en conséquence, il a été fait défense au fermier de les troubler dans la jouissance de ces droits, tant pour le passé que pour l'avenir, à peine de tous dépens, dommages & intérêts. Mais ces avantages n'ont été accordés aux Contrôleurs des guerres qu'à la charge de payer chacun entre les mains du trésorier des revenus casuels, une somme de trois mille livres, & les deux sous pour livre par forme de supplément de finance.

Il n'y a par conséquent d'exempts du droit de franc-fief, que les Contrôleurs des guerres qui ont payé le supplément de finance dont on vient de parler.

Voyez *les lois citées ; le code militaire ; le dictionnaire des arrêts & celui des domaines*, &c.

CONTRÔLEUR GÉNÉRAL DES RESTES. C'est un officier de la chambre des comptes chargé de la poursuite de tous les débets des comptables & des charges prononcées contre eux au jugement de leurs comptes.

Il exerce ses fonctions sous l'autorité de la chambre & en conséquence des ordres des commissaires par elle établis pour veiller aux poursuites nécessaires, à l'effet d'accélérer l'apurement des comptes & les payemens des débets dûs au roi par les comptables, de quelque nature qu'ils soient.

Pour faire les poursuites, il prend copie de tous les états finaux des comptes sur un registre du parquet, où ils sont inscrits aussi-tôt qu'ils sont jugés ; & d'après les débets & charges qui résultent de ces états finaux, il dresse ses contraintes & les fait signifier au comptable par un huissier de la chambre. Si le comptable ne se met pas en règle en payant les débets par lui dûs, & en présentant ses requêtes à la chambre pour l'apurement de ses comptes, alors il lui fait un itératif commandement, & enfin un commandement recordé.

Cette procédure est suivie de la vente des effets mobiliers du comptable, & si le prix ne suffit pas pour payer ce qu'il doit au roi & les frais des apuremens de ses comptes, alors le Contrôleur des restes fait saisir réellement à la requête du procureur général de la chambre, l'office de ce comptable & ses autres immeubles ; il continue ensuite sa procédure à la cour des aides pour parvenir à la vente & à l'ordre qui doit être dressé en conséquence.

Pour éviter ces poursuites du Contrôleur des restes, les comptables doivent faire apurer leurs comptes & rapporter les pièces nécessaires pour obtenir le rétablissement des charges sur leurs comptes : cette opération faite, ils doivent faire signifier les états finaux des comptes ainsi apurés au Contrôleur des restes, qui en doit faire mention sur ses registres, en lui payant les droits de rétablissement qui lui sont dûs pour raison de ses poursuites, outre le sou pour livre de toutes les sommes qui sont portées par le comptable au trésor royal, en conséquence de ses diligences.

Le roi ayant par sa déclaration du 4 mai 1766, fait un réglement pour la comptabilité & les poursuites du Contrôleur général des restes (*),

─────────────────────────

(*) *Voici cette déclaration, suivie de l'arrêt d'enregistrement.*

Louis, par la grace de Dieu, roi de France & de Navarre : A tous ceux qui ces présentes verront, salut. En même temps que nous nous occupons des moyens d'établir plus d'ordre dans la perception & l'administration de nos finances, nous avons pensé que nous devions apporter nos soins sur les différens objets de comptabilité, & principalement sur les moyens qui pourroient concourir à l'apurement & à la correction des comptes ; nous avons cru qu'en prenant les précautions les plus grandes pour l'avenir, nous devions user d'indulgence pour le passé : c'est dans cette vue que nous nous sommes proposé d'accorder une amnistie totale & gratuite à tous nos comptables pour les comptes antérieurs à 1665, sur lesquels il pourroit encore rester quelques charges. Quoique les débets des comptes soient imprescriptibles, nous avons pensé qu'après une époque de plus de cent années, nous pouvions, pour procurer à nos comptables & à leurs héritiers & ayant cause, une plus grande tranquillité, renoncer à nos droits ; & nous nous y sommes déterminés d'autant plus volontiers, que nous avons lieu de croire, par l'effet de l'amnistie accordée par l'édit du mois de décembre 1691, & les différens traités faits depuis pour le recouvrement des restes, que les charges qui peuvent encore subsister sur les registres de nos Contrôleurs des restes pour les comptes antérieurs à 1665, se trouveroient réduites à des objets qui n'indemniseroient pas des

B iij

la chambre des comptes rendit le 2 juin 1767 ;

frais qu'il en coûteroit, & du trouble que les pourſuites qu'il faudroit faire répandroient dans la plupart des familles. C'eſt dans les mêmes vues que pour tous les comptes poſtérieurs à 1664, juſques & compris 1719, nous avons cru devoir faciliter à noſdits comptables les moyens de les apurer en les traitant favorablement, non ſeulement ſur les formalités & ſur les intérêts auxquels ils ont été ou pourroient être condamnés ſur leſdits comptes, & dont nous nous propoſons de les décharger entièrement, mais encore par rapport aux débets de quittances ſur leſquels nous ferons une remiſe proportionnée à l'exactitude qu'ils apporteront à payer les débets de leurs comptes. A l'égard des parties poſtérieures à l'année 1719, en exigeant en entier le capital, nous nous ſommes portés à leur faire quelque remiſe ſur les intérêts. En prenant le parti de traiter nos comptables auſſi favorablement pour le paſſé, nous avons cru devoir preſcrire pour l'avenir les moyens les plus ſûrs pour parvenir à l'apurement des comptes ; & nous avons penſé qu'un des meilleurs que nous puiſſions employer, étoit de rendre uniforme le temps pendant lequel nos comptables doivent être dépoſitaires des parties non réclamées, ſans avoir égard à la clôture réelle des comptes, qui par elle-même formoit une époque inégale. La correction des comptes, qui de tout temps a été preſcrite par les ordonnances, nous a paru mériter notre attention ; mais en prenant des précautions pour que leſdites corrections ſoient faites à l'avenir, nous avons cru, pour les faciliter, devoir uſer de la même indulgence pour d'anciens comptes dont la correction ſeroit difficile & diſpendieuſe, & proportionner la diſpenſe de correction que nous entendons accorder à l'empreſſement que les comptables témoigneront de ſatisfaire à l'apurement de leurs comptes. A ces cauſes, & autres à ce nous mouvant, de l'avis de notre conſeil & de notre certaine ſcience, pleine puiſſance & autorité royale, nous avons dit, déclaré & ordonné ; diſons, déclarons & ordonnons, voulons & nous plaît ce qui ſuit :

en exécution de cette déclaration , un arrêt de

## ARTICLE PREMIER.

Les comptables feront tenus de préfenter leurs comptes dans les délais prefcrits par l'ordonnance du mois d'août 1669, s'ils n'ont un délai particulier que nous leur ayons fixé pour la préfentation de leurs comptes ; & faute par eux d'y fatisfaire , ils feront condamnés aux amendes réglées par nos ordonnances.

II. Dans le cas où lefdits comptables à qui nous aurions fixé un délai particulier pour la préfentation de leurs comptes, foit par leur édit de création, foit par nos déclarations particulières, n'auroient point profité dudit délai, & feroient condamnables à l'amende & aux intérêts, nous voulons que lefdites amendes foient comptées du jour de l'expiration du délai particulier qui leur aura été accordé , & lefdits intérêts du jour que le compte auroit dû être clos, relativement audit délai particulier, & non au délai ordinaire de préfentation, réglé par l'ordonnance du mois d'août 1669, à laquelle il aura été dérogé en faveur des comptables : n'entendons néanmoins comprendre dans les difpofitions du préfent article, ceux de nos comptables chargés de recevoir les impofitions qui n'auront pas profité des délais particuliers de préfentation à eux accordés ; permettons auffi à nos chambres des comptes, dans des cas de trop grande négligence , de condamner les comptables en telles amendes extraordinaires qu'elles jugeront à propos , faute de préfentation de compte.

III. Pour juger des différentes caufes qui peuvent retarder le jugement des comptes, nous voulons que par le garde des livres il foit tenu un regiftre paraphé par un de nos confeillers-maîtres des comptes , qui contiendra la nature des comptes qui lui auront été remis , & le jour qu'il s'en chargera au parquet ; ce qu'il fera tenu de faire fur l'avis qui lui en fera donné par notre procureur général ou fon fubftitut & en leur préfence; fera en outre tenu ledit garde des livres, de mettre à fon *habui* la date du jour que le dernier volume lui aura été remis.

IV. Nos procureurs généraux feront tenus dans le mois

règlement qu'il eſt intéreſſant de faire connoître & que nous allons rapporter :

après la remiſe des comptes au parquet, de remettre au Contrôleur des reſtes les extraits des états finaux deſdits comptes, & d'envoyer autant deſdits extraits d'états finaux au Contrôleur général de nos finances, conformément à l'article 23 de l'ordonnance du mois d'août 1669.

V. Les receveurs généraux de nos finances, receveurs des tailles, receveurs généraux de nos domaines, payeurs des charges aſſignées ſur nos fermes, tréſoriers-payeurs des gages de cours ſupérieures & compagnies créées à l'inſtar d'icelles, & généralement tous nos comptables qui prennent leurs fonds ſur nos recettes générales, ſur nos fermes ou ſur notre tréſor royal, à l'exception toutefois des comptables mentionnés en l'article ci-après, ſeront tenus, faute de réclamation, de garder entre leurs mains les fonds des charges employées dans les états qu'ils ſont tenus d'acquitter pendant ſix années après leur exercice expiré ; voulons que dans les ſix mois qui ſuivront leſdites ſix années, ils ſoient tenus d'en remettre les fonds en notre tréſor royal ; & que faute par eux d'y ſatisfaire, ils ſoient condamnés aux intérêts, à compter de l'expiration deſdites ſix années ; du montant des ſouffrances, faute de quittances qui ſe trouveront excéder deux cens livres pour chaque compte ; n'entendons néanmoins que leſdits comptables puiſſent s'en déſaiſir en aucun cas avant le jugemens de leurs comptes, s'ils n'y ſont autoriſés par des arrêts particuliers de nos chambres des comptes.

VI. N'entendons comprendre dans les diſpoſitions de l'article 5 ci-deſſus, les payeurs des rentes aſſignées ſur les aides & gabelles & le clergé, à qui nous avons par notre déclaration du 20 juin 1752, accordé un délai particulier pour payer au tréſor royal leſdites parties non réclamées, non plus que les receveurs des octrois, les tréſoriers des ſecours aux communautés & des offrandes & aumônes, & autres comptables dont les fonds des parties non réclamées ne ſe portent point au tréſor royal.

VII. N'entendons pareillement rien innover à la déclaration du 19 mars 1712, à l'égard des ſouffrances pour

« Vu par la chambre son arrêt du 16 juin

formalités ; voulons en conséquence que les trois années accordées aux comptables pour la décharge desdites parties, soient comptées comme ci-devant, du jour de la clôture des comptes.

VIII. Les comptables seront tenus de se conformer à l'article 5 des présentes pour le passé, à compter du premier janvier dernier, en leur accordant néanmoins six mois, à compter du jour de l'enregistrement des présentes, pour l'expédition des quittances du trésor royal ; & faute d'y satisfaire, ils seront condamnés aux intérêts, ainsi & de la manière qu'il est dit ci-devant article 2, sans néanmoins que ceux qui rapporteront des quittances du trésor royal, datées avant ledit jour premier janvier dernier, puissent être condamnés à aucuns intérêts, sous prétexte des présentes, s'ils se sont conformés à la déclaration du 19 mars 1712.

IX. Dans le cas où les parties non réclamées seroient saisies entre les mains des comptables, lesdits comptables seront tenus d'en faire leur déclaration aux gardes de notre trésor royal, dont mention sera faite dans les quittances qu'ils en délivreront ; voulons que le remplacement n'en puisse être fait qu'en rapportant la main-levée desdites saisies & oppositions, ou jugemens qui en ordonnent le payement.

X. Voulons que tous nos comptables, conformément à l'ordonnance du 19 octobre 1566, ne puissent être assignés pour affirmer ce qui peut être dû aux parties sur lesquelles il aura été fait des saisies & arrêts, à peine de nullité des exploits ; & que les huissiers soient tenus de laisser l'original de leur exploit entre les mains des comptables qui seront obligés de faire leur déclaration de ce qui peut être dû aux parties saisies, le tout dans la même forme & manière qu'il est ordonné pour les payeurs des rentes de l'hôtel-de-ville de Paris ; voulons que les réglemens intervenus à ce sujet, à l'égard desdits payeurs des rentes, soient communs à tous nosdits comptables.

XI. Les Contrôleurs des restes seront tenus de se conformer pour les poursuites qu'ils auront à faire à l'avenir

» 1765, par lequel elle a nommé des commiſſai-

pour le recouvrement des débets, aux articles 2 & 3 de notre déclaration du 14 août 1755 ; voulons néanmoins que pour les comptables domiciliés dans les villes où nos chambres des comptes ſont établies, & pendant leur vivant, les commandemens & contraintes ne ſoient faits qu'à leurs perſonnes ou à leurs véritables domiciles, & qu'il ne puiſſe en être fait aux domiciles par eux élus, que pour les veuves & héritiers deſdits comptables, & pour ceux qui ſont domiciliés hors des lieux où nos chambres des comptes ſont établies

XII. Pour éviter à nos comptables les frais de pourſuite, nous voulons & entendons que dans les cas où nos chambres des comptes ou nos procureurs généraux en icelles, ne jugeront point à propos d'envoyer des huiſſiers deſdites chambres, les commandemens, contraintes & autres pourſuites qu'il ſeroit néceſſaire de faire contre leſdits comptables domiciliés dans les villes éloignées de celles où ſont établies nos chambres des comptes, puiſſent être faits par le premier huiſſier de juridiction royale ſur ce requis, ſans qu'il ſoit beſoin de commiſſion ni pareatis : entendons néanmoins que lorſqu'il ſera employé d'autres huiſſiers que ceux de nos chambres des comptes, leſdits commandemens & contraintes ſoient viſés de nos procureurs généraux en noſdites chambres des comptes, & ſeront leſdits huiſſiers comptables de l'exécution de leurs commiſſions en nos chambres des comptes, qui taxeront les frais par eux légitimement faits ; & pour indemniſer les huiſſiers de noſdites chambres de la diſtraction de cette partie de leurs fonctions, il leur ſera payé par noſdits comptables, à l'exception toutefois des payeurs des rentes ſur la ville de Paris, la moitié des droits de rétabliſſement qui ſeront dus au Contrôleur des reſtes, lors de la ſignification qui lui ſera faite des états finaux des comptes, & dans le cas ſeulement où il en ſera dû au Contrôleur des reſtes.

XIII. Leſdits Contrôleurs des reſtes ne pourront être contraints de délivrer aucuns certificats d'apuremens qu'après le payement des frais de pourſuites ; & faute par leſdits Contrôleurs des reſtes de ſe faire payer deſdits frais avant

» res pour procéder à l'examen de la déclara-

de délivrer lefdits certificats, ils feront déchus de toute répétition à cet égard; entendons néanmoins, quant aux frais
de contraintes & pourfuites qui feront faites contre des
comptables en faillite, qu'il en foit fait taxe par nos chambres des comptes, & qu'il en foit délivré exécutoire fur les
receveurs généraux des domaines, qui feront tenus de les
payer en rapportant avec ledit exécutoire, un certificat de
notre procureur général dans nofdites chambres des comptes,
qui conftate que lefdits exécutoires n'ont pu être payés par
les débiteurs par carence de biens.

XIV. Voulons que les Contrôleurs des reftes foient
tenus de pourfuivre tous nos comptables jufqu'à l'entier
apurement de leurs comptes; favoir, lefdits comptables,
leurs cautions & certificateurs, comme pour nos deniers
& affaires, & leurs veuves, bien-tenans ou ayans caufe,
par faifies réelles & exécution de leurs biens, en la manière
accoutumée; & dans le cas où les premières pourfuites
n'auroient point opéré l'entier apurement defdits comptes,
voulons qu'il ne foit ufé d'aucun délai ni furféance pour
tous les comptes antérieurs à la dixième année précédant
le dernier compte jugé defdits comptables, à peine par
lefdits Contrôleurs des reftes d'être déchus des droits de
rétabliffement & du fou pour livre à eux attribués, s'ils
ne juftifient de faifies de biens meubles & immeubles defdits comptables, ou s'il n'eft accordé des arrêts de furféance en connoiffance de caufe par nos chambres des
comptes.

XV. Pour d'autant plus affurer l'exécution de l'article
précédent, nous voulons que par le Contrôleur des reftes
il foit remis tous les ans à nos procureurs généraux un état
de tous les comptes antérieurs à la dixième année précédant
le dernier compte jugé de chaque comptable, qui ne feront
pas apurés, pour être par nos chambres des comptes ordonné ce qu'il appartiendra, & qu'autant dudit état foit
remis par nofdits procureurs généraux ès mains du Contrôleur général des finances, pour être par nous mêmes
pourvu à la deftitution ou fufpenfion defdits comptables qui
n'auront pas fatisfait à l'apurement des comptes dont ils font
tenus.

» tion du roi du 4 mai précédent, portant une

---

XVI. Pour faciliter à nosdits comptables l'apurement de tous les anciens comptes dont ils pourroient être tenus, & procurer aux enfans, héritiers, cautions & bien tenans des comptables décédés, une plus grande tranquillité, nous avons par ces présentes, quitté & déchargé, quittons & déchargeons tous nos officiers comptables, leurs veuves, héritiers, bien-tenans ou ayans cause, même ceux qui ont acquis des biens desdits comptables, sur lesquels nous pourrions avoir privilége ou hypothèque, de tous les débets clairs, débets de quittances, amendes, indécisions, souffrances & autres charges, & finalement de tout ce qui pourroit leur être demandé par défaut de reddition, apurement & correction des comptes, pour toutes les années antérieures à 1665 ; défendons à nos procureurs généraux & à leurs substituts, de faire aucunes réquisitions & demandes, & à nos Contrôleurs des restes & des bons d'états de notre conseil, de faire aucunes poursuites ni décerner aucunes contraintes pour raison desdits comptes antérieurs à ladite année 1665, faisant en tant que de besoin, don & remise auxdits comptables, leurs héritiers & bien-tenans, de tous les débets qui pourroient résulter desdits comptes ; n'entendons néanmoins, en fixant la présente amnistie à l'année 1664, préjudicier à ceux qui en conséquence de l'édit de décembre 1691, l'auroient acquise jusques & compris l'année 1670, en justifiant avoir payé les sommes auxquelles ils auroient été taxés en exécution dudit édit,

XVII. Nous avons pareillement déchargé tous nosdits comptables des amendes, indécisions, souffrances & autres charges pour formalités, même des débets d'intérêts subsistans sur les comptes des années 1665 & suivantes, jusques & compris l'année 1719 ; pour raison desquelles amendes, débets d'intérêts, indécisions, souffrances & autres charges pour formalités, dont nous leur faisons don & remise, nous voulons qu'il ne soit fait aucunes demandes ni poursuites.

XVIII. A l'égard des souffrances ou parties rayées, faute des quittances & débets clairs subsistans sur lesdits

» res pour procéder à l'examen de la déclara-

---

de délivrer lesdits certificats, ils seront déchus de toute répétition à cet égard; entendons néanmoins, quant aux frais de contraintes & poursuites qui seront faites contre des comptables en faillite, qu'il en soit fait taxe par nos chambres des comptes, & qu'il en soit délivré exécutoire sur les receveurs généraux des domaines, qui seront tenus de les payer en rapportant avec ledit exécutoire, un certificat de notre procureur général dans nosdites chambres des comptes, qui constate que lesdits exécutoires n'ont pu être payés par les débiteurs par carence de biens.

XIV. Voulons que les Contrôleurs des restes soient tenus de poursuivre tous nos comptables jusqu'à l'entier apurement de leurs comptes; savoir, lesdits comptables, leurs cautions & certificateurs, comme pour nos deniers & affaires, & leurs veuves, bien-tenans ou ayans cause, par saisies réelles & exécution de leurs biens, en la manière accoutumée; & dans le cas où les premières poursuites n'auroient point opéré l'entier apurement desdits comptes, voulons qu'il ne soit usé d'aucun délai ni surséance pour tous les comptes antérieurs à la dixième année précédant le dernier compte jugé desdits comptables, à peine par lesdits Contrôleurs des restes d'être déchus des droits de rétablissement & du sou pour livre à eux attribués, s'ils ne justifient de saisies de biens meubles & immeubles desdits comptables, ou s'il n'est accordé des arrêts de surséance en connoissance de cause par nos chambres des comptes.

XV. Pour d'autant plus assurer l'exécution de l'article précédent, nous voulons que par le Contrôleur des restes il soit remis tous les ans à nos procureurs généraux un état de tous les comptes antérieurs à la dixième année précédant le dernier compte jugé de chaque comptable, qui ne seront pas apurés, pour être par nos chambres des comptes ordonné ce qu'il appartiendra, & qu'autant dudit état soit remis par nosdits procureurs généraux ès mains du Contrôleur général des finances, pour être par nous mêmes pourvu à la destitution ou suspension desdits comptables qui n'auront pas satisfait à l'apurement des comptes dont ils sont tenus.

» tion du roi du 4 mai précédent, portant une

XVI. Pour faciliter à nofdits comptables l'apurement de tous les anciens comptes dont ils pourroient être tenus, & procurer aux enfans, héritiers, cautions & bien tenans des comptables décédés, une plus grande tranquillité, nous avons par ces préfentes, quitté & déchaigé, quittons & déchargeons tous nos officiers comptables, leurs veuves, héririers, bien-tenans ou ayans caufe, même ceux qui ont acquis des biens defdits comptables, fur lefquels nous pourrions avoir privilége ou hypothèque, de tous les débets clairs, débets de quittances, amendes, indécifions, fouffrances & autres charges, & finalement de tout ce qui pourroit leur être demandé par défaut de reddition, apurement & correction des comptes, pour toutes les années antérieures à 1665; défendons à nos procureurs généraux & à leurs fubftituts, de faire aucunes réquifitions & demandes, & à nos Contrôleurs des reftes & des bons d'états de notre confeil, de faire aucunes pourfuites ni décerner aucunes contraintes pour raifon defdits comptes antérieurs à ladite année 1665, faifant en tant que de befoin, don & remife auxdits comptables, leurs héritiers & bien-tenans, de tous les débets qui pourroient réfulter defdits comptes; n'entendons néanmoins, en fixant la préfente amniftie à l'année 1664, préjudicier à ceux qui en conféquence de l'édit de décembre 1691, l'auroient acquife jufques & compris l'année 1670, en juftifiant avoir payé les fommes auxquelles ils auroient été taxés en exécution dudit édit,

XVII. Nous avons pareillement déchargé tous nofdits comptables des amendes, indécifions, fouffrances & autres charges pour formalités, même des débets d'intérêts fubfiftans fur les comptes des années 1665 & fuivantes, jufques & compris l'année 1719; pour raifon defquelles amendes, débets d'intérêts, indécifions, fouffrances & autres charges pour formalités, dont nous leur faifons don & remife, nous voulons qu'il ne foit fait aucunes demandes ni pourfuites.

XVIII. A l'égard des fouffrances ou parties rayées, faute des quittances & débets clairs fubfiftans fur lefdits

» amniſtie en faveur des comptables, & conte-

comptes des années 1665 & ſuivantes, juſques & compris
l'année 1719, en payant par leſdits comptables & leurs
héritiers tenus deſdites années, la moitié ſeulement du montant deſdits débets clairs, ſouffrances ou parties rayées faute
de quittances, ès mains des gardes de notre tréſor royal,
dans un an, à compter du jour de l'enregiſtrement des préſentes, & les deux tiers dans l'année ſuivante, pour ceux
qui n'y auront pas ſatisfait dans la première ; voulons que
leurs comptes ſoient tenus pour entièrement apurés, leur
faiſant don & remiſe de l'autre moitié ou du dernier tiers
deſdits débets clairs & ſouffrances ou parties rayées, faute
de quittances, & des intérêts auxquels ils pourroient être
condamnés.

- XIX. Ceux qui n'auront point profité de la grâce accordée par l'article précédent, dans les deux années qui
ſuivront l'enregiſtrement des preſentes, ſeront tenus de payer
la totalité du montant deſdits débets clairs & ſouffrances,
ou parties rayées faute de quittances, avec les intérêts, ſans
néanmoins que leſdits intérêts puiſſent excéder le capital,
duquel excédant, pour cette fois ſeulement, nous leur faiſons don & remiſe ; & ſeront leſdits intérêts liquidés comme
il eſt dit par l'article 2 des préſentes : n'entendons non plus
les priver de la décharge & remiſe des formalités & amendes accordées en général à tous nos comptables par l'article 17 des préſentes, pourvu toutefois qu'ils ſatisfaſſent
au payement des débets clairs & débets de quittances &
intérêts, dans les quatre années qui ſuivront l'enregiſtrement des préſentes, faute de quoi ils ſeront privés de toutes
remiſes d'intérêts, amendes & formalités, ſur les comptes
poſtérieurs à l'année 1664.

XX. Entendons que ceux de nos comptables qui auroient
entre leurs mains des quittances ou rééépiſſés des gardes
de notre tréſor royal, libellés ſur leſdits débets clairs ou
parties non réclamées, profitent en entier de la grâce accordée à ceux qui auront payé dans la première année,
ſans néanmoins que ſous ce prétexte ils puiſſent prétendre
être en avance vis-à-vis de nous, ni exercer, pour raiſon
des comptes antérieurs à ladite année 1720, aucune répé-

» nant plusieurs règlemens pour la comptabilité

tition contre nous , dans le cas où lesdites quittances ou
récépissés se trouveroient excéder la moitié des débets qu'ils
seroient obligés de nous payer, conformément à l'article 18
ci-dessus ; voulons que les quittances du trésor royal qui
seront expédiées sur lesdits récépissés, fassent mention des
années sur lesquelles ils auront été libellés.

XXI. Désirant traiter favorablement nosdits comptables
pour les comptes des années 1720 & suivantes, jusques &
compris l'année 1740, nous voulons qu'en payant par lesdits comptables dans les six mois qui suivront l'enregistrement des présentes, la totalité des débets clairs & des parties
rayées ou en souffrances, faute de quittance subsistant sur
lesdits comptes, ils soient déchargés, comme par ces présentes nous les déchargeons, de la moitié des intérêts auxquels ils seroient condamnés.

XXII. Nous modérons & réduisons au dixième , les
amendes auxquelles lesdits comptables pourroient avoir été
condamnés sur tous lesdits comptes actuellement jugés ,
jusques & compris ceux de l'année 1760.

XXIII. N'entendons priver de la remise de la moitié des
intérêts accordée par l'article 21, ceux qui ont été condamnés auxdits intérêts sur les quittances qu'ils ont produites
au jugement ou à l'apurement de leurs comptes, ou qui
ont actuellement entre leurs mains des quittances des gardes
de notre trésor royal, libellées sur les débets desdits comptes; voulons qu'en payant la moitié desdits intérêts, ils
soient déchargés de la totalité , sans que néanmoins ceux
qui auroient payé la totalité desdits intérêts, puissent exercer
aucun recours ni répétition contre nous sous prétexte des
présentes.

XXIV. Nous confirmons les Contrôleurs des restes de
nos chambres des comptes, dans le droit de sou pour livre
des sommes qu'ils feront porter en notre trésor royal ; &
en tant que de besoin, nous accordons à ceux desdits Contrôleurs des restes, à qui il a été accordé un moindre droit ,
ou à l'égard desquels nous ne nous sommes point encore
expliqué, ledit droit d'un sou pour livre, en la même forme
& manière qu'il a été attribué au Contrôleur des restes de

» & les pourfuites du Contrôleur général des

---

la chambre des comptes de Paris, par notredite déclaraion du 14 août 1735.

XXV. Lesdits Contrôleurs des reftes ne pourront prétendre aucun droit de fou pour livre pour les fommes dont nous faifons remife; & pour indemnifer le Contrôleur des reftes de notre chambre des comptes de Paris, de la perte & diminution dudit droit de fou pour livre, & de la diminution qui doit fe trouver par la fuite, en exécution des préfentes, fur les droits de rétabliffement, nous voulons qu'il jouiffe en entier des droits de rétabliffement à lui accordés, & qu'il les perçoive à fon profit, à quelque fomme que lefdits droits puiffent monter, fans être tenu de nous en rendre aucun compte; voulons feulement qu'il rende compte à notre chambre des comptes des pourfuites & diligences qu'il eft tenu de faire.

XXVI. Ledit droit de rétabliffement fera perçu conformément aux lettres patentes du 13 février 1596 & arrêt d'enregiftrement de notredite chambre des comptes de Paris, du 12 mars 1601; & ne pourront être lefdits droits perçus qu'une feule fois, à raifon du montant total des charges contenues ès états finaux, fans que fous prétexte de la fignification defdits états finaux, faite à plufieurs & diverfes fois, lefdits Contrôleurs des reftes puiffent prétendre aucuns droits après que par les premières fignifications ils auront été remplis de la totalité de leurs droits.

XXVII. Il ne fera perçu aucun droit de rétabliffement fur les débets qui feront jugés devoir fe porter de compte en compte, & qui doivent former des recettes dans les comptes fuivans; & en cas de conteftation fur la quotité defdits droits ou la manière de les percevoir, il y fera ftatué par nos chambres des comptes, ainfi qu'il appartiendra.

XXVIII Les comptables qui payeront les débets des comptes de leurs prédéceffeurs, les propriétaires d'offices comptables ou autres intéreffés à l'apurement defdits comptes qui payeront en notre tréfor royal les débets clairs & parties non réclamées, mentionnés en ces préfentes, feront, en tant que de befoin, fubrogés, comme nous les fubrogeons, en tous nos droits, actions & hypothèques, jufqu'à

» reftes : ladite déclaration du 4 mai 1766 :

concurrence des fommes qu'ils auront payées ; defquelles fommes, tant en principal qu'intéiêts, même des frais pour l'apurement & décharge defdits comptes, tels qu'ils feront réglés par nos chambres des comptes, ils pourront fe faire payer de la même forme & manière que pourroit le faire le Contrôleur des reftes, fans qu'il foit befoin d'aucune fommation ni dénonciation.

XXIX. Pour faciliter à nofdits comptables la correction des comptes que nous voulons, conformément aux ordonnances, être faite à l'avenir, nous avons difpenfé & difpenfons par ces préfentes, ceux defdits comptables qui fe feront conformés pour le payement des parties non réclamées & des débets, aux articles 18 & 19 des préfentes, de faire corriger les comptes dont ils pouiroient être tenus, antérieurs à l'année 1720 ; voulons qu'en apurant lefdits comptes, à compter de l'année 1665, jufques & compris l'année 1719, ils foient tenus pour corrigés, & que la préfente difpenfe de correction ait lieu, même pour les offices comptables fuppiimés, & pour les enfans & héritiers defdits comptables qui feroient pourvus d'offices en nos chambres des comptes, fans néanmoins que ceux qui voudront êtie pourvus d'offices en nofdites chambies des comptes, puiffent être difpenfés du récolement & autres formalités prefcrites par l'article piemier de l'ordonnance du mois d'août 1598.

XXX. Voulons que pour la correction des comptes des années 1720, 1721 & fuivantes, compiis 1749, il en foit ufé comme par le paffé ; & pour parvenir plus efficacement à la correction de tous les comptes, ordonnons qu'à commencer de ceux de l'exercice 1750 & à l'avenir, lorfqu'un comptable viendra à vendre ou à décéder, ledit comptable ou fes héritiers & repréfentans, foient tenus dans les fix mois après la clôture du dernier compte qu'ils auront à rendie, de requérir la correction de tous les comptes dont ils feront tenus depuis ladite année 1750.

XXXI. Faute par les derniers titulaires ou leurs repréfentans, de fe conformer aux difpofitions de l'article ci-
» l'arrêt

deſſus, leurs ſucceſſeurs, s'ils ſont tenus des faits de leurs prédéceſſeurs, feront perſonnellement tenus d'y faire procéder à leur requête & aux frais de leurs prédéceſſeurs & ayant cauſe, dans les trois mois, ſuivant l'expiration du délai porté en l'article précédent, ſous peine de radiation de leurs gages, qui ne pourront être rétablis ſous quelque prétexte que ce ſoit, qu'après y avoir ſatisfait, à moins que nos chambres des comptes ne jugent à propos de proroger ledit délai; enjoignons à nos procureurs généraux de tenir la main à ce que leſdites corrections ſoient rapportées & exécutées, & de faire faire toutes pourſuites pour le payement des débets qui pourroient en réſulter.

XXXII. Voulons que nos chambres des comptes ſoient tenues pour la taxe des épices de correction, de ſe conformer à l'uſage de notre chambre des comptes de Paris; & en conſéquence, qu'il ne puiſſe être taxé plus de dix écus d'épices par compte d'une année, dont la recette excédera mille livres; & à l'égard des comptes des octrois des villes, de ceux de dixième & capitation de retenue, & autres dont la recette ſera au deſſous de cinquante mille livres, il ſera taxé un écu pour chaque compte dont la recette ſera au-deſſous de cinq mille livres, deux écus pour chaque compte dont la recette ſera au-deſſous de dix mille livres, & ainſi à proportion pour les autres comptes juſqu'à dix écus, & en outre le cinquième en ſus pour l'exécution de l'arrêt de correction qui doit être faite par nos conſeillers auditeurs, ſans qu'il puiſſe être taxé aucunes épices pour les comptes ſur leſquels il n'y aura aucune partie ſujette à correction, même ſur ceux ſur leſquels les parties ſujettes à correction nous rendroient débiteurs.

XXXIII. Les arrêts de correction ſeront levés, ſignifiés, tranſcrits & exécutés aux frais & à la diligence des comptables; & en cas de refus ou de négligence de leur part, d'y ſatisfaire dans trois mois de la date de l'arrêt, ils ſeront délivrés au greffe par extrait, à notre procureur général, pour être exécutés à ſa diligence, ſur les comptes par les conſeillers auditeurs commis par iceux, pour, après

» fuivant à l'enregiftrement de ladite déclara-

---

ladite exécution , & fur l'extrait des états finaux des comptes qu'il en fournira au Contrôleur des reftes , être par ledit Contrôleur des reftes , fait toutes les pourfuites néceffaires pour le recouvrement , tant des débets réfultans des arrêts de correction créés à notre profit, que des frais faits pour raifon defdites corrections , dont fera délivré exécutoire audit Contrôleur des reftes , & fans néanmoins , audit cas que les parties mifes en fouffrance ou rayées , & les débets formés en conféquence defdits arrêts , puiffent être déchargés ni tétablis , qu'en rapportant par les comptables & autres intéreffés auxdites corrections , les expéditions en forme defdits arrêts de correction, dont ils payeront les épices & frais en la manière accoutumée , conformément à l'arrêt de notre confeil & lettres-patentes du 8 janvier 1686. Voulons & entendons néanmoins qu'il ne foit payé aucuns droits aux différens officiers de nos chambres des comptes , pour raifon des comptes fur lefquels les comptables ne fe trouvant débiteurs envers nous , il ne doit être taxé aucunes épices, ainfi qu'il eft dû par l'article précédent.

XXXIV. Enjoignons à nos procureurs généraux en nos chambres des comptes, conformément à l'article 35 de l'ordonnance du mois d'août 1669, que nous voulons être ponctuellement exécutée , d'envoyer à notre procureur général en notre chambre des comptes à Paris, fix mois après chaque année finie , les extraits des chapitres des comptes rendus efdites chambres, qui contiendront les parties payées, tant au tréfor royal qu'aux autres comptables qui comptent à notredite chambre des comptes à Paris, pour y fervir à la correction defdits comptes.

XXXV. Déclarons les biens de nos comptables, affectés & grevés de priviléges & d'hypothèques envers nous, jufqu'après la correction de leurs comptes ; défendons à nos procureurs généraux dans nos cours des aides, de donner à l'avenir aucune main-levée, & de confentir à ce qu'aucuns décrets des biens qui auroient appartenu à des comptables , foient fcellés & délivrés, qu'après qu'il leur fera apparu du certificat de correction des comptes defdits comptables. N'entendons néanmoins que les difpofitions du pré-

» tion , par lequel la chambre a ordonné que

fent article puiffent avoir lieu pour les comptes des exercices antérieurs à l'année 1750 , pour raifon defquelles il
en fera ufé comme par le paffé.

XXXVI. Nous avons dérogé & dérogeons à tous édits ,
déclarations & ordonnances contraires à ce qui eft porté par
ces préfentes ; voulons au furplus que lefdits édits , ordonnances & réglemens, en ce qui ne fe trouvera contraire
auxdites préfentes, foient gardés & obfervés fuivant leur
forme & teneur. Si donnons en mandement à nos amés &
féaux confeillers les gens tenant notre chambre des comptes
à Paris , &c.

*Regiftrée en la chambre des comptes , ouï & ce requérant
le procureur général du roi , pour être exécutée felon fa
forme & teneur , aux charges , claufes & conditions fuivantes : favoir , fur l'article 3 , que les difpofitions de
l'article 4 de la déclaration du 15 août 1762 , concernant
la remife des comptes par les procureurs , entre les mains
des confeillers-auditeurs rapporteurs , quatre mois après
celle des comptes précédens au parquet, continueront d'être
éxécutées felon leur forme & teneur. Sur l'article 5 , que
les comptables qui n'auront pu fe deffaifir du fond des
parties non réclamées, dans les fix mois après les fix
années mentionnées audit article , faute de jugement de
leurs comptes , feront tenus de le porter au tréfor royal
dans les fix mois qui fuivront la clôture d'iceux ; & faute
par eux d'y fatisfaire , ils feront condamnés aux intérêts ,
à compter de l'expiration defdites fix années. Sur l'article 10 , fans approbation des édits, déclarations & réglemens y énoncés , qui n'auroient point été regiftrés en la
chambre : Sur l'article 11 , que les fignifications qui pourroient être faites aux comptables domiciliés dans la ville
de Paris , feront également valables aux domiciles par eux
élus en vertu de l'arrêt de réglement de la chambre du 19
février 1687 : Sur l'article 15 , qu'il fera par la chambre,
procédé contre les comptables qui n'auroient pas fatisfait
aux difpofitions dudit article , par telles voies qu'il appartiendra , même de fufpenfion ou deflitution s'il y a lieu ,
conformément aux édits & ordonnances : Sur les arti-*

C ij

» pour l'exécution des articles 25, 26 & 27, il
» y seroit incessamment pourvu par la voie d'un

cles 18, 19, 20, 21, 22 & 23, que les comptables seront
tenus de se pourvoir par requête d'apurement, au rapport
des conseillers-auditeurs, pour l'exécution des décharges y
mentionnées, & que celles portées par l'article 22 n'auront
lieu qu'en payant par lesdits comptables le dixième des
amendes y mentionné, dans six mois, à compter des jour
& date du présent arrêt: Sur les articles 25, 26 & 27,
que pour l'exécution des dispositions y contenues, il sera
pourvu incessamment par la voie d'un réglement: Sur l'article 29, sans que les enfans & héritiers des comptables,
qui voudroient se faire pourvoir d'offices en la chambre,
puissent se dispenser de faire procéder à la correction des
comptes dont ils peuvent être tenus, conformément aux dispositions de l'ordonnance du mois d'août 1598, ainsi qu'au
récolement & autres formalités prescrites par l'arrêt de
réglement de la chambre du 17 novembre dudit an: Sur
les articles 30 & 31, sans néanmoins que les dispositions
desdits articles puissent priver les comptables du délai qui
leur est accordé par l'article 7 de la présente déclaration,
pour le rétablissement des parties tenues en souffrance pour
formalité: Sur les articles 32 & 33, qu'il ne sera taxé
par ladite chambre aucunes épices sur les comptes sur lesquels il n'y aura aucunes parties sujettes à correction, qui
rendent les comptables débiteurs envers le roi, sans préjudice néanmoins des droits qui pourroient être dûs aux
commis du greffe, pour l'expédition desdits arrêts, & aux
procureurs, de leurs vacations & débours. Et sera la
présente déclaration, ensemble le présent arrêt, imprimé,
publié & affiché par tout où besoin sera; & copies collationnées envoyées, à la diligence du procureu- général du
roi, dans tous les bailliages, sénéchaussées & autres juridictions royales & municipales dans l'étendue du ressort de
la chambre; comme aussi notifiés aux syndics des procureurs, pour ce mandés au bureau, & à eux enjoint d'en
faire part à leurs comptables, à ce qu'ils aient à avertir
leurs confrères de s'y conformer. Les sémestres assemblés,
le quatre août mil sept cens soixante-six. Signé HENRY.

» règlement : les obſervations faites auxdits
» ſieurs commiſſaires par Mᵉ. Alexandre-Claude
» Baſly , avocat au parlement & ès conſeils du
» roi , contrôleur général des reſtes en la cham-
» bre , tendantes à ce qu'il plût à ladite chambre
» lui preſcrire la conduite qu'il devoit tenir au
» ſujet de l'exécution de pluſieurs articles de
» ladite déclaration ; 1°. ſur l'article 5, d'après
» les diſpoſitions duquel il pourroit douter , s'il
» contient une dérogation formelle à la décla-
» ration du 19 mars 1712 , à celle du 14 août
» 1735 , & à l'arrêt de règlement de la chambre
» du premier avril 1745 ; 2°. ſur l'article 8 , à
» l'effet d'être inſtruit de quelle époque il doit
» commencer ſes pourſuites ; 3°. ſur l'article 14,
» ſur la queſtion de ſavoir s'il eſt tenu de faire ſes
» pourſuites pour toutes les charges exiſtantes
» ſur des comptes antérieurs à la dixième année
» précédant le dernier compte jugé , ſoit que
» leſdits comptes ſoient antérieurs ou poſtérieurs
» à 1720, ou s'il doit attendre l'expiration des
» termes de grâce portés par les articles 18
» & 19 de ladite déclaration : ſur l'article 15 ,
» que la chambre voulût bien fixer le délai dans
» lequel il doit remettre au procureur général
» du roi l'état mentionné audit article ; ſur les
» articles 25, 26 & 27, qu'il plût à la chambre
» lui preſcrire le genre des pourſuites qu'il doit
» faire vis-à-vis des engagiſtes ou parties pre-
» nantes, pour les obliger à faire lever les indé-
» ciſions prononcées ſur eux au jugement des
» comptes ; & en outre, l'autoriſer à dreſſer
» lui-même ſes contrôles, ſans uſer du miniſtère
» d'un procureur, attendu la diſpenſe qui lui
» eſt accordée, de compter par la ſuite du droit

» de rétabliſſement ; enfin ſur l'article 33 , que
» la chambre voulût bien aviſer aux moyens de
» lui donner connoiſſance des charges pronon-
» cées ſur les comptes par arrêt d'apurement &
» de correction. Vu pareillement les différens
» règlemens de la chambre , rendus ſur le fait
» du contrôle général des reſtes , & notamment
» ceux des 13 ſeptembre 1651 , 24 janvier 1654
» & 19 août 1749. Les différens arrêtés deſdits
» ſieurs commiſſaires nommés par ledit arrêt du
» 16 juin 1766. L'arrêt de la chambre du 14
» avril dernier, qui ordonne la communication
» aux procureurs de la chambre , dudit mémoire
» d'obſervation du Contrôleur général des reſtes,
» pour y répondre en ce qui concerne la de-
» mande portée par un des articles d'icelui ,
» d'être autoriſé à remettre à la chambre ſon
» contrôle de ſes pourſuites , ſans être certifié
» & coté d'un procureur. La réponſe des pro-
» cureurs ſur ladite demande. Concluſions du
» procureur général du roi : ouï le rapport de
» Me. Nicolas-Hugues Bizeau , conſeiller-maî-
» tre , & l'un deſdits ſieurs commiſſaires , & tout
» conſidéré ; la chambre a ordonné & ordonne
» ce qui ſuit :

### ARTICLE PREMIER.

» Le Contrôleur des reſtes ſera tenu de ſe
» conformer à l'avenir aux diſpoſitions de l'ar-
» ticle 5 de la déclaration du 4 mai 1766 , &
» à celles de l'arrêt de la chambre du 4 août
» ſuivant, intervenu à l'enregiſtrement de ladite
» declaration.

» II. Le Contrôleur des reſtes ſera tenu de
» faire , ſi fait n'a été depuis l'expiration des ſix

» mois portés en l'article 8 de ladite déclaration,
» les pourſuites néceſſaires pour obliger les
» comptables à vider leurs mains en celles des
» gardes du tréſor royal, des fonds des parties
» non réclamées, des années antérieures à la
» ſixième année de leurs exercices, conformé-
» ment aux diſpoſitions portées par l'article 5
» de ladite déclaration, & à l'arrêt d'enregiſtre-
» ment de la chambre ſur icelui.

» III. Ordonne la chambre au Contrôleur gé-
» néral des reſtes, de faire dès à préſent toutes
» pourſuites contre les comptables leurs héri-
» tiers, bien-tenans & ayans cauſe, pour les
» exercices des années 1720 & ſuivantes, pour
» raiſon des charges ſubſiſtantes ſur les comptes
» antérieurs à la dixième année précédant le
» dernier exercice jugé deſdits comptables ; de
» ſurſeoir à toutes pourſuites pour les charges
» ſubſiſtantes ſur les exercices antérieurs à 1720,
» pendant les deux années mentionnées en l'ar-
» ticle 18, pendant leſquelles les comptables
» deſdites années peuvent profiter de la remiſe
» de moitié ou du tiers des débets clairs, ſouf-
» frances ou parties rayées, faute de quittance,
» enſemble des intérêts auxquels ils pourroient
» être condamnés ; de ſurſeoir pareillement ſes
» pourſuites juſqu'à l'expiration des quatre an-
» nées mentionnées en l'article 19 pour raiſon
» des amendes ſouffrantes pour formalités &
» intérêts excédant les capitaux deſdits débets :
» & demeurera néanmoins le Contrôleur général
» des reſtes, autoriſé à faire toutes pourſuites
» néceſſaires pour la conſervation des intérêts
» du roi, dans les cas d'abſence, faillites ou di-
» vertiſſemens d'effets, dont il ſera tenu de

» rendre compte à la chambre & aux commif-
» faires chargés fpécialement de l'exécution du
» préfent règlement, auffitôt après lefdites pour-
» fuites.

» IV. Le Contrôleur général des reftes re-
» mettra au procureur général du roi, dans trois
» mois, du jour & date du préfent arrêt, l'état
» mentionné en l'article 15 de ladite déclara-
» tion, lequel contiendra fommairement toutes
» les charges exiftantes fur chaque comptabi-
» lité, foit que lefdits comptes foient antérieurs
» ou poftérieurs à 1720, à l'exception néan-
» moins de celles mentionnées en l'article fui-
» vant.

» V. Enjoint la chambre au Contrôleur des
» reftes, de furfeoir à toutes pourfuites pour
» rétabliffement d'indécifions prononcées fur
» toutes efpèces de comptabilité, depuis 1665
» jufqu'au 31 décembre 1766, autres que celles
» prononcées fur des comptables de la chambre
» ou commis chargés perfonnellement de rendre
» lefdits comptes, jufqu'à ce que par la chambre
» il en ait été ordonné ; en conféquence, de ne
» point les comprendre dans l'état qu'il doit
» fournir au procureur général du roi, ni dans
» fes comptes, mais d'en préfenter l'état à la
» chambre deux ans après l'arrêté & clôture du
» compte de Me. Tartarin fon prédéceffeur ;
» dans lequel état il comprendra, autant qu'il
» fera poffible, les caufes defdites indécifions,
» en énonçant en marge les diligences qui ont
» été faites jufqu'à préfent, foit par lui, foit par
» fon prédéceffeur, avec la date d'icelles : pour
» ledit état communiqué au procureur général
» du roi, être par lui pris telles conclufions qu'il

» avifera bon être , & fur le tout par la chambre
» ftatué ce qu'il appartiendra.

» VI. Le Contrôleur des reftes demeurera au-
» torifé à dreffer lui-même fes contrôles, lef-
» quels feront feulement certifiés véritables ;
» & fera tenu, pour la remife d'iceux à la cham-
» bre , d'y préfenter requête fignée d'un pro-
» cureur en icelle.

VII. Les procureurs remettront à l'avenir au
» parquet, les volumes des comptes fur lefquels
» auront été tranfcrits les requêtes & arrêts
» d'apurement, incontinent après la collation
» qui en aura été faite par les confeillers-audi-
» téurs, à l'effet d'être extrait par le procureur
» général du roi, les condamnations d'intérêts
» & autres charges qui auroient pu être pro-
» noncées, pour lefdits extraits être tranfcrits
» en fin des états finaux qu'il doit délivrer chaque
» mois au Contrôleur des reftes.

» VIII. Les greffiers de la chambre remettront
» pareillement au procureur général du roi,
» trois mois après la date des arrêts de correc-
» tion , les extraits defdits arrêts mentionnés en
» l'article 33 de ladite déclaration du roi du 4
» mai 1766 , foit que les arrêts aient été levés au
» greffe, foit qu'ils n'y aient pas été levés ; def-
» quels extraits fera délivré copie par le pro-
» cureur général du roi , au Contrôleur des
» reftes , en fuite de celle des états finaux qu'il
» lui remet tous les mois.

» IX. Défend la chambre à tous fes officiers,
» procureurs, leurs clercs ou autres, de retirer
» aucuns comptes ou volumes d'iceux , du par-
» quet du procureur général du roi, mais feu-
» lement du garde des livres , pour s'en charger

» envers lui ainſi qu'il eſt accoutumé, à peine
» de mille livres d'amende, & de plus grande
» peine s'il y échet.

» X. Pour empêcher les vexations qui peu-
» vent ſe faire ſur les redevables par la multi-
» plicité des contraintes, ordonne la chambre
» que le Contrôleur général des reſtes n'en
» pourra expédier qu'une ſeule : & les huiſſiers
» porteurs d'icelle, qu'un ſeul exploit, ſaiſie &
» exécution, pour toutes les parties rayées dans
» un compte, ſur un même comptable ou partie
» prenante.

» XI. Dans tous les comptes qui ſeront pré-
» ſentés dorénavant, les procureurs coteront
» au-deſſous de la préſentation les noms des
» cautions & des certificateurs d'icelles fournis
» par les comptables, à peine de cinquante livres
» d'amende, dont mention ſera faite au bas des
» états finaux deſdits comptes, par les conſeil-
» lers-auditeurs rapporteurs.

» XII. Ordonne la chambre aux procureurs,
» de faire procéder aux apuremens des comptes
» des comptables, immédiatement après qu'ils
» auront été chargés des deniers à ce néceſſaires,
» à peine de cinq cens livres d'amende, & de
» répondre envers les comptables de tous dé-
» pens, dommages & intérêts.

» XIII. Il ne ſera dorénavant fait droit ſur
» aucunes requêtes tendantes à ſurſéances ou
» main-levée des pourſuites du Contrôleur des
» reſtes, qu'il n'ait préalablement été ouï au
» bureau, ou que ladite requête ne lui ait été
» communiquée en parlant à ſa perſonne, &
» qu'il n'y ait réponſe ſignée de lui ; deſquelles
» réponſes verbales ou par écrit, mention ſera

» faite dans les arrêts qui interviendront fur
» lefdites requêtes, à peine de nullité' defdits
» arrêts qui feroient rendus fans les formalités
» fufdites.

„ XIV. Le Contrôleur des reftes avertira les
» commiffaires chargés de veiller aux pourfuites
» qu'il doit faire des obftacles qui pourroient fe
» rencontrer à leur exécution, pour, fur le rap-
» port de l'un d'eux au bureau, être par la cham-
» bre ordonné ce que de raifon.

» XV. Il fera tenu de préfenter fon contrôle à
» la chambre, une année après fon exercice ex-
» piré, & ainfi continuer tous les ans, à com-
» mencer de celui de 1767.

» XVI. Lefdits contrôles feront dreffés par
» nature de comptabilité, ordre de généralités
» & années d'exercices, ainfi qu'il eft prefcrit
» par le règlement de la chambre du 19 août
» 1749.

» XVII. A l'égard des charges comprifes ès
» états finaux qui lui ont été délivrés par le
» procureur général du roi, depuis le 6 feptem-
» bre 1761, qu'il a été commis à l'exercice de
» l'office de Contrôleur général des reftes en la
» chambre, au lieu & place de Me. Tartarin
» fon prédéceffeur, jufques & compris le 31
» décembre 1766, il les comprendra dans un
» feul & même contrôle qu'il préfentera à la
» chambre dans le courant du mois d'avril 1768,
» lequel fera dreffé dans la forme mentionnée
» en l'article précédent.

» XVIII. Dans le cas où le contrôle des reftes
» des exercices & geftion dudit Me. Tartarin
» feroit jugé, que l'extrait des parties non dé-
» chargées fur icelui feroit fait, collationné &

» remis au Contrôleur des reſtes lors de la pré-
» ſentation du compte mentionné en l'article
» précédent, il ſera tenu de ioindre aux acquits
» dudit compte les diligences par lui faites & les
» états finaux qui lui avoient été ſignifiés ſur des
» parties employées au compte dudit Mᵉ. Tar-
» tarin, & non déchargées ſur icelui, pour en
» être fait mention par le Conſeiller-auditeur
» rapporteur du contrôle étant à juger ſur les
» articles dudit contrôle, où les diligences &
» ſignifications d'états finaux auront lieu : & dans
» le cas où le contrôle dudit Mᵉ. Tartarin ne
» ſeroit point encore jugé, ou que l'extrait des
» parties non déchargées en icelui ne ſeroit point
» encore dreſſé, il ne rapportera leſdites dili-
» gences & ſignifications d'états finaux, qu'en
» ſon contrôle ſuivant, qu'il préſentera à la
» chambre dans le courant du mois de janvier
» 1769.

XIX. Le Contrôleur des reſtes ſera égale-
» ment tenu de joindre aux acquits de chacun
» des contrôles qu'il rendra à l'avenir, les pour-
» ſuites qu'il aura faites, & les ſignifications
» d'états finaux de comptes apurés à lui faites,
» pour raiſon des comptabilités compriſes dans
» des contrôles antérieurs, ſoit de ſa geſtion
» perſonnelle, ſoit de celle de ſes prédéceſſeurs,
» dont mention ſera également faite par le con-
» ſeiller-auditeur rapporteur, au jugement de
» chacun contrôle, ſur leſdits articles deſdits
» contrôles antérieurs, où leſdites diligences &
» ſignifications d'états finaux auront lieu.

» XX. Arrivant la démiſſion ou le décès dudit
» Mᵉ. Baſly, lui ou ſa veuve & ſes héritiers
» feront tenus de comprendre en ſon dernier

» contrôle toutes les parties reftantes à pour-
» fuivre , tant des contrôles qu'il aura per-
» fonnellement rendus , que de ceux de fes pré-
» décefleurs , ce qui fera de même obfervé à
» chaque mutation de titulaire dudit office.

» XXI. Sera fait double extrait des parties
» non déchargées & reftantes à pourfuivre du
» contrôle de Me. Tartarin, auffitôt après le
» jugement qui fera intervenu fur icelui ; lefquels
» extraits feront collationnés par le confeiller-
» auditeur rapporteur dudit compte , & par lui
» remis ès mains du procureur-général du roi ;
» l'un defquels extraits fera enfuite remis par le
» procureur général du roi au Contrôleur des
» reftes , l'autre aux commiffaires de la chambre
» chargés de veiller à fa geftion ; ce qui fera
» également obfervé après le jugement de chacun
» des contrôles qui feront fournis à l'avenir par
» le contrôleur des reftes en exécution du préfent
» règlement.

» XXII. Le préfent règlement fera ponctuel-
» lement gardé & obfervé ; à l'effet de quoi la
» commiffion établie par arrêt de la chambre ,
» en forme de règlement, du 24 janvier 1754 ,
» & qui a toujours continué en vertu de la no-
» mination qui fe fait au commencement de
» chaque femeftre, des commiffaires qui doivent
» la compofer pendant ledit femeftre , tiendra
» fes féances en la chambre du confeil , tous les
» jeudi de chaque femaine à l'iffue du bureau ,
» ou tel autre jour qui fera indiqué par lefdits
» commiffaires, auxquels jours le Contrôleur
» des reftes fe trouvera en ladite chambre pour
» être en état de rendre compte auxdits com-
» miffaires de fon adminiftration , & de l'exé-

» cution de tout ce qu'ils auront jugé conve-
» nable de lui prescrire pour l'intérêt du roi.

XXIII. Quant au compte que ledit Me. Basly,
» Contrôleur des restes actuel, est tenu de rendre
» personnellement du produit des droits de ré-
» tablissement qu'il a perçus depuis le 6 septem-
» tembre 1761, qu'il a été commis à l'exercice
» de l'office de Contrôleur général des restes,
» au lieu de Me. Tartarin son prédécesseur, jus-
» qu'au 4 août 1766, date de l'enregistrement
» de la déclaration du roi du 4 mai précédent,
» par l'article 25 de laquelle, le roi a fait don
» à cet officier de la totalité du produit dudit
» droit, à quelque somme qu'il puisse monter,
» il sera tenu de le présenter dans le courant du
» mois d'avril 1768, & de le dresser dans la
» forme prescrite par les arrêts de la chambre
» sur ce intervenus, & notamment par celui du
» 19 août 1749.

» XXIV. Enjoint la chambre très-expressé-
» ment au Contrôleur des restes, d'observer
» ponctuellement ce qui lui est prescrit par le
» présent règlement, lequel sera transcrit au
» commencement de chacun contrôle qui sera
» rendu par la suite. Seront les conseillers-cor-
» recteurs & auditeurs mandés au bureau par
» leurs députés, pour leur donner connoissance
» du présent arrêt, lequel sera prononcé au
» procureur général du roi, & à lui enjoint de
» le faire signifier à sa requête au Contrôleur des
» restes; comme aussi notifié aux syndics des
» procureurs, pour ce mandés au bureau, &
» à eux enjoint d'avertir leurs confrères de s'y
» conformer, & d'en faire part à leurs compta-
» bles ».

Toute requête qui tend à être déchargé des pourfuites du Contrôleur général des reftes doit lui être communiquée, & elle ne peut être jugée qu'après qu'il y a répondu.

Voyez *les lois citées*, & les articles COMPTE, CHAMBRE DES COMPTES, &c.

CONTRÔLEUR DES RENTES DE L'HÔTEL DE VILLE DE PARIS. C'eft un officier royal établi pour tenir regiftre du payement des rentes dûes par le roi & par le clergé qui fe payent à bureau ouvert à l'hôtel de ville de Paris, pour affurer la vérité & la date des payemens.

Le premier établiffement de ces officiers n'eft que de l'année 1576, quoique depuis 1515, il y ait eu des rentes affignées fur les aides, les gabelles & les autres revenus du roi, & que depuis 1562, il y ait eu d'autres rentes affignées fur les revenus temporels du clergé.

Le receveur de la ville étoit feul chargé du payement de toutes ces rentes, qui montoient en 1576 à environ trois millions cent quarante mille livres par an.

Plufieurs bourgeois de Paris & d'autres particuliers fe plaignirent au roi de la confufion & de la longueur du payement des rentes : d'un autre côté, les premiers prélats avec les fyndics généraux du clergé de France firent des remontrances au roi, tendantes à ce qu'il lui plût de retirer des mains du receveur de la ville de Paris le maniement des finances deftinées au payement des rentes affignées fur le clergé, afin qu'à l'avenir ces deniers ne fuffent plus confondus avec ceux d'une autre nature : le clergé demanda en même-temps au roi qu'il lui plût, pour établir le bon ordre dans la recette & le payement des rentes, de revêtir de son autorité quelque notable personnage à l'effet de tenir le contrôle de ces opérations.

Le roi n'accepta pas pour lors la proposition de détacher le payement des rentes du clergé, du maniement du receveur de la ville ; mais il fît expédier un premier édit au mois de décembre 1575, pour la création de deux Contrôleurs.

Le parlement ayant ordonné que cet édit seroit communiqué au bureau de la ville, il y eut une assemblée générale, non-seulement de tous les officiers de la ville, mais des députés de tous les corps & états intéressés aux rentes : comme on crut trouver quelques inconvéniens dans ce nouvel établissement, la ville s'y opposa. Le parlement fit aussi des remontrances à ce sujet, & ce premier édit fut retiré.

Au mois d'avril 1576, le roi donna un autre édit portant création de deux Contrôleurs, un pour les rentes sur les revenus du roi, & un autre pour les rentes sur le clergé. La ville voulut encore s'opposer à l'enregistrement de cet édit, mais il fut registré le 14 mai suivant, & à la chambre des comptes le 21.

Cet édit portoit aussi création d'un payeur des rentes sur le clergé ; mais comme, suivant la modification mise par les cours à l'enregistrement, la création de cet office de payeur n'eut pas lieu, & que celui qui devoit faire le contrôle de ce payeur se trouvoit sans fonction, le roi par une déclaration du 23 mai, ordonna que les deux Contrôleurs généraux des rentes exerceroient alternativement & par année.

Dans la suite les rentes sur la ville s'étant accrues,

crues, on a augmenté le nombre des Contrôleurs. La première augmentation fut faite par édit de 1615, qui ne fut vérifié qu'en 1621. Louis XIII en créa encore peu de temps après, mais qui furent destinés particulièrement au contrôle des rentes du sel, & depuis ce temps-là chaque partie de rente a eu ses Contrôleurs particuliers.

Il y eut dix créations de ces Contrôleurs sous le même règne, & trente sous celui de Louis XIV, ce qui fait en tout quarante-trois créations depuis la première jusqu'à celle du mois d'octobre 1711, qui est la dernière.

Le remboursement qui a été fait en divers temps de quelques parties de rentes, & les nouveaux arrangemens qui ont été pris pour le payement, ont occasionné divers retranchemens de Contrôleurs; le premier fut fait en 1654, & le dernier est du mois de mai 1772 : ils sont présentement au nombrs de trente.

L'édit du mois de novembre 1624 a attribué aux Contrôleurs des rentes le titre de conseillers du roi.

Conformément à la déclaration de Henri III du 28 janvier 1576, ils doivent jouir, ainsi que leurs veuves pendant leur viduité, des priviléges, franchises & exemptions dont jouissent les trésoriers de France & généraux des finances; & en conséquence ils sont exempts de toutes charges, tant ordinaires qu'extraordinaires, aides, tailles, emprunts, subsides & impositions quelconques, faites ou à faire, pour quelque cause que ce soit.

Leurs priviléges ont été exceptés des révocations faites en 1705 & en 1706 de différens priviléges : ils ont même été étendus par différens

édits poſtérieurs, qui leur donnent l'exemption
de toutes charges & emplois publics, comme
de collecte, tutelle, curatelle, de police, guet
& garde, exemption de ban & arrière-ban &
de la milice, & de la contribution pour le ſervice actuel de ſes troupes, du logement des
gens de guerre, uſtenſile & ſubſiſtance, droit de
*committimus* au grand & au petit ſceau, droit de
franc-ſalé; & ils jouiſſent de ces priviléges en
quelques lieux qu'ils faſſent leur réſidence ou
qu'ils cultivent leurs biens.

Ces mêmes priviléges ont été confirmés par
l'article 9 de l'édit du mois de mai 1772.

L'article 10 a rétabli ces officiers dans le droit
d'hérédité attribué à leurs offices par les édits
de janvier 1634, juin 1638, & juillet 1654. Il
a en même-temps été ordonné que ces officiers
& leurs ſucceſſeurs ſeroient diſpenſés de payer
les droits d'annuel, de mutation & de centième
denier nonobſtant l'édit du mois de février 1771
auquel il a été dérogé à cet égard.

Par l'article 11, les Contrôleurs des rentes
ont été confirmés dans l'exemption des dixième,
vingtième & deux ſous pour livre du dixième à
eux accordée par pluſieurs lois antérieures; &
leurs gages, taxations & droits d'exercice ont
été déchargés de la retenue du dixième d'amor-
tiſſement établie par l'édit du mois de décembre 1764.

Les Contrôleurs des rentes ſont ſeuls en droit
de délivrer des extraits certifiés des regiſtres de
leur contrôle.

Ces officiers doivent être reçus à la chambre
des comptes; mais enſuite pour leurs fonctions ils
ſont ſoumis à la juridiction du bureau de la ville.

Ils doivent être préfens au payement des rentes & infcrire les parties de rente dans le même ordre qu'elles font appelées. En cas d'abfence ou de maladie, ils peuvent fuppléer l'un pour l'autre.

Chaque Contrôleur doit envoyer à la chambre des comptes fon regiftre de contrôle trois mois après l'expiration de l'année.

Voyez *les édits de décembre 1575, d'avril 1576, juillet 1585, juin 1621, & janvier 1635; la déclaration du 19 mars 1708; les édits de juin 1714, juillet 1760, juin 1768, & mai 1772; le dictionnaire des arréts; l'encyclopédie; les mémoires concernant le contrôle des rentes fur la ville, par Pierre Leroi, &c.* Voyez auffi les articles PAYEUR DES RENTES, RENTES, &c.

CONTRÔLEUR DE LA MARINE. C'eft un officier qui a été établi par l'ordonnance du 27 feptembre 1776 pour fervir dans les ports & arfenaux de marine.

Par l'article premier de cette ordonnance, il a été établi un Contrôleur de la marine dans chacun des départemens de Breft, Toulon, Rochefort, le Havre, Dunkerque & Bordeaux.

Ces Contrôleurs ne font point compris dans le nombre des commiffaires des ports & arfenaux de marine établis par une autre ordonnance du même jour; & s'il plaifoit au roi d'agréer pour Contrôleur quelqu'un de ces commiffaires, il feroit tenu de remettre la commiffion dont il fe trouveroit pourvu & il lui en feroit expédié une de Contrôleur de la marine. C'eft ce qui réfulte de l'article 2.

Suivant l'article 3, les Contrôleurs de la marine doivent exercer dans les ports & arfenaux de marine, les fonctions qui leur font attribuées par leur commiffion, & fe conformer au furplus à ce qui leur eft prefcrit par l'ordonnance concernant la régie & adminiftration générale & particulière des ports & arfenaux de marine (*).

---

(*) *Voici ce que porte le titre 17 de cette ordonnance, concernant les officiers dont il s'agit:*

*Article 357.* Le Contrôleur aura infpection fur toutes les recettes & dépen'es, achats & emploi de marchandifes, & fur l'emploi du temps des ouvriers & journaliers, defquels il fera des revues particulières lorfqu'il le jugera à propos, ainfi que des gardiens de vaiffeaux & autres, & il affiftera à tous les marchés qui feront faits, & à tous les comptes qui feront arrêtés par l'intendant.

*Article 358.* Il fera préfent tous les jours, par lui ou par un de fes commis, à l'ouverture des magafins, defquels il aura une clef, & le foir ils feront fermés en fa préfence.

*Article 359.* Un de fes commis tiendra au magafin général de femblables regiftres à ceux qu'il eft prefcrit au garde magafin de tenir; excepté le livre de balance & celui pour l'enregiftrement des certificats délivrés aux divers particuliers fourniffeurs.

*Article 360.* Le Contrôleur paraphera tous les foirs & au bas de chaque page, fur le regiftre du garde magafins, les recettes & dépenfes qui feront faites pendant le jour; & à la fin de chaque femaine il les arrêtera, ainfi que les fiens, avec l'intendant, & tous les mois il vérifiera le livre de balance & l'arrêtera tous les ans, pour reconnoître au jufte ce qui refte dans les magafins, faifant mention des déchets & revenans bons qui y feront trouvés; & des caufes d'où ils feront provenus.

*Article 361.* Il vérifiera enfuite par un recenfement, de chaque forte de marchandifes & munitions, fi elles fe trouvent en la qualité & quantité qu'elles doivent être, & fi elles font placées en un lieu où elles fe puiffent conferver.

*Article 362.* Il tiendra un regiftre particulier de tous les marchés qui fe feront pour fournir des marchandifes aux magafins de fa majefté ou pour faire quelques ouvrages , & il aura foin de pourfuivre l'exécution des marchés , & d'avertir l'intendant des défauts & manquemens qu'il pourroit y avoir, afin qu'il y foit pourvu.

*Article 363.* Il confervera dans un bon ordre tous les regiftres, contrats, marchés , adjudications & autres papiers & mémoires qui regarderont fes fonctions , & en tiendra un inventaire exact, afin qu'on puiffe y avoir recours.

*Article 364.* Il contrôlera généralement tous les acquits, rôles, états & reçus fervant à la décharge du tréforier général de la marine , & tiendra un regiftre exact & fidèle de la recette & dépenfe qui fera faite par le commis du tréforier pendant chaque année , dans le port où il fera établi.

*Article 365.* Il fe fera remettre par le tréforier général de la marine , les copies collationnées des états & ordres de fonds qui lui auront été envoyés ; & à la fin de chaque année , il enverra au fecrétaire d'état ayant le département de la marine , le regiftre de la recette & dépenfe qui aura été faite dans le port.

*Article 366.* Il affiftera à l'arrêté des comptes du tréforier & du munitionnaire général de la marine , comme auffi à tous les contrats & marchés qui feront faits par l'intendant , en préfence du confeil de la marine , & le fignera avec lui ; il en examinera dans le confeil les claufes & conditions , recevra les enchères & cautions qui feront préfentées, & le marché fera adjugé à celui qui fera la condition de fa majefté meilleure.

*Article 367.* Il fera les pourfuites & diligences néceffaires pour le payement de ce qui fe trouvera dû à fa majefté, foit par les ouvriers travaillant hors de l'arfenal, à qui le garde-magafins délivre les marchandifes à compte des ouvrages qu'ils doivent fournir, foit par les particuliers à qui il auroit été prêté ou vendu des marchandifes , munitions & autres effets appartenans à fa majefté, en quelque

qu'il y ait été pourvu par le roi, les Contrôleurs

manière que ce puisse être, à peine de répondre des pertes qui pourroient arriver par sa faute & négligence.

*Article* 368. Il enregistrera toutes les commissions & les brevets accordés par sa majesté aux officiers de la marine & autres entretenus, & mettra l'enregistrement en abrégé au dos, afin d'y avoir recours en cas de besoin.

*Article* 369. Il sera présent aux revues des officiers, des ingénieurs-constructeurs, des compagnies des gardes du pavillon & de la marine, des compagnies des bombardiers & d'apprentis canoniers, des compagnies de la division du corps royal d'infanterie de la marine, & des officiers mariniers & autres entretenus dans le port; il en signera les extraits conjointement avec l'intendant, & il prendra garde qu'il n'y ait que les présens qui y soient employés, à peine d'interdiction.

*Article* 370. Il sera également présent aux revues & montres des états majors & équipages des vaisseaux, prendra garde que le nombre des officiers mariniers, canoniers, matelots, & les détachemens de soldats soient complets; qu'il n'y ait aucun passe-volant, & qu'ils soient tous en état de servir.

*Article* 371. Il examinera si les vivres qui sont embarqués sur les vaisseaux de sa majesté sont en la quantité ordonnée & de la qualité requise.

*Article* 372. Lors de l'armement & du désarmement des vaisseaux, il tiendra la main à ce que les officiers majors & équipages soient payés par le trésorier à l'armement à bord, & au désarmement dans le bureau des armemens & vivres suivant l'état qui en sera arrêté.

*Article* 373. Il prendra garde que les agrès & autres effets qui devront être rapportés dans les divers magasins après le désarmement, y soient distribués conformément à ce qui en a été fixé dans le procès-verbal de la visite desdits effets, & y soient classés, rangés & conservés dans l'ordre qui aura été prescrit, pour y demeurer à la charge du garde magasin.

*Article* 374. Il visitera tous les ouvrages que sa majesté fera faire, soit pour les vaisseaux, soit aux bâtimens civils;

doivent dans chaque port, être suppléés pour les fonctions journalières du Contrôle par celui de leurs commis auquel l'intendant ou ordonnateur juge à propos de donner un ordre à cet effet, sans toutefois que ce commis puisse signer les pièces de décharge de la comptabilité, à moins qu'il n'y soit autorisé par un ordre de sa majesté. Telles sont les dispositions de l'article 4.

Les appointemens des officiers dont il s'agit sont fixés par l'article 5. Cette loi veut qu'il soit payé à chacun des Contrôleurs de Brest, Toulon & Rochefort quatre mille livres par an, & à chacun de ceux du Havre, Dunkerque & Bordeaux, trois mille livres.

Il doit être réglé chaque année dans des états arrêtés par le roi sur la demande des intendans ou ordonnateurs, le nombre de commis au contrôle qui peuvent être employés selon les circonstances & les besoins du service dans chaque département, & les sommes qui doivent être payées dans chaque port tant pour les appointemens de ces commis que pour les frais de bureau du Contrôle. C'est ce que porte l'article 6.

Indépendamment des Contrôleurs de la marine des six départemens, l'article sept a établi un Contrôleur de la comptabilité des ports &

---

assistera aux toisés & à leur réception, sera présent aux payemens qui en seront faits; & ne pourra s'en dispenser sous quelque prétexte que ce puisse être.

*Article* 375. Le Contrôleur assistera à tous les conseils de marine; il en sera le secrétaire, & en portera les délibérations sur des registres particuliers qu'il tiendra à cet effet; il n'y aura pas de voix, excepté dans le cas où s'agissant de marchés & d'adjudications, il aura voix délibérative en sa qualité de Contrôleur.

arſenaux de marine à l'effet de maintenir un ordre uniforme dans cette partie importante du ſervice du roi.

L'uniforme des Contrôleurs de la marine eſt déterminé par l'article 8 , & l'article 9 leur défend de porter d'autre habit dans les ports où ils ſont établis.

Voyez *les lois citées*, & les articles COMMIS-SAIRE , PORT, MARINE ; &c.

CONTRÔLEUR GÉNÉRAL DES MONNOIES DE FRANCE. C'eſt le titre d'un office créé par un édit du mois de juin 1696, ſupprimé par un autre édit du mois de janvier 1708, & rétabli par un troiſième édit du mois de février 1717.

Cet officier a le titre de conſeiller du roi : ſes fonctions ſont de tenir regiſtre de tous les fonds tirés des monnoies par le tréſorier-général avec mention de l'enregiſtrement au dos des reſcriptions, récépiſſés ou autres acquits que ce tréſorier expédie à la décharge des directeurs particuliers ; de tenir pareillement regiſtre de tous les payemens faits par le même tréſorier pour le compte du roi & de viſer les pièces juſtificatives ; de fournir tous les mois au directeur général des monnoies, un état pour lui certifier de la recette & dépenſe du tréſorier-général ſuivant les regiſtres ; de viſer les comptes de caiſſe arrêtés entre ce dernier & les directeurs particuliers des monnoies, après avoir vérifié ſi toutes les parties énoncées ſont conformes à ſon regiſtre.

L'édit attribue à cet officier ſix mille livres de gages par an, & cinq mille livres auſſi par an pour frais de bureau ; mais pour en être payé il faut qu'il rapporte chaque fois un certificat du directeur général atteftant qu'il a exactement fourni tous les mois les états de fon contrôle. La finance de fon office eft fixée à cent vingt mille livres.

Ce Contrôleur-général fuivant l'édit n'étoit obligé de fe faire recevoir qu'à la cour des monnoies ; mais la chambre des comptes lors de l'enregiftrement de cette loi exigea qu'il fut encore tenu de fe faire recevoir & de prêter ferment devant elle.

Le titre de l'office accorde au Contrôleur un logement à l'hôtel des monnoies & les mêmes honneurs, franchifes, immunités, prééminences, exemptions, droits de *committimus*, de franc-falé & autres que ceux qui font attribués au directeur général. ( *Article de M. DAREAU, avocat, &c.* )

**CONTRÔLEUR ET GARDE DES MÉDAILLES ET JETONS.** C'eft le titre d'un officier créé par édit du mois de juin 1696.

Celui qui étoit pourvu de cet office, avoit la qualité de confeiller du roi : fes fonctions étoient de tenir regiftre des fontes & de la quantité de marcs des médailles & des jetons qui fe fabriqueroient : il devoit garder la clef des balanciers après le travail fini : il devoit avoir auffi une clef des poinçons, matières & carrés fervant à la fabrication des médailles & des jetons ; l'autre clef devoit être entre les mains du directeur des pièces fabriquées. Il avoit une attribution de mille livres pour trois quartiers de 1333 livres 6 fous 8 deniers de gages par an, mais cet office fut réuni à celui du directeur de la monnoie des médailles par un arrêt du confeil du 3 novembre 1696. ( *Article de M. DAREAU, avocat, &c.* )

CONTRÔLEUR-CONTRE-GARDE. C'eſt un officier des monnoies créé par l'édit du mois de juin 1696.

Les fonctions de cet officier ſont de tenir regiſtre de toutes les matières apportées au change, d'aſſiſter à toutes les délivrances & à la peſée des matières qu'on veut mettre en fonte, de tenir un Contrôle exact de toute la dépenſe qui ſe fait dans les monnoies, de viſer les mémoires des ouvriers, de ſuppléer les juges-gardes en leur abſence, de vérifier tous les ſix mois le regiſtre des changeurs, & à cet effet il lui eſt accordé trois livres pour vérification de chaque regiſtre. C'eſt lui qui doit avoir la clef des uſtenciles de la monnoie, lorſqu'il arrive qu'on eſt obligé de les mettre en dépôt. Il a un logement aux hôtels des monnoies avec exemption de toute charge publique. Un arrêt du conſeil du 9 décembre 1702 enjoint particulièrement aux juges-gardes d'appeler les Contrôleurs-contre-gardes aux fontes & aux délivrances, & à ceux-ci d'y aſſiſter pour en tenir le contrôle, conformément à l'article 13 de l'édit de juin 1696.

Un édit du mois de janvier 1705 a ſupprimé l'office de Contrôleur-contre-garde de la monnoie de Paris. Un autre édit du mois d'avril 1709 avoit réduit les droits de ces officiers dans les monnoies de province à quatre deniers par marc d'or au lieu de ſix qu'ils avoient auparavant, & à deux deniers par marc d'argent au lieu de trois. Mais une déclaration du 14 février 1713 ordonna que ces droits ſeroient rétablis à commencer du premier janvier 1712. Voyez l'article CONTRE-GARDE. ( *Article de M. DARLAU, avocat, &c.* )

CONTRÔLEUR - GÉNÉRAL DES FERMES.

# CONTRÔLEUR.

C'eft le titre d'un employé dont les fonctions font très-importantes. Il les exerce dans un certain arrondiffement fur une commiffion du fermier général & de fes cautions, après avoir prêté ferment pardevant un des juges des droits des fermes.

Ces fonctions confiftent à vérifier au moins quatre fois l'année les receveurs-généraux de tabac, les receveurs des greniers à fel, ceux des bureaux des droits de fortie & d'entrée des huiles, favons & autres fermes & droits y joints; tous les bureaux de contrôle & des dépôts, entrepôts de tabac, de fel & autres marchandifes; les regratiers des fels & les débitans de tabac, & généralement tous les poftes où les capitaines-généraux, brigades à pied & à cheval & leurs commandans font établis pour la confervation des droiss des fermes, à l'effet de s'affurer s'il ne s'y paffe rien contre les intérêts des fermes, de tout quoi il eft tenu de rendre compte, tant aux fermiers généraux qu'au directeur du département. Il doit avoir attention de voir fi dans chaque bureau où doit fe faire la perception des droits, le tarif de ces droits eft placardé dans un lieu apparent pour que les marchands puiffent en prendre communication, & fi la perception de ces mêmes droits fe fait fuivant les ordonnances.

. Il doit examiner & connoître à fond la capacité & les talens des capitaines, lieutenans, gardes & autres employés; s'informer s'ils ont prêté ferment en juftice, fi leurs commiffions font en bonne forme & duement enregiftrées; s'ils exercent leurs emplois avec affection & fidélité conformément aux ordonnances & aux ordres qui leurs font donnés ; fi les commandans & gardes à cheval font bien montés & bien équipés & fi les gardes à pied font bien habillés & bien armés ; obliger les commandans & les gardes de fe rendre tant de nuit que de jour dans tous les paffages par où l'on pourroit conduire & faire paffer les marchandifes prohibées ou autres en fraude des droits du roi & de rendre procès-verbal en bonne forme pour conftater toutes les contraventions qu'ils peuvent connoître.

Il faut qu'il voie fi chaque capitaine , brigadier & commandant des poftes tient un regiftre exact de toutes les faifies & captures, avec les noms , qualités & demeures des perfonnes fur lefquelles elles ont été faites , & le nom des receveurs ou autres commis chez qui les marchandifes ont été remifes.

Il doit faire tenir à chaque commandant un regiftre portatif contenant jour par jour le travail de fes employés & s'en faire remettre des extraits quand il juge à propos pour en faire la vérification.

Le contrôleur-général doit tenir lui-même un regiftre à mi-marge pour y porter d'un côté les extraits des procès-verbaux rendus par les brigades , & de l'autre les jugemens intervenus ou les accommodemens faits, le prix de la vente des effets faifis & généralement tous les détails relatifs aux inftances , jufqu'à ce qu'elles aient été terminées.

Il doit auffi tenir un autre regiftre cotté & paraphé par un fermier général ou par le directeur du département pour y infcrire toutes les découvertes qu'il peut faire de chofes contraires au bien de la ferme , & en donner avis promptement à peine de demeurer refponfable de l'évènement en fon propre & privé nom.

Il doit dreffer des procès verbaux de tournées dans lefquels il doit rapporter toutes les vérifications & opérations qu'il a faites, & il doit mettre fon vû fur les regiftres des entrèpofeurs & autres.

Il doit auffi rendre compte de l'état des caiffes de tous les receveurs particuliers pour voir s'ils font exactement la remife de leurs fonds ; & au cas qu'il leur en manque en avertir fur le champ les fermiers & attendre fur les lieux leurs ordres.

Il doit porter fur un regiftre deftiné à cet effet par fuite de dates & de numéros les arrêts, réglemens, & les ordres d'une certaine conféquence qui leur font adreffés par les fermiers ou leurs directeurs ; il doit enliaffer les arrêts & ordres & les timbrer du numéro de fon regiftre qu'il eft tenu de repréfenter quand il en eft requis. Ce regiftre & les pièces doivent être remis au fucceffeur en cas qu'on juge à propos de faire quelques changemens & d'envoyer un autre fujet à la place du pourvu.

Le Conttôleur-général doit affifter aux emplacemens & fins de maffe des greniers à fel ; voir fi les règles prefcrites pour le mefurage font ftrictement fuivies ; compter le nombre des facs, en pefer plufieurs, & avoir attention à ce qu'il ne s'introduife aucun abus dans le regratage des facs.

Il doit fe faire repréfenter les regiftres des greniers à fel, s'affurer fi les ventes en fel y font portées le lendemain de chaque jour d'ouverture du grenier & voir s'ils font conformes aux rôles fur lefquels ils ont été formés, fe faire repréfenter·les extraits qui ont été publiés & veiller exactement à ce qu'il ne fe commette aucune efpèce de fraude.

Le Contrôleur-général eft chargé d'exécuter & faire exécuter ponctuellement les ordonnances & règlemens concernant la régie des fermes, & notamment fur le fait du tabac, la déclaration du premier août 1721 ; fur le fait des gabelles, l'ordonnance du mois de mai 1680; fur le fait des droits d'entrée & fortie, la déclaration du mois de février 1687; fur le fait des huiles, la déclaration du 21 mars 1716; & généralement tous les édits, lettres-patentes & réglemens poftérieurement rendus ; il eft auffi tenu de faire exécuter tout ce qui eft porté par les commiffions des employés dont il doit avoir une pleine & entière connoiffance, à peine de demeurer garant & refponfable de l'inexécution & des défauts de formalité qui fe trouveroient de fon fait, pourquoi il eft tenu de donner caution.

Il eft défendu aux Contrôleurs-généraux à peine de révocation, de fe fervir des capitaines, lieutenans, gardes & autres employés, finon pour ce qui regarde le fervice des fermes ; de recevoir aucun préfent ; de s'intéreffer en aucun traité, ferme ni fous-ferme du roi, des communautés ou des particuliers; d'exercer aucune charge, office ou emploi; & de faire aucun trafic, commerce ou négoce directement ni indirectement. Il leur eft auffi défendu ds recevoir aucune fomme de deniers procédans des fermes par les mains des receveurs ou des redevables fous quelque prétexte & pour quelque raifon que ce foit.

Les Contrôleurs-généraux jouiffent des priviléges & exemptions accordés aux employés des fermes & ont droit de porter & faire porter à tous ceux qui les affiftent dans leurs fonctions toutes fortes d'armes pour la fûreté & défenfe de leurs prefonnes, à la charge de n'en point abufer. (*Article de M. LAMBERT, avocat & fecrétaire des commandemens de S. A. S. Monfeigneur le prince de Condé.*)

CONTRÔLEUR AMBULANT DES DOMAINES. C'eft un employé des fermes qui eft chargé de faire le recouvrement des recettes dans les bureaux particuliers de contrôle. Cet emploi ne peut être confié qu'à un fujet très-inftruit, comme on peut en juger par le détail que nous allons faire des fonctions qu'il a à remplir.

Il eft chargé par une procuration paffée par-devant notaires, qui lui tient lieu de commiffion, de faire au nom des fermiers généraux dans l'étendue de la généralité ou du département qu'on lui a affigné, la régie & recette de tous les droits de contrôle des actes & des exploits, infinuations laïques, centième denier, petit fcel, amortiffemens, francs-fiefs, nouveaux acquêts & ufages, formules & huit fous pour livre de ces droits; des droits d'échange dans les directes & mouvances des feigneurs particuliers; des droits d'aubaine, bâtardife, deshérence, confifcation & épaves, & des reftes des précédens baux: il doit à cet effet fe tranfporter tous les trois mois, & plus fouvent s'il eft néceffaire, dans les différens bureaux de fon département, pour arrêter les comptes de la recette faite par les commis buraliftes, en recevoir le montant & leur en donner quittances au pied des comptes, qui doivent être signés doubles. Il doit vérifier les regiſtres ſervant à la perception de tous les droits ; examiner dans les tournées de recouvrement & dans les contre-tournées la conduite des buraliſtes, & s'ils ont perçu les droits en conformité des réglemens ; les charger en recette de ceux qu'ils ont reçus de moins, & leur faire reſtituer les ſommes qu'ils ont perçues de trop ; faire des viſites, recherches, vérifications & perquiſitions pour la conſervation des droits énoncés ci-deſſus, tant chez les notaires, que chez les greffiers & autres ; dreſſer des procès-verbaux des contraventions & malverſations qu'il peut découvrir, pour faire condamner les contrevenans aux peines & amendes qu'ils ont encourues ; conférer les regiſtres du contrôle des actes avec ceux d'inſinuations, petit ſcel, exploits & droits réſervés, pour s'aſſurer ſi tous les droits réſultans des actes y ont été enregiſtrés ; ſe faire fournir par les notaires, greffiers, curés & autres perſonnes publiques, des extraits des teſtamens, codiciles & autres actes de dernière volonté ; ſe faire repréſenter par les curés, vicaires & autres dépoſitaires, les regiſtres de ſépulture, pour en tirer des extraits ; examiner les tables alphabétiques & les ſommiers tenus dans chaque bureau pour la régie, pourſuite & recouvrement des droits de centième denier, francs-fiefs & autres ; faire faire les pourſuites négligées par les commis ſur les articles ſubſiſtans ; donner aux commis les ordres & les inſtructions dont ils ont beſoin ; établir ceux qui ſont néceſſaires pour la régie, ſuivant. les ordres du

/directeur

directeur ou des fermiers ; révoquer ceux qui ne font pas leur devoir ; en établir d'autres fur les commiffions qui doivent leur être délivrées par le directeur, ou provifoirement fur les fiennes, en cas de befoin urgent ; pourfuivre & faire contraindre les commis pour le payement des fommes dont ils fe trouvent reliquataires ; décerner des contraintes, & les faire mettre à exécution ; faire faire les emprifonnemens, faifies & arrêts, exécutions de biens meubles, & faifies-réelles d'immeubles ; faire procéder à la vente, adjudication & délivrance des chofes faifies, &, fi befoin eft, p'aider, appeler ; oppofer, élire domicile, conftituer procureur, faire tous les actes judiciaires & autres qui font néceffaires, & confentir toutes main levees & élargiffemens ; & généralement faire pour l'établiffement, régie, perception & exploitation des fermes, tout ce que les fermiers généraux feroient en droit de faire s'ils y étoient en perfonne. Mais le Contrôleur ambulant ne peut faire, fans ordre exprès & par écrit des fermiers généraux ou du directeur, aucune remife ni modération d'aucun droit, foit en tout ou en partie, pour quelque caufe que ce puiffe être, à peine de nullité, & d'en répondre en fon propre & privé nom.

Le Contrôleur ambulant doit tenir bon & fidele regiftre cotté & paraphé de l'intendant ou de fon fubdélégué, pour y porter jour par jour, & fans interruption de dates, toutes les recettes & dépenfes qu'il peut faire, tant à compte que pour payement final, fous les peines portées par l'edit du mois de juin 1716, & les déclarations des 4 octobre & 7 décembre

1723. Il eſt obligé de rendre compte au retour de la tournée de recouvrement, & lorſqu'il en eſt requis, dans la forme qui peut lui être preſcrite; & il doit remettre les fonds provenans des droits à fur & à meſure qu'il les reçoit, au directeur ou au fondé de pouvoir pour faire la recette géné rale de la province, ſans qu'il puiſſe en aucune manière, & ſous quelque prétexte que ce ſoit, remettre aucune ſomme à d'autres qu'au directeur ou receveur général.

Cet emploi exige un cautionnement ; mais quoique la ferme des domaines ait été réunie en 1757 aux autres fermes, & qu'il ait été ordonné par l'arrêt du 30 avril 1758, que tous les commis & receveurs des fermes remettroient à la caiſſe des fermes les ſommes auxquelles ils ſont taxés pour tenir lieu de cautionnement, les Contrôleurs ambulans des domaines ont été exceptés, parce qu'on a jugé que les ſujets convenables pour régir cette partie eſſentielle des droits du roi n'étoient pas auſſi faciles à trouver que pour les autres parties, & qu'il étoit d'une néceſſité indiſpenſable de lever les obſtacles qui mettroient à prix d'argent des emplois qui ne peuvent être exercés que par des gens inſtruits dans les affaires; il ſuffit donc que les Contrôleurs ambulans propoſent pour caution une perſonne ſolvable & telle que les fermiers peuvent l'exiger. ( *Article de M. LAMBERT, avocat & ſecrétaire des commandemens de S. A. S. Monſeigneur le prince de Condé* ).

CONTUMACE. Ce mot s'employe en matière civile & en matière criminelle.

En matière civile, c'eſt le défaut que fait une partie de comparoître ſur une aſſignation à elle donnée devant le juge. Ce défaut de comparution n'empêche pas qu'on ne la juge en son absence comme on la jugeroit en sa présence ; mais ce jugement par défaut ne produit pas le même effet que s'il étoit contradictoire , parce que la partie condamnée peut en arrêter les suites par une opposition ; cependant lorsqu'elle se pourvoit par opposition , elle est obligée de rembourser tous les frais qu'elle a occasionnés par son défaut decomparution , & ces frais on les appelle *frais de Contumace ,* frais qui ne se répetent point en définitif , quand même la partie défaillante & opposante réussiroit au fond sur la demande.

Les défauts faute de défendre sont encore dans le cas de donner lieu à des frais de Contumace ; mais les défauts faute de plaider n'en produisent pas.

Denizart nous atteste que la refusion de ces frais *s'ordonne rigoureusement au palais & aux consuls ;* mais qu'au châtelet elle n'a lieu qu'aux auditeurs. Les autres chambres, dit-il , reçoivent les oppositions sans remboursement préalable des frais de Contumace ; mais quand on en fait l'observation , on y a égard en définitif par une compensation jusqu'à dûe concurrence.

Dans les présidiaux , dans les bailliages & autres justices du ressort, ce remboursement ne souffre aucune difficulté ; les oppositions ne s'y reçoivent qu'à la charge de ces frais , qui sont ceux qu'il a fallu faire pour obtenir le jugement par défaut, y compris le coût, l'expédition & la signification de ce jugement ; mais non les autres frais, comme de saisie & d'exécution faite en conséquence.

La refufion de ces frais eft fixée dans quelques fiéges à une fomme determinée ; cette fomme eft de huit francs au châtelet de Paris, fuivant un réglement homologué par arrêt de la cour, le 2 juillet 1691.

Au refte, quoiqu'il foit dit qu'on eft reçu oppofant à un jugement par défaut, à la charge de rembourfer les frais de Contumace, cette oppofition n'en eft pas moins valablement reçue, quoique le rembourfement des frais foit différé ; il ne refte à la partie à qui ces frais reviennent que de les faire taxer & d'en pourfuivre le payement par les voies de droit.

*Contumace en matière criminelle*, fe dit d'un refus opiniâtre que fait un accufé décrété de comparoître devant le juge pour répondre fur les faits qui lui font imputés, & pour purger fon décret. On dit refus *opiniâtre*, parce qu'il eft ordinairement précédé de fommations, de proclamations, &c.

Chez les Romains on appeloit *Contumax* celui qui avoit refufé de comparoître nonobftant trois citations confécutives ou une feule citation péremptoire.

Selon la loi des Ripuaires & la loi falique, quand quelqu'un étoit cité en jugement, & qu'il ne comparoiffoit point, il étoit appelé devant le roi ; & alors, s'il perfiftoit dans le refus de fe préfenter, il étoit mis hors de la protection du roi ; perfonne ne pouvoit le recevoir chez foi, ni même lui donner un morceau de pain.

Notre jurifprudence eft aujourd'hui bien différente. Pour expliquer avec une certaine méthode ce que nous avons à dire fur cette matière, nous diviserons cet article en trois sections.

Dans la première, nous traiterons de la procédure à observer pour l'instruction des défauts & des Contumaces.

Dans la seconde, nous parlerons des jugemens de Contumace, de leur exécution & de leur effet.

Dans la troisième, nous dirons comment les accusés peuvent se représenter, & quel est l'effet de cette représentation.

## SECTION PREMIÈRE.

### *De la procédure concernant la Contumace.*

Il faut distinguer sur le défaut que fait un accusé de paroître devant le juge, entre un décret de prise de corps qui l'oblige à se constituer prisonnier, & un décret d'ajournement personnel, ou simplement de soit oui, qui n'exige de lui qu'une représentation de sa personne, sans perdre sa liberté.

Le défaut de comparution sur un décret de prise de corps originaire est, à proprement parler, la vraie Contumace qui donne lieu à l'annotation de biens & à la procédure dont nous allons parler, au lieu que le défaut de paroître sur un décret de *soit oui* ou d'ajournement personnel, n'est qu'une Contumace *de présence* au sujet de laquelle on observe une procédure particulière dont nous parlerons dans la suite.

Quand un accusé est décrété de prise de corps par un décret *originaire*, ce décret ne lui est signifié qu'au moment où l'on se saisit de sa personne, parce qu'autrement ce seroit l'avertir de

prendre la fuite. Mais lorſqu'on ne peut l'appré-
hender au corps, comme il faut qu'il ſoit jugé,
on doit alors ſe conformer au titre 17 de l'ordonnance de 1670, dont les diſpoſitions ont été
plus particulièrement expliquées par des lettres-
patentes en forme d'édit données au mois de
décembre 1680, & dont voici le réſultat.

D'abord il faut diſtinguer ſi c'eſt dans les
trois mois ou après les trois mois du jour du
crime commis qu'on pourſuit la Contumace d'un
accuſé; ſi c'eſt dans les trois mois du crime
commis, la perquiſition de l'accuſé peut être
valablement faite dans la maiſon où il réſidoit
ſi elle ſe trouve ſituée dans la juridiction où
le crime a été commis, en laiſſant copie du
procès-verbal de perquiſition (*).

On doit en uſer de même pour l'aſſignation
à comparoître à la quinzaine en laiſſant copie
de l'exploit d'aſſignation.

Mais ſi l'accuſé n'a point réſidé dans l'étendue de la juridiction où le crime a été commis,
la perquiſition doit être faite & les aſſignations
doivent être données ſuivant l'article 3 du titre
17 de l'ordonnance de 1670; c'eſt-à-dire qu'on
doit afficher à la porte de l'auditoire copie du
décret & de l'exploit d'aſſignation à quinzaine
ſans qu'il ſoit néceſſaire, portent les lettres-
patentes de 1680, de faire les perquiſitions
& de donner les aſſignations au lieu où demeu-
roit l'accuſé avant qu'il eût commis le crime.

_____

(*) C'eſt par la perquiſition que commence l'inſtruction
de la Contumace : cette perquiſition doit être ſuivie de
la ſaiſie & de l'annotation de biens de l'accuſé. Voyez à
l'article ANNOTATION une formule de perquiſition &
d'annotation.

Si l'accusé ne comparoît point à la quinzaine on doit lui donner une nouvelle affignation à huitaine par un feul cri public, à fon de trompe ou de tambour, fuivant l'ufage ; & cette affignation doit lui être donnée à la place publique & à la porte-de la juridiction où fe fait l'inftruction du procès , & encore au devant de fon domicile s'il en a un dans l'étendue de la juridiction.

Si la Contumace fe pourfuit après que trois mois fe font écoulés depuis le crime commis , la perquifition doit fe faire & les affignations doivent fe donner au domicile ordinaire de l'accufé, foit qu'il demeure dans l'étendue ou hors de l'étendue de la juridiction où le procès fe pourfuit ; en obfervant pour l'affignation à quinzaine, qu'on doit lui accorder un jour de plus pour chaque dix lieues de diftance de fon domicile jufqu'au lieu de la juridiction où il eft affigné.

Si l'accufé ne comparoît point dans le délai réglé fuivant la diftance, on doit l'affigner à fon de trompe & par un cri public, à huitaine dans le lieu de la juridiction où s'inftruit le procès, & afficher le cri & la proclamation à la porte de l'auditoire de la juridiction. Les lettres patentes n'exigent rien au-delà ; mais il eft toujours fous-entendu qu'on a dû laiffer au domicile de l'accufé copie de la perquifition & de l'affignation, & qu'en affichant la proclamation on doit auffi afficher copie du décret.

A l'égard des accufés qui n'ont ni domicile, ni réfidence connue, foit que leur Contumace fe pourfuivre avant ou après les trois mois échus à compter du jour du crime commis, le règlement dont il s'agit porte que la copié du décret enfemble de l'exploit d'affignation feront feulement affichés à la porte de l'auditoire de la juridiction.

Obfervez que le jour où l'affignation eft donnée, n'eft point compris dans le délai accordé, non plus que celui où l'échéance a lieu.

Obfervez encore que l'huiffier qui fait le cri public doit être affifté de deux témoins, l'un defquels peut être celui qui fonne de la trompe ou qui bat du tambour (*).

Quand les délais des affignations font expirés & que la Contumace eft inftruite, la procedure doit être remife au miniftère public pour y donner des conclufions.

Les juges doivent enfuite paffer à l'examen du procès pour favoir fi la procédure eft en règle, & la faire rétablir fi elle pêche par quelque formalité. Si la procédure fe trouve régulièrement faite, & qu'il y ait lieu à un règlement à l'extraordinaire, on ordonne que les témoins feront récolés dans leurs dépofitions & que leur récolement vaudra confrontation.

Obfervez que lorfque parmi les accufés il s'en trouve de Contumax, & d'autres qui ne le font pas, il n'eft point néceffaire d'attendre que la Contumace foit inftruite contre les abfens pour pouvoir paffer au règlement à l'extraor-

---

(*) Un accufé ne peut pas être cité par cri public & à fon de trompe en vertu de la fentence d'un official. La chofe a été ainfi jugée au parlement de Rouen le 14 août 1736. On peut voir à ce fujet le traité de l'abus par Févret, livre 7 chapitre 1 n. 5, & les nouveaux mémoires du clergé, tome 7 page 819.

dinaire contre les accufés en général, prifonniers & autres ; il fuffit qu'après l'inftruction de la Contumace contre les abfens il foit ordonné que le récolement fait auparavant vaudra confrontation à leur égard ; autrement , comme l'obferve fort bien l'auteur du traité de la juftice criminelle , fi l'on attendoit que les délais de la Contumace fuffent échus pour paffer au récolement , il pourroit arriver que pendant ce temps la preuve periclitât contre les accufés prifonniers , par la mort ou par l'abfence des témoins ; mais on ne peut ordonner que le récolement vaudra confrontation à l'égard des accufés abfens , qu'après l'inftruction de la Contumace , parce que c'eft cette inftruction achevée qui conftate leur refus & leur opiniâtreté.

Obfervez encore qu'en ordonnant que le récolement vaudra confrontation , on doit dire qu'il vaudra confrontation nommément contre tel & tel : l'expreffion qu'*il vaudra confrontation contre les accufés Contumax , en général* , ne fuffiroit pas.

Lorfqu'un accufé s'évade des prifons , on diftingue fi c'eft avant ou après des interrogatoires fubis : fi c'eft avant d'avoir été interrogé , on doit inftruire fa Contumace parce que fon emprifonnement doit être regardé comme non avenu ; fi au contraire il a été interrogé avant fon évafion , on ordonne feulement que l'inftruction fera continuée , que les témoins ouïs feront récolés , fi fait n'a été , & que le récolement vaudra confrontation ; après toute fois l'avoir fommé ( au domicile qu'il a dû élire en vertu de l'édit de 1773 dont il fera ci-après parlé ) de fe repréfenter.

Mais fi l'évafion eft la fuite d'un bris de prifon, foit avant foit après les interrogatoires fubis, comme ce bris de prifon eft un nouveau crime, il faut que ce délit foit inftruit par une procédure particulière ( ), qui ne doit pas pour cela retarder l'inftruction ni le jugement de la première accufation, fur-tout fi cette première accufation a pour objet un crime dont la preuve foit fuffifamment acquife.

Si l'inftruction du procès fe trouve achevée avant l'évafion de l'accufé, on doit paffer outre au jugement, après une fommation à lui faite à fon domicile élu de fe repréfenter pour le dernier interrogatoire. C'eft ce qui réfulte & de l'article 24 du titre 7 de l'ordonnance de 1670, & de l'édit de juillet 1773.

Une queftion qui s'eft préfentée à M. Serpillon, auteur d'un *code criminel*, a été de favoir fi lorfqu'il furvient un nouveau chef d'accufation contre le Contumax, dans le cours de la procédure, après la Contumace commencée ou finie, on doit pour raifon de ce nouveau chef inftruire contre lui une nouvelle Contumace, ou s'il fuffit de s'en tenir à la première.

Cet auteur a penfé qu'il falloit une nouvelle inftruction, parce qu'on ne doit pas juger un accufé fur une nouvelle plainte, qu'il n'ait été interrogé, ou que fon refus de comparoître n'ait

----

(*) Un arrêt du 14 août 1736, rapporté par Lacombe en fes *matières criminelles*, a déclaré nulle une procédure du juge d'Eu, pour n'avoir pas inftruit un bris de prifon par information, &c. comme les autres délits. Mais la nullité ne portoit que fur la procédure concernant le bris de prifon, & non fur celle qui avoit trait à l'accufation originaire.

été conftaté : mais nous préférons de penfer avec M. Jouffe que cette nouvelle inftruction de Contumace feroit fort inutile ; car dès que l'accufé ne paroît point pour les premiers chefs d'accufation, le motif de fon refus fubfifte naturellement pour les chefs furvenus poftérieurement : cependant il eft toujours convenable de lui notifier le nouveau décret avec une feule proclamation à huitaine, afin qu'il fache du moins qu'il eft recherché pour des faits nouveaux, & qu'il doit fe repréfenter pour les uns & pour les autres.

Voilà pour ce qui concerne les Contumaces inftruites ou à inftruire en vertu d'un décret de prife de corps originaire.

A l'égard des autres Contumaces qu'on appelle *Contumaces de préfence*, ce ne font que des défauts de fatisfaire ou à un décret de *foit ouï*, ou à un décret d'ajournement perfonnel, en fe repréfentant en perfonne, fans être obligé de fe conftituer prifonnier. Autrefois, lorfqu'un accufé faifoit défaut, foit pour la confrontation ou pour les derniers interrogatoires, on penfoit dans quelques tribunaux qu'il falloit alors inftruire fa Contumace, & dans d'autres on ne croyoit point cette inftruction néceffaire. Pour établir un ufage uniforme à cet égard, il a été rendu un édit au mois de juillet 1773, qui a pourvu à ces inconvéniens. Voici cette loi.

« Louis, par la grâce de Dieu, roi de France
» & de Navarre : A tous préfens & à venir ; falut.
» Nous étant fait repréfenter les mémoires qui
» nous ont été adreffés par plufieurs cours de
» notre royaume, par rapport aux Contumaces
» des accufés qui ne fe préfentent pas pour fubir
» interrogatoire lors du jugement du procès,

» nous avons jugé nécessaire de faire cesser la
» diversité d'usages qui subsistent entre lesdites
» cours sur la manière d'instruire lesdites Con-
» tumaces, & de fixer la jurisprudence sur l'effet
» des jugemens rendus contre lesdits accusés ;
» & voulant que l'administration de la justice
» soit uniforme en cette matière. A ces causes
» & autres à ce nous mouvant, de l'avis de
» notre conseil & de notre certaine science,
» pleine puissance & autorité royale, nous avons
» par notre présent édit perpétuel & irrévocable,
» dit, statué & ordonné, disons, statuons &
» ordonnons, voulons & nous plaît ce qui suit :

### ARTICLE PREMIER.

» Tout accusé, soit qu'il soit décrété de prise
» de corps, d'ajournement personnel ou d'assigné
» pour être oui, sera tenu d'élire domicile dans
» le lieu où l'accusation contre lui intentée sera
» poursuivie, ce qui sera observé en cas d'appel
» ou de renvoi du procès dans une autre juri-
» diction, pour nullités de procédures, reven-
» dication ou autrement, auxquels cas l'accusé
» fera élection de domicile dans le lieu où le
» procès sera porté par appel ou par renvoi.

II. » Lorsque l'accusé aura élu domicile, toutes
» les significations & sommations que les parties
» publiques ou civiles feront dans le cas de lui
» faire pendant l'instruction du procès & jusqu'au
» jugement ou arrêt définitif, feront faites au
» domicile par lui élu.

III. » Faute par l'accusé d'avoir élu domicile,
» voulons que toutes les significations & som-
» mations puissent être faites au greffe de la
» prison où il sera détenu lorsqu'il sera prison-

» nier, ou au greffe de la juridiction où le procès
» sera suivi lorsqu'il sera en liberté.

IV. » Et afin que les accusés ne puissent pré-
» tendre cause d'ignorance de la disposition des
» trois précédens articles, enjoignons à tous
» juges de leur en donner connoissance dans le
» premier interrogatoire qu'ils subiront devant
» eux, & d'en faire mention dans ledit inter-
» rogatoire.

V. » Pourront au surplus les accusés élire
» domicile ou en changer en tout état de cause,
» sans toutefois qu'ils puissent choisir un domicile
» hors du lieu où le procès sera suivi ; leur per-
» mettons de faire élection de domicile sur le
» regiftre de la geole lorsqu'ils seront en prison,
» ou sur le regiftre du greffe criminel lorsqu'ils
» seront en liberté.

VI. » Enjoignons à cet effet aux greffiers des
» prisons & aux geoliers de celles où il n'y a pas
» de greffiers, ainsi qu'aux greffiers criminels,
» chacun à leur égard, de recevoir lesdites élec-
» tions de domicile à la première requisition des
» accusés, & d'en joindre une expédition à la
» procédure dans les vingt - quatre heures, à
» peine de répondre en leur propre & privé
» nom de tous dépens, dommages & intérêts ;
» & à compter du jour que ladite élection de
» domicile aura été jointe à la procédure, toutes
» significations & sommations à la requête de la
» partie publique ou civile seront faites à l'accusé,
» au domicile par lui élu.

VII. » Dans les procès où il y aura partie
» civile, l'accusé sera tenu de lui faire signifier
» ladite élection ou ledit changement de do-
» micile. Voulons qu'audit cas, & à compter

» du jour que ladite fignification aura été faite
» à la partie civile, il ne foit plus fait à l'accufé
» de fommation ni fignification qu'au domicile
» par lui élu.

VIII. » Les articles 3 & 4 du titre 10 de notre
» ordonnance de 1670 feront exécutés ; en
» conféquence, lorfque les accufés décretés
» d'affignés pour être ouïs, ou d'ajournement
» perfonnel, n'auront pas comparu pour fubir
» interrogatoire, les décrets feront convertis;
» favoir, ceux d'affignés pour être ouïs en dé-
» crets d'ajournement perfonnel, & ceux d'ajour-
» nement perfonnel en décrets de prife de corps,
» & ce à l'échéance de chacune des affignations
» données fur chacun des décrets, fans qu'il foit
» néceffaire d'attendre les délais pour lever le
» défaut ou pour le faire juger, dont nous abro-
» geons l'ufage en matière criminelle, en toutes
» juridictions, même en nos cours; abrogeons
» pareillement l'ufage des préfentations dans les
» procès qui ne s'inftruiront qu'à la requête de
» la partie publique.

IX. » Si l'accufé décrété d'affigné pour être
» ouï, après avoir comparu fur ledit décret &
» fubi interrogatoire, ne comparoît pas pour les
» récolemens & confrontations & autres inf-
» tructions, il fera, fur la conclufion de la partie
» publique, décrété de prife de corps, fans ob-
» ferver le décret intermédiaire d'ajournement
» perfonnel, & ce fur le certificat du greffier de
» la juridiction, que l'accufé ne s'eft pas pré-
» fenté, lequel certificat fera joint au procès;
» n'entendons néanmoins rien innover à l'égard
» des accufés décrétés d'affignés pour être ouïs,
» & qui ne fe feroient pas préfentés fur ledit

» décret pour fubir interrogatoire , à l'égard
» defquels tous les degrés de décrets feront
» obfervés.

X. » Il ne pourra être procédé, tant en pre-
» mière qu'en dernière inftance, au jugement
» d'aucun procès criminel inftruit par récole-
» ment & confrontation, & dont l'appel fera
» de nature à être porté ès chambres de tour-
» nelle ou autres chambres de nos cours où fe
» portent les appels des procès de grand cri-
» minel, fans appeler, pour fubir le dernier in-
» terrogatoire en préfence des juges, tous les
» accufés autres néanmoins que ceux contre
» lefquels la Contumace aura été inftruite en la
» forme ordinaire ; voulons en conféquence qu'en
» vertu d'un jugement qui fera rendu à la requête
» de la partie publique, il leur foit fait fomma-
» tion de comparoître au jour indiqué par ledit
» jugement pour fubir interrogatoire, & de fe
» réintégrer à cet effet dans les prifons, ou de
» fe repréfenter aux pieds de la cour, fuivant
» l'exigence des cas.

XI. » faute par lefdits accufés d'avoir comparu
» ou de s'être mis en prifon, il fera paffé outre
» au jugement du procès, fans qu'il foit befoin
» de conftater leur abfence autrement que par
» un certificat qui fera délivré par le greffier de
» la geole, ou par le procès-verbal de l'huiffier
» qui aura été chargé de les appeler, fans qu'il
» puiffe être fait aucune perquifition defdits
» accufés & inftruit aucune Contumace, faute
» de préfence, dont nous abrogeons l'ufage ; &
» fera le certificat dudit greffier ou le procès-
» verbal de l'huiffier joint au procès.

XII. » Les sentences, jugemens ou arrêts qui
» auront été rendus sans avoir entendu tous les
» accusés sur la sellette ou derrière le barreau,
» ne seront regardés & exécutés que comme
» jugemens de Contumace à l'égard des accusés
» qui n'auront pas subi ledit interrogatoire en
» présence des juges, quand même ils auroient
» comparu à toute l'instruction. Voulons en
» conséquence que lorsque lesdits accusés se
» présenteront, il soit procédé sans délai audit
» interrogatoire, & ensuite à un nouveau juge-
» gement à leur égard, & ce en vertu du présent
» édit, & sans qu'il soit besoin de le faire ainsi
» ordonner ; ce qui sera exécuté tant à l'égard
» des jugemens qui auroient été ci-devant rendus
» sans avoir entendu les accusés, que pour ceux
» qui seront rendus à l'avenir : voulons toutefois
» que les accusés qui n'auront pas comparu pour
» être interrogés lors du premier jugement, ne
» puissent être admis à un nouveau qu'en se re-
» mettant dans les prisons.

XIII. » Notre présent édit sera exécuté, tant
» en première instance que par appel, en toutes
» juridictions, même en nos cours, à compter
» du jour de la publication & enregistrement
» d'icelui ; dérogeant, en tant que de besoin, à
» toutes ordonnances, édits, déclarations &
» usages, en ce qui ne seroit pas conforme aux
» dispositions y contenues, sans que les cours
» dans lesquelles les accusations seroient portées
» ou dévolues puissent lui donner un effet ré-
» troactif, quant aux jugemens intervenus ou
» aux procédures d'instructions faites jusqu'à ce
» jour. Si donnons en mandement, &c. »

SECTION

## SÉCTION DEUXIÈME.

*Des jugemens de Contumace, de leur exécution*
*& de leur effet.*

Les jugemens qu'on peut rendre par Contumace doivent être auffi fondés que ceux qu'on
appelle contradictoires. C'eft une erreur que
les criminaliftes fe font tranfmife, de penfer,
comme en Italie, que les accufés fugitifs doivent
être réputés coupables du crime pour lequel ils
font pourfuivis, & que leur Contumace eft même
un motif pour augmenter contre eux la peine
attachée au délit.

» Quoiqu'il foit vrai de dire en général ( ob-
» ferve l'auteur du traité de la juftice criminelle )
» qu'on n'a rien à craindre quand on eft innocent,
» cela n'eft cependant pas toujours vrai, & il
» peut fort bien arriver que la crainte qu'infpire
» un procès criminel foit la feule caufe de l'ab-
» fence de l'accufé. On peut quelquefois fe juf-
» tifier dans un temps & ne le pouvoir faire dans
» un autre. D'ailleurs celui qui voit que fa vie
» dépend de la volonté & de la dépofition des
» témoins qui peuvent être féduits, penfe plutôt
» à ce que ces témoins peuvent dire, & à ce que
» fes juges peuvent faire, qu'à ce qu'il doit faire
» pour juftifier fon innocence : ainfi il croit
» devoir prendre le parti le plus fûr qui eft celui
» de la fuite ». C'eft pourquoi fi les preuves
adminiftrées contre lui n'annoncent pas qu'il foit
coupable, on ne peut s'empêcher de l'abfoudre,
quoique par défaut, comme le fut en 1734 le
fieur de Beaurepaire, contre lequel on avoit

procédé par Contumace, à raison d'un affaffinat dont il étoit accufé.

Mais quand le délit eft conftaté & que la preuve en eft acquife contre celui auquel il eft imputé, on peut prononcer contre lui la même peine que celle qu'il feroit dans le cas de fubir réellement s'il étoit pris ; mais on doit s'abftenir d'ajouter au jugement cette modification, *fi pris & apréhendé peut être*, dont l'ufage eft abrogé par l'ordonnance de 1670.

Les condamnations à mort naturelle par Contumace, s'exécutent par effigie, & l'effigie par la repréfentation en peinture du genre de mort auquel l'accufé a été condamné ; repréfentation qui fe fait en forme de tableau qu'on attache à une potence dans la place publique.

Les jugemens qui prononcent la peine des galères perpétuelles ou à temps, celle de l'amende honorable (*), du banniffement petpétuel, de la flétriffure ou du fouet, s'exécutent en les écrivant feulement fur un tableau fans aucune effigie, & le tableau s'attache à un poteau dans la place publique. Il en eft de même de la peine du pilori & du carcan, fuivant une déclaration du 11 juillet 1749.

L'exécution de ces peines s'attefte par le procès-verbal du greffier mis au bas du jugement de condamnation.

A l'égard des autres condamnations par Contumace, elles fe fignifient au domicile du condamné, ou elles s'affichent à la porte de

---

(*) Ceci s'entend de l'amende-honorable *à Dieu & à juftice*, car la condamnation à l'amende-honorable *fèche* fe fignifie fimplement.

l'auditoire, s'il n'a point de domicile connu ou de domicile élu.

Il faut bien diftinguer en fait de Contumace, entre un jugement exécuté & un jugement non-exécuté. La condamnation ne produit fon effet que du jour qu'elle a été exécutée ; de forte que fi les vingt ans de la prefcription introduite à l'égard des crimes, étoient écoulés à compter du jour du crime commis, avant l'exécution du jugement, la condamnation exécutée poftérieurement à ces vingt années ne produiroit aucun effet ; mais fi elle avoit été exécutée avant la révolution de ces vingt années, la prefcription ne feroit acquife qu'après trente ans depuis le crime commis. Dans le doute fi le jugement a été exécuté ou non, on doit tenir pour la négative, à moins qu'on ne juftifie d'un procès-verbal d'exécution. Une preuve par témoins d'une telle exécution, fut déclarée inadmiffible au parlement de Touloufe le 23 août 1731 ; en conféquence le crime & les actions pécuniaires furent déclarés prefcrits par le laps de vingt ans. Voyez à ce fujet l'article PRESCRIPTION.

L'accufé condamné par Contumace ne peut pendant qu'il eft fugitif arrêter par un appel l'exécution du jugement porté contre lui, parce que pour être admis à fe pourvoir par appel, il faut commencer par obéir à la juftice, c'eft-à-dire fe mettre en prifon. On peut cependant faire propofer une exoine, lorfqu'on eft dans un état de maladie ou qu'on eft retenu par des affaires qui ne permettent point de fe repréfenter. C'eft ce qui réfulte de l'article 4 du titre 25 de l'ordonnance de 1670.

Mais obfervez que quand l'accufé fugitif eft

F ij

condamné par contumace avec d'autres accusés
jugés contradiĉtoirement, & que le jugement ne
peut point se mettre à exécution contre ceux-
ci qu'il n'ait été confirmé par le tribunal supérieur, on ne doit point l'exécuter non plus contre le Contumax avant que les juges supérieurs
n'aient prononcé sur le sort de tous les accusés,
parce que souvent le sort des uns est attaché à
celui des autres. D'ailleurs la chose a été ainsi
jugée au parlement de Paris le 24 septembre
1757 par un arrêt qui a déclaré nul un procès-
verbal d'exécution d'un jugement par Cotumace
contre un accusé condamné au bailliage de
Troyes avec un autre accusé qui s'étoit rendu
appelant. Si la partie public interjetoit appel du
jugement de Contumace, cet appel seroit aussi
suspensif, & il faudroit attendre l'évènement de
l'arrêt pour l'exécution de ce jugement.

Quand la Contumace a été exécutée par sentence ou par arrêt, le condamné a encore cinq
années pour se représenter à compter du jour de
l'exécution; mais s'il laisse passer ce temps sans
en profiter, son jugement est réputé contradictoire & en dernier ressort, quant aux condamnations pécuniaires, amendes & confiscations :
cependant il peut être reçu à ester à droit &
obtenir des lettres-royaux pour se purger, conformément à l'article 28 du titre 17 de l'ordonnance criminelle.

Dans l'incertitude si l'accusé se représentera
ou non dans les cinq ans, on ne peut pour le
payement des amendes, frais & intérêts civils,
faire vendre les meubles & biens saisis de l'accusé qu'après la première année de l'exécution
de la sentence de Contumace, & encore ceux

au profit de qui font adjugées les condamnations pécuniaires, doivent-ils donner caution de
les rapporter au cas que l'accufé fe repréfente
dans les cinq ans fuivant que l'a jugé un arrêt de
la cour des aides de Paris du 7 août 1683, rapporté au journal du palais ; caution qu'ils ne
font pas obligés de donner lorfqu'ils ont attendu
l'expiration des cinq années.

Pour ce qui eft de la confifcation, elle n'a
pas lieu même par provifion pendant les cinq
ans ; il faut attendre l'expiration de ce délai, &
encore les receveurs du domaine, les donataires
& les feigneurs à qui elle appartient font-ils
tenus de fe pourvoir en juftice (*) non pas précifément devant les juges qui l'ont prononcée,
mais devant les juges des lieux où les biens font
fitués, pour avoir permiffion de fe mettre en
poffeffion des biens confifqués. Ils doivent d'ailleurs faire dreffer procès-verbal de la qualité &
de la valeur des meubles & des effets mobiliers
& de l'état des immeubles pour en jouir enfuite
en pleine propriété. Cette formalité eft prefcrite
par l'article 32 du titre cité à peine contre les
donataires & les feigneurs de déchéance de leur
droit au profit des pauvres du lieu, & contre
les receveurs du domaine du roi de mille livres
d'amende applicable moitié au profit des pauvres du lieu. C'eft pour cela auffi que l'article
déclare nuls tous les dons qui pourroient avoir
été faits dans les cinq ans par le roi ou par les

___

(*) L'article 23 de l'édit des duels du mois d'août 1679,
contient une exception à cette régle ; la confifcation pour
duel eft acquife au roi fans attendre que les années des
défauts & des Contumaces foient expirées.

seigneurs des biens confisqués, excepté des fruits & revenus de ces biens dont ils peuvent jouir pendant ce temps-là par les mains des commissaires & desquels ils peuvent disposer comme étant à eux. Mais si après les cinq ans les confiscataires avoient disposé des biens confisqués, l'accusé ne pourroit plus revenir contre cette disposition parce que tout seroit consommé.

La faveur accordée aux condamnés pour se représenter dans les cinq ans après l'exécution du jugement par contumace, produit encore cet effet que si un condamné vient à mourir dans les cinq ans, il meurt comme s'il n'avoit point été condamné; il meurt comme on dit, *integri status*, c'est-à-dire en possession de son état, parce qu'on présume qu'il n'auroit point laissé passer les cinq ans sans se représenter pour sa justification, s'il eût vécu plus longtemps; mais si son décès n'arrive qu'après les cinq ans, & qu'il ait été condamné à mort, aux galères perpétuelles ou au bannissement à perpétuité hors du royaume, ou que même il n'ait point été constitué prisonnier malgré lui avant ce temps-là, il est réputé mort du jour de l'exécution du jugement, & avoir été incapable depuis de recueillir aucune succession ni de faire aucune disposition, soit entre-vifs, soit à cause de mort.

Observez qu'à l'égard du crime de duel, l'article 27 de l'édit du mois d'août 1679, déclare ceux qui sont condamnés par Contumace, indignes de toute succession qui pourroit leur écheoir quand même ils seroient encore dans les cinq années & qu'ils auroient été restitués contre la Contumace, parce que ce crime est excepté de ceux qui s'éteignent par la mort du coupable, & qu'on peut en pourfuivre la punition contre la mémoire de ceux qui le commettent.

Les bénéficiers condamnés par Contumace à des peines qui emportent la mort civile font privés des fruits & revenus qui proviennent de leurs bénéfices. Il eft même d'ufage de déclarer les bénéfices vacans & impétrables. Nous en avons un exemple cité par Denizart dans un arrêt du parlement rendu le 17 janvier 1759 contre le curé de faint-Nicolas-des-Champs & d'autres eccléfiaftiques de la même paroiffe. Si ces bénéficiers laiffent acquérir la poffeffion triennale fans fe repréfenter, ils ne peuvent plus dépofféder les titulaires actuels. C'eft ce qui réfulte du concordat & de l'édit de 1606.

Lorfqu'on procède à un jugement par Contumace, on doit déclarer la Contumace *bien inftruite ;* c'eft ce que prefcrit l'article 15 du titre 17 de l'ordonnance de 1670 ; mais s'il ne s'agit que d'une Contumace de préfence, on doit fimplement déclarer le défaut *bien acquis.*

Quand un criminel condamné contradictoirement s'évade avant l'exécution, on peut faire ordonner que le jugement fera exécuté contre lui par effigie.

## SECTION TROISIÈME.

*De la repréfentation des accufés Contumax & de l'effet de cette repréfentation.*

L'article 18 du titre 17 de l'ordonnance de 1670, dit que « fi le Contumax eft arrêté pri- » fonnier ou fe repréfente après le jugement, ou

» *même après les cinq années* ( * ) dans les prisons
» du juge qui l'aura condamné , les défauts &
» contumaces seront mis au néant sans qu'il soit
» besoin de jugement ou d'interjeter appel de la
» sentence de condamnation ». Mais il est dérogé
à cet article à l'égard de ceux qui ont été condamnés pour duel: l'article 23 de l'édit de 1679
porte qu'ils ne pourront être reçus dans leur
justification , même pendant les cinq ans de la
Contumace , qu'ils n'aient obtenu auparavant
des lettres du roi portant permission de se représenter.

L'ordonnance semble exiger que l'accusé se
représente devant le juge qui l'a condamné ; mais
si ce juge étoit incompétent , l'accusé pourroit
se mettre en état dans les prisons du juge compétent pour connoître de l'accusation.

L'auteur du traité de la justice criminelle duquel cette remarque est tirée , demande si les
juges supérieurs étant saisis de la connoissance de
l'affaire par l'appel d'un co-accusé condamné
contradictoirement , l'accusé Contumax ne devroit pas se représenter devant ces juges d'appel ?

Il n'y a aucune difficulté à penser qu'il peut
se représenter devant les juges d'appel , sauf à
eux à le juger avec les co-accusés s'il n'est pas

(*) Il semble que cette disposition soit difficile à concilier avec l'article 28 du même titre qui annonce qu'il
faut des lettres quand on a passé les cinq années , mais
observez d'après M. Jousse que l'article 18 dont il s'agit
ici ne s'entend que de la procédure sur les défauts &
Contumaces , & que l'article 28 s'entend des condamnations pécuniaires qui doivent subsister après les cinq ans,
malgré la représentation de l'accusé.

néceſſaire d'une plus ample inſtruction, ou à le renvoyer ſur les lieux pour le confronter aux témoins, ſi les faits & les circonſtances l'exigent. Il y a plus, c'eſt que la repréſentation de l'accuſé ſe faiſant devant le premier juge, celui-ci ne pourroit point en ce cas s'empêcher d'en donner avis aux juges d'appel ; autrement ces derniers pourroient bien juger en conſéquence des preuves portées devant eux, & mal juger eu égard à la nouvelle inſtruction qui ſe feroit devant le premier juge. D'ailleurs dans les accuſations où il y a des complices, il eſt preſque toujours néceſſaire de les confronter les uns aux autres, ce qui ne pourroit ſe faire ſi les uns étoient dans les priſons des juges d'appel, & les autres dans celles du premier juge. Mais quand les juges d'appel ont ſtatué définitivement ſur le ſort des priſonniers appelans, les accuſés Contumax qui ſe préſentent doivent ſe mettre en état devant le premier juge.

On trouve dans le recueil des règlemens du parlement de Provence un arrêt du 15 décembre 1727, rendu toutes les chambres aſſemblées, par lequel il eſt ordonné »que tous les défail-»lans & Contumax qui ſeront arrêtés ou qui » ſe repréſenteront après les ſentences de défaut » quoiqu'elles aient été ſuivies d'un arrêt de dé-»faut, ſeront renvoyés aux premiers juges en la » forme de l'ordonnance, pour leurs procès être » inſtruits & jugés juſqu'à ſentence définitive, à »l'exception néanmoins des Contumax & dé-» faillans qui auront été jugés par des arrêts de » défaut, dans leſquels un des accuſés aura été » jugé contradictoirement & en perſonne, au-» quel cas l'inſtruction & le jugement des com-

» plices qui feront arrêtés ou fe repréfenteront,
» feront faits pardevant la cour & de fon auto-
» rité ».

L'effet de la repréfentation de l'accufé, foit
que cette repréfentation foit forcée ou volontaire, eft d'abord de le remettre au même état
qu'il étoit lors de l'accufation : il recouvre la
vie civile, mais la validité des actes qu'il fait
depuis, dépend du jugement qui intervient enfuite : fa repréfentation eft fi favorable que s'il
venoit à mourir avant ce jugement ( quoiqu'il
ne fe fût repréfenté qu'après les cinq ans ) ou
pendant l'appel qu'il pourroit en interjeter, il
n'en mourroit pas moins, comme nous l'avons
dit en la fection précédente, avec tous les avantages d'un homme libre; & en cas d'évafion de
fa part, la Contumace n'en auroit pas moins été
mife au néant, fauf à juger de nouveau fur fon
évafion.

Le fecond effet de fa repréfentation eft de lui
faire en même-temps recouvrer fes biens faifis
& annotés. C'eft ce que nous avons expliqué à
l'article ANNOTATION.

Lorfque l'accufé a été condamné par Contumace à une de ces peines auxquelles il lui eft
libre d'acquiefcer, telles qu'à un banniffement à
temps, à un blâme, &c. & qu'en fe repréfentant il déclare s'y foumettre, cette déclaration
fuffit pour opérer fon élargiffement & pour avoir
main-levée de la faifie & annotation de fes biens
en payant les frais de Contumace ; car pour ces
frais il les doit aux termes de l'article 19 du
titre 17 de l'ordonnance de 1670 : il les doit
auffi quand même il feroit queftion de paffer à
un nouveau jugement, & qu'il n'y auroit point

de partie civile. C'eſt ce que porte une déciſion inſérée dans une lettre de feu M. d'Agueſſeau écrite au procureur du roi de la maréchauſſée de Blois. Cette déciſion eſt relative à une ordonnance du mois de janvier 1600, rendue pour les eaux & forêts, laquelle ordonne le payement des frais de Contumace lors même qu'il n'y a d'autre partie que le procureur du roi ; d'où l'on conclut que l'accuſé qui eſt décrété de priſe-de-corps par converſion , doit avant d'être élargi payer les frais de cette converſion. Mais on obſerve que le payement de ces frais ne doit pas avoir lieu lorſque la Contumace de l'accuſé eſt motivée ſur l'incompétence du juge qui l'a décrété, & que cette incompétence eſt reconnue par la ſuite. Au reſte , que les frais ſoient payés ou non, l'ordonnance veut qu'on aille toujours en avant pour l'inſtruction & pour le jugement du procès. D'ailleurs ces mêmes frais ne ſont pas moins dûs lorſque l'accuſé parvient à un jugement d'abſolution , même avec dommages-intérêts. C'eſt ce qui a été jugé à la Tournelle du parlement de Paris le 20 juin 1731, en conformité de l'article 19 du titre 17 de l'ordonnance de 1670, dont l'exécution a été renouvelée.

Si l'accuſé qui ſe repréſente n'a point été encore interrogé , il doit l'être dans les vingt-quatre heures de ſa repréſentation. Enſuite on procéde à ſa confrontation avec les témoins , quoiqu'il ait été dit par la procédure de Contumace que le ſimple récolement vaudroit confrontation. Il n'eſt même pas néceſſaire de prendre à cet effet un nouveau règlement à l'extraordinaire. Cependant s'il convenoit qu'il fût confronté à d'autres accusés, & que le premier règlement ne portât point que les accusés seroient confrontés entr'eux, il faudroit en ce cas le faire ordonner auparavant (*).

La déposition des témoins décédés avant le récolement doit être rejetée ; on ne doit même la lire qu'autant qu'elle va à la décharge de l'accusé. Mais si le témoin *qui a été récolé* est décédé ou mort civilement pendant la Contumace, sa déposition subsiste, & l'on doit en faire la confrontation littérale à l'accusé dans la forme prescrite pour la confrontation des témoins, sans avoir égard aux reproches que pourra faire l'accusé, à moins que ces reproches ne soient justifiés par écrit. La même chose doit avoir lieu à l'égard des témoins qui ne peuvent être con-

_____

(*) Une déclaration du 18 novembre 1679, rendue pour le présidial de Nîmes, porte » que lorsqu'un accusé con- » damné par Contumace se présentera, & que le procu- » reur du roi ou la partie civile ne fera point comparoître » les témoins qui lui seront prescrits à l'effet de la confron- » tation, dans les procès auxquels cette confrontation aura » été ordonnée, les juges ne pourront prononcer l'absolu- » tion de cet accusé, mais seulement qu'il sera mis hors de » prison, à sa caution juratoire de se présenter toutefois » & quantes qu'il lui sera ordonné pour subir cette con- » frontation, & qu'il sera procédé ensuite au jugement » définitif de son procès ; sans que l'arrêt ou sentence » qu'aura obtenu l'accusé puisse lui servir de justification » ou d'absolution définitive, quand ledit arrêt ou sentence » seront intervenus lorsque ladite confrontation aura été » ordonnée, & sans aussi qu'aucun accusé Contumax » pendant la tenue du parlement, puisse poursuivre sa jus- » tification ou absolution en la chambre des vacations à » peine de nullité. »

Les dispositions de ce règlement sont applicables dans tous les tribunaux où le cas prévu peut se présenter.

frontés à caufe d'une longue abfence, d'une condamnation aux galères ou banniffement à temps, ou de quelqu'autre empêchement légitime pendant le temps de la Contumace.

Quand toute l'inftruction eft finie, & que l'accufé a fubi le dernier interrogatoire ou fur la fellette ou derrière le barreau, on procéde à un nouveau jugement, comme s'il n'y en avoit eu aucun de rendu précédemment

L'accufé contre lequel il n'y a eu originairement qu'un décret de *foit ouï* ou d'ajournement perfonnel, n'eft pas obligé en fe repréfentant, de fe mettre en prifon, quand même ces décrets auroient été convertis faute de comparution en prife de corps, parce que la comparution faifant ceffer cette efpèce de Contumace, elle fait ceffer en même-temps le décret qui n'en eft que la fuite.

Mais fi l'accufé originairement décreté de prife de corps & jugé par Contumace, n'eft condamné qu'à une fimple peine pécuniaire envers la partie civile, & qu'il y ait appel du jugement, eft-il obligé fur cet appel de fe mettre en état ?

Il faut diftinguer : s'il y a appel *à minimâ* de la part du miniftère public, il eft obligé dé fe repréfenter ; mais fi l'appel ne provient que de l'accufé ou de la partie civile, ce n'eft plus qu'une affaire à porter aux enquêtes.

Voyez *l'ordonnance criminelle du mois d'août 1670 ; les lettres-patentes en forme d'édit du mois de décembre 1680 ; l'édit du mois de juillet 1773 ; Bornier ; Lacombe ; MM. Muyart de Vouglans, Serpillon & Jouffe, fur l'ordonnance de 1670, &c.* Voyez auffi les articles ANNOTATION, DÉCRET,

PRESCRIPTION, &c. (*Article de M. DAREAU, avocat au parlement, &c.*)

CONVENANCE. C'est un ancien terme de coutume qui signifie une convention.

Loysel dit dans ses institutions coutumières, que *Convenances vainquent la loi*, c'est-à-dire que par convention on peut déroger à ce qui est établi par la loi. Observez néanmoins que cette règle n'a pas lieu contre un statut prohibitif négatif, tel que celui de la coutume de Normandie, qui défend expressément aux conjoints par mariage de stipuler une communauté.

*Convenance de succéder*, se dit d'une convention portant que des associés succéderont à ceux d'entre eux qui viendront à décéder sans laisser des enfans.

Ces sortes de conventions sont autorisées par l'article premier du chapitre 15 de la coutume d'Auvergne. L'article 2 permet de stipuler que la *Convenance de succéder* subsistera nonobstant le décès de l'un des associés ; l'article 3 porte que cette convention finit par la mort d'un associé, quand il n'y a point de stipulation au contraire ; & l'article 4 dit que la *Convenance de succéder* est entièrement révoquée lorsqu'il survient des enfans, à moins qu'il n'y ait une convention expresse au contraire.

Henrys établit que quand il survient des enfans à l'un des associés, la convention de succéder est annullée non-seulement par rapport à lui, mais encore pour tous les autres associés.

Voyez *la coutume d'Auvergne ; les œuvres de Henrys*, & l'article SUCCESSION.

· CONVENT. Ce mot dérivé de *conventus* signifie assemblée. On ne connoît que les coutumes de Hainaut qui en fassent usage. Il y est employé avec deux significations différentes.

Quand ce mot se trouve seul, il désigne proprement une assemblée de juges féodaux ou fonciers, dans laquelle se font les devoirs de loi nécessaires en pays de nantissement, pour transférer d'une personne à une autre la propriété d'un immeuble. Mais le plus souvent il désigne les devoirs de loi mêmes. Voici quelques textes qui justifient cette proposition en même temps qu'ils font connoître la jurisprudence du Hainaut sur cet objet.

On lit dans les chartes générales, chapitre 94, article 13 : « Si le seigneur ou bailli étoient en » faute d'administrer cour, ( *c'est-à-dire de fournir* » *des juges* ) pour passer les Convens de fiefs, » les parties se pourront pourvoir en notredite » cour pour les y contraindre, ou aller deshé- » riter pardevant autres baillis & hommes plus » prochains du lieu».

La cour dont parle cet article est le conseil souverain de Mons. Il sembleroit que dans le Hainaut françois on dût pour le cas dont il y est question, s'adresser au parlement de Douai qui a été subrogé à cette cour. Mais deux arrêts du conseil d'état des 18 juin 1703, & 12 septembre 1724, ont ordonné que toutes les matières dont la connoissance est attribuée par les chartes à la cour de Mons, soient portées en première instance dans les sièges royaux de la province, sauf l'appel au parlement. Ainsi ce seroit aux juges royaux qu'il faudroit aujourd'hui recourir, si le cas dont parle cet article se présentoit.

L'article 2 du chapitre cité porte, « que pour
» approuver deshéritance, Convens ou œuvres
» de loi d'aucuns fiefs, convient le faire par
» lettres fcellées ou record d'hommes de fiefs ,
» & de même pour alloëts & main-fermes ».

L'article premier du chapitre 30 contient la
même difpofition « pour Convens & œuvres de
» loi faits & paffés pardevant le bailli, hommes
» de fiefs & franc-alloëtiers, defquels n'y auroit
» lettres, record s'en pourra demander....».

Il réfulte de ces deux articles, que l'on peut
en Hainaut prouver les devoirs de loi par la
repréfentation des actes qui en font dreffés, ou
par le témoignage des juges qui les ont reçus.
M. Dumées dans fa jurifprudence du Hainaut
françois , a mal-à-propos établi comme une
maxime inconteftable que la preuve *par témoins
finguliers* eft admife en cette province en matière
de devoirs de loi. Il ne faut pour appercevoir le
contraire, que jeter les yeux fur les deux articles que l'on vient de lire ; ces textes ne prefcri-
vent que deux manières de prouver les devoirs
de loi ; ce feroit fans doute aller contre leur
efprit, que d'en admettre une troifième.

M. Dumées fe fonde fur l'article 14 du chapitre 34; mais cet article bien entendu, détruit
fon fyftême. En voici les termes : « Pour affurer
» promeffe de douaire fur fief ou alloët, le
» conviendra faire , fi comme pour fief, par
» dehéritance pardevant bailli & hommes du
» feigneur dont le fief feroit tenu ; & pour les
» alloëts, pardevant franc-alloëtiers, auffi-bien
» que pour autres charges ; néanmoins icelles
» deshéritance de douaire & affenne, fe pour-
» ront prouver par témoins finguliers ».

Cet

Cet article contient deux parties. Dans la première, il établit que pour affecter un immeuble au douaire d'une femme, il faut que le propriétaire s'en deshérite *comme pour autres charges*, c'est-à-dire comme s'il étoit question de l'hypothéquer, de l'affujettir à une fervitude, ou même de l'aliéner.

Dans la feconde partie, cet article ajoute en faveur du douaire une exception aux principes établis fur les devoirs de loi qui fe font pour autres charges : cette exception eft que la preuve *par témoins finguliers*, quoi qu'inadmiffible pour les devoirs de loi en général, peut néanmoins être reçue quand il s'agit de devoirs de loi faits pour affigner le douaire d'une femme fur un immeuble.

S'il eft vrai, comme perfonne n'en doute, que l'effet d'une exemption eft de confirmer la règle générale ; il faut convenir que l'article cité par Dumées pour prouver que les devoirs de loi peuvent fe vérifier par témoins finguliers, prouve précifément tout le contraire.

La coutume de Cambrefis qui a beaucoup de rapport avec celle de Hainaut, dont Cambrai étoit autrefois la capitale, contient fur ce point une difpofition qui confirme & modifie ce que l'on vient de dire. Elle porte, titre 5, article 7, que » témoins particuliers ne peuvent dépofer » d'œuvres ou devoirs de loi, n'eft en cas de » violation de ferme & de la mort de tous les » hommes de fiefs ou échevins y ayant été pré- » fens ».

La coutume entend par ferme l'endroit où font dépofés les actes des devoirs de loi ; de forte que quand ces actes ont été brûlés ou

enlevés de force , & que tous les juges font
morts , on peut recourir à la preuve par témoins
finguliers. Cette difpofition eft affez analogue à
l'article 14 du titre 20 de l'ordonnance de 1667,
portant permiffion de recevoir la preuve par
témoins de l'âge , du mariage & du temps du
décès , en cas de perte des regiftres , ce qui eft
fondé fur ce qu'alors on ne peut rien imputer
à la partie qui réclame la preuve teftimo-
niale.

On ne doute point que dans le cas dont
parle la coutume de Cambrefis , la preuve par
témoins finguliers ne doive être admife même
en Hainaut ; mais il faut qu'on ne puiffe rien
imputer à celui qui la demande ; ainfi une perfonne qui ayant été partie dans des devoirs de
loi , foit pour fe déshériter , foit pour être
adhéritée , auroit négligé d'en faire dreffer un
acte , ou qui après la *violation de la ferme* , auroit laiffé écouler le temps prefcrit par les chartes pour demander le record de loi , ne feroit
point recevable à faire entendre des témoins
finguliers pour fuppléer à la preuve écrite ou
au témoignage des juges.

La coutume du chef-lieu de Mons emploie
auffi le mot Convent pour fignifier des devoirs
de loi. Dans le chapitre 24 , elle ordonne aux
propriétaires qui n'ayant pas les qualités requifes pour aliéner s'y font autorifer par juftice ,
*de faire ferment ès mains des perfonnes de loi
préfentes aux Convens , que les vendages , charges ,
rapports & déshéritances qu'ils feront , feront à
bonne intention , pour mieux faire que laiffer.*

Dans le chapitre 41 , elle oblige le débiteur
qui rapporte fes meubles à fon créancier par le

moyen d'œuvres de loi , de *faire ferment ès mains de ceux de la loi pardevant lefquels tels Convens fe pafferont* , que le rapport fe fait fans fraude.

Le mot Convent fe trouve employé avec *mariage* , dans les chartes générales. Voici ce que porte l'article 2 du chapitre 30 : « De toutes » obligations , *Convens de mariage* , contrats ou » marchés paffés par-devant nos hommes de » fiefs dont n'y auroit lettres, record s'en devra » prétendre. . . . . ».

La coutume du chef-lieu de Valenciennes parle auffi des *Convens de mariage ;* & c'eft en conférant ce qu'elle en dit avec le texte qu'on vient de lire, qu'on peut fe former une jufte idée du fens de ces mots. Voici les termes de l'article 21 de cette coutume.

« Quand *Convens de mariage* , connus par-» devant échevins ou jurés de cattel font re-» cordés , & que manbours font dûment établis, » une femme devenante vefve eft déchargée de » la manbournie , fans qu'il foit befoin la mettre » hors ».

Les Convens de mariage peuvent , fuivant cet article , être paffés *pardevant échevins ou jurés de cattel* , & c'eft ce qui prouve que ce ne font point des devoirs de loi , autrement les jurés de cattel feroient incompétens pour les recevoir ; car ils ne font pas juges ; ce font de fimples officiers dont l'article 5 de la coutume borne le pouvoir à paffer des contrats purement perfonnels. Les échevins font les feuls qui puiffent recevoir des devoirs de loi, comme le décide l'article 50.

Il réfulte de ces obfervations , que les mots

*Convent de mariage* ne peuvent fignifier qu'un contrat de mariage : le mot Convent eft très-bien appliqué à cet acte qui fe fait ordinairement dans une affemblée compofée des parens de chacun des futurs époux.

L'article 21 de la coutume de Valenciennes ainfi expliqué, on peut en inférer que les échevins & les jurés de cattel de cette ville peuvent recevoir des contrats de mariage. C'eft d'ailleurs ce qui réfulte de l'article 5 de la même coutume, qui leur permet de recevoir toutes fortes de contrats mobiliers, c'eft-à-dire qui ne tendent à aucun objet réel.

Il faut obferver que cette coutume a été rédigée & homologuée dans un temps où il n'y avoit point encore de notaires en Hainaut : c'eft par conféquent une queftion de favoir fi depuis les édits de 1675 & 1692 qui en ont créé dans cette province, les échevins de Valenciennes & les jurés de Cattel peuvent encore recevoir des contrats, & notamment des *Convens de mariage ?* Il n'y a point de difficulté quant aux échevins : le roi déclare dans l'édit de 1675 que, « par » l'établiffement du tabellionage, il n'entend » préjudicier........ aux magiftrats des villes » clofes, qui ont été de tout temps & font encore en poffeffion de recevoir & paffer actes » & contrats fous le fcel de leurs villes ; lefquels » demeureront tous en leurs droits, & en joui-» ront comme du paffé ».

Les échevins de Valenciennes avoient certainement en 1675 la poffeffion requife par cet édit ; l'article 5 de la coutume en renferme la preuve la plus authentique. Ainfi point de doute qu'ils ne puiffent continuer de recevoir des contrats comme avant l'établissement des notaires.

C'est en vertu d'une possession pareille que les échevins d'Avesnes ont été maintenus dans le droit de passer des actes sous leur scel, par une ordonnance de M. de Sechelles intendant du Hainaut, rendue contradictoirement le 17 juin 1741, entre le greffier de l'échevinage & le tabellion de la ville.

La question souffre plus de difficulté par rapport aux jurés de Cattel ; comme il faudroit pour la discuter, entrer dans le détail de tout ce qui concerne ces officiers, nous croyons devoir la renvoyer à l'article JURÉS DE CATTEL.

_ Voyez *le recueil des édits & déclarations propres au ressort du parlement de Flandre ; les chartes générales du Hainaut ; les coutumes de Mons, de Valenciennes, de Cambresis ; Dumées en sa jurisprudence du Hainaut françois*, &c. Voyez aussi les articles DEVOIRS DE LOI, CONTRAT, ÉCHEVINS, NOTAIRE, HOMMES DE FIEFS, PREUVE, TÉMOINS, HAINAUT, MONS, VALENCIENNES, MANBOURNIE, RECORD, RECORD DE LOI, RAPPORT A LOI, FERME, &c. ( *Cet article est de M. MERLIN, avocat au parlement* ).

CONVENTION. C'est en général un pacte, un accord entre deux ou plusieurs personnes.

Dès que les hommes ont été amenés du sentiment de leur foiblesse particulière à la combinaison de leurs forces réunies ; dès qu'ils se sont rassemblés, dès qu'ils se sont appuyés les uns sur les autres, ils ont fait des conventions. La société elle-même n'est que la plus grande des conventions.

Des êtres infuffifans à leur bonheur ont été obligés de fe le demander réciproquement. Ce qui manque à l'un, il peut l'obtenir de l'autre ; pour cela, il faut qu'ils conviennent de ce que chacun donnera ou recevra. C'eft le befoin mutuel qui les rapproche ; c'eft lui qui les lie.

Ainfi en analifant ce mot par lequel on repréfente tout engagement que les hommes prennent les uns envers les autres, & èn le féparant des nombreufes applications qu'on en peut faire, on voit qu'il n'exprime qu'une idée bien fimple, celle de l'échange.

Si la plus parfaite image fous laquelle on puiffe fe repréfenter la fociété avoit jamais été autre chofe que le fonge du bonheur des hommes ; fi en fe réuniffant, ils avoient fu déraciner en eux le goût fi vif & fi naturel de la propriété ; s'ils avoient pu rendre le bien-être de chacun inféparable du bonheur de tous ; fi en un mot ils avoient créé ou foutenu le fiftême de leurs affociations fur celui d'une communauté de biens abfolue, leurs conventions feroient toujours reftées fimples & bornées. A proprement parler, il n'y en auroit eu qu'une, celle même qui les auroit unis ; effectivement tous les biens étant également à chacun, nul autre pacte à faire, que celui par lequel la fociété fe feroit chargée du bonheur de l'individu, & celui-ci fe feroit confacré à elle.

Mais l'efprit de propriété entraînant avec foi un choc perpétuel d'intérêts & de befoins, il en eft réfulté des traités auffi nombreux, auffi variés que les objets fur lefquels s'étendent les ufages & le commerce de la fociété.

Outre que les engagemens fe multiplient a

l'infini, on les charge encore d'une foule de modifications, de réferves que les diverfes fitua-tions, les vues différentes font imaginer. Tan-tôt on foumet l'effet d'une Convention à l'incer-titude d'un événement ; tantôt on prévoit que les motifs qui la forcent pourront ceffer, & l'on veut fe conferver la faculté de la révoquer.

Toutes les Conventions des fauvages font fimples comme leurs idées & leurs befoins. Celles des peuples policés dépendent de plus de vues : portant fur des objets plus compliqués, elles font néceffairement longues & embarraf-fées. Voyez ce que difent deux fauvages qui s'u-niffent, & ce que ftipulent les héritiers de deux grandes maifons qui s'allient.

D'un autre côté dans cette complication de vues & d'objets, entre la mifère amenée à la rufe par le befoin, & l'opulence qui calcule dans fon infenfibilité, naiffent bientôt la dé-fiance & la tromperie. De-là des précautions qui font fouvent des piéges elles-mêmes ; de-là les garanties, les cautionnemens, les hypothè-ques, &c.

La prévoyance eft encore moindre que le danger. La mauvaife foi qui n'a plus la reffource de la rufe prend le parti de l'impudence. Elle lève le malque & fe joue des engagemens les plus précis.

Alors il faut fe prémunir contre le manque de parole ; il faut la proférer de manière qu'elle puiffe fe renouveler & fe reproduire par des bouches défintéreffées, ou bien il faut l'arrêter pour ainfi dire au paffage, la rendre fenfible aux yeux, lorfqu'elle eft échappée aux oreilles, & la retenir ainfi pour gage d'elle-même.

Des témoins, des écrits peuvent bien retracer un engagement, & confondre la mauvaise foi qui voudroit le nier ou en abuſer ; mais ils n'en aſſurent pas l'exécution. Celui qui n'oſe déſavouer ſa promeſſe eſt bien près de la fouler aux pieds, & de braver le remords & la honte. Que faire alors ? & qu'eſt-ce que les Conventions, ſi elles peuvent reſter ſans effet ?

Les inſtitutions ſociales ſont venues ici au ſecours de la foibleſſe humaine ; & s'attribuant les droits que la nature donnoit aux individus, elles en uſent plus utilement pour eux-mêmes.

Dans l'état de nature, l'homme eſt l'unique réparateur des torts qu'il éprouve. Il eſt offenſé ; perſonne n'a le droit de le faire ſouffrir ; il employe ce qu'il a de force pour repouſſer l'injuſtice ; & pourvu que la vengeance ne l'emporte pas au-delà de ce qu'exige ſa ſûreté, il cède à un ſentiment auſſi légitime qu'irréſiſtible.

Mais l'homme ſait-il meſurer la punition ſur l'injure ? & que deviendroit le monde, que deviendroit-il lui-même au milieu des attaques & des défenſes continuelles qui l'occuperoient ? Les états ſont entr'eux ce qu'on ſuppoſe que les individus ont été autrefois. Combien de crimes & de calamités ſont ſortis de cette fatale liberté de ſe faire juſtice à eux-mêmes.

Les maux qui n'ont pu être prévenus entre les différens corps dans leſquels le genre humain s'eſt diviſé, l'ont été entre les membres.

Les hommes en ſe réuniſſant ont voulu avoir un appui commun pour ſoutenir leur foibleſſe particulière. Ils ont mis leurs Conventions ſous la protection de la ſociété, & elle employe ſa force à les maintenir. Par-là le citoyen jouit dans son sacrifice même; il ne peut plus armer son foible bras ; mais c'est qu'un bras plus puissant agit pour lui , & le préserve à la fois du malheur de combattre , & du danger de combattre sans vaincre.

_ Dans ce nouvel ordre de choses , les hommes ne traitent plus entr'eux sans l'influence de la société. Quand ils se sont liés entr'eux , ils le sont encore bien davantage par la société qui serre le lien & le couvre de son sceau.

Mais pour qu'elle puisse , pour qu'elle doive étendre son empire dans les Conventions , il faut qu'elles soient constantes , qu'elles portent des signes certains. Et comme tout ce qui se passe entre les parties dépend de leur intention qui est souvent un mistère, elle a voulu présider elle-même aux actes , & les recevoir ainsi que les maintenir. De-là des formalités dans la manière de les former , & des officiers publics pour les recevoir ; de-là encore une juste préférence pour les actes qui ont cette forme publique & probante.

Par la même raison qu'elle doit soutenir les conventions , elle doit aussi les expliquer dans les difficultés qu'elles présentent. De-là des juges pour les examiner & en décider; de-là encore des règles pour les interprêter.

_ C'est donc par la société que les Conventions deviennent efficaces , & qu'elles forment des obligations réelles , c'est-à-dire auxquelles on ne peut échapper.

Il ne faut pas croire cependant que l'obligation réside dans les formalités auxquelles on assujettit souvent les conventions. Telle a été une des grandes erreurs du droit civil des Romains , comme nous l'expliquerons bientôt.

Dictées par l'intérêt, formées par la liberté ; elles font en elles-mêmes des liens parfaits.

Si les lois les foumettent à des formalités, c'eft pour les rendre plus conftantes : fi elles les annullent à défaut de ces formalités, c'eft parce qu'elles ne peuvent les défendre dans cette efpèce de nudité : c'eft fouvent encore pour punir l'infraction à leurs ftatuts.

Les Conventions appartiennent donc effentiellement au droit des gens, c'eft-à-dire que leur validité eft intrinféque & dépend de ces lois générales que la raifon a données à tous les hommes comme les règles de leur intérêt commun.

Cependant le droit civil a pu les foumettre à des formalités fans lefquelles il ne les reconnoît plus ; il peut en même-temps les modifier, les reftraindre, les défendre pour les faire concourir à fon but ou les empêcher de le contrarier. Dans le fein de la loi, couvertes de fa protection, les Conventions particulières ne doivent jamais la bleffer.

Nous venons d'effayer de remonter à l'origine des Conventions, de voir fur qu'elle bafe elles font établies, comment elles fe font multipliées, embaraffées, rafinées, & de quelles lois elles dépendent.

Nous devons actuellement les étudier en elles-mêmes, expliquer ou prévenir les difficultés qu'elles peuvent faire naître, & rappeler les principes que la raifon & les lois ont établis fur cette vafte matière.

Nous remplirions mal notre objet, fi nous ne mettions de l'ordre dans la difcuffion que nous nous propofons.

Il faut commencer par fixer ce que l'on entend dans la jurifprudence naturelle & civile par le mot de *Convention*, & ce qui le diftingue des autres termes avec lefquels il a des rapports.

Le premier de ces termes eft celui d'*obligation*; c'eft celui dont la fignification eft la plus étendue.

*L'obligation* eft un devoir auquel on ne peut fe fouftraire : la loi l'appelle un lien de droit : *vinculum juris.*

L'obligation peut dériver d'une infinité de caufes ; il naît une obligation de toute Convention. Ainfi lorfqu'on défigne une Convention par le terme d'obligation, on prend l'effet pour la caufe ; ce qui n'eft point impropre, lorfque, comme ici, l'un eft inféparable de l'autre.

Les autres termes font ceux d'*engagement*, de *pacte*, de *traité*, de *contrat*, de *pollicitation*.

L'*engagement* fuppofe, ainfi que l'obligation & la Convention, une caufe, des perfonnes & un objet.

Il eft fynonime à ces mots, puifque partout où il y a Convention, il y a engagement, & que de toute Convention, il fort une obligation.

Nous ne pourrions que dire les mêmes chofes du *pacte* & du *traité*. Nous obferverons feulement que le terme de Convention eft le plus général, le plus expreffif & le plus ufité de ces fynonimes.

Il eft cependant encore à propos de remarquer que chez les Romains on diftinguoit le pacte du contrat, en ce que le premier n'étoit protégé que par la loi naturelle, & reftoit toujours par-là confié uniquement à la bonne foi des parties ; mais cette diftinction plus fubtile que jufte eft rejetée dans notre droit.

Quant au terme *contrat*, il eſt pris ordinairement dans une acception particulière.

On entend par ce mot une Convention revêtue de la forme publique, ce qui la rend capable de certains effets qui lui ſont propres, comme d'imprimer hypothèque & d'emporter exécution parée.

Mais comme cette forme publique n'eſt que l'écorce du contrat, & qu'il n'exiſte réellement que par les caractères de la Convention même, il n'en doit pas être diſtingué, non plus que les autres mots que nous venons de rappeler; & nous nous ſervirons également des uns & des autres dans cette diſcuſſion.

La *pollicitation* ſeule exprime des idées vraiment oppoſées à celles de la Convention.

La *Convention* renferme eſſentiellement le conſentement de deux ou de pluſieurs perſonnes dans une même choſe. *Duorum vel plurium in idem placitum conſenſus.*

La *pollicitation* au contraire n'eſt que la promeſſe non-acceptée qu'une perſonne fait à une autre. *Pollicitatio eſt ſolius offerentis promiſſum.*

Cherchons actuellement le ſens du mot Convention dans la ſubſtance & les effets de la choſe même.

*Par le contrat ou la Convention*, dit M. Potier dans ſon excellent traité des obligations, *deux perſonnes réciproquement ou ſeulement l'une des deux promettent & s'engagent ou de donner, ou de faire, ou de ne pas faire quelque choſe.*

On dit d'abord *deux perſonnes*: cela eſt eſſentiel au contrat ou à la Convention. Il y faut deux perſonnes qui arrêtent entr'elles quelque choſe.

On dit enfuite que *réciproquement ou feulement l'une des deux promettent :* fi deux perfonnes doivent concourir à la Convention, il n'eft pas néceffaire qu'elles s'y engagent refpectivement.

Il peut fe faire qu'il n'y en ait qu'une qui contracte une obligation : c'eft ainfi que dans le prêt, il n'y a que celui qui a reçu l'argent ou la chofe qui refte engagé. L'autre partie n'eft tenue de rien.

Il étoit cependant néceffaire qu'elle intervint dans la Convention ; car fans cela l'argent ou la chofe qu'on doit lui rendre ne feroient fortis de fes mains que par un vol.

On dit encore que ces perfonnes *promettent & s'engagent :* ces termes font effentiels dans la définition dont il s'agit, & ils ne font pas une vaine répétition l'un de l'autre.

Il doit y avoir non-feulement une promeffe, mais encore une véritable obligation dans le contrat.

D'après les notions préliminaires que nous avons données fur les Conventions, on a du remarquer que les hommes ne traitent que par intérêt & pour s'affurer de part & d'autre les avantages qu'ils efpèrent. Ce qu'ils ont obtenu, ils ne veulent pas le perdre.

C'eft pourquoi fi l'un change de manière de voir, s'il fe dégoûte, s'il s'eft trompé, il ne faut pas moins qu'il exécute un engagement formel.

Sans cela rien de certain dans le commerce des hommes.

Les Conventions doivent être férieufes & conftantes : un fouffle ne doit pas les créer & un autre les détruire ; auffi la fociété s'eft armée pour les maintenir, pour les défendre. Les lois les appellent *des liens. Obligatio est vinculum juris :* nous avons dit que de toute Convention, il naiffoit une obligation.

Enfin on ajoute que c'eft pour *donner, faire ou ne pas faire quelque chofe que les hommes font des Conventions.*

Dans leur mutuelle dépendance, ils font forcés de recourir fans ceffe les uns aux autres. Tantôt ils fe débaraffent d'un bien onéreux pour s'en procurer un plus utile. D'autrefois un individu favorifé dans le partage des biens, peut en mettre un autre à fa folde.

Quelquefois encore l'un veut arrêter l'autre dans l'exercice de fes droits même. Mais il doit payer le facrifice, & il faut qu'il s'y foumette.

C'eft autour de ces trois points que roulent en général toutes les Conventions.

Les voilà fuffifamment définies & expliquées : approfondiffons-les dans le détail.

Les conventions ont des propriétés caractériftiques, des propriété de convenance & des propriétés accidentelles.

Voyons donc premièrement ce qu'on doit diftinguer dans chaque contrat.

Elles ont auffi un but général qui leur eft propre à toutes indépendamment du but particulier de chacune.

Voyons fecondement quel eft leur objet général & effentiel, & ce qui peut en être la matière.

Elles exigent des perfonnes qui fe rapprochent & qui traitent. Mais toutes perfonnes peuvent-elles traiter ? qu'elles font les capables & les incapables ?

Troifième point que nous devons examiner.

Elles doivent néceffairement produire des effets. Quels font les effets généraux qui leur appartiennent ?

Quatrième objet de notre difcuffion.

Elles peuvent être arrêtées dans leur exécution, foit par des vices intrinféques, foit par un changement de volonté dans les parties.

Examinons donc cinquièmement comment elles peuvent fe réfoudre, quels font les vices qui les détruifent radicalement, quels font ceux qui ne font que leur donner atteinte ?

Souvent les parties fortifient leurs engagemens par un ferment : il convient de faire quelques réflexions fur la validité ou l'effet de ce ferment.

Sixième objet fur lequel nous nous arrêterons.

Les Conventions font fouvent obfcures, foit par la mauvaife foi des parties, foit par les vices de la rédaction, foit par d'autres caufes.

Quelles font les règles que le bon fens a dictées, que les lois ont recueillis pour leur interprétation ?

Septième objet de notre examen.

Enfin elles font devenues fi compliquées, fi multipliées, qu'il eft utile, pour en avoir des idées juftes & diftinctes, de les ranger fous différentes claffes. Quelle eft la divifion la plus fimple & la plus parfaite que les jurifconfultes en ayent imaginée ?

Huitième & dernier objet qui doit nous occuper.

Premièrement. *Ce qu'il faut diftinguer dans chaque Convention.*

Chaque chofe a fon effence, c'eft-à-dire, ce qui fait qu'elle eft elle-même, & fans quoi elle cefferoit d'être.

Un contrat n'eft autre chofe que l'accord de plufieurs perfonnes fur une chofe ou dans une chofe. *Duorum vel plurium in idem placitum confenfus.*

Il eft donc effentiel au contrat qu'il y ait un confentement clair, exprès & libre des perfonnes qui y figurent.

Il faut encore qu'il y ait une chofe fixe & déterminée qui en faffe la matière.

Ce n'eft pas tout ; un contrat eft néceffairement la difpofition d'une chofe ; cette chofe paffe d'un des contractans à l'autre ; il faut un dédommagement à celui qui cède ; c'eft la condition unique du dépouillement.

Ce dédommagement que fuppofe la ceffion eft donc effentiel auffi au contrat : on l'exprime ordinairement par le mot de *prix*.

On conçoit peut-être difficilement que tout contrat emporte la ceffion d'une chofe ; & l'on en citera où il n'y a ni chofe ni ceffion proprement dites. Le mariage, par exemple.

Si l'on veut examiner attentivement l'exemple qu'on peut nous oppofer, on verra qu'il renferme bien réellement *une ceffion* qui doit avoir & qui a toujours *un prix*.

Le mariage eft une forte d'abnégation de foi-même. Chaque époux fe donne à l'autre ; & il ne fe donne pas fans un retour, fans des conditions qui peuvent être affimilées à un prix. Le *prix* eft donc bien réellement de l'effence de tout contrat.

Ainfi trois points principaux forment l'effence
de

de toute convention & doivent s'y rencontrer
pour qu'elle foit parfaite & réelle.

1°. Le confentement des parties.

2°. Une chofe dont elles difpofent.

3°. Un prix, une condition, une raifon en
vertu de laquelle cette chofe paffe d'un des contractans à l'autre.

Ces principes vont s'éclaircir par des exemples fournis par les lois mêmes.

Vous avez un écrit de moi par lequel je me
fuis engagé à vous bâtir une maifon ; mais fi je
prouve que lorfque j'ai figné cet écrit, j'en
croyois figner un autre ; fi je prouve encore que
j'ai été obfédé, violenté pour le figner : il eft
évident qu'alors mon confentement n'eft pas relatif à l'engagement ou qu'il n'a pas été libre ;
& par-là il eft nul, & cette nullité entraîne celle
de la Convention même ; car vous ne pouvez
en rien & par rien être engagé envers moi,
lorfque je ne le fuis plus envers vous.

Le défaut d'un confentement valable dans une
des parties eft donc un vice radical dans une
Convention.

Cette regle admet cependant une exception ;
elle tombe fur les Conventions des mineurs.

On fait qu'ils peuvent s'en faire relever, lorfqu'elles leur font défavantageufes, & que cependant on ne traite pas impunément avec eux.

C'eft que la loi borne le confentement qu'ils
peuvent donner ; elle ne veut pas qu'ils puiffent
faire leur propre mal, & fa fageffe les fauve de
leur indifcrétion.

Mais par une fuite même de cette jufte faveur
que la loi leur accorde, elle les autorife à faire

leur avantage dans leur traités ; elle le defire, & rien ne peut anéantir l'acte qui le contient.

Le confentement alors eft parfait & valable, & c'eft pour cela que la loi conferve l'obligation qui en eft réfultée ; ainfi la règle que nous établiffons ici fubfifte toujours.

Nous avons dit en fecond lieu qu'il falloit une chofe, un objet fixe & certain dans tout contrat. Sans cela il n'y auroit point de contrat ; on ne traite pas fur des chimères.

Si je vous vends ma maifon & qu'elle ait ceffé d'exifter avant la confommation de la vente, c'eft comme fi je ne vous avois rien vendu. *L. 47, ff. de Cond. empt.*

Nous avons obfervé en troifième lieu, qu'il étoit de l'effence de la Convention qu'elle renfermât un prix.

Un exemple va rendre ce principe plus fenfible.

Je vous vends un cheval pour une telle fomme que je crois qu'il a coûté à mon parent dont je fuis légataire ; il fe trouve que mon parent n'a jamais acheté ce cheval, mais qu'il lui a été donné ; il n'y a donc pas de prix ici, & par conféquent point de vente.

N'oublions pas ici une obfervation importante ; c'eft qu'il faut bien diftinguer ce qui eft de l'effence de tout contrat d'avec ce qui eft de l'effence d'un contrat particulier.

Si un contrat manque d'un des caractères généraux & effentiels des contrats mêmes, il ne peut fe foutenir, & il n'eft qu'une ombre de contrat, *umbratilis pactio.*

Mais fi une Convention manque feulement d'une des qualités propres à une efpèce de Convention particulière, alors il faut voir fi le contrat ne se résout pas en un autre ; ce qui arrive nécessairement quand il y a consentement, chose & prix ; & dans ce cas le contrat reste entier, il ne fait que changer de nom & quelquefois de forme.

Je vous donne mon cheval pour avoir votre voiture ; il nous a plu de qualifier cette convention d'une double vente, nous nous sommes trompés, c'est un véritable échange que nous avons fait ; le nom ici ne fait rien à la chose ; la convention subsiste, mais elle se réglera suivant les principes reçus pour les échanges.

Il ne faut pas seulement remarquer dans les Conventions ce qui est de *leur essence*, il faut encore faire attention à ce qui est de *leur nature*.

Il seroit bien difficile d'expliquer les choses qui sont de la nature des Conventions ; on peut seulement dire que ce sont celles qui leur conviennent, qui y sont présumées, & qu'elles tiennent le milieu entre ce qui est essentiel & ce qui n'est qu'essentiel aux Conventions.

De sorte que lorsque ces choses n'y sont pas expliquées, elles y sont toujours sousentendues, & elles n'en peuvent être rejetées que par une volonté expresse & bien énoncée.

Expliquons-nous toujours par des exemples.

La garantie est de droit dans le contrat de vente ; cependant le vendeur peut s'en affranchir par une stipulation positive.

La raison en est sensible ; c'est que la vente peut subsister sans la garantie, quoique celle-ci soit justement présumée une sûreté dont l'acquéreur n'a pas fait le sacrifice.

Les stipulations accidentelles sont la troisième chose qu'il faut examiner dans les contrats.

On conçoit aifément que celles-ci doivent y, être exprimées & ne s'y suppléent jamais.

La prudence, la fituation des parties, des vues particulières peuvent leur fuggérer des réferves, des conditions, des précautions fans nombre dans leurs traités.

Dans les ventes, on peut déléguer la totalité ou une partie du prix. Dans les échanges, on peut ftipuler des mieux-values ; dans les prêts, fixer des termes, fpécifier la nature des payemens, &c. Toutes ces particularités dépendent des claufes des actes, & ne font préfumées dans l'intention des parties que lorfqu'on en a des preuves précifes ou des indices puiffans.

De l'examen des contrats en eux-mêmes paffons à celui de leurs objets.

*Des objets des contrats.* Les juriconfultes romains avoient rangé les contrats fous quatre claffes qu'ils exprimoient par ces mots : *do ut des, facio ut facias, facio ut des, do ut facias.*

» Je vous donne une chofe pour en recevoir » une autre de vous ; je m'oblige envers vous à » un fait, afin que vous vous engagiez à un autre » pour moi ; j'agis pour vous afin que vous m'en » donniez une récompenfe ; je vous fais un don » pour une action à laquelle vous vous engagez » pour moi. »

Il eft évident d'abord que ces deux dernières efpèces rentrent l'une dans l'autre.

Car lorfque *je vous donne pour faire,* & lorfque *je fais pour que vous me donniez,* il y a bien deux conventions, c'eft-à-dire deux actes diftincts & féparés, mais ils font exactement du même genre. Nous ne faifons qu'y changer de rôle. Dans l'un, je fuis *le donneur* & vous *le faifeur*

( il faut ici nous paſſer ces expreſſions ) ; dans l'autre, je deviens *le faiſeur* & vous le *donneur ;* dans tous les deux il n'y a jamais qu'un don & un fait qui ſont tour à tour cauſe & effet.

Sous ce premier aſpect, cette diviſion des objets des contrats eſt donc peu juſte, & elle n'en a impoſé ſi long-temps que par le quadruple jeu de mots qu'elle préſente. Dans la juriſprudence , ainſi que dans les autres ſciences, on a ſouvent été dupe des mots.

Mais quand on la conſidère encore d'un autre côté, cette ancienne diviſion trop peu examinée, on y remarque un vice plus eſſentiel, c'eſt qu'elle eſt incomplette.

En effet, pluſieurs Conventions ont un objet négatif; elles ne tendent qu'à empêcher un fait qui nuiroit à la partie qui veut l'éviter , & celles-ci ne ſont pas compriſes dans la deſcription que les juriſconſultes romains nous donnent de la matière des Conventions.

Il faut donc préférer la diviſion d'un juriſconſulte moderne, comme plus préciſe & plus exacte. Il dit : *Les Conventions portent toutes ou ſur une choſe à donner, ou ſur une choſe à faire, ou ſur une choſe à ne pas faire.*

Que le *don*, le *fait* ou l'*abſtinence du fait* ſoient reſpectifs ou ne le ſoient pas, qu'ils ſoient tour à tour cauſes ou effets les uns des autres, cela eſt indifférent aux Contrats.

Mais quelles ſont les choſes que les hommes peuvent ſe donner ? quels ſont les faits auxquels ils peuvent s'obliger ? quels ſont ceux dont ils peuvent promettre ou vendre la renonciation ? Voilà ce qui doit nous arrêter un moment.

Non-ſeulement les choſes, mais l'uſage, mais

l'efpérance des chofes peuvent être les objets des Conventions. Mais il importe que tous les objets dont on traite foient bien défignés & fpécifiés. Il faut au moins qu'ils aient une poffi-bilité, une mefure, une certaine détermination : *Oportet ut genus quod habetur habeat certam fini-tionem.* Ceci ne s'entendra bien que par un exemple.

Je puis vendre un cheval, un habit, une maifon en général ; mais fi *je vendois du bled* fans m'expliquer davantage, fans défigner ni efpèce ni quantité, il eft évident que la vente n'auroit pas d'objet, parce que *du bled en général* n'eft qu'une efpèce, & qu'on n'en peut mettre dans le commerce que des mefures, des qualités & des quantités. Il feroit poffible d'ailleurs de réduire cette vente à fi peu de chofe, par exemple à un grain, qu'elle ne pourroit pas paroître férieufe : c'eft l'exemple & la décifion que nous fournit la loi 58, *ff. de verb. oblig.*

Mais fi l'obligation indéterminée par elle-même eft défignée par quelque circonftance, elle eft valable. C'eft ainfi que celle de me fournir *du bled pour la nourriture de ma famille*, devroit avoir fon effet.

Les chofes qui n'exiftent encore que méta-phyfiquement, c'eft-à-dire en efpérance & en poffibilité, peuvent auffi être la matière des Conventions, mais alors leur exiftence & leur réalifation feules rendent la Convention parfaite.

Je puis vendre les vins que j'aurai à recueillir dans mes vignes ; mais fi des accidens imprévus anéantiffent mon efpérance, fi mes vignes ne produifent point de vin, la Convention fera nulle faute d'objet.

Il y a une exception remarquable à la règle, qu'on peut traiter des choses futures : elle tombe sur les successions non échues.

Il seroit contraire aux bonnes mœurs, au respect filial, à cette reconnoissance qu'un héritier doit annoncer d'avance pour celui qui lui laissera ses biens, de trafiquer de ces biens pendant qu'ils sont encore dans les mains qui doivent nous les transmettre, & de faire ainsi connoître l'impatience de jouir.

Les législateurs peuvent donc déroger à la règle que nous établissons, quoiqu'elle soit du droit naturel, par des motifs d'honnêteté publique. Ils le peuvent & ils le font souvent aussi par des vues de politique ou par des raisons de police.

Ainsi chez nous il est défendu aux marchands d'acheter les bleds & les foins en herbe, parce qu'on a considéré que ces marchés faisoient la ruine du cultivateur, & étoient toujours l'effet de l'oppression de ses créanciers.

On peut aussi disposer des choses qui ne nous appartiennent pas.

Nous nous engageons par-là à les acquérir pour satisfaire à notre obligation.

En vain exciperions-nous que le propriétaire ne veut pas nous les vendre.

Tant pis pour nous si nous nous sommes engagés inconsidérément.

Il suffit que l'obligation soit possible en soi pour qu'elle doive être exécutée ; ou si elle ne peut pas l'être absolument, elle donne lieu à des dommages-intérêts proportionnés à la perte que nous occasionnons à celui avec qui nous avions traité.

Ce feroit une difpofition illufoire que celle d'une chofe en faveur de celui qui la poffède.

C'en feroit une autre que de donner une chofe à celui que l'on fait ne pouvoir pas la poffèder.

On ne peut pas non plus difpofer des chofes qui ne font pas dans le commerce, comme d'une rivière, d'une promenade publique.

Ce que nous venons de dire fur les chofes que l'on peut donner fimplifie & abrège ce que nous devons ajouter fur les faits auxquels on peut s'obliger.

Premièrement on ne peut s'engager qu'à des faits poffibles ; car une obligation impoffible n'en eft pas une : *Impoffibilium nulla obligatio eft.*

La difficulté eft de favoir quand un fait eft réputé poffible.

On le regarde comme tel lorfqu'il l'eft en foi, quand même il ne le feroit pas à la perfonne qui l'a entrepris. Tout ce que j'ai pu attendre raifonnablement, j'ai droit de l'exiger : *in id quanti meâ intereft non effe deceptum.*

Secondement le fait que l'on promet ne doit être contraire ni aux loix ni aux bonnes mœurs.

Troifièmement il doit être déterminé. On n'eft pas tenu de ce qu'on ne peut pas connoître.

On ne fait qu'énoncer ces principes. Les idées évidentes par elles-mêmes s'obfcurciffent par les explications.

En voici une qui demande plus de développement.

Le fait doit intéreffer celui à qui il a été promis, & cet intérêt doit être appréciable en argent pour donner lieu à une obligation civile.

Ou bien le fait doit avoir une raifon d'affection pour celui à qui il a été promis ; & alors il peut produire une obligation naturelle.

Pour concevoir ce principe, il suffit de faire attention à ce qui rapproche, ce qui lie les hommes, ce qui les fait traiter les uns avec les autres: c'est l'intérêt.

Le seul motif qui a pu les amener à une Convention doit être le seul qui les fasse insister à ce qu'elle soit exécutée.

Sans cela leur poursuite dégénereroit en une pure vexation. Il seroit possible que cet indigne motif les animât; mais la raison le condamne, & les lois doivent l'arrêter. Elles ne veulent pas que les contrats nés parmi les hommes, de la nécessité de se servir les uns les autres, puissent devenir dans leurs mains, des instrumens de persécution.

C'est pour cela qu'elles ont posé cette maxime : *qu'il faut avoir intérêt à une chose pour être en droit de l'exiger.*

Mais cet intérêt, comment le reconnoîtra-t-on, si ce n'est lorsqu'il est appréciable en argent ?

Toute promesse tend à produire un effet. Mais on ne peut pas réduire la partie engagée à un fait qui lui répugne. *Nemo potest præcise cogi ad factum.*

On peut seulement la forcer au dédommagement de celui à qui elle cause un préjudice. *In id quanti creditoris interfit factum fuisse id quod promissum est.*

Et comment fixer ce dédommagement, si l'objet sur lequel il doit tomber n'est pas appréciable, & appréciable dans le signe représentatif de toutes choses ?

Et si la Convention ne peut pas se résoudre en dommages intérêts, si elle n'est pas susceptible de l'unique effet auquel on peut la réduire ; que peut-on exiger ? Voilà la raison qui a dicté cette autre maxime : *qu'il faut dans chaque Convention un intérêt pour les parties, & un intérêt appréciable en argent, pour que l'exécution en puisse être réclamée.*

Mais ce que les lois ont sagement établi pour maintenir le repos de la société, n'altère en rien le vœu de la première des lois ; celle de la nature.

Elle nous défend de blesser quelqu'un dans ses affections, même sans le dédommager, autant qu'il est en nous, de la douleur que nous lui causons.

Si je suis assez malheureux pour enlever, même par une de ces imprudences qu'il n'est pas toujours donné à l'homme d'éviter, un époux chéri à une femme dont il faisoit la félicité & l'honneur. La loi va calculer toute la perte que fait cette épouse, & elle épuisera, s'il le faut, toute ma fortune pour la réparer.

Mais elle ne donnera jamais que de l'argent ; & qu'est-ce que de l'argent, lorsqu'il s'agit de consoler l'amour, de remplacer de la gloire, des espérances flatteuses, & toutes les chimeres même qui font une partie de notre bonheur ?

C'est ici qu'il faut gémir sur le sort de l'homme : ses fautes & ses peines sont souvent sans compensation.

Les faits dont on peut stipuler de s'abstenir, ou autrement les droits auxquels on peut renoncer, se conçoivent facilement.

Ce sont tous ceux qui ne sont pas des devoirs pour nous, tous ceux dont la renonciation ne fait tort à perfonne, tous ceux dont il nous eft permis de nous difpenfer.

Après avoir étudié les Conventions en elles-mêmes & les objets fur lefquels elles peuvent porter, il faut examiner les perfonnes qui peuvent y figurer & celles qui ne le peuvent pas.

*Des perfonnes qui peuvent contracter.* Il faut toujours partir du principe fondamental de la matière; on ne doit pas fe laffer de le répéter.

Il eft, ce principe important, que la Convention dépend effentiellement du confentement des parties.

Or il n'y a de véritable confentement que celui qui eft libre & réfléchi; car confentir, c'eft tout à la fois vouloir & choifir.

Et nous ne pouvons vouloir que ce qui nous eft bon. Nous ne pouvons choifir non plus que ce que nous connoiffons.

Nous ne voulons pas réellement ce que nous choififfons, fi par quelque violence ou quelque captation, notre choix n'eft pas l'ouvrage de notre propre difcernement ou de notre liberté.

Il eft plufieurs perfonnes en qui ces deux qualités, *choix & liberté*, ne fe rencontrent pas ou ne font pas cenfées fe rencontrer.

Il en eft qui font dépourvues de ces qualités par la nature même : *les furieux*, *les imbécilles*, *les enfans.*

Il en eft d'autres chez qui la loi ne les préfume pas, ou chez qui elle en réputé, en certains cas, les fignes équivoques : *les mineurs*, *les fourds & les muets.*

Il en eft enfin à qui la loi a ôté l'exercice de ces premières facultés de l'homme, & par un effet de fa réprobation, de fa prévoyance ou de fa fageſſe : *les perſonnes mortes civilement*, ſoit par une condamnation juridique, ſoit par des vœux en religion : *celles qui ſont interdites, les femmes ſous puiſſance de mari en pluſieurs occaſions.*

D'après les diſtinctions que nous venons de faire, on doit remarquer que les diverſes incapacités ont des effets différens, & qui ſe rapportent à leurs cauſes.

Les obligations des enfans, des inſenſés ſont nulles par elles - mêmes : ces perſonnes n'ont jamais pu donner un conſentement valide.

Mais celles des interdits, des perſonnes mortes civilement, ne le ſont que du jour de l'interdiction, de la condamnation ou de l'entrée en religion.

Celles des mineurs ne ceſſent qu'autant qu'elles tournent à leur déſavantage, parce que la loi ne veut que les relever des fautes où la foibleſſe & la facilité de leur âge ont pu les entraîner.

Les femmes ſous puiſſance de mari, au contraire, ne peuvent contracter valablement ; parce que l'autoriſation à laquelle on les a ſoumiſes eſt un hommage qu'on les force de rendre à l'autorité maritale, en même-temps qu'elle eſt une précaution contre les imprudences où leur défaut de connoiſſance dans les affaires pourroit les entraîner. Il faut excepter, bien entendu, les cas où elles ſont ſuppléer l'autoriſation de leur mari par celle de la juſtice même.

· Il nous ſemble que nous laiſſerions un point intéreſſant à l'écart, ſi en traitant de la capacité des perſonnes pour les Conventions, nous n'établiffions pas un principe important qui nous paroît tenir à cet objet.

Il eft, ce principe, que *perfonne ne peut contracter que pour ce qui l'intéreffe.*

Il eft énoncé de plufieurs manières dans des maximes de droit :

*Alteri ftipulari nemo poteft. inftit. de inut. ftipul.*

*Nec pacifcendo, nec legem dicendo, nec ftipulando, quifquam alteri cavere poteft, L. 73, 51, fin. ff.*

*Qui alium facturum promifit, videtur in ea effe caufa, ut non teneatur, nifi pænam ipfe promiferit. inft.*

*Alius pro alio promittens daturum, facturum ve non obligatur ; nam de fe quemque promittere oportet. L. 83, de verb. oblig.*

La difcuffion de ce principe demande de l'ordre & quelque détail. Nous obferverons cependant de ne pas fortir des bornes où nous devons nous renfermer dans cette revue des principes généraux des Conventions.

Examinons d'abord les raifons du principe.

Expliquons en fecond lieu comment on ftipule réellement pour foi-même en paroiffant le faire pour un autre.

Remarquons en troifième lieu, que la claufe particulière à un tiers peut être le mode, la condition de la Convention, & qu'alors elle eft valable.

Montrons, en quatrième lieu, que ftipuler par le miniftère d'un tiers, c'eft ftipuler pour foi-même.

Cette propofition, *qu'on ne peut ftipuler pour un tiers*, eft une de celle dont on n'apperçoit pas d'abord l'équité & la raison. Elle paroît même les choquer.

A la bonne heure, dira-t-on, qu'on ne puisse pas nuire à quelqu'un à son insçu, l'envelopper dans une mauvaise affaire sans sa mission. Mais pourquoi ne profiteroit-il pas du bien que deux de ses semblables ont concouru à lui faire ?

Pour faire sentir le vice de cette objection, il faut encore rappeler les principes que nous avons déja établis.

Sans consentement, point de Convention ; & point de consentement valide en justice, sans un intérêt dans celui qui le fournit & un intérêt appréciable.

La première de ces propositions est l'évidence même. Pour la seconde, on se souvient sans doute comment nous l'avons prouvée il n'y a qu'un moment.

Nous avons dit qu'exiger l'accomplissement d'une promesse qui nous est indifférente seroit une vexation, qu'il est utile & sage de prévenir.

Nous avons dit ensuite que le signe auquel on connoissoit l'intérêt de celui qui poursuit l'effet d'une Convention, c'est la possibilité de réduire l'accomplissement de cette Convention en dommages-intérêts, qui sont toujours fixés en argent.

Actuellement appliquons ces vérités à la proposition nouvelle que nous voulons établir dans ce moment.

Et pour mieux nous faire entendre, prenons un exemple sur lequel nous puissions raisonner.

Si Pierre fait promettre à Jacques qu'il fournira un cheval à Paul, pour un voyage que celui-ci fe propofe, entre qui fera la Convention ?

Entre Pierre & Paul ? il n'y en peut avoir, puifqu'il n'y a pas de confentement de la part de Paul.

Entre Jacques & Paul ? nul confentement encore de la part de ce dernier.

Entre Jacques & Pierre ? mais fi Pierre n'a aucun intérêt à la donation ou à la fourniture dont il a chargé Jacques, l'acte qui la contient eft fans caufe, & il doit par conféquent refter fans effet. *Inventa funt enim obligationes ad hoc ut unufquifque fibi acquirat quod fua intereft ; cæterùm ut alio detur, nihil intereft meá. L. 38, de verb. obligatione.*

Il faut faire attention que dans le cas où nous parlons, nous fuppofons que Pierre ne gagne rien directement ni indirectement à l'accompliffement de la Convention, & que la fourniture dont il s'agit n'eft pas la condition d'un autre engagement paffé entre Pierre & Jacques.

Renouvelons encore ici une obfervation qu'il ne faut pas perdre de vue : c'eft qu'il n'y a que la loi civile qui arrête l'effet de la Convention fur laquelle nous raifonnons, & que la loi naturelle, au contraire, en exige l'accompliffement. Elle nous commande de faire tout le bien que nous pouvons, à plus forte raifon celui que nous avons promis.

D'ailleurs Pierre ne gagne rien, à la vérité, à la ftipulation qu'il a faite en faveur de Paul ; mais il fatisfait par-là fa bienfaifance, & Jacques ne doit pas lui ôter la gloire & le plaifir d'une bonne action. *Hominis enim intereft alterum hominem beneficio affici.*

Il faut remarquer encore qu'alors l'obligation de Jacques est envers Pierre, & non pas envers Paul. C'est à Pierre seul qu'il a promis ; & Pierre peut se dégager sans le consentement de Paul, qui n'a acquis aucun droit par la première Convention.

Si l'on ne peut pas traiter en faveur d'un tiers, à plus forte raison ne peut-on pas s'obliger pour lui sans une permission expresse.

J'ai promis à Jacques que vous lui bâtiriez sa maison.

Il est évident qu'il n'y a là aucune obligation ni pour vous ni pour moi.

Pour vous, parce que vous ne pouvez vous trouver engagé sans votre consentement.

Pour moi, parce que n'ayant contracté qu'en votre nom, je suis censé m'être excepté de l'obligation.

Mais dans une pareille Convention, on présume toujours que le promettant s'est fait fort pour celui qui doit exécuter ; qu'il s'est constitué garant du fait qu'il a promis de la part de ce dernier. Et comme en vertu de la Convention, il ne peut forcer celui pour qui il a parlé de dégager sa parole, la Convention reste sans effet ; mais le promettant est responsable des dommages-intérêts. C'est la disposition de la loi 8, ff. de verb. oblig.

On n'est donc pas tenu de ce que l'on a stipulé en faveur d'un tiers, & on l'est seul de ce qu'on promet pour lui.

Mais quelquefois en paroissant traiter pour un tiers, on traite réellement pour soi-même.

Par exemple, je vous dois vingt mille livres. Je conviens avec vous que Pierre, qui me les doit,

doit, vous les remettra. C'est comme si je m'obligeois moi-même à payer les vingt mille livres.

Il arrive souvent aussi que la clause qui concerne un tiers est une condition sous laquelle les deux parties contractantes ont traité.

Ainsi je puis vous donner ma terre à condition que vous remettrez soixante mille livres après ma mort à mon héritier. Alors vous ne pouvez recueillir le legs qu'en satisfaisant à la charge qui en est inséparable. Et dans ce cas, mon héritier a droit de vous poursuivre & de suspendre votre jouissance jusqu'à l'accomplissement de la condition qui le regarde.

Il a intérêt, & l'intérêt est le fondement de l'action en justice.

D'ailleurs la donation est subordonnée à l'exécution de la condition:

L'ancienne jurisprudence romaine étoit cependant contraire à ce principe. Elle ne permettoit qu'au donateur de faire exécuter la condition apposée à la libéralité.

Mais les empereurs avoient trouvé cette décision dure & injuste; & ils avoient accordé, dans ce cas, au tiers en faveur duquel étoit la condition, une de ces actions particulières qui remédioient aux formules qui surchargeoient cette jurisprudence.

Remarquons en passant que tel étoit le respect des Romains pour les vices mêmes de leur droit; qu'ils aimoient mieux y faire des dérogations continuelles que des réformes. Aussi disoient-ils que les actions n'étoient pas *de droit*, mais d'*équité*, comme si le droit devoit jamais être opposé à l'équité..... *Quæ contra subtili-*

*tatem juris , utilitate ita exigente , ex folâ æquitaté inflituebantur.*

Quelquefois on ftipule pour foi-même par le miniftère d'autrui.

Lorfqu'un tuteur traite pour des mineurs , c'eft lui feul qui paroît , qui fait les conditions , qui arrête tout. Mais il n'eft perfonnellement pour rien dans la Convention ; il n'en eft que l'inftrument. L'avantage ou la perte doivent tomber fur les mineurs , pourvu toutefois que le tuteur ait agi avec la prudence & les précautions que l'on exige de lui.

*De l'effet des contrats.* Nous avons déja remarqué qu'une Convention tendoit néceffairement à procurer quelqu'avantage aux parties. Par-là elle doit toujours produire fon effet ; car il n'eft pas dans la nature de l'homme de fe départir d'un avantage qui lui étoit affuré.

Toutes les Conventions deviennent donc des obligations ; les obligations varient fuivant l'efpèce des Conventions. Il feroit trop long d'entrer ici dans ce détail.

Nous croyons devoir nous borner à approfondir l'effet commun & conftant de toutes les Conventions.

Pour peu qu'on recherche avec attention ce qui en doit réfulter , on eft frappé d'une vérité générale & lumineufe : c'eft qu'elles ne peuvent opérer que relativement à la chofe qui en fait l'objet , & entre les perfonnes qui y ont concouru. C'eft ce que les lois ont vu & décidé elles-mêmes. *Adnimadvertendum eft ne Conventio in aliâ re factâ , aut cum aliâ perfonâ , in aliâ re , aliâve perfonâ noceat. L. 27 , §. 5 , ff. de pactis.*

La fageffe & l'équité de cette décifion fe développent par les plus fimples réflexions.

Toute Convention a un objet ; tout ce qui eſt étranger à cet objet l'eſt par cela même à la Convention. Elle ne peut jamais tomber que ſur ce qui y étoit compris. Ceci deviendra encore plus ſenſible par un exemple.

Je me marie ; je mets en communauté un certain bien que je déſigne ; je ſtipule que *mes autres biens ſortiront nature de propres.*

Il eſt évident que par-là je n'ai pas exclu de la communauté les ſucceſſions qui peuvent m'échoir. La réſerve que j'ai faite ne peut tomber que ſur les objets ſur leſquels j'ai prétendu la faire tomber, & ces objets, je les ai fait connoître : ce ſont tous les biens que je poſſédois lors du traité de mariage, excepté celui que j'ai nommément fait entrer dans la communauté. D'autant plus que par notre droit commun, tous les biens qui ſont de nature à entrer dans la communauté y tombent pour ainſi dire d'eux-mêmes, à moins qu'ils n'en ſoient formellement exclus.

La ſeconde partie du principe que nous expliquons a le même caractère d'évidence & d'équité.

La Convention ne peut opérer qu'entre les parties contractantes ſeules.

Nous avons déjà établi qu'on ne pouvoit obliger perſonne ſans ſon adhéſion à l'engagement. Cette maxime s'applique encore à notre propoſition actuelle.

Tant qu'une perſonne n'a pas accédé à un contrat, elle n'y a aucune part, il n'en réſulte aucune ſorte d'engagement pour elle. Tout l'engagement, toute la force du contrat réſident dans les perſonnes qui ont cru voir leur avantage commun dans un objet , & qui ont concerté les moyens de se le procurer.

Je suis convenu avec un de mes débiteurs qu'il payera entre les mains d'un tiers à qui je dois moi même, & à ma décharge.

L'obligation est uniquement entre moi qui puis forcer mon débiteur à acquitter ma dette, & entre mon débiteur, qui en payant au tiers, se libère lui-même, & qui acquiert le droit de n'être obligé de payer à aucun autre, pas même à moi.

Quant au tiers notre Convention ne retranche rien de ses droits, il peut toujours me poursuivre moi-même pour son payement. *Debitorum pactionibus , creditorum petitio nec tolli nec minui potest.*

Quelque juste & naturelle que soit cette règle, elle paroît cependant se renverser dans certains cas ; elle semble au moins alors admettre des exceptions.

Mais cés exceptions apparentes ne sont réellement que des applications moins faciles à saisir d'un principe qui ne peut ni varier ni se modifier.

Le premier cas que l'on pourroit opposer est celui du contrat d'atermoiement.

On sait que ce contrat est une grace ou plutôt une juste protection que la loi accorde à un débiteur malheureux contre la dureté mal entendue d'une partie de ses créanciers.

Lorsque ceux qui emportent entr'eux les trois quarts des sommes croient juste ou utile d'accorder une composition an débiteur, les autres sont obligés d'accèder à cet acte, à moins qu'ils ne puiſſent le faire tomber par des moyens de fraude ou d'erreur.

Voilà donc un acte auquel ils n'ont aucune part, auquel ils réſiſtent qui les oblige.

Examinons bien la nature, les circonſtances & les motifs de cet acte, & nous verrons qu'il ne choque point notre principe.

Perſonne ne peut être obligé ſans ſon conſentement ; mais on eſt cenſé conſentir à ſon avantage.

Cependant l'homme ſe trompe ſur tout, & ſur ſes intérêts même. Alors la règle la plus ſage comme la plus ſûre, eſt de croire meilleur le parti préféré par la pluralité.

L'opiniâtreté qui eſt trop ſouvent, auſſi bien que l'erreur, le partage de l'homme, peut-être même une ſagacité plus pénétrante & plus heureuſe que celle des autres hommes réunis, peuvent faire perſiſter dans un avis iſolé.

Mais la loi doit croire cette ſagacité en défaut, & cette opiniâtreté fondée ſur l'erreur plutôt que ſur de plus grandes lumières. Elle regarde alors le conſentement que l'on refuſe de donner comme le fruit d'une mauvaiſe combinaiſon.

Elle conſidère en outre que cet entêtement tourneroit au préjudice de celui qui en eſt poſſédé, de ceux qui ont dans ce moment un intérêt commun avec lui, & à la ruine d'un citoyen qui paroît mériter ſa compaſſion.

Elle le force pour ainſi dire, ce conſentement, ou plutôt elle le ſupplée, perſuadée qu'il ſera un jour ratifié par un homme ſur lequel la prévention n'agira plus. C'eſt ainſi que l'on garotte un homme agité de la fièvre, qu'on le retient dans ſon lit tandis que ſon délire le conduiroit à la rivière. On fait pour lui ce que sa raison lui auroit fait faire.

Autre exception : une caution profite des Conventions faites sans elle entre le débiteur & le créancier.

Exemple : Je dois une somme de mille livres à Pierre : Jacques est caution pour moi, & même caution solidaire, tout cela est consigné dans un acte en bonne forme.

Avant l'échéance de la dette, je vais trouver Pierre mon créancier ; je lui remets une lettre de change à tant de jours de vue sur un banquier de Lyon, & il accepte la traite.

La caution par-là se trouve dégagée. Si Pierre ne touche pas la lettre de change que je lui ai passée, il ne pourra recourir que sur moi. Ma caution profite donc d'un acte où elle n'a pas concouru.

A la vérité, elle n'y a pas concouru formellement ; mais elle est censée y avoir accédé tacitement.

Un consentement nécessaire est toujours présumé. Or, en est-il un auquel vous puissiez moins vous refuser, que celui qui vous procure un avantage ? Et vous, que je suppose ma caution, ne trouverez-vous pas votre avantage le plus sûr & le plus constant à ma libération ? En y travaillant je suis donc censé travailler pour vous ainsi que pour moi ; car dans tout ce qui tient à ce point, nous sommes indivisibles. Vous êtes donc nécessairement présumé adopter l'acte qui fait notre bien commun, & c'est pour cela qu'il opère en votre faveur.

Il est encore un troisième cas qui pourroit paroître sortir de la règle que nous venons de voir

fe confirmer par ceux qui y paroiſſoient contraires.

C'eſt celui où une donation entre-vifs eſt
chargée de la tradition d'un effet particulier envers une perſonne déſignée ; alors cette perſonne
a droit de réclamer l'effet dont il s'agit contre
le donataire. Elle profite donc d'un acte qui eſt
valide & parfait, ſans que ſa comparution y ait
été néceſſaire.

Mais il faut faire attention que dans ce cas,
c'eſt la Convention même des parties qui les
oblige, que c'eſt cette même Convention qui
s'exécute ; car la remiſe d'un effet particulier de
la donation, ſtipulée en faveur d'un tiers, eſt la
condition ou une des conditions de la donation
même. Or, on ne peut ſéparer un contrat des
conditions qu'il renferme.

Nous venons de prouver que les Conventions
ayant néceſſairement un but certain, elles doivent toujours produire un effet.

Mais nous avions obſervé auparavant que les
parties pouvoient changer réciproquement de
vues & d'intérêts.

Il ſuit de-là que les parties peuvent d'un commun accord, révoquer les actes que ces vues &
ces intérêts leur avoient ſuggérés.

D'un autre côté, ces actes peuvent renfermer des vices qui les faſſent tomber, qui les
reſtreignent ou les modifient.

Traitons donc actuellement de la réſolution
ou des vices des contrats.

*De la réſolution des contrats & des vices qui
peuvent s'y rencontrer.*

Les Conventions dans l'ordre civil font des

liens de droit, tissus des mains mêmes des parties, & serrés par l'autorité publique.

Il n'y a donc que ceux qui les ont formés, & la société qui les protége qui puissent les dissoudre.

Les parties le peuvent, parce que tout ouvrier a droit de détruire son ouvrage.

La société le peut aussi, parce qu'elle doit rejeter tout ce qui se formant dans son sein & sous sa protection tendroit à lui nuire.

Ne quittons pas l'ordre que nous avons tâché d'observer jusqu'ici, & voyons d'abord comment les Conventions peuvent tomber par la volonté des parties mêmes.

Distinguons d'abord deux mots que l'on pourroient confondre, parce que l'effet en est le même : ce sont ceux de *nullité* & de *résolution*.

La *nullité* résulte de l'acte même & fait qu'il n'a que l'apparence d'une Convention.

La *résolution* au contraire sort d'une cause étrangère, qui fait que ce qui a subsisté & pouvoit subsister n'existe plus.

Cela posé, on conçoit que les parties peuvent résoudre leurs Conventions.

Premièrement en en formant de nouvelles qui anéantissent les précédentes.

Secondement en les faisant dépendre d'évènemens incertains, & les évènemens tiennent ou aux circonstances ou aux faits mêmes des deux parties ou seulement de l'une d'elles.

Je vous vends mon cheval à condition que je n'aurai pas un tel voyage à faire. Voilà un exemple du premier cas.

Nous convenons que nous entrerons en société, lorsque nous aurons vendu chacun les objets dont le débit nous occupe actuellement. C'est un exemple du fecond cas.

Je vous promets de vous époufer lorfque vous aurez fait l'acquifition d'une charge. Exemple du troifième cas.

Parmi les chofes qui peuvent faire révoquer une Convention, il faut diftinguer les conditions & les claufes réfolutoires.

L'évènement des premières réfout à l'inftant la Convention, au lieu que les fecondes donnent feulement lieu à en demander la révocation.

Lorfqu'un acte renferme des claufes réfolutoires, l'ufage eft d'examiner fi les parties ont pu remplir leurs engagemens préparatoires dans le temps fixé; & fuivant les circonftances on prolonge le délai; il arrive même fouvent qu'on en accorde plufieurs fucceffivement.

Cette jurifprudence eft fûrement fage & utile. Elle eft même fondée fur une loi; mais cette loi eft trop arbitraire. *Quod omne ad judicis cognitionem remittendum eft*, dit la loi 135. §. 2. ff. *de verb. oblig.*

Une Convention tient à l'accompliffement de certains faits; cet accompliffement a été impoffible par des circonftances imprévues. Sans doute cette Convention ne doit pas tomber & ruiner les efpérances & les projets de celui qui n'a pu fatisfaire à ce qui étoit néceffaire pour donner une bafe folide à la Convention.

Mais ces cas de grâce ne doivent-ils pas être bornés à des occafions de force majeure & d'une impoffibilité phyfique ? Car enfin l'intention des parties a été de s'obliger à tout ce qui étoit moralement en leur pouvoir pour hâter l'effet de la Convention. Pour peu donc qu'il y ait de leur

faute, elles doivent fubir la peine qu'elles s'é-
toient impofées elles-mêmes, qui eft la réfolu-
tion de l'acte.

Les nouvelles Conventions détruifent les premières. Elles remettent les parties dans le même
état qu'auparavant.

Mais, & c'eft ce qu'il faut bien remarquer,
elles ne changent rien aux droits acquis à des tiers
par les précédentes Conventions. On ne s'arrêtera plus fur les motifs de cette décifion : ils ont
été amplement développés. *Non debet alio nocere
quod inter alios actum eft*. L. 10. *de jure jur.*

Nous avons dit que les Conventions fe réfol-
voient auffi par l'intervention de la fociété qui
a intérêt de les annuller ou par l'autorité de la
juftice fur la dénonciation qu'on lui fait des vices
capables d'en arrêter l'exécution.

Les vices les plus communs qui peuvent fe
rencontrer dans les contrats font l'erreur, la
violence, le dol, la léfion, le défaut de caufe
valable, le défaut de lieu.

Nous allons les parcourir rapidement en renvoyant pour le refte aux articles particuliers
qu'ils demandent.

*L'erreur*. Il n'y a pas de confentement où il y a
erreur. *Non videntur confentire qui errant.* Loi
116. §. 2. ff. *de reg. jur.*

L'erreur peut tomber ou fur la chofe dont on
traite, ou fur les motifs qui font traiter, ou fur
la perfonne avec qui l'on traite.

Suivant ces divers objets, elle laiffe fubfifter
la Convention, elle la modifie, ou elle l'annulle.

*La violence.* Le défaut de liberté n'empêche
pas comme l'erreur que le contrat ne puiffe fubfifter ; mais il rend le contrat vicieux.

*Le dol.* Il en eſt de même du dol; il donne ſeulement des armes pour attaquer le contrat, mais il ne l'annulle pas en lui-même.

*La léſion* ſe rencontre ou entre majeurs ou entre mineurs. Ceux-ci peuvent toujours s'en ſervir contre leurs Conventions. Mais il n'y a que ce qu'on appelle le dol perſonnel & le dol réel d'outre moitié qui puiſſe être oppoſé par les premiers.

*Le défaut de cauſe.* Il eſt de l'eſſence du contrat d'avoir une cauſe; nous l'avons prouvé. Si la cauſe étoit fauſſe, c'eſt comme s'il n'y en avoit pas; c'eſt encore ce que nous avons développé & établi.

Une cauſe illicite, c'eſt-à-dire qui bleſſe l'équité, les lois ou les mœurs, vicie le contrat en lui-même & le rend incapable d'aucun effet.

*Le défaut de lien.* Il eſt de l'eſſence du contrat qu'il produiſe une obligation. Si les parties ſe réſervoient de l'exécuter ou de ne l'exécuter pas, il ſeroit nul, ou plutôt il ne ſeroit pas du tout.

Les Conventions peuvent donc ſe trouver réſolues, nulles & annullées.

• Ces trois états ne ſont pas les mêmes, & ils procèdent de cauſes différentes.

Les Conventions ſont réſolues, lorſque les parties les révoquent d'un accord unanime, ou bien lorſqu'elles les ont fait dépendre d'une condition ou de leur propre fait; & que le fait ou l'évènement de la condition ſont tels qu'ils doivent diſſoudre la Convention.

Elles ſont nulles, quand elles ſont infectées de quelque vice qui les bleſſe dans leur eſſence même, comme un défaut de conſentement, un défaut de cauſe, l'erreur ſur la choſe même, &c.

Elles peuvent être annullées lorſque l'une des parties ayant droit de s'en plaindre les dénonce à la juſtice & réclame ſon autorité pour ſe faire relever d'un acte vicieux en lui-même & qui lui fait préjudice.

Les Conventions, nulles tombent pour ainſi dire d'elles-même : elles renferment le principe de leur deſtruction.

Les Convetions que l'on peut faire annuller ont auſſi des vices intrinſèques ; mais ces vices ne ſont pas eſſentiels ; ils n'empêchent pas la Convention de ſubſiſter , & elle ſubſiſteroit en effet , ſi l'on ne réclamoit contre elle la faveur de la loi.

Nous diſons la faveur, c'en eſt une en effet que d'autoriſer à revenir contre un engagement ; auſſi les lois appellent-elles la *reſciſion*, pour cauſe de léſion , *un bénéfice : beneficium reſciſionis.*

Ce bénéfice eſt une faveur du droit civil ; car on ne voit pas ſur quel fondement & par quels moyens un engagement qui ne contient rien de vicieux en ſoi, pourroit être annullé dans le droit naturel.

N'oublions pas de dire que la forme des actes rend quelquefois les Conventions nulles, & que d'autrefois elle fournit ſeulement des moyens pour les faire annuller. L'effet dépend alors du rapport plus ou moins intime qui peut ſe trouver entre le fond & la forme, & de l'importance que la loi civile peut avoir attachée à celle-ci.

Si nous rédigeons une Convention par écrit, & que nous oublions de la ſigner : la forme tient ici trop intimement au fond.

1. Dans la vérité il y a eu Convention, s'il y a eu conſentement , choſe & prix ; mais on ne

voit aucun figne certain de la Convention; l'é-
crit non figné ne peut faire une preuve.

Mais il y a des nullités de forme qui fe cou-
vrent, qui n'opèrent que pendant un temps, &
lorfqu'on en fait ufage.

Nos lois veulent qu'un mariage foit précédé
de publications de bans. Mais comme cette formalité n'eft point effentielle au mariage, il n'y
a que les perfonnes en faveur de qui elle a été
établie qui puiffent fe plaindre de ce qu'elle a
été omife.

· Mais il y a auffi des formalités que la loi
exige impérieufement. Pour ne pas quitter
l'exemple du mariage on peut citer celle du
concours des deux curés.

Les vices des Conventions quand ils ne font
pas deftructeurs de la Convention même peuvent fe réparer; ainfi un mineur peut ratifier en
majorité l'obligation contre laquelle il auroit pu
fe pourvoir.

Nous croyons avoir donné une idée fuffifante
des différens vices des Conventions, des effets
divers de ces vices & des moyens par lefquels
les Conventions peuvent être réfolues & annullées.

Il eft temps de nous occuper d'une des branches les plus importantes de la matière des
Conventions, des règles fuivant lefquelles on
doit les interprêter.

*Des règles pour l'interprétation des Conventions.*
Les hommes fe trompent eux-mêmes & cherchent encore plus à tromper les autres. D'ailleurs leurs engagemens font fouvent compliqués;
& en les rédigeant la plus grande attention peut
laiffer échapper des incertitudes & des obfcurités.

Embarraffée fur le fens dans lequel elle doit les faifir, la juftice s'eft formé des principes qui abrégent fes recherches & qui rendent fa marche plus fûre. Ce font ces principes que nous allons développer en les divifant.

*Première règle.* Les obfcurités & les doutes qui naiffent par les mots s'interprêtent par l'intention des parties.

*In Conventionibus contrahentium voluntatem potiùs quam verba fpectari placuit* L. 210. *de verb. fignif.*

Vous m'écrivez que vous acheterez volontiers ma maifon, fi je veux la vendre *toute meublée.* Je vous exprime mon confentement dans une réponfe, & je vous fais mon prix fur lequel nous tombons enfuite d'accord, & nous ftipulons que la maifon vous fera donnée *telle qu'elle fe comporte.*

Cette expreffion eft fûrement fufceptible d'équivoque, mais l'équivoque difparoît fous l'évidence de notre intention refpective, qui a été de vendre & d'acheter la maifon dont il s'agit *toute meublée.*

*Seconde règle.* Dans le double fens il faut préférer celui qui tend à faire produire un effet à la Convention; c'eft celui qui étoit dans la penfée des parties; car elles n'ont pas voulu faire un contrat qui n'auroit pu les conduire à rien.

*Quoties in ftipulationibus ambigua oratio eft, commodiffimum eft, id accipi quod res de qua agitur in tuto fit.* L. 80. *de verb. oblig.*

Il a été convenu entre Pierre & Paul, *que Paul pafferoit fur fes héritages.*

Les héritages doivent s'entendre de ceux de Pierre; car Paul a le droit de paffer fur fes propres héritages, & il n'y avoit pas befoin de Convention pour lui donner ce droit.

*Troifième règle.* Le fens le plus conforme à la nature du contrat eft celui qu'il faut préférer.

Il eft convenu entre vous & moi que vous aurez ma maifon à louage pour 300 livres.

La nature du louage eft de percevoir un prix pour chaque année appelé *loyer*, & non pas un prix total pour toute la durée du bail. Ainfi on entendra que les 300 livres dont il s'agit font le loyer de chaque année & non pas le prix du bail entier.

*Quatrième règle.* Les claufes douteufes s'interprètent par l'ufage.

*Semper in ftipulationibus & cœteris contractibus, id fequimur quod actum eft; aut fi non appareat quod actum eft, erit confequens ut id fequamur quod in regione in qua actum eft, frequentatur. L. 34, de regulis jur.* C'eft fur ce principe que les Conditions d'un mariage fait fans contrat fe règlent d'après la coutume où les parties fe font mariées, ou d'après celle où elles vont habiter incontinent après leur union.

*Cinquième règle.* Les chofes d'ufage n'ont pas befoin d'être exprimées.

*In contractibus tacitè veniunt ea quæ funt moris & confuetudinis.*

*Sixième règle.* Une claufe obfcure s'interprète par une autre qui y eft relative, ou par la teneur entière de l'acte.

La loi 126, *ff. de verb. fignif.* fournit un exemple du premier cas.

Un vendeur ftipule qu'il vend un domaine franc & quitte de toutes charges : mais dans une feconde claufe il dit qu'il n'entend être garant que de ſes faits. La ſeconde reſtreint la première, & il réſulte des deux que le vendeur n'a garanti que des charges qu'il auroit pu impoſer, & non pas de celles dont ſes auteurs auroient pu affecter ce même bien.

Pour exemple du ſecond cas, on peut donner celui où un homme ne vend ſa maiſon que pour faire de l'argent ; ce qui eſt expliqué dans le contrat même, & où cependant il dit qu'il la céde pour la valeur d'une métairie qui appartient à l'acheteur.

Il eſt évident que l'acheteur doit vendre ſans délai ſa métairie & en donner le prix au vendeur, & non pas lui céder la métairie même.

*Septième règle.* Dans le doute, la rigueur eſt contre celui qui oblige, & la faveur pour celui qui eſt obligé.

*In ſtipulationibus cùm queritur quid actum ſit, verba contra ſtipulatorem interpretenda ſúnt.* L. 38, § 18, *ff. de verb. oblig.*

*Fere ſecudùm promiſſorem interpretamur.* L. 99, *ff. de tit.*

C'eſt à celui qui a parlé de s'imputer de ne s'être pas aſſez expliqué.

*Huitième règle.* Une convention n'a jamais rapport qu'aux objets qui y ſont mentionnés.

*Iniquum eſt perimi pacto id de quo cogitatum non eſt.* L. 9, *ff. de tranſact.*

En faiſant bail avec un fermier, je lui ai cédé toutes mes terres dans un tel lieu. Si j'ai auſſi des vignes dans ce lieu, elles ſont exceptées.

Si j'ai tranſigé avec vous ſur certains droits, je n'ai pas nui à d'autres que je ne connoiſſois pas, quoique je vous aie tenu quitte de tout envers moi.

*His*

*His tantùm transactio de quibus actum probatur : non porrigitur ad ea quorum actiones competere postea compertum est. L. 9, § fin. ff.*

*Neuvième règle.* Une convention sur une universalité de choses comprend celles mêmes que les parties ne connoissoient pas

Une vente d'une succession s'étend à tout ce qui en dépend. Il ne peut y avoir d'excepté que les choses qui auroient été cachées au vendeur par le fait de l'acheteur.

*Sub pretextu specierum post repertarum, generali transactione finita rescendi prohibent jura.* Loi 29, cod. de transact.

*Error circa proprietatem rei apud alium extra personas transigentium, tempore transactionis, constitutæ, nihil potest nocere.*

*Dixième règle.* Une stipulation expresse pour un cas ne nuit pas à des cas semblables.

*Quæ dubitationis tollendæ causâ, contractibus inferuntur, jus commune non lædunt. L. 81, de regul. jur.*

Exemple. On convient dans un contrat de mariage, que le mobilier des successions qui pourront échoir aux époux, entrera en communauté ; il est clair qu'on a seulement eu en vue de prévenir toute difficulté sur ce point, & on n'a aucunement pensé à exclure de la communauté les autres biens ou les autres droits qui peuvent y entrer.

*Onzième règle.* Lorsque de deux obligations une seule est imposée, le choix appartient à celui sur qui tombe l'obligation.

Cette règle est fondée sur ce qu'on doit toujours favoriser celui qui a une obligation à remplir ; à plus forte raison, lorsqu'il paroît que telle a été l'intention de celui qui a imposé cette obligation ; & cette intention est sensible ici, puisqu'il n'a présenté deux obligations à remplir que pour en laisser le choix à celui qui s'y est soumis.

Je vous vends ma maison à la charge d'en porter le prix à un de mes fils qui est en Bretagne, ou bien à un autre qui est en Flandre. Vous choisirez celui qu'il vous plaira.

*Douzième règle.* Lorsque le prix d'une chose n'est pas fixé, il se règle sur le prix mitoyen.

Je vous dois la valeur de cent quintaux de bled. Ils feront estimés sur le prix commun, entre le plus haut & le plus bas.

Remarquons encore sur cette règle, que le prix s'estime toujours eu égard au temps de la vente & non pas à celui de la délivrance.

Ainsi dans l'exemple ci-dessus on prendra le taux mitoyen du temps où j'ai contracté l'obligation de vous délivrer cent quintaux de bled.

*Treizième & dernière règle.* Lorsqu'il y a des obscurités ou des contrariétés apparentes dans les Conventions, on peut avoir recours, pour les faire disparoître, à des conjectures ; & ces conjectures se tirent ordinairement :

1°. De l'intention des parties.

2°. De l'ensemble des dispositions ou des termes de l'acte.

3°. De la nature de la Convention.

4°. Des suites qui résulteroient des divers sens ; & on doit préférer ceux qui s'accordent avec les vues & l'intérêt des parties, ou avec le bien public.

Prenons un exemple auquel nous puissions appliquer la règle que nous venons d'établir dans tous les cas qu'elle comprend.

L'orateur romain nous en fournit un qui remplit cet objet.

Un père, après avoir institué son fils son héritier, voulant faire un legs à sa femme s'exprime ainsi :

*Mon héritier donnera à ma femme le poids de mille livres en vaisselle d'argent*, TELLE QU'IL LUI PLAIRA.

Cette dernière expression peut se rapporter également à l'héritier & à la légataire. Aussi celle-ci prétendant le droit de choisir, demande les morceaux d'argenterie les mieux travaillés, & l'héritier prétend qu'il lui est accordé de donner ceux qu'il voudra.

Comment trouvera-t-on le sens dans lequel on peut présumer que le testateur a parlé ?

Il faut d'abord chercher dans le testament s'il annonce une volonté évidente d'avantager la légataire le plus qu'il lui est possible, ou de retrancher le moins qu'il lui est convenable des droits de l'héritier.

L'intention du testateur une fois connue fixera le sens du terme équivoque dont il s'est servi.

Si l'intention du testateur ne se manifeste pas dans toute la contexture de l'acte, il faudra rechercher si dans d'autres dispositions il n'y a rien qui puisse s'appliquer à celle-ci.

On suppose, par exemple, qu'en parlant de son argenterie, il se soit abstenu de disposer des morceaux les mieux travaillés, *parce que cela étoit déjà fait.*

Il sera clair alors qu'il entendoit que sa femme auroit la faculté de choisir, & qu'il prévoyoit qu'elle choisiroit les ouvrages les mieux faits &

du meilleur goût, & voilà comment une clause interprète l'autre.

Que rien de tout ceci ne se trouve dans le testament, il faudra entendre la disposition dans le sens qui se rapporte à la nature de l'acte.

Or le bon sens, l'équité naturelle & les lois mêmes veulent que lorsqu'on donne une chose qui peut être choisie entre plusieurs de la même espèce, le choix appartienne à celui qui la doit recevoir.

La libéralité seule peut se prescrire des bornes, & l'effet doit en être étendu autant qu'il peut l'être. D'ailleurs il importe que le bienfait que nous offrons ne dépende pas de celui qui a intérêt de le diminuer. Voilà les raisons qui ont fait établir ce principe : que toutes les fois que le choix n'est pas spécialement donné à quelqu'un, il appartient à celui à qui la chose à choisir doit appartenir aussi (*).

Si l'on ne rencontre pas dans toutes ces recherches & ces lois de quoi se décider, on pourra encore employer d'autres considérations, par exemple celle-ci : qu'en accordant à l'héritier le droit de choisir les vases qu'il lui est ordonné de délivrer, il pourroit en donner d'une si petite valeur que le legs fait par le mari à sa femme seroit plutôt une injure qu'un gage de son affection.

On pourra encore considérer qu'il seroit odieux, qu'il seroit contre les bonnes mœurs

_____

(*) Quoties servi electio vel optio datur, legatarius optabit, quem velit. Sed & homine generaliter legato; arbitrium eligendi, ad legatarium pertinet. De optione vel electione data. *Lib. 33, tit. 5, ff.*

L'orateur romain nous en fournit un qui remplit cet objet.

Un père, après avoir inftitué fon fils fon héritier, voulant faire un legs à fa femme s'exprime ainfi :

*Mon héritier donnera à ma femme le poids de mille livres en vaiffelle d'argent*, TELLE QU'IL LUI PLAIRA.

Cette dernière expreffion peut fe rapporter également à l'héritier & à la légataire. Auffi, celle-ci prétendant le droit de choifir, demande les morceaux d'argenterie les mieux travaillés, & l'héritier prétend qu'il lui eft accordé de, donner ceux qu'il voudra.

Comment trouvera-t-on le fens dans lequel on peut préfumer que le teftateur a parlé ?

Il faut d'abord chercher dans le teftament s'il annonce une volonté évidente d'avantager la légataire le plus qu'il lui eft poffible, ou de retrancher le moins qu'il lui eft convenable des droits de l'héritier.

L'intention du teftateur une fois connue fixera le fens du terme équivoque dont il s'eft fervi.

Si l'intention du teftateur ne fe manifefte pas dans toute la contexture de l'acte, il faudra rechercher fi dans d'autres difpofitions il n'y a rien qui puiffe s'appliquer à celle-ci.

On fuppofe, par exemple, qu'en parlant de fon argenterie, il fe foit abftenu de difpofer des morceaux les mieux travaillés, *parce que cela étoit déjà fait.*

Il fera clair alors qu'il entendoit que fa femme auroit la faculté de choifir, & qu'il prévoyoit qu'elle choifiroit les ouvrages les mieux faits &

du meilleur goût, & voilà comment une clause interprète l'autre.

Que rien de tout ceci ne se trouve dans le testament, il faudra entendre la disposition dans le sens qui se rapporte à la nature de l'acte.

Or le bon sens, l'équité naturelle & les lois mêmes veulent que lorsqu'on donne une chose qui peut être choisie entre plusieurs de la même espèce, le choix appartienne à celui qui la doit recevoir.

La libéralité seule peut se prescrire des bornes, & l'effet doit en être étendu autant qu'il peut l'être. D'ailleurs il importe que le bienfait que nous offrons ne dépende pas de celui qui a intérêt de le diminuer. Voilà les raisons qui ont fait établir ce principe : que toutes les fois que le choix n'est pas spécialement donné à quelqu'un, il appartient à celui à qui la chose à choisir doit appartenir aussi (*).

Si l'on ne rencontre pas dans toutes ces recherches & ces lois de quoi se décider, on pourra encore employer d'autres considérations, par exemple celle-ci : qu'en accordant à l'héritier le droit de choisir les vases qu'il lui est ordonné de délivrer, il pourroit en donner d'une si petite valeur que le legs fait par le mari à sa femme feroit plutôt une injure qu'un gage de son affection.

On pourra encore considérer qu'il feroit odieux, qu'il feroit contre les bonnes mœurs

_____

(*) Quoties servi electio vel optio datur, legatarius optabit, quem velit. Sed & homine generaliter legato; arbitrium eligendi, ad legatarium pertinet. De optione vel electione data. *Lib. 33, tit. 5, ff.*

qu'une femme à qui son mari a fait un legs tombât dans la pauvreté, par la modicité où l'on pourroit réduire le legs qui lui auroit été fait ; & cette seule considération, qui tient aux mœurs & par conséquent à l'utilité publique, suffiroit pour décider la question.

Nous pouvons appliquer aux Conventions ce beau passage de Cicéron sur les lois.

Elles doivent toutes se rapporter à l'avantage de l'état, & par conséquent il faut les expliquer par des vues d'utilité publique.... « Le but des » législateurs, continue-t-il, ( & on doit supposer » aussi que tel est celui des contractans ) ; le but » des législateurs n'étoit pas d'établir des choses » préjudiciables à l'état ; & quand ils auroient » voulu le faire, ils savoient bien qu'on rejet- » teroit de telles lois, aussitôt qu'on en auroit » aperçu les inconvéniens. En effet, si l'on sou- » haite de maintenir les lois, ce n'est pas à cause » d'elles-mêmes, mais pour le bien de la ré- » publique. »

C'est par les mêmes moyens que l'on peut lever les contradictions apparentes qui se rencontrent entre les dispositions d'un même acte. Nous disons contradictions apparentes ; car si elles étoient réelles, il faudroit regarder les dispositions qui se combattent, comme se détruisant l'une l'autre, & ne pouvant produire aucun effet.

*Du serment que les parties ajoutent à leurs Conventions.* Souvent les parties, comme si elles se défioient elles-mêmes de leur constance & de leur bonne foi, invoquent l'être suprême dans leurs Conventions pour l'en rendre le dépositaire

& le protecteur. Quel est l'effet & la force de ce serment ?

Il faut distinguer ici les lois civiles des lois de la conscience.

Il est évident d'abord qu'un serment sur une Convention ne peut produire aucun effet civil. Cette proposition s'établit par le dilême suivant :

Ou la Convention est valable par elle-même, ou elle ne l'est pas.

Si elle est valable, elle n'a pas besoin du serment.

Si elle n'est pas valable, c'est par quelque prohibition des lois naturelles ou civiles, & rien ne peut sauver ce que les lois ne veulent pas conserver.

Mais dans le for intérieur la question change. Il faut examiner si la Convention est proscrite par le droit civil seulement, ou par le droit civil & le droit naturel tout ensemble.

Dans le premier cas, elle produit une obligation naturelle, & le serment y ajoute.

Dans le second cas il n'y a aucune obligation, parce que si promettre quelque chose contre l'équité est un mal, l'accomplir en feroit un plus grand ; & alors le serment, qui n'est qu'un engagement plus solemnel & plus auguste, & qui rend celui qui y contrevient parjure tout à la fois devant Dieu & devant les hommes, tombe avec l'obligation qu'il rendoit plus étroite. Il produit seulement cet effet, de rendre plus coupable celui qui y a eu recours pour donner plus de poids à l'injustice.

Nous pouvons appliquer ces réflexions à un exemple que nous fournissent les lois romaines,

& en même-temps nous en fervir pour apprécier la décifion de ces lois fur ce cas.

Elles prononcent qu'une vente faite par un mineur, avec ferment de ne jamais l'attaquer par le moyen de la léfion, doit être confirmée. Cette décifion eft infiniment refpectable & par le nom de fon auteur, & par le motif même qui l'a fait porter. Elle eft de l'empereur Alexandre Sévère, qui répondit à celui qui lui propofoit cette queftion : « Avez-vous efpéré que je ferois » le protecteur & d'une perfidie & d'un par-» jure » ? *Nec perfidiæ, nec perjurii, me autorem tibi futurum fperare debuifti? L. 1, cod. fi adv. rend.*

Elle pêche cependant par une méprife aifée à faifir. Elle ordonne dans l'ordre politique ce qui ne devroit être prefcrit que dans l'ordre na-turel.

Sans doute un mineur qui n'a point vendu in-confidérément, qui avoit de bonnes raifons pour vendre, qui les a fait goûter à un acheteur, qui a prodigué les promeffes & les fermens pour diffiper les inquiétudes de cet acheteur juftement allarmé de traiter avec un homme muni d'une reffource contre fa parole même : fans doute ce mineur, qui n'a été ni féduit ni trompé, & qui relativement aux circonftances, a trouvé un avantage au lieu de fouffrir une léfion dans la vente dont il s'agit, eft obligé par les lois de l'honneur, par celles de la confcience, de ref-pecter & d'exécuter cet engagement.

Mais la loi pour refter toujours fage, toujours prévoyante, toujours conféquente, ne doit pas s'arrêter à ces confidérations.

Elle veille à ce que les mineurs ne faffent pas

leur ruine en traitant avec défavantage & fans l'expérience qui pourroit les garantir des piéges où l'on cherche fouvent à les entraîner.

Toutes les fois qu'elle les trouve léfés dans leurs engagemens, elle doit. les en relever. Le ferment dont ils ont° pu fortifier leur promeffe ne la leur rend pas plus préjudiciable. Ils feront blâmables d'y manquer, s'ils l'ont faite en con-noiffance de caufe & par des motifs raifonna-bles. Mais la loi doit aller à fon but fans regar-der fi dans des circonftances particulières il y a des hommes qui devroient fe refufer à fes grâces.

D'ailleurs pour faire le bien d'un moment, elle ne doit pas s'expofer à occafionner un mal durable ; & c'eft ce qui arriveroit ici , fi le fer-ment des mineurs validoit les engagemens indi-reêts qu'ils contraêteroient. Alors tous ceux qui voudroient abufer de la foibleffe & de l'inex-périencce ordinaires à cet âge, trouveroient une reffource dans ·la loi même contre fa pré-voyance. Ils ne manqueroient pas de faire jurer toutes les Conventions où leur artificieufe cupi-dité confommeroit la ruine des mineurs, & la loï fe verroit réduite à leur refufer ainfi le fe-cours qu'elle leur accorde.'

Les auteurs fe font partagés fur une autre queftion qui mérite de nous arrêter un mo-ment.·

Un ferment arraché par violence ou par dol oblige-t il dans le for intérieur ?

Prenons des exemples. Un homme fous le piftolet d'un voleur, compofe avec lui ; il lui demande de lui laiffer fon argent dont il a be-foin pour continuer fon voyage, & il lui prome

t

avec ferment, de lui donner une telle fomme à fon retour.

Ou bien un jeune homme ignorant qu'on ne peut engager au fervice du roi qu'à l'âge de feize ans accomplis, a juré de donner une telle fomme pour retirer l'écrit inutile qu'il croyoit un engagement valide & obligatoire.

L'un & l'autre doivent-ils en confcience la fomme qu'ils ont promife ?

Nous difons en confcience, parce qu'il n'eft pas douteux que les lois civiles n'annullent toutes les conventions arrachées par la violence ou par le dol.

Grotius agite cette queftion, & il decide d'après faint Thomas, que le ferment oblige.

Et voici comme il raifonne :

Il eft vrai que celui qui a employé la violence ou le dol pour extorquer une promeffe, ne doit pas profiter des moyens injuftes auxquels il a eu recours. Il n'y a donc pas d'obligation envers lui ; & quand même il y en auroit une, elle feroit compenfation avec une autre perfonnelle au voleur ou à l'enrôleur, qui feroit de dédommager la victime de leur violence ou de leur fraude.

Mais s'il n'y a pas d'obligation envers eux, il y en a une envers Dieu à qui on a promis auffi, à qui on ne doit pas promettre envain, à moins que ce ne foit une chofe dont l'accompliffement feroit un nouvel outrage, un nouveau crime envers lui.

S. Thomas, que Grotius a confulté ici, ajoute à fa décifion une reftriction fingulière, & que Grotius lui-même combat.

Elle eft qu'après avoir exécuté la promeffe

par refpect pour le ferment, on peut dénoncer la violence ou la fraude à la juftice, & demander pour réparation la fomme même que l'on a été forcé de donner.

Il eft clair que cette manière d'exécuter le ferment n'eft plus qu'une dérifion ; elle reffemble à ce trait d'un homme qui voulant concilier fes fcrupules & fa vengeance, imagina de mettre un gand pour donner un foufflet à un évêque.

Grotius ajoute auffi une reftriction, mais qui eft plus fenfée. Il dit que l'obligation qui réfulte de ce ferment eft propre à celui qui l'a fait, & qu'elle ne paffe pas à l'héritier, parce que l'héritier n'eft tenu de remplir que les engagemens contractés par fon auteur, & contractés devant les hommes.

Nous pourrions obferver que Grotius paffe ici du for intérieur au for extérieur.

Dans l'ordre civil, fans doute, l'héritier n'eft chargé que des engagemens précis & obligatoires de celui à qui il fuccéde.

Mais par les lois de la religion & de la confcience, il doit fouvent fe regarder comme refponfable des promeffes de fon auteur.

J'ai promis à Dieu de faire une telle bonne œuvre en reconnoiffance de l'abondante récolte que je regarde comme un bienfait particulier de fa part. Je fais fuffifamment connoître ce vœu, mais je meurs avant de l'avoir exécuté.

Mon héritier qui recueille les biens dont je voulois rendre grâces à Dieu, ne manquera pas de confommer la bonne œuvre que je me propofois ; s'il a de la piété & de la religion, il s'y croira obligé.

Mon domeftique arrache à un voleur un tréfor que ce voleur m'enlevoit : je promets à l'inftant à mon domeftique une récompenfe de fon zèle, de fa fidélité, de fon courage ; mais la mort vient me frapper.

Si mon héritier a de la fenfibilité, de l'honneur, de la délicateffe, il fe reprochera de manquer à une promeffe auffi jufte, malgré qu'elle n'ait été faite que par celui qu'il repréfente dans fa richeffe, & qu'il doit repréfenter dans fa reconnoiffance.

Seulement, dans ces deux cas, mon héritier pourra modérer ma libéralité, fi elle eft exceffive & difproportionnée ; en fuccédant à mon devoir, il refte le juge de ce qui fuffit pour l'acquitter.

Mais il eft vrai de dire qu'en écoutant la voix de la religion & de l'équité naturelle, un héritier ne peut fouvent fe refufer à remplir certains engagemens de fon auteur.

Ainfi Grotius efface une obligation en même-temps qu'il veut en établir une qui n'exifte pas.

Les décrétales portent cependant la même décifion que lui fur la force du ferment furpris par la fraude ou commandé par la violence. Mais les papes en déclarant le ferment valide, fe font réfervé le pouvoir d'en difpenfer. « *Nous n'en-* » *tendons pas que l'on méprife de pareils fermens,* » dit Céleftin III ; *mais fi l'on s'étoit permis de les* » *violer, nous ferons, par notre pardon, que cette* » *efpèce de parjure n'attire plus la punition d'un* » *péché mortel* ». *Non eis dicatur ut juramenta non fervent, fed fi non ea attenderint, non ob hoc, ob tanquam pro mortali crimine, puniendi, chap. 8, extra de juram. Celeftin III, chap. 15, D T.*

Puffendorf s'élève contre cette décision, & voici comme il la réfute.

Le serment par lequel on confirme l'engagement que l'on a pris pour échapper à une violence ou en cédant à quelque fraude, ce serment n'est qu'une attestation plus solemnelle de l'engagement même ; il n'est point un vœu que l'on fait à Dieu , une obligation que l'on contracte particulièrement avec lui.

D'ailleurs une promesse à Dieu même n'oblige qu'autant qu'elle est acceptée. Or , imaginera-t-on que Dieu accepte le vœu forcé qu'un innocent lui fait pour échapper à un scélérat ?

C'est pêcher sans contredit , d'appeler Dieu à témoin d'une parole que l'on se propose dans son cœur de ne pas tenir. Mais il y a plutôt ici une faute grave à expier , qu'une promesse à accomplir ; & il seroit beaucoup mieux de donner la somme promise aux pauvres, qu'au scélérat qui l'exige pour prix de son crime.

Il faut convenir que Puffendorf raisonne ici beaucoup mieux que S. Thomas, Célestin III & Grotius.

Mais ce qui appuie particulièrement son sentiment, c'est qu'une promesse forcée ne peut par elle-même produire aucune obligation, & que cette règle éternelle n'est pas moins certaine devant Dieu que devant les hommes.

Terminons cette revue générale des principes des Conventions, par la division la plus simple & la plus juste que nous en puissions faire.

Il faut s'écarter ici de la jurisprudence romaine, & nous ne parlerons *ni des contrais du droit des gens, ni de ceux du droit civil , ni des*

*contrats de droit étroit , ni des contrats de bonne
foi , ni des contrats nommés , ni des contrats innom-
més , &c.*

Chacun des jurifconfultes qui ont écrit fur
les Conventions les a rangées fous différentes
claffes ; & il eft certain que dans ce point ils ont
pu fe partager.

Il nous paroît que la divifion la plus fimple ,
fi elle eft en même-temps jufte & exacte , fera
toujours la plus généralement préférée.

Celle de M. Pothier , qui a été notre principal
guide dans cette difcuffion , nous paroît réunir
tous ces différens mérites.

On pourroit feulement lui reprocher des fou-
divifions plus embarraffantes que néceffaires.
Nous nous permettrons de les élaguer.

Il obferve d'abord que les contrats qui réfi-
dent tous dans le concours de deux ou de plufieurs parties , les lient différemment.

, Ou toutes les parties fe trouvent refpectivement obligées , c'eft-à-dire , tenues l'une envers
l'autre de certains faits , ou bien il n'y en a
qu'une qui ait quelqu'obligation à acquitter.

On peut donc dire que tous les contrats font
*ou bilatéraux ,* autrement *fynallagmatiques ,*
c'eft-à-dire , liens de deux côtés , ou *unilatéraux ,*
c'eft-à-dire , liens d'un feul côté.

Le contrat de vente , par exemple , eft fyna-
lagmatique ou bilatéral , parce qu'il renferme
une double tradition ; favoir celle de la chofe
par le vendeur , & celle du prix par l'acheteur ;
& par-là les deux parties ont chacune une obligation à remplir.

Le contrat du prêt , au contraire , n'eft qu'unilatéral, parce qu'il n'y a que l'emprunteur qui s'oblige à un fait ; favoir , le remboursement.

On pourroit ici fous-divifer & obferver que les contrats peuvent être bilatéraux parfaitement ou imparfaitement.

Parfaitement, lorfque l'obligation de chaque partie eft une obligation principale, comme dans la vente, qui ne pourroit fubfifter fans la tradition de la chofe & fans celle du prix.

Imparfaitement , lorfqu'il n'y a qu'une des obligations qui foient effentielles , comme dans le mandat , où le mandataire eft feul tenu d'un fait, qui eft de rendre compte de la miffion qu'il s'eft engagé de remplir.

Mais nous avons promis d'écarter ces fous-divifions que l'on pourroit multiplier à l'infini , & qui ne feroient que charger la mémoire fans éclaircir les objets dans l'efprit. Nous toucherons feulement les principales.

On remarque en féparant les efpèces de contrats par les effets de chacun d'eux , qu'il y en a qui font parfaits par le feul confentement , & d'autres qui exigent au-delà de ce confentement , la tradition d'une chofe.

Une obfervation importante fe préfente ici. C'eft que fouvent les Conventions qui font de nature à être conclues par le feul confentement font cependant fufpendues jufqu'à une certaine époque ou un certain événement.

Alors le délai ou la condition font partie du confentement même , & ne peuvent en être féparés.

Mais il faut , & c'eft ce qu'on ne doit pas perdre de vue, que l'intention des parties en ſtipulant le délai ou la condition, ait été de retarder juſques-là la perfection du contrat.

Une troiſième diviſion auſſi raiſonnable, eſt celle des *contrats intéreſſés de part & d'autre & des contrats intéreſſés d'une ſeule part.*

Le contrat d'échange porte ſur un intérêt réciproque.

La donation n'intéreſſe qu'une ſeule partie.

Mais ſi la donation porte une condition qui charge le donataire, elle intéreſſe les deux parties.

Cependant ſi la charge n'eſt pas égale à la libéralité, il y a une des parties plus intéreſſée que l'autre; & pluſieurs juriſconſultes appellent ce contrat *mixte.* Mais on ne finiroit pas, ſi on vouloit faire autant de claſſes qu'il y a de nuances entre les engagemens des hommes.

Nous ſupprimons ici la fameuſe diviſion du droit romain que nous avons déja combattue : *do ut des, facio ut facias;* elle rentre dans les contrats bilatéraux.

Mais ſi elle explique imparfaitement l'objet des contrats, elle en déſigne une quatrième eſpèce : c'eſt celle dans laquelle chaque partie reçoit l'équivalent de ce qu'elle donne. On appelle juſtement ces contrats *commutatifs*, c'eſt-à-dire où chaque contractant communique quelque choſe.

On diſtingue ceux-ci de ceux où une partie reçoit quelque choſe ſans avoir rien donné de ſa part, & moins par libéralité, que comme le prix d'un riſque qu'elle a couru. On les nomme *aléatoires.* Tous les contrats de haſard, les jeux, les gageures, les traités d'aſſurance ſont de ce nombre.

· La quatrième division eſt donc des contrats *commutatifs* & des contrats *aléatoires*.

Une cinquième eſt en contrats *principaux*, dont l'unique but eſt leur propre exécution, & en contrats *acceſſoires*, c'eſt-à-dire, qui n'interviennent que pour aſſurer & modifier l'exécution d'autres contrats antérieurs. Tels ſont les contrats de cautionnement ou de nantiſſement.

La ſixième & dernière diviſion comprend les contrats que le droit civil a aſſujettis à certaines formalités, & ceux qu'il protége, quoique conformes aux ſeules règles du droit naturel.

Les contrats qui ont parmi nous des formes preſcrites, ſont le contrat de mariage, la donation, les négociations de commerce, appelées lettres de change, & les conſtitutions de rente.

Toutes les autres conventions, pourvu qu'elles n'aient rien en elles qui les vicie, ne ſont ſoumiſes à aucune formalité.

Il faut cependant obſerver que toute Convention dont l'objet excède cent livres, n'a d'effet qu'autant qu'elle eſt écrite lorſqu'elle eſt conteſtée, parce que la juſtice n'en admet pas la preuve par témoins. Mais la loi a moins voulu rendre l'écrit eſſentiel à cette Convention, que prévenir les abus qui pourroient réſulter de la preuve par témoins.

Voyez *les lois civiles de Domat ; les œuvres de Cujas, & celles de Deſpeiſſes ; Brodeau, ſur Louet ; l'inſtruction ſur les Conventions ; le traité des obligations de Pothier*, &c. Voyez auſſi les articles CONTRAT, OBLIGATION, PACTE, PROMESSE,

PROMESSE, &c. ( *Article de M. LACRETELLE,* *avocat au parlement* ).

CONVENTIONS ROYALES DE NÎMES. C'eſt une juridiction royale établie dans cette ville par Philippe Auguſte en 1272. Ce prince donna à cette juridiction pluſieurs priviléges à l'inſtar de ceux des foires de Champagne & de Brie, & des bourgeoiſies royales de Paris. Ces priviléges furent confirmés par Philippe-de-Valois en 1345. Le juge des Conventions royales a ſon principal ſiège à Nîmes & des lieutenans dans pluſieurs endroits de la ſénéchauſſée. Il a ſcel royal, authentique & rigoureux. Il connoît des exécutions faites en vertu des obligations paſſées dans ſa cour, & il peut faire payer les débiteurs par ſaiſie de corps & de biens ; mais l'ordonnance de Charles VIII, du 28 décembre 1490, lui interdit la connoiſſance de toute action, ſoit réelle, ſoit perſonnelle.

CONVENTUALITÉ. On donne ce nom à la vie commune des religieux dans un monaſtère.

La Conventualité eſt une obligation impoſée par tous les canons aux religieux. Ils ne peuvent en ſecouer le joug ſans enfreindre les règles de la diſcipline de l'égliſe.

L'origine de la Conventualité remonte à l'établiſſement des monaſtères : auparavant les religieux étoient des ſolitaires qui vivoient loin des villes, & qui n'avoient aucune communication avec les autres hommes. La réunion de pluſieurs de ces ſolitaires dans une même maiſon a formé ce que nous appelons aujourd'hui des communautés religieuſes. Auſſitôt que ce changement a été fait, il a été défendu aux religieux d'enfreindre la Conventualité, & elle eſt devenue

une obligation indifpenfable de l'état monaftique. Cette obligation fubfifte encore aujour-
d'hui, & tout membre d'un corps religieux ne
peut s'y fouftraire & vivre dans un lieu féparé,
fans en avoir obtenu la permiffion de fes fupérieurs. Cette permiffion eft révocable fuivant la
volonté des fupérieurs, & elle ne peut être
regardée que comme une grâce particulière &
& une efpèce de tolérance. Ainfi aucun religieux ne peut fous aucun prétexte que ce foit,
fe difpenfer d'obferver la Conventualité, parce
que, fuivant le vœu des lois de l'églife, elle eft
de l'effence de l'état religieux.

Tous les bénéfices réguliers font conventuels
de droit ; & cette Conventualité ne peut être
prefcrite même par une poffeffion de plufieurs
fiècles. L'églife veut même que la Conventualité foit rétablie dans tous les bénéfices réguliers où elle a été détruite. Les conciles contiennent à cet égard les difpofitions les plus
précifes. Ils ont en effet défendu aux religieux
de demeurer feuls dans des bénéfices, & ils leur
ont ordonné de fe retirer dans le principal monaftère, parce que l'églife ne reconnoit point
d'autres bénéfices réguliers que ceux où il y a
Conventualité.

La Conventualité confidérée dans fon principe, n'eft autre chofe qu'un établiffement civil
d'un corps monaftique dans une maifon religieufe, pour y obferver une règle fous l'autorité
d'un fupérieur régulier. Il ne peut donc exifter
de bénéfice véritablement régulier s'il n'y a point
de Conventualité.

L'auteur des définitions canoniques dit « que
» les prieurs font appelés çonventuels, parce

» qu'ils font fujets à un fupérieur régulier, &
» obligés de garder une règle & des ftatuts; ils
» font encore appellés conventuels (ajoute cet
» auteur) comme qui diroit prieurs du cou-
» vent, parce qu'on leur donne ce nom dans
» tous les endroits où il y a une communauté
» de religieux vivans fous une règle (*) ».

Il y a deux efpèces de prieurés conventuels,
les uns font *électifs* & les autres *collatifs*. Quoique tous les prieurés foient conventuels, puifque tous étoient deftinés à des religieux, les
auteurs diftinguent ordinairement ceux qui font
compofés de douze religieux, & qui ont un
prieur en titre, de ceux qui n'ont qu'un prieur
commis & révocable.

Les premiers font des prieurés conventuels
proprement dits, parce qu'ils ont la pleine Conventualité; les autres n'ayant que le nombre de
religieux fixé par la fondation, ou que les revenus du bénéfice peuvent y faire fubfifter, forment de fimples obédiences.

Nous avons dit que les conciles exigent que
tous les bénéfices réguliers foient foumis à la
Conventualité. Le troifième concile général de
Latran tenu en 1179 fous le pape Alexandre III,
défend en effet aux religieux de demeurer feuls
dans des prieurés obédientiels, & il leur ordonne de fe retirer dans le principal monaftère,
s'ils ne préfèrent de fe réunir plufieurs dans
chaque obédience.

---

(*) L'annotateur ajoute que fuivant Rebuffe une églife
de religieux eft ordinairement appelée conventuelle, *eft
communi ufu loquendi conventualis dicitur ecclefia reli-
gioforum.*

Le pape Grégoire IX a renouvelé ce réglement dans une décrétale adressée à l'archevêque de Bourges en 1220 : il a ordonné aux abbés de rappeler les religieux solitaires, ou de leur associer plusieurs religieux pour vivre en commun & pour pratiquer les observances regulières. Ainsi dans le troisième siècle les religieux qui résidoient dans des prieurés obédientiels vivoient en commun sous l'empire de leur règle : ils avoient à leur tête un prieur qui veilloit sur leur conduite, & qui leur servoit de pasteur ou de supérieur immédiat.

Aussi voyons-nous dans les conciles du treisième siècle que les prieurés forains étoient regardés comme de petits monastères qui avoient leur existence *propre*, & dont le fort n'étoit point abandonné à la volonté & au caprice des abbés. En effet, le concile de Paris tenu en 1212, défendit aux religieux de réunir plusieurs de ces prieurés sur leurs têtes, & il condamna comme une entreprise criminelle la conduite des abbés qui diminuoient le nombre des religieux destinés à desservir ces prieurés.

Le concile de Montpellier tenu en 1214, impose l'obligation aux abbés d'entretenir au moins trois religieux dans chaque prieuré rural, afin d'y conserver la Conventualité.

Celui de Laval tenu en 1242, obligea les abbés de rétablir les prieurés qu'ils avoient laissé tomber en ruine, & leur ordonna d'y maintenir la Conventualité.

Le concile de Saumur de l'année 1253, dans son neuvième canon, renouvela la défense faite par le vingt-deuxième canon du concile de Paris, & il autorisa les évêques à forcer par la voie des cenfures les abbés à completter le nombre des religieux qui devoient deffervir les prieurés ; & pour affurer la Conventualité dans ces bénéfices, il fit de très-expreffes inhibitions aux abbés d'augmenter les penfions qu'ils avoient impofées aux prieurs.

Les conciles de Nantes de l'année 1264, & de Château-Gontier de l'année 1268, contiennent les mêmes défenfes.

Plufieurs abbés ayant voulu dans le même fiècle fupprimer la Conventualité pour augmenter leurs revenus, il leur fut enjoint par le concile tenu à Reims en 1271, d'y rétablir dans l'efpace d'un mois l'ancien nombre des religieux qui étoient dans chaque prieuré, fous peine d'y être contraints par les évêques.

Pour forcer les abbés à maintenir la Conventualité, le concile de Langeis tenu en 1278, défendit expreffément aux abbés & aux prieurs de laiffer un religieux habiter feul dans une obédience.

Enfin le concile général de Vienne de l'année 1313 a fixé d'une manière irrévocable les principes de la Conventualité des bénéfices réguliers. Ce concile a renouvelé par fon premier décret les défenfes faites par les conciles précédens de laiffer les prieurs réfider feuls dans des obédiences, & il a ordonné que les obédiences dont les revenus ne fuffiroient pas pour la fubfiftance de deux religieux au moins, feroient réunies à d'autres par l'autorité de l'évêque, & du confentement de l'abbé.

On peut réduire les difpofitions de ce concile à quatre conféquences principales, qui forment quatre règles invariables dans la difcipline monaftique.

La première, c'eft que dans le treizième fiècle, & fpécialement en France, les prieurés obédientiels formoient des établiffemens diftincts & féparés des abbayes.

La feconde, que les abbés ne pouvoient s'approprier les revenus de ces bénéfices, ni les conférer à un feul titulaire.

La troifième, qu'il n'étoit pas permis aux prieurs d'y réfider feuls; qu'ils devoient avoir plufieurs religieux avec eux, y obferver & faire obferver la vie commune, enfin qu'ils étoient obligés de s'affocier autant de religieux que les revenus du bénéfice pouvoient en faire fubfifter.

La quatrième, que fi l'on pouvoit unir ces prieurés ou en confier la defferte à des clercs féculiers, c'étoit uniquement lorfque les revenus n'étoient pas fuffifans pour faire fubfifter plufieurs religieux au nombre de trois ou de deux au moins.

D'après les difpofitions formelles des conciles que nous venons de rappeler, il eft évident que la Conventualité eft abfolument néceffaire dans les bénéfices réguliers.

Nous avons dit ci-devant que la Conventualité eft imprefcriptible; c'eft une maxime fi vraie, que tous les canoniftes conviennent qu'il fuffit pour en ordonner le rétabliffement, qu'il exifte quelques veftiges qui la faffent préfumer. De-là eft née la diftiction qu'on fait des bénéfices conventuels *habitu*, de ceux qui le font *actu*.

La Conventualité *habitu* exifte lorfque le bénéfice régulier n'a jamais été fupprimé ni uni, après avoir obfervé les formalités requifes pour la validité des fuppreffions & des unions.

La Conventualité *actu* exifte lorfqu'il y a des religieux dans le bénéfice, foit qu'il n'y en ait qu'un feul ou plufieurs.

La maxime de l'imprefcriptibilité de la Conventualité a été confacrée dans le royaume par une déclaration du roi du 6 mai 1680, enregiftrée au grand confeil le 21 juin de la même année.

Suivant cette loi, on favorife en France toutes les fuppreffions & les unions de bénéfices qui ont pour but de rétablir la Conventualité dans les ordres religieux.

M. Piales, dans fon traité des collations, tome 7, partie 3, chapitre 7, dit « que pour
» conferver la qualité & l'état des prieurés ré-
» guliers, on affujettit ceux qui les demandent
» en cour de Rome, ou à la vice - légation
» d'Avignon, à exprimer dans leur fupplique fi
» ces prieurés font fimples ou conventuels, &
» encore s'ils font conventuels *actu* ou feulement
» *habitu*.

» Il n'eft pas difficile ( dit au auteur moderne ) » à l'égard du plus grand nombre des
» prieurés, de difcerner quel eft leur état ; il
» y en a qui font manifeftement fimples ; on le
» voit, ou par la fondation, ou par la manière
» dont on y a toujours pourvu, ou par les titres
» de poffeffion.

» Il y en a d'autres qui font inconteftablement.
» conventuels, foit *actu*, foit *habitu*. Il n'y a
» point de difficulté par rapport à ceux où il y
» a une communauté de religieux actuellement
» exiftante ; il n'y en a point non plus par rap-

» port à ceux où il n'y a ni communautés, ni
» lieux réguliers subsistans, ni religieux man-
» sionnaires ; mais où il y a des vestiges évi-
» dens des lieux réguliers, & qui de temps im-
» mémorial ont été qualifiés conventuels dans
» les provisions qui en ont été accordées, ces
» prieurés sont visiblement conventuels *habitu.*

» L'usage a mis au nombre des prieurés sim-
» ples ceux qui sont conventuels *habitu* ; & en
» effet, il n'y a presque point de différence entre
» les uns & les autres, soit quant à la manière
» de les conférer, soit à l'égard des qualités re-
» quises pour en être valablement pourvu, soit
» enfin par rapport aux obligations qu'ils impo-
» sent à ceux qui en sont pourvus, surtout lors-
» qu'il n'y a aucune apparence d'y pouvoir réta-
» blir la Conventualité ».

On peut contester la Conventualité *habitu* de
deux manières ; 1°. en soutenant que le prieuré
est simple, & qu'il n'a jamais été conventuel ;
2°. lorsqu'on prétend que le prieuré jouit des
prérogatives & des priviléges attachés à la Conventualité actuelle.

Mais il faut avouer que ces sortes de contestations sont très-difficiles à juger, parce qu'elles
sont ordinairement embarrassées par une foule
de difficultés. Au reste, c'est par l'état du bénéfice, par ses titres, & surtout par la possession,
que les juges doivent se déterminer.

Quoique les impétrans de ces sortes de bénéfices soient souvent exposés à tomber dans des
erreurs sur les caractères qui les distinguent, la
jurisprudence n'impose pas moins l'obligation à
ceux qui les requièrent en cour de Rome, de
marquer dans leur supplique si le bénéfice est

conventuel *habitu* ou *actu*, & s'ils se trompent, les provisions qu'ils obtiennent sont nulles. La jurisprudence a même porté la sévérité jusqu'à défendre aux impétrans de rectifier leur erreur ou de suppléer l'omission qu'ils ont commise. C'est ce qui a été formellement jugé par un arrêt rendu au grand conseil le 2 août 1749. L'espèce en est rapportée par M. Piales dans son traité de la prévention, tome 1, chapitre 29 ; tome 2, page 421.

L'affiliation est un privilége particulier qui dérive de la Conventualité : il consiste à autoriser des religieux qui se sont attachés à une maison de leur ordre, à réclamer la prérogative d'y rester toute leur vie, sans pouvoir être envoyés par leurs supérieurs dans d'autres monastères, à moins qu'il n'y ait de justes motifs de les priver du privilége de l'affiliation. Cette espèce de Conventualité n'existe que dans les ordres où l'usage des statuts ou des bulles l'ont admise. Il faut encore pour qu'elle ait lieu en France, que les statuts ou les bulles qui l'autorisent ayent été approuvés par la puissance séculière : sans cette formalité il n'existe point de véritable affiliation dans le royaume, & tous les religieux sont obligés de se soumettre aux ordres de leurs supérieurs, & de se retirer dans les monastères qu'ils leur indiquent.

*Voyez les mémoires du clergé ; la discipline de l'église, par le père Thomassin ; Wanespen ; Piales ; le dictionnaire canonique ; le recueil de jurisprudence canonique,* &c. *Voyez aussi les articles* ABBAYE, ABBÉ, MONASTÈRES, PRIEURÉS, PRIEURS, RELIGIEUX, &c. *Cet article est de M.* DESSESARTS, *avocat au parlement.*

CONVENTUEL. C'est le nom qui fut donné en 1250 par le pape Innocent IV à tous les religieux de l'ordre de saint François qui vivoient en communauté, pour les distinguer de ceux qui se retiroient dans des solitudes. Ce nom dans la suite fut particulièrement attribué à ceux qui tombèrent dans le relâchement & qui ne voulurent pas en sortir.

Il faut voir à l'article CORDELIER tous les efforts que firent les Conventuels pour empêcher la réforme que voulurent introduire pour l'observance de la règle ceux qu'on nomme aujourd'hui *observantins*. Lorsqu'enfin ceux-ci eurent triomphé de tous les obstacles qu'on leur opposoit, ils trouvèrent beaucoup de facilité à s'emparer de nombre de maisons appartenantes aux Conventuels. Les biens en fonds & en rentes qui appartenoient à ces derniers furent vendus & employés ou à la réparation des églises, ou à la subsistance des religieuses, qui étoient obligées d'enfreindre le vœu de clôture pour mendier.

Les Conventuels ne furent pas traités avec la même rigueur en France & en Allemagne ; ils ne laissèrent pas néanmoins d'y être beaucoup inquiétés : les princes & les peuples scandalisés du relâchement de ces religieux, qui avoient en propre des terres, des maisons, des revenus, & dont les uns se disoient Conventuels & les autres claustraux, obligeoient ces mêmes religieux à céder leurs maisons aux observans. Les provinces de Touraine, de saint Bonaventure & de Saxe passèrent volontairement sous la juridiction du ministre général chef de tout l'ordre de saint François, & furent reçues dans

le chapitre qui se tint à Lyon en 1518, à condition qu'elles embrasseroient l'observance, &
qu'elles renonceroient à tous les priviléges de
pouvoir posséder des biens. Mais comme il y
avoit beaucoup de ces Conventuels qui vouloient
continuer de jouir, il fut ordonné dans un autre
chapitre général, que les anciens couvens des
frères *de la famille* ( c'étoit le nom qu'on donna
à ces Conventuels soumis à la juridiction de
l'ordre ) auroient une province sous le nom de
*France Parisienne*, & que les autres qu'on appeloit *réformés*, en auroient aussi une sous le
nom de *France*. Il fut réglé qu'il y auroit encore
en France une province de *Touraine* pour les
réformés, & une autre sous le nom de *Touraine-
Pictavienne* pour ceux de la famille ; mais on ne
permit pas aux religieux de ces provinces de
continuer de jouir des priviléges & des dispenses
dont ils avoient auparavant joui ; on leur accorda
seulement un définiteur général.

Quelques couvens de la custodie de Liége qui
appartenoient à la province de France, ayant
voulu se soustraire à cette nouvelle réforme
qu'ils avoient d'abord embrassée, le pape Léon X
ordonna en 1519 au provincial de les contraindre par la voie des censures à rentrer sous son
obéissance. La même année, François Premier
ordonna que tous les couvens des Conventuels
de la province d'Aquitaine passeroient aux observans, & à la prière de ce prince, le pape
donna une nouvelle bulle en 1521, par laquelle il nomma des commissaires apostoliques
pour réduire tous les Conventuels de France
à l'observance régulière. Cette bulle fut exécutée dans les provinces d'Aquitaine & de saint
Louis.

Après la mort de Léon X, les Conventuels cherchèrent à se rendre favorable Clément VII, son successeur; mais combattus par la duchesse d'Angoulême, régente du royaume en l'absence de François Premier, & par la duchesse d'Alençon, sœur de ce prince, le pape confirma par une bulle du 3 novembre 1525, les observans dans la possession des monastères qui avoient appartenu aux Conventuels.

Le chef général de l'ordre de saint François étant venu faire sa visite en France en 1532, il fut sollicité par le roi de réduire toute la province d'Aquitaine sous sa loi, en la réduisant à l'observance régulière, ce qu'il exécuta. Ce général fut quelque temps après nommé commissaire apostolique avec Pierre de Verduzzano pour réformer les couvens de l'ordre. Ils firent en vertu de cette commission un concordat avec le vicaire apostolique des Conventuels, par lequel ils convinrent que leurs différens ne seroient point portés dans les tribunaux séculiers, & que la province d'Aquitaine seroit entièrement incorporée dans l'observance; ce qui fut ratifié au chapitre général tenu à Nice en 1535, & confirmé par un bref de Paul III, du 4 septembre 1538. Il fut arrêté dans ce même chapitre que les Conventuels ne seroient plus reçus dans le grand couvent de Paris pour étudier. Enfin ils perdirent peu à peu presque tous les couvents qu'ils avoient en France, & il ne leur en est resté qu'environ cinquante dans la Bourgogne, le Dauphiné, la Provence, la Guyenne & le Languedoc, ce qui forme pour eux trois provinces différentes. Ils furent plus heureux en Italie & en Allemagne; ils y ont confervé un très-grand nombre de monaftères qui renferment environ quinze mille religieux.

Le chapitre national des obfervantins tenu à Paris au mois de feptembre 1769, & celui des Conventuels tenu à Aix au mois d'avril 1770, ayant délibéré de demander l'union des deux congrégations comme avantageufe aux uns & aux autres, Louis XV ordonna aux obfervantins par un arrêt de fon confeil du 23 juin 1770, de tenir des chapitres dans toutes leurs provinces pour nommer des députés qui s'affembleroient avec ceux que les Conventuels avoient déja nommés au couvent des cordeliers de Paris, à l'effet de travailler à la rédaction des articles préliminaires de la réunion defirée, en préfence des commiffaires du roi, & d'élire par les obfervantins un député qui iroit avec le député nommé par les Conventuels au chapitre général que ceux-ci devoient tenir à Rome, pour folliciter les permiffions du faint fiége néceffaires au fujet de la réunion projetée.

La députation eut fon effet; le pape Clément XIV adhéra à l'union demandée, & la confirma par un bref du 9 août 1771, qui fut revêtu de lettres-patentes. Par cette réunion, les obfervantins ont adopté le régime des Conventuels; de forte qu'aujourd'hui il n'y a plus en France de diftinction entre les uns & les autres. Comme il a fallu faire une nouvelle diftribution de provinces, cette diftribution a eu lieu immédiatement après; & ces provinces font celle de France, de Touraine, d'Aquitaine, de faint Bonaventure, de faint Jofeph, qu'on nomme autrement *clémentine*, de faint Louis, de Marfeille & de Lorraine. Chacune de ces provinces eft compofée d'un certain nombre de cuftodies, & chaque cuftodie d'un certain nombre de monaftères. Cette divifion a été confirmée par un nouveau bref du pape du 23 décembre 1771, revêtu de lettres-patentes du mois de février 1772, enregiftrées au mois de juillet de la même année.

Les papes Sixte IV, Sixte V & Clément XIV ont été religieux de l'ordre des Conventuels.

Voyez *les livres latins intitulés* : ORBIS SERAPHICUS , *autore Dominic. de Gubernatis* ; ANTIQUIORITAS FRANCISCANA , *autore Fortunat. Hofpitel* ; SPECULUM FRANCISCANÆ RELIGIONIS , *autore Gabriel Faber* ; *l'hiftoire des ordres religieux , par le pere Héliot, &c.* Voyez auffi l'article CORDELIER. (*Article de M. DAREAU, avocat, &c*)

CONVERS , CONVERSE. On donne ce nom aux religieux qui n'ont point reçu les ordres facrés , & qui font aggrégés à un monaftère par des vœux folemnels.

Le mot Convers vient du latin *converfus*, qui dans fon origine fignifioit un homme converti. C'étoit ainfi que l'on appeloit les laics qui dans l'âge de raifon embraffoient la vie religieufe. On les diftinguoit des enfans que leurs parens offroient à Dieu dès leurs premières années , & que l'on nommoit *oblats*. On donne auffi auffi aux religieux Convers le nom *de frères lais*.

L'origine des religieux Convers ne remonte point au-delà de l'onzième fiècle. » Le père Mabillon dit en effet que l'on commença dans ce » fiècle à recevoir dans les monaftères des hommes fans lettres qui ne pouvoient afpirer à la » cléricature & qui étoient deftinés au travail des » mains ».

Longtemps avant l'onzième siècle les religieux étoient appelés à la cléricature ; puisque ce fut le pape Sirice qui enjoignit par une bulle de l'an 383 aux moines de recevoir les ordres sacrés. Ainsi lorsqu'on se détermina à recevoir dans les monastères des religieux non-lettrés, on regarda qu'il étoit essentiel de les distinguer par un nom différent. De-là l'origine du nom *Convers* qu'on donna aux religieux qui ne pouvoient aspirer aux ordres sacrés.

Le nombre des religieux Convers étoit autrefois très-considérable, aujourd'hui il ne forme que la plus petite partie de la hiérarchie monastique.

Les religieux Convers, quoiqu'on leur donne le nom des frères lais, n'en sont pas moins de véritables religieux ; ils font les vœux prescrits par les statuts de l'ordre dans lequel ils entrent. Ils sont morts civilement, & ils sont regardés comme membres du corps religieux auquel ils se sont aggrégés. Cependant ils sont incapables de posséder des bénéfices, & comme leur institution est le travail des mains, ils n'ont point de voix en chapitre. Par la même raison ils ne sont point assujettis à se trouver au chœur, parce que leurs exercices étant extérieurs, ils ne pourroient pas les remplir s'ils étoient obligés d'assister avec une exactitude aussi rigoureuse que les autres religieux aux différentes fonctions qui sont imposées à ces deniers.

Les religieux Convers portent l'habit de l'ordre auquel ils sont attachés, & lorsque leurs occupations ordinaires leur permettent d'assister au chœur, ils y ont rang & séance à la suite des religieux ; mais ils y occupent ordinairement des places séparées qui marquent la distance qu'il y

a entre eux & les religieux engagés dans les or‑
dres facrés.

Plufieurs canoniftes rangent dans la même
claffe les frères lais, *les Convers & les oblats ou
donnés* : mais Mirandas les diftingue. » Les pre‑
» miers, dit‑il, font de vrais religieux : ils font
» profeffion folemnelle de trois vœux dans une
» religion approuvée & ne diffèrent des autres
» religieux, qu'en ce que ceux‑ci font deftinés
» à fervir le chœur, & qu'ils font au contraire
» employés à d'autres fonctions dans le monaf‑
» tère. Quant aux Convers, oblats ou donnés,
» ils ne s'engagent qu'à fuivre une manière de vi‑
» vre qui ne les fait pas religieux. En effet le
» Convers eft celui qui après avoir promis &
» fait vœu de fuivre le règlement de conduite
» qu'on lui propofe, fe revêt de l'habit de reli‑
» gieux & fe dépouille de tout en faveur d'un
» monaftère. L'oblat ou le donné eft celui qui
» fait la même promeffe & la même donation
» fans quitter l'habit du fiècle.

Les idées que cet auteur donne des Convers
& des oblats ne font pas juftes. Plufieurs cano‑
niftes rapportent cependant fon opinion comme
une autorité ; mais il eft certain qu'il fe trompe
lorfqu'il dit que les Convers ne font pas de vé‑
ritables religieux. Ils font réellement religieux,
& les vœux qu'ils font les mettent au rang des
perfonnes mortes civilement.

Comme les profeffions tacites ne font point
reçues en France, nous ne regardons comme
vrais religieux que ceux qui ont fait des vœux
irrévocables dans une religion approuvée &
conformément aux règles prefcrites par fes fta‑
tuts. Ainfi les oblats dont on voit encore quel‑

ques‑

ques exemples ne perdant point leur état de féculier, n'ont rien de commun avec les Convers.

Le pape Pie V avoit publié une bulle pour
défendre aux communautés de religieuses de recevoir des sœurs Converses ; ce pape avoit
même proncé la nullité de leur profession. Plusieurs conciles ont renouvelé depuis la même
défense ; mais l'usage a prévalu, & l'on a continué de recevoir des sœurs Converses. Cet
usage existe encore aujourd'hui, car on voit des
sœurs Converses dans presque tous les couvens
de religieuses du royaume.

Nous avons dit ci-devant que les Convers
sont incapables de posséder des bénéfices ; c'est
ce qui a été formellement jugé par arrêt du
parlement de Dijon rendu le 14 août 1555,
pour la cure de Notre-Dame de Ville-Bichot
contre François Guyennot Convers de l'abbaye
de Cìteaux.

Ce sont les usages & les statuts des différens
ordres qui donnent aux Convers le droits d'assister à l'élection de leurs supérieurs & d'y avoir
voix délibérative. Ainsi on ne peut à cet égard
rapporter aucune règle fixe & déterminée.

M. le Prêtre rapporte un arrêt du parlement
de Paris du 13 mars 1642, qui a jugé que les
sœurs Converses de l'ordre de saint-François ont
voix délibérative lors de l'élection de leurs
abbesses.

Voyez *le dictionnaire de Jean Thaumas imprimé à Paris en 1647 ; Tournet, lettre B. ; M.
le Prêtre dans ses arrêts célèbres du parlement ;
le dictionnaire des arrêts ; la discipline de l'église,
par le pere Thomassin ; d'Héricourt dans ses lois
ecclésiastiques ; le dictionnaire canonique.* Voyez

*Tome XVI.*                  M

auſſi les articles ABBAYES, ABBÉ, COUVENT, MONASTÈRES, RELIGIEUX, RELIGIEUSES, VŒUX, OBLAT, &c. (*Cet article eſt de M. DESSESSARTS, avocat au parlement*).

CONVERSION. C'eſt en général, le changement d'un acte en un autre ; ainſi l'on dit au civil, *convertir ſon appel en oppoſition ; convertir un bail conventionnel en judiciaire*. Et l'on dit au criminel, *convertir un décret d'ajournement perſonnel en décret de priſe de corps ; convertir des informations en enquêtes ; convertir un procès civil en criminel*. Nous allons rendre compte de ces différentes eſpèces de Converſions.

1°. *La Converſion d'appel en oppoſition* a lieu lorſqu'un plaideur condamné par défaut veut après avoir interjeté appel conteſter devant le même juge. Il fait dans ce cas ſignifier à ſon adverſaire, un acte par lequel il déclare convertir ſon appel en oppoſition. On prenoit autrefois des lettres de chancellerie pour faire cette Converſion, mais aujourd'hui elle ſe fait par requête ou par un ſimple acte.

Au parlement de Nancy, comme tous les actes & règlemens d'inſtruction & de procédures ſe font pardevant des commiſſaires de grand'chambre députés à la barre, & que les appels de leurs ordonnances ſe portent en la grand'chambre où ſiégent les mêmes commiſſaires, il arrive ſouvent que l'on convertit en oppoſition les appels interjetés de leurs ordonnances, quoi qu'elles aient été rendues contradictoirement, après avoir entendu les procureurs des parties.

2°. La *Converſion de décret* ſe fait lorſque l'on prononce contre un accuſé déja décrété, un décret plus rigoureux. Cela ſe pratique ſoit à cauſe de fa contumace , foit en vertu des nouvelles charges qui furviennent.

3°. Nous avons dit à l'article CIVILISER UNE PROCÉDURE , ce que l'on entend par la *Conver- fion d'enquête en information.*

4°. La Converfion *d'un bail judiciaire en con- ventionnel* a lieu lorfqu'après la faifie réelle d'un immeuble , on maintient le bail paffé par le pro- priétaire , à charge par le fermier ou locataire d'en payer le prix entre les mains du commif- faire ou du féqueftre établi par la juftice. *Voyez* BAIL JUDICIAIRE.

5°. La *Converfion d'un procès civil en procès criminel*, eft un jugement qui ordonne qu'un pro- cès fera continué à l'extraordinaire , lorfque par l'inftruction civile , le juge découvre quelque chofe dans la conduite de l'une ou de l'autre des parties qui peut donner lieu à prononcer contre elles des peines corporelles ou afflictives.

C'eft improprement que l'on fe fert ici d'après l'ordonnance même du mot de Converfion ; car le décret criminel commence une procédure ab- folument nouvelle dans laquelle la partie publi- que devient partie principale , & les enquêtes mêmes faites dans la procédure civile ne font pas des pièces probantes ; elles fervent feule- ment d'indication pour répéter les témoins.

L'article premier du titre 20 de l'ordonnance de 1670, autorife les juges à ordonner » qu'un » procès commencé par la voie civile fera pour- » fuivi extraordinairement s'ils connoiffent qu'il » peut y avoir lieu à quelque peine corporelle ».

Cet article eft conforme aux ordonnances de Louis XII de 1498 , article 118 ; de 1507, article 200, & à celle de François premier de 1535, article 49.

Les parties publiques peuvent requérir cette Conversion de procédure; les juges peuvent aussi la prononcer d'office; mais suivant l'arrêt du conseil du 30 mars 1719 rendu pour les officiers du présidial de Brive, cette ordonnance doit être prononcée par le siége assemblé, & non par le lieutenant criminel seul.

A l'égard des parties, dès qu'une fois elles ont pris la voie civile, elles ne peuvent plus revenir à la criminelle.

L'article 2 du titre 18 de l'ordonnance de 1667 veut qu'en matière de complainte & de réintégrante celui à qui l'option est laissée de prendre la voie ordinaire ou extraordinaire ne puisse plus, après avoir choisi l'une de ces deux actions, se servir de l'autre.

Ce qui est ordonné en matière de complainte & de réintégrande, doit être étendu à toute autre espèce d'actions.

Cependant il faut avec l'ordonnance réserver le cas où en procédant sur l'action extraordinaire, le juge réserve au plaignant l'action civile.

Dans les siéges où il y a un lieutenant civil & un lieutenant criminel, c'est au dernier qu'appartient le droit d'instruire la procédure qui de civile a été convertie en criminelle. La grand'chambre & les enquêtes doivent également la renvoyer à la tournelle.

L'article 2 du titre 20 de l'ordonnance de 1667 autorise encore les juges lorsqu'ils instruisent les procès ordinaires « à décerner s'il » échet, des décrets de prise de corps ou d'a-

» journement perfonnel fuivant la qualité de la
» preuve & à ordonner l'inftruction à l'extraor-
» dinaire ».

Conformément à l'article premier du titre 10
de l'ordonnance criminelle, ces décrets doivent
toujours être rendus fur les conclufions de la partie publique ; cependant s'il y a du danger que le
coupable ne s'échappe, les juges peuvent d'office le faire arrêter fur le champ, fauf à ordonner que les charges feront communiquées aux
gens du roi pour prendre des réquifitions.

*Voyez l'ordonnance de 1670 ; le titre 9 de
l'ordonnance criminelle du duc Léopold ; les com-
mentaires de Serpillon, de Jouffe & de Bornier ; le procès-verbal des conférences tenues pour
l'examen de l'ordonnance de 1670 ; les traités fur
les matières criminelles de Rouffeau de la Combe ;
les inftitutes au droit criminel par Muyard de Vouglans, la pratique criminelle du préfident Lizel ; le
traité de Jouffe fur la juftice criminelle de France ;
le praticien françois ; le traité de l'ordre & des formalités qui doivent être obfervés aux matières criminelles par Airaut, &c.* Voyez auffi les articles
CIVILISER UNE PROCÉDURE, BAIL, COMMIS-
SAIRE AUX SAISIES RÉELLES, LIEUTENANT CI-
VIL, LIEUTENANT CRIMINEL, CRIME, DÉ-
CRET, &c. (*Article de M.* HENRI, *avocat au
parlement*).

CONVERSION DES ROTURES EN FIEF. Un
feigneur peut-il convertir en fief les rotures de fon
enclave ? De quelle manière cette Converfion
peut-elle fe faire ? & quels en font les effets ?

Un feigneur peut inconteftablement convertir
en fief les terres cenfuelles foumifes à fa directe.
Cette décifion eft fondée fur les autorités les

plus graves. Les jurifconfultes qui ont examiné la queftion décident qu'un feigneur peut imprimer le caractère de la féodalité aux rotures foumifes à fa directe, & qu'il fuffit pour opérer cette Converfion que le tenancier reporte même une feule fois la roture comme fief, pourvu que le feigneur reçoive cet hommage fciemment & avec l'intention de difpofer. Telle eft l'opinion de Dumoulin, après avoir dit qu'une feule reconnoiffance pure & fimple ne fuffit pas pour convertir la roture en fief. *Si fit fimplex recognitio non immutatur qualitas rei.* Cet auteur ajoute : « il en feroit autrement fi cette reconnoiffance » étoit portée par le tenancier & reçue par le » feigneur, *animo novum ftatum rei inducendi.* Sur » l'article 35 de l'ancienne coutume de Paris. » Ainfi aux termes de Dumoulin cette Converfion s'opère par la volonté feule du feigneur & du tenancier. On retrouve la même décifion dans Pontanus. « Lorfqu'il n'y a ni fraude ni erreur, » dit-il, je ne vois pas ce qui pourroit s'oppo- » fer à cette Converfion, » *ubi omnis error dolufve ceffaret. . . . non video quid obftat quominus eam feudalem effici dicamus cum licuerit rei fuæ legem quam voluerit imponere.* Sur la coutume de Blois, titre 4 *de juribus dom.* article 37, § 5.

Tronçon & Ferriere, fur l'article 12 de la coutume de Paris, penfent de même qu'un feul acte d'hommage fuffit pour convertir la roture en fief, pourvu que cet acte ait les qualités requifes par Dumoulin, c'eft-à-dire qu'il foit fait & reçu, *animo novum ftatum inducendi.*

Il ferait facile d'appuyer d'un plus grand nombre d'autorités cette propofition que le feigneur peut inféoder les rotures de fon enclave : on voit par exemple la plupart des feudiftes s'oc-

cuper de la queſtion de ſavoir quel eſt le préciput de l'aîné dans le partage de ce nouveau fief
entre les enfans de celui qui a fait la Converſion ;
queſtion qui ſuppoſe la poſſibilité & la légitimité
de cette Converſion.

Ajoutons encore que cette déciſion eſt fondée
ſur la nature des choſes. Toutes les terres cen-
ſuelles ſont préſumées avoir fait originairement
partie du fief duquel elles ſont mouvantes, ainſi
leur inféodation ne fait autre choſe que les re-
placer dans leur état primitif : *res facile redit ad*
*primam naturam.*

Mais ces inféodations qui obligent à tous
égards le ſeigneur & le nouveau vaſſal, ſont
cependant ſans effet contre le ſuzerain ; non pas
qu'il puiſſe les faire annuller , mais lorſque le
fief s'ouvrira à ſon profit , il exploitera la roture
inféodée comme ſi elle n'avoit pas changé de nature , du moins juſqu'à ce qu'il ait ratifié l'inféodation ; & c'eſt par cette raiſon là même qu'il
ne peut pas critiquer ces Converſions de rotures en fiefs : en effet, elles ne lui portent aucune
eſpèce de préjudice. Cependant M. le Camus ,
dans ſes obſervations ſur l'article 12 de la coutume de Paris , penſe que ces ſortes de Converſions obligent le ſeigneur dominant , parce que ,
dit-il , *il n'en ſouffre aucun préjudice & même elles*
*lui ſont avantageuſes.* Cela eſt vrai ; il eſt plus
avantageux à un ſeigneur d'avoir des fiefs dans
ſa mouvance que des rotures. Mais ce n'eſt pas
au vaſſal à décider de l'intérêt de ſon ſeigneur ;
& ſi malgré cet avantage le ſeigneur refuſe de
ratifier l'inféodation , elle eſt nulle à ſon égard ;
c'eſt une règle générale que l'on ne peut ſans
l'agrément du ſeigneur changer la nature du fief
ſervant.

Ces Converfions ont fréquemment lieu dans les domaines de la couronne. Il faut pour les obtenir préfenter requête au confeil, contenant que l'expofant poffède roturièrement & fous la cenfive de fa majefté un domaine confidérable compofé de tant d'arpens, qu'il en defireroit l'inféodation à l'effet de tenir ce domaine de fa majefté à foi & hommage & fous les autres droits & devoirs portés & établis par la coutume des lieux. Sur cette requête interviennent des lettres d'érection adreffées à la chambre des comptes du reffort; l'enregiftrement de ces lettres confomme l'inféodation. Ces fortes de demandes font très-bien accueillies au confeil, parce qu'en effet il eft plus avantageux pour le roi d'avoir des fiefs dans fa mouvance que des tenures confuelles.

Nous venons de dire que le feigneur dominant peut refufer de reconnaître & ratifier la Converfion de la roture en fief, lorfque le fief dans l'enclave duquel s'eft faite cette Converfion vient à s'ouvrir à fon profit; cela eft fans difficulté pour les fiefs ordinaires : mais à l'égard des grandes feigneuries, telles que les pairies, duchés & autres fiefs de dignité relevant nuement de la couronne, on peut foutenir que le dominant & même le roi eft obligé de reconnoître ces fortes d'inféodations. En effet, il eft certain que dans l'origine les grands vaffaux avaient le droit d'inféoder dans l'étendue de leur enclave. Cet ufage eft attefté par le livre des fiefs, *liv. 1. chap. 1.* § 5. Et Loifeau eftime que ces grands vaffaux doivent encore jouir de cet avantage. « La quatrième prérogative des gran- » des feigneuries, dit cet auteur, qui eft d'une » notable importance, & toutefois mal tenue » en notre ufage, eft que ceux qui les ont &

» non autres peuvent créer des fiefs & des cen-
» fives ..... Ce qu'il faut entendre qu'il n'y a
» qu'eux qui les puiſſent concéder de leur pro-
» pre autorité & fans permiſſion du ſouverain,
» en telle forte qu'ils ſoient diſtraits de ſa tenure
» immédiate & ſoient faits arrière-fiefs ou cens
» inféodé ..... ce que j'entends à l'égard du roi
» même & à ſon préjudice ; fans qu'avenant l'ou-
» verture de leur fief le roi puiſſe comprendre
» dans la ſaiſie d'icelui, les terres ainſi ſous in-
» féodées & accenſivées, ni en la taxe de ſon
» relief. » *Des ſeigneuries, chap. 6. n°. 21.*

Il faut cependant convenir que les articles 51
& 52 de la coutume de Paris paroiſſent bien contraires à l'opinion de ce juriſconſulte. Ces articles établiſſent que le jeu de fief, les ſous inféodations, &c. ne peuvent en aucun cas préjudicier au ſeigneur dominant, & la diſpoſition de
ces articles eſt générale fans aucune eſpèce d'exception.

Cette Converſion de roture en fief peut encore s'opérer d'une autre manière ; par la voie
de la preſcription.

Lorſque le propriétaire d'un héritage cenſuel
l'a reporté à ſon ſeigneur comme féodal, pendant le temps néceſſaire pour acquérir la preſcription ; par cela ſeul la nature de la mouvance
eſt changée ; de cenſuelle elle eſt devenue féodale, & le tenancier a acquis le droit d'obliger
ſon ſeigneur de le reconnoître déſormais comme
ſon vaſſal.

Le plus grand obſtacle contre cette eſpèce de
preſcription, celui qui ſe préſente d'abord à l'eſprit, réſulte de cette règle ſi connue, *le vaſſal &*
*le ſeigneur ne peuvent preſcrire l'un contre l'autre.*

Cette maxime, le seigneur ne prescrit pas contre son vassal, & vice versa, telle qu'on la trouve écrite dans différentes coutumes, présente à la vérité le sens le plus absolu; mais il s'en faut bien que ses effets aient la même étendue. Etablie dans des temps d'ignorance, dans des temps où les lois féodales avoient la plus grande extension, on ne pensa pas d'abord aux justes restrictions dont elle étoit susceptible. Dumoulin parut; ses premiers regards tombèrent sur la matière féodale, & la règle que nous discutons fut une de celles qu'il examina avec le plus de soin. C'est dans son commentaire sur l'article 7 de l'ancienne coutume de Paris que l'on trouve le véritable sens de cette règle, & les justes modifications dont elle est susceptible. Voici le précis de la doctrine de cet auteur.

Le seigneur & le vassal ne peuvent prescrire l'un contre l'autre, c'est-à-dire qu'ils ne peuvent réciproquement altérer le lien féodal, qu'ils ne peuvent par la prescription anéantir la foi respective qu'ils se doivent l'un à l'autre; ainsi le seigneur ne peut prescrire le fief de son vassal qu'il retient en sa qualité de seigneur: par exemple, en vertu d'une saisie féodale: d'un autre côté le vassal ne prescrit jamais la directe du domaine qu'il tient en fief, parce que cette prescription détruiroit la féodalité; il ne peut pas non plus s'affranchir par cette voie des devoirs attachés à la tenure féodale, parce que ce feroit déroger à la nature du fief: ainsi deux choses seulement imprescriptibles entre le seigneur & le vassal: le domaine utile de la part du premier, & le domaine direct de la part du second. Voici les termes mêmes de Dumoulin:

*Patronus non potest prescribendo acquirere feudum, five utile dominium à se concessum clienti ; nec vice versa cliens dominium directum patroni , & jura feudalia , & hoc est quod intendit nostra consuetudo & non aliud.* Telle est la doctrine de Dumoulin ; elle n'interdit , comme l'on voit , la prescription au seigneur contre son vassal qu'à l'égard de la propriété du domaine utile , *utile dominium a se concessum clienti.*

C'est d'après ces principes que les magistrats préposés à la réformation de la coutume de Paris en 1580 ont rédigé l'article 12 de cette coutume. Cet article est conçu en ces termes : *le seigneur féodal ne peut prescrire contre son vassal le fief sur lui saisi ou mis en sa main par faute d'hommes droits & devoirs non faits ou dénombrement non baillé.* Cet article qui par sa sagesse & sa conformité avec l'opinion de Dumoulin forme aujourd'hui le droit commun du royaume , ne met comme l'on voit le seigneur dans l'impossibilité de prescrire contre son vassal qu'une seule chose & dans un seul cas , la propriété du domaine utile saisi faute d'hommes ou de dénombrement : à l'égard de tout le reste, les choses sont demeurées dans les termes du droit commun.

Ainsi cette règle , *le seigneur ne peut prescrire contre son vassal*, loin d'être aussi absolue qu'elle le paroît au premier coup-d'œil , n'est au contraire qu'une exception très-resserrée à la loi générale des prescriptions. C'est ce que Bretonnier a très judicieusement remarqué. « La prescription, » dit-il, n'a pas lieu entre le seigneur & le vaf- » sal ; cependant à bien prendre la chose, c'est » moins une maxime qu'une exception bien bor- née . . . . . » La règle de l'imprescribilité des fiefs

ainſi modifiée , il eſt clair qu'elle ne peut être ap‐
pliquée au cas que nous examinons, c'eſt-à-dire
à la Converſion de la roture en fief par la voie
de la preſcription. En effet , ce cas n'eſt point
compris dans la prohibition prononcée par Du‐
moulin & par la coutume de Paris ; il eſt donc
ſoumis aux règles générales & ordinaires de la
preſcription.

Auſſi les auteurs qui ont examiné cette queſ‐
tion décident-ils que la preſcription peut con‐
vertir un fief en roture & réciproquement une
roture en fief. Un pareil changement , dit Fon‐
tanus , peut s'opérer par la convention , à plus
forte raiſon par la preſcription , *cum feudi natura
poſſit pacto alterari magis preſcriptionis vis id poteſt.
in conſ. Bleſ. tit. 4. de juribus , dom. art. 37.*

Tronçon tient la même opinion ſur l'article
12 de la coutume de Paris.

« Un héritage féodal , dit Feriere , peut de‐
» venir cenſuel , parce que le propriétaire d'icelui
» aura pris ſaiſine telle qu'elle ſe prend pour les
» héritages roturiers , payé les lods & poſſédé
» cet héritage en cette qualité pendant trente
» ans , *ſur l'article 12 de Paris gl. 3. n°. 18.* » La
preſtation des droits cenſuels pendant trente ans
ſuffit donc , ſuivant cet auteur , pour mettre en
roture ce qui précédemment étoit féodal , &
conſéquemment inféoder ce qui précédemment
étoit cenſuel & roturier. Legrand dans ſon com‐
mentaire ſur la coutume de Troie , examine cette
queſtion , & il la décide conformément à ce que
nous venons de dire. Voici comme il s'exprime :

« Encore que nous ayons dit que le ſeigneur
» ne peut preſcrire contre ſon vaſſal , ni le vaſſal
» contre ſon ſeigneur ; néanmoins ſi un vaſſal

» avoit reconnu tenir certaines terres & hérita-
» ges en fief d'un feigneur, encore que ladite
» terré fûr de roture, & en avoit fait la foi &
» hommage au feigneur qui l'auroit admis com-
» me fon vaffal, & reçu les droits de lui & de
» fes fucceffeurs de trente ans, depuis lef-
» quels autres foi & hommage auroient été
» faits.& droits payés & dénombrement baillé
» enfuite par le vaffal au feigneur, non pas une
» feule fois ni par une feule reconnoiffance,
» *eumque feuda, neque alia jura per fimplicem re-*
» *cognitionem conftituantur*, mais par deux ou
» trois reconnoiffances ; le vaffal aura acquis pref-
» cription contre le feigneur féodal qui fera défor-
» mais tenu de reconnoître & recevoir pour fon
» vaffal. Mais avant le temps de trente ans,
» les aveux & reconnoiffances faites pas erreur,
» pourront être révoqués ; & ce que deffus
» aura lieu pourvu que le feigneur fupérieur
» n'y foit point intéreffé, ou bien qu'il y ait
» prêté confentement, ou ait reçu plufieurs
» aveux & dénombremens conformes, enforte
» que l'on ait prefcrit contre lui ; autrement
» tout ce qui aura été fait contre fon vaffal &
» arrière vaffal ne lui pourra préjudicier. Le-
» grand, fur l'article 24 de la coutume de Troie,
» gl. 3, n°. 14. »

Voyez *Dumoulin fur l'article 35 de l'ancienne
coutume de Paris ; Loifeau, des feigneuries, chapitre 61 ; les commentateurs de la coutume de Paris
fur l'article 12 ; les obfervations de M. le Camus
fur cet article; Pontanus fur celle de Blois ; le
traité des prefcriptions de Dunod.* Voyez auffi l'article INFÉODATION. ( *Arrticle de M. H* * * *,
*avocat au parlement.* )

CONVERTI. On appelle particulièrement *nouveaux Convertis* les sujets du roi qui ont abjuré la religion protestante pour embrasser la catholique romaine.

Différentes lois qu'on a coutume de renouveler tous les trois ans, & dont la dernière est une déclaration du premier mars 1775 (\*),

---

(\*) *Cette déclaration est ainsi conçue :*

Louis, par la grace de Dieu, roi de France & de Navarre : à tous ceux qui ces présentes lettres verront ; Salut. Par notre déclaration du 15 mars 1772, nous aurions fait défenses à ceux de nos sujets qui auroient été de la religion prétendue réformée, de vendre sans permission, pendant trois ans, leurs biens immeubles & l'universalité de leurs meubles ; & les mêmes raisons qui nous ont déterminé à la rendre subsistant encore, nous avons estimé à propos de renouveler ces défenses pendant un pareil délai. A ces causes & autres à ce nous mouvant, nous avons dit, déclaré & ordonné, & par ces présentes signées de notre main, disons, déclarons & ordonnons, voulons & nous plaît, que nos précédentes déclarations soient exécutées selon leur forme & teneur ; &, conformément à icelles, nous avons fait & faisons très-expresses inhibitions & défenses à ceux de nos sujets qui ont fait profession de la religion prétendue réformée, de vendre durant ledit temps de trois ans les biens immeubles qui leur appartiennent, & l'universalité de leurs meubles & effets mobiliers, sans en avoir obtenu la permission de nous, par un brevet qui sera expédié par l'un de nos secrétaires d'état & de nos commandemens, pour la somme de trois mille livres & au-dessus ; & des intendans & commissaires départis pour l'exécution de nos ordres dans les généralités ou provinces où ils sont demeurans, pour la somme au-dessous de trois mille livres. Nous faisons pareillement défenses à nosdits sujets de disposer de leurs biens immeubles & de l'universalité de leurs meubles & effets mobiliers, par donation entre-vifs durant lesdites trois années, si ce n'est en faveur & par les contrats de mariage de

ont défendu aux nouveaux Convertis d'aliéner leurs biens immeubles & l'univerſalité de leurs meubles & effets mobiliers ſans en avoir obtenu auparavant la permiſſion du roi , lorſqu'il s'agit d'une vente de trois mille livres & au-deſſus , ou

---

leurs enfans & petits enfans , & de leurs héritiers pré-ſomptifs demeurans dans le royaume , au défaut de deſcen-dans en ligne directe ; nous avons déclaré & déclarons nulles toutes les diſpoſitions que noſdits ſujets pourroient faire entre-vifs de leurs biens immeubles en tout ou en partie , & de l'univerſalité de leurs meubles & effets mo-biliers ; enſemble tous contrats , quittances & autres actes qui ſeront paſſés pour raiſon de ce durant leſdits trois ans au préjudice & en fraude des préſentes. Déclarons auſſi nuls les contrats d'échange que noſdits ſujets pourroient faire pendant ce temps , en cas qu'ils ſortiſſent de notre royaume , & qu'il ſe trouvât que les choſes qu'ils auroient reçues en échange valuſſent un tiers moins que celles qu'ils auroient données. Voulons que , lorſque les biens de noſdits ſujets ſeront vendus en juſtice , ou abandonnés par eux à leurs créanciers en payement de dettes pendant leſ-dites trois années , leſdits créanciers ne puiſſent être collo-qués utilement dans les ordres & préférences que l'on en fera , qu'en rapportant les contrats en bonne & due forme , & les titres de leurs dettes devant ceux qui feront leſdits ordres & préférences , ni en toucher le prix , & ſe faire adjuger & prendre la totalité ou partie deſdits biens , en payement des ſommes à eux dues, qu'après avoir affirmé préalablement , & en perſonne , pardevant le juge qui fera l'ordre & préférence ſi on les pourſuit en juſtice , ou par-devant le juge du lieu où ils ſe feront à l'amiable , que leurs dettes ſont ſérieuſes , & qu'elles leur ſont dues effectivement ; le tout à peine de confiſcation des ſom-mes par eux touchées ou des biens immeubles ou effets qui leur auront été adjugés ou délaiſſés , en cas que les titres par eux rapportés , & que les affirmations qu'ils auroient faites ne ſe trouvaſſent pas véritables. Si donnons en mandement , &c.

de l'intendant de la province fi la vente eft au-
deffous de trois mille livres.

Ces lois ont eu pour objet de retenir les nouveaux Convertis dans le royaume, & d'empêcher que dans le cas de migration ils ne puiffent
emporter leur fortune chez l'étranger. Voyez
l'article PROTESTANT.

CONVOI MILITAIRE. C'eft le tranfport des
vivres, des munitions, d'équipages, &c. qu'on
mène dans un camp ou dans une place.

Les Convois militaires fe faifoient autrefois
par le moyen de corvées très-onéreufes aux
gens de la campagne : déjà neuf généralités
étoient affranchies de ce fervice, enfuite des
marchés particuliers que les intendans avoient
été autorifés à faire à prix d'argent avec des entrepreneurs, & cette dépenfe étoit acquittée au
moyen d'une impofition particulière fur ces
généralités. Le fuccès de cet établiffement & les
avantages que les peuples en retiroient ont déterminé le roi a fupprimer les corvées dont il
s'agit dans les autres généralités : en conféquence
fa majefté a rendu en fon confeil le 29 août
1775, un arrêt qui a ordonné qu'il feroit impofé annuellement par le fecond brevet des impofitions acceffoires de la taille, dans les vingt
généralités des pays d'élection un million cent
quatorze mille quatre cent quatre-vingt dix-fept
livres ; & qu'il feroit pareillement impofé quatre-vingt-cinq mille cinq cens trois livres fur le
comté de Bourgogne & fur les départemens de
Metz, de Lorraine & de Bar, pour être ces
fommes employées au payement de la dépenfe
occafionnée par le fervice des Convois militaires.

Et

## Et par un autre arrêt du 23 juillet 1776 (*),

(*) *Voici cette arrêt :*

Le roi s'étant fait repréſenter , en ſon conſeil , l'arrêt rendu en iceiui le 29 août 1775 , par lequel ſa majeſté auroit ordonné , pour le ſoulagement de ſes peuples , qu'à compter de 1776 , il ſeroit impoſé , au marc la livre de la taille , ſur les vingt généralités des pays d'élections , une ſomme d'un million cent quatorze mille quatre cents qua-tre-vingt-dix-ſept livres , & celle de quatre-vingt-cinq mille cent trois livres , ſur les départemens de Metz, Lor-raine , & ſur le comté de Bourgogne , au marc la livre de la ſubvention , pour être , ces deux ſommes , formant en-ſemble celle d'un million deux cens mille livres , employées au payement de la dépenſe des Convois militaires dans ces provinces : ſa majeſté à conſidéré que , ſi au lieu d'a-dopter pour la répartition de cette impoſition , la baſe qui a été choiſie , on la déterminoit d'après la conſommation que les troupes font dans ces provinces , lors de leur paſſage , la dépenſe ſeroit , en quelque ſorte , proportionnée avec les fonds qu'y répand la fourniture de l'étape payée en argent , & l'impoſition pour les Convois militaires , deviendroit moins onéreuſe aux peuples : en conſéquence, ſa majeſté , ſans ceſſe occupée de tout ce qui peut adou-cir leur ſort , à jugé néceſſaire d'expliquer ſes intentions à ce ſujet. A quoi voulant pourvoir : ouï le rapport du ſieur Clugny , conſeiller ordinaire au conſeil royal , con-trôleur général des finances ; le roi en ſon conſeil , a ordonné & ordonne : qu'à compter de l'année prochaine 1777 , il ſera impoſé à l'avenir , & juſqu'à ce qu'il en ſoit autrement ordonné , dans le deuxième brevet des im-poſitions acceſſoires de la taille des vingt généralités des pays d'élections , un million ſeize mille cent quarante-ſix livres , au lieu de la ſomme d'un million cent quatorze mille quatre cent quatre-vingt-dix-ſept livres , impoſée en la préſente année 1776 ; & qu'il ſera de même annuel-lement impoſé ſur le département de Metz , ſur celui de Lorraine , & ſur le comté de Bourgogne , une ſomme de cent quatre-vingt-trois mille huit cent cinquante-quatre livres , au lieu de celle de quatre-vingt-cinq mille cinq

il a été ordonné qu'à commencer en 1777, à

cens trois livres , qui avoit été pareillement imposée l[a]
préfente année ; revenant les deux fommes à celle d'ur[]
million deux cens mille livres ; laquelle, non compris le[s]
taxations ordinaires , qui feront également impofées , conformément à l'arrêt du 29 août 1775, fera répartie d[e]
la manière fuivante :

S A V O I R;

| | |
|---|---|
| Sur la généralité de Paris, la fomme de. | 156886 liv. |
| Sur celle de Soiffons. . . . . . . | 71808. |
| Sur celle d'Amiens. . . . . . . | 46091. |
| Sur celle de Châlons. . . . . . | 193229. |
| Sur celle d'Orléans. . . . . . | 78895. |
| Sur celle de Tours. . . . . . | 72571. |
| Sur celle de Bourges. . . . . . | 30891. |
| Sur celle de Moulins. . . . . . | 15572. |
| Sur celle de Lyon. . . . . . | 19539. |
| Sur celle de Riom. . . . . . | 9512. |
| Sur celle de Poitiers. . . . . . | 41423. |
| Sur celle de Limoges. . . . . . | 20403. |
| Sur celle de Bordeaux. . . . . . | 50566. |
| Sur celle de la Rochelle. . . . . | 19734. |
| Sur celle de Montauban. . . . . | 24039. |
| Sur celle d'Auch . . . . . . | 7859. |
| Sur celle de Rouen. . . . . . | 35012. |
| Sur celle de Caen. . . . . . | 12944. |
| Sur celle d'Alençon. . . . . . | 36310. |
| Sur celle de Grenoble. . . . . | 72862. |
| Sur le département de Metz. . . . | 67105. |
| Sur celui du comté de Bourgogne. . . | 63082. |
| Sur les duchés de Lorraine & de Bar. . | 53667. |

Seront lefdites fommes ci-deffus fixées pour chacune
defdites vingt généralités de pays d'élections , & pour les
départemens de Metz , Lorraine & Bar , & du comté de
Bourgogne , levées au lieu & place de celles dont la perception avoit été ordonnée par ledit arrêt du 29 août
1755 , par les collecteurs & autres prépofés au recouvre-

ne feroit impofé annuellement fur les vingt généralités qu'un million feize mille cent quarante - fix livres, & qu'il feroit levé fur les départemens de Metz & de Lorraine & fur le comté de Bourgogne cent quatre - vingt - trois mille huit cens cinquante-quatre livres.

CONVOI DE BORDEAUX. Voyez BORDEAUX.

COOBLIGÉ. C'eft celui qui eft obligé avec un ou plufieurs autres, dans un traité, dans un contrat, &c.

Chez les romains, les Coobligés étoient toujours folidaires lorfque chacun d'eux avoit répondu féparément de payer la dette : cependant l'un des Coobligés pouvoit être obligé purement & fimplement, tandis qu'un autre l'étoit à terme ou fous condition, & les délais dont l'un pouvoit exciper n'empêchoient pas que l'on ne pût

---

ment des impofitions, & par eux remifes ès mains des receveurs des impofitions, qui en verferont le montant aux receveurs généraux des finances, & ceux ci au tréfor royal : feront lefdites fommes employées fans aucun divertiffement, pendant la durée du marché paffé aux entrepreneurs generaux des étapes, au payement de la dépenfe qu'occafionnera le fervice des Convois militaires & tranfport des équipages des troupes, dont ils font chargés: fe refervant, au furplus, fa majefté, dans le cas où des circonftances particulières apporteroient des changemens marqués dans les mouvemens ordinaires des troupes, de faire connoître fes intentions fur les mefures qu'il pourroit être alors convenable de prendre, afin de maintenir la proportion & l'égalité dans cette répartition : enjoint fa majefté aux fieurs intendans & commiffaires départis, de tenir la main à l'exécution du prefent arrêt, fur lequel feront toutes lettres néceffaires expédiées. Fait au confeil d'état du roi, tenu à Verfailles le vingt-trois juillet mil fept cent foixante-feize. Collationné. Signé BERGERET.

pourfuivre celui qui étoit obligé purement & fimplement. Si l'un des Coobligés étoit abfent ou infolvable, les autres étoient obligés de payer pour
lui. Cet ancien droit dont il eft parlé au titre 17
du livre 3 des inftitutes de Juftinien, fut corrigé
par la novelle 99, fuivant laquelle les cofide-
jufleurs ne font point obligés folidairement à
moins que cela n'ait été expreffément ftipulé.
Cela s'obferve de même parmi nous. Chaque
Coobligé ne doit que fa part & portion lorfque
l'acte qui les oblige ne contient pas expreffément la claufe de folidité.

Lorfqu'on dirige des pourfuites contre quelqu'un de ceux qui font obligés folidairement,
elles ont l'effet d'interrompre la prefcription
contre les autres Coobligés : mais on ne peut
point prétendre d'intérêts d'un Coobligé à moins
qu'ils n'aient été prononcés contre lui judiciairement : la condamnation obtenue contre fon
Coobligé n'opéreroit rien contre lui à cet égard.

Voyez *les inftitutes de Juftinien ; le dictionnaire
des fciences ;* & les articles OBLIGATION, SO-
LIDITÉ, CAUTION, &c.

COPAGINAIRES. Terme de coutume par lequel on défigne dans quelques provinces plufieurs tenanciers d'un même héritage qui en ont
paffé conjointement reconnoiffance au terrier du
feigneur.

COPARTAGEANT. C'eft celui qui partage
avec un autre. Des héritiers, des négocians affociés deviennent Copartageans, quand ils procèdent au partage des chofes qu'ils poffédoient
par indivis.

COPIE. C'eft un écrit qui a été tranfcrit d'a-
près un autre.

Le terme de *Copie* est quelquefois opposé à celui d'original : on dit, par exemple, l'original d'un exploit qui reste au demandeur, & la Copie qu'on laisse au défendeur.

Ce même terme de *Copie* est quelquefois opposé à celui de *minute*, lorsque la Copie est tirée sur l'original d'un acte que l'on qualifie de minute, tel que la minute d'un acte passé devant notaire, la minute d'une consultation, ou autre écriture du ministère d'avocat. Le terme de *Copie* est aussi quelquefois opposé à celui de grosse ; par exemple, l'original d'une requête s'appelle la grosse, & le double que l'on en fait est la Copie. En Bretagne, au lieu de *Copie* on dit *un autant*, parce qu'en effet celui qui a la Copie d'un acte en a autant qu'il y en a dans l'original. On distingue dans certains actes la Copie de la grosse & de l'expédition. La grosse d'un acte devant notaire, ou d'un jugement, est bien une Copie tirée sur la minute ; mais c'est une Copie revêtue de plus de formalités ; elle est en forme exécutoire ; & pour la distinguer des autres Copies on l'appelle *grosse*. L'expédition est aussi une Copie de l'acte, mais distinguée de la simple Copie, parce qu'elle est ordinairement en parchemin. Il y a cependant aussi des expéditions en papiers ; mais elles sont encore distinguées des simples Copies, soit parce qu'elles sont sur du papier différent, soit parce qu'elles sont tirées sur la minute ; au lieu qu'une simple Copie d'un acte devant notaire n'est ordinairement tirée que sur une expédition : il y a pourtant des Copies collationnées à la minute.

En général une *Copie collationnée* est celle qui après avoir été tirée sur un acte, a été reconnue

conforme à cet acte. Les notaires délivrent des
Copies collationnées des actes dont ils ont la minute ou qui leur sont présentés. Les secrétaires
du roi ont aussi le droit de collationner des Copies de toutes sortes d'actes. Les huissiers ou
sergens, lorsqu'ils compulsent des pièces, en tirent pareillement des Copies, soit entières ou
par extrait, collationnées à l'original. L'ordonnance de Charles V du mois de février 1356,
veut qu'on ajoute la même foi aux Copies de
cette ordonnance collationnées sous le scel royal
que si c'était l'original même. Voyez COLLA-
TION DE PIÈCES.

On appelle *Copie figurée*, celle qui est sur du
papier de même grandeur que l'original, avec
les mêmes espaces & les mêmes ratures s'il y
en a. Ces sortes de Copies sont ordinairement
demandées & ordonnées quand l'original est
soupçonné d'être faux ou d'avoir été altéré après
coup.

\* *Des Copies en matière de procédures.* Les
Copies signifiées soit aux parties, soit de procureur à procureur, doivent être écrites lisible-
ment & avoir une marge au moins d'un travers
de doigt. C'est la disposition de la déclaration du
24 juillet 1691.

« Toutes les Copies, porte cette loi, des pièces
» & écritures même des exploits & autres actes
» qui aux termes de nos ordonnances pour la pro-
» cédure criminelle, & de l'arrêt de notre conseil
» du 28 mai 1758 ou de celui de notre parlement
» de Toulouse du 22 août 1669 rendu entre la
» communauté des procureurs & huissiers de
» notre parlement, doivent être signifiées de
» procureur à procureur ou de partie à partie,

» feront écrites d'une écriture lifible ; voulons
» qu'il y ait une marge au moins d'un travers de
» doigt , & que la page de papier moyen à deux
» fous ne puiffe contenir au-delà de quarante-
» quatre lignes , & celle du petit papier à feize
» deniers la feuille trente lignes : voulons pareil-
» ment que les copies qui auront été fignifiées
» refpectivement foient mifes à la diligence des
» procureurs dans les productions des parties
» tant du demandeur que du défendeur , & que
» le préfent article auffi bien que le précédent
» foient exécutés dans les fiéges & juftices fu-
» balternes comme dans les fupérieures. »

Cette loi n'eft pas la feule que nous avons. Le
parlement avoit rendu un arrêt le 25 novembre
1688 , qui avoit enjoint aux parties & aux procureurs de bailler des Copies lifibles. Cet arrêt
fait encore défenfes aux huiffiers & fergens de
bailler aucune Copie aux enfans , chambrières
ou autres domeftiques de procureurs & autres
qu'à leurs clercs ou leurs fubftituts , à peine de
vingt-cinq livres d'amende : difpofition que nous
trouvons encore répétée dans un arrêt du parlement de Touloufe du 25 juin 1755 , qui en ordonnant que les arrêts de règlemens des 15 novembre 1681 , 25 novembre 1688 & premier
février 1716 , feroient de plus fort exécutés ;
fait inhibitions & défenfes aux huiffiers de faire
aucune fignification aux procureurs à raifon de
leur miniftère , qu'en parlant & laiffant les Copies à eux ou à leurs clercs , & en cas d'abfence
aux fubftitus des procureurs feulement.

*De la foi due aux Copies de certains actes.* Pour
déterminer l'autorité d'une Copie , il faut d'a-

bord examiner ſi elle eſt tirée d'après un acte privé ou d'après un acte authentique.

Si elle eſt tirée d'après un acte privé, quelqu'authentique qu'elle puiſſe être, elle ne prouve pas plus que l'original. Telle eſt la règle établie par Dumoulin ſur l'article 5 de l'ancienne coutume de Paris n°. 33.

Si au contraire la copie eſt tirée d'après un original authentique, il faut diſtinguer : la Copie eſt authentique ou elle ne l'eſt pas.

Dumoulin a examiné ſur le § 5 de l'ancienne coutume de Paris, n°. 26, quelle devoit être l'autorité de la Copie authentique d'un original, lorſque l'un & l'autre ſont très - anciens, & il décide dans les termes les plus formels, que cette Copie forme une preuve complette contre toutes ſortes·de perſonnes, même contre ceux avec qui elle n'a pas été collationnée contradictoirement. « Son antiquité, dit-il, ſupplée à » l'inſuffiſance des preuves. Elles ſont ſi difficiles » à conſerver, lorſqu'il s'agit de choſes très- » anciennes, qu'il faut bien donner autant de » force à la Copie authentique qu'à l'original » lui-même ». *Si exemplum eſſet antiquum & de facto & inſtrumento antiquo, plenè probavit contra omnes quantum ipſum originale probaret.* N°. 41.

Dumoulin a auſſi examiné quelle devoit être l'autorité de la *Copie en forme, d'un acte authentique;* & tous les auteurs qui ont écrit depuis, ont adopté ſon avis : ainſi c'eſt le ſuffrage unanime de tous les juriſconſultes que nous allons rapporter, en préſentant la déciſion de Dumoulin, ( coutume de Paris, § 5, n°. 11.) « Dans la » thèſe generale, dit ce juriſconſulte, la ſimple » Copie d'un dénombrement ne prouve rien ».

*Quando catalogus non habet formam publicam &
authenticam , & tunc cum fit fcriptura privata de
fe , neque probat, neque præjudicat, etiam inter
eafdem partes.* « Cependant , ajoute notre auteur,
» les anciens titres font fi difficiles à conferver
» que de fimples copies doivent faire une femi-
» preuve , fi elles font anciennes. C'eft une
» dérogation à la règle que nous avons établie
» plus haut ». *Fallit fecundo in fcriptura veteri
& de facto antiquo , & tunc faciet femiplenam pro-
bationem.* « Mais , continue Dumoulin, il eft un
» cas où un fimple écrit privé fait preuve en-
» tière , c'eft lorfqu'il eft confervé dans des
» archives publiques , & c'eft une autre déro-
» gation à la règle générale ». *Fallit , quarto,
principalis conclufio , fi illa fcriptura effet fumpta
ex archivio publico. Tunc enim plene probat; etiam
fi careat fubfcriptione notarii , teftibus & aliis fo-
lemnibus inftrumenti publici.* Dumoulin explique
enfuite ce que l'on doit entendre par archives
publiques. « Ce font, dit-il, celles des chambres
» des comptes, ou des feigneurs qui ont le droit
» de créer des notaires », *habentibus poteftatem
notarios publicos creandi.*

*Des Copies des Copies.* De fimples Copies
collationnées fur d'autres Copies collationnées
ne font point foi en juftice. C'eft ce que nous
enfeigne Dumoulin en fon traité des fiefs, § 8,
*verbo* DÉNOMBREMENT , nº. 33. Ce jurifconfulte
décide qu'une Copie collationnée fur une autre
Copie collationnée, quand bien même on pré-
tendroit que le titre original eft authentique , ne
fait aucune foi , pas plus qu'un témoin qui dépo-
feroit d'après un fimple oui-dire: *Exemplum exem-
pli , quod videlicet non eft fufceptum de originali au-*

*thentico , fed de mero exemplo originalis prætenci authentici, nullo modo probat, ficut nec teftimonium de auditu , vel de auditu alieno.* Dumoulin ajoute que cette décifion a lieu quand bien même la première copie collationnée auroit été faite avec toutes les folemnités poffibles, fur le vrai original authentique, par autorité du juge, même en préfence & du confentement des parties intéreffées : *etiam fi effet fumptum de exemplo folemniffimo nec exemplato , cum vero , publico & indubitato originali , & judice autore, etiam partibus præfentibus & expreffe confentientibus vel non contradicentibus.*

Ainfi quand même la première Copie auroit été collationnée contradictoirement avec moi, je puis en recufer le témoignage lorfque l'on veut en tirer une feconde. Cette décifion eft fondée fur la confidération que je puis avoir de nouveaux motifs pour critiquer l'original, & des moyens furvenus depuis pour le faire avec fuccès. C'eft ce que Dumoulin développe très-bien dans cette efpèce. Un de mes parens, dont je fuis héritier, a fait par fon teftament un legs de cent écus à Pierre , l'un de fes gens. Le teftament eft dépofé chez un notaire. Pierre en a fait tirer une Copie entière, en vertu d'ordonnance de juge & en préfence de mon procureur. Depuis j'ai reconnu l'authenticité de la copie, en délivrant le legs. Jacques furvient enfuite, & me demande la délivrance d'un legs de dix mille livres qu'il prétend porté par le teftament, & qui l'eft effectivement dans la copie de Pierre. Mais le teftament ne fe trouve plus. Jacques me fait affigner pour être préfent à la collation d'une copie qu'il entend tirer & qu'il tire effectivement fur la première. Dumoulin décide que je puis rejeter cette seconde Copie, qu'il s'en faut bien qu'elle prouve autant contre moi que celle sur laquelle elle a été collationnée, *quia nova contradicendi causa subest*. En effet, la modicité du legs, ma bien-veillance pour un ancien domestique ont pu m'engager à négliger des critiques contre le tes-tament; critiques que je ferois valoir aujourd'hui avec avantage si l'original m'étoit représenté.

Ces règles paroissent fort sages; cependant les tribunaux s'en sont écartés plus d'une fois: c'est ce qu'a fait la troisième chambre des en-quêtes par son arrêt en faveur de la princesse de Nassau contre les habitans de la châtellenie de l'Isle sous Mont-Réal. Cet arrêt du 23 juillet 1763 maintient la princesse de Nassau dans un droit de main-morte universel, *& généralement dans tous les autres droits mentionnés dans la chartre du 24 juin 1279.* Ce sont les termes de l'arrêt.

Ce n'étoit cependant pas la chartre originale que la princesse de Nassau représentoit, mais seulement une troisième Copie collationnée par Bernard & Gibon, notaires, le 11 février 1746, sur une autre Copie collationnée le 6 avril 1486 par Jean Perrier, garde-scel de la prévôté de l'Isle, sur une autre copie collationnée le 12 décembre 1429 par Jean Perrier & Huguenin Bequet, coadjuteurs du tabellion de la même prévôté.

Cet arrêt est tout-à-fait contradictoire avec la décision de Dumoulin, mais les principes demeurent.

On trouve dans les diplomatiques, diffé-rentes règles sur les Copies; nous allons les rapporter.

1°. On peut communément juger du contenu des originaux ou de leur substance par-les Copies.

2°. La conformité de plusieurs Copies entre elles, pourvu qu'elles ne soient point tirées les unes sur les autres, mais sur l'original ou sur des Copies authentiques, assure le contenu de l'original, quelque prétendu défaut qu'on croye y trouver.

3°. Si ces défauts sont réels dans les Copies, il ne s'ensuit pas qu'on doive les attribuer à l'original ; il est plus raisonnable de les mettre sur le compte des copistes, à moins que la Copie ne soit authentique & vidimée ou collationnée selon les règles ; car une Copie ne prouve rien contre un original, s'il n'est certain qu'elle lui soit conforme ; à plus forte raison si l'on peut voir par soi-même qu'elle en diffère.

4°. Les fautes légères d'une copie dont les formules & les faits historiques sont exacts, prouvent en faveur de l'original & en attestent la vérité.

5°. L'authenticité de la Copie jointe à ces autres petits avantages doit bannir absolument tout soupçon.

6°. Les Copies même non authentiques peuvent faire juger de la vérité d'une ortographe qui ne subsiste plus, pourvu qu'elles soient remplies de faits historiques, & qu'elles soient anciennes au moins de deux siècles.

7°. Les Copies authentiques peuvent n'avoir pas une ressemblance entière & parfaite avec les originaux, mais toute Copie dressée par l'autorité publique est censée conforme à l'original dans tous les points essentiels.

8°. Il n'est pas extraordinaire que des Copies

foient fautives, mais les fautes ne doivent point être rejetées fur l'original, ni même rendre les Copies fufpectes ; & on doit les attribuer à l'ignorance, à la négligence ou à l'inadvertance des copiftes.

9°. Enfin tout le monde convient que les copiftes ont pu fe tromper, mais que cette poffibilité ne fuffit pas pour dire qu'ils fe foient réellement trompés : il faut des faits qui conftatent l'erreur ou la falfification.

Les originaux des x<sup>e</sup> & xi<sup>e</sup> fiècles font quelquefois diftingués des copies par des courroies nouées. Depuis le milieu du xi<sup>e</sup> jufqu'au milieu du xii<sup>e</sup>, lorfqu'ils font deftitués de courroies & de fceaux, ils font munis de fignatures réelles ou apparentes. Lorfqu'on ne trouve ni fceaux ni nœuds ni fignatures avant le x<sup>e</sup> fiècle ou après le milieu du xi<sup>e</sup>, l'acte, s'il eft important, doit paffer pour copie; s'il étoit de moindre conféquence, on pourroit le regarder comme original, en fuppofant que la nomination des témoins y tînt lieu de toutes les marques précédentes.

Voyez *le recueil des ordonnances du Louvre; la déclaration du 24 juillet 1691 ; les œuvres de Dumoulin, &c.* Voyez auffi les articles COLLATION, NOTAIRE, HUISSIER, SECRÉTAIRE DU ROI, &c. ( *Cet article, à l'exeption de ce qui précède l'aftérique placé ci-deffus, eft de M. H\*\*\* avocat au parlement.* )

CO-PROPRIÉTAIRE. C'eft celui qui poffede avec un autre la propriété d'une maifon, d'une terre, d'un effet, &c Il eft libre à chacun des Co-propriétaires par indivis, de provoquer le partage ou la licitation, fi l'effet ne peut pas fe partager commodément.

On appelle *Co-propriétaires à titre particulier*, ceux dont chacun a acquis féparément la part qu'il a dans la chofe commune. Et *Co-propriétaires à titre commun*, ceux qui font devenus propriétaires par le même titre. Sur quoi il eft important de remarquer que quand les Co-propriétaires à titre commun par indivis font une licitation, celui d'entr'eux qui fe rend adjudicataire ne doit point de droits feigneuriaux, tandis que fi les Co-propriétaires ne font devenus tels qu'à titre particulier, l'adjudicataire doit des droits.

Lorfque le roi eft Co-propriétaire dans une juftice, foit haute, moyenne ou baffe, elle doit être exercée par des officiers que fa majefté crée à cet effet ; & à l'égard des profits de la juftice, ils doivent être partagés entre tous les Co-propriétaires, à moins qu'il n'y ait titre ou convention contraire faite avec le roi.

Un arrêt du confeil du 10 novembre 1699, a ordonné que les droits de petit fel ne feroient point perçus dans les juftices des terres & feigneuries dont le roi & des feigneurs particuliers font Co-propriétaires, lorfque la juridiction y feroit exercée fous le nom de ces feigneurs ; mais que fi la juridiction y étoit exercée par les officiers de fa majefté ou fous fon nom, les droits de fcel y feroient perçus comme dans les autres juridictions royales.

Les biens poffédés en commun par le roi & par des particuliers, foit qu'ils confiftent en maifons & héritages ou en droits de péage, travers, barrage, pontonage, &c. doivent être affermés par les officiers royaux, à la charge de payer aux Co-propriétaires ce qui leur revient à proportion du prix & de la part qu'ils ont dans la chofe commune. Berthelot rapporte un arrêt du 12 mai 1562, qui l'a ainfi jugé contre les religieux de Barbeaux.

Et par un autre arrêt du 28 octobre 1744, le confeil a ordonné que le bail de la totalité des droits de péage du travers du pollet de Dieppe feroit adjugé par l'intendant de Rouen, à la charge par l'adjudicataire de payer le tiers du prix de fon bail au fieur du Bufq, Co-propriétaire, qui vouloit régir fon tiers & qui prétendoit qu'on ne pouvoit pas l'affermer.

Voyez *le traité de Berthelot; les arrêts du confeil des 10 novembre 1699, & 28 octobre 1744; le dictionnaire des fciences, & celui des domaines*, &c. Voyez auffi les articles PARTAGE, PROPRIÉTÉ, LICITATION, DROITS SEIGNEURIAUX, &c.

CORDAGE. Tortis fait ordinairement de chanvre.

Suivant le tarif de 1664, les cordages & les ficelles doivent à l'entrée des cinq groffes fermes quinze fous par cent pefant, & quarante fous à la fortie.

Voyez *le tarif de 1664*, & les articles ENTRÉE, SORTIE, MARCHANDISE, SOU POUR LIVRE, &c.

CORDELIER. C'eft le nom qu'on donne aux religieux d'une branche de l'ordre de faint François, lefquels font ainfi appelés à raifon de la *corde* qui leur fert de ceinture.

Saint François, originaire de la ville d'Affife dans l'Ombrie, jeta les fondemens de fon ordre en 1210, & lui donna une règle particulière, dont un des points principaux fut la profeffion d'une entière pauvreté.

Cet ordre s'étant fort étendu, il se divisa en plusieurs branches; & ces branches sont celles des religieux de l'observance, (qu'on nomme les Cordeliers), des déchaussés, des recollets, des conventuels & des capucins, branches qui forment ce qu'on appelle le premier ordre. Les clarisses, les urbanistes & les capucines forment le second ordre, & le troisième ou tiers-ordre qui n'avoit été institué par saint François que pour des personnes séculières, comprend aussi des religieux & des religieuses de différentes congrégations.

Les religieux du premier ordre sont partagés en deux familles : l'une qu'on appelle la *cismontaine*, & l'autre l'*ultramontaine*. La première comprend l'Italie, l'Allemagne supérieure, la Hongrie, la Pologne, la Syrie & la Palestine. L'ultramontaine est composée des couvens qui sont en France, en Espagne, dans l'Allemagne inférieure, dans la Saxe, dans les îles de la méditerranée, dans l'Afrique, dans l'Asie & dans les Indes.

Les deux familles sont encore divisées en provinces, en vicairies & en custodies sous un même général. On entend par *provinces*, l'union d'un certain nombre de couvens sous un chef qui dépend du général; par *vicairies*, quelques couvens qui ne pouvant former une province, sont régis par un vicaire; par *custodies*, quelques couvens qui font partie d'une province, mais qui ne pouvant être gouvernés par les provinciaux, sont divisés en plusieurs custodies tenues par des custodes sous la dépendance du provincial.

Les custodies se trouvent aujourd'hui avoir
succédé

fuccédé aux vicairies, & celles qui ne dépendent d'aucun provincial, font immédiatement foumifes au général. Elles tiennent leurs chapitres en particulier, ont un définitoire cuftodial, & fe gouvernent d'elles-mêmes fous l'autorité d'un cuftode.

Il y a encore ce qu'on appelle des *préfectures* qui font des établiffemens pour les miffions dans les pays des infidèles.

La famille cifmontaine a foixante-fix provinces, trois cuftodies fix préfectures. La famille ultramontaine a quatre-vingt-une provinces, & plufieurs cuftodies. Toutes ces provinces & ces cuftodies font foumifes à un général qui prend la qualité de *miniftre général* de tout l'ordre de faint François. Il a encore fous fa juridiction les clariffes, les urbaniftes & les religieux du tiers-ordre de faint François, qui ont une province en Portugal, deux en Efpagne, & quatre en France. Les conventuels ont un général qui prend le titre de *maître général* des frères mineurs conventuels ; les capucins ont le leur qui fe dit miniftre général des frères mineurs capucins. Les religieux du tiers-ordre en Italie en ont auffi un particulier que ceux de Flandres reconnoiffent pour fupérieur. Ceux d'Allemagne font peu connus & font corps à part fous la dépendance des évêques.

Le général de tout l'ordre eft alternativement de la famille cifmontaine & ultramontaine. Anciennement fa place étoit à vie ; elle n'eft plus aujourd'hui que pour fix ans. S'il meurt avant d'avoir fini le temps de fon généralat, on lui fubftitue jufqu'à l'expiration des fix années, un

vicaire général élu par les pères difcrets perpétuels de l'ordre.

On élit en même-temps que le général, un
commiffaire général pour la famille dont le général n'a point été tiré. Ce commiffaire a le
même pouvoir dans fa famille que le général
dans tout l'ordre, excepté qu'il ne peut nommer
aux offices, parce que la nomination en appartient de droit au général. Il peut même faire
valoir fon autorité en préfence du général, excepté dans les provinces que le général s'eft
réfervées. Les fonctions du commiffaire ne du-
rent que trois ans ; après lefquels les vocaux de
fa famille en élifent un autre. Ce commiffaire
devient enfuite difcret perpétuel dans la même
famille, & ne peut être de nouveau élu commiffaire ou miniftre général, qu'après feize ans,
à moins qu'il n'en foit difpenfé par le faint
fiége.

Les religieux françois ont un agent en cour
de Rome fous le titre de *procureur général*, &
celui des religieux de l'obfervance eft le feul qui
ait place dans les chapelles papales. Le gardien
du couvent du Mont-Sion à Jérufalem, autrement dit du Saint-Sépulchre, eft à la nomination du général. Ce gardien a le titre de commiffaire & de *nonce apoftolique* dans la terre
fainte, & en cette qualité il a le droit de fe
fervir d'ornemens pontificaux. Le couvent d'*A-
ra-Cœli* à Rome, & le grand couvent des Cordeliers de Paris, font foumis immédiatement au
général.

Voici maintenant ce qui a plus particulièrement rapport à la branche des religieux de l'ob-

fervance appelés *obfervantins*, & plus communément *Cordeliers*.

Jean des Vailées & Gentil de Spolette avoient
entrepris une réforme dans l'ordre de faint François ; mais l'entreprife échoua par l'imprudence
de Spolette. Paulet de Foligny qui avoit été dif-
ciple de ces deux réformateurs , & qui voyoit
combien on s'étoit écarté de la règle de l'infti-
tuteur , puifque le vœu de pauvreté qui en faifoit la bafe étoit ouvertement violé , prit le
parti de fe retirer dans un lieu folitaire du Mont-
Cefi où faint François avoit autrefois conftruit
une efpèce de cabanne , & dont Paulet fit un
petit couvent auquel il joignit une chapelle qu'il
érigea à l'honneur de l'Annonciation de la Vierge.
Il fe propofoit de recevoir des novices , lorfque
les perfécutions qu'il eut à fouffrir des religieux
relâchés lui firent abandonner cette folitude &
chercher un afyle dans une tour de Foligny qui
avoit autrefois fervi de prifon.

Dans ce temps-là , vers l'an 1368 , Thomas
de Farignano général de l'ordre , vint à Foligny
pour y tenir un chapitre. Hugolin de Trinci ,
feigneur remarquable de cette ville , demanda
à ce général un endroit qui répondît aux vues
de Paulet ; le général lui accorda l'hermitage de
Bruliano fitué dans un lieu défert entre Foligny
& Camerino. Cet endroit déplut aux compagnons
de Paulet : ils y étoient fi pauvres & fi miféra-
bles , qu'ils étoient obligés de fe fervir de la
chauffure de bois que portoient les payfans du
pays ; & comme cette chauffure étoit en forme
de focques , ils furent de-là appelés *foccolanti*
pour dire *porte focques*.

Ces religieux dégoûtés furent remplacés par

d'autres religieux plus fervens. Le général leur accorda d'autres couvens tels que ceux des prifons du Mont-Subage, de Piftif, de Dani, de Mont-Luci, de Mont-Joïo & de Stronconio; mais celui de Bruliano fut toujours regardé comme le chef-lieu de l'obfervance.

Léonard Griffon, élu général de l'ordre en 1373 dans le chapitre qui fe tint à Touloufe, fut fi fatisfait de la régularité des nouveaux religieux de Paulet, qu'il permit à ce réformateur de les envoyer par-tout où ils jugeroient à propos d'aller.

Ces religieux eurent beaucoup à fouffrir de la part des frerots beghards ou beguins, & des bifoches, hérétiques fans aveu qui s'étoient répandus en fe difant les feuls qui obfervaffent à la lettre la règle de faint François. Le provincial pour remédier à ces défordres, affembla fes religieux qui crurent ne pouvoir propofer de meilleur moyen pour arrêter l'infolence de ces hérétiques, que de donner le couvent de Péroufe au frère Paulet & à fes compagnons.

Dans ce temps-là on commença à diftinguer les religieux de l'ordre de faint François par quatre noms différens; & ces religieux étoient les *conventuels*, les *frères des hermitages*, les *frères de la famille*, & les *frères de l'obfervance*. On appeloit *conventuels* tous ceux qui vivoient en communauté & qui fuivoient le relâchement introduit dans l'ordre. Les *frères des hermitages* étoient ceux qui demeuroient dans de petits couvens, ou pour mieux dire, dans des lieux folitaires, & ce nom fut celui des difciples de Paulet, jufqu'à ce qu'ayant formé de grands couvens, on leur donna le nom de *frères de l'ob-*

*fervance.* Enfin on appela *frères de famille* ceux qui vivoient comme s'ils euffent fait une famille particulière.

La réforme de l'obfervance ne fut approuvée qu'au concile de Conftance. Elle étoit compofée de douze couvens dans la province de faint François, lorfque Matthieu d'Amerino qui en étoit provincial, donna à Paulet un pouvoir abfolu pour le gouvernement de fes religieux.

Le fchifme d'occident retarda les progrès de la réforme ; mais lorfque tout fut appaifé fous le généralat de Pierre de Conza en 1383, la famille de l'obfervance fit des progrès. Plufieurs villes les appelèrent pour les mettre en poffeffion des maifons des hérétiques qui les avoient troublés dans les commencemens. L'année fuivante Guillaume d'Aft, provincial de la province de faint François, accorda au frère Paulet le pouvoir de recevoir des novices & d'établir des couvens où il feroit appelé. Ce religieux fut nommé commiffaire de la part du général fur les couvens qu'il avoit établis & fur ceux qu'il établiroit.

Comme la France dans le temps du fchifme reconnoiffoit pour pape légitime Clément VII, les religieux de l'ordre de faint François dans ce royaume ne reconnoiffoient point pour général un religieux nommé d'Alfero ; ils obéiffoient à un autre général nommé *père Ange*, élu en 1379 : quoique ce religieux ne fût pas canoniquement en place, il ne laiffa pas de contribuer au bien de l'ordre : car trois religieux de la province de Touraine s'étant adreffés à lui pour commencer une nouvelle réforme, non-feulement il le leur permit, mais encore il ordonna au provincial du pays de leur donner le couvent de Mirebeau en Poitou. Ces réformes y furent si bien reçues, qu'en peu de temps il y eut de plus onze couvens de l'observance.

Paulet de son côté continuoit à faire de grands progrès en Italie, mais il vint à mourir, & Jean de Stronconio lui fut substitué. Les généraux & les provinciaux pour favoriser les succès de ce continuateur de la réforme, lui accordèrent la permission de tenir des chapitres particuliers, d'y élire des vicaires généraux & provinciaux, de faire des règlemens pour le maintien de l'observance, & de recevoir des religieux, soit qu'ils sortissent de chez les conventuels pour embrasser la réforme, ou qu'ils quittassent immédiatement le monde.

Les observans en France ne jouissoient point alors de la même tranquillité. Le provincial de Touraine les expulsa des couvens qu'on leur avoit donnés par ordre du général Ange. Antoine de Pireto reconnu pour général légitime, soumit les réformés à la juridiction des provinciaux, leur défendant de recevoir des novices sans leur permission, ni de changer la forme de leur habillement, ce qui causa du trouble & de la division; car les provinciaux voulant détruire l'observance, & les religieux zélés voulant la maintenir, cela ne put se faire sans une altération de la paix.

Jean XXIII en ayant eu connoissance, donna aux observans un vicaire provincial; mais le parti contraire prévalut. Peu de temps après, le concile de Constance ayant été convoqué pour mettre fin au schisme qui divisoit l'église, les conventuels & les observans y portèrent leurs différens, & la décifion du concile fut en faveur des derniers ; il fut dit que les maifons qu'avoient ceux-ci dans les provinces de France, de Bourgogne & de Touraine, leur demeureroient, & qu'ils auroient des fupérieurs particuliers ; que dans chacune de ces provinces il y auroit un vicaire provincial foumis à un vicaire général ; qu'ils pourroient faire des réglemens pour le maintien de leur réforme, & tenir des chapitres généraux. Ainfi les obfervans en France eurent les premiers un vicaire général ; ils affemblèrent l'année fuivante en 1416, leur premier chapitre général dans le couvent de Bercoré & l'on y fit plufieurs réglemens relatifs à la réforme.

Les conventuels cherchèrent à faire annuller par Martin V, tout ce qui avoit été arrêté au concile de Conftance ; mais ils ne purent pas y réuffir. La réforme eut de-là occafion de faire de nouveaux progrès en France & en Italie ; fes adverfaires cherchèrent à exciter de nouveaux troubles. Le pape pour terminer cette divifion, fit affembler un chapitre généraliffime de l'ordre à Affife. Les commencemens de ce chapitre furent heureux, car tous les conventuels confentirent à recevoir les conftitutions que faint-Jean-Capiftran avoit dreffées par l'ordre du cardinal de Cerventes qui préfidoit au chapitre de la part du pape ; & comme ces conftitutions retranchoient tous les abus qui avoient été introduits dans l'ordre, les obfervans renoncèrent aux vicaires généraux pour fe foumettre entièrement au général. Mais le chapitre n'étoit pas encore fini qu'après un examen plus particulier de ces conftitutions, les conventuels fe repentirent de les avoir acceptées, & prièrent le cardinal de les relever de leur ferment de les obferver ; ce qui leur fut accordé. Le général fut de leur parti ; & pour mettre la confcience de ces religieux en fûreté , il obtint du pape une bulle qui leur permit de poffèder des meubles & des immeubles, de recevoir des legs , d'avoir des rentes & des procureurs pour faire valoir leurs biens & toucher leurs revenus.

Auffitôt après l'obtention de cette bulle les conventuels recommencèrent à perfécuter les obfervans.

Eugene IV fut favorable à ceux-ci ; il leur permit de tenir un chapitre pour y élire des vicaires provinciaux comme ils le faifoient avant la tenue du chapitre généraliffime. Les obfervans furent enfuite divifés en deux familles , l'une endeçà & l'autre au-delà des monts. Il y eût un vicaire général pour chacune de ces deux familles ; mais la queftion fût de favoir quelle autorité on donneroit à ces vicaires généraux : il fut décidé qu'ils auroient la même autorité fur les obfervans que le général avoit fur tout l'ordre.

Cet arrangement ne fit qu'exciter de nouveaux troubles. Le pape pour accorder les deux partis ordonna par une bulle de 1446, que les obfervans cifmontains tiendroient leurs chapitres généraux féparément de ceux des conventuels , & qu'ils y éliroient un vicaire général qui feroit confirmé par le général de l'ordre entier. Il donna une bulle femblable aux obfervans ultramontains.

Les cifmontains tinrent leur chapitre général à Rome. Les conventuels tinrent en même-temps un chapitre général à Montpellier. Le

général ne voulut pas confirmer le nouveau vicaire général des obſervans ciſmontains. Mais le
pape lui écrivit fortement pour ſe plaindre de ce
refus : il fit en même-temps expédier deux bulles
en faveur des obſervans; par la première il ordonna que tous les couvens & tous les hermitages que ces religieux avoient avant la célébration du chapitre, ſeroient entièrement ſoumis à
leurs vicaires généraux, & par la ſeconde il
donna pouvoir à Jean Maubert vicaire général
des obſervans ultramontains, de convoquer un
chapitre général & d'y faire tous les ſtatuts les
plus propres au maintien & à l'augmentation de
la réforme.

Les conventuels réclamèrent contre ces bulles,
& leur réclamation excita de nouveaux troubles. Calixte III crut les pacifier en donnant une
bulle en 1456 qui fut appelée la bulle *d'union &*
*de paix*, par laquelle après avoir révoqué celle
d'Eugene IV, il ordonna entr'autres choſes que
les religieux de l'ordre de ſaint-François, de
quelque nom qu'on les appelât, obéïroient au
général; que les obſervans ſe trouveroient aux
chapitres généraux & y donneroient leur voix
pour ſon élection; qu'ils lui nommeroient trois
ſujets entre leſquels il en choiſiroit un pour vicaire général de l'obſervance.

Mais les conventuels n'en devinrent pas plus
raiſonnables.

Ils inquiétèrent de nouveau les obſervans ſous
le pontificat de Sixte IV, qui avoit été général
de l'ordre entier. Ce pape ne termina pas pour
cela ces diviſions, qui continuèrent juſqu'au
règne de Léon X. Ce pontife réſolu d'y mettre fin, fit aſſembler à Rome en 1517 un chapi-

tre généraliſſime au couvent d'*Ara-cœli* qui appartenoit aux obſervans. Ceux-ci déclarèrent qu'ils vivroient volontiers ſous un même chef avec les conventuels pourvu que ces derniers vouluſſent ſe réduire à obſerver la règle dans toute ſa pureté. Les conventuels de leur côté firent connoître qu'ils n'approuveroient pas l'union ſi on vouloit les contraindre à vivre d'une autre manière qu'ils n'avoient vécu juſqu'alors. A peine le pape les eut-il entendus, qu'il les fit ſortir du chapitre & leur donna l'excluſion pour l'élection du général & du chef de l'ordre : il donna enſuite une bulle par laquelle il déclara que les réformés ſeuls auroient voix pour cette élection, & ſous le nom de réformés il entendit les obſervans, les amadéïſtes, les clarenins, les colletans & les frères du capuce auxquels il fit quitter tous ces noms pour prendre celui de *frères mineurs de la régulière obſervance.*

Après la lecture de cette bulle les vocaux procédèrent tout de ſuite à l'élection d'un miniſtre général de tout l'ordre de ſaint-François. Les conventuels tinrent de leur côté un chapitre ſéparé dans lequel ils élurent pour général Antoine Marcel Cherino qui prit auſſi le titre de *miniſtre général.* Mais le pape ne lui permit d'en prendre d'autre que celui de *maître général*, & il voulut qu'à l'avenir celui qui ſeroit élu maître général, reçut ſa confirmation du chef général de tout l'ordre de la même manière que les vicaires généraux de l'obſervance la recevoient auparavant du général des conventuels. Il fut ordonné en même-temps aux conventuels de conſidérer le miniſtre général comme chef de tout l'ordre de ſaint-François lorſqu'il iroit chez eux, & de lui rendre tous les honneurs qu'ils de-voient à leur propre supérieur, à condition néan-moins que ce général ne pourroit avoir sur eux qu'une juridiction semblable à celle que les gé-néraux avoient eue précédemment sur les obser-vans, & qu'enfin ils céderoient le pas & la pré-féance dans les actes publics aux observans aux-quels les conventuels remirent aussitôt les sceaux de l'ordre. C'est ainsi que Léon X termina ces longs différens.

Voyez à l'article CONVENTUEL ce qui s'est passé depuis en France entre les Cordeliers de l'ancienne & ceux de la nouvelle observance jusqu'au bref de réunion émané en 1771 du pape Clément XIV.

Les Cordeliers peuvent étudier dans la faculté de théologie de Paris & y recevoir le doctorat ; mais ils ne peuvent posséder aucun bénéfice.

L'observance nouvelle a donné lieu à d'autres réformes pour une pratique encore plus étroite de la règle de saint-François : telle est celle des déchaussés d'Espagne, dite de *saint-Pierre-d'Al-cantara*, celle des réformés d'Italie, celle des Récolets en France & celle des Capucins. Mais ces religieux sont restés sous l'obéissance du mi-nistère général de l'ordre entier à l'exception des Capucins qui comme nous l'avons dit ont actuellement leur général particulier.

Parmi les statuts de l'ordre des Cordeliers, on en remarque un qui leur défend de recourir à l'autorité des juges séculiers : mais par deux arrêts des 5 janvier 1535, & 19 octobre 1543, insérés dans le recueil des libertés de l'église gal-licane, le parlement de Paris a déclaré ce statut abusif.

Il y a des religieuses à Paris qu'on appelle Cordelières : ce sont des religieuses de l'ordre de sainte-Claire dont il est parlé à l'article CLARISSES.

Voyez les livres latins intitulés : *DE ORIGINE SERAPHICÆ RELIGIONIS*, *autore Francisco Gonzaga*; *HISTORIA SERAPHICA*, *autore Rodulph. Tussinian.*; *ORBIS SERAPHICUS*, *autore Dominic. de Gubernatis*; *MARTYROLOGIUM FRANCISCANUM*, *SPECULUM*, *&c. autore Arturio à Monasterio*; *l'Histoire des ordres religieux*, *&c.* Voyez aussi les articles CONVENTUEL, BÉNÉFICE, RELIGIEUX, TIERS-ORDRE, &c. ( *Article de M. DAREAU*, *avocat au parlement* ).

CORDILAT. Sorte de gros drap qui se fabrique en Languedoc & en d'autres endroits.

Les Cordilats de France doivent par pièce de vingt-huit aunes à l'entrée des cinq grosses fermes, trois livres, & quatre livres à la sortie.

Les Cordilats venant de l'étranger ne peuvent entrer que par Calais & saint Vallery, & les arrêts du conseil des 20 décembre 1687, & 3 juillet 1692 les ont assujettis à payer trente pour cent de la valeur.

L'arrêt du 6 septembre 1701 a défendu l'entrée des Cordilats venant d'Angleterre.

Lorsque les Cordilats des manufactures du royaume passent directement à l'étranger, ils sont affranchis de tout droit de sortie : il en est de même de ceux qui sortent des provinces de l'intérieur du royaume par les bureaux de Châlons & de sainte-Ménéhaud, pour les villes & pays de Metz, Toul & Verdun : c'est ce qui résulte d'un arrêt du conseil du 25 janvier 1716:

ainsi les droits du tarif ne concernent que les Cordilats destinés pour les autres provinces réputées étrangères.

Voyez *les lois citées* & les articles ÉTOFFE, ENTRÉE, SORTIE, MARCHANDISE, SOU POUR LIVRE, &c.

CORDON. Sorte de petite corde.

Les Cordons d'or ou d'argent fin mêlés de soie doivent à l'entrée quatre francs la livre, conformément à l'arrêt du conseil du 15 mai 1760, & quarante sous à la sortie, selon le tarif de 1664.

Par le même tarif, les Cordons d'or ou d'argent faux doivent à l'entrée seize sous la livre & autant à la sortie. Mais quand ils sont destinés pour l'étranger ils ne doivent payer que cinq sous de droit de sortie conformément aux arrêts des trois juillet 1692 & 27 août 1737.

Les Cordons de queue de martre d'environ une demi-aune, contenant quatorze queues, doivent à l'entrée seize sous la pièce, & les autres à proportion, & à la sortie treize sous.

Tous ces Cordons ne peuvent entrer dans le royaume que par Marseille & le pont de Beauvoisin : ils doivent ensuite être conduits directement à Lyon où les droits doivent en être acquittés avant qu'on puisse les commercer, conformément à l'article 4 de l'arrêt du conseil du 18 mai 1720.

Toutes les autres espèces de Cordon sont dans la classe de la mercerie.

Voyez *les lois citées*, & les articles ENTRÉE, SORTIE, MERCERIE, MARCHANDISE, SOU POUR LIVRE, &c.

CORNE. Partie dure qui sort de la tête de quelques animaux.

Le cent pefant de Cornes de cerf doit pour droit d'entrée cinq fous , & dix fous pour droit de fortie felon le tarif de 1664.

Suivant le même tarif, le millier en nombre de Cornes de bœufs ou de vaches, doit à l'en-trée dix fous & quatorze fous à la fortie.

Selon une convention du 2 avril 1689, on perçoit à la romaine de fortie à Rouen fur les Cornes ouvrées pour fervir aux canonniers, vingt-huit fous du millier en nombre.

Les Cornes de moutons doivent à l'entrée deux fous par cent pefant, felon le tarif de 1664, & trois fous à la fortie.

Les Cornes claires ou à lanterne doivent à l'entrée par cent pefant une livre dix fous, con-formément à l'arrêt du confeil du 14 juillet 1708 , & à la fortie , elles doivent acquitter les droits comme mercerie.

L'entrée des Cornes claires venant d'Angle-terre a été défendue dans le royaume par arrêt du confeil du 19 mai 1764.

Voyez *les lois citées* , & les articles ENTRÉE , SORTIE , MARCHANDISE , MERCERIE , SOU POUR LIVRE , &c.

CORNICHE. C'eft une forte d'ornement d'ar-chitecture qui reçoit différentes formes.

Le bureau des finances de la généralité de Paris a rendu le 29 mars 1776 une ordonnance concernant les Cornicles qui fe pratiquent à la face des maifons. Elle porte :

« 1°. Qu'il ne pourra à l'avenir être conftruit » aucune Corniche en pierres ou maçonnerie aux » murs de face des maifons & bâtimens en la » ville & faubourgs de Paris , fans au préalable » en avoir obtenu la permiffion du bureau , à

» peine de démolition defdites Corniches & de
» cinquante livres d'amende.

» 2°. Qu'à l'égard des maifons qui feront conf-
» truites à l'avenir, lefdites Corniches feront bâ-
» ties en pierres de taille faillantes, incorporées
» dans le mur de face même; & qu'à l'égard des
» maifons déjà conftruites elles feront bâties
» avec le meilleur plâtre poffible, foutenues de
» broches & crampons de fer, recouvertes de
» minces dalles de pierres, & le tout encaftré
» de quatre à cinq pouces dans les murs de face
» auxquelles elles feront appliquées, fans que,
» pour quelque raifon que ce foit, lefdites Cor-
» niches puiffent avoir plus de huit pouces de
» largeur ou de faillie fur la voie publique, à
» peine comme deffus de démolition & de cin-
» quante livres d'amende.

» 3°. Que fous les mêmes peines il ne pourra
» être établi aucune forte d'auvent en bois aux
» maifons où il aura été conftruit des Corniches
» en pierre ou plâtre; à l'effet de quoi fait dé-
» fenfes aux commiffaires généraux de la voierie
» de donner audit cas aucune permiffion d'au-
» vent, à peine de nullité.

» 4°. Enfin, qu'en exécution des édits, règle-
» mens & tarifs concernant les droits doma-
» niaux & utiles de la voierie, il fera payé aux
» commiffaires généraux de la voierie, aliéna-
» taires defdits droits, pour chacune des Cor-
» niches dont il s'agit, la fomme de quatre li-
» vres, en outre dix fous par toife de longueur
» defdites Corniches au-deffus de la première
» toife, & feulement quarante fous pour tout
» droit lorfqu'il ne fera queftion que de répa-
» rations ou de changemens. »

CORNOUAILLES. C'eſt un comté conſidérable en Baſſe - Bretagne, dont Quimper-Corentin eſt la capitale. L'évêque qui eſt ſeigneur de cette ville prend le titre de baron de Cornouailles.

Dans les villes & faubourgs du comté, les rentes ſont cenſives, foncières, conſtituées ou de ſimple ferme ſuivant le droit commun de la province, mais partout ailleurs les terres ſont tenues à titre de domaine congéable.

Les baux, quelque longs qu'ils ſoient, fuſſent-ils de deux cens ans; ne donnent pas lieu aux ventes.

Les domaniers ou tenanciers ſont *maîtres des édifices & ſuperfices* de leurs tenues; ils peuvent les affeéter aux douaires de leurs veuves, les vendre à d'autres qu'au ſeigneur foncier, & en prendre poſſeſſion avec les ſolemnités requiſes pour les propriétés incommutables, ſans qu'il ſoit dû des droits de vente au ſeigneur; ils peuvent auſſi ſans l'appeler, partager entr'eux leurs *tenues, fonds & ſuperfices*, mais ils ne pourroient diviſer ſa rente ſans ſon conſentement. Enfin ils peuvent acquérir la propriété irrévocable des *édifices* par une poſſeſſion de quarante ans ſans titre; mais une poſſeſſion immémoriale ne ſuffiroit pas ſans un titre particulier pour poſſéder des·terres autrement qu'à titre de domaine congéable.

Il faut auſſi un titre particulier pour que les domaniers puiſſent jouir des édifices, des manoirs, moulins, colombiers, garennes, tombes des égliſes & autres prééminences des lieux anciennement tenus par des gentilshommes.

Les domaniers n'ont pas le droit de conſtruire
des

des maisons sans la permission du seigneur ; mais ils peuvent sans son consentement faire des haies, fossés, vergers, jardins & prairies, & autres améliorations de cette espèce.

Les bois qui croissent sur les fossés appartiennent aux tenanciers, à l'exception des bois de mérain qu'ils n'ont pas droit de couper par le pied ; ils n'ont aussi que l'encoudage des bois de haute futaie qui croissent dans les parcs & clôtures : quant à ceux qui sont au pourpris des tenues soit nobles soit roturières, ils n'ont pas le droit de les émonder.

Tout domanier doit chaque année, s'il n'est autrement stipulé par son bail, pour le charroi des bois, vins & fruits du seigneur, trois journées avec attelage, trois journées avec ses chevaux sans attelage, & trois journées d'œuvres de main : mais il n'est pas obligé de faire ces corvées hors de la juridiction où il demeure, si ce n'est pour le charroi des vins du seigneur ou de l'ardoise nécessaire à la réparation de sa maison, ou pour la voiture de ses bleds au plus prochain port de mer ou au marché d'une ville voisine.

Il ne peut être dû d'arrérages de ces corvées ; mais si le seigneur les a demandées & qu'elles aient été refusées, les domaniers doivent les payer à raison de vingt-quatre sous tournois pour chaque corvée par attelage, & les autres à proportion : au surplus le seigneur ne peut exiger d'eux d'autres corvées, à moins qu'il ne fasse bâtir en sa juridiction, & dans ce seul cas elles peuvent être doublées.

Les domaniers sont obligés de suivre le moulin de leur seigneur s'il est dans la banlieue ; mais il est nécessaire qu'ils soient *étagers*, car autrement ils n'y feroient pas tenus à moins qu'ils ne s'y fuffent obligés expreffément.

Ils doivent également fuivre la cour de leur feigneur s'il a juridiction contentieufe, fournir déclaraion de leurs tenues par tenans & aboutiffans à chaque mutation, & s'ils en font requis, paffer de nouveaux baux de neuf en neuf ans : ils doivent de plus acquitter les *chef-rentes* & autres charges dues au feigneur de fief fi le contraire n'eft ftipulé par le bail.

Lorfque les domaniers trouvent leurs tenues trop chargées de rentes, ils peuvent déguerpir quand leur bail eft fini; mais ils doivent le déclarer judiciairement au feigneur & lui payer les arrérages des redevances.

Le feigneur foncier de fon côté peut expulfer les domaniers lorfqu'il le juge à propos; mais il doit les dédommager à dire d'experts des améliorations utiles ou néceffaires.

Les feigneurs font dans l'ufage de ne pas donner quittance des preftations annuelles : la plupart ont le droit d'établir en chaque tenue un de leurs hommes pour toucher ce que les autres doivent : ceux qui n'ont pas cette prérogative tiennent des rôles de la recette qu'ils font obligés de repréfenter quand ils en font requis; & lorfque ces rôles portent le payement des redevances de la dernière année, les domaniers font quittes des précédentes fi elles n'ont pas été réfervées.

Tel eft le droit commun qui régit les tenues domaniales dans le comté & évêché de Cornouailles; mais ce n'eft pas fans quelques exceptions : par exemple, dans la juridiction de Daoulas il exifte le même ufement que dans la principauté de Léon , fuivant lequel le tenancier ne peut prefcrire la propriété des *fuperfices* de fon domaine par quelque laps de tems que ce foit fans un titre particulier.

Voyez *la coutume de Bretagne & les commenta-teurs.* Voyez auffi l'article BAIL A DOMAINE CONGÉABLE , &c. ( *Article de M.* GILBERT DE MARETTE , *avocat au parlement de Bretagne.* )

CORPS. On appelle ainfi certaines compa-gnies ou communautés.

Pour former un Corps ou communauté, il faut que ceux qui doivent le compofer aient obtenu pour cet effet des lettres-patentes duement en-regiftrées ; fans quoi ils ne feroient toujours con-fidérés que comme particuliers : cela eft fondé fur deux motifs légitimes ; l'un d'empêcher qu'il ne fe forme des affociations qui puiffent nuire à l'état ; l'autre d'empêcher que les biens qui font dans le commerce des particuliers ne ceffent d'y être , comme il arrive quand ils appartiennent à des Corps ou communautés.

On appelle *Corps de ville,* une compagnie com-pofée d'officiers municipaux , comme font à Paris le prevôt des marchands & les échevins ; à Touloufe , les capitouls ; à Bordeaux, les ju-rats ; & dans d'autres villes , les maires & éche-vins , les confuls, &c.

A Paris on appelle *les fix Corps* , fix commu-nautés de commerce. Le premier eft celui de la draperie ; le fecond , celui de l'épicerie ; le troifième, celui de la mercerie ; le quatrieme , celui de la pelleterie ; le cinquième , celui de la bonneterie ; & le fixième, celui de l'orfévrerie.

Ces fix Corps avoient été fupprimés par un édit du mois de février 1776 , mais ils ont été rétablis par un autre édit du mois d'août suivant. Voyez l'article JURANDE.

CORRECTEUR DES COMPTES. On donne ce titre à certains officiers qui font membres de la chambre des comptes.

Les Correcteurs des comptes ont été établis par l'ordonnance de Charles VI du 14 juillet 1410. Les corrections des comptes étaient faites auparavant par des maîtres & clercs, ainsi qu'il est porté par l'ordonnance du mois de janvier 1319.

Le nombre des Correcteurs s'est accru de même que celui des autres officiers de la chambre des comptes. Il y en a actuellement trente-huit, dix-neuf de chaque semestre. Leur robe de cérémonie est de damas noir.

Le lieu où ils s'assemblent se nomme la chambre de la correction ; elle joint au dépôt des contrôles, dont la garde leur est confiée comme nécessaire à la vérification des recettes & dépenses des comptes dont ils font la correction. On y trouve plusieurs doubles des comptes jugés dans les autres chambres des comptes du royaume, lesquels s'y remettoient anciennement, & dont il ne doit plus y être envoyé que des extraits, conformément à l'édit d'août 1669.

Les Correcteurs ont séance au grand bureau au banc qui est en face de celui des présidens au nombre de deux seulement,

1°. Au jugement des instances de correction.

2°. Dans les affaires qui intéressent le corps de la chambre : dans ces deux cas ils ont voix délibérative au grand bureau.

3°. Lorsqu'ils y sont mandés pour leur faire part des arrêts qui ont ordonné le renvoi de comptes à la correction.

4°. Lorfqu'ils y viennent apporter les avis de correction.

5°. Enfin, lorfque la chambre reçoit des lettres de cachet ou ordres du roi concernant quelque invitation aux cérémonies ; qu'elle fait quelque députation pour complimenter le roi, la reine, les princes & autres, ou dans les cérémonies qui intéreffent le corps de la chambre : dans ces cas feulement le greffier plumitif fe tranfporte à la chambre des Correcteurs & les avertit de députer deux d'entre eux grand bureau, où étant celui qui préfide leur fait part du fujet qui donne lieu à l'invitation.

Le renvoi des comptes à la correction fe fait toujours par diftributions générales ou particulières ; ces dernières font ordonnées par des arrêts de la chambre.

Le confeiller Correcteur à qui la correction eft diftribuée, s'affocie un de fes confrères pour travailler à la vérification des comptes & examiner s'il y a matière à correction.

Les comptes, états, pièces & acquits doivent leur être adminiftrés par le garde des livres, envers lequel ils s'en chargent fur un regiftre particulier. Les procureurs leur adminiftrent les pièces quand ce font les comptables ou leurs héritiers qui demandent la correction de leurs comptes.

L'objet principal des corrections eft de réformer les omiffions de recette, faux ou doubles emplois, les erreurs de calcul & de fait qui ont pu fe gliffer dans les comptes.

Les confeillers-Correcteurs mettent par écrit leurs obfervations de ce qu'ils trouvent former la matière de la correction ; & après avoir fait mention sur les comptes qu'ils en ont fait la correction, ils font ensuite le rapport de leurs observations à leurs confrères.

Sur ce rapport les conseillers-Correcteurs opinent entr'eux sur chaque article ; & suivant ce qui est décidé à la pluralité des voix, les deux Correcteurs qui ont fait la correction rédigent l'avis par écrit sur papier timbré sans le signer, & l'apportent ensuite au grand bureau où ils rendent compte succinctement de l'objet de l'avis de correction.

Cet avis ayant été remis à celui qui préside, il le donne au greffier pour y faire mention du jour, du rapport & de la remise qui en est faite à l'instant au procureur général, laquelle mention est signée d'un greffier en chef.

Le procureur général fait signifier cet avis de correction au comptable au domicile de son procureur, soit que la correction concerne les comptes de ses exercices ou de ceux de ses prédécesseurs dont il est tenu, ou aux héritiers des comptables, & les fait assigner à la chambre pour y procéder sur l'avis de correction & en voir ordonner l'entérinement.

On observe dans ces instances les formalités prescrites par l'ordonnance pour les instructions & jugemens des défauts faute de comparoir ou faute de défendre.

La partie assignée fournit des défenses à cette demande ; ce qui forme la matière d'une instance qui s'instruit en la forme prescrite par l'ordonnance civile du mois d'avril 1667, si ce n'est qu'elle ne peut être jugée à l'audience suivant les règlemens des 10 avril & 10 juin, & la déclaration du 15 septembre 1684 donnée à ce sujet en interprétation de l'article 9 du titre 11 de l'ordonnance de 1667.

Suivant cette déclaration, il doit être pris sur les défenses, un appointement au greffe, soit par le procureur général, soit par le procureur du défendeur, sauf à renvoyer à l'audience les tierces oppositions ou autres incidens : deux conseillers-Correcteurs assistent avec voix délibérative à ces audiences, conformément au règlement des 17. & 20 mars 1673. L'instruction de l'instance se fait de la part du procureur général & des défendeurs par production respective, contredits & salvations, ainsi que dans les autres procès par écrit.

La production faite le procès est distribué à un maître des comptes. L'instruction de l'instance se continue, & lorsqu'elle est achevée le procureur général donne ses conclusions par écrit & cachetées.

Le maître des comptes fait ensuite son rapport à la chambre de l'instance, & les deux Correcteurs qui ont dressé l'avis de correction ont voix délibérative au jugement.

Dans le cas où celui qui défend à la demande du procureur général à fin d'entérinement de l'avis de correction, déclare par requête employée pour défense à cette demande qu'il n'a aucun moyen pour empêcher cet entérinement, & que par conséquent il n'y a pas lieu à contestation, en ce cas cette requête est distribuée à un maître des comptes & communiquée au procureur général ; & après qu'il a donné ses conclusions par écrit sur le tout, le rapport & le jugement de l'instance se font en la même forme que les inſtances dans leſquelles il a été pris un appointement.

CORRECTION. C'eſt le droit qu'un ſupérieur a d'infliger certaines peines aux perſonnes qui ſont ſoumiſes à ſon autorité.

Ce mot a deux acceptions différentes qui ont chacune des règles particulières ; ſçavoir, la Correction que les laïques peuvent exercer ſur leurs inférieurs, & celle que les ſupérieurs eccléſiaſtiques & réguliers ont ſur les membres de leurs corps & communautés. Nous parlerons d'abord de la première eſpèce de Correction.

Les pères ont droit de Correction ſur leurs enfans : ſuivant le droit romain, ils avoient même le droit de vie & de mort ; notre juriſprudence plus ſage n'a point accordé ce pouvoir terrible aux pères ; elle leur a ſeulement laiſſé celui de corriger leurs enfans.

De ce qu'un père peut exercer le droit de Correction ſur ſes enfans, on ne peut en conclure qu'il a le droit de les maltraiter & de les excéder de coups. Les lois lui ont tracé la route qu'il doit ſuivre ; s'il s'en écarte, les enfans peuvent avoir recours à l'autorité des magiſtrats pour ſe ſouſtraire à un empire tyrannique ; mais pour qu'un enfant ait le droit de porter une pareille plainte contre l'auteur de ſes jours, il faut que l'abus de l'autorité paternelle ſoit prouvé ; car il ne ſeroit pas écouté s'il oſoit réclamer le pouvoir des lois pour éviter de légères Corrections qu'un père eſt toujours préſumé exercer pour former ou changer le caractère de ſes enfans. Ce n'eſt donc que dans le cas d'un abus évident de l'autorité paternelle que la plainte des enfans peut être admife par les tribunaux.

La jurifprudence autorife les pères à faire enfermer leurs enfans dans des maifons de Cor-rection jufqu'à l'âge de vingt-cinq ans: les mères ont le même droit; mais fi les uns ou les au-tres fe font remariés, ils ne peuvent faire en-fermer leurs enfans qu'après avoir obtenu une ordonnance du juge, qui ne leur en accorde la permiffion qu'en conféquence d'une affemblée de parens tant paternels que maternels & fur leur avis.

Ces principes font fondés fur plufieurs arrêts de réglemens rapportés dans le journal des au-diences : par ces arrêts, qui ont été rendus les 9 & 13 mars 1673, 14 mars 1678, 27 octobre 1696, & 30 juillet 1699, « le parlement de » Paris a autorifé les pères a faire conftituer pri-» fonniers ( par forme de correction ) leurs en-» fans jufqu'à l'âge de vingt-cinq ans dans les » maifons qui font deftinées à cet effet, telles que » celles de l'officialité au lieu de Villeneuve-fur-» Gravois, la maifon de Saint-Lazare , &c. Dans » le cas où les pères & mères ont convolé en » fecondes noces, cette cour leur a ordonné de » fe pourvoir par devers le lieutenant civil du » châtelet de Paris, pour obtenir une ordon-» nance de ce magiftrat, lequel peut prendre, » s'il le juge à propos, l'avis des plus proches » parens des enfans mineurs ».

Les tuteurs & les tutrices font affujettis aux règles prefcrites par ces réglemens.

Comme l'intention du parlement de Paris n'a point été de laiffer aux pères le choix d'autres maifons que celles de Correction, ils ne peuvent faire conftituer leurs enfans prifonniers dans les prifons ordinaires : c'eft ce qui leur a été formellement défendu par un arrêt du 26 octobre 1697, « qui a fait défenfes à toutes » perfonnes de mettre les enfans de famille par » Correction, ailleurs que dans l'officialité de » Paris, & à tous geoliers & concierges des » autres prifons de les recevoir & retenir dans » les leurs, fous peine d'une amende de trois » cents livres ».

Suivant le droit romain, les maris avoient le droit de Correction fur leurs femmes ; mais fi le mari battoit fa femme à coups de fouet, elle pouvoit demander le divorce, parce que le fouet étoit une injure pour une *ingénue*. La jurifprudence romaine n'eft point admife parmi nous en cette partie ; nos loix donnent au mari l'autorité fur la femme ; mais il doit la traiter avec douceur & amitié ; cependant fi elle s'oublie, il peut ufer du droit de Correction, qui confifte à la faire enfermer dans un convent & même dans une maifon de force, fi fes écarts font de nature à mériter cette efpèce de punition. Au refte, le mari avant de prendre aucun de ces partis violens & extrêmes, doit faire affembler les plus proches parens de fa femme & prendre leur avis ; car s'il la faifoit enfermer légèrement & fans avoir des motifs graves, elle pourroit réclamer contre l'abus de l'autorité maritale, & s'en faire un titre pour demander fa féparation.

Le droit de Correction appartient encore aux maîtres fur leurs efclaves ; mais ce droit qui n'avoit. point de bornes chez les Romains, a été reſtreint par les loix faites pour nos colonies, où la néceſſité de la culture des terres ſous un ciel brûlant a fait introduire des eſclaves Africains. Un exemple récent prouve que les nègres qui ſont en France ont le droit de réclamer le pouvoir de la juſtice pour ſe ſouſtraire aux violences de leurs maîtres. Un juif avoit amené en France deux eſclaves, un nègre & une négreſſe; ces infortunés, après avoir éprouvé les traitemens les plus horribles de la part de ce maître dur & inhumain, ont eu recours à l'autorité de la juſtice ; & par jugement rendu au mois de février 1776, la table de marbre a reçu la plainte du miniſtère public contre le juif, & lui a permis de faire informer des violences qu'il avoit exercées envers ſes eſclaves. Par le même jugement, ces derniers ont obtenu leur liberté , & il leur a été accordé la ſomme de cent livres à chacun pour leur tenir lieu de gages.

On trouve pluſieurs autres jugemens ſemblables qui ont été confirmés par des arrêts du parlement.

Les ſupérieurs eccléſiaſtiques ont également le droit de Correction. C'eſt un principe fondé ſur le droit commun du royaume, que les évêques ont le pouvoir de corriger tous les clercs de leurs diocèſes, tant ſéculiers que réguliers, en corps & en particulier.

Voyez l'article EVÊQUE ; voyez auſſi le concile de Trente, *ſeſſ. 14, c. 4, de ref.*

Pluſieurs chapitres ont le droit de Correction ſur leurs membres : ce privilége étant contraire au droit commun, ne peut être exécuté que lorfqu'il eft fondé fur des titres précis fuivis de poffeffion. Si ces titres ne font pas revêtus des formalités prefcrites par les loix pour autorifer de pareilles exemptions, les évêques peuvent les attaquer & réclamer le droit commun qui eft en leur faveur.

Plufieurs communautés religieufes jouiffent du même privilége d'exemption, & ne font fujettes à l'infpection de l'ordinaire que dans les cas prévus par l'édit de 1695.

Enfin les fupérieurs des monaftères ont le droit de Correction fur leurs religieux; mais comme ils n'ont aucune juridiction, ils ne peuvent infliger que des peines légères, telles que le jeûne, la difcipline, &c. Il ne leur eft pas permis de traiter leurs religieux avec inhumanité; s'ils le font, les religieux peuvent porter leurs plaintes devant leurs fupérieurs & même dans les tribunaux féculiers. Les juges peuvent, lorfque les plaintes des religieux font légitimes, ordonner qu'ils feront transférés dans un autre monaftère.

Le miniftère public peut même, s'il eft inftruit d'abus d'autorité très-graves, rendre plainte d'office contre les fupérieurs, & requérir que les victimes de la tyrannie monaftique foient mifes fous la protection de la juftice. Il peut enfuite demander d'être reçu à faire informer des abus d'autorité, & pourfuivre ceux qui s'en font rendus coupables.

Par arrêt du parlement de Normandie, rendu le 5 décembre 1502, un religieux qui avoit porté fes plaites contre fon fupérieur, fut autorifé à changer de monaftère.

Outre les acceptions sous lesquelles nous avons envisagé le mot CORRECTION, il a encore lieu en matière de compte. Voyez l'article COMPTE & celui de CORRECTEUR DES COMPTES.

On se sert encore du mot CORRECTION en matière d'imprimerie : il est défendu aux auteurs de faire des Corrections, & aux imprimeurs de les imprimer, si elles n'ont pas été approuvées par le censeur de l'ouvrage.

Voyez *le dictionnaire des arrêts ; la discipline de l'église , par le père Thomassin ; d'Héricourt dans ses lois ecclésiastiques ; l'édit de 1695 ; le journal des audiences ; le traité de la police , par Lamarre ; Tournet ; le dictionnaire canonique ; les mémoires du clergé ; le code de la librairie , &c.* Voyez aussi les articles ABBÉ , EVÊQUES , RELIGIEUX , SUPÉRIEURS, ENFANS , MINEURS , PÈRE , TUTEURS , &c. ( *Cet article est de M. DESESSARTS, avocat au parlement* ).

CORRUPTION. C'est le crime dont se rendent coupables tous ceux qui sont revêtus de quelque autorité , lorsqu'ils succombent à la séduction, & le crime en même temps de ceux qui cherchent à les corrompre.

La Corruption n'est malheureusement pas sans exemple dans ceux qui sont préposés à l'administration de la justice ; continuellement exposés aux piéges de l'erreur, du mensonge & de la calomnie , leur unique sauve-garde contre tous les dangers qui les environnent, est un cœur noble, ferme & incorruptible ; quand cette ressource leur manque , à quels maux ne sont pas exposés ceux qui sont obligés de défendre auprès d'eux leur honneur, leur fortune & leur vie ? Un juge qui porte dans le fanctuaire de la juftice un cœur corrompu, eft un monftre dont l'afpect fait horreur & dont le fouffle empoifonne l'air qu'il refpire. La main qui extermine les fcélérats infignes ne fçauroit trop s'appéfantir fur lui. Quel ménagement peut-il mériter, quand il fait fervir à fes paffions ou à fon avarice les lois les plus facrées ; quand fans pitié & fans remords il entend les cris de l'oppreffion & voit tomber les larmes de l'innocence ? Il eft l'opprobre de la juftice & le fléau de l'humanité.

L'amour déréglé des richeffes & des plaifirs eft la principale fource de Corruption dans un juge ; s'il a l'ambition d'accroître fa fortune, il n'eft rien qu'il ne facrifie à ce defir. En fe préfentant avec les dehors du crédit & de l'opulence, on eft affuré d'avoir auprès de lui l'accès le plus facile ; s'il n'ofe pas recevoir directement les offrandes des malheureux plaideurs, il a fes confidens & fes complices qui les reçoivent pour lui ; la balance de la juftice eft toujours chez lui en équilibre ; l'or eft la feule puiffance qui la faffe pencher.

Si au lieu d'être l'efclave de la cupidité, il l'eft de cette autre paffion qui fait rechercher le plaifir dans le fein de la volupté, de quelles prévarications ne deviendra-t-il pas coupable, fi l'objet de fes ardeurs criminelles a le cœur flétri & corrompu ? Qu'il en coûte peu de fceller un jugement du fceau de l'iniquité, lorfque des plaifirs offerts par la beauté doivent en être la récompenfe ! Un juge qui ne craint point de déshonorer fon miniftère en fe livrant à l'appétit de fes fens déréglés, eft auffi dangereux que celui qui eft corrompu par toute autre paffion dominante.

Pour être jugé coupable de Corruption, il n'eft pas néceffaire que les effets s'en foient manifeftés, il fuffit qu'il y ait des preuves qu'on s'eft laiffé corrompre en recevant des préfens par foi ou par des gens interpofés, ou qu'on ait promis fon fuffrage fur des follicitations & des promeffes. Il fuffit même qu'on s'expofe au danger de la Corruption pour qu'on foit repréhenfible ; & ce danger n'eft pas équivoque lorfqu'on fe permet des habitudes & des familiarités qui pour l'ordinaire n'ont d'autre principe que celui de la féduction. Il eft de l'intérêt de la juftice que le public ait l'opinion la plus favorable de ceux qui font prépofés pour la lui adminiftrer, & cette opinion, on ne fauroit l'avoir d'un magiftrat connu par des foibleffes qui font au moral comme au phyfique des fignes d'un danger prochain de Corruption.

Ce que nous difons des juges en général s'applique à tous ceux qui font revêtus de l'autorité publique dans quelque genre d'adminiftration que ce foit : le ferment de fidélité qu'on leur fait prêter eft le ferment de l'incorruptibilité qu'on exige d'eux. Un magiftrat, car fous ce nom on peut entendre tous ceux qui font conftitués en pouvoir & en autorité, un magiftrat incorruptible eft le plus ferme appui de la loi ; il eft l'effroi des méchans, l'efpoir de l'innocent & de l'opprimé, le génie tutélaire de la juftice, de l'honneur & de la vertu. Toutes les belles qualités qui peuvent le rendre recommandable aux yeux des hommes font dans fon cœur, & fa réfiftance aux efforts de la contagion eft la preuve la plus convaincante de fa grandeur d'ame & de fon courage.

L'icorruptibilité n'eft pas une vertu effentielle aux magiftrats feuls, elle l'eft encore particulièrement à ceux qui, comme les greffiers & les fecrétaires, coopèrent directement à leurs fonctions. Elle l'eft auffi aux notaires, fur la probité defquels repofe la foi publique; elle l'eft aux procureurs, aux huiffiers, en un mot à tous les agens minifteriels de la juftice, parce qu'il n'en eft aucun qui en fe laiffant corrompre, ne puiffe produire des maux infinis.

Ceux qui font commis pour des opérations judiciaires fe rendent coupables auffi de Corruption, lorfqu'ils trahiffent leur miniftère en fuccombant à la féduction.

Il en eft de même des témoins qui après avoir juré de dire la vérité, ou la paffent fous filence, ou dépofent le menfonge & la calomnie.

La Corruption eft plus ou moins puniffable, fuivant le caractère de ceux qui s'en rendent coupables, & fuivant les maux qui en réfultent. Les corrupteurs qui ont provoqué le crime font auffi dans le cas de participer aux châtimens qu'encourent ceux qui fe laiffent corrompre. Aucune loi ne peut déterminer le genre de punition que chaque cas particulier peut mériter; tout eft laiffé fur cet article à la prudence & à la fageffe des magiftrats. Les circonftances feules peuvent adoucir ou augmenter les peines. Voyez *les articles* CONCUSSION, FAUX, MALVERSATION,

VERSATION , PRÉVARICATION , SUBORNA-TION , &c. ( *Article de M. DAREAU , avocat , &c.* )

CORSAIRE. Voyez PIRATE.

CORSE. Ifle de la Méditerranée , fituée entre les côtes de Provence & de Languedoc , celles d'Italie & la Sardaigne.

Les Génois ont cédé au feu roi les droits qu'ils avoient, fur cette île , par une convention du mois de mai 1768.

La nation Corfe réunie dans l'affemblée gérale de 1770, a reconnu l'autorité de fa majefté , & lui a renouvelé le ferment de fidélité qui lui avoit déjà été prêté par toutes les piéves & les provinces de l'île.

La Corfe, comme nos provinces méridionales, eft régie par les loix des Romains fes anciens maîtres. Comme ces provinces , elle a des ftatuts qui s'écartent fouvent des difpofitions du droit écrit (\*).

---

(\*) *Voici les principales fingularités de ces ftatuts.*

Ils mettent les femmes dans une perpétuelle tutelle & ne leur permettent même après la majorité de quatorze ans , de s'obliger que jufqu'à la concurrence de douze livres.

Au-delà de cette fomme , il leur faut le confentement de leur père de leur mari & de leur aieul ; & à leur défaut , d'un pareil nombre de parens ou de voifins , fous l'autorité du magiftrat.

Tous font obligés d'affirmer, qu'ils croyent l'engagement avantageux à la femme. C'eft ce qui réfulte du chapitre 25 du ftatut.

Au contraire , en vertu du chapitre 26 , le confentement & l'affirmation du père , ou de l'aieul fuffifent ; pour les enfans mâles , majeurs de quatorze ans , & mineurs de vingt-cinq.

*Tome XVI.*                                           Q

Ces ſtatuts ont été rédigés après la paix de

Les immeubles des mineurs ne peuvent êtie vendus qu'en place publique, apiès des affiches & criées faites pendant dix jours.

Mais cette forme de décret n'a pas lieu pour les ventes foicées faites ſur des majeurs, leſquelles ſe font par la voié d'eſtimation, & non pɑr encan.

Des appréciateuis nommés tous les ans par les podeſtats, ou convenus par les parties, font cette eſtimation.

Le créancier prend les biens ſur ce pied en déduiſant le quart du prix eſtimé.

Le débiteur peut exeicer le rachat de ſes biens, pendant un mois popr les meubles, & deux mois pour les immeubles; il a huit mois s'il eſt abſent.

*Le retrait lignager* a lieu en faveur des parens paternels juſqu'au troiſième degré :

À leur défaut les plus proches voiſins, peuvent exercer le retrait de bienſéance.

Le délai eſt d'un mois pour les préſens, & d'un an pour les abſens de l'île ; il ne court que du jour de la publication faite à l'égliſe dans une aſſemblée un jour de fête.

Un gentilhomme qui a des vaſſaux, ne peut former contie eux de piétentions & réciproquement ſes vaſſaux n'en peuvent former contre lui, qu'à l'aide d'un titre ou du témoignage de quatre témoins.

Le poſſeſſeur de bonne foi qui a fait des améliorations utiles & néceſſaires ſur l'héritage d'autrui, n'en peut être évincé qu'apiès avoir été indemniſé.

Si les dépenſes ont été faites par un vaſſal ou un cenſitaire, dans ſon fief ou ſon aſcenſement, & qu'elles ſoient conſidérables, comme ſi les terres incultes ont été défiichées, plantées de vignes ou d'aibres, le propriétaire direct a la faculté d'y rentrer, mais il doit payer en totalité les améliorations des édifices, & laiſſer la moitié des terreins au vaſſal ou cenſitaire, à moins que les améliorations n'aient été faites malgré lui, ou qu'il n'y ait eu des conventions contraires.

Lorſque les améliorations font en terres de communes,

Câteau-Cambrefis, par les députés Corfes & les commiffaires Génois.

les chapitres 35, 36 & 39 du ftatut en accordent feulement la jouiffance pendant trois années.

Les mâles ont la faculté de tefter à quinze ans & les filles à treize, cependant avec le confentement de leur père ou aïeul s'ils font fous leur puiffance.

Toutes les difpofitions à caufe de mort, & les inftitutions d'héritiers doivent être faites par devant notaire en préfence de cinq témoins.

A défaut de notaire, on peut déclarer fa volonté devant fix témoins *idoines*, mais il faut que quinze jours après le décès du teftateur, les légataires ou héritiers, faffent examiner & rédiger fes difpofitions par devant le juge ordinaire. Le chapitre 42 veut que les témoins atteftent que le teftateur à l'efprit fain.

Lorfqu'il n'y a point de teftament les chapitres 43 & 44 du ftatut appellent :

1°. Les enfans mâles légitimes à leur ligne mafculine.

Ils excluent les filles, les petites-filles & leurs defcendans, qui doivent s'en tenir à leur dot.

Si les filles, les petites-filles & leurs repréfentans ne font pas enfans du double lien, & n'ont été dotés que fur les biens d'une de leur ligne ; ils ne peuvent répéter fur ceux de l'autre ligne ce qui a été laiffé par le teftamens des afcendans de cette ligne.

Soit qu'ils foient du double lien ou non, s'il ne leur a rien été donné entre-vifs ni par teftament par les afcendans des deux lignes, il faut s'en tenir à l'arbitrage des trois plus proches parens de la ligne des biens de laquelle il s'agit, & à leur défaut à ce qui fera ordonné par le magiftrat.

Les religieux & les religieufes peuvent demander des penfions alimentaires lorfqu'il ne leur eft rien laiffé par le teftament de leurs parens.

2°. La loi appelle les filles, les petites-filles de la ligne mafculine & leurs defcendant en rapportant leur dot.

3°. S'il n'y a point de filles, les petits-enfans de la ligne feminine ne fuccèdent que concurremment avec les

### Le décret d'homologation du doge & du sénat

frères germains ou consanguins du défunt, en prélevant cependant leur dot , ou ce qui doit en tenir lieu, suivant l'estimation des parens, homologuée par le magistrat.

4°. A plus forte raison s'il n'y a ni enfans ni descendans les frères germains & les consanguins succèdent aux biens de la ligne paternelle & à ceux d'acquêt.

A l'égard des biens maternels, les frères germains y succèdent seuls, & à leur défaut les frères utérins, & s'il n'y en a point les sœurs utérines.

Les neveux , enfans des frères germains ou consanguins succèdent avec leurs oncles, ou seuls à leur défaut, par souche & non par tête.

Le cinquième ordre de succéder est en faveur des pères, & à leur défaut, des aïeuls & bisaïeuls paternels.

Ils succèdent au défaut d'enfans, de frère & de fils de frères; & lors qu'ils ne succèdent pas, ils ont l'usufruit de la succession , à la charge de la nourriture & de l'entretien des enfans du défunt.

La mère au contraire & à son défaut l'aïeul maternel ne peuvent prétendre de légitime, qu'autant qu'il n'y a ni petits enfans, ni pere, ni aïeul, ni bisaïeul paternel.

Cette légitime n'est même qu'en usufruit dont ils ne peuvent disposer au préjudice des héririers de leur enfans jusqu'au quatrième degré de la computation canonique.

5°. Les sœurs germaines & consanguines , les filles des frères , les fils & les filles des sœurs sont ensuite appelés par souche & non par tête , en observant ce qui vient d'être dit pour les biens maternels.

La loi appelle 6°. les oncles & les cousins germains & consanguins avec les descendans des sœurs par souche, en observant toujours la distinction des biens maternels.

7°. Les agnats mâles au quatrième degré suivant la computation canonique.

8°. Les bâtards lorsqu'il y a des enfans légitimes sont réduits par le chapitre 45 aux avantages qui leur ont été faits par leurs pères , entre vifs ou à cause de mort, sans préjudice de la légitime des fils légitimes & des dots des filles.

Câteau-Cambresis, par les députés Corses & les commissaires Génois.

les chapitres 35, 36 & 39 du statut en accordent seulement la jouissance pendant trois années.

Les mâles ont la faculté de tester à quinze ans & les filles à treize, cependant avec le consentement de leur père ou aïeul s'ils sont sous leur puissance.

Toutes les dispositions à cause de mort, & les institutions d'héritiers doivent être faites par devant notaire en présence de cinq témoins.

A défaut de notaire, on peut déclarer sa volonté devant six témoins *idoines*, mais il faut que quinze jours après le décès du testateur, les légataires ou héritiers, fassent examiner & rédiger ses dispositions par devant le juge ordinaire. Le chapitre 42 veut que les témoins attestent que le testateur à l'esprit sain.

Lorsqu'il n'y a point de testament les chapitres 43 & 44 du statut appellent :

1°. Les enfans mâles légitimes à leur ligne masculine. Ils excluent les filles, les petites-filles & leurs descendans, qui doivent s'en tenir à leur dot.

Si les filles, les petites-filles & leurs représentans ne sont pas enfans du double lien, & n'ont été dotés que sur les biens d'une de leur ligne ; ils ne peuvent répéter sur ceux de l'autre ligne ce qui a été laissé par le testamens des ascendans de cette ligne.

Soit qu'ils soient du double lien ou non, s'il ne leur a rien été donné entre-vifs ni par testament par les ascendans des deux lignes, il faut s'en tenir à l'arbitrage des trois plus proches parens de la ligne des biens de laquelle il s'agit, & à leur défaut à ce qui sera ordonné par le magistrat.

Les religieux & les religieuses peuvent demander des pensions alimentaires lorsqu'il ne leur est rien laissé par le testament de leurs parens.

2°. La loi appelle les filles, les petites-filles de la ligne masculine & leurs descendant en rapportant leur dot.

3°. S'il n'y a point de filles, les petits-enfans de la ligne feminine ne succèdent que concurremment avec les

### Le décret d'homologation du doge & du sénat

frères germains ou confanguins du défunt, en prélevant cependant leur dot, ou ce qui doit en tenir lieu, fuivant l'eſtimation des parens, homologuée par le magiſtrat.

4°. A plus forte raiſon s'il n'y a ni enfans ni deſcendans les frères germains & les confanguins fuccèdent aux biens de la ligne paternelle & à ceux d'acquêt.

A l'égard des biens maternels, les frères germains y fuccèdent feuls, & à leur défaut les frères utérins, & s'il n'y en a point les fœurs utérines.

Les neveux, enfans des frères germains ou confanguins fuccèdent avec leurs oncles, ou feuls à leur défaut, par fouche & non par tête.

Le cinquième ordre de fuccéder eſt en faveur des pères, & à leur défaut, des aïeuls & bifaïeuls paternels.

Ils fuccèdent au défaut d'enfans, de frère & de fils de frères; & lorſqu'ils ne fuccèdent pas, ils ont l'uſufruit de la fucceſſion, à la charge de la nourriture & de l'entretien des enfans du defunt.

La mère au contraire & à fon défaut l'aïeul maternel ne peuvent prétendre de légitime, qu'autant qu'il n'y a ni petits enfans, ni pere, ni aïeul, ni bifaïeul paternel.

Cette légitime n'eſt même qu'en uſufruit dont ils ne peuvent diſpoſer au préjudice des hériters de leur enfans juſqu'au quatrième degré de la computation canonique.

5°. Les fœurs germaines & confanguines, les filles des frères, les fils & les filles des fœurs font enfuite appelés par fouche & non par tête, en obſervant ce qui vient d'être dit pour les biens maternels.

La loi appelle 6°. les oncles & les coufins germains & confanguins avec les deſcendans des fœurs par fouche, en obſervant toujours la diſtinction des biens maternels.

7°. Les agnats mâles au quatrième degré fuivant la computation canonique.

8°. Les bâtards lorſqu'il y a des enfans légitimes font réduits par le chapitre 45 aux avantages qui leur ont été faits par leurs pères, entre vifs ou à cauſe de mort, fans préjudice de la légitime des fils légitimes & des dots des filles.

de Gènes ordonne qu'ils feront obfervés par tous les habitans & officiers de l'île, à l'exception des villes de Calvi & de Bonifacio.

Ces villes avoient des ftatuts particuliers, infcrits dans les livres rouges, mais qui ne renfermoient que des règlemens d'adminiftration & de police abrogés tacitement par les nouvelles lois.

Les Corfes avoient auffi un ftatut criminel dont les difpofitions ont été abrogées par une ordonnance du mois de juin 1768, concernant les délits & les peines.

---

Si le père n'a pas difpofé en faveur de ces bâtards, les mâles d'entr'eux peuvent demander des alimens & les filles des dots convenables.

Mais fi leur père n'a point laiffé de parens légitimes, jufqu'au troifième degré de la computation canonique inclufivement, ils font appelés à fa fucceffion dans l'ordre qui vient d'être tracé pour les enfans légitimes.

9°. Ce font les héritiers des femmes qui fuccèdent à leur dot à l'exclufion du donateur, à moins qu'il n'y ait eu dans la donation des ftipulations contraires.

Lorfqu'il y a des enfans, le père a l'ufufruit de la fucceffion de fa femme, à la charge de leur nourriture & entretien.

Suivant le chapitre 51 du ftatut, les contrats & teftamens paffés hors de l'île ont la même force que s'ils étoient paffés dans l'île, pourvû qu'ils foient authentiques & fignés d'un notaire.

Tout homme qui n'auroit point de paffage pour aller à fa maifon ou à fon héritage & pour y conduire des eaux, eft autorifé par ce chapitre 51 de forcer fon voifin à lui en livrer un, en le payant à dire d'experts.

Celui qui n'eft pas de terre de commune ne peut y acquérir d'héritage à moins d'aller y habiter. Les autres difpofitions du ftatut font principalement relatives à la procédure & établiffent des formes judiciaires particulières à cette île.

Q iij

Cette ordonnance conforme aux principes de notre jurisprudence pénale, a deux dispositions singulières, relatives sans doute aux circonstances.

L'article 2 du titre 3 veut que dans le cas où l'assassinat prémédité auroit été commis par vengeance de famille ou haine transmise, la maison du coupable soit rasée, & sa postérité déclarée incapable de remplir jamais aucune fonction publique. L'édit du mois de mars 1772 a des dispositions conformes.

En vertu de cette loi, tous les Corses, sans exception, qui seroient arrêtés portant des armes à feu, ou dans les maisons desquels il en seroit trouvé, pourroient être punis de mort s'ils ne rapportoient à cet égard une permission expresse ou par écrit du commandant en chef; permission que cet officier ne peut refuser, sous quelque prétexte que ce soit, à aucun officier de justice.

La prohibition du port d'armes est étendue aux stilets & couteaux pointus, & même aux couteaux sans pointe qui ont plus d'un pied avec le manche.

Il est également défendu aux ouvriers & à toute autre personne, de fabriquer, vendre & débiter des instrumens de cette sorte, à peine de cent livres d'amende pour la première fois, & de trois ans de galère en cas de récidive.

Ce sont les dispositions de l'article 2 du titre 3 de l'ordonnance sur les délits & les peines, des articles 2 & 4 de l'édit du mois de mai 1772, & de la déclaration du 20 du même mois.

La Corse est regardée par les officiers du pape comme un pays d'obédience. Les règles de chancellerie y sont observées, ainsi que les disposi-

tions du concile de Trente fur le concours des
bénéfices à charge d'ames.

Cependant le confeil fouverain y a enregiftré
& fait publier, fous l'autorité du roi, toutes les
lois eccléfiaftiques du royaume rendues depuis
la déclaration du clergé de France de 1682, &
une ordonnance particulière qui raffemble les
principes de nos lois fur les mariages.

En général, les lois que le feu roi a rendues
pour la Corfe font relatives, 1°. à l'adminiftration
civile ou à la juridiction des tribunaux, 2°. à
l'adminiftration économique.

Nous traiterons féparément de ces deux objets.

1°. *Des tribunaux.* Le premier de tous eft le
confeil fouverain établi à Baftia par édit du mois
de juin 1768, à l'inftar des parlemens & confeils
fouverains du royaume.

Il reçoit les appels de tous les tribunaux de
la Corfe.

Il eft fpécialement chargé de la reconnoiffance
des titres de nobleffe.

Il connoît, en première inftance, de la propriété des bois & forêts du roi, lorfque l'infpecteur des bois eft partie.

Il reçoit les oppofitions formées aux ordonnances rendues par l'intendant de l'île, affifté de
deux confeillers Corfes de cette cour, fur la
propriété des domaines du roi, les aveux &
dénombremens des poffeffeurs des fiefs, & les
déclarations des propriétaires roturiers.

Mais les matières des aides & de la comptabilité appartiennent à l'intendant qui prétend
devoir en connoître, même au criminel. Elles
lui font attribuées par la déclaration du 28
juillet 1772.

Dans l'origine, le conseil supérieur de Corse étoit composé de l'intendant qui faisoit les fonctions de premier président, de dix conseillers, dont six gradués François & quatre Corses, d'un procureur général, d'un substitut, un greffier en chef, deux huissiers & deux secrétaires interprètes.

La déclaration du mois de mai 1771 a désuni les fonctions de premier président & d'intendant.

La charge de second président, supprimée en 1769, a été rétablie au mois de janvier 1772.

Les lettres-patentes du 6 mai 1773 ont attaché un des secrétaires interprètes aux bureaux de l'intendant.

La charge d'avocat général a été désunie de celle de procureur général, par l'édit du mois de juin 1773.

Ces officiers reçoivent annuellement pour gages ; savoir :

| | |
|---|---|
| Le second président. . . . . | 7200 liv. |
| Les conseillers François chacun. . | 4000. |
| Les conseillers Corses chacun. . | 2000. |
| Le procureur général. . . . . | 6000. |
| L'avocat général. . . . . . | 4000. |
| Le substitut. . . . . . . | 2400. |
| Le greffier en chef. . . . . . | 3000. |

Au moyen de ces gages, ces officiers, comme ceux des autres tribunaux de l'île, doivent rendre la justice gratuitement & sans frais.

Leurs vacations en campagne sont modérées à 10 livres, 7 livres 10 sous & 5 livres, pour les conseillers, le substitut & le greffier, à charge d'employer huit heures par jour en été, & six en hiver.

Tous les magistrats de l'île exercent sur de

simples commissions ; *en attendant*, portent les lois de leur création, *qu'il ait plu au roi de les ériger en titre d'office*.

Ils sont pourvus sans finance, mais ils sont assujettis à des droits de marc d'or proportionnés à leurs gages.

Lorsqu'un officier passe d'une charge à une autre, on lui déduit sur les droits de la seconde, ceux qu'il a payés pour la première.

Les *juridictions royales* ont été créées par l'édit du mois de septembre 1769, au nombre de neuf : la première à Corte, la seconde à Bastia, la troisième à Ajacio, pour les provinces & juridictions de ce nom ; la quatrième à Rogliano pour le cap Corse ; la cinquième à Oletta pour le Nebbio ; l'hiver elle tient ses séances à Saint-Florent ; la sixième à Vico, la septième à Surtenne, la huitième à Campo-Loro, la neuvième à Calvi.

L'édit du mois d'avril 1770 a créé une dixième juridiction royale à Bonifacio, district de celle de Surtenne.

Et l'édit d'avril 1772 en a créé une onzième à Ampugnani pour la partie de la province de Bastia située au-delà du Guolo.

Ces tribunaux n'étoient d'abord composés que d'un juge royal, d'un procureur du roi & d'un Greffier ; ils ont été augmentés d'un assesseur civil & criminel, par l'édit du mois d'avril 1771. L'édit de septembre de la même année a créé un second assesseur à Bastia.

Les gages de ces officiers sont pour chacun des juges royaux François de. . . . . . . . 1800 liv.

Pour chacun des juges royaux Corses de. . . . . . . . . . . 1500.

Pour chaque procureur du roi

François de. . . . . . . . . . . 1500. liv.

Pour chaque procureur du roi

Corfe de. . . . . . . . . . . . 1200.

Pour chaque greffier de. . . . 500.

Les vacations en campagne font taxées à 5 livres pour les juges, 3 livres pour les procureurs du roi, & 2 livres 10 fous pour les greffiers.

Les affeffeurs font tenus, toutes affaires ceffantes, autres que les affaires criminelles de leurs fiéges, de fe rendre dans les juridictions voifines, toutes les fois qu'ils y font appelés par les juges pour procéder aux jugemens définitifs en matière de grand criminel, à moins de légitime empêchement reconnu tel par les juges royaux de leurs fiéges.

Les juridictions royales font, au civil & au criminel, les tribunaux ordinaires de leur reffort.

Les procureurs du roi y ont une attribution particulière. En vertu de l'édit du mois de novembre 1770, la dation de tutelle, lorfqu'il n'y a pas été pourvu par le teftament du père, & la nomination des curateurs aux mineurs fe font par-devant ces magiftrats, dans une affemblée de cinq ou fix parens, amis ou voifins, au défaut de parens.

Lorfqu'il y a des mineurs appelés à quelque fucceffion, les procureurs du roi appofent & lèvent les fcellés & font les inventaires dans les maifons mortuaires. Ils ne doivent pas attendre qu'ils foient appelés par les veufs & héritiers. Les appels de leurs ordonnances fe portent aux fiéges de leurs juridictions refpectives.

Lorfqu'il n'y a point de mineurs, l'appofition des fcellés & la confection des inventaires eft déférée aux juges royaux exclufivement. Ils doi-

vent y procéder d'office en cas d'aubaine, de
deshérence, de bâtardise, d'abfence de quelques
héritiers, de décès ou de faillite de quelque
perfonne comptable, & des eccléfiaftiques, pour
fûreté des réparations & charges de leurs bénéfices.

A l'égard des *eaux & forêts*, la connoiffance
des délits & de tous les différens qui concernent
cette matière, appartient en première inftance
aux juges royaux du reffort, & par appel au
confeil fupérieur, excepté, comme nous venons
de le dire, lorfque l'infpecteur des bois eft en
Corfe.

La connoiffance des abus, délits & malver-
fations des officiers des bois & forêts dans leurs
fonctions, & des bucherons & ouvriers dans
leur exploitation, appartient également aux juges
ordinaires.

L'intendant peut cependant procéder contre
les officiers & bucherons en faute; il a à cet
égard & fur l'adminiftration des bois & forêts,
la même autorité que les grand-maîtres des eaux
& forêts dans le royaume.

Il a fous fes ordres un officier qui fous le titre
d'infpecteur des bois eft chargé de conferver au
domaine de la couronne les bois & forêts qui en
font actuellement partie, d'y faire réunir ceux
dont la propriété appartient au fouverain, d'empêcher toute anticipation & ufurpation, & d'en
procurer le meilleur produit.

Les ventes & le recouvrement du prix doivent fe faire à fa diligence.

Il eft chargé de pourfuivre à fins civiles, les
délits commis dans les bois du roi, même dans
ceux des communautés, des eccléfiaftiques &

des particuliers, lorfqu'ils font difpofés à des peines pécuniaires au profit du roi.

Il peut faire des vifites & reconnoiffances dans les bois & forêts du roi, quand le bien du fervice l'exige. Il pourvoit à ce que les fonds des ventes, des amendes & confifcations foient remis entre les mains des receveurs du domaine, chacun dans fon département.

L'adminiftration économique qui appartient dans le royaume aux maîtrifes particulières, eft dévolue en Corfe à des officiers défignés fous le titre de *confervateurs* des bois & de *gardes-marteaux*.

Il y a un confervateur & un garde-marteau à Baftia pour la partie d'en-deçà des monts, un confervateur & un garde-marteau à Ajacio pour la partie d'en-delà les monts. Des ingénieurs-géomètres, à la fuite de l'intendance, exercent les fonctions d'arpenteurs.

Les confervateurs & gardes-marteaux font préfentés par l'intendant, & exercent leurs fonctions fur des commiffions fignées du roi. L'intendant nomme les gardes.

· Ces officiers font établis & leurs fonctions font réglées par une ordonnance du mois de mars 1772. Cette loi contient fur la coupe, l'aménagement & la vente des bois, des règlemens affez conformes aux difpofitions de l'ordonnance de 1669, mais avec les modifications particulières qu'exigeoit le local.

Ainfi elle ordonne que les makis ( terreins couverts de myrthes, d'arboufiers & autres efpèces d'arbres & arbuftes de cette nature ) qui par leur qualité & leur fituation font fufceptibles de culture, foient mis en valeur ; à cet effet les officiers des bois dans leurs procès-verbaux doivent indiquer l'ufage que l'on peut en faire.

La coupe des futaies eft réglée à cent années, celle des taillis à dix pour les forêts plantées en chênes & autres bois durs, & à fept pour les chataigniers & bois blancs.

Les amendes font de 3 livres par. chaque brin de chêne ou de fapin de l'âge du taillis ; de 5 livres pour chaque baliveau de la coupe précédente, & de 12 livres par arbre futaie.

*Les deux fiéges d'amirauté* de Corfe font établis à Baftia & à Ajacio, par le règlement du 21 août 1768. Ils font compofés chacun d'un lieutenant, d'un procureur du roi & de plufieurs huiffiers.

Les commiffions de ces officiers font expédiées au grand fceau, fur la préfentation de l'amiral de France, & révocables *ad nutum*. Ils doivent être reçus au confeil fupérieur, où fe portent les appels de leurs fentences.

L'ordonnance de 1681 & les lois du royaume fur la marine font obfervées en Corfe, en ce qui n'eft pas direftement contraire aux règlemens en vigueur dans l'île.

*La juridiƈtion municipale & l'adminiftration des villes & communautés* font réglées par. l'ordonnance du mois de mai 1771 qui fupprime tous les anciens officiers municipaux & de police de l'île, quelle que foit leur dénomination, excepté ceux de Baftia & ceux qui étoient pourvus par le roi, dans les villes compofées de plus de cinq cents feux.

Cette loi établit dans chaque province *un infpeƈteur de province* choifi par le roi dans l'ordre de la noblesse, & chargé de surveiller les officiers des piéves & des communautés.

Les piéves sont des districts composés d'un certain nombre de communautés & de villages. A leur tête sont des *podestats-majors* qui y exercent le même pouvoir que l'inspecteur dans la province. Ils sont élus tous les ans dans l'assemblée provinciale.

Chaque communauté est administrée par un *podestat particulier* & deux *peres du commun*, élus à la pluralité des voix des habitans & chefs de famille. Les Communautés élisent aussi un greffier & un huissier, les seuls officiers qui soient en Corse inamovibles. Les communautés composées de plus de cinq cents feux sont autorisées à demander un plus grand nombre d'officiers.

Les élections doivent être confirmées par le commandant & par l'intendant.

Les podestats & les pères du commun ont la police dans toute l'étendue de leur communauté, & la police champêtre des campagnes qui en dépendent. Ils peuvent rendre des règlemens provisoires sur ces objets, après les avoir communiqués au procureur général.

Ils doivent avertir le magistrat des crimes graves commis dans leur district, & peuvent même arrêter les délinquans pris en flagrant délit.

Ils connoissent de toutes les causes civiles & personnelles des habitans de leur communauté entre eux, tant en demandant qu'en défendant, & avec des étrangers en défendant, jusqu'à la valeur de cinquante livres. Les podestats en connoissent seuls jusqu'à douze livres.

Les ecclésiastiques, les nobles, les officiers du

roi & employés à la perception de fes droits font feuls exempts de cette juridiction. Elle s'exerce fans forme de procès, il fuffit que les parties foient dûment appelées.

Les appels fe portent par-devant les juges royaux, & font périmés après le mois.

Sur les autres objets, l'adminiftration municipale eft en général conforme à ce qui s'obferve dans le royaume.

Les juntes font des tribunaux particuliers à la Corfe, qui ont été créés par édit du mois d'août 1772, & font établis à Orezza, Caccia, Quenza & Guagno. Ils exercent leur juridiction fur les bandits & fugitifs.

Chaque junte eft compofée de fix commiffaires Corfes, dont deux font élus chaque année par les états, & préfentés au roi, d'un fecrétaire-greffier & de deux gardes. Le dernier commiffaire fait les fonctions de fyndic ou de partie publique.

Les jugemens d'inftruction peuvent être rendus par deux commiffaires; les jugemens définitifs, par les cinq, outre le fyndic.

Aucun Corfe, excepté les nobles, les eccléfiaftiques & officiers du roi, ne peut s'abfenter du lieu de fon domicile fans congé du podeftat; finon, huit jours après fon abfence fans congé, le podeftat faifit fes biens & envoie fon fignalement à la junte, qui le fait affigner & fommer publiquement de fe rendre à fon domicile dans un mois au plus tard.

L'affigné qui fe préfente dans ce délai, eft renvoyé dans fes biens, en payant les frais & trente livres d'amende.

Faute de fe préfenter, il doit être déclaré fugitif, par un jugement de la junte qui le décrète de prife de corps avec nouvelle injonction de comparoître dans les fix mois.

S'il eft conftitué prifonnier dans ce délai, & n'eft prévenu d'aucun crime, il eft condamné par la junte à autant d'années de détention qu'il a été de mois fugitif; s'il fe rend volontairement prifonnier, il eft exempt de la moitié de la peine. Après fix mois, s'il ne fe préfente pas, il eft déclaré félon. Ces jugemens des juntes doivent être confirmés par le premier préfident, le commandant en chef & le procureur général, par-devant lefquels fe portent les oppofitions à ces jugemens.

L'autorité des juntes ne préjudicie pas à la juridiction ordinaire qui ftatue toujours fur toute efpèce d'action dont elle eft faifie par les demandes, plaintes ou dénonciations des parties.

La *juridiction de la maréchauffée* a été établie en Corfe en 1768 par le même édit que le confeil fupérieur, pour connoître de toutes fortes de crimes & délits : mais par l'édit du mois d'août 1772 fa compétence a été reftreinte aux fugitifs reconnus félons par jugement de la junte, aux fugitifs & bandits prévenus de violence publique, d'attroupement avec port d'armes & d'affaffinat depuis leur abfence de la communauté.

Les perfonnes de cette qualité font fujettes en première inftance & en dernier reffort à la juridiction prévôtale, fans qu'il foit befoin d'aucun jugement de compétence.

Les bandits prévenus des crimes commis avant leur fuite, doivent être renvoyés à la juridiction qui doit en connoître, à moins qu'ils ne foient infracteurs du ban du port d'armes :
en

en ce cas ils restent sujets à la juridiction pré-
vôrale, à moins que le crime commis avant
leur fuite ne soit disposé à une peine corporelle
plus grande que celle de l'infraction.

Par l'édit du mois de juin 1768, la maré-
chaussée avoit deux sièges en Corse ; un à Bastia
& l'autre à Ajacio. L'édit du mois d'août 1772
a supprimé le dernier. Celui de Bastia est composé d'un prévôt général, ou en son absence &
empêchement, d'un de ses lieutenans, d'un
assesseur, d'un procureur du roi gradué, d'un
greffier & d'un secrétaire interprête.

Le prévôt général a entrée, séance & voix
délibérative en matière criminelle, au conseil
supérieur, après le doyen des conseillers.

En son absence, son lieutenant à Bastia a le
même droit après le dernier des conseillers ; &
dans les juridictions royales, après celui qui préside.

Le prévôt général & son lieutenant à Bastia,
doivent après leur réception à la connétablie,
prêter serment au conseil supérieur ; *sans que*
pour cela, ajoute l'article 16 du mois de septembre 1769, *ils puissent être soumis à la juridiction* du conseil supérieur & des autres juges
du pays.

Ces officiers ne sont pas attenus pour rendre
les jugemens de leur compétence, de se transporter au siège de la juridiction royale des lieux,
ni d'appeler pour les assister les magistrats de
ces juridictions. L'édit du mois d'août 1772
les autorise à rendre leurs jugemens dans tels
lieux & avec tels juges ou gradués, & à leur
défaut, *avec telles personnes notables qu'ils jugent
à propos.*

*Tome XVI.* R

### De l'administration économique.

La Corse est un pays d'états. Les assemblées générales de la nation ont lieu tous les ans, & sont composées du clergé, de la noblesse & du tiers état.

Les représentans du clergé sont les cinq évêques de l'île, & dix-huit piévans ou curés principaux, élus ainsi que les vingt-trois députés de la noblesse, & les vingt-trois députés du tiers état dans les assemblées provinciales.

Les assemblées des provinces sont elles-mêmes composées des députés des piéves.

Les commissaires du roi sont le commandant & l'intendant.

Les trois ordres s'assemblent dans le même lieu & siégent tous sur les hauts siéges.

L'assemblée des piéves ne peut durer que trois jours; celles des provinces quatre, & les assemblées générales, le temps que les commissaires du roi jugent à propos.

Tout député peut proposer aux assemblées ce qu'il croit utile aux intérêts de la nation, en justifiant du pouvoir de ses commettans; mais on ne peut délibérer que sur les matières proposées ou admises par les commissaires du roi.

On ne peut exécuter aucune résolution sans l'approbation du roi. Pour l'obtenir, on choisit dans chaque ordre un député pour porter le cahier & recevoir les ordres du roi.

L'assemblée choisit en outre douze députés nobles pour former une espèce de commission intermédiaire; deux de ces députés résident alternativement près des commissaires du roi; il leur est payé à chacun cinquante écus par mois de service.

Un des principaux objets de l'assemblée des états est de délibérer sur les impôts que la province accorde au roi & sur la forme de la répartition.

Les impôts actuels sont, 1°. *une subvention annuelle*, réduite, suivant le règlement du 28 octobre 1772, à la valeur réelle des deux vingtièmes de toutes les productions de l'île, soit animales, soit végétales, sans distinction des biens des propriétaires & des cultivateurs, des ecclésiastiques ni des nobles ; les bestiaux servant au labourage sont seuls exempts. On déduit les frais de semence & de culture.

Les productions doivent être à cet effet mesurées & nombrées dans chaque communauté par les officiers de la communauté & deux notables.

Ceux qui refusent de faire des déclarations ou n'en font pas d'exactes, sont assujettis au double ; les communautés seroient dans ce cas imposées sur la commune renommée, & à moitié en sus à la décharge des autres communautés de la piéve. Les piéves seroient condamnées à une amende pécuniaire. Les déclarations des communautés doivent être examinées & peuvent être contredites dans les assemblées des piéves, celles des piéves dans les assemblées des provinces, celles des provinces dans l'assemblée générale.

La subvention ne pouvant être perçue en nature, l'estimation de chaque production est faite dans les assemblées provinciales sur le prix commun du marché des chefs-lieux de chaque province pendant les six semaines qui ont suivi immédiatement la récolte.

Les officiers des communautés retiennent quatre pour cent de leur recette, dont un appartient au podeſtat, un à chacun des pères du commun, & un demi pour cent à chacun des deux notables qui les aſſiſtent. Le ſurplus de la recette eſt verſé ſans frais dans la caiſſe du tréſorier de la province, qui a un pour cent pour les droits.

2°. *L'impôt ſur les logemens* eſt de deux vingtièmes du loyer de toutes les maiſons occupées, ſoit qu'elles appartiennent au roi, à l'égliſe, aux communautés ou aux particuliers. En vertu d'un règlement particulier du 22 octobre 1772, cet impôt eſt affecté au payement des logemens des troupes à la charge de la nation. Elle n'eſt chargée que de ceux des ſoldats & des emplacemens occupés par les écuries, magaſins & hôpitaux des troupes.

Pour y ſubvenir, les villes & communautés dans l'enceinte deſquelles il y a des troupes, ſont d'abord obligées de fournir les bâtimens qui leur appartiennent, & d'y faire les réparations ſans aucune répétition des frais de loyer.

En cas d'inſuffiſance, on choiſit dans chaque ville ou communauté les maiſons propres aux logemens, ſoit pour les paſſages, ſoit pour les garniſons, & les maiſons reſtent chargées des logemens des gens de guerre, en payant aux propriétaires leurs loyers. Il n'y a d'excepté que les maiſons des nobles, des eccléſiaſtiques, des officiers de juſtice, des prépoſés aux recettes ou régies du roi, & les couvens des religieux.

La déſignation des logemens & la fixation du prix des loyers, ſe fait par les commiſſaires

des guerres, à l'affiſtance des officiers communaux.

3°. Une autre charge de la nation eſt celle
d'une partie des routes. Elles ſont diviſées en
trois claſſes : les chemins royaux qui traverſent
toute l'île ; les chemins provinciaux qui traverſent une province en tout ou en partie, & les
chemins communaux qui vont d'une communauté à une autre.

La première conſtruction des chemins royaux
ſe fait aux frais du roi : les réparations ſont aux
frais de la nation. Le prix en eſt réparti ſur la
nation entière, en ſus & au marc la livre de la
ſubvention.

L'entretien des mêmes chemins ſe fait par
corvées, & ſe diſtribue par l'intendant entre les
communautés qu'ils traverſent.

Les gens d'égliſe, les nobles, les officiers de
juſtice & ſubdélégués, les employés pour les
revenus de ſa majeſté & au ſervice de ſes troupes, ſont exempts des corvées.

Il en eſt de même des pères & des mères de
huit enfans vivans, des nouveaux mariés pendant la première année de leur mariage, & des
nouveaux habitans françois ou étrangers les trois
premières années de leur établiſſement.

Les podeſtats majors des piéves, ceux des
communautés & les pères du commun, ſont
exempts étant chargés de la direction des corvées.

La première conſtruction des chemins provinciaux ſe fait à prix d'argent. Pour les encourager, le roi s'eſt chargé d'en payer le quart
juſqu'en l'année 1782 ; la nation en paye un autre
quart, & la province la moitié. Mais en 1782, les

chemins doivent être entièrement à la charge
de chaque province.

Les provinces peuvent demander la construc-
tion des chemins provinciaux ; mais c'est aux
états à l'ordonner sous le bon plaisir du roi.

La réparation & l'entretien des chemins provinciaux se font comme pour les chemins royaux,
mais la province seule supporte les dépenses, &
les communautés supportent celles des chemins
communaux.

Les propriétaires des terreins employés aux
chemins , soit royaux, provinciaux ou communaux , sont indemnisés par la nation.

Le fond & les revenus de ces terreins sont
estimés , & la nation en paye la rente, qu'elle
lève annuellement sur elle-même au marc la livre
de la subvention.

Ce sont là les charges imposées directement
sur la nation; mais elle paye encore quelques
impôts indirects.

*Tels sont les droits d'entrée & de sortie* fixés
par une ordonnance de l'intendant du 14 décembre 1771 , &c.

*Les droits d'insinuation , de contrôle , & de
papier timbré*, ont aussi lieu en Corse, mais sur
un pied très-modéré.

Voyez *les statuts civils & criminels de l'île de
Corse ; les statuts civils traduits en françois par
M. Serval , avocat au conseil supérieur de Corse ,
& les lois que nous avons citées. ( Article de M.
HENRY , avocat au parlement ).*

CORVEE. C'est un ouvrage gratuit que
l'on exige des communautés , des particuliers
pour construire ou réparer les ponts , les chauf-
fées , les chemins , &c. Voyez ce que nous

avons dit fur cette matière à l'article CHEMIN.

CORVÉE SEIGNEURIALE. Coquille définit cette Corvée : « L'œuvre d'un homme un jour » durant pour l'aménagement du feigneur aux » champs, foit de la perfonne feule, foit avec » bœufs & charrettes, comme à faucher, moif- » fonner, charroyer ». *Sur l'article 5 du chapitre 8 de la coutume de Nivernois.*

Cette définition eft très-jufte. Ces mots, *pour le fervice du feigneur aux champs,* font remarquables. Nous ne connoiffons pas cette efpèce de Corvée fi commune chez les romains, qui avoit pour objet le fervice auprès de la perfonne même du feigneur.

Commençons par examiner l'origine du droit de Corvée ; on verra s'il eft auffi odieux qu'on le répéte tous les jours.

La plupart des auteurs du feizième, & même du dix-feptième fiècle, ne voient dans les Corvées feigneuriales que l'effet de la force & de la tyrannie ; mais alors nous avions des jurif-confultes & très-peu de publiciftes. On connoiffoit les lois, & l'on ignoroit abfolument l'hiftoire. Les favans n'avoient pas encore tiré du cahos ces monumens des deux premières races, qui feuls pouvoient porter la lumière fur l'ancien état des perfonnes & des chofes. Cet état eft aujourd'hui connu, & cette connoiffance a fixé les yeux fur les Corvées comme fur quantité d'autres points.

Les romains nous ont fourni le modèle des Corvées. Lorfque le maître affranchiffoit un efclave, il avoit coutume de le gréver de différentes preftations envers lui, notamment de l'obligation de faire tels ou tels travaux. C'eft ce que l'on voit en différens endroits des lois romaines, notamment au titre *de operis libertorum*. Ainsi l'affranchissement n'emportoit pas une liberté absolue, mais conflituoit un état mitoyen entre la servitude & la liberté. Cet usage étoit général dans tout l'empire. Il existoit conséquemment dans les Gaules à l'époque de la conquête, & les francs l'y trouvèrent établis. Ils avoient amené des serfs avec eux, & le droit de la guerre les multiplia prodigieusement. Ils ne tardèrent pas à les affranchir. Mais cet affranchissement fut à peu près semblable à celui dont ils avoient le modèle sous les yeux. Le serf ne fut pas rendu à une liberté absolue. Il passa de la servitude de la glèbe dont parle Tacite, à ce que depuis on a nommé main-morte. Espèce de demi affranchissement qui porte encore l'empreinte de la servitude primitive, mais qui tient cependant beaucoup de la liberté.

Ces main-mortables, comme les affranchis des romains, étoient partout soumis à des prestations, à des devoirs manuels ; en un mot, à ce que nous nommons Corvées. C'étoit une des conditions de ces conversions de la servitude en main-morte, & cette condition étoit générale. C'est encore aujourd'hui une maxime de notre droit françois : *tout main - mortable est Corvéable.*

Depuis, la plupart des seigneurs ont eu la bienfaisance d'abolir la main-morte dans leurs terres. Quelques-uns ont porté la générosité jusqu'à remettre aux habitans tous les droits résultans de cette main-morte, & notamment les Corvées. D'autres ont jugé à propos de les conserver & en jouissent encore aujourd'hui.

Dans quelques feigneuries le droit de Corvée a une autre origine. Le feigneur avoit des terres vacantes ; les habitans l'ont engagé à les leur céder pour fervir de pâturages à leurs beftiaux ou pour d'autres ufages, & de leur côté ils fe font foumis à faucher fes foins, à tranfporter fes bois, &c.

Il eft cependant très-vraifemblable que dans quelques endroits les Corvées font l'effet de la force & de la tyrannie du feigneur ; mais il eft encore plus vrai de dire que prefque partout elles doivent leur origine aux deux premières caufes, c'eft-à-dire à la convention & à la converfion de la fervitude en main-morte, furtout à cette dernière circonftance. On n'en fauroit douter, pour peu que l'on connoiffe les ufages du royaume fous la première & fous la deuxième race.

Ainfi l'on peut dire qu'en général les Corvées ne font rien moins qu'odieufes, & même l'on doit ajouter à l'égard des feigneuries autrefois main-mortables, qu'elles font un bienfait des anciens feigneurs ; puifqu'un droit de Corvée quel qu'il foit, eft bien moins onéreux que les charges & les entraves de la fervitude à laquelle ce droit a été fubrogé. '

Nous avons M. le préfident Bouhier pour garant de cette opinion. « Il étoit tout naturel, » dit ce favant magiftrat, que les feigneurs en » accordant la franchife à leurs main-mortables ; » fe retinffent le droit de Corvées. Voilà au » vrai l'origine de ce droit auquel on ne fauroit » fans injuftice donner les noms odieux d'ufur- » pation & d'extorfion ». Comment. fur la cout. de Bourgogne, chapitre 60.

Ce judicieux écrivain fait enſuite une obſervation qui explique très-bien le ſilence des anciennes coutumes ſur le droit de Corvée. « De
» là vient encore, ajoute-t-il, qu'il n'eſt point
» parlé de Corvées dans nos anciennes coutu-
» mes. La raiſon en eſt que quand elles ont été
» écrites, preſque toutes les ſeigneuries de la
» province étoient encore en main-morte ; en-
» ſorte que tous les ſujets en étoient corvéa-
» bles. Cela étoit de droit, de même que les
» tailles ».

On ſe rappelle cet ancien axiome que nous
avons déja préſenté : *tout main-mortable eſt tail-
lable & corvéable.*

Telle paroît être l'origine des Corvées.
Voyons maintenant quelles en ſont les différentes eſpèces.

Les Corvées ſont de trois ſortes ; perſonnelles,
réelles ou mixtes. On lit dans les anciens auteurs
que les perſonnelles ſont celles qui ſont dues
par les perſonnes ; les réelles, celles qui ſont
ſervies par des chevaux ou des bœufs ; les mixtes,
celles où les charrois & les beſtiaux ſont conduits par les corvéables. Cette définition n'eſt
rien moins qu'exacte.

Les Corvées établies ſur les perſonnes, ſur
les habitans d'une ſeigneurie, ſans conſidérer
s'ils ſont détenteurs d'héritages ou s'ils n'en
poſſèdent pas, ſont perſonnelles. Les Corvées
ſont réelles toutes les fois quelles ſont impoſées
ſur les fonds. Enfin elles ſont mixtes lorſquelles
ſont établies à raiſon des fonds, mais avec quelques circonſtances perſonnelles. Si les titres portent, par exemple, que les tenanciers exploi-
tant avec chevaux ou bœufs ſeront aſſujettis à

la Corvée ; mais que ceux qui cultivèront avec leurs bras en feront affranchis.

Les Corvées perfonnelles & les réelles diffèrent en deux points très-notables.

*Première différence.* Les Corvées perfonnelles augmentent ou diminuent comme le nombre des habitans chefs de famille. Enforte que les enfans du Corvéable établis dans la feigneurie deviennent individuellement débiteurs d'autant de Corvées qu'en doit leur pere.

Nous difons les habitans *chefs de famille*, parce que l'on ne doit compter ni les femmes mariées, ni les enfans démeurans avec leur pere. Ces enfans ne doivent faire nombre que lorfqu'ils vivent féparément de leur pere.

Il y a cependant un cas où les Corvées perfonnelles ne peuvent ni augmenter ni diminuer. C'eft lorfqu'elles font dues par le corps des habitans, & que le nombre en eft déterminé par les titres. Si les titres portent, par exemple, que le corps de la communauté doit au feigneur cent journées de travail par chaque année.

A l'égard des Corvées réelles, impofées fur les fonds, invariables comme eux, il eft vrai de dire en général qu'elles ne font fufceptibles ni d'augmenter ni de diminuer. Il y a cependant une diftinction à faire.

La Corvée peut avoir été impofée de deux manières : fur un fond circonfcrit & limité, ou en général fur quiconque feroit détenteur d'héritage dans l'enclos de la feigneurie.

Dans le premier cas le droit eft invariable : dans le fecond, il fe multiplie autant de fois que les héritages fe divifent.

Lorfque des héritiers ont partagé un fond

chargé de Corvées réelles de la première efpèce, ils ne font pas admis à les fervir par parties, & proportionnément à ce que chacun poffède dans l'héritage. Par exemple celui qui en a le tiers, n'eft pas reçu à travailler le tiers d'un jour. Il faut que les différens propriétaires fe concilient entr'eux pour fervir chacun à leur tour ou qu'ils donnent au feigneur un homme qui les remplace. S'ils n'ont pris aucun de ces tempéramens, le feigneur peut fommer celui d'entr'eux qu'il juge à propos, en obfervant néanmoins de les faire marcher fucceffivement.

*Deuxième différence.* Les nobles & les forains font affranchis des Corvées perfonnelles. La franchife qui conftitue effentiellement l'état des premiers s'oppofe à cette efpèce de fujétion. A l'égard des feconds, il n'y a aucun motif pour les y affervir n'étant pas domiciliés dans la feigneurie.

L'annotateur de Boutaric prétend que les infirmes & les vieillards font pareillement difpenfés de ces Corvées perfonnelles,& la raifon qu'il en donne paroît très-fatisfaifante. » On ne peut » pas, dit cet auteur, leur dire qu'ils n'ont » qu'à les faire fervir par leur métayers, leurs » domeftiques ou autres, parce que comme c'eft » en eux que fe forme l'obligation, il s'enfuit » que les raifons particulières qui donnent lieu » de les difpenfer éteignent cette obligation en » entier ». *Note fur le n. 9. du chap. 12 du traité des droits feigneuriaux de Boutaric.*

Les prêtres partagent-ils cette exemption avec les nobles? Le chapitre 17 de la novelle 123 de Juftinien décide cette queftion. Cette loi porte que celui qui étoit grévé d'une fervitude, par exemple, de l'obligation de cultiver la terre, n'en étoit pas affranchi par sa promotion aux ordres.

En France où les rois, les réformateurs des coutumes & les jurisconsultes se sont fait un devoir de favoriser l'église, le prêtre *est affranchi des Corvées de son corps*, comme dit Loisel. Cependant on a cru devoir apporter une modification à ce privilége. L'ecclésiastique est exempt du service personnel ; il n'est pas tenu comme chez les Romains de travailler en personne ; mais il est tenu de subroger une personne à sa place ou de payer en argent la valeur de son travail, de servir le seigneur par ses deniers puisqu'il ne le sert pas de son corps. » Il est » exempt des Corvées de son corps, contre la » disposition du droit romain, dit le savant de » Laurière ; mais il faut qu'il dédommage le sei- » gneur & qu'il subroge à sa place une personne » pour faire ses Corvées : ce qui est bien expli- » qué par l'art. 7 de la coutume du châtelet », *sur la maxime 81, titre 1, livre 1 des institutes de Loisel.*

Cet article 7 de la coutume du châtelet dont parle M. de Laurière porte en parlant des clercs: *sont tenus de l'intérêt du seigneur & de donner un subrogé, pour servir ledit seigneur des droits qui sont & étoient dus envers ledit seigneur.*

La coutume de Nivernois a une disposition expresse sur ce point. On y lit : *quant aux Corvées, a le seigneur son recours pour ses intérêts à l'encontre desdites gens de condition, clercs ou prêtres.* Article 17 du chap. 8.

Coquille rend ainsi l'esprit de cet article : » ce

» que la coutume dit des Corvées s'entend que
» le clerc n'eſt tenu les faire en perſonne, mais
» il les peut faire par ſubſtitut ».

A l'égard des Corvées réelles, attachées à la
glèbe, elles la ſuivent, comme toutes les charges réelles, en quelques mains qu'elle paſſe.
Tous les propriétaires y ſont aſſujettis ; nul n'en
eſt exempt, ni les clercs, ni les forains, pas même
les nobles. Tous ſont obligés de les ſervir ou de
les faire ſervir à leurs dépens.

L'annotateur de Boutaric ajoute, que les
nobles ont le droit de faire eſtimer les Corvées
dont leurs fonds ſont chargés, s'ils aiment mieux
en payer la valeur en argent que de les faire
ſervir en nature. Cet auteur doute que les
eccléſiaſtiques aient le même avantage.

Le ſavant annotateur du traité du domaine de
M. de la Planche établit à l'égard des eccléſiaſtiques une maxime générale fondée ſur les raiſons les plus ſolides. On peut, dit-il, donner
pour maxime générale que les eccléſiaſtiques
ſont ſujets à tous les droits de fiefs, excepté les
Corvées perſonnelles, dont leur état qui les
appelle à d'autres fonctions les affranchit. Depuis que le droit commun a diſtingué le droit de
ſeigneurie du droit de propriété ſur les hommes,
qui les rendoit ſerfs & main mortables de leur
ſeigneur, le terme de ſujet n'emportant point
idée de ſervitude, s'applique au droit de juſtice,
& à ce titre les eccléſiaſtiques reconnoiſſant la
juſtice des ſeigneurs ne peuvent ſe défendre de
ce nom. D'ailleurs pour répondre à ce qui eſt
dit ci-deſſus de leur dignité, qui ne permet pas
de les confondre avec les payſans qui compoſent la communauté, la réponſe eſt que cette

dignité leur donne une diftinction & une prééminence qui fait qu'ils font dans cette communauté habitans diftingués ; mais ils font habitans avec droit de fuffrage dans les délibérations de la communauté & foumis aux charges communes aux membres de cette communauté. *Traité du domaine, note fur le chap. 5 du livre 10.*

La plupart ou pour mieux dire la généralité des coutumes gardent le filence fur cette queftion. Mais on eft dans l'ufage de fuppléer à leur filence par celle de Paris qui forme à cet égard notre droit commun. L'article 71 porte *que nul ne peut avoir banalité, ni exiger Corvée qu'il n'en ait un titre valable ou dénombrement ancien.*

On voit au premier coup d'œil combien cet article laiffe de chofes à defirer. Qu'entend la coutume par titre valable ? Les dénombremens font-ils toujours l'équivalent de ce titre ? font-ils fuffifans dans tous les cas ? Combien en faut-il ? Suffit-il que le droit de Corvée y foit fimplement énoncé, ou la caufe doit-elle être exprimée ? Enfin n'y a-t-il pas d'autres actes également propres à établir l'exiftence & la légitimité de ce droit ? C'eft fur quoi la coutume ne s'exprime pas. Les auteurs ont beaucoup écrit fur ces différentes queftions ; mais on ne trouve dans la plupart qu'incertitude, diffufion & obfcurité. Néanmoins fi l'on pèfe attentivement les diverfes opinions, & furtout fi on les rapproche les unes des autres, on s'apperçoit aifément que tout fe réduit fur ce point à quelques principes infiniment fimples.

On doit confidérer d'abord fi celui qui prétend le droit de Corvée eft où n'eft pas feigneur direct du territoire.

Dans le second cas la représentation du titre primitif est nécessaire, & il faut en outre que ce titre contienne la cause & une cause juste & légitime de l'établissement de cette servitude. Nous nous servons ici de cette expression *servitude*, parce qu'effectivement la Corvée ne peut être considérée que comme telle lorsqu'elle est prétendue par d'autres que par le seigneur direct du territoire. Des jugemens peuvent néanmoins tenir lieu de la convention primitive, pourvu cependant qu'ils l'énoncent & qu'ils en indiquent la cause.

Si au contraire celui qui prétend la Corvée est seigneur direct du territoire, la preuve alors devient plus facile à faire. La présomption est que la Corvée a été établie lors de la concession des terres ; en conséquence on la range dans la classe des autres droits seigneuriaux. Cependant cette présomption cède à des preuves contraires.

Si le bail à cens est produit & que le droit n'y soit pas réservé ; si cet acte primitif n'existant plus, on voit néanmoins par les anciennes reconnoissances que la Corvée n'avoit pas originairement lieu, alors on ne présume pas qu'elle ait été établie lors de la tradition du fonds & dans ce cas le droit n'a rien de seigneurial ; ce n'est encore qu'une simple servitude. Des dénombremens postérieurs dans lesquels il seroit énoncé sont insuffisans pour l'établir, & on le regarde comme une surcharge imposée après coup, que le tems n'a pu légitimer. Il faut donc que le seigneur prouve que cette surcharge doit son origine à une convention particulière faite pour cause légitime entre lui & ses tenanciers, & cette preuve ne peut se faire que par la représentation du titre

qui

qui renferme la convention, ou par des jugemens & autres actes contradictoires qui rappellent cette convention & qui en indiquent la cause.

Mais c'est tout autre chose, si l'on peut présumer que la Corvée a été établie lors de la tradition du fond, c'est-à-dire lors de l'établissement de la directe. Alors elle cesse d'être une servitude; elle n'a plus rien d'odieux, elle rentre dans la classe des autres droits seigneuriaux, & de simples dénombremens suffisent pour l'établir, parce qu'il est de règle que ces sortes d'actes fixent l'état de la seigneurie & la quotité des droits seigneuriaux, & ces dénombremens lorsqu'ils sont anciens, qu'ils énoncent la Corvée, que rien ne les contredit, forment seuls la preuve que ce droit a été établi *in traditione fundi.* On exige cependant encore que la possession se joigne à ces aveux. Peut-être est-ce aller trop loin; car on ne voit aucun motif qui puisse empêcher un droit de Corvée de participer à l'imprescriptibilité des autres droits seigneuriaux, puisqu'ici on le suppose établi comme eux lors de la concession primitive. Quoi qu'il en soit, c'est avec ces distinctions qu'il faut entendre l'article 71 de la coutume de Paris. Elle parle indistinctement du titre & des aveux. Mais comme on le voit, ces deux objets ne sont rien moins qu'identiques. Il y a des cas où de simples dénombremens suffisent, il y en a d'autres où il faut rapporter le titre primitif, ou au moins des actes contradictoires qui le représentent parfaitement.

Ce même article 71 ne parle pas des terriers, & c'est une omission importante, mais les aureurs y ont suppléé. Il est certain que des déclarations émanées des habitans ont plus de force que de simples aveux rendus par le seigneur de la seigneurie dominante. Ainsi quand on peut présumer que la Corvée a été établie lors de la concession du fonds, les terriers équivalent au moins aux dénombremens dont parle la coutume ; mais si cette présomption ne peut pas avoir lieu, comme il ne s'agit plus d'un droit seigneurial, ces terriers ne prouvent rien, à moins qu'ils ne rappellent la convention primitive, & qu'ils n'en indiquent la cause.

La possession est, comme l'on voit, insuffisante en cette matière. Fût-elle immémoriale, elle ne supplée pas au titre (*). Elle ne donne pas

---

(*) En Hainaut la possession immémoriale est suffisante sans titre pour donner à un seigneur le droit d'exiger des Corvées de ses vassaux. C'est ce que fait voir la conférence de quelques articles des chartes générales de cette province ; l'article 6 du chapitre 132 défend d'exiger des Corvées des sujets du prince, sans son ordre exprès : l'article 8 ajoute ; *& quant aux Corvées patrimonielles qui nous appartiennent ou à nosdits vassaux, nous n'entendons par ce que dessus y aucunement déroger, ainsi voulons qu'icelles demeurent en leur entier.* Ces deux textes que plusieurs citent pour prouver qu'un seigneur peut prescrire le droit de Corvée, ne décident certainement rien moins que cette question ; l'article 17 du chapitre 130 paroît plus décisif. Voici comme il est conçu : *ledit seigneur haut-justicier à cause de sa haute justice ne peut avoir four, moulin, ni brasserie à ban, si d'ancienneté lui & ses prédécesseurs n'ont accoutumé de l'avoir & sont en bonne possession.* Si un seigneur peut acquérir le droit de banalité par possession, il est clair qu'il peut acquérir celui de Corvée par la même voie, d'autant plus qu'en cette

au feigneur le droit de contraindre à l'avenir fes

province les fervitudes s'établiffent fans titre par la poffeffion de vingt & un ans. On appelle ordinairement le Hainaut un pays d'ufage & ce n'eft pas fans raifon, il n'eft
prefque rien qui ne s'y prefcrive : la coutume ajoute à la
plupart des difpofitions qu'elle renferme , *fauf le fait fpé-
tial au contraire.*

En Artois les Corvées peuvent auffi être exigées par le
feigneur en vertu d'une poffeffion immémoriale ; car l'article 52 de cette coutume autorife l'acquifition des banalités par la voie de la prefcription , & l'ufage de cette
province fondé fur l'article 72 permet d'acquérir une fervitude par une poffeffion de vingt ans : à plus forte raifon
une poffeffion dont l'origine fe perd dans l'obfcurité des
temps fuffit - elle pour attribuer à un feigneur le droit de
Corvée.

La preuve de cette poffeffion doit être fondée fur des
actes qui conftatent la preftation réelle & effective des
Corvées. Des jugemens prononcés contre des particuliers
par les juges du feigneur même ne fuffifent pas pour établir cette preuve : la plupart font collufories & dictés par
la crainte ou la complaifance ; il feroit trop dangereux
de s'en rapporter à des titres fi équivoques fur un droit
prefque toujours odieux quand il n'a que la poffeffion pour
fondement.

La poffeffion la plus longue ne fuffiroit pas en Hainaut ni en Artois pour autorifer un feigneur à exiger de
fes vaffaux un nombre exorbitant de Corvées : elles peuvent être réduites à une certaine quantité, fuivant les
circonftances & le genre des fervitudes qu'elles impofent.
Les lettres-patentes du 13 feptembre 1766 accordées à
l'archevêque de Cambrai, en maintenant ce prélat & fes
fucceffeurs dans les droits de Corvées feigneuriales fur les
habitans de la ville & châtellenie du Cateau-Cambrefis,
lui défendent d'en exiger plus de dix par an de chaque
habitant fans qu'elles puiffent s'arrérager d'une année à
l'autre. C'eft la difpofition de l'article 10. ( *Note de M.*
*MERLIN avocat au parlement de Flandre.* )

prétendus corvéables. Il y en a deux raisons dé-
cisives remarquées par les auteurs. La première,
prise de l'ordonnance de Blois, qui veut que
l'on regarde comme concussion l'exaction qui
se fait des Corvées sans titre légitime. La
deuxième est puisée dans la disposition du droit
romain, qui défend aux patrons d'exiger des
affranchis d'autres devoirs ou services que ceux
qui ont été expressément réservés lors de l'affranchissement.

Les ecclésiastiques se prétendent dans une
exception à cette règle. Ils soutiennent qu'en
vertu de la possession seule, ils sont en droit
d'exiger des Corvées. Voici leurs raisons.

Par l'édit de Melun de l'année 1580, il est
dit que les ecclésiastiques seront maintenus dans
tous leurs droits sur l'exhibition des anciens
baux, reddition de comptes & autres documens
& sur la simple possession, sans être obligés de
rapportér des titres primordiaux & constitutifs.
Ce privilége est renouvelé par l'édit de 1695
qui s'explique en ces termes, dans l'article 49 :
» Voulons que lesdits ecclésiastiques jouissent de
» tous les droits, biens, dîmes, justices, & de
» toutes autres choses appartenantes à leursdits
» bénéfices. Enjoignons à nos cours de les main-
» ténir sous notre protection, quand même ils ne
» rapporteroient que des titres & preuves de pos-
» session. «

Ces édits ont deux motifs : l'un est que les
ecclésiastiques font encore plus exposés que les
autres seigneurs à la perte de leurs anciens titres par les injures du temps, & que ne donnant
point d'aveux & dénombremens, ils ne font plus

en état de réparer cette perte par de nouveaux titres.

L'autre motif eſt que les rédacteurs de ces lois ont cru que leur qualité les mettoit à couvert de tout ſoupçon de violence ; & comme ils ne peuvent contraindre leurs vaſſaux la force à la main, il eſt très-clair que quand ils ont joui paiſiblement pendant pluſieurs ſiècles du droit de Corvée, c'eſt que leurs vaſſaux s'y étoient originairement ſoumis par un titre ancien & conſtitutif.

On répond que ces deux édits ne peuvent pas être appliqués aux Corvées ni aux banalités pour leſquelles toutes les lois exigent un titre poſitif ; mais ſeulement à des preſtations, qui de droit commun peuvent être établies par la poſſeſſion ſeule.

L'égliſe réplique que les termes de ces deux édits étant très-généraux, ſans exception & ſans réſerve, pour tous les biens & droits des eccléſiaſtiques, il n'y a pas de raiſon pour les reſtraindre aux droits réels & aux charges purement foncières, puiſque ce feroit réduire les eccléſiaſtiques à la condition ordinaire & commune de tous les autres ſeigneurs : ce qui ne peut pas être, parce que le clergé étant le premier corps de l'état, il eſt dans l'ordre naturel des choſes que les lois gardent avec lui des ménagemens proportionnés au rang qu'il occupe dans la ſociété.

Quoi qu'il en ſoit de la prétention des gens d'égliſe, paſſons à une autre queſtion, celle de ſavoir ſi les corvéables peuvent acquérir la libération des Corvées par la preſcription ?

Coquille dans ſes inſtitutes au droit françois, diſtingue ſi la Corvée eſt certaine, ou ſi elle eſt dûe à volonté. Dans le premier cas, il la regarde comme preſcriptible, & prétend que dans le deuxième, le corvéable ne peut pas en acquérir l'affranchiſſement par la preſcription. « La raiſon » de la diverſité, dit cet Auteur, eſt que la » Corvée dûe ſur héritage certain eſt comme » redevance annuelle dûe par chacun an. La » Corvée à volonté gît en la volonté du ſei- » gneur, eſt de faculté, & partant ne ſe preſ- » crit, ſinon après contradiction ». *Chapitre des preſcriptions.*

Nous ne penſons pas qu'on doive admettre cette diſtinction. Quand on dit que les droits de pure faculté ſont impreſcriptibles, on entend ceux qui dérivent de la nature, comme la faculté d'uſer des grands chemins, &c. Au contraire, tout ce qui dérive de la convention peut être preſcrit ſans conſidérer ſi l'exercice du droit dépend de la volonté du propriétaire, ſuivant cet axiome : *Tout ce qui tombe en convention tombe en preſcription.*

Il faut donc laiſſer à l'écart la diſtinction de Coquille pour examiner la queſtion dans la thèſe générale.

Brodeau ſur l'article 71 de la coutume de Paris, décide cette queſtion de la manière la plus tranchante. Voici ſes termes : « Je dis que » la coutume deſire titre & poſſeſſion conjoin» tement ; car ſi le ſeigneur, quoique fondé en » titres valables, n'avoit point joui de ſon droit » de banalité & de Corvée pendant trente ans » entre âgés & non privilégiés, il l'auroit perdu

» *per non ufum* , fuppofé même qu'il n'y eût
» point eu de contradiction, fuivant la décifion
» de l'article 186, qui dit que bien que le droit
» de fervitude ne s'acquiert point par longue
» jouiffance fans titres, la liberté fe peut réac-
» quérir contre le titre par trente ans entre âgés
» & non privilégiés ». Cette décifion eft la plus
commune. Il y a cependant des autorités contraires.  —

On lit dans la Peyrère , *lett. P. n. 88. Corvée*
*ne fe peut prefcrire que du jour de la contradiction.*
Mornac eft du même avis. *Ad tit. ff. de oper.*
*ferv.* ; & l'on trouve un arrêt conforme dans
M. d'Olive.

Ces contradictions peuvent fe concilier. Toutes les fois que la Corvée dérive ou eft préfumée dériver d'une fimple convention , elle
tombe en prefcription. Elle fe prefcrit également lorfque le feigneur du territoire l'a établie
& réfervée lors de la conceffion du territoire ,
mais à titre & en forme de furcens feulement.
Au contraire , elle eft imprefcriptible toutes les
fois que par le bail des héritages le feigneur l'a
impofée cumulativement avec le cens , & pour
en jouir au même titre & avec les mêmes prérogatives.

Guyot , *des Corvées, chapitre 4* , penfe que la
Corvée eft imprefcriptible lorfqu'elle eft le prix
de l'affranchiffement des habitans ; *parce que* ,
dit-il , *la liberté dont ils jouiffent eft un titre qui*
*fe renouvelle chaque jour, & eft un obftacle à la*
*prefcription.* Il faudra donc , fuivant le même
auteur , fe décider contre la prefcriptibilité
toutes les fois que la Corvée fera le prix de

quelque conceſſion de la part des ſeigneurs, & que la communauté ſe trouvera en être encore en jouiſſance. Voilà une reſtriction qui peut avoir de grandes conſéquences ; mais n'eſt-il pas vrai de dire qu'elle choque les principes & l'uſage. Le vendeur qui a reçu le prix & n'a pas délivré la choſe vendue, preſcrit par trente ans l'action en reſtitution du prix ; cela eſt ſans difficulté. La jouiſſance de la choſe n'eſt donc pas un obſtacle à la preſcription de la charge qui en eſt le prix.

M. Bouguier, *lettre O, arrêt 8*, rapporte un arrêt du 30 avril 1608, qui juge qu'un ſeigneur n'eſt point tenu de s'oppoſer au décret de l'hétitage de ſon corvéable pour la conſervation du droit de Corvée *porté par ſes aveux & chartres anciens* ; ce droit étant *perſonnel & général ſur tous les habitans de la ſeigneurie.*

Guiot, *des Corvées, chapitre 4*, parlant de cet arrêt, fait une remarque fort judicieuſe. *La Corvée étant dûe par le général des habitans, un particulier ne la purge pas par ſon décret. Peut-être qu'elle étoit due par la ſeule réſidence.*

Cet arrêt ne peut donc être tiré à conſéquence pour la thèſe générale. Il faut tenir au contraire, que dans tous les cas où la Corvée eſt preſcriptible, le ſeigneur, pour la conſerver, eſt obligé de former oppoſition au décret.

Il faut, comme nous l'avons établi, un titre pour exiger un droit de Corvée. Mais quel caractère doit porter ce titre ? Faut-il qu'il ſoit univerſel, ou ſuffit-il qu'il ſoit général ? c'eſtà-dire, eſt-il néceſſaire qu'il ſoit ſouſcrit par chaque individu, ou bien ſuffit-il qu'il ſoit revêtu de la signature des deux tiers des habitans ?

Il y a sur ce point diversité d'opinions. Dunod, dans son traité des prescriptions, & dans celui de la main-morte ; Salvaing, de l'usage des fiefs ; Bretonnier, sur Henrys, &c. estiment que la signature des deux tiers de la communauté rend le titre exécutoire contre tous.

Ceux qui ont apporté le plus d'attention à l'examen de ce qui peut être relatif à l'intérêt des communautés, font les distinctions suivantes : D'Antoine, dans son commentaire sur la règle *quod omnes tangit in sexto*, distingue : « Ou c'est » une affaire dans laquelle chacun de ceux du » corps, outre l'intérêt commun, a un intérêt » particulier ; & alors le consentement de tous » est si absolument nécessaire, que le défaut » d'un seul est capable de rendre nul tout ce qui » s'est fait sans sa participation : ou c'est une » affaire dans laquelle chacun de ceux qui com-» posent la communauté, n'a qu'un intérêt com-» mun & seulement parce qu'il est du corps ; » & alors il suffit pour la validité de l'acte, que » la plus grande partie ait donné son consente-» ment, comme il arrive dans les élections, » dans les jugemens & plusieurs autres actes ».

Freminville, dans son traité du gouvernement des biens des communautés, *chapitre 10*, adopte cette décision, & même il distingue trois cas : ou il s'agit dans l'assemblée des habitans de choses de pure police & dont l'effet n'est pas perpétuel, comme de nommer des échevins, des messiers, &c. ; ou il s'agit d'affaires notables, comme d'un prêt ou d'un emprunt considérable, ou de passer transaction pour terminer

un procès : ou il s'agit de traiter avec le feigneur, de s'affujettir envers lui à un droit de-
banalité, de Corvée ou autre fervitude. Au
premier cas, dix habitans, lorfque l'affemblée
a été dûment convoquée, fuffifent ; au fecond
cas, il en faut les deux tiers au moins ; au troifième, il faut le confentement de tous, parce
que l'affaire les intéreffe tous en particulier.

Ces diftinctions adoptées par les meilleurs
auteurs, paroiffent de toute équité. Comment
concevoir que la volonté d'un tiers puiffe en
affujettir un autre. Il faut donc que chaque individu confente à l'afferviffement. *Alteri per
alterum iniqua conditio fieri non debet.... factum
fuum cuique, & non alteri debet effe nocivum.* Voilà
les principes.

Tout le monde connoît cette maxime en matière de banalité ; *n'y eft foumis qui ne veut.* Il y
a identité de raifons pour les Corvées. *Ubi ea-
dem ratio idem jus.*

Les partifans de l'opinion contraire fe fondent
principalement fur cette confidération. La pluralité, difent-ils, a le même intérêt que le furplus dans les droits qu'elle avoue au feigneur.
Mais fi l'adhéfion de la pluralité n'eft que l'effet
de la foibleffe, de la timidité, de la féduction,
eft-il jufte qu'un pareil acte faffe la règle des
autres habitans ? Comment des gens fans biens
& indifférens fur leur état, ( & c'eft le gros des
communautés ), pourront-ils changer la condition des habitans riches & aifés ? Enfin ceux
qui n'ont point trempé dans les cabales dont
ces fortes d'actes ne font que trop fouvent l'effet, doivent-ils être les victimes de ceux qui
ont eu la baffeffe de fe vendre au feigneur !

Les auteurs qui se contentent de la pluralité s'appuient communément de l'autorité d'Henrys, *livre 3, question 19.* Mais si l'on y regarde de près, on remarque que cet auteur leur est plus contraire que favorable. Après avoir établi que le préambule des terriers n'oblige pas, Henrys ajoute : « Ou le préambule est fait *en la* » *présence des emphytéotes & de leur consentement,* » ou c'est en leur absence. Au premier cas, il » pourroit être obligatoire ; mais il faudroit aussi » *qu'ils fussent tous dénommés, qu'ils fussent tous* » *assemblés,* & que le notaire leur eût fait en- » tendre la teneur du préambule & les condi- » tions qu'il porte ; il faudroit qu'il leur eût dé- » claré les droits & les devoirs auxquels ils » s'obligent ; & qu'en un mot on eût observé » ce qu'il faut observer pour rendre un contrat » valable ».

Les expressions dont se sert Henrys font parfaitement connoître qu'il exige dans les reconnoissances des droits généraux, le consentement de chaque individu.

C'est également l'avis de M. Bannelier dans ses notes sur Davot, *tome 1, traité 3, note 42,* où, après avoir rapporté les maximes de M. Ducieu, conformes à son opinion, il ajoute : *Cet auteur possédoit des seigneuries ; mais étant magistrat souverain, il n'en fut que plus attentif aux saines maximes.*

Une maxime certaine, c'est que le seigneur ne peut demander à titre de Corvée que des choses honnêtes & licites. La coutume d'Auvergne en a une disposition expresse.

Une autre règle non moins certaine, c'est que les corvéables doivent être avertis de remplir leur obligation avant de pouvoir y être contraints. L'intervalle entre l'avertissement & la contrainte n'est pas uniformément déterminé ; il varie dans les différentes provinces. Il y a des arrêts du parlement de Bourgogne qui jugent que cet intervalle doit être de deux jours. Cette jurisprudence paroît fort raisonnable. La Thaumassière pense de même *sur les anciennes coutumes du Berry , chapitre 12.*

Dans quelle forme doit être fait cet avertissement ? c'est encore un point sur lequel il y a beaucoup de variétés. Les corvéables doivent être avertis aux prônes des messes paroissiales. La même chose se pratique en Bretagne. Dans la plupart des seigneuries l'avertissement se donne verbalement par un préposé de la part du seigneur ; « & régulièrement le seigneur, son serviteur & » commis sont crus à leur serment de la semonce » de faire Corvée ». La Thaumassière , *loco citato.*

De l'obligation du seigneur d'avertir ses corvéables , il résulte que les Corvées ne sont dues que de l'instant où elles sont demandées ; & conséquemment qu'elles ne tombent point en arrérages. Voici les preuves de ces deux propositions :

La loi 24, *ff. de operis lib.*, le dit expressément. *Operas , quas patronus à liberto postulat , confestim non cedunt , quia id agi inter eos videtur , ne ante cederent quam indictæ fuerint.*

Les coutumes de Bourbonnois , d'Auvergne & de la Marche , disent expressément que les Corvées ne s'arréragent point ; si elles ne s'arréragent pas , elles doivent être demandées , *non petitæ pereunt domino.*

Dupineau en ſes obſervations ſur l'article 499 de la coutume d'Anjou, dit : Si les Corvées ne ſont point indiquées, demandées ni exigées, l'eſtimation ne peut s'en demander faute de les avoir faites. Le Grand ſur l'article 64 de la coutume de Troyes, s'exprime dans les mêmes termes : encore, dit-il, que les habitans & juſticiables doivent Corvées ; néanmoins les ſeigneurs ſont tenus de les demander. Cet auteur ajoute : mais ayant été demandées par le ſeigneur au jour qu'elles ſont dues, les redevables qui ont été négligens de les faire, en doivent payer l'eſtimation.

Guiot qui a traité cette matière avec beaucoup d'étendue, nous aſſure « que telle eſt la » juriſprudence de tous les tribunaux ; & que » la maxime générale & non contredite, eſt » que les Corvées doivent être demandées, & » qu'elles ne tombent en arrérages que quand » elles ont été demandées, & alors elles s'éva- » luent en argent ». *Des Corvées, chapitre 8.*

Sur le temps auquel les Corvées peuvent être demandées, M. le préſident Bouhier établit une règle très-ſage. « En cas que le ſeigneur, dit » ce ſavant magiſtrat, puiſſe demander les Cor- » vées en tel temps & ſaiſon que bon lui ſem- » ble, il ne doit pas néanmoins les demander » dans un temps qui ſoit trop incommode pour » les corvéables, comme quand ils ſont occu- » pés aux ſemailles & aux récoltes » Cette règle eſt puiſée dans un ancien arrêt du parlement de Paris que les auteurs rapportent, & à la ſageſſe duquel tous rendent hommage.

Il faut cependant excepter le cas où la Corvée

auroit pour objet l'enfemencement & la récolte des terres de la feigneurie.

La règle générale eft que les Corvées ne peuvent être exigées que pour le lieu où elles font dues. Ainfi lorfque le titre a fixé le lieu de la Corvée, le feigneur ne peut pas impofer à fes corvéables l'obligation de travailler ailleurs. Il faut s'en tenir à la lettre du titre. Mais s'il eft muet fur ce point? la règle eft, dans ce cas, que régulièrement les Corvées ne font dues que dans les limites de la feigneurie. Cependant on lit, dans l'article 18 du chapitre 25 de la coutume d'Auvergne, *foit dedans ladite châtellenie ou dehors*. Cette difpofition prife littéralement, préfente une grande injuftice. Eh quoi! un feigneur pourroit envoyer de pauvres corvéables où bon lui fembleroit!

La manière dont les auteurs interprêtent cet article en efface ce qu'il a de trop dur.

« Le feigneur, dit Defpeiffes, *des juftices,* » *titre 6, fection 2*, ne peut pas obliger fes cor- » véables à lui faire fes Corvées qu'au lieu où » il fait fa réfidence & non ailleurs..... Sinon » qu'il les veuille obliger à faire lefdites Cor- » vées en quelque lieu proche fon domicile, » dont ils puiffent le même jour, au foleil cou- » chant, retourner en leurs maifons; car alors » ils y peuvent être contraints ».

Bretonnier tient la même opinion, « foit dans » l'étendue ou hors de la terre, pourvu qu'ils » puiffent retourner de jour en leurs maifons, » à la commodité du feigneur, à la réferve des » temps de la récolte & des fentences ». Sur » *Henrys, livre 3, queftion 32.*

La coutume d'Auvergne ainfi modifiée, n'a

plus rien de dur ; elle peut même , fans injuftice , fervir de droit commun. Qu'importe, en
effet , à des corvéables , de travailler en tel ou
ou tel lieu , pourvu qu'ils ne foient pas obligés
de découcher.

C'eft encore une loi de la matière , que les
corvéables ne peuvent être contraints de travailler avant le foleil levé , ni après fon coucher.

Par une fuite du même principe , le feigneur ne
peut obliger fon corvéable à partager fa journée
enforte qu'il en exige la moitié dans un temps
& l'autre moitié dans un autre. Ce feroit fouvent lui faire perdre deux journées éntières.
D'ailleurs fuivant les lois , la Corvée eft *officium
diurnum*. Elle ne peut fe faire que pour le fervice d'une journée. Cette judicieufe décifion eft
de M. le préfident Bouhier.

Nous venons de dire que pour le lieu où les
Corvées doivent être faites , il faut fe conformer à la difpofition du titre. Il faut également y
déférer pour le nombre de ces mêmes Corvées.
Mais s'il n'a pas fixé le nombre ; s'il porte fimplement *Corvées à volonté* , le feigneur pourra-
t-il difpofer toutes les fois qu'il le jugera à
propos , du temps & des bras de fes corvéables ?

Non. L'on fupplée au titre : on ajoute volonté *raifonnable* , & les auteurs & les arrêts
ont déterminé l'exercice de cette *volonté raifonnable*.

*Corvéees à la volonté font limitées à douze
l'année ; fe doivent faire d'un foleil à l'autre. On
n'en peut prendre plus de trois en un mois & en
diverfes femaines.* Loifel , livre 6°, titre 6 , numéro 7.

Sur cette règle le savant Laurière a mis la note suivante : » Au lieu que chez les Romains les » patrons pouvoient exiger les Corvées de leurs » affranchis quand ils vouloient ; parmi nous les » Corvées à volonté sont dues *arbitrio boni viri*, » & ont été fixées à 12 par an ».

On retrouve la même décision dans presque tous les auteurs.

Si les Corvées sont indéfinies, il faut, dit Coquille, suivre la coutume d'Auvergne qui les règle à 12 par an. *Cout. de Niv. ch. 8 art. 5.*

A l'égard de la jurisprudence, la Roche-Flavin, *des droits seigneuriaux*, rapporte un arrêt du parlement de Toulouse du 6 juillet 1558, qui règle de même les Corvées au nombre de douze.

La même chose a été jugée au parlement de Paris en faveur du seigneur de la terre de Grezieu par arrêt du 26 mai 1671. Pareil arrêt en faveur du seigneur de Chevrières du 21 août 1674. Autre arrêt semblable au profit du seigneur de S. Polgue du 22 août 1689.

Bretonnier, qui rapporte ces arrêts *loco citato* ajoute : » Dans tous ces cas je crois que les sei-»gneurs ont droit de demander à leurs emphi-»téotes douze charrois si tant ils en ont be-» soin ».

On peut donc tenir comme maxime générale que lorsque le nombre des Corvées n'est pas déterminé par le titre, il faut le fixer à douze par chaque année.

Cependant Bouvot rapporte un arrêt du parlement de Bourgogne qui juge bien différemment. Par cet arrêt, les habitans de Leſſot corvéables à la volonté de leur seigneur n'ont été condamnés qu'à faire chaque année six Corvées à bras,

pour

pour ceux qui n'ont point de bétail, & six Corvées de charrois pour ceux qui en ont. Bouvot,
*tome premier, sous le mot corvéables à volonté.*

On peut concilier ces variétés, & même apporter à la jurisprudence du parlement de Paris
une modification qui paroît fort sage. Lorsque
le titre se tait & que le seigneur a coutume d'exiger plus de douze Corvées, ou même qu'il n'y
a pas d'usage déterminé la jurisprudence reçue
peut être regardée comme très-juste. Mais si les
habitans sont dans l'usage de ne servir que six ou
huit Corvées, il seroit injuste de les obliger à un
nombre plus considérable, à douze par exemple.
A la vérité le titre de la seigneurie porte *Corvée à la volonté.* Mais l'usance d'une seigneurie
est-elle même un titre, du moins elle doit faire
présumer que la disposition trop vague du premier a été déterminée par un second que le
temps a détruit.

Nous ne devons pas omettre de dire qu'il y a
des circonstances où ces règles sont sans applica-
tion. Lorsque l'objet de la Corvée est déterminé;
que le titre porte, par exemple, que les corvéables seront tenus de transporter au château tout
le bois dont le seigneur aura besoin pour son
chaufage, alors la Corvée n'a d'autre mesure que
les besoins du seigneur; alors les habitans n'en
doivent ni six ni douze; mais autant qu'il en faut
pour remplir l'objet de la Corvée. Guiot en
rapporte un arrêt en faveur de l'évêque de
Metz.

Mais si la convention a été passée avec un
simple gentilhomme, & que la terre ait passé
depuis entre les mains d'un grand seigneur qui
juge à propos d'y faire sa résidence habituelle;

les besoins de ce nouveau seigneur seront-ils la mesure de l'obligation des corvéables? Cela ne seroit pas juste. Les contractans n'ont pas eu l'intention de s'assujettir à une charge indéfinie; ils ont calculé sur ce qui se passoit sous leurs yeux; il faudroit donc modérer la Corvée aux besoins d'un seigneur ordinaire.

Le seigneur doit-il nourrir ses corvéables pendant le temps que dure la Corvée?

L'annotateur de Boutaric décide de la manière la plus précise que le seigneur est tenu de cette obligation. » L'usage & les arrêts, dit-il, ont » toujours décidé que c'étoit au seigneur à les » nourrir, à moins que le contraire ne soit établi » par de bons titres ».

Une assertion aussi tranchante ne devroit laisser aucun doute, au moins pour les pays de droit écrit. Cependant nous lisons dans Despeisses : » Le seigneur qui a droit de Corvée n'est » pas tenu de nourrir ses vassaux, ni leur bétail » pendant qu'ils travaillent pour lui, comme il a » été jugé au parlement de Toulouse. Telles » Corvées sont dues au seigneur comme charges, » il doit lui en résulter un avantage, & s'il étoit » tenu de nourrir les corvéables, elles lui se- » roient plus onéreuses que profitables ». Cet auteur cite la Roche & Bouvot, & un arrêt du parlement de Dijon conforme à sa décision. Cet arrêt est du 14 janvier 1560.

Guipape examinant la même question pour la province du Dauphiné, dit que le seigneur a coutume de nourrir les Corvéables de ses terres. Que cependant l'usage est contraire dans beaucoup d'autres seigneuries. *Quest.* 217. Mais Ferriere sur cette question de Guipape décide affirmativement, que le corvéable eſt obligé de ſe nourrir. *Certiſſimum eſt debere operas preſtare ſuo ſumptu.... ſive ſimpliciter obligatus ſit operas præſtare , nec adjutum ſit quod id faciat ſuis ſumptibus.*

Papon en ſes arrêts, *liv. 13 , titre 6,* en rapporte trois dont deux impoſent au corvéable l'obligation de ſe nourrir, & le troiſième rejette cette obligation ſur le ſeigneur.

Ajoutons que ſuivant les lois romaines, l'affranchi eſt obligé de ſe nourrir pendant le temps des Corvées.

Il eſt donc au moins très-douteux que dans les pays de droit écrit, le ſeigneur ſoit obligé de nourrir ſes corvéables.

La queſtion eſt décidée en faveur de ces derniers par M. le préſident Bouhier pour la province de Bourgogne. C'eſt une règle, dit-il, dans notre Bourgogne, que le ſeigneur pendant la Corvée doit nourrir ſes corvéables & les bêtes dont ils ſe ſervent dans cette occaſion. Ceux qui ont embraſſé le ſentiment oppoſé, continue ce magiſtrat, n'ont pas fait attention à la différence infinie qui eſt entre les affranchis des Romains & les villageois de notre temps : les premiers étoient riches. Peut-on leur comparer nos villageois qui ſont la plupart dans la miſère & ne vivent que du travail de leurs mains. Notre juriſprudence, dit enfin M. Bouhier, eſt depuis plus de deux ſiècles ſi uniforme ſur ce point que j'ai été fort ſurpris d'un arrêt contraire qui fut rendu en la chambre des enquêtes le 16 novembre 1658.

Les auteurs du reſſort du parlement de Paris penſent bien différemment. Pontanus, Lalande, Legrand, Baſnage, Coquille, Livonière, Baquet,

Brodeau, Tronçon, Ferrière, &c. tiennent una‑
nimement que le corvéable doit se nourrir à
moins que la coutume & le titre n'en disposent
autrement.

Despeisses, *loco citato*, apporte à cette règle
deux modifications remplies d'équité. Lorsque
les corvéables, dit-il, sont si pauvres qu'ils n'ont
pas de quoi se nourrir, le seigneur est obligé de
leur donner des alimens pendant qu'ils travaill‑
lent pour lui : & ainsi a été jugé au parlement
de Toulouse. » Voire même, ajoute cet auteur,
» au cas que lesdits vassaux soient fort pauvres
» & qu'ils ne puissent pas se nourrir d'eux-
» mêmes sans leur travail, lesdits vassaux ne sont
» pas tenus à faire lesdites Corvées, & à se
» nourrir à leurs propres dépens, bien qu'elles
» leur eussent été imposées avec le pacte qu'ils
» se nourriroient eux-mêmes : car tel pacte est
» inutile ».

La seconde modification de notre auteur est
pour le cas où les corvéables travaillent si loin
de la seigneurie qu'ils ne peuvent pas retourner
en leurs maisons le même jour : » Le seigneur est
» tenu de les nourrir & leur bétail à la soupée
» & de leur donner gîte. Comme il a été jugé
» au parlement de Paris le 22 décembre 1543 ».

Malgré la règle générale qui oblige le cor‑
véable de se nourrir, il y a cependant comme
l'on voit des circonstances où le seigneur est
tenu de cette obligation. Cela est surtout incon‑
testable lorsque le titre le porte ; mais quelle est
la nature & la quantité des alimens que doit le
seigneur ? Si cela est déterminé par le titre, il
faut s'y conformer. Si le titre est muet, la chose
est assez difficile à régler. Voici comme s'exprime

à cet égard Jabelly fur l'article 136 de la coutume de la Marche : « Comme il n'y a rien de « certain fur cette dépenfe, il faut fuivre l'ufage « qui eft différent ; il y a des feigneurs qui donnent du pain & du falé, & du foin tout enfemble pour les bœufs ; d'autres ne donnent que « pour le manger du corvéable, & rien pour les « bœufs ; d'autres ne donnent que du bled pour « le pain du corvéable, à raifon d'un boiffeau « par paire de bœufs, comme il a été jugé par « arrêt du 30 juillet 1639 en faveur du commandeur de Maiffoniffes contre les habitans de « Membut ; fi bien que dans une fi grande diverfité d'ufage, il eft difficile de déterminer rien « de certain ; il en faut demeurer au dernier état « & à ce qui a été pratiqué depuis les 30 ans « derniers ».

Le corvéable eft en outre obligé de fe fournir des outils néceffaires pour le travail qui fait l'objet de la Corvée. L'auteur que nous venons de citer dit fur l'article 137 de la même coutume de la Marche, que fi pendant la Corvée il meurt quelques bœufs, s'il fe brife quelques charettes, s'il fe perd des outils, s'il s'en caffe ou s'il en eft volé, le feigneur n'eft pas tenu de ces cas fortuits.

Les jurifconfultes donnent comme une règle certaine, que fi le titre conftitutif porte que le corvéable fera la Corvée ou payera une certaine fomme, le choix lui en eft déféré, à moins que cette option n'ait été expreffément réfervée au feigneur. Cette décifion eft fondée fur cette règle du droit romain reçue parmi nous : *in alternativis electio eft debitoris.* Cela fut ainfi jugé par arrêt

T iij

du parlement de Paris pour un cas où la Corvée avoit été abonnée à six deniers.

Cet arrêt est du 18 janvier 1582. M. le président Bouhier qui le rapporte fait cette remarque importante. » Il est vrai que comme depuis » les anciens abonnemens de cette nature, la » valeur de l'argent est prodigieusement dimi- » nuée, en sorte que le droit du seigneur seroit » presque anéanti, si l'on suivoit à la lettre ces » estimations ; le parlement de Paris y apporte » par le même arrêt un tempérament fort équita- » ble. Il réserve au seigneur de faire payer les six » deniers en monnoie forte, c'est-à-dire suivant » ce que les anciens deniers pouvoient valoir au » temps de la passation de l'acte. Cela est con- » forme au sentiment des jurisconsultes.

Bacquet, *des droits de justice, ch.* 29, *n.* 43, rapporte l'espèce de cet arrêt de 1582, dont parle M. le président Bouhier. « Etant porté par » la chartre de Château-Vilain de l'an 1286, que » les habitans du lieu sont tenus faire chacun an » trois Corvées de bras, pour les réparations des » murailles de la ville & du château, ou pour cha- » cune Corvée payer six deniers ; le comte de » Château-Vilain disant, qu'il étoit en son option » de contraindre lesdits habitans à faire lesdites » Corvées, ou lui payer lesdits six deniers ; les » habitans soutenant au contraire que l'option leur » appartenoit suivant la disposition du droit par » arrêt donné en plaidoirie le 18 janvier 1582, » fut dit que les manans & habitans de Château- » Vilain demeureroient quittes de la Corvée de » mur mentionnée en la chartre, en payant au » comte de Château-Vilain six deniers, & sans » dépens, sauf & réservé audit comte de pou voir

» demander en exécution de l'arrêt, que les six
» deniers foient payés en forte monnoie', non en
» deniers qui ont cours à préfent ; & auxdits ha-
» bitans leurs défenfes au contraire. Ledit Comte
» difoit que lefdits fix deniers valent à préfent
» trois fous tournois».

*Corvées ne peuvent être vendues ni tranfportées
à autrui.* Loifel, *livre 6, titre 6, règle* 10. La
raifon en eft, dit M. de Laurière, qu'elles font
dues pour *la néceffité du feigneur.* Cette règle eft
écrite dans plufieurs coutumes. Bourbonnois ,
article 339 : *Les feigneurs ne peuvent contraindre
leurs fujets faire charrois pour autres que pour eux.*
La Marche , art. 165 : *Ne peut ledit feigneur vendre & tranfporter à autrui la commodité d'iceux
binade & arban ; mais faut qu'il les emploie à fon
ufage & de fon hôtel & non ailleurs.*

De ces derniers mots, *& de fon hôtel,* Guiot
conclut que les Corvées peuvent être comprifes
dans le bail à ferme, pour faire valoir les terres
& domaines du feigneur ; car en faifant cette
location, il en fait ufage pour fes terres que fon
fermier laboure à fon profit ; on ne doit pas
contraindre un feigneur d'exploiter lui-même
fes domaines afin qu'il puiffe exercer fon droit
de Corvée.

Cependant le commentateur anonyme de la
coutume de Bretagne, rapporte fur l'article 91
un arrêt du 3 novembre 1676, qui juge que le
droit d'envoyer chercher les provifions du feigneur jufqu'au plus prochain port de mer,
ne peut être exercé par le fermier de la feigneurie.

Mais on ne penfe pas que cet arrêt foit conforme à la maxime que nous établiffons. Nous

parlons des Corvées dues à la feigneurie ; &
dans l'efpèce jugée par l'arrêt du parlement de
Bretagne, il s'agiffoit d'un fervice qui avoit pour
objet la perfonne & l'ufage même du feigneur.
Une Corvée de cette efpèce eft du nombre de
celles que les romains appeloient *obféquiales*, &
l'on convient qu'elles ne peuvent être cédées au
fermier.

Le fermier pourra donc exiger les Corvées,
mais pour l'aménagement de la feigneurie feulement, & non pour fes affaires & fes befoins
perfonnels.

Bacquet qui établit les mêmes principes,
rapporte un arrêt conforme dont voici l'efpèce
telle qu'il nous l'a tranfmife. " Par la coutume
" de Bourbonnois, étant porté que les fujets
" doivent chacun an à leur feigneur féodal, trois
" jours de Corvées, le domaine de Bourbonnois
" étant baillé à ferme par le roi, par arrêt de
" la Cour, les fujets ont été condamnés faire
" lefdites trois journées de Corvées au profit du
" fermier du roi, après qu'il a affirmé que c'é-
" toit pour faire la collecte des fruits des terres
" dépendantes du domaine du roi, ou bien pour
" réparer le château dudit feigneur ". *Loco citato.*

Suivant l'annotateur de Boutaric, les engagiftes qui n'ont ni château ni domaines ne peuvent exiger les Corvées dues à la feigneurie.

Le même auteur examine enfuite la queftion
de favoir fi le feigneur peut convertir les Corvées en argent. Rien, dit-il, n'eft plus contraire
aux arrêts & règlemens, & notamment à l'article 20 du règlement général des grands jours
de Clermont, que la converfion des Corvées

en argent & de s'abonner avec les payfans pour les en exempter. Les Corvées doivent abfolument fe prendre en nature.

Nul doute qu'il faut entendre cette décifion du cas où la converfion eft du fait du feigneur. Rien n'empêche affurément que le feigneur & les corvéables réunis ne tranfigent fur cet objet, & ne conviennent de fubftituer à la Corvée en nature une redevance annuelle de telle ou telle fomme. Une pareille tranfaction revêtue des formalités requifes, auroit certainement fon exécution. Il y en a d'ailleurs beaucoup d'exemples.

Sur la queftion de favoir de quelle manière les Corvées doivent être fervies, lorfque ceux qui font obligés de les faire avec chevaux, bœufs & charrettes, n'en ont pas, on trouve dans Henris, *livre 3*, *queftion 32*, un arrêt du 18 août 1671, confirmatif d'une fentence des requêtes du palais, conçue en ces termes : « condamne » ( les habitans ) à faire à l'avenir douze Corvées » chacun par chacun an. Savoir, ceux qui auront » bœufs, vaches & charriots, feront lefdites » Corvées à charrois avec toute leur puiffance ; » ceux qui n'auront que bêtes à bâts, les feront » avec bêtes à bâts ; ceux qui n'auront bêtes ni » charriots, feront lefdites Corvées à bras ; & » ce quand ils feront requis, en temps commode » & accommodable, depuis le foleil levant juf- » qu'au foleil couchant ; hors des temps de fe- » mailles & de récolte.

Cet arrêt juge, comme l'on voit, que le corvéable n'eft tenu de fervir la Corvée qu'avec ce qu'il a & fuivant fon pouvoir. La coutume d'Auvergne en a une difpofition expreffe. « Et

» font charriables à la raifon deffus dite, ceux
» qui ont bœufs à charrois ou à journées de
» bœufs; & ceux qui n'ont bœufs, mais bêtes
» à bâts, à Corvée; & ceux qui n'ont bœufs
» ni bêtes à bâts, à manœuvrer à bras au fer-
» vice du feigneur ». *Titre des tailles, article 19.*

Je crois, dit Guiot, cette limitation très-fage
& fondée en l'exacte équité.

Encore une autorité. Nous croyons ne pouvoir trop appuyer fur tout ce qui tend à la décharge des malheureux corvéables. « Les cor-
» véables, dit M. le préfident Bouhier, qui font
» tenus à des journées de bétail, n'en ayant
» point, ne font pas tenus d'en louer pour les
» faire; mais alors ils feront les Corvées de leurs
» bras, comme il a été jugé au parlement de
» Dijon le dernier juin 1507 ».

Le feigneur qui a un droit de Corvée fur un
corps d'habitans, doit l'exiger fucceffivement
de chacun d'eux, fans aucune efpèce de préfé-
férence.

Le feigneur doit faire un rôle contenant les
noms de tous les corvéables en état de travailler,
& fuivre ce rôle de manière que celui qui a été
employé ne puiffe plus l'être qu'après que le
rôle aura été épuifé.

De Vollant qui examine ce point fur l'article
91 de la coutume de Bretagne, exige que ce
rôle foit mis au greffe: Cette précaution eft
très-fage. Par-là chacun fait le nombre & le
temps de fes obligations, & perfonne n'a à
craindre que le feigneur le furcharge pour en
favorifer un autre.

Lorfque les titres de la feigneurie ne fixent

pas le nombre des bêtes tirantes que le corvéable doit employer, peut-il être contraint à servir avec tous les chevaux & bœufs qu'il emploie à labourer ?

L'arrêt de 1671 dont nous venons de parler, juge l'affirmative. On s'en rappelle les termes : *Seront lesdites Corvées à charrois avec toute leur puissance.* Un arrêt du 17 février 1624, avoit jugé la même chose. Il est rapporté par Brodeau sur l'article 71 de Paris.

Cette décision n'est pas universellement adoptée. Il y a des auteurs qui pensent le contraire. Ils se fondent sur l'article 20 du règlement des grands jours de Clermont, qui fait défenses aux seigneurs *d'exiger, même sous prétexte de consentement volontaire des redevables, le charroi de plus d'une paire de bœufs.* Il faut voir sur cette question l'annotateur de Boutaric.

Le même auteur examine la question de savoir de combien pesant on doit charger les charrettes des corvéables. Il y a, dit-il, un règlement au profit du sieur de Levi, pour la seigneurie de Changy, confirmé par arrêt contradictoire du 13 août 1675, qui paroît très-équitable, & qui peut servir de règlement dans tous les pays où l'on se sert de bœufs. Suivant ce règlement, chaque charriot traîné par quatre bœufs doit être chargé de douze cens. La charrette attelée de quatre vaches ou de deux bœufs, de six cens. La charrette traînée par deux vaches, de trois cens pesant.

Nous avons dit plus haut, que lorsque le nombre des Corvées n'est pas déterminé par les titres, la jurisprudence le fixe le plus communément à douze par an. Le seigneur peut-il les exiger de fuite & fans intervalle? C'eft encoré une queftion à laquelle la précédente nous conduit naturellement.

C'eft une maxime reçue, que le feigneur ne peut exiger plus de trois Corvées par mois. Ces trois Corvées font-elles confécutives? Il y a fur ce point diverfité de jurifprudence & d'opinion. *Ne peut-on en prendre plus de trois en un mois & en diverfes femaines?* dit Loifel. Cette règle eft tirée de la coutume d'Auvergne. On trouve la même décifion dans la Thaumaffière, *anciennes coutumes du Berri; chapitre 12.* « Corvées à » volonté, dit Coquille, font limitées à douze » par an, doivent être faites d'un foleil à l'au- » tre; à ufage honnête; peuvent être prifes trois » pour un mois, felon la néceffité du feigneur, » *& à diverfes femaines* ».

On ne peut pas des autorités plus refpectables. Cependant le parlement de Paris juge que le feigneur peut exiger les trois jours de Corvée confécutivement. Brodeau fur l'article 71 de Paris, en rapporte un arrêt du 17 février 1624, dont voici le difpofitif tel qu'il nous l'a tranfmis. La cour, par cet arrêt, a réglé la preftation des Corvées, ayant condamné le corvéable, tant & fi longuement qu'il demeureroit au terroir de la feigneurie, à faire par chacun an l'efpace de trois jours, & fans intervalle de jour, fi bon femble au feigneur, les Corvées, &c.

La jurifprudence, comme nous venons de le dire, n'eft pas la même dans tous les parlemens. Bouvot rapporte un arrêt de celui de Dijon, qui juge que d'une Corvée à l'autre il fera laiffé un intervalle de deux jours.

C'eſt une maxime qui paroît généralement adoptée, que nous ne connoiſſons plus les Corvées nommées *fabriles*, que les romains étoient dans l'uſage de retenir de leurs affranchis, de quelque profeſſion qu'ils fuſſent ; médecins, chirurgiens, peintres, notaires, &c. ; enſorte que parmi nous la Corvée ne peut plus avoir pour objet que des travaux de corps ou des charrois pour le ſervice du ſeigneur, ou l'aménagement de la ſeigneurie.

Rouſſeau de la Combe dans ſon recueil, au mot *Corvée*, confirme cette règle par un arrêt qu'il rapporte en ces termes : « Miniſtère de no-» taire n'eſt ſujet au droit de Corvées. Arrêt du » ſamedi 13 août 1735, confirmant la ſentence » de Rethel, décharge un notaire de la demande » de ſon ſeigneur, à ce qu'il fût tenu de venir » pendant trois jours dreſſer procès-verbal de » ceux qui ſeroient réfuſans d'aller à la Corvée, » aux offres de lui rembouſer le papier, contrôle » & autres droits du roi».

Dans l'eſpèce jugée par cet arrêt, le ſeigneur rapportoit un aveu du 24 juillet 1714, dans lequel il étoit dit : que les habitans devoient trois jours de Corvée, à quoi ils étoient propres. La demande du ſeigneur étoit donc exactement calquée ſur ſon titre, puiſqu'il ne demandoit au notaire que la confection d'un procès-verbal auquel il étoit inconteſtablement propre. Ainſi l'on peut dire d'après cet arrêt, qu'il eſt jugé que l'exercice des fonctions de notaire ne peut pas être un objet de Corvée.

Nous ne penſons cependant pas que l'on doive tirer cette conſéquence de l'arrêt. Il eſt très-douteux qu'il ait jugé cette queſtion. Guiot en rapporte l'efpèce. Nous l'avons examinée avec foin, & nous y avons remarqué deux circonftances qui peuvent très-bien avoir déterminé les fuffrages.

1°. le notaire ne tenoit pas fa commiffion du feigneur de la terre, mais du dominant. 2°. Le feigneur n'établiffoit fa demande que fur un feul aveu, encore étoit-il très-récent. Cet aveu étoit du 24 juillet 1714. Un acte de cette efpèce étoit infuffifant pour l'établiffement du droit, furtout n'étant pas appuyé de la poffeffion comme l'articuloit le notaire. Dans cette efpèce l'objet de la Corvée, la qualité de notaire peuvent donc très-bien n'avoir pas influé fur le jugement, puifque l'on peut dire que la cour auroit prononcé de même en faveur de tout autre habitant du lieu s'il fe fût refufé à la Corvée.

Nous ne pouvons, en parlant de cet arrêt, diffimuler notre étonnement de voir dans Lacombe cette affertion. *Le feigneur fe fondoit fur d'anciens aveux qui l'autorifoient*, &c. Guiot qui a recueilli foigneufement l'efpèce & les moyens des parties, dit au contraire très-expreffément que le feigneur ne produifit qu'un feul aveu. *On n'avoit que l'aveu de 1714.* Ce font les termes de Guiot. A la vérité le feigneur en alléguoit d'autres plus anciens, mais il n'en montra pas. La manière dont Lacombe rapporte cet arrêt eft, comme l'on voit, bien différente de l'efpèce fur laquelle il a été rendu; & voilà comme les arrêtiftes nous égarent.

Nous finirons cet article par l'examen d'une queftion qui s'élève fréquemment dans la pratique. Les plus anciens titres d'une feigneurie ne

parlent que de deux ou de quatre Corvées &
à bras feulement ; les titres poftérieurs en énoncent un plus grand nombre , & cela avec chevaux & charrettes, & la poffeffion du feigneur
eft conforme à ces derniers. Auxquels faut - il
déférer ?

C'eft incon'eftablement au plus ancien.

Dans le cours de plufieurs fiècles , il eft fi
facile aux feigneurs d'abufer de leur afcendant ,
de leur autorité pour donner de l'extenfion à
leurs droits , que l'on a cru indifpenfable d'établir comme principe fondamental en cette matière, que toutes les reconnoiffances poftérieures
doivent difparoitre devant des titres plus anciens. C'eft ce que Dumoulin exprime en ces termes : *Simplex recognitio non difponit nec immutat
ftatum rei.* Cet oracle de notre jurifprudence
ajoute : *Si fit fimplex recognitio non immutatur
qualitas rei quæ tanquam erronea cedet veritati.*

« Nous n'avons point , dit Boutaric en fon
» traité des droits feigneuriaux , chapitre 1 , de
» principe plus trivial en matière féodale , que
» celui qui fuit du titre originaire une loi invio-
» lable , *à primordio tituli omnis formatur even-*
» *tus ;* c'eft ce qui fait dire à Dumoulin que les
» reconnoiffances *non funt difpofitoriæ fed decla-*
» *ratoriæ ,* c'eft-à-dire qu'elles ne font pas faites
» dans l'efprit de contracter une nouvelle obli-
» gation ; mais feulement de reconnoître & dé-
» clarer celle qui eft déja faite & qui fubfifte
» dans le titre primordial ».

Non - feulement Boutaric nous donne cette
règle comme l'une des plus certaines de notre
jurifprudence ; mais il l'appuie , comme l'on
voit , du fuffrage le plus refpectable , de celui de

Dumoulin. Telle eſt en effet la doctrine de cet auteur : on ne peut rien de plus énergique que les termes dans leſquels il s'exprime. « Lorſque » le titre eſt repréſenté, il faut rejeter toutes » les reconnoiſſances poſtérieures : c'eſt à ce titre » ſeul que l'on doit s'arrêter », *ei ſtandum & frequentes recognitiones , quatenus contrariæ ſunt tanquam erroneas rejiciendas.*

‘ On retrouve partout la même déciſion ; mais de tous les juriſconſultes, d'Argentré paroît être celui qui a le plus approfondi cette matière. Il diſtingue la reconnoiſſance de la diſpoſition. » A l'égard de la reconnoiſſance, dit-il, comme » ſon objet n'eſt pas de diſpoſer pour 'l'avenir, » mais uniquement de confirmer un droit que » l'on ſuppoſe préexiſtant, ſa validité eſt ſubor- » donnée à l'exiſtence de ce droit ; elle ne » change rien à l'état de la choſe qui n'eſt pas » moins ce qu'elle étoit auparavant ». *Itaque ſi hodie neget qui antea confeſſus eſt* , s'il parvient à prouver que ſa reconnoiſſance eſt contraire aux titres ; à la vérité, *evaneſcet confeſſio cujus vis nulla eſt contra verum , non magis quam nebulæ contra ſolem flagrantem.* . . . . Cet auteur ajoute quelques lignes plus bas : *At recognitio.* . . . . *cum fundamentum habeat de jure antecedenti , nec ad novum producendum emittatur , conſequitur ut ipſa quoque ſit ex cauſa erroris revocabilis , ſi aliter habere detegitur , id quod tanquam tale recognoſcitur.*

Il eſt cependant poſſible de déroger aux anciens titres par des reconnoiſſances ; mais en quelle forme doivent-elles être conçues pour opérer cette dérogation ? C'eſt ce que d'Argentré nous apprend encore ; ce ſont celles *quæ diſponendi*

*disponendi animo fiunt, ab sciente & prudente, & habente potestatem.* Sur l'article 85, note 4 de la coutume de Bretagne.

Si dans une reconnoissance, il y a avec le cens une Corvée seulement, sans dire si c'est à bœufs ou à charroi, le tenancier en sera-t-il quitte pour offrir une Corvée à bras ?

Si la question se présentoit dans la coutume d'Auvergne, elle se décideroit par l'article 19 du titre 25 de cette coutume, & ce seroit une Corvée de bêtes à bât; mais dans toute autre coutume, où le mot de Corvée est générique, une Corvée à bras suffiroit; ce seroit la faute du seigneur de n'avoir pas expliqué précisément la chose. Si cependant le censitaire avoit fait des Corvées à charroi pendant trente ou quarante années, cet usage auroit suffisamment expliqué le titre, & le censitaire n'auroit plus lieu de prétendre en être quitte pour une Corvée à bras.

Le seigneur qui a traduit en justice un corveable refusant, peut-il exiger que la communauté prenne parti dans l'affaire ? Est-il en droit de la mettre en cause, à l'effet par elle de déclarer si elle entend avouer ou contester le droit de Corvée ?

Il y a sur ce point diversité d'opinions. M. Salvaing rapporte un arrêt du parlement de Grenoble qui a rejeté de pareilles conclusions, & l'annotateur de Boutaric adopte la décision de cet arrêt.

Mais les auteurs du ressort du parlement de Paris, au moins pour la plupart, estiment que le seigneur est fondé à demander la déclaration de la communauté : il y a même des arrêts de ce parlement qui l'ont ainsi jugé.

Bacquet, traité des droits de justice, chapitre 29, en rapporte un qui a ordonné « que la » communauté seroit ajournée à jour de dimanche, issue de la messe parochiale, pour constituer procureur, qui déclareroit si elle entendoit accorder ou empêcher la banalité prétendue ». Sur quoi cet auteur ajoute : « Sur » cet arrêt semble être donnée la forme qu'il » faut garder pour décider un droit de banalité » lequel ne se doit conduire ni juger avec un » particulier, ains avec tout le corps des habitans qui y ont intérêt ».

Le Grand, sur l'article 64 de la coutume de Troyes, tient la même opinion. Voici ses termes : « Si un particulier habitant d'une seigneurie » conteste le droit de banalité, il sera en ce cas » nécessaire d'entendre sur ce les habitans, qui » seront tenus de constituer un syndic qui déclarera s'ils entendent empêcher ou accorder le » droit de banalité, un particulier n'étant pas » capable de contester & d'abattre ce droit, suivant un arrêt du 2 août 1558 & un autre du » 21 juillet 1584 ».

Lorsque la Corvée est arréragée, & que le seigneur est en droit de l'exiger en argent, a-t-il une action solidaire contre les corvéables, ou doit-il s'adresser à chacun pour la portion qu'il lui doit ? Cette question s'est présentée au parlement de Normandie. Basnage, sur l'article 31 de la coutume de cette province, rapporte l'arrêt qui l'a décidée, avec l'espèce & les moyens des parties.

C'est un usage en cette province, dit cet au-

teur, que quand on a quelque somme à reprendre sur quelque communauté, on ordonne que
dans un temps on en fera la répartition sur les
particuliers, autrement qu'il sera permis de se
faire payer par les plus solvables de la communauté. On prétendit qu'un seigneur ne pouvoit pas
en user de même sur ses vassaux pour le non
accomplissement de quelques Corvées. Les vassaux de Bonenfant, sieur de Magny, étoient assujettis par leurs aveux à curer les fossés ; le sieur
de Magny les y fit condamner aux plaids de sa
seigneurie, & faute d'y avoir satisfait, il fit adjuger ce curage à huit cent livres : après l'adjudication, quelques-uns de ces vassaux ayant
offert de travailler, il fut dit par sentence du juge de Falaise, que le prix de l'adjudication seroit
réparti sur tous les vassaux au pied la perche
des terres que chacun possédoit, & à faute par
eux de faire cette réparation dans le mois, il
fut permis au seigneur de faire exécuter douze
des plus solvables. Morin & le Bourgeois, deux
de ses vassaux, ayant appelé de cette sentence,
Theroude, leur avocat, disoit que le seigneur
pour ces Corvées n'avoit point d'obligation solidaire, & que chaque vassal n'y étoit tenu qu'à
proportion des terres qu'il possédoit. Le Bou-
vier au contraire soutenoit que c'étoit une obligation *in factum*, qui étant individue ne pouvoit
être séparée ; que l'offre faite par un des obligés n'étoit point valable, si tous les autres ne
s'acquittoient point de leur devoir ; que comme
les inféodations avoient été faites à une seule
fois, la condition du seigneur ne pouvoit devenir plus mauvaise par le fait des vassaux, ni par
leurs partages & divisions, comme il arriveroit

toujours fi le feigneur étoit réduit à pourfuivre chaque vaffal en particulier ; que cette condamnation fur douze vaffaux n'étoit que *per modum pœnæ*, à faute par les vaffaux d'avoir fatisfait à leur devoir dans les délais qui leur avoient été accordés : par arrêt de la grand'chambre du 6 mai 1659, la fentence fut confirmée.

Bacquet a pris la peine de nous donner un précis des conclufions que doivent prendre le demandeur & le défendeur lorfque le droit de Corvée ou de banalité eft en litige : nous croyons devoir le tranfcrire ici. Voici fes termes : « Faut noter qu'en complainte formée pour » droit de banalité, il convient baptifer poffef- » fions affirmatives & négatives, & dire qu'on » eft en poffeffion de contraindre les habitans de » tel lieu venir preffurer au preffoir banal du de- » mandeur ; de prohiber & interdire auxdits habi- » tans d'aller preffurer ailleurs qu'audit preffoir ; » en cas de contravention, les mulcter de prohi- » ber qu'ils ayent preffoir en leurs maifons & » autres poffeffions au cas pertinents.

» Le défendeur, pour exceptions & défenfes, » doit baptifer poffeffions contraires ; dénier le » droit de banalité prétendu par le demandeur ; » mettre en avant qu'il eft en poffeffion immémo- » riale de liberté d'aller preffurer fon vin en tel » preffoir que bon lui femble ; dénier que les vi- » gnes qui lui appartiennent étant au-dedans de » la feigneurie du demandeur, foient fujettes & » affervies au droit de banalité mis en avant par » le demandeur. Encore que le défendeur ait ci- » devant été preffurer au preffoir du demandeur, » cela ne peut pas induire une obligation pour

» l'avenir, ni attribuer droit de banalité au de-
» mandeur, comme il fera montré ci-après : que la
» préfomption & faveur eft pour la liberté & non
» pour la fervitude : que le feigneur *non utendo*,
» vel *per non ufum*, a perdu fon prétendu droit
» de banalité. *L. fi partem, paragr. ff. quemadm.*
» *fervit.* Partant concluera à fin d'abfolution ».
Bacquet, traité des droits de juftice, chapitre
29, n. 12 & 13.

Les Corvées entrent-elles dans l'eftimation
d'une terre vendue-fur le pied des revenus ?

Il y a fur cette queftion une règle de Loifel
conçue en ces termes : « *en affiette de terre, Cor-*
» *vée ou peine de vilain eft comptée pour rien* ».
Livre 6, titre 6, règle 11.

L'objet & les motifs de cette décifion ne
s'apperçoivent pas au premier coup d'œil : nous
allons les développer d'après le favant M. de
Laurière.

Les affiettes de terre qui étoient anciennement fréquentes en France fe faifoient pour différentes caufes.

Quelquefois un mari qui recevoit de fa femme
la dot en argent *l'affignoit* ou en *faifoit affiette*
fur fon héritage, & cet héritage du mari étoit
réputé vendu jufqu'à concurrence de la dot.

Quelquefois un père en mariant fa fille, pro-
mettoit de lui donner une fomme & d'en faire
*affiette*, & dans ce cas, la fille & fes defcendans
avoient la propriété des terres fur lefquelles
*l'affiette* avoit été faite.

Et enfin quelquefois un débiteur qui conftituoit
une rente s'obligeoit *d'en faire affiette fur un fonds*,
afin que la rente y fût perçue par le créancier;
& cette affiette *n'emportoit point aliénation.*

Il se trouvoit souvent qu'il étoit dû des *Corvées* aux terres sur lesquelles ces *affiettes* étoient faites. La question fut donc de savoir ce que ces Corvées seroient estimées ; & les créanciers à qui les affiettes devoient être faites n'ayant pas voulu les prendre parce qu'elles ne produisoient point de revenu, l'usage s'établit qu'en *affiette* elles seroient comptées pour rien.

Il y a cependant des coutumes où elles sont comptées pour quelque chose. Celle d'Auvergne, titre 31, article 52, porte, *charois*, Corvées *& manœuvres personnels dûs à merci & volonté ou autrement, & qui ne font affis fur héritages & fonds certain, ne font baillés ; sinon que l'on baillât en affiette la seigneurie ou chevance dont lesdits droits dépendent : car audit cas ils peuvent être baillés.* Et par l'article 51, la Corvée est estimée quatre deniers *en hiver* & six *en été.*

Par l'article 430 de la coutume de la Marche, *la Corvée* ou manœuvre de rente est estimée *six deniers.*

Par l'article 132 de celle de Saintonge, l'ouvrage d'homme de bras, sans dépens lui faire, est estimé *quinze deniers*, & avec dépens, *dix deniers.*

Par les articles 191, 192, de la coutume de Troyes, la Corvée d'un homme vaut pour un jour *douze deniers*, & celle d'une femme *six deniers.* Voyez l'article 419 de la coutume d'Anjou.

Cette question a été jugée conformément à la décision de Loisel, par arrêt du 6 septembre 1641. Comme la difficulté est de nature à se repréfenter fouvent, & que d'ailleurs elle eft en général peu connue, nous croyons devoir rapporter l'efpèce de l'arrêt telle que M. Henrys nous l'a confervée, livre 3, chapitre 3, queftion 33.

« Le feigneur marquis de Saint-Prieft avoit
» vendu au feigneur de Pelliffac la terre & fei-
» gneurie de Chalain d'Uffore pour le prix con-
» venu par le contrat, fans autre déclaration en
» quoi confiftoit la feigneurie, que par une dé-
» fignation générale ; que c'étoit en cens, dî-
» mes, étangs & héritages en dépendans : mais
» comme le prix n'avoit été convenu qu'en-
» fuite de l'état & mémoire que le feigneur de
» Saint-Prieft avoit baillé au feigneur de Pel-
» liffac des droits & revenus de fa terre, &
» que ledit feigneur de Pelliffac s'en étoit fié
» audit état, qu'on lui avoit affuré véritable ;
» c'eft ce qui fit naître un procès. Le feigneur
» de Pelliffac ayant vérifié les terriers, & n'y
» ayant pas trouvé fon compte, l'omiffion qui
» fe trouva en la rente noble obligea le feigneur
» de Pelliffac de tirer en inftance pardevant le
» bailly de Forez, le feigneur de Saint-Prieft,
» pour faire valoir fon mémoire, & fuppléer
» ce qui manquoit de la rente, & comme ledit
» feigneur de Pelliffac n'avoit autre fondement
» qu'un fimple état ou mémoire, & que la chofe
» excédant, il ne pouvoit être reçu à la véri-
» fier par témoins, il déclara d'abord qu'il s'en
» remettoit au ferment décifif dudit feigneur de
» Saint-Prieft. Ayant donc été obligé icelui de
» fe préfenter, & par jugement du bailli, & par
» arrêt de la cour, ainfi que nous dirons ail-

» leurs, ledit feigneur de Saint‑Prieft aimã
» mieux avouer le fait, que de faire un ferment
» douteux, témoignant par‑là la tendreffe de fa
» confcience.

» Etant donc demeuré d'accord d'avoir baillé
» l'état, & d'avoir promis de faire valoir la
» rente pour la fomme y contenue fur l'eftima‑
» tion commune des denrées, il foutint qu'en
» effet elle fe trouveroit valoir autant en com‑
» prenant dans l'eftimation les charrois & ma‑
» nœuvres auxquels les emphytéotes étoient
» obligés. Ainfi la queftion tomba fur ce point,
» fi, comme les Corvées faifoient partie des
» droits feigneuriaux d'une directe & rente no‑
» ble, ils devoient entrer dans l'eftimation d'i‑
» celle & être compris dans les revenus qui la
» compofent.

» Le feigneur marquis de Saint‑Prieft foute‑
» noit l'affirmative, & pour fondement, difoit
» qu'ayant fait donner un état des revenus de fa
» terre, & par icelui ayant fait valoir la rente
» jufqu'à la fomme de cinq cens quatre‑vingt
» livres, il avoit entendu que les Corvées y fuf‑
» fent comprifes, & que tout ainfi que c'étoit
» à lui de bailler la loi, c'étoit à lui de l'inter‑
» prêter, *cujus eft legem facere, ejus eft interpre‑*
» *tari.* Qu'ayant été dit par le contrat que la
» feigneurie confiftoit en toute juftice, cens,
» fervis & autres droits feigneuriaux, cela fe
» devoit entendre des charrois & manœuvres,
» & plutôt de ces droits que des droits de lods;
» qu'au lieu que les lods font cafuels, les char‑
» rois & manœuvres font certains, & par con‑
» féquent, que comme le feigneur direct en pou‑
» voit faire un état affuré, & que c'eft tous

» les ans qu'ils font dûs , on devoit auſſi les
» mettre en ligne de compte , & les ajouter au
» projet de l'eſtimation , attendu même que les
» Corvées ayant été demandées , tombent en
» arrérages , & par conſéquent font un revenu
» certain. Outre que les ſeigneurs en compo-
» ſent bien ſouvent avec les emphytéotes , &
» réduiſent les charrois & manœuvres à prix
» d'argent , que cela étoit d'autant plus favo-
» rable en la rencontre de la cauſe , que ledit
» ſeigneur de Saint-Prieſt n'étoit pas obligé de
» faire valoir la rente , que le contrat ne le por-
» toit pas , & que c'étoit de bonne foi qu'il
» avoit voulu reconnoître l'état & le mémoire
» des droits de la terre , qu'il avoit baillé , &
» le maintenir ; mais auſſi qu'il ſuffiſoit qu'en
» quelques droits que ce fût il s'en acquittât.

  » Le ſeigneur de Pelliſſac , pour la négative ,
» diſoit qu'il n'y avoit point d'apparence que
» les Corvées fuſſent compriſes en l'eſtimation ;
» car quand il faut eſtimer une rente noble &
» établir ſon revenu, on ne peut faire état que
» des droits qui ſont certains , comme ſont les
» cens & ſervis : mais comme on ne met pas en
» ligne de compte les lods , parce qu'ils ſont
» caſuels & incertains , on ne peut non plus
» faire état des charrois & manœuvres. N'im-
» porte qu'ils ſoient dûs tous les ans , ce n'eſt
» pourtant qu'en tant que le ſeigneur en a beſoin
» & qu'il les demande : de ſorte que n'en ayant
» pas beſoin & ne les demandant pas , ſurtout
» lorſqu'il ne demeure pas ſur le lieu , ils lui de-
» viennent inutiles. Ils ne peuvent donc pas te-
» nir lieu d'un droit aſſuré & qui puiſſe enfler
» le revenu de la rente : car de dire que le ſei-

» gneur en puiſſe tirer de l'argent & les appré-
» cier, c'eſt ce qui n'a point d'apparence ; ce
» feroit une exaction indue que de changer en
» redevance ce qui n'a été accordé ou réſervé
» que par bienſéance & pour la commodité du
» ſeigneur ; les Corvées n'étant donc dues que
» pour ſon ſervice, & en tant qu'elles lui ſont
» néceſſaires, où le beſoin ceſſe·l'obligation ceſſe
» auſſi. C'eſt pour cette conſidération que les
» charrois & manœuvres ne tombent en arré-
» rages que quand ils ont été demandés, & que
» l'emphytéote eſt en demeure de les faire. Si
» alors il eſt condamné d'en payer la valeur,
» c'eſt plutôt pour la faute de la peine & con-
» tumace que par la nature du droit, pour lequel
» il ſuffit que l'emphytéote ſoit prêt à rendre
» le ſervice quand il le doit, & lorſqu'il en eſt
» requis. Il n'eſt pas en effet permis aux ſei-
» gneurs de vendre les Corvées & de les mettre
» à prix d'argent, & s'il ſe pratique le con-
» traire, il faut que ce ſoit du conſentement des
» emphytéotes, outre qu'il faut plutôt conſi-
» dérer ce qui ſe doit faire que ce qui ſe fait.
» Quoi qu'il en ſoit, cette compoſition, cette
» réduction en argent, ne peut ſe faire que du
» gré des habitans, & puiſqu'un ſeul s'y peut
» oppoſer, il eſt toujours vrai de dire que ce
» n'eſt pas un droit certain ».

Voici le diſpoſitif de l'arrêt : « en laquelle
» évaluation de ladite rente noble, ne ſeront
» compris ni eſtimés les droits de charrois, Cor-
» vées & manœuvres dûs à ladite terre & ſei-
» gneurie, ſur les manans & habitans d'icelle,
» ſans dépens ».

Voyez *Coquille, ſur la coutume de Nivernois,*

*& dans ses instituts au droit françois ; le président
Bouhier, sur celle de Bourgogne ; Boërius, de ref.
212 ; Chasseneuz, sur la coutume de Bourgogne,;
Guipape, quest. 472 ; Joannes Faber, comment.
sur les instituts ; le traité des droits seigneuriaux,
par Boutaric ; la novelle 123 de Justinien ; les
institutions coutumières de Loisel ; le glossaire de
Laurière ; la coutume de Paris & les commentateurs ; l'édit de Melun & celui du mois d'avril
1695 ; Brodeau sur Paris ; les décisions de la Peyrère ; Guiot, traité des fiefs ; les arrêts de Bouguier; Dunod, traité des prescriptions ; Salvaing,
de l'usage des fiefs ; Bretonnier sur Henrys ; la
Thaumassière, sur les anciennes coutumes du
Berry ; Dupineau, sur la coutume d'Anjou ; les
coutumes de Bourbonnois,, d'Auvergne & de la
Marche ; les œuvres de Despeisses ; Bacquet, des
droits de justice ; les œuvres de Dumoulin ; d'Argentré, sur la coutume de Bretagne, &c.* Voyez
aussi les articles POSSESSION, PRESCRIPTION,
DROITS SEIGNEURIAUX, SERF, MAIN-MOR-
TE, &c. ( *Article de M. H.\*\*\*, avocat au parlement* ).

CO-SEIGNEUR. C'est celui qui possède
avec une autre personne un fief, une seigneurie.

Les Co-seigneurs sont communément égaux
à l'égard de la qualité du droit ; mais l'un peut
avoir les deux tiers ou les trois quarts, tandis
que l'autre n'a que le tiers ou le quart.

Lorsqu'il n'y a point de partage du fief entre
eux, ils sont Co-seigneurs par indivis. Si le fief
est partagé quant au domaine, ce partage n'empêche pas qu'ils ne soient toujours Co-seigneurs,
attendu qu'ils possèdent chacun une portion d'un
même fief. Mais si le fief est démembré & que ce

démembrement foit autorifé par la coutume oū approuvé par le feigneur dominant, ceux qui pofsèdent les différentes portions du fief fervant ne iont pas Co-feigneurs, parce qu'alors ces portions deviennent chacune un fief diftinct & féparé.

Lorfque le feigneur s'eft joué de fon fief, foit à titre d'inféodation, ou à titre de vente, ceux qui tiennent leur droit de lui ne peuvent pas fe dire fes Co-feigneurs, parce qu'ils ne font point fes égaux par la qualité felon laquelle ils jouiffent.

Si dans une même paroiffe il y a plufieurs feigneurs de fief ou hauts-jufticiers, celui qui a la haute juftice fur le lieu où l'églife eft bâtie, peut feul fe qualifier feigneur de la paroiffe.

Quand une feigneurie eft partagée entre plufieurs, le propriétaire du château ou de la principale partie de la feigneurie peut fe qualifier *feigneur* du lieu, fans aucune reftriction ; les autres Co-feigneurs ne doivent prendre que le titre de *feigneurs en partie.*

Pareillement le propriétaire de la portion la plus confidérable de la feigneurie a droit de garder le titre commun, à la charge d'en aider fes Co-feigneurs. S'ils étoient tous feigneurs par égale portion, il faudroit tirer au fort lequel d'entre eux garderoit les titres.

Un Co-feigneur peut, faute de foi & hommage, faifir feul féodalement tout le fief mouvant de lui & de fes Co-feigneurs, fans qu'il foit befoin de leur confentement ; mais il ne peut recevoir la foi & hommage, & tenir le fief couvert pour la part de fes Co-feigneurs, fans leur confentement.

Voyez les articles SEIGNEUR, DROITS HONORIFIQUES, DÉMEMBREMENT, JEU DE FIEF, &c.

COTE. C'est la marque numérale dont on fait usage pour mettre en ordre les pièces d'un procès, d'un inventaire, &c.

On cotoit autrefois les pièces par les paroles du *pater;* de sorte que la première étoit cotée *pater*, la seconde *noster*, & ainsi successivement. Il y a à la chambre des comptes des registres qui sont ainsi cotés, & cela se pratique encore dans quelques provinces. En Bretagne on dit *coter* & *millesimer*, pour dire qu'en cotant les pièces on les marque de chiffres depuis un jusqu'à mille.

L'usage à Paris & dans la plupart des provinces est de coter par chiffres les pièces & liasses dans les inventaires qui se font après le décès d'un défunt; mais dans les inventaires de production & requêtes de productions nouvelles, on les cote par lettres.

On a coutume de comprendre sous une même Cote toutes les pièces qui ont rapport au même objet, & alors la lettre ou chiffre ne se met sur aucune des pièces en particulier, mais sur un dossier auquel elles sont attachées ensemble. Ce dossier, qu'on appelle aussi *Cote*, contient ordinairement un titre qui annonce la qualité des pièces attachées sous cette Cote; & si c'est d'une production, le nom des parties pour & contre, le numéro du sac dont ces pièces font partie, les noms des procureurs, & enfin la cote proprement dite qui est la lettre ou chiffre relatif aux pièces de cette liasse.

COTE ou COTE-PART. C'est la somme que chacun doit payer ou recevoir dans une somme totale.

Et l'on appelle *Cote mal taillée*, une composition, une convention que l'on fait en gros sur plusieurs sommes ou prétentions, au lieu d'entrer dans la discussion particulière de chaque objet.

CÔTÉ ET LIGNE. C'est la ligne de parenté. On distingue deux côtés, le paternel & le maternel.

Par le droit romain observé en pays de droit écrit, tous les biens dont jouissoit un défunt, tant du côté paternel que du côté maternel, appartiennent indifféremment au plus proche parent paternel ou maternel, habile à succéder; mais il n'en est pas de même en pays coutumier: on y distingue dans les successions, les parens & les biens du Côté paternel d'avec ceux du Côté maternel. L'esprit des coutumes est en général de conserver les biens de chaque Côté aux parens qui en sont, selon la règle *paterna paternis, materna maternis.* Au surplus toutes les coutumes ne sont pas uniformes sur la manière de distribuer ces biens.

Dans quelques coutumes il faut que l'héritier soit descendu de l'acquéreur en ligne directe, pour être réputé parent de Côté & ligne, & capable de succéder aux propres.

Quand il n'y a point d'héritier du Côté & ligne de l'acquéreur d'un héritage propre, cet héritage passe à l'héritier le plus proche d'un autre Côté & ligne, & il lui devient propre.

Voyez les articles PROPRES, SUCCESSION, RÉTRAIT LIGNAGER, &c.

COTE-MORTE. C'est l'argent, les habits & les autres effets qu'un religieux laisse après sa mort. Les religieux profès qui vivent en communauté, ne poſſédant rien en propre & en particulier, ce qui ſe trouve dans leurs cellules au temps de leur décès appartient au monaſtère. Il faut dire la même choſe des religieux qui poſsèdent des bénéfices non cures. Leur Cote-morte ou pécule appartient au monaſtère où ils demeurent. S'ils font réſidence à leur bénéfice, la Cote-morte appartient au monaſtère d'où dépend le bénéfice: mais lorſque le bénéfice dont un religieux eſt pourvu eſt un bénéfice-cure, ſa Cote-morte appartient à la fabrique & aux pauvres de ſa paroiſſe.

Telle eſt la juriſprudence du parlement de Paris (*). Le grand conſeil a une juriſprudence différente. Il paroît par d'anciens arrêts, & entre autres par un du 25 ſeptembre 1690, que ce tribunal adjugeoit autrefois la Cote-morte des religieux aux abbés commendataires ; mais il

___

(*) C'eſt ce que juſtifient divers arrêts rapportés par Bardet & par Soefve, ainſi qu'un autre plus récent que la grand'chambre a rendu le 4 février 1710 dans l'eſpèce ſuivante :

Frère Firmin Caron religieux de l'ordre de prémontré, pourvu de la cure de ſaint-Leger, dans le diocèſe d'Amiens, dépendante de l'abbaye de Selincourt, laiſſa en mourant des effets qui montoient à la ſomme de cinq mille livres. Il y eut une conteſtation au ſujet de la cote-morte entre la fabrique de la paroiſſe de ſaint-Leger & les religieux de Selincourt. L'affaire fut portée en première inſtance aux requêtes du palais. La ſentence qui intervint adjugea la ſucceſſion aux religieux, à la charge de payer mille livres par forme d'aumône aux pauvres de la paroiſſe. Il y eut appel reſpectif de cette ſentence. L'arrêt adjugea aux habitans les effets de frère Firmin Caron, pour être diſtribués aux pauvres de la paroiſſe & à la fabrique ſuivant l'avis de l'évêque d'Amiens.

l'adjuge aujourd'hui aux couvents dont les religieux décédés étoient profès. C'eft ce qui réfulte
de différens arrêts. M. Richer en cite deux des 17
novembre 1718 & 27 mai 1724, rendus au profit
de la maifon de Sainte-Geneviève.

Il y en a un autre du 30 avril 1760, rendu
en faveur des religieux de la Magdeleine de
Château-Dieu, contre l'abbé commendataire de
leur abbaye. Dans cette efpèce que rapporte
l'auteur de la collection de jurifprudence, l'abbé
commendataire avoit la poffeffion immémoriale
de recueillir les Cotes-mortes. Il en recueillit
une en 1729, par les religieux mêmes, comme
fonaés de fa procuration ; & ces religieux n'a-
voient paru précédemment dans les collocations
que comme créanciers des Cotes-mortes.

M. d'Héricourt obferve que quand il y a des
traités entre l'abbé & le monaftère, au fujet de
la Cote - morte des religieux qui viennent à
décéder, il faut fuivre ces traités.

Comme un religieux pourvu d'une cure peut
acquérir des immeubles, ceux qui fe trouvent
dans fa fucceffion font affujettis au payement du
centième denier & même du droit d'amortiffement, à moins qu'ils ne foient légués ou
adjugés aux pauvres. Comme dans ce cas les pauvres ne reçoivent ces immeubles que pour leur
fubfiftance, ils doivent jouir de l'exemption du
droit d'amortiffement que les règlemens leur ont
accordée : mais les religieux & les fabriques font
foumis à ce droit lorfqu'ils obtiennent des lettres-
patentes pour conferver ces biens.

Le fubdélégué de l'intendance de Rouen ayant
décidé le 30 janvier 1744, que l'évêque de
Sifteron, abbé de Gorneville, & fes religieux
ne

ne devoient aucun droit pour la Cote-morte du
fieur Gallot, chanoine régulier de cette abbaye
& curé de Colletot, le fermier fe pourvut par
oppofition devant l'intendant ; & par ordonnance du 22 juin de la même année, l'abbé &
les religieux furent condamnés au payement du
droit de centième denier des immeubles, & de
celui d'amortiffement pour la portion échue aux
religieux feulement, parce que l'abbé avoit mis
fa portion dans le commerce, en la vendant en
vertu d'un arrêt du confeil.

Il n'y a point de cote-morte à l'égard d'un
religieux devenu évêque : il a fes parens pour
héritiers.

Voyez *le traité de la mort civile, par M. Richer ;
les lois eccléfiaftiques de France ; les arrêts de Soefve
& de Bardet ; Chopin, de facrâ politiâ ; Brodeau
fur Louet ; les mémoires du clergé, &c.* Voyez
auffi les articles MORT CIVILE, ÉVÊQUE,
PÉCULE, &c.

COTERIE. C'eft le nom que donnent plufieurs coutumes aux biens roturiers, de forte
que *roture, cenfive* & *Coterie* font la même chofe.
Maillart fait mention d'une enquête par turbes,
faite à Arras le 10 mars 1491, dans laquelle
on l'a ainfi attefté. Quelques coutumes donnent
le nom de *main-fermes* à ces fortes de biens ;
telles font celles du Hainaut & du Cambrefis.
Cette dernière paroît attribuer au mot *Coterie* un
fens inconnu dans les autres. Les *Coteries* font
en cette province des efpèces de fiefs, mais qui
ont leurs règles particulières. Les véritables fiefs
font indivifibles en fucceffion. S'il s'en trouve
plufieurs dans une fucceffion directe, & qu'il y
ait auffi plufieurs héritiers mâles, le partage s'en

fait par choix , & chaque choix emporte la totalité d'un fief. Dans une fucceffion collatérale ils appartiennent tous au plus âgé des héritiers mâles. Il en eft autrement des fiefs *cotiers*: ils fe partagent également entre tous les héritiers, fans diftinction de fexe, ni de fucceffion directe ou collatérale. Ils ne doivent pas plus de relief ni d'autres droits feigneuriaux que les main-fermes ou rotures , de forte qu'ils approchent plus de la nature de cette dernière efpèce de biens , que de celle des véritables fiefs. C'eft ce qui a fait douter fi les difpofitions que la coutume renferme par rapport aux rotures , ne doivent pas plutôt s'appliquer aux fiefs cotiers , que celles qui concernent les fiefs véritables.

En conféquence on a demandé fi un fief cotier pouvoit être fujet au droit de maineté qui n'a lieu que fur les main-fermes & point fur les fiefs. Cette queftion a fouffert de la difficulté. D'un côté, l'article 74 du titre premier de la coutume dont il s'agit déclare que *fiefs cotiers tiennent nature d'autres terres que l'on dit main-fermes , & fe partiffent entre les cohéritiers , & ne doivent relief ni droits feigneuriaux autres que les terres de main-ferme de la feigneurie où ils font fitués:* termes qui femblent infinuer que les fiefs cotiers ne font fiefs que de nom , & que par leur nature ils ne forment point une claffe de biens féparée de celle des main-fermes. D'un autre côté, fuivant l'article 8 du titre 8 , *la maineté fe prend feulement en héritages de main-fermes.* Ce mot *feulement* exclut tous les héritages qui ne font pas tels ; & de peur que ces termes ne foient pas affez clairs, la coutume répète la même difpofition à l'article 12 , où elle dit , *maineté n'a point lieu fur*

*les héritages de fiefs.* Cette propofition indéfinie
enveloppe toutes fortes de fiefs, de quelque
dénomination qu'ils foient. Tout l'objet que la
coutume fe propofe dans l'article 74 du titre
premier, eft de déroger aux articles précédens,
pour affranchir les fiefs cotiers des droits de
relief & de lods & ventes, tels que les doivent
les autres fiefs, & de les foumettre à un partage
égal entre tous les héritiers, fans prérogative
d'âge ni de fexe, tant en ligne directe que collatérale. Cette divifibilité abfolue exclut néceffairement tout préciput, & par conféquent la
maineté. En effet le fief cotier ne peut, être
affranchi du préciput de l'aîné par les termes de
l'article 74, qu'il ne le foit en même temps du
préciput du cadet : la coutume n'abolit pas l'un
pour introduire l'autre, puifqu'elle déclare le fief
cotier divifible dans tous les cas & fans reftriction. Il n'en eft pas de même des main-fermes ;
elle les foumet, à la vérité, à un partage égal,
mais elle a foin d'ajouter, *fauf le droit de maineté.*
C'eft la reftriction que renferme l'article premier du titre 2. La coutume ne pouvoit exempter
plus clairement les fiefs cotiers de ce préciput,
qu'en omettant d'ajouter à l'article 74 du titre
premier, la réferve dont elle ufe à l'article premier du titre 2.

Enfin ce qui prouve clairement que la coutume ne confond pas les Coteries avec les main-
fermes, c'eft la différence réelle qu'elle met entre
ces deux efpèces de biens dans l'article 2 du
titre 5 dont voici les termes: *Pour lefquels devoirs de loi faire, quant aux héritages de main-
ferme de la cité & banlieue, il fuffit deux échevins
pour nombre compétent; mais hors la cité eft befoin*

*d'avoir le maire & la plupart des échevins de la*
*feigneurie ; & pour les héritages féodaux, eſt requis*
*quatre hommes de fief avec le bailli de la feigneurie*
*de laquelle ils ſont tenus ; & pour la* Coterie,
*trois hommes cotiers.*

Ces moyens ont donné lieu à l'arrêt du 14
février 1775, par lequel le párlement de Flandres
a jugé que la maiſon qu'avoit occupée Jean Boniface, n'étoit pas ſujette au droit de maineté,
parce que c'étoit un fief cotier, & en conſéquence qu'elle devoit être comptée dans la maſſe
des biens du défunt, pour régler la légitime de
Marie-Guiſlaine Patou ſa petite-fille.
Voyez les articles BIENS, MAINETÉ, &c.
(*Article de M.* MERLIN, *avocat au parlement*
*de Flandres.*)

COTON. Eſpèce de laine que produit un
arbuſte appelé cotonnier.

Le tarif de 1664 avoit aſſujetti les Cotons en
graine ou en laine à payer à l'entrée des cinq
groſſes fermes trois livres par cent peſant ; mais
ce droit a été ſupprimé par l'arrêt du conſeil du
17 mai 1757, en ſorte que les Cotons peuvent
librement circuler d'une province à l'autre, dans
tout le royaume, ſans payer aucun droit.

A l'égard des Cotons filés qui viennent de
l'étranger & même des îles & colonies Fran-
çoiſes de l'Amérique, ils ont été aſſujettis par
un arrêt du conſeil du 12 mai 1761, à payer
vingt livres par quintal à l'entrée du royaume.

Les Cotons filés, deſtinés pour l'étranger ou
pour l'Alſace & les trois Evêchés, doivent pour
droit de ſortie des cinq groſſes fermes dix livres
par cent peſant, conformément aux déciſions &

artêts du conseil des 21 décembre 1750, 17 août 1751 & 3 décembre 1754.

Il faut excepter de cette disposition les Cotons en laine qui proviennent du commerce direct du Levant à Marseille. Ils peuvent être envoyés de cette ville à l'étranger, sans payer aucun droit, en remplissant néanmoins les formalités prescrites par l'arrêt du conseil du 15 mai 1769. Ces formalités consistent en ce que les chargeurs sont tenus de faire une déclaration au bureau du poids & casse de Marseille, de la qualité, du poids & de la quantité des Cotons qu'ils veulent transporter, du lieu pour lequel ils sont destinés, & de celui des bureaux par lequel ils doivent sortir du royaume (*); de faire ficeler & plomber ces Cotons par les commis du même bureau du poids & casse de Marseille, & d'y prendre un acquit à caution, au dos duquel ils doivent faire leur soumission de rapporter dans trois mois, au plus tard, un certificat faisant foi de la sortie des marchandises dont il s'agit hors du royaume, par le bureau déclaré, à peine de payer le quadruple des droits.

Voyez les lois citées, & les articles ENTRÉE, SORTIE, MARCHANDISES, SOU POUR LIVRE, &c.

---

(*) Suivant l'arrêt cité, les Cotons ne peuvent jouir de l'exemption des droits qu'autant qu'ils sont envoyés de Marseille à l'étranger par quelqu'un des bureaux indiqués dans cet arrêt : ces bureaux sont ceux de Seissel & de Colonges, du pont de Beauvoisin & de Chaparillan en Dauphiné, de Jougues & d'Héricourt en Franche-comté, de saint Dizier & de sainte Menehoud en Champagne, de Strasbourg, de saint Louis & de Bourgfelden en Alsace.

COULER EN DROIT ET EN AVIS. Termes
uſités dans le reſſort du parlement de Flandres
& dans les Pays-Bas, pour ſignifier l'état de la
cauſe après la duplique : elle eſt alors *Coulée en
droit*, c'eſt-à-dire qu'elle eſt en état d'être jugée;
de ſorte qu'il n'eſt pas permis de donner un écrit
de triplique ſans en avoir obtenu la permiſſion :
telle eſt du moins la diſpoſition de l'article 13
du chapitre 1 du ſtyle du parlement de Flandres;
mais on ne l'obſerve pas à la rigueur; l'uſage
permet aux plaideurs d'écrire tant qu'il leur
plaît, après la *concluſion en droit*.

Il y a une différence entre une cauſe qui n'eſt
que *Coulée en droit* & celle qui eſt en même-
temps *Coulée en avis*. Pour qu'une cauſe ſimplement *Coulee en droit* ſoit en état d'être jugée, il
ne faut plus à la vérité que les parties fourniſſent
de nouveaux écrits; mais il faut qu'elles aient
remis reſpectivement toutes leurs pièces, ſoit au
greffe, ſoit entre les mains du rapporteur, ou
que celle qui s'eſt miſe en règle ait fait débouter
l'autre de rapporter les ſiennes. C'eſt ce qu'a jugé
un arrêt du parlement de Flandres, rapporté dans
le recueil de M. Pollet.

Quand une cauſe eſt tout à la fois *Coulée en droit
& en avis*, elle eſt miſe en état d'être jugée par
le ſeul fourniſſement que fait la partie la plus
diligente de ſes pièces, pourvu qu'il ſoit dûment
ſignifié à l'autre. Le juge peut faire droit ſur ces
pièces, ſans attendre que l'autre ait fourni, ou
ſoit débouté de fournir les ſiennes.

La *concluſion en droit* produit pluſieurs effets
remarquables. Quand une cauſe eſt *Coulée en
droit*, elle ne tombe plus en interruption ni en
péremption, comme l'a jugé le grand conſeil

de Malines par arrêts du 2 juin 1590, & du 13 octobre 1622. Voyez les articles PÉREMPTION & INTERRUPTION.

On ne peut après la *conclusion en droit* alléguer de nouveaux faits, si ce n'est par le moyen de lettres de requête civile ; & dans ce cas, la partie doit être prête à les alléguer au jour où elle conclut à l'entérinement de ses lettres : si la partie adverse y consent, la preuve des nouveaux faits doit être faite dans un terme bref que le juge lui prescrit. Mais si l'enthérinement de la requête civile est contesté, on procède par contredits, réplique & duplique, & le juge prononce ensuite sur l'incident. C'est ce que prescrivent les articles 43, 44, 45 & 46 du style du parlement de Flandres.

On a mis en question si après la *conclusion en droit* on peut produire de nouveaux titres sans lettres de requête civile. Fachini, en son recueil de controverses, soutient la négative ; & telle est la jurisprudence du conseil souverain de Mons, comme le prouvent l'article 391 de l'ordonnance rendue le 7 décembre 1611, pour l'institution de cette cour, & l'article 5 du chapitre 79 des chartes générales du Hainaut. Le style du parlement de Flandres ne décide rien sur cette question, & n'exige de requête civile que pour *alléguer faits nouveaux*. C'est ce qui donne lieu à une distinction qui paroît juste : si les titres que l'on produit après la *conclusion en droit* renferment de nouveaux faits, il est clair que le juge ne peut les admettre sans lettres de requête civile : mais s'ils ne font que prouver & éclaircir les faits allégués auparavant, ils doivent être reçus sans cette formalité, parce qu'il est de principe que

les lettres de requête civile ne font point néceſſaires quand il ne s'agit que d'éclairciſſement ou
d'interprétation. Ce point de procédure a été long-
temps conteſté ; mais le parlement de Flandres a
mis fin aux diſputes par un arrêt de réglement du 5
décembre 1691, dont la déciſion eſt conforme à
ce que l'on vient de dire.

Un des principaux effets de la *concluſion en
droit*, eſt que quand un procès ſe trouve en cet
état, ſi l'une des parties vient à mourir, il n'eſt
pas néceſſaire d'aſſigner des héritiers pour reprendre les erremens de la cauſe. C'eſt ce que
décident l'article 375 de l'ordonnance du 7 décembre 1611, rendue pour le conſeil de Mons,
l'article 1 du chapitre 82 des chartes générales
du Hainaut, & l'article 47 du ſtyle du parlement de Flandres. Deghewiet rapporte un arrêt
rendu en 1684 conforme à ces diſpoſitions.

La raiſon de cette pratique eſt qu'on n'aſſi-
gne les héritiers en repriſe que pour défendre
leur cauſe & la mettre en état d'être jugée ; or
après la *concluſion en droit* le juge peut prononcer.

Il faut obſerver cependant que pour que la
*concluſion en droit* exempte de l'obligation d'aſſigner les héritiers de la partie décédée, en repriſe d'erremens, il faut qu'elle ſoit ſuivie du
fourniſſement des deux parties, ou du débou-
tement de la partie défaillante, à moins que la
cauſe ne ſoit auſſi *Coulée en avis* (*), ſuivant ce
que l'on a dit ci-deſſus.

_____

(*) *Formule d'une ſimple concluſion en droit.*
« Et comme au moyen de la duplique du demandeur,
» (*ou du contre-emploi des pièces de première inſtance, ſi*

Voyez *les styles du parlement de Flandres, du conseil de Gand, du grand conseil de Malines ; l'institution de la cour de Mons ; les chartes générales du Hainaut ; Gail, en ses observations ; les arrêts de Cuvelier & de Dufief ; ceux de MM. Pollet & d'Hermaville, &c.* Voyez aussi les articles PÉREMPTION, INTERRUPTION, COMPARUTION, CONSEILLERS-COMMISSAIRES AUX AUDIENCES, CONTRE-EMPLOI, &c. ( *Article de M. MERLIN, avocat au parlement de Flandres*).

COUPE DE BOIS. C'est un bois sur pied que l'on coupe ou qui est destiné à être coupé.

L'article 40 du titre 15 de l'ordonnance des eaux & forêts veut que les bois de futaie ainsi que les taillis soient coupés & abattus pour le 15 avril de chaque année (*), & qu'ils soient enlevés dans le temps réglé par le grand maître, à peine d'amendre arbitraire & de confication des marchandises contre les adjudicatai-

---

» c'est *en cause d'appel,*) la cause se trouve conclue ( *ou* » coulée) en droit, nous sommes suppliés d'ordonner aux » parties de fournir dans la quinzaine peremptoirement.

» Suivant quoi, nous conseiller du roi, &c. avons donné » acte aux parties de leurs productions, dires, réquisitions, » & soutenemens, & leur avons ordonné de fournir dans » la quinzaine peremptoirement ».

*Formule dont on se sert pour faire Couler une cause en avis.*

» Et comme au moyen de la duplique, &c. la cause se » trouve coulée en droit, nous sommes suppliés de la re-» tenir en notre avis. Suivant quoi nous.... avons donné » acte aux parties, &c. & avons retenu la présente cause » en notre avis ».

(*) On peut commencer a couper au mois d'octobre, parce qu'après le mois de septembre la sève cesse de monter.

res, fans que les officiers des eaux & forêts puiffent proroger le délai fixé, foit pour couper ou pour enlever ces marchandifes, fous pareille peine d'amende arbitraire & de privation de leurs charges (*).

Suivant l'article 42, les futaies doivent être coupées le plus bas que faire fe peut, & les taillis abattus à la coignée à fleur de terre, en prenant foin de ne les point *écuiffer ni faire éclater*, enforte que les brins des cépées n'excèdent pas la fuperficie de la terre, s'il eft poffible, & que tous les anciens nœuds recouverts & caufés par les précédentes coupes ne paroiffent aucunement.

Les arbres de futaie doivent être coupés de manière qu'en tombant dans les ventes, ils n'endommagent point les arbres retenus, à peine contre les marchands d'être condamnés à payer le dommage occafionné par la chûte des arbres coupés. C'eft ce qui réfulte de l'article 43.

Les bois des cépées (**) ne doivent être coupés qu'avec la coignée & non avec la ferpe ni avec la fcie, à peine contre les marchands con-

---

(*) *La rigueur de ces difpofitions a été tempérée par l'article 41 qui eft ainfi conçu :*
Si toutefois les marchands étoient obligez par de juftes confidérations, de demander quelque prorogation de délai, pour couper & vider les ventes, ils fe pourvoiront en notre confeil, pour au rapport du contrôleur général de nos finances, leur être par nous pourvu de ce qu'il appartiendra, fur les avis des grands-maîtres.

(**) Les cépées font des rejetons d'arbres provenant d'un même tronc ou de deux troncs joignant qui ayant pouffé plufieurs brins forment une efpèce de buiffon qu'on appelle cépée.

trevenans de cent livres d'amende, & de confifcation de leurs marchandifes & des outils des
onvriers. Telles font les difpofitions de l'article 44.

L'article 45 enjoint aux adjudicataires de faire
couper le plus près de terre qu'il eft poffible
les fouches ou étocs des bois rabougris qui peuvent fe trouver dans les ventes, à quoi les officiers doivent tenir la main, fous peine de fufpenfion de leurs charges.

Lorfque pendant la coupe des ventes, les
vents ou les orages abattent des arbres réfervés,
les marchands ou leurs facteurs doivent les laiffer fur place, & en avertir le fergent à garde ;
celui-ci doit en inftruire & donner avis au garde-
marteau, & ils doivent enfemble fe rendre fur
les lieux, afin d'y dreffer leurs procès-verbaux
du fait, lefquels ils font tenus de préfenter
promptement aux officiers de la maîtrife pour
qu'ils marquent d'autres arbres ; le tout fans frais.
C'eft ce que porte l'article 46.

Lorfque le temps de la coupe des bois & de
la vidange eft expiré, & qu'il fe trouve des bois
fur pied ou abattus dans les ventes, ils doivent
être confifqués au profit du roi. Cette difpofition de l'article 47 a été confirmée par un arrêt
du confeil du 29 janvier 1692, qui a déclaré
valable une faifie de dix-huit arpens de bois faite
par le grand maître du département de Caen,
faute par l'adjudicataire de les avoir abattus avant
le 15 avril.

La même règle doit être obfervée à l'égard
des bois des particuliers. La table de marbre de
paris l'a ainfi jugé le 4 janvier 1678, en faveur
de la dame de Saint-Victor. M. Chailland ob-

ſerve fort bien à ce ſujet que cette juriſprudence eſt fondée ſur la loi générale que les particuliers peuvent faire obſerver à l'égard de leurs bois toutes les formalités preſcrites pour l'exploitation des bois du roi, & faire punir les contrevenans comme ils le ſeroient pour abus commis dans les forêts de ſa majeſté.

Les coupes des bois des communautés doivent être faites à fleur de terre, ſans laiſſer aucun intervalle entre l'ancienne coupe & la nouvelle. Chaque communauté doit payer pour cet effet des gens entendus & capables de répondre de la mauvaiſe exploitation. Lorſque la coupe eſt finie, les bois doivent être diſtribués ſuivant la coutume ; & dans le cas de conteſtation ſur le partage, le grand maître doit y pourvoir en faiſant ſes viſites. C'eſt ce qui réſulte de l'article 11 du titre 25 de l'ordonnance citée.

Des lettres-patentes du roi du 5 mai 1772 ont ordonné que la délivrance des coupes ordinaires des bois taillis & de futaie de M. le comte de Provence, aujourd'hui MONSIEUR, lui ſeroit faite par les grands maîtres des eaux & forêts ou ou par les officiers des maîtriſes qu'ils peuvent commettre à cet effet, pour enſuite être les mêmes bois exploités par économie ou vendus au choix de MONSIEUR, en ſon conſeil, conformément aux diſpoſitions des ordonnances & réglemens.

Voyez *l'ordonnance des eaux & forêts & les commentateurs ; les lois foreſtières ; le dictionnaire raiſonné des eaux & forêts ; les lettres-patentes du 5 mai 1772*, &c. Voyez auſſi les articles BOIS, FUTAIE, TAILLIS, VENTE, &c.

COUPEROSE. Sorte de ſubſtance minérale qu'on appelle auſſi vitriol martial.

La Couperose blanche doit à l'entrée vingt sous par cent pesant, & la verte douze sous, conformément au tarif de 1664.

Si la Couperose verte ou blanche vient d'Angleterre sur des vaisseaux anglois, elle doit à l'entrée trois livres par cent pesant, conformément à l'arrêt du 6 septembre 1701.

Mais si cette marchandise arrive sur des vaisseaux hollandois ou d'une autre puissance que l'Angleterre, elle n'est assujetie qu'aux droits du tarif, sans qu'on puisse examiner si elle vient d'Angleterre ou d'ailleurs. C'est ce qui résulte d'un ordre du conseil du 17 septembre 1716.

Voyez *les lois citées*, & les articles Entrée, Sortie, Marchandise, Sou pour livre, &c.

COUR. C'est en général une juridiction soit ecclésiastique, soit laïque, dans laquelle on plaide.

Cour supérieure ou souveraine se dit d'un tribunal du premier ordre, qui connoît souverainement & sans appel des matières dont la connoissance lui est attribuée, & dont les jugemens ne peuvent être réformés que par le roi ou son conseil : tels sont les parlemens, le grand conseil, les conseils supérieurs établis dans certaines provinces, les chambres des comptes, les cours des aides & les cours des monnoies.

L'autorité des cours supérieures ou souveraines ne s'étend pas au-delà de leur ressort, ni des matières dont la connoissance leur est attribuée : elles sont indépendantes les unes des autres, & ont chacune un pouvoir égal en ce qui est de leur juridiction.

S'il arrive un conflit entre deux cours souveraines, elles tâchent de se concilier par la médiation de quelques-uns de leurs officiers ; s'ils ne s'accordent pas , il faut fe pourvoir au confeil du roi en réglement de juges pour favoir où l'on procédera.

Comme l'adminiftration de la juftice eft une des fonctions les plus importantes qu'il y ait à remplir dans la fociété , la qualité de noble a toujours été inféparable de celle de juge fouverain. C'eft ce qu'atteftent entr'autres auteurs , Chopin , Loyfeau, Bacquet & le Bret.

Ainfi fans le fecours d'aucun édit , & en vertu des anciens ufages du royaume , les principaux officiers des cours fouveraines ont toujours joui de la nobleffe perfonnelle , & même de la prérogative de la tranfmettre à leur poftérité, quand leur père & leur aïeul avoient été pourvus d'offices tels que les leurs.

Par édit du mois de juillet 1644 , Louis XIV déclara les préfidens, les confeillers , les avocats généraux , le procureur général , le greffier en chef & les quatre notaires & fecrétaires du parlement de Paris nobles, ainfi que leur poftérité, pour jouir des mêmes droits , priviléges , franchifes , immunités , rang , féances & prééminences que les autres nobles de race , barons & gentilshommes du royaume , pourvu que ceux de ces officiers qui ne feroient point nés nobles euffent fervi vingt ans ou qu'ils décédaffent revêtus de leurs offices. Le même édit ordonna que ces officiers & leurs veuves tandis qu'elles demeuroient en·viduité , feroient exempts des droits feigneuriaux dûs au roi.

La nobleffe au premier degré fut pareillement accordée en 1644 & 1645 aux autres Cours fouveraines de Paris ; & le même privi-

lége eut auffi lieu en faveur de la plupart des
officiers des Cours fouveraines des provinces.

Ces prérogatives furent confirmées par une
déclaration du 6 novembre 1657 : mais par
l'édit du mois de juillet 1669, portant réglement
fur l'adminiftration de la juftice & fur les offices
de judicature, ces attributions furent révoquées,
enforte que les officiers du parlement de Paris
& des autres Cours fouveraines furent remis à
la noblefte perfonnelle ou graduelle comme auparavant. Dans la fuite, les longues guerres que
le roi eut à foutenir l'ayant obligé de recourir à
des moyens extraordinaires pour fe procurer
des fonds, il augmenta le nombre des officiers
des Cours fouveraines, & leur attribua de nouveau la noblefte au premier degré & l'exemption des droits feigneuriaux. C'eft ce qui réfulte
de différentes lois publiées en 1690, 1691, &
1704.

Un édit du mois d'août 1715 révoqua encore
cette noblefte au premier degré ; mais les officiers du parlement de Paris, ceux de la chambre
des comptes & ceux de la Cour des aides furent
exceptés de cette révocation. A l'égard des officiers des autres Cours fupérieures & des bureaux des finances, ils furent maintenus par l'article 4 du même édit, dans la noblefte graduelle
& dans tous les autres honneurs, priviléges &
prérogatives que les ordonnances, édits, déclarations & réglemens intervenus avant le premier janvier 1689, avoient attribués à leurs
charges.

Il fuit de ce qui vient d'être dit, 1°. que les
principaux officiers des Cours fouveraines de Paris jouiffent de la noblefte au premier degré, &

la tranfmettent à leur poftérité, pourvu qu'ils aient exercé leurs offices pendant vingt ans, ou qu'ils en aient été titulaires lors de leur décès.

2°. Que les principaux officiers des autres Cours fouveraines jouiffent de la nobleffe graduelle, c'eft-à-dire, d'une nobleffe perfonnelle qui fert de premier degré à l'un de leurs enfans mâles, pour acquérir une nobleffe tranfmiffible à la poftérité de cet enfant, lorfque lui & fon père ont exercé pendant vingt ans un office dans ces Cours ou qu'ils font décédés revêtus de cet office.

3°. Que les prérogatives de la nobleffe ne doivent point être étendues aux officiers des Cours fouveraines qui ne prennent aucune part aux fonctions publiques & auxquels ces prérogatives n'ont point été attribuées d'une manière fpéciale. La raifon en eft, que les expreffions génériques felon lefquelles ces officiers inférieurs doivent jouir des mêmes priviléges que les officiers qui adminiftrent la juftice & rendent les arrêts, ne peuvent s'appliquer qu'aux grâces dont ces officiers inférieurs font fufceptibles & non à la nobleffe, attendu que pour pouvoir réclamer ce privilége éminent, il faut une attribution expreffe en leur faveur, finon ils reftent dans la claffe des roturiers. Cette doctrine a été confirmée par un arrêt du confeil du 9 octobre 1759, rendu contre les filles d'un payeur des gages du parlement de Paris.

COUR DES AIDES. C'eft une compagnie fouveraine inftituée à l'inftar des parlemens pour juger & décider en dernier reffort & fouverainement tout procès, tant civil que criminel,

au

au sujet des aides, gabelles, tailles & autres matières du même genre.

Dans l'origine, la Cour des aides de Paris étoit unique, & son ressort s'étendoit par tout le royaume : il y en a maintenant quatre autres qui ont leurs sièges à Montpellier, à Bordeaux, à Clermont & à Montauban.

Outre ces cinq Cours des aides, il y en a plusieurs autres qui sont unies à des parlemens ou chambres des comptes : telles sont celles de Grenoble, de Dijon, de Rennes, de Pau, de Rouen, d'Aix, de Nancy, &c.

Nos rois en parlant de la Cour des aides de Paris, l'ont toujours assimilée au parlement. C'est ainsi que l'ordonnance de Charles VI faite sur l'assemblée des trois états du mois de mai 1413, en conservant la Cour des aides dans sa souveraineté, ajoute ces mots : *comme notre Cour de parlement*. Et dans le préambule de la déclaration du 27 avril 1627, il est dit que *la Cour des aides de Paris a été établie & continuellement reconnue après le parlement de Paris, pour Cour souveraine seule & universelle en France pour lesdites aides.*

Les officiers de la Cour des aides sont un premier président & neuf autres présidens ; plusieurs conseillers d'honneur dont le nombre n'est pas fixe ; cinquante-deux conseillers, trois avocats généraux, un procureur général qui a quatre substituts, deux greffiers en chef, cinq secrétaires du roi servant près la Cour des aides, un principal commis de l'audience publique, que l'on appelle ordinairement greffier des appellations, & qui, outre une charge de commis-greffier écrivant à la peau, réunit encore

en fa perfonne l'office de greffier des décrets &
de premier commis au greffe des décrets ; un
principal commis en la première chambre pour
l'audience à huis clos & pour les arrêts rendus
en la chambre du confeil, tant au civil qu'au
criminel, que l'on appelle ordinairement greffier
civil & criminel ; lequel outre deux pareils offices créés pour la feconde & troifième chambre,
réunit encore trois offices de commis-greffiers
écrivant à la peau ; un greffier garde-facs & des
dépôts, un greffier des préfentations & affirmations, un tréforier payeur des gages, qui a
trois contrôleurs ; un receveur des épices &
vacations, un contrôleur des arrêts, un commis
à la délivrance des arrêts, un premier huiffier
& fept autres huiffiers.

La Cour des aides a le droit de connoître en
dernier reffort de tout procès, tant civil que
criminel entre toutes fortes de perfonnes, de
quelqu'état, rang & qualité qu'elles foient, &
de quelque privilége qu'elles jouiffent au fujet
des aides, gabelles, tailles, octrois, droits de
marque fur les fers & fur les cuivres & autres
droits, fubfides & impofitions.

Cette Cour reçoit les appels interjetés des
fentences des élections, greniers à fel, juges des
dépôts des fels, juges des traites ou maîtres
des ports, juges de la marque des fers & autres
fiéges de fon reffort, même les appels des fentences rendues fur le fait des droits d'octrois ou
autres dont la connoiffance eft attribuée en première inftance au bureau de la ville ou à d'autres
juges par les édits & déclarations, fauf l'appel à
la Cour des aides.

Elle connoît auffi des appels des ordonnances

& jugemens des intendans & commiſſaires départis dans les provinces & généralités, au ſujet
des cotes d'offices par eux faites, & des autres matières qui ſont de la compétence de cette
Cour.

Elle eſt ſeule compétente pour juger du titre
de nobleſſe ; & non-ſeulement elle en juge ſur
les conteſtations des parties, mais ſon procureur
général eſt en droit d'obliger tous ceux qui ſe
diſent nobles, à produire les pièces ſur leſquelles
ils fondent cette qualité. Elle vérifie les lettres
d'anobliſſement & de réhabilitation, & elle
connoît des exemptions & priviléges dont les
nobles & les eccléſiaſtiques doivent jouir par
rapport aux aides, tailles, gabelles & autres
impoſitions. Les nobles qui ſont troublés dans
leur nobleſſe par l'impoſition aux tailles, peuvent ſe pourvoir en première inſtance à la Cour
des aides.

Les états de la maiſon du roi, ceux des maiſons de la reine, des enfans & petits enfans de
France, & du premier prince du ſang, ſont vé-
rifiés à la Cour des aides de Paris & dépoſés
dans ſon greffe ; & tous les officiers compris
dans ces états n'ont pour juges en dernier reſſort relativement à leurs exemptions, que cette
Cour, quoiqu'ils ſoient domiciliés dans l'étendue du reſſort des autres Cours des aides, où
l'on n'envoie que des copies de ces états.

Elle connoit pareillement & privativement
aux autres Cours en première inſtance & en
dernier reſſort, tant au civil qu'au criminel, de
tous les différends pour raiſon des finances dont
le calcul, audition & clôture des comptes appartiennent à la chambre des comptes ; du paye-

ment des débets de ces comptes & des exécutoires de cette chambre ; & en conséquence, de tous les débets, discussions, ventes d'immeubles, priviléges & hypothèques concernant les comptables, & le maniment & administration des deniers royaux entre les trésoriers, receveurs généraux & particuliers, leurs commis & leurs cautions. Il en est de même de toutes les contestations concernant les baux, sous-baux, traités, transports, associations dans les affaires du roi ; entre les fermiers, sous-fermiers, munitionnaires, entrepreneurs des vivres & étapes, traitans, leurs associés, croupiers, cautions, participes, commis & autres intéressés, sous quelque scel, privilégié ou non, que les actes aient été passés, à Paris ou ailleurs : ce qui est fondé sur l'édit de Henri II, du mois de mars 1551.

Elle connoît aussi en première instance & en dernier ressort, à l'exclusion de toutes les autres Cours & juges, de la discussion des biens de tous les comptables & gens d'affaires du royaume, & de leurs descendans & héritiers à perpétuité, en quelque lieu de l'obéissance du roi que leurs biens soient situés ; lesquels ne peuvent être purgés de l'hypothèque du roi que par des décrets faits à la cour des aides de Paris.

La saisie réelle, soit des offices, soit des immeubles des comptables, ne se peut faire ailleurs qu'à la Cour des aides. Cette saisie se fait à la requête du procureur général de la Cour des aides, poursuite & diligence du contrôleur général des restes ; c'est à la Cour des aides qu'elle est enregistrée & que le décret s'en poursuit ;

& la compétence de cette Cour s'étend tellement fur toutes les affaires & perfonnes dont
l'on vient de parler, qu'elle a le droit de les
évoquer des requêtes du palais, du châtelet &
de tous les autres tribunaux, quand même les
parties y auroient des attributions particulières,
ainfi que toutes les affaires dans lefquelles les
fermiers généraux ou le contrôleur général des
reftes font partie ; & en conféquence de l'évocation, de juger les appels s'il y a eu des fentences rendues.

L'hôpital général fuivant les édits des mois
d'avril 1637 & 1656, a fes caufes commifes directement & en première inftance à la Cour des
aides de Paris, pour tous les procès & différends
mûs au fujet de fes priviléges & exemptions des
droits d'aides & autres dont la connoiffance appartient à cette Cour. Il en eft de même de
l'Hôtel-Dieu.

La Cour des aides de Paris a également le
droit de connoître feule des appellations des fentences rendues fur le fait des aides, gabelles &
autres droits par les prévôt & officiers de M. le
prince de Condé dans l'étendue du Clermontois,
fans que les appellations puiffent être relevées
au bailliage ni en aucune autre Cour. Cela a
d'abord été réclamé par l'enregiftrement fait en
la Cour des aides de Paris le 15 janvier 1661,
des lettres-patentes du mois de décembre 1648,
par lefquelles Louis XIV avoit fait don à M. le
prince de Condé du Clermontois, qui avoit été
cédé à fa majefté par le traité de paix du duc de
Lorraine du 29 mars 1641, lequel don a depuis
été confirmé par la déclaration du 4 juin 1704,
qui fixe & détermine la compétence de chacune

des deux Cours du parlement & de la Cour des aides. Par lettres-patentes du 10 décembre 1715, regiftrées en la Cour des aides le 15 janvier fuivant, le roi a attribué à la première chambre, à l'exclufion des deux autres, la connoiffance de toutes les conteftations des affaires du Clermontois, qui jufques-là pouvoient être indiftinctement portées dans les trois chambres.

Il y a eu auffi plufieurs autres attributions faites à la Cour des aides par différens édits & déclarations. Par déclaration du 15 décembre 1639, elle fut commife pour exercer la juftice à la Cour des aides de Rouen. Par l'édit de mars 1717, portant fuppreffion de la chambre de juftice, & par les lettres-patentes du 29 mai fuivant, le roi a renvoyé en la première chambre de la Cour des aides les faifies réelles ou mobilières faites ou à faire en exécution des rôles des condamnations prononcées en la chambre de juftice ; enfemble les adjudications & difcuffions qui pourroient être faites en conféquence, & les appellations & exécutions des fentences rendues par les fubdélégués de la chambre de juftice, & des faifies faites à la requête des fubftituts du procureur général de cette chambre.

Cette Cour a le droit, ainfi que les autres Cours fouveraines, de faire des réglemens pour l'exercice & manutention de la juftice, ainfi que pour l'exécution & interprétation des lois & ordonnances dans toute l'étendue de fon reffort : elle vérifie les ordonnances, édits, déclarations & lettres-patentes qui forment le droit général du royaume. Beaucoup de traités de paix y ont été enregiftrés. Elle enregiftre auffi les provifions des channceliers ; & c'eft à fes grandes audiences qu'elle en fait faire la publication ; dans la même forme que cela se pratique au parlement.

Par l'édit de mars 1551, portant création de la seconde chambre, & par celui de juin 1636, qui confirme la troisième chambre, cette Cour a le même privilége que le parlement, de pouvoir seule juger les officiers qui la composent lorsqu'ils sont poursuivis extraordinairement pour crimes ; ce qui a été entr'autres confirmé sous Louis XIV par le renvoi fait à la Cour des aides du procès de M. le président de Maridor, qui avoit été commencé par la chambre de justice en 1661.

Suivant toutes les anciennes ordonnances, elle a toute juridiction & correction, non-seulement sur les officiers des sièges de son ressort, mais aussi sur les trésoriers, receveurs, collecteurs & leurs commis, dans ce qui regarde les fonctions de leurs charges, offices & commissions.

La Cour des aides a pour cet effet son pilori ou poteau dans la cour du palais, au bas de l'escalier de la Sainte-Chapelle, comme le parlement a le sien au bas de l'escalier du mai : & ses jugemens portant condamnation de mort ou autres peines, s'exécutent aussi tant à Paris que dans toutes les autres villes & lieux de son ressort, dans les places où l'on a coutume de faire les autres exécutions.

Outre le privilége qu'ont les officiers de cette Cour, de ne pouvoir être jugés ailleurs en matière criminelle, les présidens, conseillers, gens du roi, greffiers en chef, secrétaires du roi près la Cour, & premier huissier, jouissent de la

Y iv

nobleſſe au premier degré : ſur quoi il faut obſerver qu'en 1645 le roi ayant accordé la nobleſſe tant à la Cour des aides qu'au parlement,
à la chambre des comptes & au grand conſeil,
ce privilége qui avoit été renouvelé en 1659,
fut révoqué par l'édit de juillet 1669, portant
réglement pour les offices de judicature du
royaume, & fut depuis rétabli ; ſavoir pour le
parlement, par édit de novembre 1690 ; pour
la Cour des aides, par édit de mars 1691 ;
pour la chambre des comptes, par celui d'avril
1704 ; & pour le grand conſeil, par celui d'août
1717.

Les mêmes officiers de la Cour des aides
jouiſſent encore, ſuivant l'édit de mars 1691,
de l'exemption des droits ſeigneuriaux dans la
mouvance du roi, tant en achetant qu'en vendant.

La nobleſſe n'a été accordée aux ſubſtituts du
procureur général de la cour des aides, que par
l'édit de novembre 1704.

Les officiers de la Cour des aides jouiſſent
du franc ſalé ; ils ſont commenſaux de la maiſon
du roi, & c'eſt à ce titre qu'ils ont droit de deuil
à la mort des rois, & qu'ils aſſiſtent à leur enterrement en robes noires, à la différence du
parlement qui y aſſiſte en robes rouges.

Les préſidens, conſeillers, avocats & pro-
cureurs-généraux de la Cour des aides, doivent
néceſſairement, ſuivant l'ordonnance donnée à
Fontainebleau au mois de juin 1549, être interrogés & ſubir pareil examen ſur la loi donnée,
que ceux des parlemens, attendu, dit cette
ordonnance, qu'elle eſt Cour ſouveraine & juge
en dernier reſſort de toutes les cauſes dont la

connoiffance lui eft attribuée, & de fi long-
temps qu'il n'eft mémoire du contraire. Et par
la déclaration du 27 avril 1627, regiftrée en
parlement le 20 décembre 1635; ils ont le privilége d'être reçus fans fubir nouvel examen,
lorfqu'ils font pourvus d'offices du parlement ou
de maître des requêtes.

L'habit de cérémonie de MM. de la cour des
aides eft pour M. le premier préfident & pour
les autres préfidens, la robe de velours noir,
avec le chaperon de la même étoffe fourré d'hermine. Les confeillers, gens du roi & greffiers
en chef, portent la robe rouge; & fuivant l'ancien ufage, ils doivent porter fur la robe rouge
un chaperon noir à longue cornette, ainfi que
cela fut réglé par Henri II le 7 janvier 1552.

Les officiers de la Cour des aides font diftribués en trois chambres. La première, que l'on
appeloit anciennement la chambre des généraux
des aides, ou des généraux de la juftice des aides, étoit autrefois le feul fiége de cette Cour.
C'eft préfentement celle où fe tiennent les audiences, & par cette raifon elle eft appelée dans
plufieurs ordonnances la chambre des plaidoyers
ou plaidoiries.

C'eft en cette chambre que fe portent, ainfi
qu'il fe pratique en la grand'chambre du parlement, toutes les appellations verbales des jugemens rendus dans les fiéges du reffort, toutes les
requêtes introductives d'inftances ou autres qui
font préfentées directement à la Cour des aides
pour y former de nouvelles demandes, & tous
les incidens qui furviennent dans les procès ou
inftances avant que le partage en ait été fait
entre les trois chambres.

La première chambre a aussi quelques attributions qui lui sont particulières, comme les appels des sentences rendues sur le fait des aides & gabelles & autres droits par les juges du Clermontois, la connoissance en première instance des affaires de l'hôpital général & de l'Hôtel-Dieu de Paris, au sujet de leurs privilèges & exemptions des droits d'aides & autres, la poursuite des saisies réelles mobilières faites en exécution des rôles & jugemens de la chambre de justice, &c.

C'est dans cette chambre que se font les enregistremens de toutes les ordonnances, édits, déclarations, lettres - patentes, lettres de noblesse & autres : ce qui ne concerne que les particuliers est enregistré dans la première chambre seule ; ce qui contient des réglemens généraux & concerne tout le royaume, s'enregistre les trois chambres assemblées ; sur le reste on suit le même usage qu'au parlement : c'est aussi dans cette chambre que le grand maître ou le maître des cérémonies vient apporter les lettres de cachet du roi qui invitent la Cour d'assister à quelque cérémonie.

Lorsque les princes viennent apporter des édits à la Cour des aides, ils ont séance à la première chambre sur le banc des présidens, après M. le premier président & avant les autres présidens. Les maréchaux de France qui les accompagnent se mettent sur le banc à la droite des présidens, au-dessus du doyen des conseillers, & les conseillers d'état prennent place sur le banc vis-à-vis, au-dessus des conseillers.

Les présidens, conseillers & gens du roi, sont reçus & installés à la première chambre toutes

connoiffance lui eft attribuée, & de fi long-temps qu'il n'eft mémoire du contraire. Et par la déclaration du 27 avril 1627, regiftrée en parlement le 20 décembre 1635 ; ils ont le privilége d'être reçus fans fubir nouvel examen, lorfqu'ils font pourvus d'offices du parlement ou de maître des requêtes.

L'habit de cérémonie de MM. de la cour des aides eft pour M. le premier préfident & pour les autres préfidens, la robe de velours noir, avec le chaperon de la même étoffe fourré d'hermine. Les confeillers, gens du roi & greffiers en chef, portent la robe rouge ; & fuivant l'ancien ufage, ils doivent porter fur la robe rouge un chaperon noir à longue cornette, ainfi que cela fut réglé par Henri II le 7 janvier 1552.

Les officiers de la Cour des aides font diftribués en trois chambres. La première, que l'on appeloit anciennement la chambre des généraux des aides, ou des généraux de la juftice des aides, étoit autrefois le feul fiége de cette Cour. C'eft préfentement celle où fe tiennent les audiences, & par cette raifon elle eft appelée dans plufieurs ordonnances la chambre des plaidoyers ou plaidoiries.

C'eft en cette chambre que fe portent, ainfi qu'il fe pratique en la grand'chambre du parlement, toutes les appellations verbales des jugemens rendus dans les fiéges du reffort, toutes les requêtes introductives d'inftances ou autres qui font préfentées directement à la Cour des aides pour y former de nouvelles demandes, & tous les incidens qui furviennent dans les procès ou inftances avant que le partage en ait été fait entre les trois chambres.

La première chambre a auffi quelques attributions qui lui font particulières, comme les appels des fentences rendues fur le fait des aides & gabelles & autres droits par les juges du Clermontois, la connoiffance en première inftance des affaires de l'hôpital général & de l'Hôtel-Dieu de Paris, au fujet de leurs privileges & exemptions des droits d'aides & autres, la pourfuite des faifies réelles mobilières faites en exécution des rôles & jugemens de la chambre de juftice, &c.

C'eft dans cette chambre que fe font les enregiftremens de toutes les ordonnances, édits, déclarations, lettres - patentes, lettres de nobleffe & autres : ce qui ne concerne que les particuliers eft enregiftré dans la première chambre feule ; ce qui contient des réglemens généraux & concerne tout le royaume, s'enregiftre les trois chambres affemblées ; fur le refte on fuit le même ufage qu'au parlement : c'eft auffi dans cette chambre que le grand maître ou le maître des cérémonies vient apporter les lettres de cachet du roi qui invitent la Cour d'affifter à quelque cérémonie.

Lorfque les princes viennent apporter des édits à la Cour des aides, ils ont féance à la première chambre fur le banc des préfidens, après M. le premier préfident & avant les autres préfidens. Les maréchaux de France qui les accompagnent fe mettent fur le banc à là droite des préfidens, au-deffus du doyen des confeillers, & les confeillers d'état prennent place fur le banc vis-à-vis, au-deffus des confeillers.

Les préfidens, confeillers & gens du roi, font reçus & inftallés à la première chambre toutes les chambres affemblées. A l'égard des autres officiers de la Cour, ils y font reçus fans affembler les deux autres chambres, ainfi que tous les officiers reffortiffans à cette Cour qui y font examinés & y prêtent ferment.

Il y a par an deux rentrées de la Cour des aides. La première fe fait le lendemain de la Saint-Martin. Après la meffe du Saint-Efprit, toutes les chambres s'étant raffemblées en la première, on y fait la lecture des ordonnances. M. le premier préfident y prononce un difcours & fait prêter ferment aux greffiers & aux huiffiers, & enfuite un de MM. les gens du roi prononce une harangue. La feconde rentrée fe fait le lendemain de quafimodo. On y fait auffi la lecture des ordonnances.

L'ouverture des audiences de la Cour des aides fe fait en la première chambre, le mercredi de la première femaine après la Saint-Martin.

Les grandes audiences qui fe tiennent fur les hauts fiéges font celles des appellations, tant du rôle ordinaire que du rôle extraordinaire. Les plaidoiries du rôle ordinaire font les mercredis & vendredis matin. Depuis l'Afcenfion jufqu'au 8 feptembre, lorfqu'il y a une fête le jeudi, l'audience du vendredi matin eft remife au famedi. Celles du rôle extraordinaire font les mardis de relevée, & ceffent après la faint Jean. Ces rôles font fignifiés à la communauté des procureurs, & de là vient l'ufage qui fe pratique comme au parlement, de ne point accorder de défauts aux grandes audiences avant que l'huiffier ait appelé & rapporté ; c'eft-à-dire qu'avant que la Cour adjuge le défaut, l'huiffier fe tranfporte au haut de l'efcalier de la Cour des aides, d'où il appelle à haute voix dans la grand'falle la partie contre laquelle on prend le défaut & fon procureur, & vient rapporter enfuite qu'ils n'ont point répondu. L'ancien des préfidens tient les audiences des mardis de relevée, à l'exception de la première & de la dernière qui font tenues par M. le premier préfident.

Les audiences fur les demandes, que les anciennes ordonnances appellent audiences à huis clos, fe tiennent fur les bas fiéges les mardis matin & vendredis de relevée.

Toutes ces audiences ceffent paffé le 7 feptembre, & ne recommencent qu'après la faint Martin.

Les gens du roi aux grandes audiences, font affis à la même place que ceux du parlement, c'eft-à-dire au banc qui eft au-deffous des préfidens. Les fecrétaires du roi près de la Cour ne fe mettent point fur ce banc. A l'égard des petites audiences, ils font placés fur le banc qui eft à la gauche des préfidens, qui eft la même place qu'avoient autrefois au parlement les gens du roi, fur le banc des baillis & fénéchaux.

La première chambre eft compofée du premier préfident, de trois préfidens, des confeillers d'honneur dont le nombre n'eft pas fixe, & qui ont féance au-deffus du doyen des confeillers & de dix-huit confeillers. Les préfidens & confeillers des deux autres chambres montent à la première par rang d'ancienneté, ainfi que les confeillers des enquêtes du parlement montent à la grand'chambre.

Par l'article 3 de la déclaration du 10 août 1748, deux conseillers de chacune des seconde & troisième chambres, doivent à tour de rôle servir pendant six mois à la première chambre.

La seconde & la troisième chambre, sont composées chacune de trois présidens & de dix-sept conseillers. Elles donnent audience les mercredi & vendredi matin, sur les demandes incidentes aux procès qui y sont distribués. Les avocats généraux y·portent la parole dans les affaires qui requièrent leur ministère. Il y a quelquefois des.affaires qui sont attribuées en partiíier à l'une de ces deux chambres.

La distribution des procès & instances civiles se fait également entre les trois chambres par M. le premier président, assisté d'un président de chacune des deux autres chambres. Lorsqu'un conseiller de la seconde ou troisième chambre monte à la première par droit d'ancienneté, il peut pendant le cours d'une année rapporter en la chambre d'où il est sorti les procès & instances dont il étoit chargé : .mais après l'année révolue, il les remet au greffe pour être redistribués en cette même chambre. Les procès criminels se jugent indistinctement dans les trois chambres.

Lorsque dans les affaires de rapport il y a partage d'opinions en quelqu'une des chambres, le rapporteur & le compartiteur, c'est-à-dire celui qui a le premier ouvert l'avis contraire à celui du rapporteur, vont départager l'affaire dans une autre chambre en cet ordre : les partages de la première chambre vont à la seconde, ceux de la seconde à la troisième, & ceux de la troisième à la première. Il est arrivé

quelquefois que des affaires s'étant trouvées
successivement partagées dans toutes les chambres de la Cour, le roi a donné des lettres-
patentes pour les aller départager dans quelqu'une des chambres des enquêtes du parlement, comme firent MM. Quatrehommes &
Bouette, les 3 & 4 décembre 1614, en la première des enquêtes; & le 8 janvier 1633,
MM. Gourceau & Bourgoin, en la seconde des
enquêtes.

La chambre des vacations commence le 9
septembre & finit le 27 octobre. Elle tient ses
séances à la première chambre où elle donne ses
audiences sur les bas siéges les mercredis &
vendredis matin. Elle ne connoît que des affaires
sommaires ou provisoires, des affaires criminelles, & de celles qui concernent le roi. Elle
est composée de deux présidens & de quinze
conseillers; savoir, cinq de chacune des chambres. L'ouverture s'en fait par M. le premier
président, qui a droit d'y assister quand il le juge
à propos.

Cinq fois par an, savoir, la surveille de Noël,
le mardi de la semaine sainte, la surveille de la
Pentecôte, la veille de l'Assomption, & la veille
de saint Simon, la Cour des aides va tenir
ses séances à la conciergerie, & y donne audience pour les prisonniers. C'est un substitut
qui y porte la parole. Quelques jours avant ces
séances, deux conseillers-commissaires, assistés
d'un substitut & d'un greffier, vont faire leurs
visites dans toutes les prisons de Paris où il se
trouve des prisonniers du ressort, & en font
ensuite leur rapport à la Cour.

Les avocats du parlement plaident & écrivent à la Cour des aides. Les procureurs font les mêmes pour le parlement & pour la Cour des aides.

On fait que par édit du mois d'avril 1771, enregiftré au lit de juftice tenu à Verfailles le 13 de ce mois, la Cour des aides fut fupprimée. Mais les circonftances particulières qui avoient donné lieu à cette fuppreffion ayant changé, l'édit de 1771 a été révoqué par un autre édit du mois de novembre 1774. Cette dernière loi a rétabli la Cour des aides au même état où elle étoit avant la publication de l'édit révoqué, pour connoître de toutes les caufes & matières qui lui avoient été attribués par les ordonnances, édits, déclarations & lettres-patentes des rois prédéceffeurs de fa majefté.

Par une ordonnance du même mois de novembre 1774 (*), le roi a réglé la difcipline

---

(*) *Voici cette ordonnance.*

Louis, &c. falut. La confervation & la gloire d'un état dépendent de l'attention d'un monarque à y maintenir le bon ordre, à veiller à l'adminiftration de la juftice, à contenir chacun de fes fujets dans les bornes de fon devoir. C'eft l'unique moyen d'entretenir l'harmonie qui doit régner entre tous-les membres d'une monarchie, & de conferver cette force & ces rapports fi néceffaires à la ftabilité des empires. Les rois nos prédéceffeurs, inviolablement attachés à cette maxime falutaire, ont reconnu dans tous les temps que ce n'eft que par elle qu'un fouverain peut acquitter fes obligations envers Dieu & fes fujets; ils ont fait ufage de l'autorité qu'ils tenoient de Dieu pour établir dans toutes les provinces du royaume des officiers deftinés à rendre la juftice en leur nom; & pour régler la conduite & les fonctions de ces officiers, ils ont donné plufieurs bonnes, faintes & juftes conftitutions & ordonnances; lorfque le bien de l'état & leur attention pour tout

qui doit être obſervée à la Cour des aides , ſoit

ce qui intéreſſoit la tranquillité & le bonheur des peuples ,
l'ont exigé; ils ont corrigé par de nouvelles lois les abus
qui avoient pu s'introduire dans les différentes parties du
gouvernement , & ſuppléer aux omiſſions faites dans les
oidonnances des rois leurs prédéceſſeurs. Héritier du Trône
dont leur ſageſſe aidée de la protection divine a rendu les
fondemens inébranlables , animé par l'amour le plus tendre pour nos ſujets , ſentiment que ces monarques de glo-
rieuſe mémoire , nous ont tranſmis avec leur ſang , nous
nous propoſons de ſuivre leur exemple : nous avons eſtimé
que notre premier ſoin devoit être de rétablir dans nos
cours la diſcipline preſcrite par les anciennes ordonnances ,
d'éclairer les magiſtrats ſur leurs obligations , & de fixer
les objets ſur leſquels le ſilence des anciennes lois a pu
par le paſſé les induire en erreur. A ces cauſes , & autres
à ce nous mouvant , de l'avis de notre conſeil , & de notre
certaine ſcience , pleine puiſſance & autorité royale , nous
avons par le préſent édit perpétuel & irrévocable , dit ,
ſtatué & ordonné ; diſons , ſtatuons & ordonnons , voulons
& nous plaît ce qui ſuit :

### A R T I C L E　P R E M I E R.

Notre cour des aides continuera de connoître des matières qui lui ont été attribuées , & elles ſeront poitées
dans chacune des chambres d'icelle , ſuivant leur nature,
comme il ſe pratiquoit ci devant.

II. S'il ſurvient quelques différens entre leſdites chambres ſur la compétence , ils ſeront portés aux chambres
aſſemblées que le premier préſident , ou celui qui préſidera
en ſon abſence , ſera tenu de convoquer , à l'effet de les
régler dans le ſein même de la compagnie.

III. Dans le cas où ces différens ne pourront être con-
ciliés dans l'aſſemblée des chambres , celles entre leſquelles
ils ſe ſeront élevés , enverront chacune un mémoire contenant ſommairement l'objet de la difficulté , & les motifs
des prétentions reſpectives à notre très-cher & féal chancelier ou garde des ſceaux de France , pour , ſui le compte

pour

pour terminer les conflits qui peuvent s'élever

qu'il nous en rendra, être par nous statué, ainsi qu'il appartiendra.

IV. Les dispositions des articles II & III de notre présent édit seront exécutées dans le cas où il surviendroit quelques différens entre les officiers de quelques unes des chambres de notre Cour des aides, & nos avocats & procureurs généraux, relativement à leurs fonctions, aux droits & aux privilèges de leurs offices.

V. Lorsqu'il y aura quelques causes, instances ou procès de nature à être plaidés & jugés aux chambres assemblées, elles pourront être assemblées aux heures marquées par les règlemens pour les audiences, & pour l'expédition des affaires ; mais dans tous les autres cas les chambres ne pourront être assemblées que hors les temps & heures de service ordinaire de notre Cour des aides.

VI. Conformément à l'article XVIII de l'ordonnance du vingt huit octobre 1446, à l'article CXVI de l'ordonnance du mois d'avril 1453, à l'article XXXVI de l'ordonnance du mois de juin 1510, & autres règlemens, les chambres ne pourront en aucun cas être assemblées, à la requête des parties ; pourront néanmoins les causes, instances ou procès être jugés aux chambres assemblées, s'ils sont de nature à y être portés ; ce qui sera décidé dans la forme ci-après.

VII. Lorsqu'il s'agira de décider si une affaire est de nature à être jugée par les chambres assemblées, le premier président ou celui qui présidera en son absence, convoquera la première, laquelle y statuera.

VIII. Les chambres ne pourront être assemblées qu'au préalable le premier président, ou celui qui présidera en son absence, n'ait été instruit du sujet & des motifs pour lesquels l'assemblée des chambres sera demandée, ainsi que des objets sur lesquels on proposera de délibérer.

IX. Lorsque le procureur général ou quelqu'un des officiers de notre cour des aides voudra demander l'assemblée des chambres, il s'adressera au premier président ou à celui qui présidera en son absence, lui communiquera le sujet pour lequel il demande ladite assemblée, les motifs qui le

entre les différentes chambres dont elle eſt com-

---

déterminent à la demander, & les objets ſur leſquels il eſtime qu'il y a à délibérer.

X. Si l'une des chambres de notre Cour des aides eſtime
devoir demander l'aſſemblée des chambres, elle ſera tenue
d'envoyer au premier préſident ou à celui qui préſidera en ſon
abſence, deux députés, leſquels ſe conformeront à l'article
précédent.

XI. Le premier préſident ou celui qui préſidera en ſon
abſence, ſera tenu d'accorder ou refuſer l'aſſemblée des
chambres dans vingt-quatre heures ; en cas de refus, &
que ce ſoit le procureur général ou un autre officier de
la première chambre qui ait demandé ladite aſſemblée, ils
pourront faire leur propoſition à la première chambre,
que le premier préſident ou celui qui préſidera en ſon
abſence, ſera obligé d'aſſembler à cet effet ; & ſi la première chambre décide à la pluralité des ſuffrages qu'il y a
lieu d'aſſembler toutes les chambres, le premier préſident
ou celui qui préſidera en ſon abſence ne pourra ſe diſpenſer
de les convoquer dans la forme ordinaire & accoutumée.

XII. Si l'aſſemblée des chambres eſt demandée par
l'une des chambres de notredite Cour des aides, autre que la
première, le premier préſident ou celui qui préſidera en
ſon abſence, ſera tenu de l'accorder dans vingt-quatre
heures, ou d'aſſembler la première chambre à l'effet d'y
délibérer.

XIII. Dans le cas où l'aſſemblée des chambres aura
été demandée par un officier d'une des chambres, autre
que la première, & refuſée par le premier préſident ou
celui qui préſidera en ſon abſence, ledit officier pourra faire
part à ſa chambre du ſujet pour lequel il avoit demandé
l'aſſemblée, des motifs de ſa demande, des objets ſur leſquels il deſiroit faire délibérer, & du refus du premier
préſident ou de celui qui préſidera en ſon abſence ; & ſi
ladite chambre juge à la pluralité des ſuffrages qu'il y a lieu
à demander l'aſſemblée des chambres, elle enverra deux
députés au premier préſident ou à celui qui préſidera en
ſon abſence, lequel ſera tenu, ainſi qu'il eſt porté par
l'article précédent, d'accorder dans les vingt-quatre heures

posée ; soit pour déterminer les formalités re-

ladite assemblée, ou de convoquer la première chambre pour y délibérer.

XIV. Si la première chambre décide qu'il y a lieu d'assembler toutes les chambres, le premier président ou celui qui présidera en son absence, sera tenu de les convoquer en la manière accoutumée, pourvu que ce soit hors desdites heures des audiences afin de ne point déranger le service ordinaire.

XV. Et où il aura été délibéré par la première chambre à la pluralité des suffrages qu'il n'y a pas lieu à l'assemblée des chambres, le premier président ou celui qui présidera en son absence, ni aucun des officiers de notre Cour des aides ne pourra les convoquer.

XVI. Il ne pourra être fait aucune dénonciation que par notre procureur général, sauf néanmoins à ceux des officiers de notre Cour des aides qui seroient instruits de quelques faits qu'ils regarderoient comme sujets à dénonciation d'en informer le premier président ou celui qui présidera en son absence, pour, sur le compte qu'il en rendra à la première chambre, être enjoint au procureur général, s'il y a lieu, de faire ladite dénonciation à laquelle il ne pourra se refuser.

XVII. Les officiers de notre Cour des aides de service dans les autres chambres ne pourront venir sous aucun prétexte prendre leur place à la première chambre pour autres objets que ceux de la distribution de la justice, lorsque l'assemblée des chambres n'aura pas été convoquée en la manière accoutumée.

XVIII. Aucun officier de notre Cour des aides ne pourra sous prétexte d'assemblée de chambres pour la réception d'un officier, ou pour les mercuriales, ou autres assemblées, proposer aucun objet de délibération étranger, s'il n'a été communiqué, ainsi qu'il est porté par les articles précédens.

XIX. La délibération prescrite par les articles précédens pour déterminer par la première chambre les cas dans lesquels il conviendra d'assembler les chambres, n'aura pas lieu à l'égard de nos ordonnances, édits, déclarations &

latives aux affemblées des chambres, foit pour

lettres patentes adreffées à notre Cour des aides, de notre propre mouvement, concernant l'adminiftration générale de la juftice, les impofitions nouvelles, les créations de rantes ou offices ou autres de cette nature, à l'enregiftrement defquels il ne pourra être procédé qu'aux chambres affemblées.

XX. Voulons que conformément à l'article II de l'ordonnance de Moulins du mois de février 1566; à la déclaration du onze décembre de la même année, à l'article II du titre premier de l'ordonnance de 1667, lorfque nous adrefferons à notre Cour des aides des ordonnances, édits, déclarations ou lettres patentes avec des lettres clofes pour l'enregiftrement, les officiers de notre Cour des aides foient tenus de procéder fans retardement, & toutes affaires ceffantes, audit enregiftrement.

XXI. L'article VI de l'ordonnance du mois de juillet 1493, l'article XCIII du titre premier de l'ordonnance du mois d'octobre 1535, l'article XXVII de l'ordonnance du mois de mars 1549, l'article II de l'ordonnance de Moulins, les déclarations des onze décembre 1566 & quinze feptembre 1715, & les lettres patentes du vingt-fix août 1718, feront exécutés, en conféquence, fi en procédant audit enregiftrement les officiers de nos Cours des aides eftimoient qu'il y eut lieu pour le bien de notre fervice & pour l'intérêt public de nous faire des repréfentations fur lefdites ordonnances, édits, déclarations & lettres patentes, ou fur aucune difpofition d'iceux, ils pourront nous faire telles remontrances & repréfentations qu'ils eftimeront convenables avant d'enregiftrer, fans néanmoins que pour la rédaction d'icelles le fervice ordinaire puiffe être interrompu.

XXII. Voulons que conformément à l'article II de l'ordonnance de Moulins & autres règlemens faits par les rois nos prédéceffeurs, les officiers de notre Cour des aides foient tenus de vaquer à la confection defdites remontrances & repréfentations, auffi-tôt qu'elles auront été arrêtées, & qu'elles nous foient préfentées dans le mois au plus tard, à compter du jour que les ordonnances,

procéder à l'enregistrement des lois nouvelles, &c.

---

édits, déclarations ou lettres patentes leur auront été remises par nos avocats & procureurs généraux.

XXIII. Ordonnons pareillement que la déclaration du
onze décembre 1566, & l'article IV du titre premier de
l'ordonnance de 1667, soient exécutés ; en conséquence,
lorsqu'il nous aura plu, après avoir répondu aux remontrances de notredite Cour des aides, de faire publier &
enregistrer en présence de personnes chargées de nos ordres,
aucunes ordonnances, édits, déclarations & lettres patentes,
voulons que rien ne puisse en suspendre l'exécution, &
que notre procureur général soit tenu de les envoyer dans
tous les siéges du ressort, pour y être publiés & exécutés.

XXIV. Dans le cas néanmoins où les officiers de notre
Cour des aides, après avoir procédé à l'enregistrement
des ordonnances, édits, déclarations & lettres patentes de
notre très-exprès commandement, & après la publication
& enregistrement faits en présence de personnes chargées
de nos ordres, estimeroient devoir encore pour le bien de
notre service, nous faire de nouvelles représentations, ils
le pourront ; mais l'exécution desdits ordonnances, édits &
lettres patentes ne sera suspendue en aucune manière ni sous
aucun prétexte.

XXV. Il ne sera accordé à l'avenir aucune lettre de
dispense sous quelque prétexte que ce puisse être, à l'effet
de donner voix délibérative avant l'âge de vingt-cinq ans ;
n'entendons néanmoins abroger l'usage de compter la voix
des rapporteurs dans les affaires dont ils font le rapport,
encore qu'ils n'aient point vingt-cinq ans accomplis, ainsi
qu'il est porté par la déclaration du vingt mai 1713.

XXVI. Conformément à l'ordonnance du mois de décembre 1320, à l'article II de l'ordonnance du mois d'avril
1453, à l'article III de l'ordonnance du mois de juillet
1493, à l'article XXV de l'ordonnance du mois de mars
1498, aux articles VI & VII du titre premier de l'ordonnance du mois d'octobre 1535, à l'article CXXIX de
l'ordonnance de Villers-Cotterets du mois d'août 1536,
à l'article IV de l'ordonnance du mois de mars 1549, à

l'article CXXXVII de l'ordonnance de Blois du mois de mai 1579, & autres ordonnances & réglemens donnés par nos prédéceſſeurs ; les préſidens & conſeillers de notre Cour des aides ſeront tenus de réſider dans le lieu de l'établiſſement de notre Cour des aides, de remplir aſſiduement les fonctions de leurs offices ; & ne pourront s'abſenter pendant le cours des ſéances ſans congé de leur compagnie, lorſqu'ils ne ſortiront pas de leurs reſſort, & ſans notre permiſſion quand ils voudront en ſortir.

XXVII. En conſéquence, faiſons très-expreſſes inhibitions & défenſes aux officiers de notre Cour des aides de ſuſpendre en aucuns cas, & ſous quelque prétexte que ce puiſſe être, l'adminiſtration de la juſtice ; ni de donner en corps leurs démiſſions par une délibération combinée, ſans préjudice de la liberté que chacun d'eux aura en particulier de réſigner ſon office entre nos mains, lorſqu'il croira ne pouvoir plus le remplir à raiſon de ſon âge, de ſes infirmités, ou d'autres cauſes légitimes.

XXVIII. Dans le cas ou les officiers de notre Cour des aides, ce que nous ne préſumons pas, ſuſpendroient l'adminiſtration de la juſtice, ou donneroient leurs démiſſions par une délibération combinée, & refuſeroient de reprendre leurs fonctions au préjudice de nos ordres, nous déclarons qu'alors la forfaiture ſera par eux encourue, laquelle ſera jugée par notre conſeil en notre préſence, conformément aux lois & ordonnances du royaume. Si donnons en mandement, &c.

*Cette dernière diſpoſition ayant occaſionné des remontrances fondées ſur ce que les membres de la Cour des aides ont le droit de ne pouvoir être jugés en matière criminelle que par les perſonnes qui ont ſéance en cette Cour, le roi a rendu en conſequence le 28 mai 1775 la déclaration ſuivante :*

Louis ; &c. Salut : nous nous ſommes fait rendre compte des remontrances de notre Cour des aides ; ſpécialement en ce qui concerne l'exécution de l'article XXVIII de notre ordonnance donnée à Fontainebleau au mois de novembre 1774, & enregiſtrée en notre Cour des aides le

Paris eſt la même que celle du parlement de Paris, avec cette différence que la Cour des aides a de plus la Saintonge & l'Aunis, & que d'un autre côté l'Auvergne en a été diſtraite pour former une Cour des aides particulière à Clermont.

Voyez *le recueil des ordonnances du Louvre ; Paſquier, recherches de la France ; la bibliothèque du droit françois ; le dictionnaire des arrêts ; le traité des offices de Loiſeau & celui de Joly ; les arrêts de Papon ; le recueil de Fontanon ; le mémorial alphabétique des tailles*, &c. Voyez auſſi les articles AIDES, TAILLES, GABELLES, ÉLECTION, &c.

COUR DES MONNOIES. Voyez MONNOIE.

COUR SOUVERAINE DE LORRAINE ET BARROIS. Voyez PARLEMENT.

---

12 du même mois, & nous avons reconnu la légitimité du droit réclamé par les officiers de notre Cour des aides, d'être jugés, en matière criminelle, par ceux qui ont ſéance en cette Cour, & notamment par les princes de notre ſang, & les pairs de France, membres eſſentiels de toutes les Cours ſupérieures. A ces cauſes & autres à ce nous mouvant, nous avons dit, déclaré & ordonné, & par ces préſentes ſignées de notre main, diſons, déclarons & ordonnons que, dans le cas où les officiers de notre Cour des aides, ce que nous ne préſumons pas, ſuſpendroient l'adminiſtration de la juſtice, ou donneroient leurs démiſſions par une délibération combinée, & refuſeroient de reprendre leurs fonctions au préjudice de nos ordres, la forfaiture ſera jugée par nous tenant notre Cour des aides, à laquelle nous appellerons les princes de notre ſang, le chancelier garde des ſceaux de France, les pairs de France, les gens de notre conſeil, & autres perſonnes qui ont entrée & ſéance en notredite Cour des aides. Si donnons en mandement, &c.

COURS D'EAU. C'eſt le flux, le mouvement de l'eau des fleuves, des rivières, des ruiſſeaux.

L'article 42 du titre 27 de l'ordonnance des eaux & forêts du mois d'août 1669, défend à tout particulier de faire dans les rivières navigables aucun moulin ou autre édifice, & d'y jeter aucune choſe qui puiſſe nuire au Cours de l'eau, à peine d'amende arbitraire.

Et par l'article 44, il eſt défendu à toute perſonne de détourner l'eau des rivières navigables, & d'en affoiblir ou altérer le Cours par des tranchées, foſſés ou canaux, à peine contre les contrevenans d'être punis comme uſurpateurs & condamnés à remettre les choſes en l'état où elles étoient.

Pluſieurs arrêts du conſeil ont confirmé ces diſpoſitions, & particulièrement un du 22 novembre 1712, qui a condamné la ducheſſe d'Elbœuf à faire démolir le pas de Vibrat, & à exhauſſer un pont, &c, qui gênoient le Cours de l'eau.

Le propriétaire d'un héritage où ſe trouvent des ſources formant un ruiſſeau, peut en détourner le Cours pour ſon utilité, même au préjudice de ceux qui ſont au-deſſous, quoiqu'ils ſoient en poſſeſſion immémoriale d'uſer de cette eau pour arroſer leurs terres, à moins toutefois qu'il n'y ait ſur cet objet quelque convention particulière.

Cette juriſprudence eſt appuyée ſur la loi 6, *au cod. de ſervi. & aqu.* & ſur différens arrêts. Henrys en rapporte un du 13 août 1644 dans l'eſpèce ſuivante :

Le ſieur Fayet, tréſorier de la généralité de

Riom, ayant acquis un héritage où étoient des sources dont l'eau arrosoit un grand pré appartenant au sieur Brunet, procureur du roi au bailliage de Montrognon, jugea à propos de détourner le Cours de cette eau & de la conduire par des canaux souterreins dans sa maison. Le sieur Brunet se plaignit de cette entreprise, mais par arrêt du 13 août 1644, il fut débouté de sa prétention.

M. de Perchambault cite un arrêt semblable rendu par le parlement de Bretagne au mois de septembre 1698.

Enfin il y en a un plus récent du 22 août 1766, par lequel le parlement de Paris a jugé que le baron de Vitry avoit été fondé à changer le Cours d'eau des sources qui se trouvoient dans son héritage, nonobstant la possession immémoriale où étoit le curé de Chide de jouir de cette eau pour arroser un pré de sa cure.

Voyez *les œuvres de Henrys; Perchambault; en son traité des facultés & servitudes; l'ordonnance des eaux & forêts du mois d'août 1669; les lois forestières; le dictionnaire des eaux & forêrs*, &c. Voyez aussi les articles EAUX ET FORÊTS, PÊCHE, RIVIÈRE, &c.

COURSE AMBITIEUSE. C'est en matière bénéficiale, l'envoi fait à Rome, du vivant du titulaire d'un bénéfice, pour retenir les dates, à l'effet d'impétrer le bénéfice & de prévenir les collateurs ou patrons. Celui qui retient ainsi prématurément des dates, est indigne du bénéfice, suivant la règle *de non impetrando beneficio viventium*. La retention des dates & la Course ambitieuse peuvent être justifiées en compulsant le registre du banquier. Au reste il ne faut pas confondre la Courſe diligente aveć la Courſe ambitieuſe. La Courſe peut être bonne & utile ſi le courier n'eſt parti pour retenir les dates qu'après le décès du titulaire d'un bénéfice, quand même le courier auroit fait une diligence extraordinaire. Mais ſi l'on a envoyé à Rome du vivant du titulaire, la Courſe eſt toujours réputée ambitieuſe, quand même le courier ne feroit arrivé & que la date n'auroit été retenue que depuis la mort du titulaire.

On eſtime qu'il faut au moins ſix jours en été & ſept en hiver, au courier le plus diligent, pour aller de Paris à Rome. Lorſque cette vraiſemblance ſe trouve, & que l'envoi eſt parti par le courier ordinaire, le regiſtre du banquier en eſt cru. Si au contraire l'envoi eſt fait par un courier extraordinaire, pour faire une diligence, l'uſage le plus général eſt de conſtater le départ du courier par un marché devant notaires & par le regiſtre du banquier, & de ne regarder comme bonnes les courſes faites avec une diligence extraordinaire, que quand il y a de ſemblabes marchés.

Voyez *la bibliothèque de Bouchel; le traité de la pratique & des uſages de la cour de Rome, par Pérard-Cartel; les œuvres de Piales; le dictionnaire de droit canonique, &c.* Voyez auſſi les articles DATE, PROVISIONS, PRÉVENTION, BANQUIER, &c. ( *Article de M.* DESESSARTS, *avocat au parlement* ).

COURTAGE. C'eſt le métier de celui qui s'entremet de faire vendre, acheter ou échanger des marchandiſes.

Ce mot ſe dit auſſi du droit ou du ſalaire qu'on paye à celui qui exerce le Courtage.

COURTAGE fe dit encore d'un droit qui fe lève à Bordeaux, & du bureau où on le perçoit. Ce mot a la même fignification dans les pays d'aides. Voyez COURTIER.

COURTIER. C'eft un entremeteur entre gens de commerce, pour faciliter aux uns la vente & aux autres l'achat des marchandifes.

On difoit autrefois *Couretier* ou *Couratier*, parce qu'un commiffionnaire de cette efpèce eft obligé de courir & de fe donner des mouvemens pour remplir l'objet de fa commiffion. Le genre d'induftrie du Courtier eft à peu près le même que celui du proxenète.

On regarde les Courtiers comme très-utiles dans le commerce, foit extérieur, foit intérieur, à caufe de la connoiffance qu'ils ont des marchands & du négoce dont ceux-ci font profeffion. Avec leur fecours on fe défait fouvent de certaines marchandifes qu'on ne peut aifément débiter, ou l'on s'en procure d'autres dont l'emplette n'étoit pas facile. C'eft ce qui fait que dans prefque toutes les villes commerçantes il y a des Courtiers attachés à chaque corps de marchands.

Quelquefois même ces Courtiers font les fonctions d'agens de change dans les villes où il n'y a point de ces agens établis en titre d'office: mais voyez à ce fujet l'article AGENT DE CHANGE.

Il eft libre pour l'ordinaire à toute perfonne de faire les fonctions de Courtiers de marchandifes; cependant dans les villes d'un commerce confidérable, le prévôt des marchands & les échevins font choix d'un certain nombre de fujets pour remplir ces fortes de commiffions. L'article 19, par exemple, du règlement du 2 juin 1667,

rendu pour la ville de Lyon, porte que « es
» Courtiers ou agens de banque & *marchandises*
» de ladite ville feront nommés par lefdits pré-
» vôt des marchands & échevins, entre les mains
» defquels ils prêteront le ferment de la manière
» accoutumée, en juftifiant par atteftation des
» principaux négocians, en bonne & due forme,
» de leur vie & mœurs & *capacité* au fait &
» exercice de ladite charge, & que lefdits Cour-
» tiers feront réduits à un certain nombre & tel
» qu'il fera jugé convenable par lefdits fieurs
» prévôt des marchands & échevins, fur l'avis
» defdits négocians. »

Il avoit été créé par une déclaration du 8 mai
1760, vingt offices de Courtiers royaux pour
les villes de Bordeaux, Bourg, Libourne & pays
Bordelois, ce qui portoit le nombre des Courtiers dans ce pays-là à foixante : mais fur des
repréfentations faites par les principaux négocians de Bordeaux, qu'il y avoit des inconvéniens
dans cette création, elle fut fupprimée par un
édit du mois de février 1761, & à la place il
fut créé *deux cents lettres de permiffion ou brevets
héréditaires de Courtiers.*

Les étrangers régnicoles ont été admis à fe
faire pourvoir de ces brevets avec attribution
de gages & exemption du droit d'aubaine.

Ceux qui après avoir été pourvus de ces
brevets, veulent renoncer au courtage pour faire
le commerce, font tenus d'en faire leur déclaration à la juridiction confulaire, & dès-lors ils
ne peuvent plus faire le courtage, à peine de
mille livres d'amende. Les étrangers ne laiffent
pas de jouir de l'exemption du droit d'aubaine
lorfqu'ils font devenus commerçans, pourvu

qu'ils aient été pourvus du brevet de Courtiers pendant l'espace de vingt ans.

Ces sortes de brevets peuvent être vendus & cédés par ceux qui les ont acquis ou par leurs héritiers.

Il est permis aux Courtiers brevetés de se nommer un syndic & deux adjoints pour veiller aux intérêts de la communauté, à l'effet de quoi ils peuvent s'assembler toutes les fois qu'ils le jugent à propos.

Leurs fonctions ne doivent pas, suivant l'édit, empêcher les négocians de traiter leurs propres affaires de change, de banque & de marchandises personnellement & par eux-mêmes, ni préjudicier aux habitans de Bordeaux qui ont le droit de bourgeoisie, d'acheter & charger des denrées & marchandises par eux-mêmes & sans le ministère d'aucun Courtier, pourvu que ce soit pour leur propre compte, sans fraude & non par commission.

Il doit être dressé chaque année, en la juridiction consulaire, deux tableaux contenant le nom de tous les Courtiers reçus; & ces tableaux doivent être affichés, l'un à la chambre consulaire, & l'autre à la bourse.

L'arrêt d'enregistrement de cet édit au parlement de Bordeaux porte que les Courtiers royaux & ceux qui seront pourvus des brevets dont il s'agit, tiendront un carnet paraphé des juge & consuls, pour y coucher les achats, le poids des marchandises, les conditions des payemens, les noms des vendeurs & des acheteurs, avec défense de substituer un autre acheteur que celui qui a été proposé au propriétaire, si ce q'est de son exprès consentement.

L'édit dont il s'agit a été fuivi de Lettres-patentes du 15 juin 1761 qui en confirment les difpofitions. Ces lettres-patentes ont été enregiftrées en la chambre du domaine & tréfor du palais à Paris le 15 juillet fuivant, à la charge que les étrangers brevetés demeureront dans le royaume, qu'ils n'en fortiront point fans permiffion, & qu'ils ne prêteront leur nom à aucun étranger.

Les qualités requifes dans un Courtier font d'être prudent & réfervé fur la réputation des négocians, en prenant garde de nuire à leur crédit par fon indifcrétion. Il doit être auffi lui-même de bonne réputation ; car l'article 3 du titre 2 de l'ordonnance de 1673 déclare que ceux qui auront obtenu des lettres de repi, qui auront atermoyé ou fait faillite, ne pourront être Courtiers de marchandifes. Ses capacités font d'être au fait de tout ce qui concerne le négoce, pour la qualité, la mefure & le prix des marchandifes ; de favoir tenir un livre en bon ordre, & y configner tous les marchés pour lefquels il a été employé, ainfi que la quantité, la qualité & le prix des marchandifes vendues ou achetées par fon entremife (*). Comme les Courtiers ne font pas obligés de prendre cette forte de peine gratuitement, on leur paffe un droit de courtage tel qu'on eft en ufage de le

_____

(*) Les livres des Courtiers quand ils font bien tenus, font foi entre les marchands lorfqu'il furvient des conteftations au fujet de leur commerce, parce qu'au moyen de ees livres, on peut favoir fi effectivement une telle marchandife a été vendue & à quel prix.

percevoir dans l'endroit où ils négocient, mais il leur eſt défendu de l'excéder.

Obſervez que les Courtiers, ainſi que les agens de change, ſont conſidérés comme perſonnes publiques, & qu'ils ſont dès-lors contraignables par corps à rendre compte des marchandiſes & des commiſſions pour leſquelles ils ont été employés ; ce qui eſt conforme aux diſpoſitions de quelques coutumes, notamment à l'article 21 du titre des *exécutions* de la coutume de Nevers. Cette loi municipale veut que les proxenetes, Courtiers & autres, commis à vendre les marchandiſes à eux confiées, ſoient contraints par corps à rendre ces marchandiſes ou leur valeur.

L'article 399 de celle de Reims contient à peu près une pareille diſpoſition, en voulant que *les Courtiers de vin qui conduiſent les marchands forains ou autres acheteurs*, ſoient perſonnellement reſponſables du prix de la vente faite par leur entremiſe. En effet, comme c'eſt ſur la foi de ces Courtiers qu'un marchand livre ſa marchandiſe, il ſeroit expoſé à être ſouvent trompé ſi le Courtier ne répondoit point de la ſolvabilité des acheteurs.

Comme la bonne foi doit caractériſer les Courtiers ainſi que les marchands eux-mêmes, & qu'il ſeroit dangereux qu'ils ne s'écartaſſent de cette bonne foi, s'il leur étoit permis de faire le commerce des marchandiſes pour leſquelles ils ſe font employer comme Courtiers, attendu la facilité qu'ils auroient de prendre pour eux le bon marché qu'ils auroient fait pour un autre, l'article 2 du titre 2 de l'ordonnance de 1673 leur défend expreſſément de faire aucun trafic pour leur compte ; de tenir caiſſe d'argent chez eux, pour en faire un commerce à leur profit particulier, & pour le négocier sur place ; de signer des lettres de change par *aval*, de crainte qu'ils ne s'engagent trop facilement envers les négocians, & ne soient responsables du payement de ces lettres : mais ils peuvent certifier que la signature de ces lettres est véritable, parce que leur état les mettant à portée de connoître la signature des négocians & des banquiers, ils assurent la confiance de ceux qui prennent ces lettres pour de l'argent.

Il y a des villes où l'entremise des Courtiers est défendue pour certaines marchandises. Il est défendu, par exemple, à Amiens, aux marchands fabricans d'acheter ou de vendre aucune marchandise ou étoffe par le ministère des Courtiers, de crainte que l'intelligence de ceux-ci avec les fabricans ne tourne au préjudice du public. Il y a à ce sujet une déclaration du 20 février 1731.

*Courtiers de .marine.* Il y a des Courtiers pour le commerce de mer comme pour celui de terre. Le titre 7 du livre premier de l'ordonnance de 1681 établit la police particulière qui doit régner entre les marchands - commissionnaires & les interprètes-courtiers. Cependant les dispositions de cette ordonnance n'ont pas laissé de donner lieu en 1770 à des contestations pour lesquelles il a fallu recourir à des lettres-patentes interprétatives des articles 7 & 14 du même titre. Voici le fait.

Le sieur Bonnin, interprète-courtier, conducteur de navire, établi en la ville de Saint-Martin de l'île de Ré, réclamoit en vertu de sa commission, le droit exclusif d'accompagner les capitaines & marchands étrangers qui ne savent

pas

pas la langue françoise, tant au greffe de l'amirauté qu'au bureau des fermes, pour les affister & leur servir d'interprète dans leurs déclarations & lorsqu'ils vont y prendre leurs expéditions. Les marchands - commissionnaires de la même ville prétendoient au contraire avoir la faculté de remplir ces fonctions, relativement aux navires qui leur étoient adressés, tout comme l'interprète - courtier - conducteur, & de borner celui-ci aux seules fonctions exclusives d'affister les étrangers & de faire les traductions dans les procès intentés & poursuivis en justice.

Cette contestation ayant été portée successivement devant les officiers de l'amirauté de France, & par appel de la part des marchands au parlement de Paris, la cour avant faire droit, a ordonné que les parties se retireroient devant le roi, pour avoir une interprétation des articles 7 & 14 du titre 7 du livre premier de l'ordonnance de 1681 concernant la marine.

Sur cette demande en interprétation il a été expédié des lettres-patentes le 16 juillet 1776, portant que « les maîtres & marchands qui arriveront » dans un port, soit en relâche, soit pour y » faire commerce de leurs cargaisons, qui sauront » la langue françoise & qui voudront agir par » eux-mêmes, ne seront pas tenus de se servir des » interprètes-courtiers pour faire leurs décla- » rations dans les greffes & dans les différens » bureaux, & tous autres actes publics ». Mais les interprètes-courtiers-conducteurs de navires ont été maintenus dans le droit exclusif d'affister les capitaines & marchands étrangers qui ne savent pas la langue françoise, & de leur servir d'interprètes pour faire les déclarations & les autres actes publics dont il s'agit.

La contestation qui avoit donné lieu à ces lettres-patentes a été terminée en conformité des dispositions qu'elles contiennent, par un arrêt du parlement du 31 janvier 1777 (*), qui en ordonnant l'exécution de l'ordonnance de la marine, porte :

1°. Que les Courtiers-conducteurs des maîtres de navires feront tenus d'avoir des registres cotés & paraphés par le lieutenant de l'amirauté de la Rochelle, pour y écrire les noms des maîtres des navires qui les emploiront, le jour de l'arrivée, le port & la cargaison de leurs navires, avec l'état en détail des avaries, des droits & des sommes qu'ils auront payés pour eux, ainsi que des salaires qu'ils en auront reçus. Le tout doit être arrêté & signé sur ces registres par les maîtres qui sauront écrire, ou par leurs correspondans si les maîtres ne savent pas signer.

2°. Que ces Courtiers-conducteurs ne pourront recevoir que les droits qui leur feront légitimement dûs, & qu'ils en donneront des quittances conformes à leurs registres, à peine de faux en cas de contrariété entre les quittances & le registre.

Voici le tarif réglé par cet arrêt pour les Courtiers, quant à ce qui concerne les bâtimens chargés venant du Poitou, de la Bretagne, de la Gascogne, de Bordeaux, de la

_____

(*) Cet arrêt rendu en forme de réglement & imprimé, a été publié à l'audience de l'amirauté de France à Paris, & à celle de l'amirauté de la Rochelle.

Normandie & autres endroits de la Manche.

Pour les bâtimens de quinze tonneaux ou au-
deffous, . . . . . . . . . . 3 liv.

Pour ceux de quinze à trente, . ,. 6.

De trente à quarante, . . . . . 9.

De quarante à cinquante, . . . 12.

De cinquante à quatre-vingt, . . 18.

De quatre-vingt à cent, . . . . 24.

De cent à cent vingt & au-deffus, 30.

Dans chaque fomme font compris tous les
droits, tant de déclaration à l'amirauté qu'au
bureau des fermes & des octrois; mais s'il y
a un rapport à faire d'avaries, les droits des
Courtiers font en outre de fix livres pour les
grands bâtimens, & de trois livres pour les
bâtimens au-deffous de cent tonneaux.

Le même arrêt porte que fi les bâtimens s'en
retournent avec une nouvelle charge, le Courtier qui aura procuré un fret, fera payé pour le
courtage du retour, de la valeur du fret d'un
tonneau par bâtiment de quarante à cinquante
tonneaux & au-deffus, fi le fret eft en plein; &
de la valeur du demi-fret d'un tonneau au-deffous
de quarante, ou dont le fret ne fera qu'en partie;
& le prix du fret pour fixer le falaire du Courtier
doit fe régler fur le prix commun du fret total
de la cargaifon, ce qui doit avoir lieu pour tous
les bâtimens qui viennent au même port.

Si le bâtiment n'eft pas chargé en plein, ou
qu'il ne décharge que partie de fa marchandife
dans le port, le droit du Courtier doit être
proportionné à la taxe ci-deffus: mais pour les
bâtimens qui ne font que de relâche, il ne doit
être payé au Courtier que fes droits pour la

déclaration du maître à l'amirauté & aux bureaux où il eſt obligé de déclarer. Ces droits ſont fixés à trois livres pour tous les bâtimens, de quelque grandeur qu'ils ſoient.

A l'égard des navires & des autres bâtimens qui viennent de l'Amérique, de Marſeille ou de l'Orient, comme les cargaiſons de ces bâtimens ſont d'un plus grand détail, le Courtier eſt autoriſé à percevoir :

Pour les bâtimens de quarante à cinquante tonneaux, . . . . . . . . . . . 30 liv.

Pour ceux de cinquante à quatre-vingt, 48.

Pour ceux de quatre-vingt à cent, . 60.

Et pour les bâtimens d'un nombre au-deſſus, . . . . . . . . . . . 72.

En cas de fret pour le retour, le droit du Courtier doit être réglé comme il eſt dit ci-deſſus

Les bâtimens qui viennent à leur leſt dans le port, pour y prendre un fret, ne ſont ſujets au droit de courtage pour leur arrivée, que comme les vaiſſeaux ſimplement de relâche.

Pour ce qui concerne les bâtimens étrangers, le droit de courtage d'un navire chargé en plein & qui fait ſon entière décharge, eſt régle ainſi :

Pour ceux de cinquante à cent vingt tonneaux, . . . . . . . . . . . 30 liv.

Pour ceux de cent vingt à cent cinquante, 48.

Pour ceux au-deſſus de cent cinquante, 55.

Il eſt ajouté que ſi les bâtimens viennent de Marſeille, le Courtier pourra prendre 72 livres, comme il eſt dit ci-deſſus : mais que ſi ces bâtimens ne ſont chargés que de bois & de planches, il n'aura que moitié des droits fixés pour les bâtimens étrangers.

Si les Courtiers fe donnent des peines extraordinaires, comme pour prendre le poids des
marchandifes dans les bureaux, faire des re-
cenfemens dans les magafins, dreffer des états
des décomptes, &c. ils peuvent percevoir une
retribution à part, ou fuivant qu'elle aura été
convenue ou qu'elle fera réglée par le lieutenant
de l'amirauté, en préfence du procureur du roi,
après avoir entendu les parties.

*Courtier dans les aides.* Les devoirs des Courtiers, facteurs & commiffionnaires pour le vin,
font confignés dans l'article 9 du titre 7 de l'ordonnance des aides pour Paris, dans l'article 10
du titre 9 de l'ordonnance pour Rouen, dans
des arrêts du confeil des 31 mars & 21 juillet
1693, & 10 octobre 1721, & dans un arrêt de
la cour des aides de Paris du 8 mai 1739. En
conformité de ces réglemens, les Courtiers
doivent tenir des regiftres en papier timbré,
paraphés par le juge royal du lieu ou par celui
du lieu le plus prochain. Ils doivent y écrire
jour par jour ce qu'ils font en leur qualité de
Courtiers, déclarer au fermier le nom & la demeure de ceux qui les emploient, la quantité
des boiffons qui leur font adreffées, les lieux où
ils les font encaver, & repréfenter les pouvoirs
qu'ils en ont pour être paraphés par les commis
du fermier; le tout à peine de confifcation des
boiffons, & d'une amende de trois cens livres
qui ne peut être modérée.

Il leur eft défendu fous les mêmes peines,
ainfi qu'aux tonneliers, de faire commerce de
vin pour leur compte, & de prêter leur nom
aux marchands, ou de s'affocier avec eux direc-

tement ou indirectement. Ces difpofitions ont pour objet de prévenir les fraudes qui pourroient fe commettre de la part des Courtiers qui achèteroient pour leur compte fous prétexte d'acheter pour autrui, & qui revendroient enfuite fans payer les droits de revente. C'eft par cette raifon auffi qu'il eft défendu aux marchands de vin & à ceux qui en tiennent magafin, de faire fur cet article les fonctions de Courtiers, & d'envoyer chez eux d'autres boiffons que celles qui font réellement pour eux, à peine de confifcation & de trois cens livres d'amende.

Par une fuite des précautions prifes contre la fraude, on a encore exigé que les vins & les autres boiffons qui font à encaver chez les commiffionnaires, fuffent marqués à l'arrivée & démarqués à la fortie, avec faculté aux commis de les contremarquer d'une marque particulière dont il doit être fait mention fur leur regiftre, pour mieux reconnoître les vins qui arrivent pour le compte des particuliers ; & il eft défendu fous les peines dont nous venons de parler, aux commiffionnaires, de les furvider dans d'autres futailles, & d'y faire aucun rempliffage, fi n'eft en préfence des commis.

Un arrêt du confeil revêtu de lettres-patentes du 5 mars 1754, fait défenfes aux marchands, facteurs & commiffionnaires de la ville d'Auxerre & à tout autre, d'échanger les congés pris au lieu de l'enlèvement, & de les prêter & fubftituer à d'autres congés, à peine de confifcation des boiffons & de cinq cens livres d'amende.

Il eſt défendu auſſi à tout particulier de prêter ſes caves ou ſes celliers aux Courtiers & marchands en gros, ſans l'avoir déclaré auparavant au fermier & en avoir retiré un certificat, à peine de trois cens livres d'amende ; & au cas que les caves ou les celliers ſoient d'emprunt, le particulier qui les a prêtés eſt tenu de ſouffrir l'exercice des commis de huitaine en huitaine ; ſans quoi il ne ſeroit pas poſſible, comme l'obſerve fort bien l'auteur du traité des aides, de connoître l'objet des vins que les marchands en gros & les Courtiers auroient en leur poſſeſſion, & d'en ſuivre la vente pour la perception des droits.

*Courtiers - jaugeurs.* C'étoient anciennement des commiſſionnaires en titre d'office prépoſés excluſivement à tout particulier pour jauger les futailles & pour faciliter le commerce des vins.

Les premiers Courtiers en titre d'office furent créés par un édit du mois de juin 1572. Leurs fonctions avoient pour objet le courtage non-ſeulement du vin, mais encore de toute ſorte de denrées & de marchandiſes.

Ces offices furent ſupprimés par un édit du mois de janvier 1632, enſuite rétablis par un autre édit de juillet 1656, & ſupprimés de nouveau par un arrêt du conſeil du 11 décembre 1658 ; mais leurs droits continuèrent d'être perçus au profit du roi ſous le nom de droits de *jauge-courtage.*

Ces mêmes offices furent encore rétablis par un édit de février 1674, & ſupprimés ainſi que les droits qui y étoient attachés par un arrêt du conseil du 19 septembre 1679 ; mais ces droits furent rétablis par une déclaration du 10 octobre 1689 & fixés pour le courtage, savoir, par muid de vin, à dix sous ; par muid d'eau de vie, à trente sous ; par muid de bierre, de cidre ou de poiré, à six sous ; & les droits de jauge furent réglés à la moitié de ceux du courtage. Ces droits qu'il ne faut pas confondre avec ceux des jaugeurs Courtiers dont nous allons dire deux mots, subsistent encore aujourd'hui.

Le rétablissement de ces droits donna lieu encore une fois au rétablissement des offices dont nous venons de parler. Ceux des Courtiers furent créés de nouveau par un édit du mois de juin 1691 ; ceux des jaugeurs par un édit d'avril 1696, mais avec attribution aux uns & aux autres de droits différens. Ces droits furent ensuite réunis sur les mêmes titulaires par une déclaration du 4 septembre de la même année ; mais pour être perçus, savoir, ceux des Courtiers, au premier enlèvement & à chaque vente & revente, & ceux des jaugeurs au premier enlèvement seulement, à peine de confiscation en cas de fraude, & de cinq cens livres d'amende.

Les droits pour les jaugeurs furent réglés à quatre sous par muid & demi-queue de vin, & pour les autres vaisseaux à proportion. A l'égard de l'eau de vie & des autres liqueurs, il leur fut accordé le double des droits établis sur le vin ; & quant à la bierre, au cidre & au poiré, on les régla à moitié de ceux du vin ; ces droits sont uniformes partout où ils se perçoivent. Mais au sujet des droits des Courtiers, comme ces droits ne leur furent attribués que suivant qu'ils étoient perçus par l'ufage dans les différens lieux où il y avoit des Courtiers & des commiffionnaires en titre ou autrement, & que ce défaut d'uniformité occafionnoit des conteftations, on arrêta la perception de ces droits par un tarif pour chaque généralité où les droits d'aides ont cours, avec des modifications pour chaque élection. Ce tarif eft à la fuite d'une déclaration du 4 feptembre 1696.

Les droits de Courtiers-jaugeurs furent fupprimés par un arrêt du confeil du 24 février 1720 ; mais ils furent enfuite rétablis pour fix ans par un autre arrêt du confeil du 22 mars 1721 ; & la perception en a été prorogée depuis par différentes déclarations, dont la dernière eft du 8 feptembre 1755. Ces droits font du nombre de ceux qu'on appelle *droits rétablis.*

Les droits de jauge & de courtage fe lèvent fur le vin & les autres boiffons dans tous les lieux où le droit de gros a cours ; celui de la jauge une fois feulement à la première vente , comme nous l'avons dit , & celui de courtage chaque fois qu'il y a vente & revente (*) ; ils fe perçoivent auffi fur les boiffons qui fortent d'un pays d'aides où le gros n'a point cours pour entrer dans un pays où il a lieu ou pour aller dans des pays exempts , excepté pour les vins du crû de la Saintonge qui vont chez l'étranger ou dans les provinces où les aides n'ont

_____

(*) Ces droits pour être d'une perception plus facile dans la Normandie, fe levent à l'entrée avec le droit de fubvention, en vertu d'un arrêt du confeil du 31 décembre 1689 & d'une déclaration du même jour.

point cours : il y a pour cette exception un arrêt du conseil du 27 avril 1706.

Les mêmes droits se perçoivent encore sur les boissons venant des pays libres dans des pays d'aides, soit que le gros y ait cours ou non ; sur celles qui sont transportées d'un pays sujet au droit de gros dans des lieux qui en sont exempts ainsi que de l'augmentation, ou qui ne sont sujets qu'à l'augmentation ; enfin sur celles qu'on fait passer d'un pays libre à un autre pays libre, lorsqu'on leur donne passage par un espace de plus de trois lieues sur le terrein d'un pays sujet, ou enfin lorsque sortant d'un pays sujet pour entrer dans un autre pays également sujet, on emprunte le même espace de terrein sur un pays libre.

Dans le cas où les droits dont il s'agit sont dûs, ils se payent conjointement avec le gros & à l'instar de ce droit. Lorsque les vins sont enlevés par mer, du Poitou pour la Picardie, les droits s'acquittent à la sortie du Poitou. Ceci est ordonné par un arrêt du conseil du 23 avril 1678.

Il est défendu à tous les marchands & aux voituriers de passer les bureaux où l'on perçoit les droits en question sans les acquitter ; & cela à peine de confiscation des boissons & des voitures, & de cent livres d'amende. Il est défendu sous les mêmes peines, de tenir magasin ou entrepôt de boissons dans les trois lieues près des des villes & des limites qui séparent les pays d'aides où le gros n'a pas cours, des pays exempts d'aides.

Dans les lieux où les droits dont il s'agit sont établis, nul ne peut s'en dire affranchi, excepté les ecclésiastiques pour les boissons qui proviennent du crû de leur bénéfice feulement (*) ; car ils les doivent pour celles qui proviennent de leur titre facerdotal. Tous les autres propriétaires les doivent auffi, quand même les boiffons de leur crû feroient deftinées pour leur provifion. Les habitans de Saint-Germain-en-Laie qui jouiffent de beaucoup d'immunités ; n'en ont aucune à cet égard, fi ce n'eft dans le cas où le roi & la famille royale iroient faire leur féjour dans cette ville, & cela feulement pendant le temps qu'ils y demeureroient.

A l'égard des droits de Courtiers-jaugeurs ; ces droits font dûs pour l'ordinaire lorfqu'il y a lieu à percevoir ceux de jauge & de courtage ; cependant ils ne fe perçoivent pas dans les lieux où les boiffons ne font que paffer debout. Mais les marchands ou les voituriers font tenus de repréfenter leurs lettres de voiture en bonne forme, avec défenfes à eux de voiturer la nuit & à d'autres heures que celles qui font réglées par l'ordonnance des aides. Si les boiffons venant par eau avoient féjourné dans le lieu de paffage plus de huit jours, ou plus de trois lorfqu'elles viennent par terre, ce lieu feroit en ce cas réputé celui de la deftination. Il faut excepter de ce que nous difons, les eaux de vie qui arrivent au port de Calais pour la ville de Lille : ces eaux de vie ont fix femaines de féjour en exemption des droits.

Quand il s'agit du remuage des boiffons, il eft défendu à toutes fortes de perfonnes fans

---

(*) L'hôtel-Dieu de Rouen jouit d'un même privilége en vertu d'un arrêt du confeil du 13 janvier 1693, mais pour les boiffons de fon crû feulement.

diſtinction, d'en faire enlever aucune, même d'une cave à elles appartenante, pour la tranſporter dans une autre cave, quand même elle leur appartiendroit, avant d'en avoir fait une déclaration & payé les droits d'enlèvement, ou d'avoir obtenu un congé de remuage, à peine de confiſcation & de deux cens livres d'amende payable ſolidairement par le vendeur & l'acheteur. C'eſt ce qui eſt établi par une infinité d'arrêts du conſeil. Les amendes pour la fraude de ces droits ne peuvent être remiſes, à peine par les juges d'en répondre en leur nom. Cette fraude peut ſe prouver par témoins ; le fermier ou ſes commis y ſont autoriſés par un arrêt de la cour des aides du 20 août 1704, & une déclaration de 1708.

Nous avons dit que les eccléſiaſtiques étoient exempts des droits de jauge & de courtage pour les boiſſons du crû de leurs bénéfices, mais ils ne le ſont pas de ceux des Courtiers-jaugeurs ; & les habitans de Saint-Germain-en-Laie qui ſont aſſujettis à la jauge & au courtage quand la famille royale n'y fait point ſa réſidence, ont été déchargés de ceux des Courtiers-jaugeurs par les mêmes lettres-patentes que celles qui les exemptent de ceux d'inſpecteurs aux boiſſons & aux boucheries.

Les habitans des principautés de Sedan & de Rancourt qui ſe croyoient exempts de ces droits de Courtiers-jaugeurs, y ont été déclarés aſſujettis par un arrêt du conſeil du 4 ſeptembre 1759. Ceux de Mornac & de Breuillet de l'élection de Saintes, qui vouloient s'en affranchir, y ont pareillement été aſſujettis par un autre arrêt du conſeil du 23 juin 1761.

On avoit cru auffi que l'hôtel des invalides, l'éoole militaire & l'hôpital militaire de Sedan étoient exempts de ces mêmes droits, mais deux arrêts du confeil des 22 juin & 13 juillet 1762 ; les y ont déclarés affujettis pour les vins & les bierres concernant leur confommation.

La connoiffance des affaires concernant la jauge & le courtage, eft de la compétence des juges qui connoiffent des droits d'aides : la connoiffance de celles qui ont pour objet la perception des droits de Courtiers-jaugeurs, eft réfervée par un arrêt du confeil du 24 mars 1722 aux intendans, fauf l'appel au confeil. Cette réferve a été particulièrement renouvelée par deux arrêts du confeil des 29 août 1775 & 9 juillet 1776, à l'occrfion d'une contravention commife dans la généralité de Tours. Elle l'avoit déja été par un autre arrêt du confeil du 11 avril 1769 au fujet d'une autre contravention commife dans l'élection de Richelieu. Mais obfervez que lorfqu'il s'agit en même-temps de ces deux efpèces de droits, le fermier pour ne point divifer la conteftation, peut la fuivre pour le tout ou devant les juges de l'élection, ou devant le commiffaire départi dans la généralité ; & lorfqu'une fois il a adopté l'une des deux juridictions, il ne peut plus varier.

Voyez *un réglement du 2 juin 1667 pour la ville de Lyon ; l'ordonnance du commerce de 1673 ; celle de la marine de 1681 ; les coutumes de Reims & de Nevers ; une déclaration du 20 février 1731 ; les ordonnances des aides pour Paris & pour Rouen ; les édits de juin 1572, de janvier 1632, de juillet 1656, de juin 1691, d'avril 1696 ; les déclarations du 10 octobre 1689, du 4 feptembre*

*1696, du 8 septembre 1755 ; les arrêts du conseil des 11 décembre 1658, 19 septembre 1679, 31 mars & 21 juillet 1693, 27 avril 1706, &c. ; le traité des aides par la Bellande.* Voyez aussi les articles AGENS DE CHANGE, CONGÉ, &c. (*Article de M. DAREAU, avocat au parlement, &c.*)

COUSIN, COUSINE. Terme relatif par lequel on désigne ceux qui sont issus, soit de deux frères, soit de deux sœurs ou d'un frère & d'une sœur.

Les Cousins de ce degré sont aussi appelés *Cousins germains.*

On appelle *Cousins paternels,* ceux qui descendent d'un frère ou d'une sœur du père de celui dont il s'agit. Et *Cousins maternels,* ceux qui descendent des frères ou sœurs de la mère.

Les enfans des Cousins germains, ou les Cousins du second degré, sont appelés *Cousins issus de germains.* Et l'on appelle *Cousins arriere issus de germains,* les Cousins du troisieme degré, ou les enfans des Cousins issus de germains.

Quant aux autres plus éloignés, on les appelle Cousins au quatrième ou au cinquieme degré, &c.

En France, le roi dans ses lettres, traite de Cousins non-seulement les princes de son sang, mais encore plusieurs étrangers, les cardinaux, les pairs, les ducs, les maréchaux de France, les grands d'Espagne, & quelques seigneurs du royaume.

Voyez LIGNE, PARENTÉ, SUCCESSION COLLATÉRALE, &c.

COUTEAU POINTU. Les désordres qu'occasionnoit autrefois dans la Flandres l'usage des Couteaux pointus en a fait proscrire l'usage.

Louis XIV par une ordonnance du 12 janvier 1668, défendit le port des Couteaux pointus à toutes fortes de perfonnes, tant des villes que du plat-pays, à peine d'amende.

La légéreté des peines prononcées par cette ordonnance n'ayant pu réprimer les excès qui fe commettoient tous les jours dans la chaleur de l'yvreffe, Louis XIV par un édit du mois de juin 1669, regiftré au confeil fouverain de Tournai le 12 juillet fuivant, ordonna que celui qui porteroit des Couteaux pointus & les tireroit à deffein d'en frapper, feroit condamné au carcan ou banni du royaume, au cas que le coup ne fût fuivi d'aucune bleffure ; aux galères, s'il y avoit effufion de fang, & à la mort fi le coup étoit fuivi de mort, fe réfervant à lui feul d'accorder des lettres de rémiffion en ce dernier cas. Le même édit défend à tout coutelier, ouvrier & marchand, de faire ou vendre aucun poignard, ftilet, bayonnette ou Couteau pointu, à peine de confifcation & de cent florins d'amende pour chaque poignard, ftilet ou Couteau qui fera trouvé dans les boutiques & ouvroirs. L'édit défend auffi aux hôtes, cabaretiers & particuliers, de fe fervir fur leurs tables, dans leur logis ou ailleurs, d'aucun Couteau pointu, & leur enjoint de faire émouffer ceux qu'ils peuvent avoir.

Le parlement de Flandres donna un arrêt de réglement le 9 mars 1678, qui déclare que les Couteaux non pointus font compris dans l'édit ; & en conféquence défend d'en porter & de s'en fervir pour frapper, fous les peines qui y font énoncées.

Pour que ces peines aient lieu, il faut que

l'accufé ait porté le Couteau dans fa poche, ou qu'il y ait eu un deffein prémédité d'en frapper. Par arrêt rendu à l'audience de la tournelle du parlement de Flandres fur les conclufions de M. l'avocat général Waimel du Parc, le 18 février 1718, il fut jugé que Claude Mirabeau, qui s'étant engagé dans une querelle au cabaret, avoit frappé par le tranchant d'un Couteau rond qu'il avoit trouvé fur une table, n'étoit point dans le cas de l'édit, parce qu'il n'y avoit ni port de Couteau, ni deffein prémédité d'en frapper. L'arrêt cité en évoquant le principal, mit les parties hors de cour & de procès, en condamnant néanmoins l'accufé aux dépens.

Voyez *l'édit du mois de mars 1669, dans le recueil des édits propres au reffort du parlement de Flandres; de Ghewiet en fes inftitutions belgiques, part. 4, tit. 6, §. 37.* ( *Article de M.* MERLIN, *avocat*, &c.)

COUTELIER. Artifan qui fait & vend des couteaux, des cifeaux & d'autres inftrumens tranchans.

Les orfévres difputèrent en 1755 aux Couteliers le droit d'employer des matières d'or & d'argent pour leurs ouvrages.

La conteftation fut fuivie d'une évocation au confeil, & d'un arrêt revêtu de lettres-patentes, du 2 mars 1756, par lequel il fut permis aux Couteliers « de fondre & d'employer pour la » confection des inftrumens de chirurgie, man- » ches & lames de couteaux, branches de cifeaux » & généralement de tous les ouvrages de leur » art, les matières d'or & d'argent. ... défenfes » aux maîtres orfévres de les troubler dans leur » profeffion & commerce, à la charge par les » Couteliers

» Couteliers de se conformer aux règlemens
» pour la fonte, le titre, l'alliage des matières,
» & les marques & poinçons. »

La cour des monnoies, pour faire plus particulièrement connoître aux Couteliers les devoirs
auxquels ils sont assujettis en employant des
matières d'or ou d'argent, fit un règlement le
10 avril de la même année 1756, suivant lequel
ces ouvriers sont obligés:

1°. D'employer l'or à vingt karats & un
quart, au remède d'un quart de karat, & l'argent à onze deniers douze grains, au remède de
deux grains.

2°. D'avoir chacun un poinçon particulier,
différent de ceux des autres communautés qui
emploient ces matières, & de faire insculper ce
poinçon sur la table de cuivre déposée au greffe
de la cour des monnoies, avec défense de le
prêter à des ouvriers sans qualité. Le poinçon de
ceux qui gagnent maîtrise à l'hôpital de la Trinité doit porter une marque qui le fasse distinguer
de ceux des maîtres en titre.

3°. D'envoyer au bureau de la maison commune des orfévres, les ouvrages susceptibles de
la contre-marque; & à cet égard ils sont
assujettis aux mêmes règlemens que ceux dont
il sera parlé à l'article MARQUE.

4°. D'avoir leurs forges & fourneaux dans
leur boutique, en vue & sur la rue, sans pouvoir
fondre ni travailler aucune matière d'or & d'argent en chambre ni ailleurs ni à d'autres heures
que celles qui sont prescrites par les ordonnances.

5°. Ceux qui renoncent à leur état, & leurs
héritiers après leur décès, sont tenus de rapporter leur poinçon dans quinzaine aux officiers

en charge de leur communauté, pour être déformé. Si la ceſſation du travail ne doit avoir lieu que pour un temps, le poinçon doit ſimplement demeurer dépoſé au bureau de la communauté, juſqu'à ce que l'artiſan reprenne ſa profeſſion.

Les maîtres qui veulent travailler ſur l'or & l'argent, & les officiers de communauté ſont obligés de prêter ſerment en la cour des monnoies. Lorſqu'il y a des procès - verbaux de contravention, ils doivent être apportés avec les choſes ſaiſies au greffe de cette même cour, dans les trois jours après la date.

Voyez *le nouveau traité des monnoies par M. de Bazinghen*, & l'article MARQUE. ( *Article de M. DAREAU, avocat au parlement* ).

COUTRE. On a donné ce nom à certains officiers des égliſes cathédrales, dont les fonctions conſiſtent particulièrement dans la garde des choſes appartenantes à l'égliſe. Il y a encore des Coutres dans l'égliſe de Reims, leſquels ont une menſe diſtincte de celle du chapitre, & ſont ſubordonnés aux chanoines.

COUTUME. Ce terme ſe dit d'un certain droit municipal qui s'étant autoriſé par l'uſage & par la commune pratique d'une ville, d'une province ou d'un canton, y a force de loi.

L'origine des Coutumes en général eſt fort ancienne: tous les peuples, avant d'avoir des lois écrites, ont eu des uſages & Coutumes qui leur tenoient lieu de lois.

Les Coutumes de France qui ſont oppoſées aux lois proprement dites, c'eſt-à dire au droit romain, & aux ordonnances, édits & déclarations de nos rois, étoient dans l'origine des uſages non écrits, leſquels par ſucceſſion·de temps ont été rédigés par écrit.

Lorſque les nations Germaines conquirent l'empire Romain, dit l'illuſtre auteur de l'eſprit des lois, elles y trouvèrent l'uſage de l'écriture, & à l'imitation des Romains elles rédigèrent leurs uſages par écrit & en firent des codes. Les règnes malheureux qui ſuivirent celui de Charlemagne, les invaſions des Normands, les guerres inteſtines replongèrent les nations victorieuſes dans les ténèbres dont elles étoient ſorties: on ne ſut plus lire ni écrire; cela fit oublier en France & en Allemagne les lois barbares écrites, le droit romain & les capitulaires. L'uſage de l'écriture ſe conſerva mieux en Italie où régnoient les papes & les empereurs Grecs, & où il y avoit des villes floriſſantes & preſque le ſeul commerce qui ſe fît pour lors. Ce voiſinage d'Italie fit que le droit romain ſe conſerva mieux dans les contrées de la Gaule autrefois ſoumiſes aux Goths & aux Bourguignons, d'autant plus que ce droit y étoit une loi territoriale & une eſpèce de privilége. Il y a apparence que c'eſt l'ignorance de l'écriture qui fit tomber en Eſpagne les lois Wiſigothes, & par la chute de tant de lois il ſe forma par-tout des Coutumes.

Du temps du roi Pepin, les Coutumes qui s'étoient formées avoient moins de force que les lois: mais bientôt les Coutumes détruiſirent les lois; & comme les nouveaux règlemens ſont toujours des remèdes qui indiquent un mal préſent, on peut croire que du temps de Pepin on commençoit déjà à préférer les Coutumes aux lois.

Dans le commencement de la troiſième race, les rois donnèrent des chartres particulières &

même de générales ; tels font les établiſſemens de Philippe-Auguſte & ceux que fit faint Louis. De même les grands vaſſaux, de concert avec les feigneurs qui tenoient d'eux, donnèrent dans les aſſiſes de leurs duchés ou comtés, de certaines chartres ou établiſſemens, felon les circonſtances. Telles furent l'aſſiſe de Geoffroi, comte de Bretagne, fur le partage des nobles ; les Coutumes de Normandie accordées par le duc Raoul ; les Coutumes de Champagne données par le roi Thibault ; les lois de Simon, comte de Montfort, & autres. Cela produifit quelques lois écrites & même plus générales que celles que l'on avoit.

Dans les commencemens de la troifième race, preſque tout le bas peuple étoit ferf ; pluſieurs raifons obligèrent les rois & les feigneurs de l'affranchir en partie.

Les feigneurs en affranchiſſant leurs ferfs, leur donnèrent des biens ; il fallut leur donner des lois civiles pour régler la difpofition de ces biens. Les feigneurs en affranchiſſant leurs ferfs, fe privèrent de leurs biens ; il fallut donc régler les droits que les feigneurs fe réfervoient pour l'équivalent de leurs biens. L'une & l'autre de ces chofes furent réglées par les chartres d'affranchiſſement. Ces chartres formèrent une partie de nos Coutumes, & cette partie fe trouva rédigée par écrit.

Sous le règne de faint Louis & les fuivans, des praticiens habiles, tels que Desfontaines, Beaumanoir & autres, réglèrent par écrit les Coutumes de leurs bailliages. Leur objet étoit plutôt de donner une pratique judiciaire que les ufages de leur temps fur la difpofition des biens, mais tout s'y trouve ; & quoique ces auteurs particuliers n'euſſent d'autorité que par la vérité & la publicité des choſes qu'ils diſoient, on ne peut douter qu'ils n'aient beaucoup ſervi à la renaiſſance de notre droit françois. Tel étoit dans ces temps-là notre droit coutumier écrit.

Voici la grande époque. Charles VII & ſes ſucceſſeurs firent rédiger par écrit, dans tout le royaume, les diverſes Coutumes locales, & preſcrivirent des formalités qui devoient être obſervées dans cette rédaction. Or comme elle ſe fit par provinces, & que de chaque ſeigneurie on venoit dépoſer dans l'aſſemblée générale de la province, les uſages écrits & non écrits de chaque lieu, on chercha à rendre les Coutumes plus générales, autant que cela put ſe faire, ſans bleſſer les intérêts des particuliers qui furent réſervés. Ainſi nos Coutumes prirent trois caractères : elles furent écrites, elles furent plus générales, elles reçurent le ſceau de l'autorité royale.

Pluſieurs de ces Coutumes ayant été de nouveau rédigées, on y fit pluſieurs changemens, ſoit en ôtant tout ce qui ne pouvoit compatir avec la juriſprudence actuelle, ſoit en ajoutant pluſieurs choſes tirées de cette juriſprudence.

Quoique le droit coutumier ſoit regardé parmi nous comme contenant une eſpèce d'oppoſition avec le droit romain, de ſorte que ces deux droits diviſent les territoires, il eſt pourtant vrai que pluſieurs diſpoſitions du droit romain ſont entrées dans nos Coutumes, ſur-tout lorſqu'on en a fait de nouvelles rédactions dans des temps qui ne ſont pas fort éloignés du nôtre, où ce droit étoit l'objet des connoiffances de tous ceux qui fe deftinoient aux emplois civils.

On compte environ foixante Coutumes générales dans le royaume, c'eft-à-dire qui font obfervées dans une province entière, & environ trois cents Coutumes locales qui ne font obfervées que dans une feule ville, bourg ou village.

Il n'y a point de province où il y ait tant de bigarure à cet égard que dans la province d'Auvergne: chaque ville, bourg ou village y a, pour ainfi dire, fa Coutume particulière.

Au refte, il ne fuffit pas aujourd'hui parmi nous, pour la validité d'une Coutume, qu'elle foit rédigée par écrit, il faut qu'elle l'ait été par l'autorité du prince, & qu'elle foit regiftrée au parlement; car la loi ne prend fon exécution que du jour de la publicité qu'elle acquiert par l'enregiftrement: mais quand une Coutume eft ainfi revêtue de l'autorité publique, elle tient lieu de loi pour tous ceux qui lui font foumis, foit par rapport à leurs perfonnes, foit par rapport aux biens qu'ils poffèdent fous l'empire de cette Coutume.

Les particuliers peuvent par leurs conventions & autres difpofitions déroger pour ce qui les concerne, aux difpofitions des Coutumes, pourvu que ces difpofitions ne foient que pofitives ou négatives, & non prohibitives.

On appelle *difpofition pofitive* ou *négative d'une Coutume*, celle qui règle les chofes d'une certaine manière, fans défendre de les régler autrement; & l'on appelle *difpofition prohibitive*, celle qui défend de régler les chofes autrement que la Coutume ne les a réglées.

On tient communément que les Coutumes

font de droit étroit, c'eft-à-dire, qu'elles ne reçoivent point d'extenfion d'un cas à un autre,
quoique quelques auteurs fe foient efforcés de
foutenir le contraire.

Lorfqu'il fe trouve un cas non prévu par les
Coutumes, la difficulté eft de favoir à quelles
lois on doit avoir recours, fi c'eft au droit Romain ou aux Coutumes voifines, ou à celle de
Paris.

Quelques-uns veulent que l'on défère cet
honneur à la Coutume de Paris, comme étant la
principale Coutume du royaume; mais quoique
ce foit une des mieux rédigées, elle n'a pas non
plus tout prévu, & elle n'a pas plus d'autorité
que les autres, hors de fon territoire.

Il faut diftinguer les matières dont il peut être
queftion. Si ce font des matières inconnues dans
les Coutumes, & qui ne foient prévues que dans
les lois romaines, on doit y avoir recours comme
à une raifon écrite.

S'il s'agit d'une matière de Coutumes, il faut
fuppléer de même ce qui manque dans l'une par
la difpofition d'une autre, foit la Coutume de
Paris ou quelque autre plus voifine, en s'atta-
chant particulièrement à celles qui ont le plus
de rapport enfemble, & qui paroiffent avoir le
même efprit; ou s'il ne s'en trouve point qui
ait un rapport plus particulier qu'une autre, en
ce cas il faut voir quel eft l'efprit général du
droit coutumier fur la queftion qui fe préfente.

Les Coutumes font en général réelles, c'eft-
à-dire que leurs difpofitions ne s'étendent point
hors de leur territoire; ce qui eft exactement
vrai par rapport aux biens fonds qui y font
fitués. A l'égard des perfonnes, les Coutumes

n'ont pareillement d'autorité que fur celles qui leur font foumifes ; mais elles ont leur effet fur ces perfonnes, en quelque lieu qu'elles fe tranf-portent.

Lorfque plufieurs Coutumes paroiffent être en concurrence, & qu'il s'agit de favoir laquelle on doit fuivre, il faut diftinguer fi l'objet eft réel ou perfonnel.

S'il s'agit de régler l'état de la perfonne, comme de favoir fi un homme eft légitime ou bâtard, noble ou roturier, majeur ou mineur ; s'il eft fils de famille ou jouiffant de fes droits, & s'il peut s'obliger perfonnellement ; dans tous ces cas & autres femblables, où la perfonne eft l'objet principal du ftatut, & les biens l'objet fubordonné, c'eft la coutume du domicile qu'il faut fuivre.

Cette même Coutume règle auffi le fort des meubles & de tous les droits mobiliers & im--mobiliers qui fuivent la perfonne.

Pour ce qui eft des immeubles réels, tels que les maifons, terres, prés & bois, &c. les difpo-fitions que l'on en peut faire, foit par donation entre vifs ou par teftament, ainfi que les partages, ventes, échanges & autres aliénations ou hypo-thèques, fe règlent par la Coutume du lieu de la fituation de ces biens.

Les formalités extérieures des actes fe règlent par la loi du lieu où ils font paffés.

* Une ordonnance du 15 mai 1587, rendue par le duc de Parme gouverneur des Pays-Bas, exempte les militaires de ces provinces de la difpofition des Coutumes, & ne ne les affujettit qu'au droit romain & aux lois du prince. Elle eft conçue en ces termes :

« Art. 25. En jugeant on fe conformera aux

» lois & droit commun, & aux ordonnances,
» édits, Coutumes, priviléges & conftitutions
» de guerre, fans s'attacher à aucune loi mu-
» nicipale, Coutume ou conftitution particu-
» lière d'aucune province & lieu auxquels
» les foldats ne font fujets ; parce que les fol-
» dats étant fous leur bannière, en quelqu'en-
» droit qu'ils aillent, doivent toujours avoir les
» mêmes lois, Coutumes & priviléges, n'étant
» point raifonnable que pour aller d'un lieu ou
» d'une province dans une autre, ils foient tenus
» de changer à chaque pas de lois & de Coutu-
» mes, & il ne convient auffi point à l'autorité de
» la difcipline militaire, que les foldats foient
» fujets aux lois & coutumes de la province dans
» laquelle ils font la guerre ».

Cet édit ne fut publié qu'à l'armée ; il n'eft
enregiftré dans aucun des tribunaux ordinaires
des Pays-Bas. C'eft ce qui a fait douter fi l'on
devoit s'y conformer ou non. Il s'eft tenu en
différens temps plufieurs enquêtes par turbes
pour en conftater l'obfervance ou l'inobfervance.
Les plus anciennes que l'on connoiffe font celles
qui furent tenues à Bruxelles le 18 janvier 1642,
par des confeillers du confeil de Mons, le 10 janvier 1653, & le 22 février 1655, par des confeillers du confeil de Brabant, en vertu de lettres
réquifitoriales du confeil provincial de Flandres.
Tous les praticiens y dépofèrent uniformément
que « les gens de guerre font exempts en ma-
» tières perfonnelles, de toute Coutume par-
» ticulière & des jurifdictions ordinaires muni-
» cipales, & que leurs fucceffions ou maifons
» mortuaires ne font pas réglées ni gouvernées
» par les Coutumes de Bruxelles, mais felon le

» droit écrit ; que cela eſt notoire & hors de
» toute controverſe ».

C'eſt d'après ordonnance dont il s'agit que le
parlement de Flandres déclara valable un legs univerſel de meubles fait par le baron de Rocca ,
gouverneur d'Ypres , au profit de ſa femme ,
quoique la Coutume de ſon domicile, défendît
aux conjoints de s'avantager les uns les autres.
L'arrêt fut rendu en 1681.

L'obſervance de cet édit fut depuis révoquée
en doute dans un procès que ſoutenoit le comte
d'Anappes contre les créanciers de la dame de
Sainte-Aldegonde , épouſe du ſieur de Robles ,
dont il étoit héritier. Il ſoutenoit que ce dernier
ayant toujours été dans le ſervice , il n'y avoit
pas eu de communauté entre lui & ſa femme.
Le parlement de Flandres par arrêt du 23 mai
1689 , l'admit *à vérifier que l'édit de 1587 étoit*
*obſervé en ces pays , à l'égard des officiers origi-*
*naires & naturels , même en matière de commu-*
*nauté de biens & dettes , lorſqu'il y avoit contrat*
*de mariage paſſé depuis leur engagement dans la*
*province de leur naiſſance ;* & par un arrêté ſecret,
il fut dit que s'il ne faiſoit pas cette preuve , il
ſeroit condamné avec dépens.

En conſéquence il fit tenir deux turbes à
Bruxelles , & produiſit pluſieurs titres qui prou-
voient que l'édit avoit toujours été obſervé dans
le Brabant. Les créanciers de leur côté firent
tenir deux turbes à Gand , & produiſirent des
titres tirés de l'échevinage de cette ville , qui
vérifioient le contraire pour la Flandres. De
manière que le parlement ne trouvant pas les
preuves du comte d'Annapes ſuffiſantes , le condamna à payer les dettes de la dame de Sainte-

Aldegonde, & par-là jugea qu'elle avoit été en communauté avec son mari quoique militaire. Le comte d'Anappes se pourvut en révision contre cet arrêt qui fut effectivement réformé le 23 juin 1708, mais par des motifs étrangers à cette question.

Un mémoire à consulter adressé en 1713 à M. Waimel du Parc, avocat général du parlement de Flandres, porte que le conseil souverain de Mons avoit jugé tout récemment que les biens de la femme d'un militaire n'avoient pu être saisis pour les dettes de son mari, '& qu'elle avoit pu s'obliger valablement sans son consentement.

Le présidial de la Flandres flamande jugea aussi par sentence du 22 mai 1708, que les biens de la dame de Schietere n'avoient pu être saisis pour les dettes du sieur Valder son mari, capitaine au service d'Espagne dans les Pays-Bas.

On peut voir dans le *code militaire pour les Pays-Bas*, un grand nombre d'autres sentences qui ont jugé que l'édit du prince de Parme devoit être observé. Cette jurisprudence paroît la mieux fondée.

Il est d'abord certain que le duc de Parme avoit le pouvoir de faire des lois dans les Pays-Bas. Les autres gouverneurs en ont fait dans le temps que toutes ces provinces étoient sous la domination espagnole. Ce fut Marguerite de Parme qui ordonna la publication du concile de Trente ; ce fut le duc d'Albe qui porta l'édit du 5 juillet 1570, qui fait la seule loi pour les procédures criminelles dans les Pays-Bas Autrichiens. Ce fut le duc de Monterey qui rendit l'ordonnance de 1672 concernant les tailles, encore obfervée exactement dans la Flandres autrichienne, & dans la partie de la Flandres françoife, qui étoit alors fous la domination efpagnole. Ainfi on ne peut fe difpenfer d'obferver l'ordonnance de 1587, fous prétexte de défaut de pouvoir dans le légiflateur.

Le défaut d'enregiftrement dans les tribunaux ordinaires ne forme pas un moyen plus folide contre cette loi. Elle ne règle que ce qui concerne les actions perfonnelles & les meubles des foldats. La connoiffance de ces objets n'appartient pas aux juges ordinaires, mais aux juges militaires; c'étoit donc à ceux-ci & non aux autres à vérifier cette ordonnance; & cette vérification une fois faite, la loi doit être fuivie, même dans les tribunaux ordinaires, puifqu'il eft de principe que tout juge eft obligé de fe conformer aux lois qui régiffent la perfonne ou les biens de ceux qui plaident pardevant lui, pourvu qu'elles aient été enregiftrées par les juges à qui la vérification en appartenoit. Ainfi s'il fe préfentoit au parlement de Flandres une queftion à juger fur la Coutume de Paris, il feroit obligé d'en fuivre les difpofitions, quoiqu'elle ne foit pas enregiftrée dans cette cour.

Il faut donc tenir pour une maxime conftante, que l'édit du prince de Parme doit être fuivi dans la Flandres comme il l'eft dans le refte des Pays-Bas. M. Pollet en doute fi peu, qu'il affure que le fentiment de Rodemburg, qui penfoit qu'un militaire ne peut donner par teftament à fa femme quand la coutume du lieu le défend, ne doit pas être fuivi dans cette province.

Le fentiment de Rodemburg eft faux s'il s'agit de meubles, mais il eft vrai en fait d'immeu-

bles. Car l'édit n'exempte les militaires des difpofitions des Coutumes, que par rapport à leurs
actions perfonnelles, actives ou paffives, & à
leurs meubles. A l'égard de leurs droits réels,
ils font foumis aux Coutumes comme les autres. Le placard rendu par Charles-Quint le 12
octobre 1547, porte « qu'au regard des hypo-
» thèques créées par lefdits gens de guerre, foit
» durant leur fervice ou auparavant, enfemble
» toute autre action réelle & de fucceffion,
» chacun pourra pourfuivre fon droit felon les
» Coutumes des lieux ». La difpofition de ce
placard eft renouvelée par l'article 5 de celui
qui fut porté par Philippe II le 21 avril 1591,
& par un édit de Philippe V du 18 octobre 1701;
& c'eft ce qui fut jugé à la furintendance de
Bruxelles le 20 feptembre 1713, & au confeil
provincial de Luxembourg le 23 décembre de la
même année.

Ainfi la veuve d'un militaire a droit au même
douaire que les autres femmes, quand la Coutume le fait confifter dans l'ufufruit des immeubles de fon mari. Un militaire ne peut difpofer
de fes biens quand la Coutume l'en rend incapable, & fa femme ne peut aliéner fes immeubles fans fon confentement.

L'ordonnance de 1587 n'exempte les foldats
que de l'affujettiffement aux Coutumes; elle les
foumet aux lois du prince comme les autres citoyens. On a mis autrefois en queftion s'ils
étoient obligés de fe conformer aux formalités
prefcrites par l'édit perpétuel de 1611. Les ar-
chiducs Albert & Ifabelle déclarèrent par une
interprétation du 21 avril 1614, que l'édit étoit
général & comprenoit toutes fortes de perfonnes,
militaires & autres.

*Voyez les arrêts de MM. Pollet & Desjaunau; Deghewiet en ses institutions au droit belgique; le code militaire pour les Pays-Bas; les placards de Flandres, vol. 2, pag. 665. \**

On donne aux Coutumes différentes qualifications tirées des dispositions que ces lois renferment : Ainsi,

On appelle *Coutumes d'égalité*, celles qui défendent d'avantager un héritier plus que son co-héritier.

Il y en a quelques-unes qu'on appelle *Coutumes d'égalité parfaite*, pour les distinguer de celles qu'on appelle simplement *Coutumes d'égalité*. Celles ci défendent bien d'avantager un de ses héritiers au préjudice des autres ; mais elles n'obligent pas les héritiers de rapporter ce qu'ils ont reçu, ou bien elles permettent au père de dispenser ses enfans du rapport ; au moyen de quoi la prohibition d'avantager peut être éludée & l'égalité blessée. Telles sont les coutumes de Paris, de Nivernois, de Berri & de Bourbonnois ; au lieu que les Coutumes d'égalité parfaite obligent l'héritier à rapporter ce qu'il a reçu en avancement d'hoirie, & défendent de dispenser de ce rapport. Telles sont les Coutumes d'Anjou & du Maine.

Entre les Coutumes d'égalité parfaite, il y en a quelques-unes qui le font tant en ligne directe qu'en collatérale ; d'autres en directe seulement & non en collatérale : par exemple, la Coutume de Vitry n'est d'égalité qu'en directe, suivant un arrêt du 4 juillet 1729.

Dans toutes les Coutumes d'égalité, lorsque le rapport a lieu, ce n'est qu'à l'avantage des co-héritiers qui le demandent, parce qu'il n'a été introduit qu'en leur faveur, & non au profit des créanciers : ainfi ces derniers ne font pas recevables à le demander.

Les *Coutumes de côté* ou de *fimple côté*, font celles où l'on fuit la règle *paterna*, *paternis*, *materna*, *maternis*, & où, pour fuccéder aux biens immeubles d'un défunt, il fuffit d'être parent du côté d'où ils lui font provenus.

Les *Coutumes de côté & ligne* font celles où pour fuccéder à un propre il ne fuffit pas d'être parent du défunt du côté d'où il lui eft venu, mais où il eft encore néceffaire d'être le plus proche parent du défunt du côté & ligne du premier acquéreur de ce propre, c'eft-à-dire, du premier qui l'a mis dans la famille. La Coutume de Paris eft une Coutume de côté & ligne.

Les *Coutumes fouchères* font celles où pour fuccéder à un propre, il faut être defcendu du premier acquéreur qui a mis le propre dans la famille. S'il ne fe trouve perfonne defcendu en ligne directe du premier acquéreur, le plus proche parent du défunt fuccéde au propre, comme fi c'étoit à un acquêt.

Les *Coutumes de franc-aleu* font celles où le franc-aleu eft naturel de droit, c'eft-à-dire, où tout héritage eft réputé franc, fi le feigneur dans la juftice duquel il eft fitué ne prouve le contraire.

On appelle *Coutume de ferrette*, une efpèce de communauté de biens ufitée en Alface entre conjoints, par laquelle tout ce qu'ils apportent en mariage & tout ce qu'ils acquièrent par fucceffion ou autrement, compofe une maffe dont le mari ou fes héritiers prennent les deux tiers,

& la femme ou ſes héritiers l'autre tiers, avec environ ſoixante livres pour gain nuptial. Cette Coutume n'eſt point écrite, & elle n'eſt fondée que ſur un uſage, mais qui a force de loi.

COUTUME, ſe dit auſſi quelquefois de certains droits ou impôts qui ſe payent en quelques lieux pour les grains, vins, beſtiaux, volailles & autres denrées que l'on vend dans la ſeigneurie.

Il y a la *grande Coutume* & la *petite Coutume* : celle-là ne diffère de celle-ci qu'en ce qu'elle repréſente un droit plus fort.

Les Coutumes d'Anjou & du Maine font mention du droit de Coutume.

On appelle *Coutume de Bayonne*, un droit local dont nous avons parlé à l'article BAYONNE.

COUTUME LOUABLE, ou LOUABLE COUTUME, ſe dit de certains droits ou rétributions que les eccléſiaſtiques exigent des laïcs, & qui ne ſont fondés ſur d'autres titres qu'une longue poſſeſſion.

Quand ces Coutumes n'ont rien d'exorbitant, elles deviennent avec le temps une ſorte de convention qui doit être exécutée. Mais lorſqu'elles introduiſent des droits exceſſifs ou contraires à l'honnêteté, les cours ont ſoin de les proſcrire.

C'eſt ainſi que par un arrêt dont parle Jean le Coq, le curé d'Agde fut maintenu, ſelon l'ancienne & louable Coutume, à prendre le lit de ſes paroiſſiens décédés, ou la valeur de ce lit, ſelon la qualité de chaque défunt. Mais par un autre arrêt du 19 mars 1409, rendu à la pourſuite des habitans d'Abbeville, le parlement de Paris défendit d'exiger à l'avenir des laïcs

nouvellement

nouvellement mariés , aucun droit pour leur
donner , comme cela se pratiquoit dans quelques diocèses , la permission de coucher avec
leurs femmes les trois premières nuits de leurs
noces.

Voyez *le recueil des ordonnances du Louvre ;
la somme rurale de Bouteiller ; l'esprit des lois ; le
grand coutumier ; la bibliothèque des Coutumes ;
Bacquet , des droits de justice ; les œuvres de Despeisses ; la bibliothèque de Bouchel ; le journal des
audiences ; les œuvres de Dumoulin ; Brodeau ,
sur Paris ; Chorier , jurisprudence de Guypape ;
le traité des gains nuptiaux ,* &c. Voyez aussi les
articles PROPRES, SUCCESSION, FRANC-ALEU,
ORDONNANCE, DROIT ÉCRIT, &c. ( *Ce qui est
entre deux astériques dans cet article est de M. MER-
LIN , avocat , &c.* )

COUVENT. On donne ce nom à un monastère religieux de l'un ou de l'autre sexe.

Un Couvent ne peut être fondé sans une
permission de l'évêque diocésain, autorisée par
lettres-patentes dûment enregistrées au parlement.

Les Couvens doivent être entourés de murs
& séparés des maisons des autres citoyens. On
peut consulter ce que nous avons dit à cet égard
à l'article CLÔTURE.

On appelle *biens du petit Couvent* , ceux qui
ont été acquis par les religieux , ou qui leur ont
été donnés pour acquitter des fondations parti-
lières.

Lorsqu'il s'agit de faire le partage des biens
d'une abbaye , on distingue les biens du petit
Couvent de ceux qui font partie de la dotation
du bénéfice , & de ceux qui existoient avant

l'introduction de la commende. Tous les biens de cette dernière espèce doivent entrer dans le partage & forment ce que l'on appelle la mense commune ; mais comme tous les biens d'une abbaye sont présumés faire partie de sa dotation, c'est aux religieux à prouver par titres que les biens qu'ils réclament comme dépendans du petit Couvent, doivent être exceptés du partage. S'ils ne font pas cette preuve, les biens réclamés font réunis à la mense commune & font soumis à la loi du partage. Le commendataire est seulement obligé de payer à ses religieux leurs honoraires pour les messes, obits & autres fondations qui font acquittées dans l'abbaye.

Les juges séculiers ont prétendu qu'ils avoient le droit de forcer les supérieures des monastères de religieuses de recevoir des filles ou des veuves dans leurs communautés, fans être obligés de demander la permission de l'ordinaire ; mais il a été décidé que ces juges n'avoient pas ce droit, & que le concours de l'ordinaire étoit indispensable. C'est ce qui résulte surtout de deux arrêts du conseil rendus le 9 janvier & le 18 décembre 1696.

Voyez *les mémoires du clergé ; Augeard ; le recueil de jurisprudence de Lacombe ; le dictionnaire canonique ; le père Thomassin, dans son traité de la discipline de l'église ; le dictionnaire des arrêts.* Voyez aussi les articles ABBAYES, ABBÉ COMMENDATAIRE, COMMENDE, MENSE, OFFICES CLAUSTRAUX, PARTAGE, TIERS LOT, &c. ( *Cet article est de M. DESESSARTS, avocat au parlement* ).

COUVRIR. On emploie ce terme au palais dans plusieurs phrases : Ainsi,

*Couvrir une enchère*, signifie enchérir au-dessus de quelqu'un.

*Couvrir un fief*, signifie prévenir & empêcher la saisie féodale d'un fief en faisant la foi & hommage, ou en offrant de la faire, & de payer les droits s'il en est dû.

*Couvrir la prescription*, signifie interrompre la prescription qui commençoit à courir, soit par un acte de possession, soit par quelque procédure.

*Couvrir la péremption*, signifie la prévenir de manière qu'elle ne puisse plus avoir lieu.

*Couvrir une fin de non-recevoir*, signifie la parer & l'écarter de façon qu'on ne peut plus l'opposer.

*Couvrir une nullité*, signifie l'écarter par une sorte de fin de non-recevoir, comme quand celui qui pouvoit débattre de nullité un exploit ou quelqu'autre acte, a approuvé cet acte en procédant volontairement en conséquence.

Voyez les articles ENCHÈRE, FIEF, PRESCRIPTION, PÉREMPTION, FIN DE NON-RECEVOIR, NULLITÉ, &c.

CRAINTE. C'est un mouvement inquiet excité dans l'ame par l'image d'un mal à venir.

Les jurisconsultes distinguent deux sortes de Craintes ; la Crainte grave & la Crainte légère.

La Crainte grave est celle qui ne vient point de pusillanimité, mais qui est capable d'ébranler l'homme courageux, comme la Crainte de la mort, de la captivité, &c. Elle suffit, à la différence de l'autre, pour la rescision d'un acte, fût-ce même une transaction.

Cc ij

La Crainte légère est celle qui se rencontre dans l'esprit de quelque personne timide pour un sujet qui n'ébranleroit point un homme courageux. Telle est la Crainte révérentielle ; telle la déférence qu'une femme peut avoir pour son mari, le respect qu'un enfant a pour son père, pour sa mère, pour son aïeul ; celui que l'on doit avoir pour ses supérieurs, & particulièrement pour les personnes constituées en dignité ; la soumission des domestiques envers leurs maîtres, & autres semblables considérations qui ne sont pas réputées capables d'ôter la liberté d'esprit nécessaire pour donner un consentement valable.

Charondas cependant rapporte un arrêt rendu le 7 septembre 1563, qui a jugé que la menace faite par un mari à sa femme de ne plus coucher avec elle & de ne point consentir au mariage de sa fille d'un premier lit, si elle ne vendoit certains héritages, étoit une Crainte suffisante pour faire casser le contrat de vente qu'elle en avoit fait.

CRAND. Terme qui signifie sûreté & qui est employé dans les chartes générales du Hainaut. Il n'est plus usité que dans les contrats où il est de style de s'obliger à *renforcer le Crand*, c'est-à-dire à donner de nouvelles sûretés à celui avec qui l'on contracte. Quand ces sûretés sont spécifiées, il n'y a point de difficulté sur cette clause ; mais quand elles ne le sont pas, le renforcement de Crand équivaut *toujours* à une promesse de donner une caution bonne & valable. C'est pourquoi dans ce dernier cas cette clause reste sans effet, comme ayant été surprise à l'ignorance du sens des termes dans lesquels elle est conçue, à moins qu'il ne paroisse par l'acte même que les parties en ont compris toute la force.

Lorsque le renforcement de Crand est stipulé pour sûreté de l'indemnité qu'un des co-obligés solidaires promet aux autres, l'action qui résulte de cette obligation ne peut être intentée par le co-obligé à qui est faite la promesse d'indemnité, que du jour qu'il se trouve poursuivi pour le payement de la chose, ou du jour d'une insolvabilité apparente de la part de celui qui s'est obligé à renforcer le Crand ou donner caution.

Toutes ces dispositions sont renfermées dans l'article 4 du chapitre 115 des chartes générales, en ces termes :

« Les obligations d'acquits ou de garands à » renforcemens de Crands vaudront comme » du passé, pourvu néanmoins qu'il apparoisse » par le contrat que les parties aient été dûment » informées de l'effet & importance de ladite » clause ; mais ne se pourra demander l'accom- » plissement d'icelle clause, s'il n'y a sujet de » le faire par sommation, débat, ou quelqu'autre » trouble ou empêchement, ou que l'obligé fût » insolvent en apparence ».

Voyez *le glossaire de Laurière*, au mot *Crand*. Voyez aussi les articles CAUTION, DISCUSSION, INDEMNITÉ, &c. ( *Article de M. MERLIN, avocat au parlement de Flandres* ).

CRÉANCE. Ce terme dérive du mot latin *credere*, qui signifie *prêter*, *confier*. En prêtant, en confiant quelque chose, on acquiert un droit sur celui qui a reçu la chose, & c'est ce droit qu'on nomme *Créance*. Il peut naître de diffé-

Cc iij

rentes caufes, telles qu'une donation, un legs, un partage, un contrat de vente, &c.

Mais on entend le plus ordinairement par le mot de Créance, une dette active, c'eft-à-dire le droit qu'a un créancier de répéter une fomme d'argent au payement de laquelle un débiteur s'eft obligé envers lui.

On diftingue différentes fortes de Créances, toutes relatives aux caufes dont elles procédent, aux effets qu'elles produifent, ou aux circonf-tances qui les accompagnent. Nous allons les parcourir rapidement.

Il y a des Créances qu'on appelle *chirogra-phaires*. Ce font celles qui font fondées fur des écrits fous fignature privée ; celles-ci n'ont une date certaine que du moment où elles ont été reconnues en juftice ; & par conféquent elles ne peuvent emporter hypothèque que de ce moment.

La diligence qu'un créancier chirographaire met dans fes pourfuites lui affure une jufte pré-férence fur les autres créanciers. En confervant le gage commun, il obtient le droit d'être payé le premier.

Il eft cependant un cas où le premier faififfant n'eft pas mieux traité que les autres créanciers : c'eft celui où fa faifie n'eft interpofée qu'après la faillite ouverte du débiteur. Le débiteur ayant alors manqué à tous fes engagemens, par une fic-tion auffi prudente que judicieufe, tout ce qu'il poffede eft déja cenfé appartenir à tous fes créanciers ; & celui qui faifit ne peut que fauver la chofe commune de la dilapidation qu'en pour-roit faire le débiteur.

On peut diftinguer deux fortes de Créances.

chirographaires : les unes qui n'ont aucun droit de préférence par elles-mêmes, on les appelle *chirographaires ordinaires :* les autres, qui par leur objet ont un droit de préférence, soit sur la masse entière des biens, soit sur certains biens particuliers, on les nomme *privilégiées.* Les frais d'enterrement, les honoraires des médecins dans la dernière maladie font de cette dernière classe. Mais voyez PRIVILÉGE.

Il y a ensuite les Créances *hypothécaires.* Ce sont celles qui résultent d'un titre authentique, tel qu'un jugement ou un acte passé devant notaire, & qui affecte un tel bien ou tous les biens du débiteur au payement de la dette. Voyez HYPOTHÉQUE.

Il y a aussi des Créances *personnelles.* Ce sont celles qui obligent principalement la personne du débiteur, à la différence des Créances *hypothécaires* qui ne donnent droit contre un tiers que comme détenteur d'un certain bien qui leur est affecté pour gage.

On appelle *lettres de Créance*, des lettres qu'un banquier ou un autre commerçant donne à un homme qui voyage pour ses affaires, afin de le faire reconnoître par ses correspondans, & qu'ils lui délivrent les deniers ou lui fournissent les secours dont il pourra avoir besoin.

Ce terme s'emploie aussi pour exprimer les avis que les princes se donnent mutuellement sur le choix de leurs ambassadeurs.

Voyez *pour les autorités celles qui sont citées à la fin de l'article* CRÉANCIER. (*Article de M. LA-CRETELLE, avocat au parlement*).

CRÉANCIER. On nomme Créancier celui

à qui il est dû quelque chose, soit par un prêt, soit par toute autre cause (*).

On distingue trois ordres de créanciers ; ceux qui n'ont ni hypothèque ni privilége, ceux qui n'ont qu'une hypothèque sans privilége, ceux dont la créance a quelque privilége qui distingue leur condition de celle des autres créanciers : mais voyez ce que nous avons dit là-dessus au mot CRÉANCE.

Le titre de Créancier donne un droit. Il est important d'observer quel est ce droit.

Le droit qui appartient à un Créancier, d'obliger son débiteur à lui donner la chose ou la somme convenue, n'est point un droit sur la chose même, *jus in re* ; c'est-à-dire que le Créancier ne peut pas regarder la chose comme sienne, s'en saisir au temps marqué pour la délivrance, & la revendiquer par-tout où elle se trouve. Elle reste toujours dans la possession du débiteur, & il peut même en disposer en faveur d'un autre.

Tout ce qui appartient au Créancier, c'est un droit à la chose, *jus ad rem* ; c'est-à-dire la puissance de poursuivre le débiteur ou ses successeurs & héritiers, pour les obliger à lui remettre la chose. Il n'en devient propriétaire que par la tradition réelle ou feinte qui lui en est faite.

Nous disons que le Créancier peut poursuivre aussi les héritiers ou les successeurs de son débiteur, & cela se conçoit aisément.

L'héritier représente celui dont il recueille les

(*) Creditorum appellatione non hi tantum accipiuntur, qui pecuniam crediderunt, sed omnes quibus ex qualibet causa debetur. *L. 11. ff. de verb. oblig. L. 10 cod.*

biens ; comme il fuccède à fes droits , il fuccède
à fes charges , & l'on peut exercer contre lui le
droit qu'on avoit fur fon auteur.

Il en eft de même du fuccesſeur qui ne possède
qu'un ufufruit ; il doit fupporter les charges dont
cet ufufruit eft affecté. Il eft feulement nécesſaire
d'obferver que pour ne pas pourfuivre inconfi-
dérément un tel fuccesſeur, il faut que la dette
ou l'obligation ait été contractée par le dévancier,
non pas perfonnellement , mais à caufe du bénéfice , & avec les formalités requifes dans
ce cas.

Nous difons enfuite que le Créancier peut être
mis en poſſeſſion de la chofe , non-feulement
par la délivrance de cette chofe , mais encore par
une *tradition feinte.*

On appelle tradition feinte celle qui ne tranf-
fère pas la chofe même , mais le droit fur la chofe.
Or les lois font gardiennes & protectrices des
droits des citoyens ; & fous leur empire les
droits font des propriétés , parce qu'ils peuvent
fe réalifer , c'eft-à-dire fe transformer en jouiffance , en poſſeſſion. Voici un exemple d'une
tradition feinte. Je vous vends ma maifon par
un acte public , pour éteindre une créance que
vous avez fur moi. Je me dépouille par-là de la
propriété du droit fur la chofe ; mais je ftipule
en même temps que vous me laisſerez le refte de
ma vie dans la maifon ; il eft évident qu'il n'y a
là que la tradition d'un droit & non pas celle
d'une chofe.

Appliquons ce principe , que le Créancier n'a
pas un droit dans la chofe , mais feulement un
droit fur la chofe , à quelques cas particuliers
où il fe développera encore davantage.

Mon débiteur a contracté envers moi l'obligation de me donner en payement d'une fomme
d'argent que je lui ai prêtée, un de fes domaines.
Il le vend enfuite à un autre. Il eft évident que
je ne pourrai pas évincer l'acquéreur ; je ne
pourrai qu'attaquer mon débiteur, pour le forcer
à me dédommager de l'inexécution de fon engagement.

Par la même raifon, fi mon débiteur a légué
la chofe qu'il s'étoit obligé de me donner, il en
aura par fa mort transféré la propriété au légataire, parce que la poffeffion de la chofe léguée
paffe par la mort du teftateur au légataire (*).

Ce fera donc au légataire qu'elle devra être
délivrée, & je n'aurai dans ce cas qu'une action
en dommages-intérêts contre les héritiers de mon
débiteur.

Il eft cependant une exception à ce principe,
& elle eft auffi pofée par la loi.

Si le débiteur en transférant à un autre la
propriété de la chofe qu'il m'avoit promife, étoit
infolvable, il feroit clair que l'aliénation n'auroit
eu lieu que pour me faire perdre mes droits fur
lui, & alors il faudroit diftinguer fi la chofe a
été donnée à titre gratuit ou à titre onéreux.

Si c'étoit à titre gratuit, la donation feroit
nulle.

Si c'étoit à titre onéreux, la vente feroit
nulle auffi, mais dans-un cas feulement, favoir,
fi l'acquéreur avoit eu part à la fraude.

Nous allons dans un moment développer
davantage ce dernier principe, en parlant des

_____

(*) Dominium rei legatæ ftatim a morte teftatoris tranfit
a teftatore in legatarium.

fraudes que l'on peut commettre contre les Créanciers.

Après avoir expliqué la nature du droit qui réfide dans le Créancier, il faut développer quelles font les prérogatives des différentes efpèces de Créanciers.

Tous les Créanciers font chirographaires ou hypothécaires, & les uns & les autres font ordinaires ou privilégiés. Voyez ci-devant le mot CRÉANCE.

Arrêtons-nous d'abord fur ce qui regarde les Créanciers chirographaires, c'eft-à-dire ceux qui n'ont ni hipothéque ni privilége.

Leur payement eft le moins certain, parce qu'ils font obligés de laiffer paffer avant eux les autres Créanciers.

Ils ne peuvent même prétendre aucune préférence les uns fur les autres, à raifon de la priorité de leurs créances. Celles-ci n'étant pas paffées devant les officiers publics, ni reconnues devant les tribunaux, n'ont pas de dates certaines, & elles ne font pas réputées antérieures les unes aux autres. Les fimples Créanciers chirograhaires ne peuvent donc que venir en concurence pour leur payement après celui des Créanciers qui ont des priviléges ou des titres publics; & s'il ne refte pas affez pour les payer tous, ils reçoivent chacun à proportion de ce qui leur eft dû. *Voyez* PRIVILÉGE.

Quelquefois le Créancier chirographaire prend la précaution de fe nantir d'un gage qui ne peut être qu'un meuble, parce que les immeubles ne peuvent changer de propriétaires ou être affectés à quelque créance que par un contrat public. Alors le Créancier trouve une fûreté dans fon gage. Il peut vendre le meuble, fi le débiteur y confent, & en retenir le prix ; ou au refus du débiteur, le faire vendre par autorité de juftice, pour être payé fur le prix de la chofe, par préférence à tout créancier, même antérieur, mais non au préjudice du créancier qui auroit un privilége fur le même gage.

Ce privilége du Créancier fur fon gage a même lieu dans le cas de la faillite (*).

Mais il ne faut pas étendre cette règle au cas d'un Créancier qui a fait faifir des meubles de fon débiteur, fi la déconfiture arrive pendant la faifie ; car en ce cas le premier faififfant perd fon avantage, comme nous l'avons explique au mot CRÉANCE.

Rappelons actuellement les principaux droits des Créanciers hipothécaires, en renvoyant pour les détails au mot HIPOTHÉQUE.

Si le même fonds eft hipothéqué en même temps à deux ou à plufieurs Créanciers, fans qu'on ait diftingué une portion pour l'un & une portion pour l'autre, chacun aura fon hipothéque fur le fonds entier pour toute fa dette (**).

Et fi le fonds ne vaut pas la fomme totale des deux créances réunies, le droit des Créanciers fe divifera, non par moitié, mais à poportion de la force de leurs créances. Chacun ayant hipo-

_____

(*) Si qui contrahebant ipfam mercem pignori acceperint, puto debere dici preferendos. L. 5, §. 8, ff. de tribut. act. Voyez Gage.

(**) Si duo pariter de hipoteca pacifcuntur, in quantum quifque obligatam hipotecam habeat, utrum pro quantitate debiti, an pro partibus dimidiis quæritur? magis eft, ut pro quantitate debiti pignus habeant obligatam.

théque fur le tout pour toute fa dette, le droit
de chacun doit fe régler d'après la quantité de
ce qui lui eft dû. Ainfi, par exemple, s'il eft dû
dix mille livres à l'un des Créanciers, & cinq
mille livres à l'autre, & que le fonds foumis à
leurs hipothéques ne vaille pas les quinze mille
livres qui font le total de leurs créances, l'un
prendra les deux tiers du prix, quel qu'il foit.

Mais fi des deux Créanciers dont nous parlons,
l'un pofsède le fonds chargé des hipothéques,
celui-ci trouve dans fa poffeffion une raifon de
préférence (*).

Un Créancier hipothécaire conferve fes droits
fur tous les biens de fon débiteur, lors même
qu'ils font partagés entre fes héritiers, de manière
que fi un héritier paye une partie de la dette,
proportionnée à la partie de la fucceffion qui lui
eft échue, cela n'empêchera pas que cette portion ne puiffe être faifie pour le payement de la
dette totale, fauf fon recours contre fes cohéritiers (**).

Le furplus des droits qui appartiennent aux
Créanciers hipothécaires, fera expliqué fous le
mot HIPOTHÉQUE.

Nous ne nous étendrons pas non plus fur les
droits des Créanciers privilégiés; le lieu pour
les expliquer eft au mot PRIVILÉGE.

Nous obferverons feulement qu'entre des
Créanciers privilégiés, le premier & le dernier
ne font diftingués que par la nature de leurs

_____

(*) In pari caufa poffeffor potior haberi debet. L. 128,
ff. de regul. jur.
(**) Si unus ex hæredibus portionem fuam folverit, ta-
men tota res pignori data venire poterit.

priviléges & non par l'ordre des temps ; & f
deux Créanciers ont un pareil privilége, quoique
de divers temps, ils feront payés dans le même
ordre & en concurrence (*).

Occupons - nous actuellement des règles qui
font relatives à tous les Créanciers indiftinctement.

Les Créanciers peuvent fe mettre à la place
les uns des autres ; ils peuvent en remboursant
ceux qui doivent paffer avant eux, empêcher
que les biens fur lefquels ils attendent leur payement ne foient adminiftrés ou vendus d'une manière capable de diminuer leur reffource. Ainfi
un fimple chirographaire peut acquérir les droits
d'un hipothécaire ou d'un privilégié : mais alors
fes deux créances ne deviennent pas égales ; il
ne pourra ufer de l'hipothéque ou du privilége
qu'il a acquis, que pour la dette à laquelle ces
avantages étoient attachés. L'autre ne pourra
jamais être remboursée qu'à fon tour ; mais le
Créancier qui s'eft fait fubroger à l'hipothéque
ou au privilége d'un autre, fe met fouvent par-là
en état d'affurer le payement de fa dette chirographaire. *Voyez* SUBROGATION & TRANSPORT.

Le Créancier peut faire la promeffe de fon
débiteur moindre que la fomme qu'il lui prête ;
mais il ne peut pas exiger davantage en payement
qu'il n'a donné en prêt ; & s'il paroiffoit qu'une
obligation excédât la fomme qui auroit été prêtée,
elle feroit nulle pour cet excédent, comme étant
fans caufe, ou comme n'ayant qu'une caufe
illicite (**).

(*) Piviligia non tempore eftimantur, fed ex caufa.
(**) Si tibi dedero decem fic ut novem debeas : proculus

. Tous les actes ou toutes les dispositions des débiteurs qui tendent à frauder leurs Créanciers, sont nulles par elles-mêmes.

Cette règle admet cependant quelques exceptions, & elle demande d'être modifiée dans divers cas.

Toutes les dispositions que peuvent faire les débiteurs à titre de libéralité, au préjudice de leurs Créanciers, peuvent être révoquées, soit que celui qui reçoit la libéralité ait connu la fraude ou qu'il l'ait ignorée. Il n'est pas permis aux débiteurs de faire des libéralités de ce qui doit servir à éteindre leurs dettes; & la bonne foi de celui à qui ils ont donné, ne l'autorise pas à conserver ce qui ne pouvoit lui être donné (*).

Cependant si le donataire avoit été de bonne foi, & que la chose donnée ne fût plus en nature, ou qu'elle n'eût pas profité au donataire, il ne seroit pas tenu de rendre un bienfait dont il ne lui resteroit aucun avantage (**).

Mais les aliénations de meubles ou d'immeubles qu'auroient pu faire les débiteurs, au préjudice de leurs Créanciers, à titre onéreux, & à des personnes qui auroient acquis de bonne foi, ne peuvent être révoquées, quelque intention de

---

ait, & recte; non amplius te ipso jure debere quam novem: sed si dedero ut undecim, putat proculus amplius quam decem condici non posse. *L. 12, ff. de reb. cred.*

(*) Simili modo dicimus, & si cui donatum est, non elle querendum aut sciente eo cui donatum, gestum sit, sed hoc tantum, an fraudentur creditores.

(**) In hoc tantum qui ignorantes ab eo, qui solvendo non sit, liberalitatem acceperunt, hactenus actio erit danda, quantum locupletiores facti sunt, ultra non. *L. 6, ff. 11, §. ff. quæ in fraud. cred.*

frauder que l'on aperçoive dans le débiteur. Sa mauvaise foi ne doit pas nuire à ceux qui n'y ont eu aucune part (*).

L'aliénation seroit aussi révocable s'il étoit prouvé que l'acquéreur à titre onéreux eut participé à la fraude.

Un des signes les plus décisifs que l'aliénation est frauduleuse, c'est lorsqu'elle est faite à vil prix (**).

Et non-seulement l'aliénation est annullée par les lois, mais encore elles veulent que le prix n'en soit pas rendu à l'acquéreur de mauvaise foi (***).

Il est cependant un cas où le prix de l'acquisition doit lui être rendu, c'est lorsque les deniers se trouvent encore en nature dans les mains du vendeur. Les lois ont considéré que si la confiscation tournoit au profit du vendeur, elle seroit une récompense de la fraude, comme elle auroit pu être un motif de la commettre (****).

L'acquéreur n'est pas censé avoir participé à la fraude par la seule raison qu'il savoit que le vendeur avoit des Créanciers. Il faut de plus qu'il ait su que le vendeur étoit insolvable, ou

_____

(*) Ait pretor, quæ fraudationis causa gesta erant, cum eo qui fraudem non ignoravit.... actionem dabo..... quare si quidem in fraudem creditorum factum sit, ignoravit, cessare videntur verba edicti. *L. idem.*

(**) Si debitor in fraudem creditorum minore pretio fundum scienti emptori vendiderit. *L. 7 , quæ in faud. cred.*

(***) Ne quidem portionem emptori reddendam in pretio. *L. 8 , eodem.*

(****) Si nummi soluti in bonis extent , jubeat eos reddi: quia ea ratione nemo fraudetur. *L. 8 , eodem.*

qu'il

qu'il ait pu connoître que ce vendeur cherchoit à tromper ses Créanciers (*).

Si le dessein du fraudeur n'est pas exécuté, ou même si la fraude ne constitue pas les Créanciers en perte; si, par exemple, pendant qu'ils poursuivent le débiteur, des ressources nouvelles le mettent en état de les payer, la vente qui leur portoit préjudice aura son effet; elle ne pourroit être annullée que pour la conservation de leurs droits.

Si le débiteur dans la suite vient à emprunter, ses nouveaux Créanciers ne pourront attaquer cette vente qui n'a pu être faite au préjudice de leurs créances, puisqu'elles n'existoient pas (**).

Mais si ces nouveaux Créanciers avoient prêté pour payer les premiers, & si leurs deniers avoient été employés à ce payement, ils pourroient faire révoquer l'aliénation faite avant leur créance, parce qu'alors ils exerceroient les droits de ceux à qui ce payement les auroit subrogés (***).

Il y a bien des manières de frauder ses Créanciers; les lois elles-mêmes nous en désignent un grand nombre.

Elles mettent au nombre de ces fraudes les donations des biens qui font nécessaires pour payer les dettes, les ventes à vil prix ou à un

(*) Qui sit aliquem creditores habere, si cum eo contrahit simpliciter, sine fraudis conscientia, non videtur hac actione teneri. L. 10, §. 4, ff. quæ in fraud. cred.

(**) Cæterum si illos dimisit, & alios sortitus est, cessat revocatio. L. 10, §. 1, ff. quæ in fraud. cred.

(***) Si autem horum pecunia quos fraudare noluit, priores dimisit, quos fraudare voluit, revocationi locum fore. L. idem.

prix fimulé, dont le débiteur donne la quittance; les tranfports à des perfonnes interpofées (*).

Les lois nous fournissent encore des exemples de fraudes plus fubtiles & par conféquent plus dangereufes.

Si un débiteur d'intelligence avec un de fes débiteurs à lui-même, fe défifte d'un hipothéque qui failoit la fûreté de fa créance.

Si pour éteindre la dette il fournit à fon débiteur des exceptions qui ne lui foient pas légitimement acquifes.

S'il lui défère le ferment fur une demande qu'il pouvoit prouver.

S'il donne quittance de ce qu'il n'a pas reçu.

S'il fe laiffe débouter d'une demande légitime.

S'il fe laiffe condamner à un payement, lorfqu'il avoit des moyens pour fe défendre.

S'il laiffe périmer une inftance.

S'il laiffe prefcrire une dette.

S'il fouffre une diminution volontaire de fes biens.

Dans tous ces cas il eft au moins fufpect de collufion avec les perfonnes au profit de qui il fe laiffe dépouiller, & par conféquent de fraude envers fes créanciers.

On ne doit pas mettre au nombre des difpofitions révocables par la fraude, la conftitution d'une dot par le père ou d'autres perfonnes dont les biens ne font pas fuffifans pour acquitter leurs dettes, lorfque le mari n'a point eu part à la fraude. Il reçoit cette dot à titre onéreux, car elle doit l'indemnifer des dépenfes que lui cauferont fa femme & fes enfans, & fans elle

____

(*) Voyez au digefte le titre *quæ in fraud. cred.*

il ne fe feroit peut-être pas engagé dans le mariage (*).

Par les ordonnances de François premier du
8 juin 1532, & de Charles IX, du mois de janvier 1563, les conftitutions de dot ne devoient
point excéder mille livres. Ces lois ne pouvoient
guère avoir d'autres motifs que de réprimer les
fraudes qui peuvent fe commettre dans les conftitutions de dot.

Il y a long-temps que ces lois ne font plus
exécutées.

Le Créancier qui reçoit ce qui lui eft dû,
quand même il fauroit fon débiteur infolvable,
ne fe rend pas coupable de fraude ; il n'a fait
que veiller à fes intérêts ; c'eft aux autres
Créanciers à s'imputer d'avoir été moins attentifs ou moins aftifs que lui (**).

Il y a cependant une exception à ce principe,
& la voici :

Si après une faifie des biens du débiteur, ou
après le délaiffement qu'il en a fait à fes Crean-
ciers, un d'eux recevoit fon payement, ou du
fonds des chofes faifies, ou de ce qui étoit dé-
laiffé aux Créanciers, il feroit tenu de rapporter
à la maffe ce qu'il auroit reçu, parce qu'alors
il auroit pris pour foi ce qui appartenoit à
tous (***).

---

(*) In maritum, qui ignoraverit, non dandam aftionem
L. 25, ff. quæ in fraud. cred.

(**) Apud Labeonem fcriptum eft, eum qui fuum reci-
piat, nullam videri fraudem facere : alii creditores fuæ ne-
gligentiæ expenfum ferre debent. L. 6, ff. quæ in fraud.
cred.

(***) Neque enim debuit præripere cæteris, poft bona pof-

Tous ceux qui ont eu part à une fraude faite par un débiteur à fes Créanciers, quand même ils n'en auroient pas profité, doivent réparer le tort qu'ils ont fait à ces Créanciers. A plus forte raifon doivent-ils rapporter les gains illicites qu'ils ont pu faire par cette voie, & la loi les y condamne (*).

Le débiteur qui trompe fes Créanciers ne doit pas feulement être condamné à réparer de fes biens le tort qu'il leur a fait ; il peut encore, fuivant les circonftances, être condamné à des peines afflictives (**).

On a parlé au mot BANQUEROUTE des peines portées contre les banqueroutiers frauduleux.

Le Créancier ayant droit d'exiger le payement entier de toute fa dette, n'eft pas obligé de la divifer & d'en recevoir une partie, ni d'accepter une délégation, ni de recevoir fon payement dans un autre lieu que celui qui a été convenu (***).

On trouve dans Brodeau fur Louet un arrêt du parlement de Paris qui a jugé qu'un débiteur ne peut forcer un Créancier de prendre des terres en payement, fous prétexte que d'autres Créanciers confentent à en prendre. Cet arrêt eft du 6 feptembre 1690.

---

feffa, cum jam par conditio omnium creditorum facta effet. *L. 6, ff. qua in fraud cred.*

( * ) Proinde interpofuerit quis perfonam Titii, ut ei fraudator res tradat, actione mandati cedere debet. *L. 14, qua in fam. cred.*

(**) Actionem dabo, idque etiam adverfus ipfum qui fraudem fecit, fervabo, ait pretor. *L. idem.*

(***) Neque cum qui decem peteret cogendum quinque accipere, & reliqua perfequi. *L. 22, ff. de cred.*

Mais fi le débiteur avoit quelque fujet de contefter une partie de la dette & qu'il offrît le refte, il feroit de la prudence du juge d'obliger en ce cas le Créancier à recevoir ce qui feroit offert, ou d'ordonner la confignation de la fomme aux frais, rifques & périls de qui il appartiendroit.

Lorfque plufieurs perfonnes prêtent conjointement quelque chofe, chacune d'elles n'eft cenfée créancière que de fa part perfonnelle, à moins qu'on n'ait expreffément ftipulé que chacune d'elles pourra feule pour toutes les autres exiger la totalité de la dette.

Les Créanciers d'un défunt pour dettes perfonnelles, comme font les fimples billets chirographaires, & généralement tous ceux qui n'ont pas d'hypothèque fur les biens de leur débiteur défunt, ne laiffent pas d'être préférés fur fes biens aux Créanciers de fon héritier, même hypothécaires. Car quoique les biens du défunt foient affeétés aux Créanciers de fon héritier; s'il leur a hypothéqué fes biens à venir, ceux de l'hérédité font affeétés en premier ordre aux dettes du défunt, & n'ont paffé à l'héritier qu'avec la charge de les acquitter.

Les Créanciers peuvent exercer les droits de leur débiteur pour la sûreté de leurs créances; ils peuvent faifir & arrêter ce qui lui eft dû, former oppofition en fous ordre fur lui, prendre en fon nom des lettres de refcifion contre un engagement qu'il a contraété à leur préjudice, accepter en fon nom une fucceffion malgré lui.

Il y a dans la coutume de Normandie un article qui décide ce dernier point. C'eft le deux

D d iij

cens soixante-dix-huitième ; il porte « que les
» Créanciers pourront se faire subroger en son
» lieu & place ( du débiteur ), pour accepter
» une succession , & être payés sur icelle jusqu'à
» la concurrence de leur dû ; & s'il reste au-
» cune chose , les dettes payées, ce sera pour
» les autres héritiers plus prochains après celui
» qui aura renoncé ».

Les Créanciers ne peuvent attaquer un arrêt
rendu contre leur débiteur , que par la voie que
celui-ci auroit dû prendre lui-même , c'est-à-
dire , celles de la requête civile ou de la cassa-
tion. Ils ne peuvent pas se pourvoir par la tierce
opposition ; ce qui a été jugé avec lui est censé
l'être avec eux, à moins qu'on ne puisse prouver
un concert frauduleux entre le débiteur & ceux
avec qui il plaidoit. C'est ce qui a été jugé par
un arrêt du 21 février 1701 , rapporté au journal
des audiences.

On a demandé si les deniers consignés au greffe
procédant de l'adjudication d'un décret , étant
perdus par un événement de force majeure ou
par la faillite du receveur , la perte tomboit sur
le débiteur ou sur les Créanciers ?

Les Créanciers peuvent dire que la consignation faite par le saisi ne le libère pas , puisque
l'intérêt court à leur profit jusqu'à ce que l'ordre
est arrêté ; que la consignation est plus l'ouvrage de la loi qui l'ordonne dans le cas du décret , que le leur , quoiqu'elle ait été provoquée
par eux ; qu'ils pourroient être chargés de l'événement si le dépôt avoit été fait chez un notaire
ou un banquier choisi par eux ; mais qu'un greffe
est un lieu public dont nul autre que le greffier ne doit être garant.

Le débiteur peut répondre que l'héritage ayant été décrété & adjugé, & le prix payé par l'adjudicataire, il a cessé, lui débiteur, d'être propriétaire; que la propriété de la chose est passée à l'adjudicataire, & que celle du prix est passée aux Créanciers par la consignation. Or, c'est un principe que le maître supporte seul la perte de son bien. *Res perit domino.*

Par deux arrêts, l'un de 1595, l'autre de 1598, il a été jugé que la perte des deniers consignés devoit tomber sur les Créanciers & non sur la partie saisie.

La qualité de Créancier est un moyen de reproche contre la déposition d'un témoin; c'est aussi un moyen de récusation contre un juge ou contre un arbitre.

Lorsqu'il y a plusieurs Créanciers d'une même dette, celui qui reçoit sa portion n'est pas obligé d'en faire part aux autres; mais si la dette étoit solidaire entre les Créanciers; par exemple, si elle appartenoit à une société, alors il faudroit que celui qui a reçu le payement le versât dans la caisse commune.

Le Créancier bailleur de fonds, peut demander que l'immeuble acheté avec ses fonds, s'il est mis en saisie réelle par d'autres Créanciers, lui soit donné en déduction & jusqu'à concurrence des sommes qui lui sont dues pour la valeur de l'immeuble, suivant une prisée faite par des experts.

Ce privilége appartient aussi à tous les anciens Créanciers, c'est-à-dire, à ceux dont la créance remonte à des époques éloignées & dont la date est certaine; ce qui suppose des actes publics.

Henrys raisonne ainsi sur cette question importante :

« Puisque toutes choses se mesurent par l'in-
» térêt, il suffit que le Créancier prenne l'héri-
» tage pour ce qu'il vaut & qu'il peut être esti-
» mé. Outre qu'on ne présume pas que l'héri-
» tage puisse se vendre au-delà de l'estimation,
» on a établi cela pour éviter les grands frais
» qu'un décret cause. On ne peut faire vendre
» des biens par décret que les frais n'en empor-
» tent plus du tiers ; de sorte qu'il est vrai de
» dire que la vente par décret de quelques héri-
» tages est un gouffre où non-seulement le débi-
» teur, mais encore presque tous les Créanciers
» font naufrage. . . . . . C'est à quoi la Cour a
» voulu pourvoir par sa prudence ordinaire &
» par une jurisprudence nouvelle, ayant jugé à
» propos de faire ce que les anciens législateurs
» ont toujours fait, qui est de changer les règles
» selon que les choses changent, & de s'accom-
» moder au temps.

- » Au reste on peut appliquer à ce sujet le titre
» du code *de jure dominii impetrando*, suivant
» lequel le Créancier, au défaut d'être payé,
» pouvoit demander au prince d'être fait maître
» des fonds sur lesquels il avoit son hypothéque,
» & il obtenoit cela, ne se présentant aucun qui
» fît la condition meilleure & en offrît davan-
» tage ».

Mais pour que le Créancier puisse exercer ce
droit, il faut que quatre circonstances concourent en sa faveur.

La première, que le Créancier soit évidemment privilégié ou antérieur en hypothéque.

La feconde, qu'il faffe des offres de payer les Créanciers antérieurs ou privilégiés à lui s'il s'en trouve, & qu'il donne l'option à ces Créanciers de prendre l'héritage aux mêmes conditions que lui ; mais cependant à charge par ceux - ci de pouffer la vente à un prix affez confidérable pour qu'il puiffe être payé tant en principal qu'en frais, intérêts & dépens.

La troifième, qu'il confente à prendre les héritages faifis d'après l'eftimation qui en fera faite par des experts convenus entre les différens Créanciers. Cela eft abfolument néceffaire, furtout quand c'eft un vendeur ou un bailleur à rente qui veut rentrer dans fon héritage, parce que cet héritage peut avoir augmenté de valeur par plufieurs circonftances ; ainfi il eft de l'intérêt des autres Créanciers qu'il foit eftimé avec eux, afin que le prix des améliorations leur revienne.

La quatrième & dernière condition eft que les chofes foient encore entières, c'eft-à-dire, que l'adjudication ne foit pas achevée. C'eft ce qui a été jugé par un arrêt du 2 août 1695, rapporté au journal des audiences.

Les Créanciers ont deux voies pour obliger les débiteurs ou les héritiers de ceux-ci à leur donner ce qui leur eft dû. Celle de la fimple demande en juftice, & celle du commandement & exécution.

La première confifte à affigner le débiteur devant le juge compétent pour fe voir condamner à fatisfaire à l'engagement qui le conftitue débiteur.

Lorfque la chofe due eft un corps certain, & que le débiteur condamné a cette chofe en fa poffeffion, le juge fur la requête du Créancier ; doit lui permettre de la faifir, & le débiteur ne peut empêcher cette faifie, en offrant les dommages - intérêts qui peuvent réfulter de l'inexécution de fon engagement.

La feconde voie qui eft ouverte aux Créanciers contre leurs débiteurs, confifte à faire faire commandement à la perfonne ou au domicile de ceux-ci par un fergent, de remplir les obligations dont ils font tenus ; ou fur le refus des débiteurs, à faifir les meubles & même les immeubles, & à les faire vendre pour être payés fur le prix de ces ventes.

Mais pour que les Créanciers puiffent prendre cette voie, il faut que trois chofes concourent.

La première, que la dette foit une fomme d'argent certaine & liquide, ou une certaine quantité d'efpèces *fungibles*, comme du bled, du vin, &c.

Obfervons cependant encore fur cette dernière efpèce de dettes, que quoique la quantité due foit liquide, la loi veut qu'il foit furfis à la vente jufqu'à l'appréciation. Telle eft la difpofition de l'article 2 du titre 33 de l'ordonnance de 1667.

La feconde circonftance néceffaire pour le commandement & exécution, c'eft que le titre du Créancier foit exécutoire, c'eft-à-dire, qu'il ait été paffé devant un notaire, & qu'il foit revêtu de toutes les formalités requifes, ou bien qu'il foit un jugement de condamnation, non fufpendu par un appel ni par une oppofition.

La troifième condition requife enfin, eft que

ce foit contre la perfonne obligée par le contrat
ou condamnée par le jugement, que le Créancier agiffe. Quoîque les héritiers de cette perfonne fuccédent à fes obligations, le Créancier
ne peut procéder contre eux que par la voie
de demande, jufqu'à ce qu'il ait renouvelé le
contrat avec les héritiers par un autre acte devant notaire, ce qui s'appelle paffer *titre nouvel*,
ou jufqu'à ce qu'il ait fait déclarer le jugement
qu'il avoit obtenu contre leur auteur *exécutoire*
contre eux-mêmes.

Il y a des chofes fort intéreffantes à dire fur
la manière dont les Créanciers traitoient leurs
débiteurs chez les nations anciennes & chez
celles du nord qui fe font civilifées à leur tour.
Le rapprochement des lois les plus féroces &
des lois les plus humaines fur la même matière,
& fouvent chez les mêmes peuples, offre un
fpectacle digne de l'attention des jurifconfultes.
Mais il paroît qu'il fera mieux placé au mot DÉ-
BITEUR.

*Voyez les lois civiles de Domat ; les œuvres de
Henrys ; le recueil de Louet ; les œuvres de Def-
peiffes ; celles de Boniface ; le journal du palais ;
le journal des audiences ; le traité des offices de
Loifeau ; le traité des offices de Joly ; le droit
commun de la France par Bourgeon ; le traité des
obligations de Pothier*, &c. Voyez auffi les arti-
cles ABANDONNEMENT, BANQUEROUTE, DÉ-
BITEUR, DIRECTION, CESSION, FAILLITE,
HYPOTHÉQUE, PRIVILÉGE, PAYEMENT,
SAISIE, TRANSPORT, &c. ( *Cet article eft de
M. LACRETELLE, avocat au parlement* ).

CRÉDIT. ( DROIT DE ) On a ainfi appelé
un droit que la plupart des feigneurs exerçoient

autrefois dans leurs terres , & qui confiſtoit en ce qu'ils pouvoient y prendre des vivres & des denrées ſans être tenus de les payer ſur le champ, mais ſeulement après un certain temps marqué ; par exemple , le roi avoit Crédit pendant quinze jours à Boiſcommun & à pluſieurs autres endroits pour les vivres qu'il achetoit des habitans. Les ſeigneurs de Nevers avoient droit de prendre dans la ville des vivres à Crédit ſans être obligés de les payer avant quarante jours.

Il eſt parlé du droit de Crédit dans une chartre que Philippe-Auguſte accorda en 1209 pour l'établiſſement de la commune de Compiegne ; dans des lettres du roi Jean du mois d'avril 1351 ; dans une ordonnance du mois de février 1556 , donnée par Charles V alors régent du royaume , & dans pluſieurs autres anciennes chartres.

Aujourd'hui aucun ſeigneur ne peut rien prendre a Crédit que du conſentement du vendeur.

CRI D'ARMES , ou CRI DE GUERRE , s'eſt dit autrefois de certaines paroles que les premiers françois & les autres peuples de l'europe avoient accoutumé de crier & de mettre dans leurs drapeaux & ſur leurs cottes d'armes pour animer les ſoldats aux combats , ou pour ſe faire connoître dans les batailles & dans les tournois.

Le Cri de guerre étoit une ſuite de la bannière , c'eſt-à-dire que nul n'étoit reconnu pour gentilhomme de nom , d'armes & de Cri, s'il n'avoit droit de lever bannière. Dans les batailles , les bannerets faiſoient le Cri ; de ſorte que dans une armée il y avoit autant de Cris qu'il y avoit de bannières ou enfeignes. Mais outre ces Cris particuliers, il y en avoit un général pour toute l'armée ; celui des François, par exemple, étoit *Monjoie Saint-Denis*. Dans les tournois, c'étoient les hérauts d'armes qui faifoient le Cri quand les chevaliers étoient fur le point d'entrer en lice.

Charles V I I ayant établi des compagnies d'ordonnances vers l'an 1450, & difpenfé les bannerets d'aller à la guerre avec leurs vaffaux, il ne fut plus queftion du Cri d'armes, qui ne fe conferva que dans les armoiries.

CRI PUBLIC, fe dit de la proclamation ou publication qui fe fait après avoir amaffé le peuple à fon de trompe ou de tambour dans les places publiques & carrefours d'une ville, à l'effet de rendre une chofe publique.

En matière criminelle, en cas d'abfence de l'accufé, après qu'il a été affigné à la quinzaine par affiche à la porte de l'auditoire, on l'affigne à la huitaine par un feul Cri public. C'eft ce qui eft prefcrit par l'article 8 de l'ordonnance criminelle du mois d'août 1670.

Le parlement de Rouen a jugé par arrêt du 14 août 1736, qu'un official ne pouvoit pas faire citer par Cri public un accufé.

Voyez *le recueil des ordonnances du Louvre ; l'ordonnance criminelle du mois d'août 1670 ; l'édit du mois de décembre 1680*, &c. Voyez auffi les articles BANNERET, CHEVALIER, ARMOIRIES, ACCUSÉ, CONTUMACE, &c.

C R I É E. C'eft une proclamation publique qui fe fait après une faifie-réelle, par un huiffier ou fergent, pour avertir les intéreffés que les immeubles faifis réellement feront vendus & djugés par décret.

L'édit des Criées donné par Henri II, en 1531, eft le règlement le plus important qui ait été fait fur cette matière (*). Cette loi ne dé-

(*) *Voici cette édit :*

Henri, par la grâce de Dieu, roi de France : à tous ceux qui ces préfentes lettres verront, falut. Comme plufieuis grandes plaintes & clameurs nous euffent été faites de la longueur tenue au fait de la juftice, procédant des exécutions des fentences & arrêts donnés, tant en nos Cours de parlemens, qu'ès bailliages & fénéchauffées reffortiffans en icelles, & auffi ès requêtes de nos palais, & en nos cours établies, tant fur le fait de la juftice de nos aides que de notre tréfor, par la malice des parties condamnées, obligées & redevables, qui pour ne vouloir obéir auxdites fentences & arrêts, fatisfaire à leurs dettes & obligations, laiffent faifir leurs héritages & biens immeubles, & iceux mettre en Criées, tendant ( par la longueur du temps accoutumé à faire lefdites Criées, & à les faire vérifier & rapporter, & auffi à faire droit fur toutes les oppofitions & empêchemens qui y interviennent ayant aucune chofe adjuger par décret ) tellement à vexer & ennuyer leurs créanciers, pourfuivant lefdites Criées, & les oppofans à icelles, qu'ils les contraignent à quitter & délaiffer les pourfuites defdites exécutions, & de leurs dettes, & finalement à rendre inutiles & de nul effet leurfdites dettes, obligations, fentences & arrêts. Au moyen de quoi euffions chargé aucuns bons perfonnages nos officiers de juftice, zélateurs d'icelle, & du bien public, de penfer & de regarder à quelques bons moyens, par lefquels l'on pût abréger lefdites exécutions defdites fentences, arrêts & obligations, à ce qu'il fût facile à chacun de recouvrer fon dû, & adjudication pour foi en aider à fon befoin & néceffité : même nous, pour notre particulier recouvrer les reftes des comptes de nos officiers comptables, & autres nos dettes & adjudications : par lefquels nos officiers eût été fur ce fait & dreffé aucuns articles lefquels, fuivant la commiffion fur ce par nous à eux dirigée, ils nous euffent envoyés; favoir faifons, que vus & entendus par nous lefdits articles, & après avoir eu

termine aucun délai à obſerver entre la ſaiſie

---

ſur iceux l'avis & opinions des gens de notre privé conſeil, & de pluſieurs autres bons & notables perſonnages
dudit état de juſtice, pour ce convoqués & appelés en notredit conſeil, nous par ledit avis & opinion, & afin d'obvier à la ruine, tant des condamnés & obligés, que de
leurs créanciers porteurs de leurs obligations, & ayant obtenu leſdites ſentences & arrêts, avons dit, ſtatué &
ordonné ce qui s'enſuit, pour être dorénavant par proviſi-
ſion, & juſqu'à ce que par nous autrement y ait été pourvu
obſervé & gardé en noſdites cours & juridictions.

### ARTICLE PREMIER.

Que quand aucun héritage ou choſe immeuble ſera ſaiſi
& mis en Criées, l'huiſſier ou ſergent qui fera leſdites
Criées ſera tenu ſe transporter ſur les lieux; & en faiſant
la ſaiſie & première Criée, de déclarer & ſpécifier par
le menu en icelle ſaiſie, & première Criée, les héritages
& choſes Criées par tenans & aboutiſſans, fors ès ſeigneuries, fiefs & droits ſeigneuriaux, eſquels ſuffira de ſaiſir le
principal manoir, ſes appartenances & dépendances, &
iceux droits ſeigneuriaux.

II. Et la ſaiſie faite ſera tenu de laiſſer une attache
contenant la déclaration telle que deſſus eſt dite, deſdites
choſes Criées, laquelle ſera miſe & attachée à la porte
& entrée de l'égliſe paroiſſiale deſdits lieux criés. Et ſi
les héritages ſont aſſis en diverſes paroiſſes, ſera fait le
ſemblable en chacune deſdites paroiſſes, pour le regard de
ce qui ſera aſſis en icelle paroiſſe.

III. Qu'en toutes ſaiſies de maiſons aſſiſes ès villes &
villages, mêmement en la ville de Paris, en faiſant la
ſaiſie, ou devant la première Criée, ſera mis & affiché
ſur l'entrée de la maiſon un panonceau portant nos armes;
au-deſſous duquel ſera écrit que ladite maiſon eſt ſaiſie eſt
miſe en Criées, & de ladite attache en fera l'exécuteur
mention par ſon rapport & procès-verbal, & ce fait,
ſeront les Criées faites & continuées, ainſi qu'il eſt accoutumé de faire aux jours de dimanches & iſſues des grandes
meſſes paroiſſiales, tant ès villes que villages, & ſans qu'il

réelle & la première Criée, c'eſt pourquoi on

---

ſoit plus beſoin faire leſdits Criées ès greffes & auditoires, ainſi que l'on avoit accoutumé de faire.

IV. Que dorénavant, incontinent après la ſaiſie, & auparavant que faite la première Criée, ſeront établis commiſſaires au régime & gouvernement des choſes Criées, ſous peine de nullité d'icelles Criées, & ſeront leſdits commiſſaires tenus bailler leſdites choſes Criées à ferme au plus offrant & dernier enchériſſeur, moyennant bonnes cautions, ſuivant nos ordonnances. Et avons fait & faiſons inhibitions & défenſes à tous propriétaires deſdites choſes Criées, & à tous autres de troubler ou empécher directement ou indirectement leſdits commiſſaires & fermiers en la jouiſſance de leurs commiſſions & fermes, ſous peine à ceux qui, directement ou indirectement, auront fait ledit trouble ou empêchement, d'être déclarés rebelles & déſobéiſſans à nous & à juſtice, & de confiſcation de leurs biens.

: V. Que leſdites Criées parfaites, elles ſeront certifiées pardevant le juge des lieux, lecture faite d'icelles à jours de plaids, & iceux tenans. Et après que le propriétaire aura été ajourné pour voir adjuger le décret, ſeront les oppoſitions à fin de diſtraire ou annuller leſdites Criées, ſi aucunes y en a, préalablement vidées & terminées, & pareillement les oppoſitions pour les charges foncières.

VI. Qu'incontinent après que les oppoſitions afin de diſtraire ou d'annuller, ou pour charges foncières, auront été vidées, ſoit par même jugement ordonné, que le décret ſera adjugé au quarantième jour enſuivant, ſauf, après l'adjudication, à diſcuter des autres oppoſitions pour dettes perſonnelles ou hypothèques, ſi aucune en y a.

VII. Et ſera l'enchere lue & publiée en jugement à jours de plaids, & iceux tenans; & icelle enchere attachée, à la diligence de l'enchériſſeur, à la porte de l'auditoire du ſiége auquel ſera faite l'adjudication, pour y demeurer l'eſpace de quinze jours.

VIII. Et ſeront tous autres enchériſſeurs reçus dedans ladite quinzaine à enchérir ès greffes des cours, ou leſ

peut

peut commencer la première Criée auffitôt

dites Criées feront pendantes, à la charge toutefois qu'ils feront tenus faire fignifier au dernier enchériffeur ou fon procureur, ladite enchère : & la quinzaine paffée fera délivré le décret à celui qui fe trouvera le dernier enchériffeur : lequel dernier enchériffeur fera tenu de configuer & mettre les deniers de fon enchère ès mains de tels perfonnages, marchands ou autres, que les pourfuivans lefdites criées, & oppofans à icelle, voudront nommer & élire, ayant égard à la quantité & plus grande fomme de deniers dus auxdits pourfuivans & oppofans, non au nombre defdits oppofans.

IX. Et feront tenus les enchériffeurs de nommer leur procureur, en faifant leur enchère, & élire domicile en la maifon de leurdit procureur : & autrement ne fera reçue ladite enchère.

X. Et parce que fouvent y a plufieurs perfonnes fufcitées par les propriétaires, qui, pour empêcher l'adjudication par décret, font faire enchère par gens fuppofés & inconnus & par vertu de procurations paffée à procureurs non connoiffant les parties, nous avons ordonné & ordonnons, qu'aucun ne fera reçu à enchérir en perfonne qu'il n'ait procureur au fiége, qui ait de lui connoiffance, & que ledit procureur ne foit préfent à faire icelle enchère.

XI. Avons inhibé & défendu, inhibons & défendons à tous procureurs, de n'enchérir par vertu de procuration qui leur feront baillées ou envoyées, finon qu'ils connoiffent les parties ayant paffé lefdites procurations, ou bien celui ou ceux qui les voudront charger d'enchérir, dont ils feront tenus de prendre acte, pour en avoir recours à l'encontre de ceux qui les auront chargés d'enchérir s'il eft trouvé que par fraude ou malice l'enchère ait été faite.

XII. Que tous héritages criés, feront adjugés à la charge des droits & devoirs feigneuriaux, frais & mifes defdites Criées, & des charges réelles & foncières qui feront contenues ès jugemens de difcuffion. Et où les héritages criés feroient de plus grande valeur que lefdites charges, fera l'enchère faite à prix d'argent.

après la faisie-réelle , pourvu que ce soit un di-

---

XIII. Que tous prétendant droits non seigneuriaux on censuels sur les choses Criées soit fonciers ou autres , seront tenus eux opposer pour lesdits droits , & pour les arrérages d'iceux s'ils prétendent aucuns en être dus.

XIV. Que si les opposans afin de distraire le tout, ou portion des choses Criées , ou bien prétendant droit réel & foncier sur icelles, ne font apparoir des droits par eux prétendus par lettres ou instrumens authentiques, ains se veulent fonder en preuve de témoins, seront tenus au jour qui leur sera assigné pour bailler leurs causes d'oppositions, Articuler faits recevables, sur lesquels ils entendent faire preuve, & conséquemment dedans le délai qui leur sera préfix pour informer, d'en informer promptement, & faire leurs enquêtes : & à faute de ce faire sera dedans ledit délai passé outre à l'adjudication par décret desdites choses Criées, nonobstant lesdites oppositions, à la charge toutefois que lesdits opposans, en vérifiant par après les droits par eux prétendus ( le propriétaire & opposans appelés) seront mis en leur ordre à la distribution des deniers de l'enchère, pour l'estimation de ce que seront estimés les droits de propriété ou charge réelle par eux respectivement prétendus.

XV. Que tous opposans à fin de distraire ou annuller, ou pour charges foncières, par le moyen desquelles oppositions l'adjudication par décret sera retardée, s'ils sont déboutés de leur opposition, seront condamnés en trente livres parisis d'amende envers nous, & en pareille amende envers le poursuivant Criées, & néanmoins seront tenus des arrérages des rentes qui auront cependant couru par le moyen de leurs oppositions, ayant retardé l'interposition du décret, pour lesquelles amendes & arrérages liquidés, s'ils n'ont de quoi payer, ils tiendront prison, sinon que le juge, pour aucunes considérations à ce le mouvant, trouve qu'ils en dussent être excusés.

XVI. Que s'ils y a opposition formée pour l'événement d'un procès pétitoire, intenté pour raison des choses Criées, ou aucun droit réel prétendu sur icelles, qui puisse prendre long trait, ou bien pour recours de garantie, ou autre semblable droit, dont n'y auroit procès encommencé : au

manche & qu'il y ait un commissaire établi au
régime & gouvernement des choses criées.

. Le nombre des Criées n'est point fixé par
l'édit, ainsi l'on s'en tient à cet égard à l'usage
du lieu ; mais elles doivent être faites à l'issue de
la messe paroissiale , & non à l'issue de vêpres,
à peine de nullité.

Il y a quelques endroits, comme en Franche-
Comté, où les Criées se font un jour de marché.

A Paris & dans la plupart des coutumes on
fait quatre Criées, de quinzaine en quinzaine.
Dans le ressort du parlement de Bretagne, &
de celui de Toulouse, on ne fait que trois
Criées de huitaine en huitaine : on n'en fait que

---

moyen desquelles oppositions est empêchée l'adjudication
par décret & distribution des deniers ; sera préfix temps a
l'arbitrage de justice, pour faire vuider lesdits procès ja
commencés & pendans , & à faute de ce faire dedans
ledit temps, seront lesdits procès petitoires intentés auparavant la saisie, évoqués & rapportés devant le juge pardevant lequel seront pendantes lesdites Criées, & lesquels
nous y avons dès à présent, comme pour lors, evoqués
& évoquons, en état qu'iceux procès seront lors trouvés,
pour faire droit par même moyen sur ladite demande pétitoire,
comme seroit à faire une opposition afin de distraire : & ce
par les pièces, & sur l'instruction & état auquel sera trouvé
icelui procès , après le délai dessusdit passés, sera aussi passé
outre, pour le regard des oppositions de recours de garantie, pour lequel n'auroit procès commencé, à la charge
que les opposans postérieurs seront tenus obliger & hypothéquer tous & chacuns leurs biens & bailler caution idoine
& suffisante, de rendre & restituer les deniers qui par eux
seront reçus à l'opposant ou opposans, pour raison de
garantie, qui seroient trouvés être précédens en hypothèque auxdits opposans, auxquels la distribution auroit
été faite.

Si donnons en mandement, &c.

trois non plus en Auvergne ; mais c'eſt de quinzaine en quinzaine.

En Lorraine où l'édit des Criées n'eſt point connu , on doit faire quatre Criées de quinzaine en quinzaine ( * ).

_____

(*) *Ce qui concerne les Criées dans cette province eſt particulièrement réglé par les diſpoſitions ſuivantes du titre 18 de l'ordonnance civile du duc Léopold du mois de novembre 1707.*

Article X. Les quatre Criées ſeront faites de quinzaine en quinzaine ; contiendront par le menu les héritages ſaiſis, ſeront ſignées de l'huiſſier & des recors, tant ès originaux qu'ès copies & affichées aux mêmes lieux que la ſaiſie réelle, avec expreſſion de la quantième Criée , & déclaration qu'il ſera procédé aux autres ſuivantes ſucceſſivement aux jours ordinaires ; contiendront en outre le nom du créancier , l'élection de ſon domicile , le nom du débiteur , & la ſomme pour laquelle les Criées ſont faites ; comme auſſi porteront intimation à toutes perſonnes qui prétendront droit de propriété , cens ou rentes foncières, ſervitudes, charges & hypothèques quelconques, de s'oppoſer dans le temps, à peine de n'y être plus reçu ; & leſdites Criées ſeront en outre contrôlées, ſans qu'il ſoit beſoin de les ſignifier au débiteur.

Article XI. Les Criées ſeront faites les jours de dimanche, au-devant de la principale porte de l'égliſe de la paroiſſe , & à l'iſſue de la meſſe paroiſſiale. Abrogeons l'uſage de les faire les jours de ſamedi , dans les lieux où cet uſage étoit établi.

Article XII. Si les héritages ſaiſis réellement ſont ſitués dans le territoire de pluſieurs paroiſſes, les affiches & Criées ſeront faites à la porte de chacune d'icelles : ſi dans celui d'une annexe ou ſuccurſale, en laquelle la meſſe ne ſoit point célébrée ès jours de l'echéance des Criées, elles ſeront faites au devant de la porte de l'égliſe matrice, & ſi l'égliſe matrice eſt d'une autre ſouveraineté , elles ſeront faites au devant de la porte de l'égliſe de nos états la plus prochaine, qui ſera nommée par le juge.

Au reste quel que soit le délai qu'on doit observer avant de procéder à chaque nouvelle Criée, l'huissier doit s'arranger de façon qu'aucune ne tombe le jour de Pâques, attendu que ce dimanche est excepté de ceux où cette sorte de procédure peut avoir lieu, & qu'à la rigueur, le défaut de faire une des Criées dans le temps fixé par la coutume ou par l'usage, dans les lieux où elles doivent être continuées, rend toutes les autres nulles. On trouve néanmoins dans le journal des audiences un arrêt du 29 juillet 1658, par lequel le parlement de Paris n'a pas cru devoir annuller des Criées relativement à une qui tombant le jour de Pâques avoit été faite le lendemain : il ordonna seulement qu'il seroit fait une quinte & surabondante Criée. Au parlement de Normandie, les Criées remises au lendemain de Pâques sont valables sans faire de Criée surabondante. C'est ce qui a été jugé par deux arrêts des années 1606 & 1613 rapportés par Bérault. En Lorraine, la Criée qui tombe le jour de Pâques peut être valablement remise au dimanche suivant. C'est la disposition de l'article 14 du titre 18 de l'ordonnance du duc Léopold du mois de novembre 1707.

Si les biens saisis réellement sont situés dans plusieurs paroisses, il faut des Criées dans chaque paroisse. Lorsqu'on dit une messe solémnelle

---

Article XIII. Aucun appel ni opposition ne pourront arrêter ni interrompre le cours des Criées.

Article XIV. Si le jour d'aucunes Criées échet un jour de Pâques solemnel, elles pourront être valablement remises au dimanche suivant, & sans vice de nullité.

aux églifes fuccurfales, les Criées doivent auffi
y être faites pour les biens fitués dans l'étendue
du territoire de ces églifes.

Les Criées des rentes conftituées fur l'hôtel
de ville qui font préfumées avoir une affiette à
Peris, doivent fe faire à la porte de l'églife de
faint-Jean en Grève, parce que c'eft l'églife paroiffiale de l'hôtel de ville. Quant aux rentes
conftituées fur les particuliers, la coutume de
Paris veut que les Criées s'en faffent devant la
principale porte de l'églife paroiffiale de la partie faifie. Plufieurs coutumes, telles que celles
d'Orléans & de Calais, ont des difpofitions femblables que le parlement de Paris eft dans l'ufage
d'étendre aux coutumes qui n'ont rien dit fur cet
objet.

A l'égard des offices, il doit s'en faire trois
publications de quinzaine en quinzaine aux lieux
accoutumés, c'eft-à-dire à la paroiffe du fiege
où l'office eft attaché & au lieu où la faifie réelle
de l'office eft enregiftrée. C'eft ce qu'a prefcrit
l'édit du mois de février 1683.

En Normandie il y a quelques ufages particuliers relativement aux criées des héritages &
des rentes conftituées. On y fait par trois dimanches confécutifs, trois Criées des biens de
rôture à la porte de l'églife paroiffiale du lieu où
ils font fitués ; mais il faut auparavant qu'il fe
foit écoulé au moins quarante jours depuis la
faifie réelle. Si l'églife paroiffiale eft fituée hors
du reffort de la Normandie, les Criées doivent
fe faire au jour ordinaire du plus prochain marché des biens faifis. Lorfqu'il s'agit d'un fief portant le nom de la paroiffe où eft le principal manoir, les trois Criées ne peuvent fe faire que

trois mois après la faisie-réelle : & si le fief porte
le nom d'une paroiffe & que le principal manoir
foit fitué dans une autre paroiffe, les proclamations doivent fe faire dans les deux paroiffes. Il
faut d'ailleurs que l'huiffier ou le fergent qui
fait les Criées y appelle trois témoins autres
que fes recors ordinaires. Telles font les difpofitions de la coutume de Normandie. Et à l'égard
des rentes conftituées fur des particuliers, le
règlement de 1666 veut que les Criées en foient
faites dans la paroiffe où le débiteur de la rente
a fon domicile.

L'huiffier doit déclarer à haute & intelligible
voix en procédant aux Criées, à la requête de
qui, pour quelle dette & fur quelle perfonne les
héritages mis en Criées ont été faifis réellement,
en quelle juridiction le décret eft pourfuivi, &
quel eft le domicile élu par le faififfant. Il doit
ajoute rqu'à faute de payement, les biens faifis
feront vendus au plus offrant & dernier enchériffeur, & que fi quelqu'un y a quelque droit
ou hypothèque, il ait à former fon oppofition.
Lorfque les biens faifis font des biens de roture,
il faut que l'huiffier en fpécifie les différentes
parties, & qu'il en marque les tenans & les
aboutiffans. S'il eft queftion d'un fief, il doit défigner le principal manoir. ( * ) Il dit enfuite fi

_____

( * ) En Normandie il ne fuffit pas de défigner le principal manoir du fief ; la coutume veut encore que l'huiffier ou fergent donne lecture de la déclaration du fief que
le faififfant a mife au greffe, ainfi que des actes en vertu
defquels la faifie a été faite, & qu'il attache lors des Criées
un placard à la porte de l'églife paroiffiale ou aux poteaux
principaux des halles ou marchés les plus prochains. Ce
placard doit contenir la déclaration des biens faifis.

la Criée eſt la première, la ſeconde, la troiſième ou la quatrième, & le jour auquel les Criées ſuivantes ſe continueront juſqu'à la dernière.

S'il ſe préſente quelque oppoſant pendant que l'huiſſier fait les Criées, il doit recevoir l'oppoſition, en faiſant élire à l'oppoſant un domicile au lieu de la juridiction où le décret ſe pourſuit.

En Lorraine les oppoſitions aux Criées doivent être formées au greffe conformément à l'article 15 du titre 18 de l'ordonnance du duc Léopold du mois de Novembre 1707.

Après chaque Criée l'huiſſier doit en dreſſer un procès-verbal qu'il eſt tenu de faire ſigner par ſes records & de faire contrôler ( * ).

---

(*) *Formule d'un procès verbal de Criées :*

L'an.... le.... dimanche avant midi en vertu de.... & à la requête de.... qui a élu ſon domicile en la maiſon de Me..., ſon procureur, ſiſe rue.... & faute de payement avoir été fait audit.... par ledit.... de la ſomme de.... de principal & à laquelle il a été condamné par ladite ſentence, ſans préjudice des intérêts, autres droits & actions frais & dépens, & miſes d'exécution, continuant la ſignification de ladite ſentence & commandement recordé de témoins, portant refus, ſaiſie réelle d'une maiſon ſiſe à.... ſur ledit.... main-miſe & établiſſement de commiſſaire, dénonciation & ſignification d'icelle, avec déclaration que la première Criée ſe feroit cejourd'hui, & les.... autres à pareil jour de dimanche, de.... en.... oppoſition d'affiches, & autres pourſuites & diligences ci-devant faites ; le tout portant refus : je.... ſouſſigné, me ſuis exprès tranſporté à la grande porte & principale entrée de l'égliſe paroiſſiale de ſaint.... iſſue & fin de la grand'meſſe paroiſſiale, ledit jour dite, chantée & célébrée en ladite égliſe, les paroiſſiens ſortant d'icelle en grand nombre, j'ai, à haute & intelligible voix & cri public, dit & fait lecture de l'affiche ci-après tranſcrite :

Les coutumes de Nevers & de Bourbonnois exigent, outre les deux records qui font néceffaires felon le droit commun, la préfence d'un notaire de cour laïque, à caufe de l'importance des Criées ; mais cette formalité extraordinaire n'eft ufitée que dans ces coutumes.

Lorfque les biens décrétés font fitués dans l'enclos, aux rives & à cent perches des forêts, bois & buiffons du roi, le pourfuivant Criées eft obligé avant l'adjudication de mettre au greffe des maîtrifes les procès-verbaux des Criées, des affiches & des publications, afin que les gens

De par le roi & noffeigneurs de...

On fait à fçavoir.... ( *on tranfcrit dans le procès-verbal de Criées l'affiche ci-deffus, dont l'huiffier fait lecture jufqu'à* mis & pofé ) déclarant à tous, tant en particulier qu'en général, que c'eft la première Criée de la fufdite maifon.... faifie fur ledit... & que les.... autres Criées fe feront & continueront à pareil jour de dimanche, de.... en ... lieu & heure que deffus, fans difcontinuation, & jufqu'à perfection d'icelles, à ce que s'il y a quelques perfonnes qui fur lefdites chofes réellement faifies, prétendent quelques droits de propriété, de charges, recours de garantie, lods, ventes, cens, rentes, hypothèques, privilèges, dons, douaires, & autres créances de quelque nature qu'elles foient, ils aient à le dire & déclarer, & s'oppofer pendant le cours defdites Criées, toutes perfonnes y feront reçues élifant domiciles; finon à faute par eux de ce faire, le décret fait & parfait, figné, fcellé & délivré nul n'y fera plus reçu, & demeureront déchus de tous leurs droits & prétentions, fans aucun recours; à laquelle première Criée, nul ne s'eft oppofé, *ou bien* s'eft oppofé à.... afin de.... & étoient préfens à ce voir faire ( *il faut défigner au procès-verbal le plus de paroiffiens que l'on peut* ) tous paroiffiens de ladite églife & bourgeois dudit lieu, & plufieurs autres perfonnes fortant de ladite meffe de paroiffe.

du roi puiſſent en prendre communication &
veiller à la conſervation des intérêts de ſa majeſté. Si l'on négligeoit cette formalité, ou ſi l'on
procédoit à l'adjudication ſans avoir fait juger
les oppoſitions du procureur du roi, s'il en avoit
formé quelqu'une, le décret ſeroit nul & le juge
encourroit une amende de mille livres pour la
première fois, de deux mille livres pour la ſeconde fois & la privation de ſa charge en cas de
récidive. C'eſt ce qui réſulte de l'article 7 du
titre 27 de l'ordonnance des eaux & forêts du
mois d'août 1669.

Suivant l'uſage commun il n'eſt pas néceſſaire
de ſignifier les Criées à la partie ſaiſie ; mais
cette formalité doit être obſervée dans les coutumes qui la preſcrivent. Telle eſt celle de
Vitry.

Les Criées étant faites, on doit les faire certifier. *Voyez à cet égard l'article* CERTIFICATEUR.

Aucun appel ni oppoſition ne peuvent ſuſpendre le cours des Criées.

\* *Des Criées dans le reſſort du parlement de
Flandres.* Les décrets qui ſe font en exécution
des arrêts du parlement de Flandres, doivent
être précédés de trois Criées faites de quinzaine
à autre, à la ſuite de la meſſe paroiſſiale du lieu
où les biens ſaiſis ſont ſitués. L'huiſſier exploiteur doit auſſi mettre des affiches aux portes du
palais, de l'hôtel de ville du lieu, des égliſes
& autres endroits publics. Si les biens étoient
ſitués ſous différentes paroiſſes, il faudroit mettre des affiches dans chacune ; mais il ſuffiroit de
faire le *cri public* dans celle où eſt ſituée la principale partie des biens.

La néceſſité de faire les Criées à l'iſſue de la

meffe paroiffiale eft tellement indifpenfable , qu'elles feroient nulles fi elles avoient été faites dans un autre moment , parce que la meffe fe feroit dite ce jour - là plutôt ou plus tard qu'à l'ordinaire. C'eft ce qu'a jugé le parlement de Flandres par arrêt rendu en 1673 , en faveur du comte de Genech.

Suivant l'article 82 du règlement du 16 feptembre 1672 , l'huiffier exploiteur doit fignifier les trois Criées à la partie *après qu'elles font effectuées.* Comme elles fe font le dimanche , on a mis en queftion , fi la fignification pouvoit s'en faire le même jour : mais le parlement de Flandres a décidé pour l'affirmative par arrêt du 11 octobre 1696 , rapporté dans le recueil de M. Pollet.

La coutume du Hainaut prefcrit des formalités un peu différentes : pour parvenir à un décret , il faut faire fix Criées de huitaine en huitaine : dans l'intervalle des trois premières & avant la quatrième , le débiteur exécuté peut s'oppofer ; mais après la quatrième il ne peut plus le faire. Quand les fix Criées font faites, on procéde au décret de l'immeuble le lundi qui fuit immédiatement la dernière Criée , après avoir averti le public par le fon de la cloche.

Quand les exécutions fe font en cette province en vertu d'un arrêt du parlement, on ne doit fuivre pour les Criées que les formalités prefcrites par le ftyle de la cour , & même dans le Hainaut françois , on doit les fuivre indiftinctement , foit qu'il s'agiffe d'exécuter une fentence d'un juge de province , ou un arrêt du parlement. C'eft ce qui réfulte de l'article 3 de la déclaration du 17 novembre 1714 , qui ordonne que l'inftruction des procès civils dans les bailliages, prévôtés & siéges de la province, se réglera à l'avenir sur le style seul du parlement.

Il arrive souvent qu'on prend en chancellerie des commissions des actes exécutoires, dont la connoissance appartient en première instance à quelque juge inférieur ; mais avec la clause qu'en cas d'opposition l'huissier exploiteur assignera l'opposant pardevant le premier juge. En ce cas, les Criées ne doivent pas être faites dans la forme prescrite par le style de la cour, mais par la coutume du lieu, comme l'a jugé un arrêt du 28 juin 1692, à moins que ce ne soit en hainaut, suivant ce qui vient d'être dit.

Comme les Criées doivent faire mention de la somme qui compose le loyer, s'il se trouvoit dans la suite qu'on l'eût porté plus haut qu'il n'est réellement, l'adjudicataire pourroit retenir sur le prix de son adjudication, non-seulement ce qu'il recevroit de moins pendant le reste du bail, mais ce que la somme qui manqueroit produiroit en capital, parce que l'erreur qui se trouve dans les Criées ne cause pas seulement à l'adjudicataire une perte du loyer pendant le terme du bail, mais un préjudice perpétuel & absolu qui ne se peut réparer que par la diminution du prix jusqu'à concurrence du capital de ce qui manque. C'est ce qu'a jugé le parlement de Flandres par arrêt du 8 janvier 1699, rapporté dans le recueil de M. le président Desjaunaux *.

Voyez *la coutume de Paris & les commentateurs ; le Journal des audiences ; les coutumes de Normandie, d'Auvergne d'Auxerre, de N. vernois, de Vitry, &c. ; les traités des Criées, par le Maître, Gouget, Forget & Bruneau ; l'encyclopédie ;*

*le traité de la vente des immeubles par décret ; Hevin
fur Frain , &c.* Voyez auffi les articles DÉCRET ,
AFFICHE , CERTIFICATEUR , SAISIE - RÉELLE ,
COMMISSAIRE , OPPOSITION , ADJUDICA-
TION , &c. ( *Ce qui eft entre deux aftérifques dans
cet article, eft de M. MERLIN , avocat au parlement de Flandres* ).

CRIEUR. C'eft un homme qui moyennant
une certaine rétribution fe charge d'annoncer à
cri public les chofes auxquelles on veut donner
de la publicité.

Il y a à Paris des Crieurs-jurés dont les fonctions s'étendent à fournir les tentures & les autres chofes qu'on a coutume d'employer pour
les pompes funèbres; ils furent érigés en titre
d'office par une ordonnance de Charles VI du
mois de février 1415, *pour crier les vins & les
tavernes, crier les corps des morts, aller quérir &
rapporter les robes, manteaux & chaperons pour les
obféques & funérailles, crier les denrées à vendre
& les chofes perdues*, avec défenfes à d'autres
particuliers de s'immifcer dans les fonctions attribuées à ces Crieurs.

Comme le titre de création de leurs offices
ne fembloit les autorifer qu'à aller *quérir les
robes, manteaux & chaperons*, & non à les *fournir* exclufivement à d'autres, ils furent troublés
en 1633 dans la poffeffion où ils étoient de les
fournir comme de les aller quérir ; mais ils y
furent maintenus par des lettres-patentes en
forme de déclaration du mois de juin de la même
année.

Il y eut le 5 décembre de l'année fuivante un
arrêt du confeil portant règlement pour le prix
des tentures, afin qu'il ne dépendît plus comme
auparavant de la *volonté des Crieurs*.

Le nombre de ces officiers fut augmenté de vingt nouveaux titulaires par un édit du mois de janvier 1690.

Le même édit en établit deux dans chaque ville du royaume où il y avoit présidial ou élection, & un seul dans les petites villes, bourgs & paroisses où il n'y en avoit pas, avec exemption de logement de gens de guerre, de collecte, de tutelle & des autres charges publiques.

Comme ceux qui cherchoient à se faire pourvoir de ces offices dans l'intérieur du royaume éprouvoient toutes sortes de contradictions pour leurs fournitures, pour leurs rétributions & pour leurs priviléges, le roi rendit en son conseil, le 12 septembre de la même année 1690, un arrêt par lequel il enjoignit aux juges de police de veiller à ce que les officiers créés fussent maintenus dans tous les droits à eux accordés par le titre de leur création.

Par un autre arrêt du conseil du 13 janvier 1691, les commissaires départis dans les généralités du royaume furent autorisés à régler chacun dans son département les droits & les vacations qui devoient revenir aux Crieurs dans chaque exercice de leurs fonctions (*).

_____

(*) *Pour donner une idée des droit attribués aux jurés Crieurs, nous allons rapporter le règlement arrêté par l'intendant de la généralité de Moulins, le 6 mars 1691.*

Pour l'assistance des jurés Crieurs ou leurs préposés avec leurs cloches aux enterremens a chacun 30 sous.

En cas de tenture, 3 sous par aune de serge noire ou blanche.

Pour les cris de vin, une pinte du vin qui sera crié & sa valeur en sus.

Pour crier les choses perdues 20 sous.

L'attribution de ces droits fut un appas qui engagea à lever ces fortes d'offices. Le roi profita de cette circonstance & créa par un nouvel édit du mois de décembre 1694, deux autres Crieurs dans chaque ville où il y avoit parlement ou autre cour supérieure ( à l'exception de Paris ) & un autre dans les villes où il y avoit présidial. Il ordonna en même-temps que ces Crieurs anciens & nouveaux feroient bourse commune pour les deux tiers de leurs droits, & que l'autre tiers seroit pour celui qui auroit exercé.

Les officiers dont il s'agit furent confirmés

---

Pour les cris à journées aux ventes des biens meubles & marchandises faites par les sergens ou autres personnes & aux inventaires, par jour 3 livres.

Pour la vacation du défaut contre les dépositaires faute de représenter les meubles 10 sous.

Pour les cris & proclamations a haute voix à son de trompette des appels à ban, lettres de divorce, papiers terriers, séparations de biens, enchères d'offices, prix de baux, biens immeubles vendus par décret, & aux portes des églises, au palais, places publiques, 30 sous.

Pour les publications d'enchères qui se doivent faire pour les ventes des bois du roi & des seigneurs laïques, ecclésiastiques, octrois des villes, aux places publiques & salles du palais 50 sous.

Pour toutes autres publications faites à la requête de toutes fortes de personnes 30 sous.

En cas de transport à la campagne pour les publications des biens saisis réellement 20 sous par lieue.

Pour les monitoires affichés aux portes des églises ou carrefours 20 sous.

Pour lever des soldats auront par jour 15 sous, mais fera au choix de l'officier de se servir de son tambour s'il en a.

Fait & arrêté, &c.

dans leurs droits & priviléges à la charge par eux
de payer un fupplément de finance ordonné par
une déclaration du 23 juin 1699, & le 13 juillet
de l'année fuivante, il y eut une autre déclaration qui porta que ceux qui n'avoient point payé
ou fait leurs foumiffions de payer, feroient déchus pour toujours de l'hérédité & des priviléges de leurs offices, fans pouvoir y être rétablis fous quelque prétexte que ce fût.

Il y eut en 1701 des altercations entre les
Crieurs & les marguillers des paroiffes de Paris.
Elles furent terminées par un arrêt du confeil du
9 août de la même année. Cet arrêt qu'on trouve
dans le code des curés, régla que les fabriques
continueroient de fournir en la manière accoutumée la croix, le bénitier, le poêle & un certain nombre de chandeliers ; favoir *vingt-quatre*
pour chacune des paroiffes de faint-Euftache,
faint-Germain l'Auxerrois, faint-Jean en Grève,
faint-Gervais, faint-Méry, faint-Nicolas des
Champs, faint-Roch & faint-Sulpice ; *dix-huit*
pour chacune de celles de faint-André-des-Arts,
faint-Barthelemi, faint-Benoît, faint-Côme,
faint-Etienne-du-Mont, faint-Jacques de la Bou-
cherie, faint-Jacques du haut-pas, faint-Laurent,
faint-Leu, faint-Gilles, faint-Louis, faint-Nicolas
du Chardonnet, faint-Sauveur, faint-Séverin,
& *douze* pour chacune des autres paroiffes de la
villes & des fauxbourgs (*). La fourniture du
furplus appartient aux Crieurs, même dans les
églifes des couvens & communautés où leurs

_____

(*) Cette fourniture des chandeliers s'étend fuivant cet
arrêt à ceux qui fe mettent autour du cercueil chez le défunt
ou dans l'églife

droits

droits font encore plus étendus, car dans ces
églifes on ne peut fournir à l'exclufion de ces
officiers, que les croix & les chandeliers des
autels; il y a même une amende de quinze cens
livres contre ceux qui chercheroient à les troubler dans les droits où ils font maintenus par cet
arrêt.

Il plut au roi de créer enfuite par un édit du
mois de juillet 1704, *trente jurés prud'hommes,*
*contrôleurs des jurés Crieurs de la ville de Paris,*
pour tenir un regiftre des fournitures qui feroient
faites par ces Crieurs, avec défenfes à ceux-ci
d'en faire aucune fans en avoir prévenu les contrôleurs; mais au moyen d'un payement de
foixante-dix mille livres auquel les Crieurs fe
foumirent, les offices de contrôleurs furent fupprimés par un autre édit du mois de février 1705.

Au mois de novembre 1704, le roi avoit
encore créé des offices *de fyndics des jurés-*
*Crieurs ;* mais au moyen d'une autre finance de
quinze mille livres, ces offices furent fupprimés
par un autre édit du mois de feptembre 1705.

En 1709, il y eut une création de l'office *de*
*garde des archives de la communauté des jurés-*
*Crieurs,* office qui fut encore fupprimé moyennant une finance de vingt-deux mille livres,
par édit du mois d'octobre 1714.

Il y a un très-grand nombre de villes de provinces où les offices dont il s'agit n'ont point été
levés & où il n'y a point de Crieurs en titre.
Ceux qui en font les fonctions, font des particuliers commis à cet effet par les maire & échevins. Au refte, que les Crieurs foient en titre ou
par commiffion, ils ne peuvent rien crier ni
annoncer publiquement, qu'ils n'en aient obtenu

auparavant la permiſſion du magiſtrat de police. Le bon ordre exige cette ſoumiſſion pour éviter des proclamations indiſcretes.

Les Crieurs de Paris ſont regardés comme des officiers miniſtériels attachés au bureau de la ville. L'ordonnance du mois de décembre 1672 *concernant la juridiction des prévôt des marchands & échevins de Paris*, renferme un chapitre particuler au ſujet *des jurés-Crieurs*. L'article premier de ce chapitre ( qui eſt le chapitre 14 ) porte qu'il »ne ſera loiſible à autres perſonnes »qu'aux jurés-Crieurs, de crier vins en cette » ville & fauxbourgs de Paris, ni les perſonnes »ou enfans égarés ». On n'entend plus aujourd'hui de cris de ces officiers. Quand on veut faire ſavoir quelque choſe au public, on ſe ſert d'affiches ou de billets imprimés avec permiſſion. L'article 2 & l'article 3 concernent le ſervice qu'ils doivent faire & les tentures qu'ils doivent fournir pour les obſéques & autres cérémonies funèbres. L'article 4 porte que » toutes les con-,,teſtations qui ſeront formées pour raiſon des » droits (*) attribués aux jurés - Crieurs, ſeront

---

(*) *Les droits dont il s'agit ont varié en différens tems: le dernier tarif du 5 janvier 1671 qui les regloit , a été augmenté par un nouveau tarif homologué par une ſentence du bureau de la ville du 23 octobre 1760 , & par un arrêt du 4 décembre ſuivant, que nous allons rapporter.*

Louis , par la grace de Dieu, roi de France & de navarre ; au premier huiſſier de notre cour de parlement , ou autre notre huiſſier ou ſergent ſur ce requis ; ſçavoir faiſons : que vu par notre-dite cour la requête à elle préſentée par les ſyndic, procureurs & communauté des officiers jurés-Crieurs de corps & de vin de la ville de Paris , à ce qu'il fût ordonné que la ſentence rendue au bureau de l'hôtel-de-ville de Paris le 23 octobre 1760 , par laquelle a été fait & arrêté le tarif des droits, ſalaires

» réglées par les prévôt des marchands & éche-

& vacations des fupplians ; tant pour les fournitures qu'ils feroient aux obféques, funérailles, fervices des défunts & autres cérémonies funèbres, que le droit de préfence des officiers qui y affifteroient ; ledit tarif inféré en ladite fentence feroit homologué en notredite cour, pour être ladite fentence & ledit tarif exécutés felon leur forme & teneur : vu auffi les pièces attachées à ladite requête fignée Laurent, procureur.

### Suit la teneur de ladite fentence.

A tous ceux qui ces préfentes lettres verront : Jean-Baptifte le Camus de Pontcarre, chevalier, feigneur de Viarme, Seugy, Beroy, & autres lieux, confeiller d'état, prévôt des marchands & les échevins de la ville de Paris : falut. Sçavoir faifons : que vu la requête à nous préfentée par les fyndic, procureurs & communauté des officiers jurés-Crieurs de corps & de vin de cette ville de Paris, contenant, que le dernier tarif des droits attribués aux fupplians a été fait & arrêté au bureau le 5 janvier 1671, que depuis ce temps il eft furvenu des changemens fi confidérables dans les différens genres de fournitures néceffaires aux pompes funèbres tant des rois que des princes & particuliers ; que d'un côté la plupart des articles qui compofent ce tarif ne font plus d'aucun ufage, ce qui les a mis dans le cas de faire des changemens dans leur magafin, les marchandifes & la main d'œuvre fe trouvant confidérablement augmentées, il n'eft pas poffible que ce tarif puiffe fervir de règle aux nouvelles fournitures que les fupplians font obligés de faire, avec d'autant plus de raifon, que ces fournitures qui confiftent en moële, velours, draps & ferges, font actuellement d'un prix exorbitant, & font également d'un entretien confidérable, que les fupplians ayant intention d'obtenir du bureau un nouveau tarif qui puiffe les mettre en état de fervir le public & de fupporter le poids des dépenfes aufquelles ils font affujettis ont recours à l'autorité du bureau : à ces caufes, les fupplians requeroient qu'il nous plaife leur accorder un nouveau tarif des droits que nous jugerons à propos de fixer pour toutes les fournitures qu'ils ont droit de faire aux pompes funèbres, fervices,

» vins, pardevant lefquels les héritiers, légatai-
» res univerfels ou autres feront appelés ».

---

bouts-de-l'an, & autres : autorifer les fupplians à fe retirer
par-devers l'un de nos échevins pour faire régler par lui
les mémoires des fournitures qu'ils auront faites aux obfeques & autres cérémonies funèbres des défunts, à l'effet
de fe procurer le payement du montant de ce qui aura
été reglé, & même des frais de la part des redevables ;
permettre aux fupplians de faire affigner au bureau qui il
appartiendra en condamnation de leurs droits ; ladite requête fignée Davault, procureur en ce bureau : vu auffi
le tarif des droits, falaires & vacations attribués aux fupplians, arrêté au bureau le 5 janvier 1671, y énoncé :
conclufions du procureur du roi & de la ville : nous ayant
égard à ladite requête, avons fait & arrêté le tarif des
droits, falaires & vacations des fupplians tant pour les
fournitures qu'ils feront aux obfeques, funérailles, fervices
des déffunts, & autres cérémonies funèbres, que le droit
de préfence des officiers qui y affifteront, ainfi qu'il fuit :

### S A V O I R :

Pour un cent de petits billets d'enterremens, papier,
impreffion & port compris, cinq livres.

Pour le cent de moyen defdits billets, fix livres.

Pour un cent de grand defdits billets, fept livres.

Pour un cent de grandeur extraordinaire pour les perfonnes qualifiées & conftituées en dignités, huit livres.

Pour le cent de billets in-quarto doubles pour invitation aux fervices, impreffion & port auffi compris, cinq
livres.

Pour le cent defdits billets papier grand in-quarto, fix
livres.

Pour ceux de forme extraordinaire, grand papier coupé
ou rogné, fept livres.

Pour une eftrade, par chacun jour douze livres.

Pour un parement de velours noir ou de fatin blanc
pour fervir à une expofition, par chacun jour quatre
livres.

Pour un prie-Dieu & les carreaux néceffaires, pour chacun jour deux livres dix fous.

Lorfqu'il y a des objets foumis au règlement.

Pour la charpente d'un dais fervant à une expofition, pour chacun jour douze livres.

Pour un dais de velours noir ou de damas blanc, pour chaque jour trente livres.

Pour un poële de velours noir ou de damas blanc, pour chaque jour dix livres.

Pour un autre poële auffi de velours noir ou de fatin herminé, pour fervir au tranfport, ainfi qu'au maître-autel des églifes, pour chacun jour dix-huit livres.

Pour un cercueil de plomb de médiocre grandeur de poids moyen, fuivant la quittance du plombier.

Pour un autre cercueil de plomb de grandeur extraordinaire, fuivant auffi la quittance du plombier.

Pour un baril de plomb pour contenir & renfermer les entrailles, fuivant la quittance du plombier.

Pour un baril d'un poids & d'une grandeur extraordinaire au même ufage, fuivant la quittance du plombier.

Pour un cœur de plomb, grandeur ordinaire, auffi fuivant la quittance du plombier.

Pour un autre de grandeur plus confidérable, fuivant palement la quittance du plombier.

Pour un cercueil de bois de chêne garni d'equerres, fuivant la quittance du menuifier.

Pour un de grandeur confidérable auffi de bois & auffi garni, fuivant la quittance du menuifier.

Pour un chandelier, par chacun jour une livre.

Pour une croix auffi par chacun jour, une livre dix fous.

Pour un bénitier & fon goupillon, par jour un livre dix fous.

Pour une couronne de vermeil & fon carreau de velours, pour chacun jour dix livres.

Pour un bâton de maréchal de france & fon carreau de velours, par jour douze livres.

Pour le mortier de préfident & le carreau auffi de velours, par chacun jour douze livres.

Pour les maffes de chancelier & de gardes des fceaux avec carreau de velours, par chacun jour dix livres.

de M. l'archevêque, tels que ceux qui regar-

---

Pour chacune des plaques pour servir à éclairer les appartemens & escaliers, par jour dix sous.

Pour le pot & la tasse de vermeil doré, le pain, le vin, la serviette, pour servir à l'offrande; une livre dix sous.

A trois hommes pour porter l'offrande & la présenter en manteau, six livres.

Pour chacune aune de serge ou de drap noir ou blanc, pour chacun jour trois sous.

Pour une aune de tenture de velours ou satin blanc pour y attacher les armes, par chacun jour dix sous.

Pour une chaise couverte de drap noir ou blanc par jour quinze sous.

Pour un siège ployant couvert pareillement de drap noir ou blanc, par jour dix sous.

Pour chaque carreau de drap noir ou blanc, aussi par jour dix sous.

Pour un fauteuil de drap noir ou blanc, par jour une livre.

Pour un grand carreau de velours noir ou blanc bordé d'argent, avec franche, pour chacun jour une livre.

Pour un grand corbillard servant au transport des corps des défunts, par chacun jour trente livres.

Pour un carrosse de suite drapé, par chacun jour quinze livres.

Pour une paire de caparaçons unis, par chaque jour dix livres.

Pour une autre paire de caparaçons à moère d'argent, aussi par jour dix huit livres.

Pour une housse de selle de cheval, comprise la crinière, pour chacun jour six livres.

Pour une paire de chevaux de louage pour servir aux transports en campagne, par chacun jour quinze livres.

Pour semblable paire de chevaux pour servir aux transports en cette ville & fauxbourgs, par chacun jour douze livres.

Pour un petit autel dressé en une salle de dépôt, garni de ses paremens, soubassemens, pierre bénite, gradins & marche-pieds, pour chacun jour trente livres.

Pour une crédence garnie, par chacun jour quatre livres.

dent le port du cadavre & l'ouverture de la

Pour un grand autel à la romaine garni de toutes chofes, pour chacun jour cinquante livres.

Pour un grand dais de velours noir ou de fatin blanc fufpendu à la voûte d'une églife, par chaque jour cinquante livres.

Pour un manteau ordinaire, par chaque jour une livre dix fous.

Pour un manteau bourgeois, par jour deux livres dix fous.

Pour un autre de cour à longue queue, par jour fix livres.

Pour une mante noire, cent vingt livres.

Pour un voile neuf, trente livres.

Pour une mante de louage, par jour vingt livres.

Pour celui d'un voile, par jour trois livres.

Pour une robe de palais, par chacun jour trois livres.

Pour un habit de maître, par jour trois livres.

Pour celui d'un officier de maifon, par jour deux livres.

Pour celui d'un domeftique, auffi par jour une livre dix fous.

Pour une aune de pente de velours noir à crépine d'argent ou de fatin blanc pour le fanctuaire & les tablettes des filets de lumieres, par jour quatre livres.

Pour de grandes armes peintes fur toile de cinq pieds, fuivant la quittance du peintre.

Pour les moyennes fervant aux autels & aux poeles, *idem*.

Pour celles peintes fur papier pour mettre fur les velours ou fatins, *idem*.

Pour celles fur carton pour fervir au luminaire, *idem*.

Pour chaque girandole à cinq branches pour fervir au bas des grandes armoiries, quatre livres.

Pour chacun des pieux employez à élever la tenture à hauteur convenable, par chaque jour quinze fous.

Pour l'honoraire de l'officier juré-Crieur, pour chaque jour dix livres, & plus fuivant fes peines, dix livres.

Pour chacun des officiers obligez au nombre de fept de faire les proclamations pour les juges confuls, y compris l'affiftance aux convois, dix livres.

F f iv

foffe, la taxe s'en fait au châtelet, fuivant que l'obferve Denifart. Il a même vu, dit-il, fixer quelquefois au châtelet, les frais funéraires dûs aux jurés-Crieurs quand la taxe fe trouvoit incidente aux conteftations qui y étoient pendantes.

Les jurés-Crieurs de Paris ont des ftatuts qui ont été enregiftrés au Parlement le 26 février 1681. Suivant l'article 27 de ces ftatuts, il faut

Faifons défenfes aux fupplians d'exiger autres & plus grandes fommes que celles qui font comprifes & contenues au tarif cy-deffus & des autres parts, fous telles peines qu'il appartiendra : ordonnons que dans le cas de fournitures de chofes non comprifes au préfent tarif, & dont l'ufage pourroit à l'avenir s'introduire dans les pompes funèbres, les fupplians feront tenus de fe pourvoir au bureau pour en faire regler les prix ; autorifant les fupplians à fe retirer par devers l'un de nos échevins pour faire regler les mémoires des fournitures qu'ils auront faites aux obfeques, funérailles, fervices, & autres cérémonies, à l'effet de fe procurer le payement du montant de ce qui aura été reglé, & en cas de refus de la part des redevables, permettons aux fupplians de les faire affigner pardevant nous en condamnations de leurs droits & falaires. Ce fut fait & donné au bureau de la ville de Paris le jeudi vingt-troifième jour d'octobre mil fept cent foixante. *Signé* Taitbout, avec paraphe. Contrôlé, avec paraphe. Scellé le 17 novembre 1760, reçu trente-un fous trois deniers. *Signé*, Chaftaignier, avec paraphe.

Conclufions du procureur général du roi : ouï le rapport de Me. Claude Trudenne, confeiller : tout confidéré :

Notredite cour a homologué & homologue la fentence du bureau de la ville du 23 octobre dernier, pour être ladite fentence & le tarif inféré en icelle exécutés felon leur forme & teneur. Si mandons mettre le préfent arrêt à exécution. Donné en notredite cour de parlement le quatre décembre l'an de grace mil fept cent foixante, & de notre regne le quarante-fixième. Collationné. Regnault. Par le chambre. Dufranc.

être né en légitime mariage, être de bonnes
mœurs, de la religion catholique & être âgé
de vingt ans pour être reçu juré-Crieur. C'est
au bureau de la ville que se fait la réception &
qu'on prête le serment.

La jurisprudence a mis les Crieurs au rang
des privilégiés sur les biens des défunts ; en observant toutefois que le port du cadavre & l'ouverture de la fosse sont compris au nombre des
frais funéraires, & que les autres sont en concurrence avec les frais de maladie. On peut voir
à ce sujet un acte de notoriété du châtelet, du
24 mai 1694. Il a même été jugé au parlement
le 27 février 1720, que des mineurs seroient
tenus, malgré toute renonciation à la succession
de leur mère, de payer ou faire payer aux jurés-
Crieurs sur les immeubles de la succession, une
somme de 169 livres 14 sous qui leur étoit due,
sauf le recours de ces mineurs contre l'hérédité
de la défunte ; décision conforme à celle de plusieurs autres arrêts qui ont jugé que les frais funéraires pouvoient être demandés aux enfans
qui renoncent à la succession de leur père ou de
leur mère, sauf leur recours contre la succession (*). C'est aussi ce qu'on peut remarquer
dans le commentaire de Brodeau sur l'article
161 de la coutume de Paris.

Le privilége des Crieurs est encore établi sur

(*) Il n'en est pas de même d'une veuve qui a renoncé
à la communauté : un arrêt du 29 avril 1688, en infir-
mant une sentence du châtelet, ordonne « que quand les
» jurés-Crieurs voudront obliger une veuve qui aura re-
» noncé à la communauté, de payer les frais de l'enterre-
» ment ou bout de l'an, ils prendront pour cet effet un
» ordre d'elle par écrit ».

d'autres préjugés, notamment fur un arrêt du 7 août 1685, par lequel ils furent reçus oppofans à l'ordre du prix des biens de la maifon de Vendôme, en ce qu'ils n'avoient été colloqués que comme fimples créanciers, & par lequel il fut ordonné qu'ils feroient payés par privilége ; arrêt qui prouve en même-temps que des frais de l'efpèce de ceux dont il s'agit, peuvent fe prendre tant fur la vente des fonds que fur celle du mobilier.

Quand une fucceffion n'eft pas fuffifante pour répondre de toutes les dettes dont elle eft chargée, on fait reftreindre les fournitures des Crieurs aux chofes auxquelles le peu de fortune du défunt devoit naturellement les borner ; & fi ces Crieurs n'ont point formé leur demande dans l'année, ils font dans le cas de la fin de non-recevoir, fuivant ce qui réfulte d'un arrêt du 28 juillet 1693 cité par Lacombe, & rapporté au journal des audiences.

Nous n'omettrons pas d'obferver que les Crieurs eurent en 1738 des conteftations avec les frippiers pour la fourniture des manteaux & d'autres chofes ufitées aux cérémonies funèbres : les Crieurs fe pourvurent au bureau de la ville où ils obtinrent une fentence le 7 octobre de cette année, par laquelle il fut fait défenfes aux frippiers *de s'immifcer dans l'arrangement des cérémonies funèbres, ni faire aucune fourniture de manteaux*, &c. Les frippiers interjetèrent appel de cette fentence, mais elle fut confirmée par un arrêt du 28 avril 1741.

Les frippiers ne fe crurent point par-là privés de la faculté de fournir des habits de deuil le jour des obféques & des pompes funèbres, &

ils continuèrent d'en fournir comme auparavant.
Ceci donna lieu à différentes fentences rendues
au bureau de la ville, fur l'appel defquelles il
intervint un arrêt le 18 juin 1744, par lequel il
fut ordonné que l'arrêt du 28 avril 1741 feroit
exécuté felon fa teneur ; que cependant « à
» l'avenir les jurés-Crieurs & les frippiers fe-
» roient concurremment la fourniture des habits
» de deuil le jour des obféques & pompes funè-
» bres ».

Cet arrêt ne renferme aucune contradiction
avec le premier : celui-ci laiffe aux Crieurs la
fourniture des tentures & même des manteaux,
exclufivement aux frippiers ; mais quant aux
habits, comme il étoit jufte que ceux qui en
avoient befoin puffent en trouver d'affortis à
leur taille, & que les frippiers procuroient
mieux cette facilité que les Crieurs, la cour crut
devoir avec raifon mette les uns en concurrence
avec les autres pour cet objet.

La communauté des imprimeurs-libraires eut
auffi une conteftation à effuyer avec les Crieurs
en 1749. L'affaire fut d'abord portée en première inftance devant M. le lieutenant-général
de police comme commiffaire du confeil dans la
partie de la librairie, & la fentence de ce magiftrat du 2 décembre 1750, fut en faveur des
imprimeurs. Sur l'appel au confeil d'état du roi
que les Crieurs jugèrent à propos d'en interjeter, il intervint un arrêt le 17 janvier 1752,
par lequel il fut ordonné que conformément au
jugement du commiffaire, « les maîtres impri-
» meurs pourroient imprimer les billets d'en-
» terrement, fervice, bout de l'an & autres in-
» vitations fúnèbres, à la *feule réquifition* des

» particuliers qui en auroient befoin, & fans
» être obligés de prendre l'ordre ni le confen-
» tement par écrit des jurés-Crieurs; il fut fait
» en même-temps défenfes auxdits jurés-Crieurs
» de troubler lefdits imprimeurs dans la liberté
» de faire lefdites impreffions fous quelque pré-
» texte que ce fût ; le tout fans préjudice aux-
» dits jurés-Crieurs de faire imprimer lefdits
» billets & invitations par tel imprimeur que
» bon leur fembleroit, même de les faire porter
» quand lefdits particuliers les en chargeroient,
» fans que fous ce prétexte ils puffent empêcher
» lefdits particuliers d'employer pour le port
» defdits billets & invitations telles perfonnes
» qu'ils jugeroient à propos ».

Obfervez que la dernière difpofition de cet
arrêt eft relative à la faculté qu'ont les particuliers pour les tentures, pour les habits & autres
chofes néceffaires aux cérémonies funèbres, de
fe fournir eux-mêmes s'ils le jugent à propos :
tout le droit des Crieurs à cet égard eft fimplement d'avoir la préférence lorfque ces particuliers ont befoin de fe fournir d'emprunt & à
prix d'argent ; de forte qu'un marchand drapier
ne pourroit point, au préjudice des Crieurs,
fournir des pièces d'étofe pour une tenture, &
les reprendre enfuite moyennant une certaine
rétribution.

Lorfqu'à Paris les Crieurs affiftent aux cérémonies, ils y font en robe de palais. Ils font
obligés de porter les armes du défunt peintes en
carton fur leur poitrine : on les a vus anciennement les porter devant & derrière fur leur robe
à peu près comme on porte un fcapulaire.

Dans quelques villes de province ils font vêtus d'une espèce de casaque noire ; ils font obligés de se conformer à l'usage ; il paroît même qu'on ne doit rien innover à cet égard, car les juges de police de la ville d'Angers ayant voulu en 1745 faire quelque changement à l'habit de cérémonie des Crieurs, ceux-ci furent maintenus par un arrêt du 14 féyrier 1750, dans le droit de s'habiller à la manière accoutumée.

ʻ Lorsqu'il y a des publications judiciaires à faire de sentences, d'ordonnances, de réglemens, &c. ces publications se font par un huissier assisté de ceux qui font préposés pour assembler le public au son de la trompette ou du tambour. Il y a à Paris un Crieur public pour faire ces sortes de publications, & l'office de ce Crieur est possédé par un huissier auquel il appartient aussi de donner les assignations à cri public.

A l'égard des publications extrajudiciaires qui n'ont pour objet que de satisfaire la curiosité publique, ces publications se font par des particuliers présentés par le corps de la librairie & reçus à la police. Ce sont eux qui crient dans les rues de Paris les édits, les déclarations, les arrêts, &c. On peut voir à l'article COLPORTEUR, les réglemens qui font communs à ces sortes de Crieurs.

*Crieurs de galons.* Ce font des Crieurs d'une autre espèce : ceux-ci font soumis ainsi que les ouvriers ou marchands qui trafiquent des matières d'or & d'argent, à la juridiction des monnoies.

Un réglement de cette cour en date du 21 novembre 1644, fit défenses à toute personne de crier & même d'acheter de vieux galons &

des paſſemens d'or & d'argent dans le royaume, ſans en avoir obtenu la permiſſion de la cour ou des généraux provinciaux, & en leur abſence des officiers des monnoies particulières de leur reſſort. Il fut ordonné en même-temps que les paſſemens d'or & d'argent brûlés ſeroient portés aux monnoies ou chez les changeurs, avec dé-fenſes à tout particulier de les acheter des Crieurs ſous peine de mille livres d'amende, de confiſcation & de punition corporelle.

Ce réglement ne recevant point ſon exécu-tion, le procureur général de la cour des mon-noies en fit des remontrances qui furent ſuivies d'un autre arrêt du 27 ſeptembre 1649, par lequel il fut ordonné que le réglement dont il s'agiſſoit ſeroit pleinement exécuté.

Dès qu'il fut publié, pluſieurs particuliers donnèrent leur requête à la même cour des monnoies afin que l'ancienne poſſeſſion où ils étoient d'acheter les vieux galons, leur fût con-ſervée, à la charge de les vendre aux maîtres des monnoies à raiſon de vingt-ſix livres le marc.

Sur ces repreſentations, la cour leur permit par un arrêt du 29 du même mois de ſeptembre de la même année 1649, « d'acheter cordons » de chapeau, poignées d'épée & paſſemens d'or » & d'argent, de les brûler & de les vendre aux » maîtres des monnoies à raiſon de vingt-ſix » livres le marc, avec défenſes de les vendre à » d'autres, à peine d'être privés de ladite per-» miſſion, & de cent livres d'amende, & encore » à la charge d'exécuter les ſuſdits arrêts de 1644 » & de 1649 ſous les peines y portées : faiſant » ladite cour défenſes à toutes autres perſonnes

» de s'immifcer en ladite fonction, à peine du
» fouët, &c. ».

La même cour a renouvelé ces défenfes par
un arrêt du 17 feptembre 1750, rendu fur le
réquifitoire du procureur général. ( *Article de
M. DAREAU, avocat au parlement*, &c. )

C R I M E. C'eft une action méchante qui
bleffe directement l'intérêt public ou les droits
du citoyen.

Nous diviferons cet article en quatre fec-
tions :

Dans la première, il fera queftion de la divifion des Crimes & de l'action à laquelle ils donnent lieu :

Dans la feconde, on parlera de la manière de
conftater les Crimes :

Dans la troifième, de la punition des Crimes :

Dans la quatrième, des formalités ou procédures ufitées dans la pourfuite des Crimes.

## SECTION PREMIÈRE.

*De la divifion des Crimes, & de l'action à
laquelle ils donnent lieu.*

Les romains diftinguoient deux fortes de Crimes ou de délits (*), les uns publics & les
autres privés. Les Crimes publics étoient ceux

(*) Quoique ces deux termes aient la même fignification, on fe fert néanmoins le plus fouvent du terme de
*Crime*, pour défigner un délit grave qui intéreffe le public, & l'on emploie plus particulièrement le mot *délit*,
pour fignifier un Crime dont la réparation concerne moins
le public que quelque perfonne privée.

que toutes fortes de perfonnes avoient le droit de pourfuivre quoiqu'elles n'y euffent point un intérêt direct. Et l'on appeloit *Crimes privés*, ceux dont la pourfuite n'étoit permife qu'aux particuliers qui y étoient intéreffés.

Les Crimes fe divifoient auffi en Crimes ordinaires & en Crimes extraordinaires : les premiers étoient ceux dont la peine étoit déterminée par la loi , par les conftitutions des empereurs ou par l'ufage : les autres étoient ceux dont la peine étoit laiffée à l'arbitrage du juge.

En France on n'obferve point ces diftinctions. Mais on peut envifager les Crimes fous quatre rapports différens , & les divifer en quatre claffes :

Dans la première font ceux qui attaquent la religion : tels font l'athéifme , l'héréfie , le blafphême , le parjure , l'abus des facremens , &c.

Dans la feconde , font ceux qui offenfent la perfonne du roi ou qui donnent atteinte à fon autorité : tels font le Crime de leze majefté au premier chef , les levées de troupes fans commiffion , la rebellion à juftice , le Crime de fauffe monnoie , les affemblées illicites , &c.

Dans la troifième , font les Crimes qui attaquent les particuliers foit dans leur perfonne , foit dans leur honneur ou dans leurs biens. Tels font l'affaffinat , les voies de fait , le poifon , le rapt , les libelles diffamatoires , le vol , le ftellionat , &c.

Dans le quatrième , font les Crimes qui troublent la police & l'ordre public. Tels font le maquerellage , la proftitution publique , les jeux défendus , les banqueroutes frauduleufes , l'expofition de part , &c.

L'action

L'action à laquelle la plupart des Crimes donnent lieu doit être considérée relativement à l'intérêt public & à l'intérêt particulier. Ainsi on peut dire que le Crime produit une double action, dont l'une tend à faire prononcer la peine que mérite le Crime, & l'autre a pour objet la réparation civile due à chaque particulier offensé.

L'action qui a rapport à la peine ne peut être exercée en France que par les officiers que le roi a chargés de veiller à l'intérêt public. Ces officiers sont les procureurs généraux dans les cours, les procureurs du roi dans les bailliages, les sénéchaussées, les prévôtés & les autres juridictions royales, & les procureurs fiscaux dans les justices seigneuriales. Les promoteurs des officialités ont aussi le droit d'intenter contre les ecclésiastiques une pareille action, mais ils ne peuvent conclure qu'à des peines canoniques & nullement à des peines corporelles ou infamantes.

Quant à l'action qui a pour objet la réparation civile, elle peut être intentée par les personnes offensées : leurs conclusions tendent en cas pareil, à ce que l'accusé soit condamné aux dommages & intérêts occasionnés par le Crime qu'il a commis, mais elles ne peuvent d'ailleurs conclure à aucune peine afflictive ou infamante, si ce n'est en matière d'adultère, comme nous l'avons dit en traitant cet article.

Il n'est pas douteux que la partie civile ou offensée ne puisse abandonner l'action qu'elle a droit d'intenter : mais il en est autrement de l'action qui a pour objet la punition du Crime & qui est confiée aux officiers chargés du ministère public. Ceux-ci font obligés de pourfuivre lorfqu'il s'agit d'un Crime qui mérite une peine afflictive ou infamante , foit que la partie civile fe plaigne ou qu'elle garde le filence. Cela leur eft enjoint par l'article 19 du titre 25 de l'ordonnance criminelle de 1670.

- Ces pourfuites doivent être exercées tant contre les principaux coupables que contre leurs complices, quand même ils feroient mineurs ou morts civilement. On n'excepte de cette règle que les enfans qui n'ont pas encore l'ufage de la raifon , & les infenfés , parce qu'on ne peut pas fuppofer qu'en commettant le Crime ils aient eu connoiffance de ce qu'ils faifoient & qu'ils aient eu intention de le commettre.

Le décès de l'accufé anéantit l'action que la partie publique a pu diriger contre lui , quand même cette action auroit été dirigée avant qu'il fût mort : mais cette décifion n'a pas lieu à l'égard du Crime de lèze majefté divine ou humaine en certains cas , du duel , du fuicide & de la rebellion à juftice à force ouverte , lorfque le coupable y a perdu la vie. C'eft ce qui réfulte de l'article premier du titre 22 de l'ordonnance criminelle.

Les héritiers de la perfonne contre laquelle le Crime a été commis , peuvent comme elle en pourfuivre la réparation civile.

Il faut en dire autant de quelqu'un qui fans être héritier, a néanmoins fouffert du dommage par le Crime commis. Ainfi la femme dont le mari a été affaffiné eft bien fondée à pourfuivre le coupable & à demander des dommages & intérêts, quand même elle n'auroit pas été commune en biens avec fon mari.

Si celui qu'on a offensé est mineur, la réparation de l'offense peut être poursuivie par son
père ou par son tuteur. Un mari est pareillement
en droit de demander la réparation de l'offense
faite à sa femme.

Il y a même des coutumes, telles que celle
d'Orléans, qui autorisent la femme à poursuivre
par elle-même & sans le consentement de son
mari, la réparation civile du délit dont elle a à
se plaindre.

Si le fils, le domestique, le religieux viennent
à commettre un délit dans des affaires où ils
agissent comme préposés par le père, le maître,
le monastère, ceux-ci sont tenus civilement du
fait du coupable (*).

Le Crime & l'action qui en dérivent se prescrivent par vingt années, à moins qu'il n'y ait
eu un jugement définitif prononcé ou exécuté
par effigie. Alors la prescription ne s'acquiert
que par trente années (**).

Mais quand ces trente années commencent-
elles à courir? Est-ce du jour que la condamnation a été prononcée ou exécutée par effigie,
ou de celui que le Crime a été commis?

Plusieurs criminalistes ont pensé que la pres-

---

(*) L'article 37 de l'édit du mois de mars 1685, &
l'article 31 de l'édit du mois de mars 1724 concernant les
esclaves des colonies, veulent que le maître soit tenu de
reparer le dommage occasionné par le délit de son esclave,
si mieux il n'aime abandonner l'esclave a la personne qui
a souffert le dommage.

(**) Il faut observer qu'il y a des crimes tels que ceux
de duel & de leze majesté au premier chef qui ne se prescrivent par aucun laps de temps.

cription ne devoit courir que du jour de la condamnation prononcée ou exécutée par effigie. Cette opinion nous paroît mal fondée, & nous croyons au contraire qu'en ce qui concerne la peine, la prescription doit commencer à courir du jour que le Crime a été commis.

Nous ne dissimulerons cependant pas que par arrêt du 26 avril 1625, rapporté au journal des audiences, il a été prononcé un hors de cour contre le nommé Guillaume Marchand qui demandoit que le Crime d'assassinat dont il s'étoit rendu coupable il y avoit trente & un ans, fût déclaré prescrit, nonobstant le jugement de contumace rendu contre lui & exécuté par effigie depuis vingt-huit ans : mais outre que des circonstances particulières ont pu faire rendre cet arrêt, le législateur paroît avoir réformé implicitement cette jurisprudence par l'article 35 de l'édit du mois d'août 1769 concernant les duels : *le Crime de duel*, dit cette loi, *ne pourra être éteint ni par la mort, ni par aucune prescription de vingt ni de trente ans*, &c. ; & les coupables de duel, ajoute le législateur, *pourront être recherchés pour les autres Crimes par eux commis auparavant ou depuis, nonobstant ladite prescription de vingt & trente ans*, &c. Ces expressions supposent que tous les Crimes à l'égard desquels la prescription peut avoir lieu, sont en effet dans le cas d'être prescrits par vingt ou par trente années, & il est évident que c'est de l'instant où le Crime a été commis que ces années doivent se compter.

Cette doctrine est d'ailleurs bien clairement établie dans une ordonnance qui n'a pas été faite à la vérité pour la France, mais qui a été rédigée felon l'efprit de l'ordonnance de 1670, par les foins des jurifconfultes les plus éclairés qu'il y eût alors au parlement de Paris : nous voulons parler de l'ordonnance criminelle du duc Léolold de Lorraine du mois de novembre 1707. Voici ce que portent les articles 16 & 17 du titre 15.

» *Article 16.* Déclarons tous Crimes éteints » & prefcrits par le laps de vingt années, foit » qu'il y ait eu condamnation ou non, à l'ex- » ception du Crime de lèze majefté au premier » chef : mais l'action en dommages & intérêts » ne demeurera éteinte & prefcrite que par le » laps de trente années.

» *Article 17.* Si la condamnation a été exé- » cutée par effigie ou infcription fur le tableau, » le Crime ne fe prefcrira que par le laps de » trente années ».

Quant à la prefcription relative aux intérêts civils qui dérivent du Crime, la jurifprudence a varié : autrefois l'action de la partie offenfée duroit trente ans; mais les derniers. arrêts ont jugé que cette action étant dépendante du Crime, elle ne devoit plus être admife lorfqu'il étoit prefcrit.

On ne peut pas douter néanmoins que quand il y a eu un jugement qui a condamné le coupable à des dommages & intérêts envers une partie civile, elle ne puiffe exiger le payement de la fomme adjugée durant trente ans, à compter du jour du jugement. La raifon en eft que cette dette n'eft pas plus fujette à être prefcrite qu'une autre dette.

## SECTION DEUXIÈME.

*De la manière de conftater les Crimes.*

Le premier foin du juge auquel on a dénoncé un Crime, doit être de s'affurer que ce Crime a réellement été commis. Mais quelles règles doit-il fuivre pour remplir cet objet ?

Il faut fur cela diftinguer entre les Crimes dont les fuites font apparentes & ceux qui ne laiffent aucune trace après eux.

Quant aux premiers, tels que l'affaffinat, l'incendie, le vol avec effraction, l'exiftence en peut être conftatée par la repréfentation du cadavre de la perfonne affaffinée, par l'infpection des lieux incendiés & des portes ou ferrures brifées. On doit dreffer à cet égard tel procès-verbal ou rapport qu'il convient felon les circonftances.

Cette manière de conftater le Crime ne doit être fuppléée ni par la dépofition des témoins, ni même par la confeffion de l'accufé. C'eft pourquoi fi celui-ci s'avouoit coupable d'un affaffinat, & que pour empêcher qu'on ne cherchât à conftater le corps du délit, il vînt à déclarer qu'il a jeté la perfonne affaffinée dans la mer, cet aveu ne fuffiroit pas pour le faire condamner à une peine capitale, ni même à aucune autre peine, à moins que des circonftances particulières ne le fiffent d'ailleurs préfumer coupable. Par exemple, Julius Clarus penfe que fi l'on trouvoit du fang répandu dans le lieu où l'accufé déclareroit avoir affaffiné une perfonne, ce fang formeroit un corps de délit fuffifant pour faire prononcer une condamnation capitale.

A l'égard des Crimes qui ne laissent aucune trace après eux, tels que l'adultère, le viol & d'autres qu'on appelle délits occultes, comme ils ne sont pas soumis à l'action de la vue, on ne peut les constater que par la confession de l'accusé & par des indices résultans ou des procès-verbaux des juges, ou des rapports des médecins & chirurgiens, ou de la déposition des témoins, ou même de certains écrits selon les circonstances. Tous ces moyens servent pareillement à établir la preuve des Crimes dont les suites sont apparentes.

Observez au surplus, que si l'on trouve une personne noyée dans la rivière ou précipitée dans la rue du haut d'une maison, le cadavre ne doit pas être regardé comme un corps de délit, ni donner lieu à une instruction criminelle, à moins que des circonstances particulières ne fassent juger que la mort a été volontaire de la part du défunt ou qu'elle a été causée par un tiers. La raison qu'en donnent les criminalistes est que le mal ne devant pas se présumer, on doit penser qu'une telle mort est arrivée par accident.

Indépendamment des preuves qui pour constater le Crime peuvent résulter des procès-verbaux ou rapports des juges & des experts, ou des dépositions des témoins, ou de la confession de l'accusé; il est encore un moyen qu'on appelle *preuve conjecturale*, & qui consiste à établir par des argumens l'existence ou la vérité d'un fait en conséquence de la liaison immédiate ou prochaine qu'il a avec d'autres faits connus. « C'est, dit un criminaliste, une espèce d'ana- » lyse morale que les juges emploient lorsqu'ils

» font dans l'impoſſibilité de conſtater un fait par
» des dépoſitions de témoins., & qu'ils ont la
» preuve d'autres faits qui conduiſent à la con-
» noiſſance de ce fait par la liaiſon qu'ils ont
» avec lui ».

## SECTION TROISIÈME.

### De la punition des Crimes.

On punit un Crime tant pour empêcher le
coupable d'en commettre de nouveaux, que
pour contenir par la terreur des châtimens ceux
qui feroient diſpoſés à ſe rendre criminels comme lui.

On peut donc dire que la punition du Crime
eſt une vengeance publique que la loi veut qu'on
tire du criminel.

Les punitions uſitées en France dans les juridictions ordinaires, ſont la condamnation au feu,
à la roue, à être écartelé, à avoir la tête tranchée, à être traîné ſur la claie, à la potence,
aux galères, au banniſſement, à avoir le poing
coupé, ou la langue percée d'un fer chaud, au
fouet, à la flétriſſure, à l'amende honorable, au
pilori, au carcan, à être renfermé dans une
maiſon de force ou de correction, au blâme &
à l'admonition.

Il y a d'autres punitions que prononcent les
conſeils de guerre, comme de condamner à paſſer
par les armes, par les baguettes, à être mis ſur
un cheval de bois, &c.

Il y a auſſi quelques punitions particulières
établies contre les eſclaves d'Amérique, telles
que celle d'avoir les oreilles coupées, &c.

Les officiaux prononcent pareillement cer-

taines punitions qu'on appelle peines canoniques:
telles font l'excommunication, la dégradation des
ordres facrés, la privation de bénéfice, l'interdiction ou fufpenfion des fonctions eccléfiaftiques, le jeûne au pain & à l'eau, la cenfure, &c.
mais ces juges ne peuvent prononcer aucune
peine afflictive ni infamante.

La raifon & la juftice exigent que la punition
foit proportionnée au Crime. Ainfi pour établir
cette proportion, le juge doit confidérer 1°. la
nature & la qualité du Crime : 2°. les circonftances qui l'ont accompagné : 3°. la qualité du
coupable & celle de la perfonne offenfée : 4°. les
fuites du Crime.

On conçoit aifément que c'eft par la qualité
que les grands Crimes diffèrent des moindres ;
ainfi c'eft cette qualité qu'il faut particulièrement confidérer pour déterminer la punition.
Ce fera par exemple, un plus grand Crime de
bleffer une perfonne en plufieurs endroits, que
fi on ne lui faifoit qu'une feule bleffure. Celui
qui a volé dix mille écus doit être puni plus
févèrement que s'il n'avoit volé que cent écus.

Un Crime eft auffi plus ou moins grave, &
doit être puni avec plus ou moins de févérité
par rapport aux circonftances qui l'ont accompagné : ainfi c'eft un plus grand Crime de voler
quelqu'un dans le lieu où l'on rend la juftice,
que dans une maifon particulière. La contre-
bande qui fe fait avec attroupement ou port
d'armes, eft un délit plus grave que celle qui
a lieu fans ces circonftances. Un vol nocturne
ou avec effraction, mérite une plus grande punition qu'un vol fimple : il en eft de même d'une
injure faite en public relativement à celle qui

n'a eu lieu qu'en particulier. Le Crime commis de deſſein prémédité eſt bien plus grave & plus puniſſab'e que s'il avoit été l'effet d'un premier mouvement ou d'une imprudence.

La qualité du coupable & celle de la perſonne offenſée contribuent pareillcment à déterminer la gravité du Crime & la punition qu'il mérite : ainſi un juge qui exige de l'argent d'un plaideur, un confeſſeur qui féduit ſa pénitente, un gouverneur qui livre aux ennemis la place dont la garde lui eſt confiée, un notaire qui commet un faux, un apoticaire qui empoiſonne, un orfèvre qui fait de la fauſſe monnoie, un geolier qui abuſe de ſa priſonnière, commettent des Crimes plus graves, & par conféquent plus puniſſables que s'ils étoient commis par de ſimples particuliers. Il en eſt de même de l'injure qu'on fait à un prêtre dans les fonctions de ſon miniſtère, de celle qu'on fait à un magiſtrat dans ſon tribunal, de celle qu'un domeſtique fait à ſon maître, de celle qu'un vaſſal fait à ſon ſeigneur, ou un ſujet à ſon prince, &c.

A l'égard des ſuites du Crime, quoiqu'elles ne changent rien à l'intention du coupable, elles ne laiſſent pas de contribuer ſouvent à faire augmenter ou diminuer la punition. Par exemple, il peut arriver dans une querelle que deux particuliers ſoutenant une cauſe commune, frappent en même-temps deux perſonnes qui leur ſont oppoſées, & que la mort de l'une des deux ſoit occaſionnée par le coup qu'elle a reçue : il eſt évident que dans cette occaſion celui qui aura tué ſera condamné à la peine de l'homicide s'il n'obtient point de lettres de grâce, tandis que fon affocié ne pourra être pourfuivi que par la voie civile. La raifon de cette décifion eft qu'en pareil cas on ne peut juger du motif de l'action que par l'événement. Ainfi l'on ne doit pas fup-pofer que celui qui n'a pas tué ait eu le deffein de tuer.

Il en feroit différemment fi le Crime étoit néceffairement l'effet d'une volonté déterminée, comme il arrive dans les Crimes d'affaffinat de guet-à-pens, de rapt, de vol, &c. L'intention feule manifeftée par un acte extérieur, quoique le projet n'ait pas été exécuté, fuffit pour faire punir le coupable, parce qu'on ne peut pas fup-pofer qu'il n'ait pas eu le deffein de commettre le Crime. Auffi l'ordonnonce de Blois veut-elle qu'en matiere d'affaffinat on puniffe de mort le fimple attentat lors même qu'il n'a été fuivi d'aucun effet.

## SECTION QUATRIÈME.

### Des formalités ou procédures ufitées dans la pourfuite des Crimes.

S'il eft intéreffant pour maintenir la paix & la tranquillité dans l'état, que les Crimes foient punis, fi cette punition doit être proportionnée au délit fuivant les principes de la juftice & de l'équité, il n'a pas été moins important d'intro-duire à cet égard des formalités qui affujettiffent les magiftrats à des règles certaines dont ils ne puiffent pas s'écarter dans l'inftruction des procès criminels.

L'obfervation de ces règles eft tellement effen-tielle dans l'adminiftration de la juftice criminelle que les actes dans lefquels on les auroit négligées ne pourroient être confidérés que comme des actes de violence & de tyrannie.

C'eſt à cauſe de cette importance, que chez les Grecs, chez les Romains & chez la plupart des nations anciennes les accuſations s'inſtruiſoient publiquement & en préſence de tout le monde, afin que chacun étant témoin des actions de ceux à qui le ſoin d'inſtruire les procès criminels étoit confié, pût juger ſi dans cette inſtruction ils s'étoient conduits d'une manière repréhenſible ou irréprochable. Cette ancienne pratique s'obſerve encore aujourd'hui en Angleterre.

En effet, ce n'eſt pas aſſez que la loi commande ce qui eſt juſte, & que les Crimes ſoient punis, il faut auſſi que les coupables ſe jugent & ſe condamnent en quelque manière eux-mêmes : c'eſt ce qui arrive lorſqu'ils voient que dans l'inſtruction de leur procès on eſt parvenu à prouver clairement qu'ils ſont les auteurs des Crimes dont on les a accuſés.

La procédure uſitée dans la pourſuite des Crimes peut être conſidérée ſous les rapports qu'elle a avec l'intérêt particulier & avec l'intérêt public.

Celle qui concerne l'intérêt particulier conſiſte dans tout ce que fait la partie civile pour obtenir une réparation proportionnée à l'offenſe qu'on lui a faite.

La procédure relative à l'intérêt public conſiſte dans les pourſuites que font les gens du roi ou des ſeigneurs, pour parvenir à faire punir le Crime d'une manière exemplaire, ou à faire abſoudre l'accuſé.

L'objet de l'une & de l'autre de ces procédures est de justifier que l'accusé qu'on a poursuivi a été condamné ou absous avec justice.

Tous les actes ou formalités de la procédure criminelle se réduisent à ce qui concerne le Crime en lui-même, l'accusateur ou plaignant, l'accusé, les juges, les preuves, les défenses ou exceptions, & le jugement.

Pour qu'il y ait un fondement à la procédure criminelle, il faut qu'il y ait un Crime dénoncé à la justice, & qu'il y ait un ou plusieurs accusateurs, ainsi qu'un ou plusieurs accusés connus ou même inconnus pourvu qu'ils soient désignés.

Observez néamoins que quoiqu'on puisse rendre plainte & obtenir un monitoire contre des accusés inconnus & désignés, & qu'on puisse même les décréter, on ne peut toutefois pas régulièrement leur faire leur procès par contumace & encore moins les juger avant qu'ils aient été connus.

La poursuite des Crimes pouvant se faire d'office par le juge, on peut dire que dans ce cas il est accusateur : cependant comme il n'agit alors que pour l'intérêt public, on ne doit pas le considérer comme étant juge & partie. En effet, ses poursuites ont rapport à la chose publique qu'il est chargé de défendre ; ainsi il est censé agir pour la cause d'autrui & non pour la sienne.

Il est essentiel que des juges soient éclairés pour pouvoir prononcer des peines convenables & proportionnées aux crimes : c'est pour cette raison que nos lois veulent que les affaires criminelles ne puissent être jugées que par un certain nombre de juges, parce qu'il est censé qu'il y a plus de lumières réunies dans un tribunal composé de plusieurs juges, que s'il n'y en avoit qu'un seul. C'est d'après ces principes que le légiflateur a voulu que dans les parlemens les arrêts ne puffent être rendus en matière criminelle, qu'il n'y eût au moins dix juges ; qu'il y en eût sept pour rendre des jugemens en dernier reffort dans les préfidiaux & dans les fiéges des maréchauffées, & qu'il y en eût trois pour les jugemens rendus dans les bailliages, à la charge de l'appel, lorfque les conclufions tendroient à peine afflictive, & cinq en matière de duel (*).

Les accufés ont le droit de récufer un juge, lorfqu'ils ont à craindre qu'il n'agiffe contre eux par des motifs de haine ou de vengeance. Au refte, ce font les juges ordinaires qui doivent inftruire & juger les affaires criminelles : cependant certaines circonftances ont quelquefois déterminé le prince à donner aux accufés des commiffaires particuliers pour les juger. Ce furent de femblables commiffaires qui firent le procès au grand-maître de Montaigu, lequel eut la tête tranchée aux halles le 17 octobre 1409 ; qui déclarèrent par arrêt du 19 mai 1453, Jacques Cœur, argentier du roi, coupable de déprédation des finances & du Crime de lèze-majefté ; qui condamnèrent en 1540 l'amiral Chabot à être renfermé dans la prifon de Vin-

_____

(*) En Lorraine les arrêts & les jugemens en dernier reffort ne peuvent être rendus en matière criminelle qu'au nombre de fept gradués, & les jugemens à la charge de l'appel qu'au nombre de cinq dans les bailliages & de trois dans les prévôtés. C'est ce qui réfulte de l'article quinze du titre treize de l'ordonnance criminelle du duc Léopold de Lorraine du mois de novembre 1707.

cennes, comme coupable de péculat; qui le 21 décembre 1559 condamnèrent Anne du Bourg, conseiller au parlement de Paris, à être brûlé vif, quoiqu'il eût demandé d'être renvoyé devant ses juges naturels, c'est-à-dire devant la cour dont il étoit membre; qui condamnèrent le 10 mai 1632 le maréchal de Marillac à avoir la tête tranchée, &c. (*)

Comme il faut des preuves pour condamner les coupables, même dans les Crimes notoires & manifestes, il suit que pour acquérir ces preuves il doit être procédé à une information dont l'objet est de constater le Crime & d'en découvrir l'auteur pour lui infliger la punition qu'il a méritée.

Il est donc nécessaire pour cet effet d'entendre les dépositions des témoins qui ont connoissance des faits qu'on veut approfondir. Quelquefois l'information se fait par comparaison d'écritures, & quelquefois le procès s'instruit & se juge sans information préalable. Ceci peut avoir lieu suivant l'article 5. du titre 25 de l'ordonnance de 1670, lorsqu'il y a *preuve suffisante par les interrogatoires & par pièces authentiques ou reconnues par l'accusé, & par les autres présomptions & circonstances du procès.*

Observez néanmoins que toutes les fois qu'il y a des témoins du corps de délit, il convient de les entendre, nonobstant l'aveu de l'accusé.

Au surplus, lorsqu'il y a un commencement

(*) Comme les commissions extraordinaires ne peuvent être établies que contre les règles ordinaires de la justice, elles ont toujours donné lieu aux remontrances des cours; aussi l'usage en est il devenu très rare.

de preuve contre l'accufé, le juge doit le faire comparoître devant lui, & même le faire emprifonner lorfque le Crime eft grave & qu'il mérite une peine corporelle. Dans les délits contre lefquels on ne prononce point de peine afflictive, on ne décrète l'accufé que d'ajournement perfonnel ou d'affigné pour être ouï, felon la qualité du fait & des perfonnes, & le décret doit être rendu d'après les conclufions de la partie publique. Telles font les difpofitions des articles premier & 2 du titre 10 de l'ordonnance criminelle.

Cette formalité du décret eft un acte néceffaire & dont on a fait ufage dans tous les temps & dans tous les tribunaux. En effet, il faut que l'accufé foit entendu, afin que s'il a des moyens fuffifans pour détruire l'accufation intentée contre lui, il puiffe les propofer. On conçoit qu'aucune puiffance ne peut légitimement priver un accufé de ce droit. Auffi Tacite, en parlant de Ciconius-Varron & de Pétronius-Turpilianus que l'empereur Galba avoit fait mourir, nous dit que *inauditi atque indefenfi tanquam innocentes perierant.*

Et Valère-Maxime, en parlant du meurtre d'Aulus - Albinus que fes foldats avoient fait mourir fans vouloir l'entendre, dit qu'*en mettant la main fur leur capitaine ils avoient à la vérité tranfgreffé la loi des armes, mais qu'en refufant de l'entendre en fes défenfes ils avoient violé la nature & corrompu le droit des gens.*

C'étoit fans doute parce que *nemo debet inauditus damnari,* & par refpect pour cette maxime inviolable, que chez les Romains on ne condamnoit jamais un accufé abfent, lorfqu'il s'agiffoit giſſoit d'un Crime capital ou qui méritât la peine des mines : tout ce que les juges pouvoient faire en pareille circonſtance, étoit de citer l'accuſé & de prononcer contre lui des peines pécuniaires.

De ce que les juges ſont obligés d'entendre l'accuſé, il faut conclure que s'il n'a pas été cité, ou que la citation n'ait pas été faite dans les formes preſcrites, la procédure & le jugement qui eſt intervenu en conſéquence ſont nuls de plein droit.

Il arrive ſouvent que l'accuſé qu'on veut conſtituer priſonnier diſparoît, ou qu'étant ajourné il refuſe de comparoître en juſtice : dans ces cas on inſtruit contre lui une procédure particulière qu'on appelle contumace. *Voyez cet article.*

Quelquefois l'accuſé cité en juſtice ne peut pas comparoître, ſoit parce qu'il fait un voyage néceſſaire ou qu'il eſt malade : il doit alors propoſer ſes exoines, & ſi elles paroiſſent légitimes, le juge lui accorde un délai raiſonnable pour ſe préſenter.

Lorſqu'il n'eſt queſtion que d'un délit léger & que l'accuſation ne mérite pas d'être inſtruite, le procès peut être jugé ſans qu'il faille paſſer au règlement à l'extraordinaire, c'eſt-à-dire au récolement & à la confrontation des témoins ; & s'il n'y a aucune preuve contre l'accuſé, ou qu'il n'y ait pas lieu à l'action criminelle, on doit le renvoyer abſous, ou convertir le procès criminel en procès civil.

Mais s'il s'agit d'un crime grave & qui mérite une peine afflictive, le juge doit ordonner que les témoins ouis dans l'information, & ceux qui pourront être entendus par la ſuite, ſeront récolés dans leurs dépofitions & confrontés à l'accufé. Ces formalités font très-judicieufes. Le récolement fert à confirmer, à expliquer ou à faire retracter la dépofition du témoin, ce qui peut tendre à la décharge ou à la conviction de l'accufé : la confrontation remplit un objet conforme aux règles de l'équité. En effet, il convient que l'accufé ait le droit de reprocher le témoin entendu contre lui, & d'attaquer fon témoignage. Il faut d'ailleurs que le témoin puiffe dire que c'eft de l'accufé préfent dont il a prétendu parler dans fa dépofition. On doit dans les grands Crimes prendre toutes fortes de précautions pour découvrir la vérité.

Si l'accufé paroifloit devoir être jugé en dernier reffort, il faudroit avant de prononcer le règlement à l'extraordinaire, faire juger la compétence, c'eft-à-dire faire juger fi le Crime & l'accufé font de qualité à être jugés en dernier reffort, ou à la charge de l'appel.

L'accufé peut propofer fes moyens de défenfe, tant par les interrogatoires qu'à la confrontation & par des requêtes particulières.

Lorfque le procès eft inftruit, on le communique à la partie publique qui doit donner fes conclufions définitives : enfuite on procède au jugement du procès, après avoir interrogé de nouveau l'accufé, s'il n'eft pas contumace.

Si le jugement qui intervient n'eft pas fujet à l'appel, il doit être exécuté le même jour qu'il a été prononcé. C'eft ce que prefcrit l'article 21 du titre 25 de l'ordonnance de 1670.

Il y a néanmoins des cas où cette exécution fe diffère. Tel eft celui où un criminel condamné à mort fait des déclarations qui concernent des accufés avec lefquels il importe de le confronter.

Tel eft encore le cas où une femme condamnée à mort fe trouve enceinte. L'exécution doit être différée jufqu'après fon accouchement.

Voyez *l'ordonnance de Blois; les arrêts de du Luc & de Larocheflavin; l'ordonnance crimi-nelle du mois d'août 1670; Airault en fon inftruction judiciaire; Farinacius, praxis & theoria criminalis; Julius Clarus, practica criminalis; Brodeau fur Louet; les inftitutes au droit criminel; le traité de la juftice criminelle de France, & celui des matières criminelles; l'ordonnance du duc Léopold de Lor-raine, du mois de novembre 1707; l'efprit des ordonnances de Louis XIV; l'encyclopédie, &c.* Voyez auffi les articles ASSASSINAT, LÈZE-MAJESTÉ, RÉBELLION, SÉDITION, FAUX, PÉCULAT, CONCUSSION, ADULTÈRE, VIOL, POISON, VOL, POLIGAMIE, RAPT, INCESTE, SODOMIE, HOMICIDE, DUEL, PARRICIDE, INCENDIE, USURE, BANQUEROUTE, SIMONIE, CONFIDENCE, HÉRESIE, BLASPHÊME, SACRILÉGE, & les autres efpèces de Crimes; ACCUSATION, DÉCRET, INFORMATION, INTERROGATOIRE, RÉCOLEMENT, CONFRON-TATION, TÉMOIN, RAPPORT, JUGEMENT, PROCUREUR DU ROI, CONTUMACE, PRISON, &c.

C R I N. Sorte de poil long & rude qui vient au cou & à la queue des chevaux, & de quel-ques autres animaux.

Le Crin doit à l'entrée quinze fous par cent pefant en vertu de l'arrêt du confeil du 17 fep-tembre 1743, & trente fous à la fortie, con-formément au tarif de 1664.

Hh ij

L'entrée du Crin venant fur des vaiffeaux anglois eft défendue dans le royaume.

Voyez *les lois citées* & les articles ENTRÉE,
SORTIE, MARCHANDISE, SOU POUR LIVRE, &c.

CRISTAL. Sorte de pierre tranfparente.

Le Criftal non-ouvré doit pour droit d'entrée,
vingt-cinq livres par cent pefant conformément
au tarif de 1664, & pour droit de fortie, comme
les marchandifes de mercerie.

Suivant l'arrêt du 3 janvier 1690, & les décifions du confeil des 26 août 1714 & 8 août
1753, les Criftaux de roche ouvrés doivent à
toutes les entrées du royaume quatre cens livres
par cent pefant.

A l'égard des droits de fortie, ils les doivent
fur le pied des marchandifes omifes au tarif, à
raifon de cinq pour cent de la valeur.

Le Criftal provenant de la manufacture du
fieur Micour en Dauphiné, a été déclaré exempt
de tout droit de fortie, par arrêt du Confeil
du 13 mars 1755.

Voyez *les lois citées*, & les articles ENTRÉE,
SORTIE, MARCHANDISE, MERCERIE, SOU
POUR LIVRE, &c.

CROIX DE CENS. Voyez CENS.

CROIX. (Filles de la) Ce font des filles qui
forment une congrégation dont l'inftitut a pour
objet l'inftruction des jeunes perfonnes du fexe.

Un maître d'école de la ville de Roye en Picardie, ayant en 1625 attenté à la pudicité d'une
de fes écolières; cet évènement fit qu'on choi-
fit quatre filles vertueufes pour leur confier
l'inftruction des jeunes perfonnes de leur fèxe.
Ces quatre filles formèrent entr'elles une petite
communauté fous la direction & fuivant les

règlemens d'un des curés de l'endroit. La guerre
dont ce pays devint le théâtre les obligea de se
réfugier à Paris : la dame de Villeneuve, veuve
d'un maître des requêtes, les plaça dans une
maison de Brie-Comte-Robert, à six lieues de
Paris. Quelques temps après elle alla demeurer
avec elles : pendant son séjour dans cette maison elle les envoyoit succeffivement d'un endroit
à l'autre pour y vaquer à l'inftruction qui devoit être l'objet de leur inftitut. Enfuite elle fit
venir à Paris le curé qui avoit donné à ces filles
le premier règlement de vie ; mais elle ne put
pas être long-temps d'accord avec lui : elle vouloit que ces filles fiffent des vœux & le curé ne
le jugeoit point à propos. Cependant le nombre
des filles augmentant de jour en jour, la dame
de Villeneuve obtint de l'Archevêque de Paris
l'érection de cette compagnie de filles en fociété
ou congrégation fous le titre de *filles de la Croix*.
Cette érection fut autorifée par des lettres-
patentes qui furent vérifiées au parlement en
1642.

La dame de Villeneuve qui pour lors demeu-
roit avec ces filles à Vaugirard leur fit faire &
fit avec elles les vœux fimples de chafteté, de
pauvreté, d'obéiffance & de ftabilité entre les
mains du curé de S. Nicolas du Chardonnet qui
leur fut donné pour fupérieur par l'archevêque
de Paris. Cette dame voyant fa congrégation
formée, fongea à lui procurer un établiffement
dans Paris même. Pour cet effet elle pria la fu-
périeure du premier monaftère des filles de la
Vifitation de recevoir au noviciat dans fa maifon
deux des quatre premières filles qui avoient
commencé l'inftitut des filles de la Croix pour

les former plus efficacement dans la pratique des observances régulières. Ensuite elle acheta l'hôtel des Tournelles dans la rue saint-Antoine, au cul-de-sac de l'hôtel de Guémené où les filles de la Croix firent leur résidence : cette maison en a depuis produit plusieurs autres.

Les filles qui demeuroient à Brie-Comte-Robert & qui n'avoient point fait de vœux se séparèrent de celles de Paris, ce qui forma comme deux congrégations différentes. La dame de Villeneuve procura à celles qui avoient fait des vœux un second établissement à Ruel à deux lieues de Paris, par les bienfaits de la duchesse d'Aiguillon qui leur donna un nouvel établissement dans la ville d'Aiguillon & leur fit obtenir des avantages considérables. Les filles qui ne faisoient point de vœux & qui demeuroient à Brie-Comte-Robert eurent aussi à-peu-près dans le même temps un établissement à Paris sur la paroisse saint-Gervais. Elles en firent d'autres ensuite dans plusieurs villes du royaume comme à Roye, à Rouen, à Barbesieux, &c. où elles ont des maisons qui sont unies sous la direction d'un supérieur & où elles vivent suivant les premiers règlemens qui leur ont été donnés.

Les autres filles qui font des vœux ont d'autres règlemens particuliers qu'elles ont reçu de Louis Abelly, évêque de Rhodez, dans le temps qu'il étoit leur supérieur. Leurs principales maisons outre celles des Tournelles à Paris, de Ruel & d'Aiguillon, sont celles de Moulins, de Narbonne, de Tréguier, de Saint-Brieux, de Saint-Flour & de Limoges, sans compter plusieurs hospices qui dépendent de quelqu'une de ces maisons tels que celui du fauxbourg saint-Marcel à Paris qui dépend de la maison des Tournelles, ceux de Mont-Luçon & d'Evaux qui dépendent de Moulins; ceux de Guéret & d'Ahun dans la Marche qui dépendent de Limoges, &c.

Le cardinal de Vendôme, dans le temps qu'il étoit légat *à latere* du pape Clément IX en France, confirma cette congrégation, & la bulle qui fut adressée aux maisons de Paris & de Ruel en 1668, s'exprime d'une manière fort honorable pour cet institut, dont Vincent de Paul, fondateur des prêtres de la Mission, s'étoit singulièrement déclaré le protecteur.

Les filles de la Croix ne bornent point leurs exercices de charité à l'instruction des jeunes personnes de leur sexe, elles reçoivent encore chez elles les pauvres qui veulent s'instruire de leur religion, & se disposer à un changement de vie. Celles qui font des vœux récitent en commun le petit office de la vierge, & font le soir & le matin l'oraison mentale. Les unes & les autres sont habillées de noir. Elles ont une coeffe noire & un mouchoir de cou blanc taillé en biais. Celles qui font des vœux portent une petite Croix d'argent, & les autres une petite Croix de bois. ( *Article de M. DAREAU*, *avocat*, &c.)

C R U. On appelle vin du Cru le vin qu'un particulier a recueilli dans ses héritages.

En matière de droit d'aides, on fait une différence entre le vin du Cru & le vin d'achat.

Le vin du Cru est exempt de plusieurs droits auxquels est sujet le vin d'achat. On jouit pour le premier de certains priviléges dont on ne jouit pas pour l'autre comme on peut s'en appercevoir à l'article BAN-VIN & à d'autres articles relatifs aux droits d'aides.

Ceux qui jouiſſent de quelques priviléges à l'occaſion du vin de leur Cru, ſont les eccléſiaſtiques & les économes pour les biens d'égliſe, les nobles, les officiers des cours ſouveraines de Paris & de Rouen, même les vétérans, les ſecrétaires du roi, les officiers commenſaux de la maiſon du roi & des maiſons royales, & les marchands de vins privilégiés ſuivant la cour, dans les lieux par où paſſe ou ſéjourne ſa majeſté, excepté à verſailles où leur privilége n'a pas lieu.

Outre ces privilégiés, il y en a d'autres qui ne ſont regardés comme tels que par rapport aux lieux qu'ils habitent, & il y a cette différence entre les immunités locales & les immunités perſonnelles pour le vin du Cru, que ceux qui jouiſſent de l'immunité locale ne peuvent point·l'étendre hors des lieux auquels elle eſt attachée, tandis que ceux qui ſont perſonnellement privilégiés, attachent leur exemption au vin de leur Cru partout où il peut être tranſporté.

Ces privilégiés ou autres quels qu'ils ſoient, ſont tenus de fournir au fermier chaque année avant la vente de leur vin, une déclaration ſignée d'eux de l'étendue des vignes qui ſont l'objet de leur privilége & de la quantité de vin qu'ils ont recueilli chaque année, à peine de déchéance de leur privilége pour le temps qu'ils n'y ont pas ſatisfait ( * ).

---

( * ) Il y a des lettres-patentes du 26 novembre 1719 qui autoriſent le fermier des aides à prendre des connoiſſan-

Le vin provenant des dixmes & des preffoirs bannaux eft réputé vin du Cru ; mais les fermiers des vignes, des dixmes & des preffoirs ne jouiffent pas du même privilége que les propriétaires.

Lorfque les privilégiés donnent leur procuration pour la régie de leurs vignes, ils font tenus d'affirmer la fincérité de cette procuration quand ils en font requis par le fermier ; à quoi il faut ajouter qu'ils perdent leur privilége s'ils font exploiter leurs vignes par les fermiers de leurs terres ou mêmes par les domeftiques de ces fermiers.

Si un privilégié avoit d'autres vins que de fon Cru, ces vins feroient réputés vendus avant les vins du Cru pour obvier à l'abus que pourroient faire de leur exemption quelques privilégiés en affectant de ne vendre que les vins de leur Cru, & en paroiffant garder pour leur confommation ceux qu'ils auroient achetés.

L'eau de vie ni toute autre boiffon dénaturée ne jouiffent point du privilége du Cru.

Les vins donnés aux curés à portion congrue font dans le cas du privilége lorfqu'ils proviennent du Cru du bénéfice deffervi, mais non ceux qui proviennent des dixmes que ces curés tiennent à titre de ferme, quoiqu'ils foient exempts de taille à cét égard.

Les vins qui proviennent d'un fonds donné pour titre facerdotal à un eccléfiaftique font auffi dans le cas de l'exemption, mais le fermier

ces particulières du produit des vignes de chaque année. Ces lettres patentes ont été interprétées par un arrêt du confeil du 30 août 1723 revêtu d'autres lettres-patentes du 10 feptembre fuivant.

peut se faire délivrer une copie de ce titre pour savoir s'il n'y a point de collusion ; il peut même exiger l'affirmation du donateur & du donataire.

Lorsque dans un bail on charge le fermier de la livraison d'une certaine quantité de vin, ce vin regardé comme donné en payement ne jouit pas de l'exemption du Cru.

Voyez *les ordonnances & le traité des aides.* Voyez aussi les articles BAN-VIN, GROS, VIN, EXEMPTION, PRIVILÉGE, &c. ( *Article de M. DAREAU, avocat, &c.* ).

CRUE. C'est une augmentation ou supplément de prix, qui dans quelques pays & en certains cas, est dû, outre le montant de la prisée des meubles par ceux qui doivent en rendre la valeur.

La Crue a été introduite pour suppléer à ce qu'on présume manquer à la juste valeur des effets mobiliers, compris dans un inventaire, relativement à la prisée qui en est faite.

En Bretagne, la Crue se nomme *plus value* ou *plus valeur :* Bouchel dans sa bibliothèque du droit françois l'appelle aussi *plus value.*

Les commentateurs des coutumes de Poitou & de Bourbonnois l'appellent *quint en sus*, ou *cinquième denier*, parce que suivant l'usage de ces provinces, elle est réglée à un quart au-dessus de la prisée, ce qui fait un cinquième au total : mais M. Boucher d'Argis a fort bien observé que le terme de *quint en sus* que ces commentateurs ont employé pour exprimer la Crue du quart en sus, n'étoit pas juste : en effet, le quint en sus ne forme qu'un sixième au total, au lieu que le quart en sus fait un cinquième au total.

Dans plusieurs provinces où la Crue est aussi

d'un quart au-deſſus de la priſée, on la nomme indifféremment *pariſis* ou *Crue*, parce qu'en général le terme de pariſis ſignifie une augmentation du quart en ſus, c'eſt-à-dire de cinq ſous pour livre : & dans quelques endroits où la Crue n'eſt que d'un huitième au-deſſus de la priſée, comme au bailliage d'Etampes, on l'appelle le demi-pariſis des meubles, ſelon l'obſervation de Brodeau ſur l'article 76 de la coutume de Paris, où il parle du demi-pariſis uſité au bailliage de Troyes.

C'eſt, comme nous l'avons fait entendre, parce que la priſée des meubles eſt cenſée faite à bas pris que l'on y ajoute la Crue; ce qui ſemble être une opération vicieuſe, attendu qu'il feroit plus naturel d'eſtimer d'abord les meubles ſelon leur juſte valeur : cependant comme les huiſſiers & autres qui font la priſée des meubles craignent de le porter trop haut à cauſe que l'édit de Henri II du mois de février 1556 les rend garans de leur priſée & que les meubles ne peuvent être vendus au-deſſous de cette priſée ſans une ordonnance de juſtice, il eſt arrivé que pour éviter ces inconvéniens, on a pris le parti de faire les priſées à bas prix, & c'eſt de-là vraiſemblablement qu'eſt venu l'uſage de la Crue.

Lorſque les tuteurs ne font pas vendre les effets qui appartiennent à leurs pupilles, & qui ont été priſés lors d'un inventaire, ils ſont obligés, par le compte qu'ils leur rendent, de leur faire recette de la Crue outre le prix porté par les inventaires ; & cela a même lieu contre ceux qui, ſans être tuteurs, ont conſervé des meubles inventoriés & priſés, appartenans à des majeurs envers leſquels ils en ſont comptables, tels que les exécuteurs teftamentaires , les fequeftres.

L'ufage de l'augmentation de la Crue des meubles, dans les cas dont on vient de parler , n'eft ni univerfel dans le royaume , ni uniforme dans les diverfes contrées où il eft admis. On ne le connoît point dans les refforts des parlemens de droit écrit , dans le Rouffillon , en Alface & dans le reffort des coutumes de Blois, de Normandie, de Saint-Quentin , d'Artois & de Lorraine.

La Crue eft dûe à Paris du quart en fus de la prifée. Elle eft de même dans les coutumes de Péronne , Montdidier & Roye , Mantes & Meulan , Chartres , Chaumont-en-Baffigny , Dourdan , Orléans , Montargis , Nivernois , Poitou, Ponthieu , Beauvais , Bourbonnois , Bourgogne , Châlons , Reims , Senlis , Sens , Vitry , Vermandois , Berry & quelques autres. Celle de Berry eft prefque cependant la feule qui en parle.

L'ufage de l'augmentation de la Crue eft auffi admis dans les provinces de Lyonnois , Forêts, Beaujollois & Mâconnois , qui fuivent le droit écrit ; & elle y eft également du quart en fus.

Dans le reffort de la coutume de Meaux , la Crue eft feulement admife à raifon de trois fous pour livre.

Au bailliage de Melun , dans celui d'Etampes & à Troyes , elle n'a lieu que pour le demi-parifis , c'eft-à-dire à raifon de deux fous fix deniers pour livre.

En Bretagne la Crue eft du quart en fus ou de cinq fous pour livre comme à Paris.

Quand il s'agit de régler fi la Crue eft due , & fur quel pied , on doit fuivre l'ufage du lieu où les meubles ont été inventoriés.

Les prisées faites à juste valeur entre majeurs ne sont pas sujettes à Crue. Il en est de même des prisées qui ne sont pas destinées à être suivies de la vente des meubles, telles que celles qui se font par contrat de mariage, parce que ces sortes de prisées sont toujours réputées faites à juste valeur.

Il y a certains meubles qui ne sont point sujets à la Crue, tels que ceux qui sont mis pour perpétuelle demeure, parce qu'on ne les estime pas avec les meubles; ils sont censés faire partie du fonds. Tels sont encore ceux qui ont un prix certain, comme les espèces monnoyées, la vaisselle & les matières d'or & d'argent, les billets, obligations, sentences & autres jugemens; les actions de la compagnie des indes, les gros fruits, lorsqu'ils sont estimés suivant les mercuriales, le sel, les glaces, les verres, le bois & le charbon, & les fonds de librairie & imprimerie, attendu qu'ils sont toujours prisés à juste valeur.

L'article 7 du titre 2 de l'ordonnance du mois d'août 1747, concernant les substitutions, porte que l'inventaire contiendra la prisée des meubles, livres, tableaux, pierreries, vaisselle, équipages & autres choses semblables; ce qui doit être observé dans les pays mêmes où il n'est pas d'usage de faire cette prisée; & à l'égard des pays où la prisée se fait avec Crue dans les inventaires, la même ordonnance veut que la Crue soit toujours censée faire partie de la prisée, en ce qui concerne la liquidation des droits & charges de ceux qui seront grévés de substitution.

Entre conjoints ou entre le survivant & les

héritiers du prédécédé, la Crue n'eft pas dûe pour les meubles prifés par contrat de mariage, mais feulement pour ceux qui ont été inventoriés après décès, au cas qu'ils ne foient pas vendus ou repréfentés en bon état.

On ftipule ordinairement entre conjoints un préciput pour le furvivant, en meubles, pour la prifée & fans Crue, auquel cas le furvivant peut prendre jufqu'à concurrence des meubles pour la prifée ; mais s'il prend de l'argent ou des meubles non fujets à Crue, il perd le bénéfice qu'il avoit droit de prétendre d'avoir des meubles pour la prifée & fans Crue, & ne peut pas demander pour cela une indemnité.

Le conjoint donataire mutuel qui a droit de jouir des meubles, doit les faire vendre ou les faire eftimer à jufte valeur, fans s'arrêter à l'eftimation portée par l'inventaire, autrement il en devroit la crue outre la prifée.

Si la prifée étoit frauduleufe, on n'en feroit pas quitte en ajoutant la Crue, ce feroit le cas de recourir aux preuves de la véritable valeur des meubles.

Comme la Crue eft un fupplément à la prifée des meubles, elle tient lieu de capital de même que la prifée, & les intérêts en font dûs auffi bien que du montant de la prifée. C'eft la remarque qu'ont faite Menudel, Pothier & des Pommiers fur l'article 183 de la coutume de Bourbonnois par rapport aux tuteurs.

Devolant rapporte néanmoins un arrêt du parlement de Bretagne du 21 janvier 1636, contraire à cette décifion, mais le même tribunal a depuis rendu plufieurs autres arrêts qui l'ont adoptée.

Cette jurifprudence fur les intérêts de la Crue a paru fi jufte, que dans les arrêtés de M. le premier préfident de Lamoignon, les tuteurs, quand ce feroit le père ou la mère, font expref-fément chargés des intérêts tant de la prifée que de la Crue.

Les intérêts de la Crue doivent courir en même-temps que ceux de la prifée : ainfi lorfque les intérêts de la prifée courent de plein droit, il en eft de même de ceux de la Crue fans qu'il foit néceffaire d'en former la demande. Tel eft felon la remarque de Brodeau, de le Prêtre & de Pocquet de Livonière, le cas où la prifée & la Crue dont le comptable eft chargé doivent fervir à remplir quelqu'un de fa légitime ou de fa portion héréditaire ou d'une foute ou retour de partage qui portent intérêt du jour que le droit eft ouvert.

Les tuteurs doivent les intérêts de la prifée & de la Crue fix mois après l'inventaire, à moins qu'ils ne juftifient par un avis de parens qu'il ne leur a pas été poffible d'en faire un emploi. C'eft ce qui réfulte d'un acte de notoriété du châtelet du 11 mai 1699.

Ils doivent même les intérêts des intérêts, comme l'a remarqué M. Pothier fur l'article 183 de la coutume de Bourbonnois. Mais ces décifions n'ont pas lieu à l'égard du furvivant des conjoints ou de fes héritiers : ils ne peuvent être tenus des intérêts de la prifée & de la Crue envers les héritiers du prédécédé que du jour de la demande, & ils ne doivent point les intérêts de ces intérêts.

Voyez *Bouchel dans fa bibliothèque du droit françois ; les arrêts de Devolant ; Boucheul, fur la coutume de Poitou ; Déculant & des Pommiers ; sur la coutume de Bourbonnois ; l'Abbé , sur la coutume de Berry ; Brodeau sur Louet ; l'ordonnance de François premier du mois d'octobre 1535 ; l'édit de Henri II du mois de février 1556 ; les coutumes d'Anjou , de Boulenois , de Paris , de Châlon , de Normandie , de Tours , de Calais , de Cambrai , & les commentateurs ; le traité de la Crue des meubles par M. Boucher d'Argis ; les arrêtés de M. le premier président de Lamoignon ; les actes de notoriété du châtelet de Paris ; le Brun , traité de la communauté ; Dumoulin , sur la coutume de Paris ; Bacquet , des droits de justice ; Renusson , traité de la communauté ; le traité des minorités ,* &c. Voyez aussi les articles Prisée, Meuble, Garde-noble, Mineur, Tuteur, &c.

· CUEILLEURS d'or de paillole. C'est ainsi qu'on nomme ceux qui ont la permission de cueillir des paillettes d'or & d'argent qu'on trouve dans quelques cantons du Languedoc.

· Il se recueilloit autrefois , suivant que le fait observer l'auteur du nouveau traité des monnoies, beaucoup de cet or dit *de paillole* , dans différens endroits du royaume. On en tiroit notamment du Languedoc cinquante à soixante marcs par année. Cet or se trouvoit dans les sables de certains ruisseaux proche les Pyrénées. La rivière qui se joint à la Garonne au-dessus de Toulouse , donnoit aussi de cet or (*). Les pauvres gens du pays qui s'occupoient à le ramasser,

_____

(*) C'est delà sans doute que cette rivière est nommée *l'Auriegue* , comme si l'on disoit en latin *aqua aurigera*.

firent

furent troublés dans cette occupation par les seigneurs hauts-justiciers riverains, qui exigèrent un droit nommé de *grazalaige*. La chambre des monnoies informée de l'imposition de ce droit, fit des représentations au roi sur le préjudice qui en résultoit pour ses sujets & pour les intérêts de sa majesté.

Sur ces représentations il y eut des lettres-patentes du 23 mai 1472, par lesquelles un des généraux de la chambre des monnoies du Languedoc fut commis pour arranger les Cueilleurs d'or de paillole avec les seigneurs, & il fut fait défense à ceux-ci de troubler ceux-là dans leurs recherches.

Depuis ce temps la cour des monnoies a eu une juridiction privative sur les Cueilleurs d'or de paillole; & cette juridiction lui a été confirmée par différentes lois, notamment par un édit du mois de janvier 1551, par des lettres-patentes du 3 mars 1554, & par deux autres édits, l'un du mois de juin 1635, & l'autre du mois de décembre 1638.

Le réglement le plus récent que nous ayons sur l'or de paillole, est un arrêt du conseil revêtu de lettres-patentes du 9 novembre 1751. Par cet arrêt il est ordonné que l'or & l'argent de paillole de la province de Languedoc seront portés au change de la monnoie de Toulouse; & pour les autres provinces, dans les monnoies les plus prochaines pour y être convertis en espèces. Il est fait défenses à toute personne de faire la cueillée de ces matières, même d'en acheter, d'en vendre ou d'en employer sans commission valable de sa majesté ou de ses cours des monnoies, ou de juges qui y reſſortiſſent. Ceux qui ſont pourvus d'une commiſſion ne peuvent porter ni vendre leur or ou argent ailleurs qu'aux hôtels des monnoies ou aux changes les plus prochains, à peine contre les uns & les autres d'être punis comme billonneurs. Il eſt en même-temps fait défenſe aux ſeigneurs & aux propriétaires des biens aboutiſſans aux lieux où ſe recueillent l'or & l'argent dont il s'agit, de troubler dans leurs recherches ceux qui ſont pourvus de commiſſions, ni d'exiger aucun droit ſous quelque dénomination que ce ſoit, à peine d'être pourſuivis comme concuſſionnaires & comme uſurpateurs des droits du roi. Il eſt cependant permis par cet arrêt de ſe pourvoir pour les dommages cauſés, mais on ne peut le faire que devant les cours des monnoies ou devant les juges qui y reſſortiſſent; il eſt défendu à tout autre juge d'en connoître. (*Article de M. DAREAU*, *avocat au parlement*, &c.

CUIR. On appelle ainſi la peau des animaux lorſqu'elle eſt ſéparée de la chair.

On donne le nom de *Cuir vert* à une peau qui n'a point encore été prépaée. Et l'on appelle *Cuir tanné* ou *corroyé*, une peau à laquelle on a donné les préparations qu'elle exige avant de pouvoir être employée.

Par édit du mois d'août 1759, le roi a ſupprimé les offices de jurés vendeurs, prud'hommes, contrôleurs, marqueurs, lotiſſeurs & déchargeurs de Cuirs, ainſi que les droits qui leur avoient été attribués, & il a été en même-temps établi dans tout le royaume un droit unique ſur les cuirs tannés & apprêtés.

Ce droit a été fixé par un tarif arrêté au conseil le 9 du même mois (*).

Par un autre édit du mois de mai 1772, le roi a aussi établi des droits particuliers sur les Cuirs dans les duchés de Lorraine & de Bar. Ces droits font fixés par un tarif annexé à cet édit (**).

---

(*) *Tarif des droits sur les Cuirs. Droit unique par livre pesant de Cuirs & peaux façonnés.*

Cuir de bœuf tanné à fort & à œuvre, passé en buffle, en Hongrie ou autrement, deux fous.

Cuir de vache tanné, passé en Hongrie, en Russie, en buffle ou autrement, deux fous.

Cuir de cheval, de mulet tanné, passé en Hongrie ou autrement, un fou.

Peau de veau tannée, passée en chamois, en mégie; en faumat, en alun ou autrement, deux fous.

Peau de mouton passée en chamois, en mégie, en basanne, en alun, en houffe, en parchemin ou autrement, deux fous.

Peau d'agneau, de chevreau de tout apprêt, même celui de pelleterie, deux fous.

Peau de bouc, de maroquin en croute, en couleur ou autrement, huit fous.

Chèvre tannée, corroyée, passée en chamois ou autrement, six fous.

Peau de daim, de chevreuil, de chamois, passée en huile ou autrement, dix fous.

Peau de cerf, d'élan, d'orignac, passée en huile, six fous.

Peau de porc, de Truin, de fanglier, deux fous.

Et tous les Cuirs & peaux façonnés, qui ne font point dénommés au préfent tarif, payeront dix pour cent de leur valeur.

(**) *Tarif des droits que le roi, en fon confeil, a ordonné & ordonne être levés & perçus fur les Cuirs & peaux tannés & apprêtés dans les duchés de Lorraine & de Bar.*

Cuir de bœuf tanné à fort ou à œuvre, passé en Hongrie ou autrement, pour chaque livre pefant, deux fous.

I i ij

Les tanneurs, mégissiers & autres, doivent dans les trois mois, à compter du jour de la seconde marque, acquitter le droit auquel les Cuirs apprêtés sont assujettis. C'est ce qui résulte tant de l'article 7 de l'édit du mois d'août 1759, que d'un arrêt du conseil revêtu de lettres-patentes du 25 février 1760.

Par l'article 8 du même édit, il est défendu aux tanneurs, mégissiers & autres, de contre-

---

Cuir de vache tanné, passé en Hongrie, en Russie, en buffle ou autrement, par livre pesant, deux sous.

Cuir de cheval, de mulet, de mule, tannés, passés en Hongrie, par livre pesant, un sou.

Peau de veau, tannée, passée en chamois, en mégie, en saumac, en alun ou autrement, par livre pesant, deux sous.

. Peau de mouton, passée en chamois, en mégie, en basanne, en alun, en housse, en parchemin, ou autrement, par livre pesant, deux sous.

Peaux d'agneau & de chevreau de tous apprêts, hors celui en pelleterie, apprêtés par les pelletiers-foureurs, pour leur propre consommation, par livre pesant, deux sous.

Peau de bouc, façonnée en maroquin, en croute, en couleur, ou autrement, par livre pesant, quatre sous.

Peau de chevre, tannée, corroyée, passée en chamois, ou autrement, par livre pesant, quatre sous

Peaux de daims, de chevreuil, de chamois, passées en huile, ou autrement, par livre pesant, dix sous.

Peaux de cerf, d'elan, d'orignac, passé en huile, par livre pesant, six sous.

Peaux de porcs, de truin, de sanglier, par livre pesant, deux sous.

Les Cuirs & peaux façonnés qui ne sont point dénommés au présent tarif, le droit sera payé à raison de dix pour cent de leur valeur.

Fait & arrêté au conseil d'état du roi, tenu à Versailles le 7 mai 1772. *Signé*, Monteynard.

faire la marque du fermier; fous peine de faux ›
& aux corroyeurs & à tout autre ouvrier ›
d'acheter des Cuirs ou peaux tannés & apprêtés
qui n'aient pas cette marque, fous peine de confifcation.

L'article 10 permet aux fermiers du roi ou
régiffeurs de faire les vifites ordinaires chez les
tanneurs, mégiffiers & ouvriers qui emploient
des Cuirs.

Lorfque les Cuirs ou peaux tannés & apprêtés
font envoyés à l'étranger, les droits perçus en
conféquence du tarif que nous avons rapporté
précédemment, devoient être reftitués en entier à la fortie, fuivant l'article 9 ; mais felon
l'article 11 des lettres-patentes du 2 avril 1772,
la reftitution ne doit plus avoir lieu que pour les
deux tiers.

A l'égard des Cuirs ou peaux en verd, il doit
être perçu à la fortie du royaume pour l'étranger, fix livres par Cuir de bœuf ou de vache,
vingt fous par peau de veau, & dix fous par
peau de mouton, d'agneau & de chèvre ou chevreau. C'eft ce qui réfulte de l'article 13 de l'édit
cité.

Au refte, tous les droits de traite & de fo-
raine fur les Cuirs verds ou tannés, au paffage
d'une province du royaume dans une autre, ont
été fupprimés par l'article 12.

Et la déclaration du 26 mars 1768 a établi
une entière liberté du commerce des Cuirs de
province à province : fuivant cette loi, tout
marchand ou artifan de chaque province du
royaume peut acheter ou faire acheter par les
agens ou commiffionnaires dans l'étendue des
autres provinces, les Cuirs ou peaux, foit en

verd, foit apprêtés qu'ils jugent à propos, &
les faire conduire dans les différentes villes ou
provinces, fans qu'il puiffe leur être apporté
aucun empêchement fous quelque prétexte que
ce foit.

Obfervez néanmoins que ces difpofitions relatives à la liberté de la circulation, en exemption des droits de traites, ne doivent s'entendre
que de la communication des provinces des cinq
groffes fermes avec les provinces réputées étrangères, qui ont fur leurs frontières & dans leur
communication avec l'étranger, des bureaux où
fe perçoivent les droits impofés fur les Cuirs
verds deftinés pour les pays étrangers, & fur les
Cuirs tannés qui viennent de ces pays dans le
royaume : ainfi la liberté dont il s'agit ne s'étend
pas aux provinces qui n'ont aucun bureau des
traites dans leur communication avec l'étranger.
La raifon en eft que s'il en étoit autrement, les
Cuirs verds, fi néceffaires à l'aliment des tanneries nationales, une fois parvenus en exemption
de droits de fortie des provinces de l'intérieur
dans celles où il n'y a aucun bureau des traites,
fous prétexte d'être deftinés à la confommation
de celles-ci, pafferoient enfuite fans aucun obftacle à l'étranger ; & que les Cuirs tannés de
fabrique étrangère, dont la concurrence pourroit nuire aux tanneries du royaume, ayant une
fois pénétré en exemption des droits d'entrée
dans ces dernières provinces, s'introduiroient
dans l'intérieur, affranchis de même de tout
droit des traites contre le but que le roi s'étoit
propofé par l'édit du mois d'août 1759, de faire
jouir cette branche de commerce national, foit
dans la confommation du royaume, foit dans la

vente à l'étranger , des faveurs les plus propres à l'encourager & à l'étendre.

C'est d'après ces considérations que deux arrêts du conseil des 22 février & 26 juillet 1774, ont en cassant deux arrêts de la cour des aides de Bordeaux des 18 août 1770 , & 5 août 1772, & un arrêt du parlement de Bretagne du 2 décembre 1771 , jugé que Bayonne étant assimilé à l'étranger effectif , les Cuirs verds qui passoient des autres lieux du royaume dans cette ville , devoient à la ferme des traites les droits de sortie comme s'ils étoient exportés à l'étranger , indépendamment des droits de marque dus à la régie des Cuirs.

Un autre arrêt du conseil du 26 mars 1776 a pareillement ordonné , en conséquence des motifs qu'on vient d'exposer , que les droits des traites seroient payés , indépendamment de celui de la marque des Cuirs , sur les Cuirs verds sortant du royaume pour la Lorraine & les trois évêchés , & sur les Cuirs tannés ou corroyés venant de ces provinces dans le royaume ; le tout conformément aux arrêts du conseil des 18 avril 1667, & 10 mai 1689 (*).

Les maîtres des navires , voituriers , conducteurs, négocians & autres qui amènent des Cuirs ou peaux façonnés venant de l'étranger , doivent à l'arrivée dans le royaume , en faire déclaration au plus prochain bureau du régisseur , avec énonciation de la valeur des mêmes Cuirs ou peaux, pour être marqués & le droit payé comp-

(*) Suivant ces arrêts les Cuirs venant de l'étranger dans le royaume , doivent vingt pour cent de la valeur, & sortant du royaume pour l'étranger , six livres la douzaine.

tant à raison de dix pour cent, conformément au dernier article du tarif que nous avons rapporté. Si ces Cuirs ou peaux font deftinés pour Paris, la marque n'y doit être appofée & les droits n'en doivent être payés que quand ils font arrivés dans cette ville ; c'eft pourquoi il doit être délivré un acquit à caution lors de la déclaration au premier bureau d'entrée du royaume. Telles font les difpofitions de l'article 10 des lettres-patentes du 24 feptembre 1759.

Et fuivant l'arrêt du confeil du 28 juin 1760, le droit de dix pour cent dont il vient d'être parlé doit être payé à l'entrée du royaume non-feulement fur les Cuirs & peaux façonnés, mais encore fur toute autre efpèce de marchandife de tannerie, ouvrée ou non ouvrée, venant de l'étranger ; le tout fous peine de confifcation de ces Cuirs ou marchandifes, & de cinquante livres d'amende pour chaque contravention.

Les règles à obferver fur la régie & perception du droit établi fur les Cuirs, ont été fixées tant par les lettres-patentes du 29 mai 1766, que par celles du 2 avril 1772 (*).

_____

(*) *Comme il importe de connoître les difpofitions de ces lois, nous allons les rapporter.*

Louis, &c. falut. Par le compte que nous nous fommes fait rendre de l'exécution de notre édit du mois d'août 1749, portant établiffement d'un droit unique fur les Cuirs & peaux tannés & apprêtés ; de nos lettres patentes du 24 feptembre fuivant, & de celles du 25 février 1760; nous avons reconnu que les déclarations prefcrites à chaque mife & levée de foffes & cuves, excitoient journellement les plaintes des fabricans & apprêtans Cuirs & peaux, fur le fondement que ces déclarations réitérées dans le cours du travail & des différentes opérations néceffaires aux ap-

Par la déclaration du 20 juillet 1662, il avoit

prêts, leur étoient infiniment onéreufes; que fouvent elles
etoient préjudiciables à la préparation des Cuirs & peaux,
par l'intervalle qui fe trouvoit néceffairement entre l'aver-
tiffement donné aux commis, & leur arrivée ; & qu'en
général elles pouvoient nuire au commerce par les entraves
qu'elles y apportoient : nous avons remarqué auffi qu'il
reftoit de l'incertitude fur les époques auxquelles devoient
être appofées les marques de préparation & de perception,
& que c'étoit une double fource de difficultés & de contef-
tions qui pouvoit retarder l'activité & faire obftacle aux
progrès d'une branche de commerce, intéreffante pour l'état.
Dans l'intention où nous fommes d'accorder à ce commerce la protection qu'il mérite, nous avons fait faire un
nouvel examen de tout ce qui pouvoit le concerner ; nous
avons reconnu que le droit unique établi par l'édit du
mois d'août 1759, à la place des droits qui n'avoient
lieu que dans quelques provinces, & même avec des quo-
tités différentes, étant uniforme dans tout le royaume,
établiffoit l'égalité, foutenoit la concurrence & la balance
entre tous les fabricans, & qu'en le rendant feulement
exigible à des époques qui miffent le fabriquant en fituation de ne fe conftituer dans aucune avance à ce fujet
il ne pouvoit être préjudiciable au commerce, fur-tout fi
l'on procuroit aux fabricans toutes les facilités qui pouvoient
fe concilier avec la fureté du droit : & nous portant à les
accorder, il nous a paru indifpenfable de contenir par
des peines pécuniaires, ceux qui abufant de ces facilités,
fe livreroient à la fraude, dont l'impunité opéreroit la ruine
du produit du droit, & même celle des fabricans de bonne
foi, qui ne pourroient foutenir la concurrence, avec ceux
qui éluderoient le payement de cette impofition. Un objet
encore plus important a fixé notre attention ; c'eft la confervation de la matiere première & de la main d'œuvre dans
notre royaume ; dans ces vues, nous avons impofé par
notre édit du mois d'août 1759, les Cuirs verds & peaux
en poil ou en laine, à des droits capables d'en affurer la
préférence aux fabriques de notre royaume, & d'arrêter
les progrès de l'exportation à l'étranger : mais pour obvier

été défendu aux tanneurs fabriquant des Cuirs

---

aux fraudes qui peuvent se commettre à la sortie de ces matières à l'étranger, & même à l'entrée des Cuirs & peaux apprêtés & ouvragés, qui en sont apportés, nous avons appliqué à la sortie desdites matieres, & à l'entrée desdites marchandises de Cuirs ou peaux, les précautions & les formalités de notre ordonnance du mois de février 1687, en y ajoutant celle que l'expérience nous a fait juger nécessaire. Nous avons tout lieu d'attendre du zèle de nos cours, qu'elles veilleront avec la plus grande attention à l'exécution de ces dispositions, qui n'ont d'autre objet que le bien général du royaume, & dans lesquelles on doit reconnoître nos desirs & nos soins pour le progrès des fabriques nationales & le succès de l'industrie de nos sujets : nous avons enfin cherché les voies les plus sûres & les plus promptes pour remédier à la contrefaction des marques, par la procédure sommaire que nous prescrivons à cet égard : les faveurs accordées à la fabrication des Cuirs & peaux, & les précautions les plus réfléchies pour la mettre à l'abri de tout préjudice de la part de l'étranger, nous donne tout sujet d'espérer que nous aurons la satisfaction de voir bientôt prospérer un commerce auquel l'abondance des matières premières dans notre royaume, & l'habileté des fabricans & ouvriers nationnaux, doivent procurer les plus grands accroissemens. A ces causes, de l'avis de notre conseil, nous avons ordonné, & par ces présentes signées de notre main, ordonnons ce qui suit :

## ARTICLE PREMIER.

L'édit du mois d'août 1759, les lettres-patentes du 24 septembre suivant, & celles du 25 février 1760, seront exécutés selon leur forme & teneur, & en les interprétant, voulons & ordonnons qu'à l'avenir les fabricans & apprêtans Cuirs & peaux de toute espece, ne soient astreints à faire leurs déclarations au bureau de la régie, & à faire apposer les deux marques de préparation & de perception, prescrites par les lettres-patentes du 15 février 1760, ainsi qu'à faire peser leurs Cuirs & peaux, qu'aux époques & de la maniere ci-après déclarée.

en province, de faire vendre à Paris leurs Cuirs

II. Ne pourront les tanneurs fortir & lever leurs Cuirs & peaux, foit de dernière poudre pour ceux qui feront mis en foffe, cuve ou nocs, foit des paffemens rouges, coudremens ou refaifages, pour ceux qu'ils ne feront point paffer en foffe ou cuve, qu'ils n'en aient fait leurs déclarations, à l'effet d'être lefdits Cuirs & peaux prix en compte par les commis du régiffeur, & marqués au même inftant de préparation, à la tête; & feront les Cuirs & peaux, cenfés & réputés être fortis définitivement de foffe ou cuve, lorfque lefdits Cuirs & peaux feront trouvés hors du bord des foffes & cuves, dans des lieux différens de l'enceinte des foffes ou cuves; & dans ledit cas lefdits Cuirs & peaux feront faifis & confifqués, & le fabriquant fera condamné à deux cens livres d'amende.

III. Il fera loifible auxdits tanneurs de faire porter leurs Cuirs & peaux au féchoir, immédiatement après les levées & prifes en compte, & après l'appofition de la première marque, auquel cas la pefée n'en fera faite & la marque de perception appofée a la culée, qu'à la fortie des féchoirs & à leur réquifition, laquelle réquifition ils ne pourront faire pour moins de douze Cuirs & peaux à la fois; & feront les droits acquittés trois mois après ladite réquifition & pefée, à raifon du poids effectif qui aura été reconnu, conformément au tarif annexé à l'édit d'août 1759.

IV. Pourront auffi lefdits tanneurs, faire pefer & marquer de perception, leurs Cuirs & peaux à œuvre en humide, après qu'ils auront été levés de foffe & qu'ils feront dépreignés de leurs premières eaux & de leurs premières écorces ou tan; auquel cas les droits n'en feront acquittés que fur le pied fixé par le tarif de réduction annexé aux préfentes, & fix mois feulement après ladite pefée & marque de perception, ce qu'ils feront, en ce cas, tenus de déclarer à l'inftant defdites levées : feront les Cuirs & peaux cenfés dépreignés de leurs premières eaux & en état d'être pefés en humide, fix heures après leur levée de foffe pendant l'été, & vingt-quatre heures après pendant l'hiver.

V. Les Cuirs & peaux qui feront deftinés à être pefés

par commiffion : il leur étoit enjoint de les

& marqués, comme il vient d'être dit, ne pourront être mis fur le bord des foffes qu'en une feule pile, qui comprenne la totalité de la levée, à moins que ladite levée n'excédât dix douzaines de peaux ; & ne pourront lefdites peaux être buttées ni fouffrir avant ladite pefée, aucun travail, de quelque efpece qu'il foit, autre que d'être fecouées à la main, à peine de privation du bénéfice de la réduction.

VI. Défendons aux tanneurs qui n'ont pas droit de corroyer, de vendre aux corroyeurs, & mettre hors de leurs mains, en quelque manière que ce foit, leurs Cuirs & peaux, qu'ils n'aient été pefés & marqués de perception, à peine de confifcation & de deux cens livres d'amende : mais les tanneurs qui ont droit de corroyer, auront le choix ou de faire pefer ou marquer, conformément à l'article précédent, ou de ne faire pefer & marquer qu'après le dernier apprêt de corroyerie ; & dans ce dernier cas le droit fera payé à raifon du poids effectif : comme auffi faifons défenfe au régiffeur, fes directeurs, commis & prépofés, de confentir aucune autre évaluation ni reduction de poids, que celle portée au tarif annexé aux préfentes, du bénéfice de laquelle lefdits tanneurs ne pourront jouir, s'ils ont fait porter leurs Cuirs & peaux au féchoir, avant lefdites pefées & feconde marque.

VII. Les Cuirs & peaux qui auront les deux marques de préparation & de perception, ne pourront être remis dans les foffes ou cuves, que préalablement il n'en ait été fait déclaration, & lefdites marques reconnues par les commis, à l'effet d'être lefdits Cuirs & peaux pefés & pris en charge, pour, les droits de l'excédent de poids réfultant de la nouvelle mife en foffe ou cuve, être payés après nouvelle pefée, aux époques portées par ces préfentes, le tout à peine de confifcation defdits Cuirs & peaux, & de deux cens livres d'amende.

VIII. Les hongroyeurs feront tenus, lorfqu'il voudront faire fortir leurs Cuirs des aluns, pour les mettre fur perches d'en faire leurs déclarations, à l'effet d'être pris en compte & d'être marqués au temps que les commis juge-

vendre eux-mêmes én perfonne ou par leurs

---

ront lefdits Cuirs fufceptibles de recevoir la marque de préparation ; & après qu'ils feront entièrement fecs, pourront
lefdits hongroyeurs faire marquer de la marque de perception, les Cuirs qu'ils voudront vendre en blanc, lefquels feront pris en charge par les commis ; pourront lefdits
Cuirs être vendus en blanc par lefdits hongroyeurs ; mais
les Cuirs qui feront deftinés à être mis en fuif, ne feront
pefés & marqués qu'après ladite mife en fuif, & les droits
en feront payés fix mois après lefdites pefées & marque,
fans aucune diminution du poids du fuif dont lefdits Cuirs
pourront fe trouver imbibés ; & dans les mêmes fix mois
feront auffi payés les droits fur les Cuirs qui auront été
vendus en blanc, à raifon du poids commun des Cuirs mis
en fuif.

IX. Les mégiffiers, bourliers ou gorliers, préparant
& employant eux-mêmes leurs Cuirs en blanc, & n'en
préparant point en fuif, feront tenus de faire leur déclaration & de fouffrir la marque de préparation, ainfi &
de la manière qu'il eft dit dans l'article précédent ; & lorfque leurs Cuirs feront fecs, ils feront tenus de les faire
pefer & marquer, pour le droit être perçu dans les fix
mois, à raifon du poids conftaté par ladite pefée.

X. Pour indemnifer lefdits mégiffiers & autres ouvriers
travaillant en mégie, des pertes & déchets qui peuvent arriver fur le nombre de peaux comptées lors de la première
marque, foit par le vent qui en auroit enlevé de deffus
les perches, foit lors du redreffage, où il y en auroit eu
de déchirées ; voulons qu'il leur foit paffé deux pour cent
de déchet fur chaque pefée, à condition toutefois de repréfenter, faire pefer & marquer de perception, la totalité
des peaux qui auront été prifes en charge, au cas qu'elles
exiftent ; & dans le cas où il y en aura eu de réellement
perdues ou déchirées, elles n'en feront pas moins partie
de chaque pefée, & le poids de celles manquantes, au
moyen de la déduction ci-deffus, en fera évalué fur le
pied du commun de peaux exiftantes.

XI. Les maroquiniers feront tenus de faire leurs déclarations, avant de faire fortir les peaux des coudremens, pour être

femmes, leurs enfans ou domeſtiques, & non

portées au féchoir, à l'effet d'y être priſes en compte, & marquées, comme ci-deſſus, de la marque de la préparation, mais elles ne feront peſées & marquées de perception, que fur la réquiſition des fabricans, qui feront obligés d'en payer les droits, trois mois après, à raiſon de quatre ſous par livre de leur poids ſeulement, conformément à l'arrêt de notre conſeil du 13 novembre 1760, qui à cet égard, a dérogé au tarif de 1759.

XII. Les déclarations ordonnées par ces préſentes, ſeront faites au bureau du régiſſeur; ſavoir, depuis le premier octobre juſqu'au premier mai, le matin avant midi, pour les opérations de l'après-midi; & dans l'après-midi avant ſept heures du ſoir, pour les opérations du lendemain matin; & depuis le premier mai juſqu'au premier octobre, les déclarations précéderont de quatre heures les opérations qui y feront annoncées, & les déclarations pourront être faites depuis cinq heures du matin juſqu'à quatre heures du ſoir, pour les opérations du même jour; & à défaut par les commis de ſe rendre dans les délais ci-deſſus marqués, les fabriquans pourront procéder aux opérations annoncées dans leurs déclarations, en l'abſence deſdits commis; & dans ce cas, feront les Cuirs & peaux pris en échange & marqués, lors de leur première viſite chez les fabricans, qui ne pourront employer ni vendre leſdits Cuirs & peaux, que préalablement le compte n'en ait été fait, & qu'ils n'aient été peſés & marqués de perception, à peine de confiſcation & de deux cens livres d'amende.

XIII. Les déclarations contiendront ſeulement le jour & heure qu'elles feront faites, & le jour & heure auxquels le fabricant entendra procéder auxdites opérations; elles feront inſcrites ſur un regiſtre deſtiné à cet effet, & ſignées tant par le buraliſte que par le fabricant, s'il ſait ou veut ſigner, ſinon ſera fait mention de ſon refus, & il lui en ſera ſur le champ délivré, ſans frais, copie ſignée du buraliſte, laquelle copie le fabricant ſera tenu de repréſenter aux commis, à leur réquiſition.

XIV. Les chamoiſeurs qui feront fouler leurs Cuirs & peaux dans des moulins de l'intérieur du royaume, feront

par d'autres : mais le feu roi a donné le 9 août

---

obligés de faire leurs déclarations en la forme portée par l'article précédent, avant la première ouverture desdits Cuirs & peaux, pour être après ladite première ouverture pris en compte & marqués de préparation ; mais s'ils les envoient au foulon dans des moulins situés en pays étranger, ils seront tenus d'en faire auparavant une déclaration signée d'eux, contenant le nombre & la qualité des Cuirs & peaux, qu'ils entendront faire sortir, avec soumission de les représenter lors de la première ouverture, pour être marqués de préparation, sur laquelle déclaration il leur sera délivré sans frais, un permis de sortir ; & à défaut de représentation desdits Cuirs & peaux, & de partie d'iceux, les droits de ce qui s'en défaudra, en seront payés, conformément à l'article XIII de l'édit d'août 1759.

XV. Les Cuirs & peaux seront pesés & marqués de perception, lorsque les chamoiseurs le requerront, & les droits en seront, acquittés trois mois après, conformément au tarif annexé à notre édit du mois d'août 1759, & à l'arrêt de notre conseil du 13 novembre 1760.

XVI. Les déclarations ordonnées par les articles précédens, seront faites, à peine de confiscation des Cuirs & peaux non déclarés & de deux cens livres d'amende.

XVII. Tous les fabricans ci-dessus nommés, & autres sans exception seront tenus de fournir les romaines, poids & balances nécessaires, dûment étalonnées, & de transporter ou faire transporter leurs Cuirs & peaux, aux lieux où se trouveront établis leurs balances & poids ; comme aussi de présenter ou faire présenter aux comptes, marques & pesées, les Cuirs & peaux, dans les cas où il y aura lieu de compter, peser ou marquer lesdits Cuirs & peaux en humide.

XVIII. Les marchands & ceux des fabricans qui vendront en détail, seront tenus de conserver pour les derniers, les morceaux où la marque sera empreinte, & de les représenter au commis lors de leurs visites, à peine de confiscation des morceaux non marqués, & de cinquante livres d'amende ; & dans le cas où lesdits marchands & fabricans voudroient couper leurs Cuirs en morceaux pour mettre dans le commerce, ils pourront le faire en la présence

1770 des lettres-patentes, qui en dérogeant à

---

des commis, qui feront tenus de les contre-marquer gratuitement, à la première requifion qui leur en fera faite.

XIX. Les Cuirs & peaux apprêtés, & les ouvrages faits defdits Cuirs & peaux, en tout ou en partie, venant de l'étranger, foit par mer, foit par terre, feront déclarés dans les ports & bureaux d'arrivée, conformément à ce qui eft prefcrit par le titre II des déclarations, de l'ordonnance des fermes de 1687; la déclaration contiendra la valeur defdits Cuirs & peaux apprêtés, ainfi que celle des Cuirs & peaux employés en ouvrages; le droit fur les uns & fur les autres, fera payé comptant, à raifon de dix pour cent de leur valeur, fans préjudice des droits appartenans aux fermes générales, & lefdits Cuirs & ouvrages de Cuirs, marqués dans les bureaux du régiffeur, foit d'entrée, foit de deftination, à l'effet de quoi ils feront, dans ce dernier cas, expédiés par acquit à caution; & fi dans le lieu de la deftination il n'y a point de bureau, le payement dudit droit & la marque, fe feront au bureau le plus prochain dudit lieu de deftination, le tout fous peine de confifcation & de trois cens livres d'amende.

XX. Le régiffeur pourra prendre & retenir pour fon compte, les Cuirs & peaux apprêtés venans de l'étranger, pour la valeur qui lui aura été déclarée, en payant cette valeur & le fixième en fus.

XXI. Les marchands, voituriers & tous autres qui enleveront, foit de l'intérieur du royaume, foit d'un lieu fitué dans les quatre lieues frontières de l'étranger, des Cuirs verds ou peaux foit en laine, foit en poil, à la deftination de l'étranger; feront, dans le premier cas, tenus d'en faire déclaration au bureau du lieu de l'enlevement, & d'y payer les droits impofés par l'article XIII de notre édit du mois d'août 1759, s'il y a bureau, finon au premier bureau de la route; fi l'enlevement eft fait dans lefdites quatre lieues frontières, & qu'il n'y ait pas de bureau dans le lieu du chargement, la déclaration & le payement des droits feront faits avant l'enlevement, dans le bureau le plus prochain dudit lieu de chargement, quand bien même il ne feroit pas fur la route de la deftination; le tout à

la

la déclaration dont on vient de parler , ont au-

peine de confifcation defdites marchandifes , de l'équipage fervant à les conduire , & trois cens livres d'amende.

XXII. Ceux qui enleveront , foit de l'intérieur du royaume , foit d'un lieu fitué dans les quatre lieues frontières de l'étranger , des Cuirs verds ou peaux en poil ou en laine , à la deftination d'un autre lieu fitué dans l'étendue defdites quatre lieues , feront pareillement , dans le cas d'enlevement de l'intérieur , tenus , fous les peines portées par l'article précédent , d'en faire déclaration au bureau du lieu du chargement , s'il y a bureau , finon au premier bureau de la route ; mais fi le chargement eft fait dans lefdites quatre lieues , & qu'il n'y ait point de bureau dans le lieu du chargement , la déclaration fera faite avant l'enlevement dans le bureau le plus prochain , encore qu'il ne foit pas fur la route ; il fera dans l'un & l'autre cas , pris dans le bureau où la déclaration aura été faite , acquit à caution pour fûreté de ladite deftination : en arrivant au lieu de cette deftination , lefdits Cuirs ou peaux feront repréfentés au bureau , & s'il n'y en a point , ils feront conduits au plus prochain bureau , où l'acquit à caution fera déchargé , & lefdits Cuirs & peaux pris en charge par les Commis , pour l'emploi en être juftifié auxdits commis ; & à défaut de repréfentation ou de juftification d'emploi , ceux qui auront été chargés defdites marchandifes feront condamnés à la confifcation de la valeur defdites marchandifes non repréfentées , ou dont l'emploi n'aura pas été juftifié , & en trois cens livres d'amende.

XXIII La confifcation & l'amende de trois cens livres , auront lieu lorfque les marchandifes auront paffé au-delà des bureaux , ou qu'elles auront été déchargées avant d'y avoir été conduites.

XXIV. Défendons , fous les mêmes peines , à tous ceux qui conduiront des Cuirs verds ou des peaux en poil ou en laine , dans l'étendue defdites quatre lieues , de paffer par des chemins détournés , pour quelque caufe ou fous quelque prétexte que ce foit , encore qu'ils foient porteurs de déclarations , foumiffions ou acquits à caution.

XXV. La confifcation & l'amende pourront être pour-

torifé ces tanneurs à faire conduire à la halle

fuivies & ordonnées avec les conducteurs ou voituriers, fans qu'il foit néceffaire de mettre en caufe les propriétaires, quand même ils feroient indiqués : fauf aux propriétaires leurs recours, s'il y a lieu, contre lefdits conducteurs ou voituriers ; comme auffi elles pourront être pourfuivies avec les propriétaires, fans que dans ce cas il foit néceffaire de mettre en caufe les conducteurs ou voituriers.

XXVI. Défendons tout magafin ou entrepôt de Cuirs verds ou de peaux, foit en poil, foit en laine, dans l'étendue des quatre lieues frontières de l'étranger, quoique déclarés & tranfportés par acquit à caution, à peine de confifcation & de cinq cens livres d'amende qui fera prononcée folidairement, tant contre le propriétaire defdits Cuirs & peaux, que contre tous ceux chez qui ils feront trouvés en entrepôt.

XXVII. Les déclarations feront faites, les droits de fortie & d'entrée feront acquittés, & les acquits à caution feront pris aux bureaux de la régie des Cuirs, dans tous les lieux où elle a ou aura des bureaux ; & dans les lieux où il n'y aura point de bureau de la régie, les expéditions feront prifes & les droits acquittés aux bureaux des fermes générales.

XXVIII. Les difpofitions de l'ordonnance des fermes du mois de février 1687, concernant l'entrée & la fortie des marchandifes, les déclarations, les acquits à caution, les faifies, la juridiction des juges des traites, les amendes & confifcations, & la police générale des droits de traites, feront obferves, tant pour les Cuirs & peaux apprêtés & ouvragés, que pour ceux en verds ; déclarons ces difpofitions communes à la régie des droits établis fur lefdits Cuirs & peaux, en ce qui n'eft point contraire aux difpofitions portées par ces préfentes.

XXIX. Dans le cas de faifie de Cuirs & peaux, pour raifon de marques prétendues fauffes, fi la faifie eft faite dans les maifons & magafins des fabricans & marchands ou fur le carreau des halles, foires & marchés, il fera fait par le procès verbal fur le champ & fans déplacement, en préfence defdits fabricans ou marchands, ou eux dûment fommés d'y être préfens, defcription des marchandifes

aux Cuirs de la ville de Paris, les Cuirs & peaux

---

faifies, par leur nombre, efpèces, qualités & poids ; après
laquelle defcription feront les marques prétendues fauffes,
coupées & enlevées defdits Cuirs & peaux, & enfuite
elles feront renfermées dans une boîte ou mifes en paquet,
& cette boîte ou l'enveloppe du paquet fera cachetée par
les commis & par la partie faifie, ou elle dûment inter-
pellée de ce faire, en préfence de laquelle, ou elle dûment
fommée, le dépôt en fera fait fur le champ au greffe de
la juridiction compétente, dont le greffier fera tenu de
figner fa charge & garde fur le procès-verbal des commis :
en cas d'abfence des parties intéreffées, les commis feront
tenus de fe faire affifter par notre procureur en l'élection,
& à fon défaut par le premier ou plus ancien officier, fuivant l'ordre du tableau de ladite élection ou du fiége des
traites, ou autres juges de nos droits ; finon par tout autre
juge, même des feigneurs s'il y en a d'établis dans le lieu
& ne pourra aucune des formalités prefcrites par le préfent article, être omife à peine de nullité : fi la faifie eft
faite à la campagne, les commis après avoir déclaré la
faifie des Cuirs & peaux, les feront conduire au plus prochain bureau avec interpellation aux propriétaires, conducteurs & voituriers de s'y trouver ; en cas d'acquiefcement
de leur part, il fera procédé au bureau en leur préfence
auxdits defcriptions en détail, enlevement & dépôt des marques prétendues fauffes ; & dans le cas où lefdits propriét-
taires, conducteurs ou voituriers auroient été refufans de
fe trouver audit bureau, il fera procédé auxdites opérations
en préfence d'un juge, s'il y en a d'établi dans le lieu, comme il eft ci deffus ordonné.

XXX. Après que les marques prétendues fauffes auront
été coupées, renfermées & cachetées comme il eft dit
dans l'article précédent, il fera offert aux parties intéreffées,
main-levée des Cuirs & peaux, à condition de fournir par
elles, fur le lieu, bonne & folvable caution de la valeur
defdits Cuirs, laquelle valeur fera fixée de gré à gré, foit
dans le procès-verbal, foit dans l'acte de cautionnement.

XXXI. Si la main-levée eft acceptée, les Cuirs &
peaux avant d'être rendus aux parties, feront préalablement

qui proviendroient de leur fabrication & com-

marqués par lefdits commis ; fi la main-levée fous caution n'eft point acceptée, il en fera fait mention dans ledit procès verbal de faifie, & les Cuirs & peaux feront & demeureront dépofés au bureau après avoir fommé les parties intéreffées d'être préfentes audit dépôt, fi bon leur femble : pourront néanmoins en tout état de caufe les parties faifies, demander main-levée de leurs Cuirs & peaux en donnant caution de leur valeur, comme il eft dit dans l'article précédent, & les Cuirs & peaux feront rendus, préalablement marqués par lefdits commis.

XXXII. La vérification defdites marques fera faite fur les empreintes dépofées au greffe, dont le dépôt aura été infcrit fur le regiftre du greffier, par deux experts qui feront nommés d'office par l'ordonnance que le juge mettra au pied de la requête de la partie la plus diligente ; ils feront leur rapport comme en matière civile, & après leur rapport la caufe fera portée à l'audience & jugée, fans qu'il foit néceffaire de plus ample inftruction ; fauf au juge à nommer d'office un tiers-expert, dans le cas où les deux premiers fe trouveroient d'avis différent.

XXXIII. Si les marques font déclarées fauffes, les Cuirs & peaux dont elles auront été tirées, feront confifquées ou la valeur d'iceux, avec dépens, mais fans amende dans le cas où les Cuirs & peaux fauffement empreints auroient été trouvés en la poffeffion d'employans Cuirs, ou de marchands non fabricans eux-mêmes les Cuirs de leur commerce, fauf le recours tel que de droit defdits marchands ou employans Cuirs contre ceux de qui ils tiendroient lefdits Cuirs ; mais fi les Cuirs & peaux fauffement empreints ont été trouvés en la poffeffion des fabricans mêmes fortes de Cuirs & peaux, ou en celle de leurs ouvriers ou autres prépofés, lefdits fabricans feront condamnés en trente livres d'amende, pour chaque Cuir de bœuf, vache, cheval & mulet, & en dix livres d'amende pour chaque autre peau fauffement marquée ; fauf à nos procureurs généraux & à leurs fubftituts de rendre plainte en tout état de caufe, contre les auteurs & complices de faux, lefquels, en cas de conviction, feront condamnés, favoir, les hommes

merce , & de les y faire vendre & débiter par

aux galères pour trois ans , les femmes & les filles au fouet ,
& les uns & les autres en trois cens livres d'amende applicable à la régie , laquelle amende ne pourra être modérée
pour quelque cause que ce soit.

XXXIV. Si les marques sont déclarées vraies , le régisseur sera condamné aux dépens, même au dédommagement du préjudice causé par l'enlevement des marques &
l'apposition de nouvelles marques ; lequel dédommagement
nous avons fixé , savoir, dans le cas où les Cuirs & peaux
auront été laissés aux parties, à trente sous par chaque
Cuir de bœuf , vache , cheval & mulet ; à vingt sous par
chaque Cuir ou peau de veau , âne , cerf , dain , chevreuil,
élan, chamois & orignac , & dix sous par chaque autre
peau telle qu'elle soit ; & dans le cas où les Cuirs & peaux
auroient été saisis & déposés au bureau , à dix pour cent
de leur valeur par chaque six mois qui se seront écoulés
depuis la saisie jusqu'au jour du jugement définitif.

XXXV. Validons en tant que de besoin les procédures
qui auront pû être faites avant ces présentes par la voie
civile , pour la vérification des marques : voulons qu'il y
soit statué conformément à ce qui est prescrit par ces
présentes.

XXXVI. Il sera loisible au régisseur , de prendre la
voie extraordinaire , même après le dépôt au greffe , des
marques suspectées de faux ; & dans ce cas la procédure
extraordinaire sera faite & instruite conformément à l'ordonnance de 1737 : voulons , suivant ce qui a toujours
été pratiqué pour nos fermes générales , que les directeurs
& receveurs puissent rendre & signer les plaintes & tous
actes nécessaires aux inscriptions & accusations de faux
principal , & à leur instruction , sans procuration spéciale
du régisseur à cet effet, desquelles inscriptions & accusations
de faux principal , ledit régisseur demeurera civilement
responsable envers les accusés.

XXXVII. Les inscriptions de faux contre les procès-
verbaux des commis , seront formées & instruites conformément à ce qui est prescrit par la déclaration du 25 mars
1732 , à peine de nullité.

les agens, commiffionnaires ou autres perfonnes

---

XXXVIII. Permettons aux régiffeurs de nos droits, de faire faire de nouveaux marteaux, de faire contre marquer les Cuirs & peaux déja marqués, d'une ou deux maiques, tant chez les fabricans que chez les marchands & employans Cuirs & peaux, & de prendre en charge lefdits Cuirs & peaux par nouveaux inventaires.

XXXIX. Voulons au furplus que l'édit du mois d'août 1759, les lettres patentes du 24 feptembre fuivant, & celles du 25 février 1760, foient exécutées felon fa forme & teneur, en tout ce qui ne fera point contraire aux préfentes. Si vous mandons, &c.

### Lettres-patentes du 2 Avril 1772.

Louis, &c. Salut. La fabricationtion des Cuirs & peaux formant une des branches intéreffantes du commerce de notre état, nous avons toujours cherché à lui procurer les accroiffemens dont elle pouvoit être fufceptible, & à concilier avec la régie & le recouvrement du droit impofé par notre édit du mois d'août 1759, les facilités qu'elle peut exiger. C'eft par une fuite de ces vues que, par nos lettres-patentes du 29 mai 1766, en même temps que nous avons fupprimé, comme étant entierement deftructives de la concurrence & de l'égalité, qu'il eft de la plus grande importance de maintenir entre les fabricans des différentes province de notre royaume, les évaluations d'après lefquelles le poids des Cuirs & peaux tannés à œuvre, & deftinés à paffer par les apprêts de la corroyerie, étoit réglé & déterminé, nous nous étions portés à laiffer la faculté de faire pefer & marquer de perception, à la fortie des foffes, les Cuirs & peaux à œuvre deftinés à être vendus en humide; nous avions en conféquence arrêté un tarif de réduction, d'après lequel les droits fur ces Cuirs & peaux devoient être acquittés, & nous avions accordé, à compter de l'époque à laquelle la marque de perception feroit appofée, un délai de fix mois pour l'acquittement des droits; nous avions lieu de croire qu'une faculté dont l'objet étoit de procurer à la fabrication toute fa perfection, & aux fabricans toutes les facilités qui pouvoient y concourir, rem-

qu'ils jugeroient à propos de choisir pour cet effet.

pliroit parfaitement les vues que nous nous étions proposées, mais elle est devenue au contraire la source & le principe d'une multitude d'abus , de fraudes & d'inconvéniens
qui ne sont pas moins préjudiciables à la fabrication & au
commerce qu'à la perception & au recouvrement de cette
partie de nos revenus. Nous sommes, en effet, informés
que les changemens qui s'opèrent nécessairement dans les
marques apposées sur des Cuirs & peaux humides , ont fait
éclorre les faux marteaux, dont l'usage s'est introduit presque généralement dans les différentes provinces du royaume ; qu'un grand nombre de fabricans, dans la vue de
rendre encore plus difficile la vérification des marques apposées avec ces faux marteaux, ne donnent pas à leurs
Cuirs & peaux les apprêts suffisans pour les conduire au
degré de perfection qu'ils exigent; que les préposés à la
régie & perception du droit se trouvent presque toujours
dans l'impossibilité de constater les délits & contraventions;
que les experts qui sont nommés pour la vérification des
marques, éprouvent souvent eux-mêmes des incertitudes
qui ne leur permettent pas de porter un jugement certain,
& que les juges auxquels appartient la connoissance des
contestations relatives à cette partie de nos droits , ne peuvent, par une suite de ces incertitudes, se procurer les connoissances nécessaires pour prononcer les peines prescrites
par les réglemens, de manière qu'en même-temps que les
fausses marques, si destructives du produit que nous devions
attendre de cette partie de nos droits, se perpétuent & se
multiplient, le public est exposé a se servir de Cuirs & peaux
qui n'ont pas reçu leur entière perfection , & qu'il n'existe
plus aucune sorte de balance ni d'égalité entre les fabricans
qui remplissent fidèlement leurs obligations, & ceux qui se
livrent à la fraude. Nous sommes pareillement informés
que la restitution des droits que nous avons, par l'article 9
de notre édit du mois d'août 1759, ordonnée être faite à
la sortie pour l'étranger, des Cuirs & peaux tannés & apprêtés dans l'intérieur du royaume, non-seulement nous
est très-préjudiciable, en ce que nous nous trouvons souvent

dans le cas de reſtituer des droits qui n'ont point été acquittés, mais qu'elle tourne entièrement au profit des marchands & commiſſionnaires, de manière qu'elle ne procure
point aux fabricans les avantages dont nous avions eu principalement pour objet de les faire jouir. C'eſt pour réprimer
les abus & les inconvéniens que nous venons de rappeler,
& pour rétablir le bon ordre & la concurrence dans la fabrication & le commerce, que nous avons jugé devoir
abroger la faculté que nous avions accordée de faire peſer
& marquer de perception en humide les Cuirs & peaux à
œuvre deſtinés à paſſer par les apprêts de la corroyerie, en
laiſſant néanmoins aux tanneurs qui n'ont pas droit de corroyer, ou qui ne corroyent pas eux-mêmes, la facilité de
vendre en humide, & ſous les conditions que nous y avons
appoſées, les Cuirs & peaux qui par la nature de leur apprêt peuvent être ſuſceptibles d'être vendus dans cet état
d'humidité. Nous avons preſcrit en même-temps les nouvelles précautions & les nouveaux tempéramens qui ſans
apporter aucune gêne ni entrave à la fabrication & au
commerce, ont été jugés & reconnus néceſſaire pour maintenir la perfection dans les apprêts, aſſurer à ceux qui auroient acheté des Cuirs & peaux revêtus de fauſſes marques
le recours qu'ils doivent naturellement avoir contre les
vendeurs, prévenir les verſemens qui ſe font en fraude des
droits & au préjudice de la main-d'œuvre & des fabriques
nationales des Cuirs & peaux en verd à l'étranger, & en
conſervant à la fabrication & au commerce les avantages
& les encouragemens que nous nous étions propoſés de leur
procurer, par la reſtitution que nous avons ordonnée du
montant des droits ſur les Cuirs & peaux tannés & apprêtés
qui ſont exportés à l'étranger, reſtreindre cette reſtitution
dans les juſtes bornes qu'elle doit avoir, & faire ceſſer les
abus & les inconvéniens dont elle a été juſqu'ici ſuſceptible.
A ces cauſes & autres à ce nous mouvant, de l'avis de notre
conſeil, & de notre certaine ſcience, pleine puiſſance &
autorité royale, nous avons par ces préſentes ſignées de
notre main, dit, déclaré & ordonné, diſons, déclarons &
ordonnons, voulons & nous plaît ce qui ſuit :

table de mer qui doivent être perçus fur les

___

## ARTICLE PREMIER.

Aucuns Cuirs & peaux ne pourront à l'avenir, & à compter de la publication des préfentes, être pefés & marqués de perception qu'ils ne foient entièrement fecs. Défendons expreffément au régiffeur de nos droits, fes commis & prépofés, de péfer & marquer de perception aucuns Cuirs & peaux en humide, & d'accorder aucune évaluation ou réduction de poids, pour quelque caufe ou motif que ce puiffe être : faifons pareillement défenfes aux tanneurs de requérir lefdites pefées & marques en humide, & aux juges de les ordonner, à peine de nullité de leurs jugemens, de confifcation des Cuirs & peaux qui auront été ainfi pefés & marqués, & de deux cens livres d'amende.

II. Pourront néanmoins les tanneurs qui n'ont pas droit de corroyer, ou qui ne corroyent pas eux-mèmes, continuer de vendre les peaux de veau fur le bord des foffes à des corroyeurs feulement, après qu'elles auront été prifes en charge, & marquées de préparation par les commis, à la charge qu'elles ne pourront être enlevées, qu'au préalable il n'en ait été fait déclaration au bureau du régiffeur, & pris un acquit à caution, contenant les noms, furnoms, demeures & qualités du vendeur & de l'acheteur, la quantité des peaux vendues, le lieu de la deftination, & la foumiffion du vendeur de rapporter dans le délai d'un mois au plus tard, le certificat de décharge defdites peaux à leur deftination, figné de deux commis du régiffeur, fous peine d'être contraints au payement du quadruple des droits fur le pied du poids de trente cinq livres la douzaine de peaux. Faifons défenfes auxdits tanneurs d'en vendre en humide à d'autre perfonnes qu'à des corroyeurs, ni autrement que féches d'huile, ou en croûe, ou corroyées, & après qu'elles auront été pefees & marquées de perception, à peine de confifcation & de deux cens livres d'amende.

III. Les peaux de veau qui auront été vendues en humide à des corroyeurs, feront prifes en charge par les commis chez ceux qui les auront achetées, lefquels ne pourront les faire pefer & marquer de perception, qu'après

## Cuirs étrangers lorsqu'ils entrent en Provence

les derniers apprêts de la corroyerie, & seront tenus d'en acquitter les droits trois mois après lesdites pesées & marques. Voulons qu'en rapportant par les tanneurs qui auront vendu lesdites peaux, le certificat de leur arrivée au lieu de la destination, dans le délai fixé par l'article ci-dessus, il leur en soit donné decharge par les commis du lieu de l'enlèvement.

IV. Enjoignons à tous tanneurs, & autres fabricans ou apprêtans Cuirs & peaux, d'avoir chacun un marteau particulier, sur lequel seront gravés leurs noms, surnoms & demeures, duquel marteau ils seront tenus de déposer, dans la huitaine du jour de la publication des présentes, une empreinte au greffe de l'élection ou de la juridiction compétente dans le ressort de laquelle ils se trouveront domiciliés, & d'en remettre une semblable au bureau du régisseur. Voulons que lesdits tanneurs, & autres fabriquans & apprêtans, soient tenus d'apposer leurs marques sur tous les Cuirs & peaux de leur fabrication, au même instant que les commis les marqueront de perception ; & seront les marques desdits fabricans & apprêtans mises à la culée directement au dessus de la marque de perception ; le tout à peine de deux cens livres d'amende contre les refusans. Faisons défens à tous corroyeurs & autres apprêtans, d'altérer & défigurer lesdites marques. Leur enjoignons au contraire très-expressément de les ménager en travaillant lesdits Cuirs & peaux, à peine de confiscation de ceux dont les marques seroient méconnoissables, & de tous dommages & intérêts envers les propriétaires desdits Cuirs & peaux.

V. Défendons à tous tanneurs & autres fabricans de vendre à telles personnes que ce puisse être aucuns Cuirs & peaux en cours d'apprêts & d'en requérir la pesée & marque de perception qu'ils ne soient entièrement tannés & apprêtés, comme aussi de recoucher en fosse ou remettre en cuves, sous quelques prétexte que ce soit, des Cuirs & peaux marqués, soit de charge seulement, soit de charge & de perception, à peine de confiscation des Cuirs & peaux qu'ils auront recouchés & de deux cens livres d'amende.

VI. Ne pourront les tanneurs & autres fabricans, ache-

& en Languedoc , ont été fixés par un arrêt du

---

ter ni faire conduire dans leurs maisons, tanneries, magasins, ouvroirs, boutiques & autres lieux, aucuns Cuirs &
peaux tannés & apprêtés, qu'il n'en ait été fait déclaration
au bureau du régisseur, & pris avant l'enlèvement un laissez-passer contenant les noms, demeures & qualités du vendeur & de l'acheteur, le nombre & l'espèce des Cuirs &
peaux, le lieu de l'enlèvement & celui de la destination
dont le voiturier sera porteur; lequel laissez passer sera dé-
posé à l'arrivée dans le lieu de la destination au bureau du
régisseur, pour être lesdits Cuirs & peaux visités & pris en·
charge par les commis à leur première visite : le tout à
peine de confiscation des Cuirs & peaux non déclarés, ou
qui seront voiturés sans laissez-passer , ensemble chevaux,
charrettes & harnois , & de deux cens livres d'amende contre les voituriers & contrevenans.

VII. En interprêtant l'article 8 de nos lettres-patentes
du 29 mai 1766 , ordonnons que les hongroyeurs ne
pourront à l'avenir faire peser & marquer leurs Cuirs de
perception qu'après qu'ils auront été mis en suif; laquelle
marque de perception sera apposée à leur requisition, &
les droits payés par les hongroyeurs trois mois après la
pesée & marque, & sans aucune diminution du poids du
suif dont les Cuirs se trouveront imbibés. Pourront néanmoins ceux des hongroyeurs qui font des Cuirs en blanc,
sans les préparer en suif, vendre lesdits Cuirs en blanc, à la
charge qu'ils ne pourront les faire peser & marquer de
perception qu'après en avoir fait leur déclaration signée
d'eux, au bureau du régisseur, & pris un laissez-passer pour
l'enlèvement, contenant les noms, surnoms, demeures &
qualités du vendeur & de l'acheteur, le nombre & le
poids des Cuirs vendus en blanc, & le lieu de la destination ; le tout à peine de confiscation des Cuirs &
peaux enlevés sans déclaration & laissez-passer, & de deux
cens livres d'amende. Voulons que la marque de perception soit apposée à la tête sur les Cuirs qui seront vendus
en blanc, à côté de la marque de préparation, & que ceux
desdits Cuirs qui se trouveroient dans la suite mis en suif,
soient confisqués, & le propriétaire desdits Cuirs condamné

confeil du 30 juillet 1764. Cet arrêt porte « que

en deux cens livres d'amende, qui ne pourra être remife ni modérée pour quelque caufe que ce puiffe être.

VIII. Les mégiffiers, bourreliers & Gorliers, feront tenus, fous peine de confifcation des Cuirs & peaux non-déclarés, & de deux cens livres d'amende, de faire leurs déclarations des Cuirs & peaux qu'ils voudront fortir des aluns pour les mettre fur perches, à l'effet d'être pris en compte & marqués enfuite de préparation ; favoir les Cuirs paffés en blanc après le redreffiage, & les peaux apprêtées en mégie après la première ouverture fur le pellon ou paliffon, & lorfque lefdits Cuirs & peaux feront fecs, ils feront pefés & marqués de perception à la réquifition des fabricans & les droits par eux payés trois mois après lefdites pefées & marqués, à raifon du poids conftaté par lefdites pefées. Défendons fous les mêmes peines auxdits fabricans de couper & employer lefdits Cuirs & peaux avant lefdites pefées & marques de perception.

IX. Interprêtant en tant que de befoin l'article 14 defdites lettres patentes, ordonnons que les chamoifeurs qui enverront fouler leurs Cuirs & peaux dans des moulins de l'intérieur du Royaume, feront tenus au retour defdits Cuirs & peaux, & avant que les voitures puiffent être déchargées, d'en faire une déclaration fignée d'eux contenant le nombre & la qualité des Cuirs & peaux qu'ils feront revenir des moulins, à l'effet d'être lefdits Cuirs & peaux pris en compte par les commis, & enfuite marqués de préparation après la première ouverture fur le paliffon ; le tout à peine de confifcation des Cuirs & peaux non-déclarés & de deux cens livres d'amende, & le furplus dudit article fera exécuté felon fa forme & teneur.

X. Tous les marchands, voituriers & autres, qui enlèveront des Cuirs verds ou des peaux en poil ou en laine dans l'étendue des quatre lieues frontières de l'étranger pour les conduire & tranfporter dans l'intérieur du royaume, feront tenus d'en faire déclaration au bureau du lieu du chargement, s'il y en a, finon au plus prochain bureau, & d'y prendre avant l'enlèvement un acquit à caution portant foumiffion de rapporter, dans le délai de fix femaines

» tous les Cuirs de bœufs & de vaches en poil ,

au plus tard , un certificat de l'arrivée defdits Cuirs & peaux au lieu de leur deftination, fignée de deux commis du ré-gifleur, à peine de confifcation defdits Cuirs & peaux ou de leur jufte valeur , & de deux cens livres d'amende.

XI. La reftitution des droits ordonnée par l'article 9 de notre édit du mois d'août 1759, à la fortie pour l'étranger des Cuirs & peaux tannés & apprêtés dans le royaume, n'aura plus lieu , à compter du jour de la publication des préfentes, que pour les deux tiers defdits droits, & ladite reftitution ne pourra être exigée qu'aux bureaux des lieux de l'enlèvement & pour les feuls Cuirs & peaux qui feront entiers, en juftifiant par les fabricans ou apprêtans, marchands ou commiffionnaires, de la fortie defdits Cuirs & peaux par le certificat des commis du bureau de fortie, & la quittance des droits de la ferme générale.

XII. L'article 12 de nos lettres-patentes du 24 feptembre 1759 fera exécuté felon fa forme & teneur, & en l'interprêtant, ordonnons que le régiffeur fera préféré pour le payement de ce qui fe trouvera nous être dû par les redevables de nos droits, & à tous autres créanciers fur les deniers provenans de la vente des marchandifes, ingrédiens, meubles & autres effets mobiliers defdits redevables faifis & vendus , aux exceptions néanmoins portées par notre ordonnance du mois de juin 1680.

*L'article 12 des lettres-patentes du 24 feptembre 1759 , de l'interprétation duquel il s'agit ici eft ainfi conçu :*

» Pourra le régiffeur, ainfi que fes commis & prépofés » décerner fes contraintes contre les redevables & pourfui-» vre en vertu d'icelles pour le payement des droits par les » voies accutumées pour les deniers & affaires de fa ma-» jefté, & qui feront ufitées pour le payement & le recou-» vrement des droits d'aides, dont fa majefté déclare les rè-» glemens communs pour la régie & perception defdits » droits : veut pareillement fa majefté que les procédures » foient fuivies & inftruites conformément auxdits règle-» mens & à la déclaration du 13 février 1688 , tant pour » l'ordre des procédures civiles ou criminelles, que pour les » vacations des juges , la taxe & les falaires de huiffiers.

» même les Cuirs & peaux de veaux, auffi en

---

XIII. Interprétant en tant que de befoin les difpofitions de l'article 29 des lettres-patentes du 29 mai 1766, concernant les formalités à remplir en cas d'abfence des parties intéreffées, déclarons avoir entendu comprendre comme parties intéreffées les femmes, enfans majeurs ou mariés, & les affociés des fabricans & marchands, dont les déclarations vaudront comme fi elles avoient été faites par eux-mêmes. Voulons qu'en cas d'abfence defdits fabricans & marchands, il puiffe être procédé par les commis du régiffeur, en préfence de leurs femmes, enfans majeurs ou mariés, ou de leurs affociés, aux faifies & autres opérations en réfultantes, fans être tenus de requérir l'affiftance de notre procureur en l'élection, ou autre officier, & qu'ils puiffent de même continuer lefdites opérations, lorfqu'après avoir été commencées en préfence des parties intéreffées, elles fe feront retirées fans attendre qu'elles foient finies ; feront tenus feulement les commis de faire, mention dans leurs procès-verbaux de la retraite des parties & de leurs refus d'y refter préfentes. En cas de faifie de faux marteaux, les parties intéreffées ne pourront fe retirer pendant les opérations de la faifie, qu'elles n'aient appelé ou fait appeler, fi bon leur femble, un juge pour y être préfent, & à défaut par elle de le faire, les commis pourront, fi elles s'abfentent, continuer leurs opérations, fans être aftreints à autre chofe qu'à faire mention dans leurs procès-verbaux de la retraite defdites parties, & de leur refus d'appeler un Juge.

*Le même article 29 a encore été interprété par une déclaration du roi du 10 janvier 1777.*

*Suivant cette loi, le dépôt des marques prétendues fauffes enlevées des Cuirs faifis, doit être fait fur le champ, & par provifion au greffe de toute juftice royale ou feigneuriale, lorfque dans le lieu, il n'y a ni élection, ni autre juge des droits du roi.*

*Il eft ordonné aux greffiers des juridictions ou juftices de cacheter à l'inftant, du fceau de leur juridiction, les boîtes ou paquets dont le dépôt aura été fait en leur greffe.*

*Il eft défendu aux mêmes greffiers de fe défaifir des dépôts faits en leur greffe, à moins que ce ne foit en vertu d'une*

» poil , de quelques qualités qu'ils se trouvent ,

---

*ordonnance des officiers de la juridiction compétente pour connoître de la saisie.*

XIV. Interprétant également l'article XXXII desdites lettres patentes , ordonnons que nonobstant toutes exceptions dilatoires , incidens & demande en nullité , & sans y préjudicier , il sera procédé à la vérification des marteaux ou empreintes saisies comme fausses , & les juges ne pourront nommer pour experts que des graveurs reçus en nos hôtels des monnoies. Voulons aussi qu'à la fin de chaque vacation de la vérification , les pièces arguées de faux soient renfermées dans une boîte ficelée & cachetée par le juge , & qu'elles restent déposées au greffe dans le même état après l'entière vérification , même après les sentences & arrêts qui interviendront sur lesdites vérifications , sans qu'en aucun cas , & pour quelque motif que ce soit , il puisse être ordonné qu'elles seront remises aux parties.

*L'exécution de cet article ayant rencontré divers obstacles tant par la difficulté de réunir deux graveurs reçus aux hôtels de monnoies , attendu qu'il n'y a guère que ceux qui sont directement attachés au service de ces hôtels qui s'y fassent recevoir , qu'à cause des retardemens qui résultoient de cette circonstance pour les vérifications des marteaux saisis , & des frais considérables qu'occasionnoient les voyages & séjours de ces graveurs , le roi pour faire cesser ces obstacles , & ne confier en même-temps les opérations relatives aux vérifications dont il s'agit , qu'à des experts qui réunissent les connoissances qu'elles exigent , a ordonné par ses lettres patentes du 16 mai 1773 rendues en interprétation de l'article XIV ci dessus , que les juges seroient tenus de choisir & nommer ces experts parmi les graveurs établis dans les villes où il existe des hôtels ou juridictions des monnoies . & qui exercent principalement & habituellement la profession de la gravure sur métaux.*

XV. Lorsque la saisie des marques suspectes fausses aura été faite dans le ressort d'une juridiction différente de celle du lieu porté par lesdites empreintes , voulons que le juge qui en doit connoître , adresse , sur la requête de la partie la plus diligente , au juge du lieu où les empreintes

» grands ou petits, même ceux tarés ou gâtés
» venant des pays étrangers, autres néanmoins
» que ceux venant d'Angleterre & des îles fran-
» çoises de l'Amérique, acquitteront à leur en-
» trée dans le royaume par la Provence & le
» Languedoc, ledit droit de la douane de Lyon
» au poids de marc, à raison de dix fous le quin-
» tal, au lieu des droits auxquels ils étoient
» affujettis à la pièce, fuivant leur différente
» qualité, par le tarif de ladite douane du 27
» octobre 1632; comme auffi que tous lefdits
» Cuirs en poil, auffi autres que ceux d'Angle-

ont été originairement dépofées, une commiffion rogatoire
à l'effet de faire infculper de nouvelles empreintes en la
préfence dudit juge, en celle de notre procureur & de deux
experts nommés d'office & réfidens fur le lieu, lefquelles
empreintes nouvellement infculpées feront comparées avec
celles originairement dépofées, & leur conformité atteftée
par lefdits experts, s'il y a lieu, fans qu'il foit néceffaire
d'appeller la partie faifie auxdites opérations. Du tout il
fera dreffé procès-verbal qui fera envoyé avec les nouvelles
empreintes bien & duement cachetées, au juge qui doit
connoître de la faifie, pour être fur icelles procédé à la
vérification des marques fufpectées.

XVI. Dans toutes les matières concernant la levée &
perception de nos droits fur les Cuirs, enfemble dans tous
les incidens concernant la procédure, il ne pourra être
taxé, pour chaque caufe dans nos cours de parlement,
cours des aides, confeils fupérieurs, & autres juridictions
qui connoiffent defdits droits, plus de fix rôles de requêtes
& autres écritures, fans qu'il puiffe être paffé en taxe aucun
mémoire imprimé, ni plus d'un droit de remife pour chacune defdites caufes. Voulons au furplus que l'édit du
mois d'août 1759, les lettres patentes du 24 feptembre
fuivant, & celles des 25 février 1760 & 29 mai 1766,
foient exécutées felon leur forme & teneur en tout ce qui
ne fera pas contraire à ces préfentes. Si vous mandons, &c.

» terre

» terre & des îles françoifes de l'Amérique ,
» acquitteront pareillement à l'entrée de la Pro-
» vence le droit de la table de mer au même
» poids de marc , à raifon d'un fou fix deniers
» le quintal, au lieu des différens droits qui fe
» payoient à la pièce , fuivant le tarif de ce droit
» arrêté le 9 juillet 1669 : fa majefté dérogeant
» à cet égard feulement , auxdits tarif des 27
» octobre 1632 & 9 juillet 1669 ».

Par un autre arrêt du 28 mai 1768, le roi a
ordonné l'exécution de ceux des 7 feptembre
1688 , premier février & 10 mai 1689, & en
les interprêtan: en tant que de befoin , fa majefté a déclaré que les Cuirs tannés & corroyés,
vaches de Rouffy , peaux de veaux & autres
paffées en couleur, foit en pièces entières , foir
eu bandes ou autremenr, ainfi que tous les ouvrages de Cuir ou de peau, tels que bottes ,
bottines , fouliers , bas , culottes , gants , harnois , brides, felles , ceinturons & autres femblables venant des pays étrangers , feroient affujettis à payer à toutes les entrées du royaume
vingt pour cent de leur valeur. Il eft dit au furplus qne le roi n'a point entendu comprendre
dans ces difpofitions les peaux de chèvre ni
celles de mouton paffées en blanc, jaune ou autre couleur en façon de chamois , qui font propres aux manufactures de gants , lefquelles ne
doivent payer que les droits ordinaires des tarifs,
conformément à l'arrèt du 15 mars 1689 : fa
majefté a pareillement déclaré n'avoir rien prétendu changer à la fixation faite par un autre
arrêt du 10 mai de la même année 1689, pour
les peaux de veau corroyées venant des pays
étrangers, lefquelles doivent continuer de payer,

pour tenir lieu du droit de vingt pour cent, celui de fix livres par douzaine de peaux.

L'arrêt du fix feptembre 1701 a défendu l'introduction des Cuirs d'Angleterre dans le royaume.

Voyez *les lois citées*, & les articles ENTRÉE, SORTIE, MARCHANDISE, SOU POUR LIVRE, &c.

CUIVRE. C'eft une efpèce de métal imparfait qui fous quelque forme que ce foit, mais particulièrement lorfqu'il eft pénétré par quelques fels & réduit en verd de gris, produit les accidens les plus fâcheux & devient un poifon fi on le prend intérieurement. C'eft pour cela que les vaiffeaux & uftenfiles de Cuivre qui fervent à la préparation des alimens font d'un ufage dangereux, & que les perfonnes prudentes les banniffent de leurs cuifines. C'eft pour la même raifon que le roi par fa déclaration du 13 juin 1777, enregiftrée au parlement le 2 feptembre fuivant, a fait défenfe aux laitières ou autres perfonnes vendant du lait, ainfi qu'aux regratiers de fel & aux débitans de tabac, de faire à l'avenir ufage de vaiffeaux & de balances de Cuivre pour leur commerce (*).

_____

(*) *Voici cette déclaration.*

Louis, &c. falut. L'expérience a fait reconnoître que la diffolution du plomb, prife intérieurement, produit les plus dangereux effets fur la fanté; cependant les marchands de vins font dans l'ufage de revêtir leurs comptoirs de ce métal; le vin qui y féjourne plus ou moins, fuivant l'inégalité de leur furface, & qui en diffout toujours une partie, étant recueilli avec foin, vendu & diftribué au peuple, il en réfulte des maladies d'autant plus fâcheufes qu'on en ignore prefque toujours la vraie caufe. Il en eft de même du verd-de-gris

Il est à desirer pour le bien de l'humanité, que

que produisent les vaisseaux de Cuivre dont se servent les laitières ; le lait qui y séjourne, souvent vingt-quatre heures, peut devenir une nourriture dangereuse, & il est d'autant plus facile d'y substituer des vaisseaux de bois, que par les expérience qui en ont été faites par les ordres du sieur lieutenant général de police de Paris, il a été reconnu que le lait s'y conserve mieux que dans les vaisseaux de Cuivre, & que d'ailleurs il lui en auroit été présenté des modèles en bois dont la forme est aussi commode. & dont le prix est fort au-dessous des pots en Cuivre que la plupart des laitières ont employé jusqu'à ce jour. Les balances du même métal, en usage chez les regratiers de sel & les débitans de tabac, presque toujours couvertes de verd-de-gris, présentent le même danger pour la classe des citoyens la plus pauvre qui achete le sel & le tabac à petite mesure. Il est encore facile de substituer le fer-blanc ou battu à ces métaux, & même à l'étain, qu'on ne pourroit employer sans danger à cause des parties arsenicales qu'il contient & de son alliage avec le plomb ; la prudence doit en exclure l'usage dans les maisons des particuliers, mais le bien de l'humanité & l'intérêt de nos sujets exigent que l'usage général en soit proscrit. A ces causes, de l'avis de notre conseil qui a vu le rapport des sieurs Lieutaud notre premier médecin, de Lassonne notre premier médecin en survivance, & celui du sieur Macquer, médecin de la faculté de Paris, ensemble les observations du sieur Cadet le jeune maitre en pharmacie & professeur de chymie de l'école vétérinaire, & de notre certaine science, pleine puissance & autorité royale, nous avons, par ces présentes signées de notre main, dit, déclaré & ordonné, disons, déclarons & ordonnons, voulons & nous plaît ce qui suit :

### ARTICLE PREMIER.

Les comptoirs des marchands de vins, revêtus de lames de plomb, les vaisseaux de Cuivre dont les laitières & autres personnes vendant du lait font usage pour leur commerce, & les balances aussi de Cuivre dont se servent les regratiers de sel & les débitans de tabac, seront & demeu-

cette loi foit fuivie d'une autre qui défende d'employer dans les auberges ou cabarets aucun uftenfile de Cuivre pour y préparer des alimens aux voyageurs ou aux perfonnes qui vont y manger. Et une telle loi feroit plus utile encore fi elle profcrivoit indiftinctement dans tout le royaume l'ufage & la fabrication de ces fortes d'uftenfiles.

Les droits fur les Cuivres en rofette, en mitraille & autres de toute efpèce, non travaillés, venant de l'étranger, doivent être perçus à toutes les entrées du royaume à raifon de trois pour cent de la valeur, & fur les Cuivres en fourrures & en fond, c'eft-à-dire qui ont reçu une première main d'œuvre & avec lefquels on peut faire des chauderons, cafferoles, marmites & autres pareils ouvrages, à raifon de cinq pour cent de la valeur. C'eft ce qui réfulte de

---

reront fupprimés; faifons défenfes auxdits marchands de vins, laitières ou autres perfonnes vendant du lait, & aux regratiers de fel & débitans de tabac, d'avoir chez eux, paffé le délai de trois mois à compter du jour de la publication de notre préfente déclaration, de pareils comptoirs, vaiffeaux & balances, d'en faire ufage pour leur commerce, & même de fubftituer l'étain au plomb & au Cuivre dont ils font compofés, & ce à peine de confifcation & de trois cens livres d'amende.

II. Pourront les marchands de vins fubftituer des cuvettes de fer-blanc ou battu aux lames de plomb dont leurs comptoirs font revêtus, comme auffi les laitières & autres perfonnes vendant du lait, au lieu de vaiffeaux en Cuivre, faire ufage de vaiffeaux de fayance ou de terre verniffée, ou même de fimple bois; & à l'égard des regratiers de fel & débitans de tabac, ils ne pourront fe fervir que de balances de fer-blanc ou battu. Si donnons en mandement, &c.

l'article premier de l'arrêt du conseil du 22 juillet 1760.

Suivant l'article 2, les Cuivres destinés pour l'étranger doivent payer à toutes les sorties· du royaume, savoir, ceux qui sont en rosette, mitraille & autres non travaillés, trois pour cent de la valeur, & ceux qui sont en fourrure & en fond, un pour cent de la valeur : ces droits doivent tenir lieu de tous les autres droits des traites dus depuis le lieu de l'enlèvement jusqu'à la sortie ; & pour assurer la destination de ces Cuivres, ils doivent être expédiés par acquit à caution au bureau du lieu de l'enlèvement, ou à défaut de ce bureau, au plus prochain de la route.

Pour obvier aux difficultés qui auroient pu survenir dans les évaluations, l'article 3 a fixé la valeur des Cuivres en rosette, mitraille & autres non travaillés, à cent livres par quintal, & celle des Cuivres en fond & en fourrure, à cent vingt livres : ainsi les Cuivres non travaillés doivent à l'entrée du royaume trois livres par quintal, & un pareil droit à la sortie lorsqu'ils sont destinés pour l'étranger, & les Cuivres en fourrure & en fond doivent à l'entrée du royaume six livres par quintal, & vingt-quatre sous à la sortie lorsqu'ils sont destinés pour l'étranger.

A l'égard des Cuivres ouvragés en chaudrons, chandeliers, landiers, platines & autres batteries de cuisine, ils doivent être regardés comme quincaillerie de Cuivre, & doivent en conséquence payer à toutes les entrées du royaume sept livres dix sous par quintal, conformément aux arrêts du conseil des 3 juillet 1692, 15 mai 1760, & 18 juillet 1764.

Voyez *les lois citées*, & les articles ENTRÉE, SORTIE, MARCHANDISE, QUINCAILLERIE, SOU POUR LIVRE, &c.

CUMUL, ou CUMULATION. Termes de coutume, usités dans quelques provinces pour exprimer le droit qu'a un héritier de demander qu'on accumule les propres & les autres immeubles pour prendre un tiers sur la totalité, lorsque les meubles & les acquêts excèdent de deux tiers la valeur des propres.

Ce droit est particulièrement connu dans le Poitou : on voit dans le commentaire de Boucheul sur l'article 208 de la coutume de cette province, ce que c'est que ce droit (*). Lorsque le père & la mère ont peu de propres, & que néanmoins ils ont fait donation à l'un de leurs enfans de leurs meubles & de leurs acquêts, les autres ont le choix dans la coutume dont nous parlons, ou de prendre les deux tiers des propres ou de faire une masse de tous les immeubles propres & acquêts & d'en prendre un tiers pour eux. Mais ceci n'a lieu qu'en ligne directe, car les donations en collatérale ne font point susceptibles de cette faveur.

Si la donation étoit faite à plusieurs enfans au lieu d'un seul, les autres non donataires, n'y en eût-il qu'un, auroient toujours la même option. Il pourroit cependant se faire que cette option accordée à un enfant lui fût plus favorable que la donation faite aux autres, mais il a été jugé

_____

(*) Lebrun en parle dans son traité des successions, liv. 2, chap. 4, nomb. 61.

par un arrêt du 4 mars 1617, que les donataires pouvoient offrir le partage de tous les immeubles, & en avoir par ce moyen chacun leur part & portion.

Si la donation étoit faite partie à un enfant & partie à un étranger, les autres enfans ne laisseroient pas d'être recevables à demander le tiers. C'est ce qui a été jugé contre Boucheul lui-même, le commentateur de la coutume de Poitou, par un arrêt du 26 août 1651.

La raison est la même, soit que la donation ne vienne que du père ou de la mère, ou de tous les deux conjointement ; & ceux-ci sont réputés avoir peu de propres quand ces biens ne reviennent pas à la valeur du tiers de tous les autres immeubles. Mais quand cette valeur s'y trouve, les donataires peuvent conserver l'objet de leur donation, & c'est à eux à établir cette valeur, parce qu'il suffit aux enfans non donataires de demander le tiers.

L'option dont il s'agit a encore lieu quoique la donation ne soit que d'une portion des acquêts, lorsque le reste de ces acquêts non donnés ne revient pas au tiers de tous les immeubles. Il y a plus : c'est que le Cumul des meubles a lieu quand il y a peu d'immeubles.

Observez que les enfans donataires ne prennent rien sur le tiers de ce qu'ils sont obligés d'abandonner, & que le droit d'aînesse n'entre pas dans ce tiers. C'est notamment ce qui a été jugé par un arrêt du 16 juin 1682.

Observez encore que lorsqu'il s'agit de considérer les propres, on comprend indistinctement dans cette classe les propres fictifs & les propres conventionnels, tels que des deniers stipulés

propres par un contrat de mariage avec les propres réels , & qu'il eſt égal que la donation ſoit
faite entre-vifs ou à cauſe de mort.

On trouve dans Filleau, autre commentateur
de la coutume de Poïtou , un acte de notoriété
du préſidial de Poitiers du 9 juillet 1680 (*), qui
atteſte la juriſprudence que nous développons
ſur cet article. Il y en a un autre du ſiége royal
de Niort du 28 février 1681.

Dans la coutume d'Angoumois où il y a auſſi
une grande différence entre les propres & les
acquêts , le Cumul y eſt uſité lorſqu'il y a lieu
de réformer des libéralités exceſſives. Cette
manière de ramener les choſes à l'équité a été
adoptée par deux arrêts que Vigier rapporte ſur
l'article 49 de cette coutume , l'un du 23 juin
1585 , & l'autre du 24 mars 1623. Dumoulin
qui a apoſtillé cette même coutume & nombre
d'autres , obſerve fort bien que lorſqu'elle deſire un propre pour pouvoir diſpoſer de ſes acquêts , ceci ne doit pas s'entendre d'un petit
morceau de terre , *non intelligitur de vili ceſpite
terræ* , mais d'un propre porportionné aux autres
biens qu'on peut avoir , ſans quoi on peut confondre les propres & les acquêts dans une ſeule
maſſe pour en diſtraire les deux tiers au profit
des héritiers , & ne laiſſer que l'autre tiers au
donataire.

Voyez les articles ACQUÊTS , PROPRES , &c.
(*Article de M. D A R E A U , avocat au parlement , &c.*)

CURATEUR. C'eſt un homme commis

_____

( * ) Cet acte ſe trouve tranſcrit au chapitre 6 du livre premier du quatrième tome du journal des audiences.

par la justice pour prendre soin des biens & des intérêts d'autrui.

Lorsque ce Curateur est en même temps chargé & de la personne & des biens, comme cela arrive quelquefois en matière d'interdiction, il est alors un vrai tuteur ; car il n'y a de différence entre un tuteur & un Curateur, qu'en ce que celui-ci n'est chargé que de veiller aux intérêts d'autrui, au lieu que le tuteur est chargé & de la personne & des intérêts.

Le mot de Curateur vient du verbe latin *curare* qui signifie prendre soin. Les fonctions de Curateur, ainsi que celles de tuteur, sont de droit public. L'intérêt de la société a exigé que ceux qui ont besoin de secours pour la conservation de leur personne & de leurs biens, trouvassent ce secours dans le zèle de leurs semblables ; & que ceux-ci fussent même contraints à s'acquitter d'un devoir que la nature leur impose, lorsqu'ils cherchent à s'y soustraire sans cause légitime.

Le ministère d'un Curateur est nécessaire dans plusieurs cas : 1°. lorsqu'il s'agit de minorité ; 2°. d'interdiction ; 3°. de biens vacans, déguerpis & confisqués ; 4°. de procès en matière criminelle, contre des sourds, des muets, des communautés, des cadavres ou contre la mémoire des défunts ; 5°. enfin lorsqu'il s'agit de grossesse & qu'il est nécessaire de s'assurer de la naissance & de l'état d'un enfant. Nous allons nous occuper dans cet article de ces différens genres de curatelle.

*Curateur pour fait de minorité.* Lorsque des enfans ont perdu leur père qui étoit tout à la fois leur tuteur & leur Curateur naturel, & que ces enfans sont au-dessous de l'âge de puberté, on

leur donne un tuteur pour prendre foin de leur
perfonne & de leur bien, & cette tutelle dure
de plein droit jufqu'à leur majorité qui commence à la vingt-fixième année (*).

Cependant avant cette majorité acquife ils
peuvent fortir de tutelle lorfqu'ils ont, favoir,
les garçons l'âge de quatorze ans, & les filles
celui de douze ; & ils en fortent au moyen d'une
émancipation qui peut avoir lieu de deux manières, par le mariage & par des lettres du
prince (**).

Lorfque les mineurs font émancipés de l'une
ou l'autre de ces deux manières, ils peuvent
jouir du revenu de leurs immeubles & difpofer
de leur mobilier fuivant leur libre arbitre, parce
qu'on leur fuppofe alors affez de fageffe pour fe
conduire prudemment à cet égard ; mais cette
liberté qui eft entière pour le mobilier (***) fe
borne à une fimple adminiftration du revenu des

_____

(*) L'auteur de la collection de jurifprudence rapporte
qu'il a été jugé par un arrêt du 2 juin 1731, à l'occafion
d'une demande en partage, que dans la coutume de Metz
le pere n'eft point Curateur naturel de fes enfans âgés de
vingt ans & pourvus de charges de magiftrature, mais qu'il
faut leur créer un Curateur en juftice dans les occafions
importantes.

(**) Dans les pays de droit écrit qui ne font point du
reffort du parlement de Paris, le mineur peut fe faire éman-
ciper par le juge d'après un avis de parens fans être obligé
de recourir aux lettres du Prince. Voyez ÉMANCIPATION.

(***) C'eft-à-dire qu'un mineur hors de tutelle peut de
fon chef vendre, troquer, engager tel ou tel objet de fon
mobilier que bon lui femble ; mais il ne peut pas de même
fe dépouiller par un feul acte de l'univerfalité de fes meubles :
une aliénation pareille feroit une conduite irréfléchie pour
laquelle il n'eft point cenfé avoir obtenu d'émancipation.

fonds & des immeubles fictifs : car s'il s'agit de contracter quelque engagement de conséquence, il faut alors que le mineur soit assisté du conseil d'un Curateur (*) ; & ce Curateur se donne ou lors de l'émancipation ou postérieurement à cette émancipation, par un acte particulier (**).

_____

(*) Cette règle n'est pas générale en pays de droit écrit pour toute sorte de mineurs : on distingue entre ceux du bas peuple qui n'ont point de fortune, & ceux d'une naissance honnête qui ont des biens & des revenus : ceux qui n'ont rien à perdre sortent de tutelle sans prendre de Curateur ; ils peuvent s'obliger seuls de leur chef, sauf à se faire restituer en cas de lésion. A l'égard des mineurs qui ont de la fortune, ils ne peuvent point s'obliger sans l'autorisation d'un Curateur.

(**) *Formule d'une curatelle.*

Aujourd'hui, &c. est comparu en notre hôtel & pardevant nous.... ( lieutenant général, &c.) le sieur Pierre Giverdy, marchand drapier de cette ville, lequel nous a exposé que quoiqu'il soit émancipé par le mariage & habile à disposer de son mobilier & du revenu de ses immeubles, il a néanmoins besoin d'être pourvu d'un Curateur formel pour être assisté de son conseil & en tant que de besoin de son autorisation dans les différentes affaires qui peuvent se présenter & notamment au sujet de la reddition de compte qu'il est en droit de demander au sieur.... qui a exercé sur sa personne & sur ses biens les fonctions de tuteur ; que d'ailleurs étant dans le cas d'avoir des actions judiciaires à former, l'assistance d'un Curateur aux causes lui étoit nécessaire, que pour cet effet il avoit requis ses parens paternels & maternels de comparoir cejourd'hui devant nous pour approuver le choix qu'il entendoit faire de celui qu'il se propose de se nommer pour Curateur, ou de lui en nommer un eux-mêmes ; en nous observant que lesdits parens étoient sur le point d'entrer en délibération devant nous, si nous voulions bien le leur permettre.

A quoi adhérant, lesdits parens qui sont (*tels & tels, &c.*) étant entrés devant nous en délibération à ce sujet

On diſtingue à ce ſujet deux ſortes de Curateurs, les *Curateurs formels* & les *Curateurs aux
cauſes.*

Les Curateurs formels ſont ceux que le juge
décerne aux mineurs pour leur donner une autoriſation ſuffiſante, à l'effet ou d'une audition
de compte de tutelle, ou d'un emprunt pour
cauſe néceſſaire, ou d'une aliénation, ou d'un
établiſſement en mariage, ou d'une profeſſion
en religion, ou pour recevoir le rembourſement
d'une rente ou d'une aliénation faite ſous faculté
de réméré. Ces Curateurs ſe décernent ſur un
avis de parens convoqués à cet effet.

Comme la mère & l'aïeule peuvent être tutrices, elles peuvent auſſi être nommées Cura-
trices.

Obſervez que le Curateur formel, quel qu'il
ſoit, n'a de pouvoir qu'autant que lui en donne

---

après ſerment par eux fait en pareil cas accoutumé, &
ayant délibéré, ont unaniment approuvé le choix que ledit
ſieur Giverdy leur a dit avoir fait de la perſonne du ſieur
Jacques de la Touche ſon oncle pour Curateur dans toutes
les affaires judiciaires & extrajudiciaires qui pourront le
concenter.

Et ſur ce oui le procureur du roi, & après avoir reçu le
ſerment dudit ſieur de la Touche l'un des délibérans, de
s'acquitter fidélement de cette commiſſion, nous juge magiſtrat ſuſdit, en homologant la délibération & nomination ci-deſſus, avons confirmé & confirmons par ces préſentes ledit ſieur de la Touche pour Curateur dans toutes
les affaires judiciaires & extrajudiciaires que ledit ſieur Giverdy pourra avoir pendant le cours de ſa minorité. Fait,
aſſiſté de notre greffier ordinaire, leſdits jour & an que
deſſus. *Enſuite on fait mention de la ſignature de ceux
qui ont ſigné & de la déclaration de ceux qui ne l'ont ſu
ou qui ne l'ont pu.*

fon acte de nomination , de forte que fi tous les cas pour lefquels un mineur a befoin d'autorifation n'étoient point exprimés, il feroit néceffaire de recourir à une nouvelle convocation de parens pour chaque cas nouveau qui fe préfenteroit.

Si l'acte de curatelle s'étendoit en général à toutes fortes d'affaires , fans aucune explication particulière , le Curateur n'auroit de pouvoir fuffifant que pour les affaires ordinaires ; car s'il s'agiffoit d'un mariage ou d'une aliénation de fonds, le Curateur ne pourroit y confentir fans avoir pris auparavant un avis de parens, comme nous l'avons obfervé à l'article ALIÉNATION ( *de biens de mineurs* ). La mère nommée Curatrice pourroit fans cette convocation confentir au mariage de fes enfans, parce qu'elle eft préfumée avoir elle feule autant d'intérêt que toute la famille à ce qu'ils ne faffent que des établiffemens convenables. Cependant fi les parens s'apercevoient qu'elle donnât trop facilement les mains à une union qui ne convînt pas , ils pourroient l'en empêcher, en demandant au juge que la curatelle fût décernée à quelque proche parent de la famille.

Dans les actes où l'autorifation du Curateur formel eft néceffaire , le mineur ne peut point contracter folidairement fans la participation de ce Curateur ; celui-ci ne peut pas non plus de fon chef engager le mineur fans que ce dernier ne foit partie dans l'acte. Il n'eft pas néceffaire que l'autorifation requife foit donnée en termes formels, le feul confentement marqué du Curateur fuffit.

On appelle *Curateur aux caufes* , celui qui eft

nommé à l'effet d'affifter le mineur dans tous les actes de procédure qui peuvent concerner fes intérêts, en demandant ou en défendant. Les actes de procédure qui émanent du mineur, doivent être fignifiés à la requête de ce dernier *procédant fous l'autorifation de ( tel ) fon Curateur aux caufes.*

Le Curateur formel nommé pour toutes fortes d'affaires en général, eft cenfé nommé pour Curateur aux caufes; & lorfqu'on affigne le mineur, ce Curateur doit être pareillement affigné pour donner fon autorifation. En un mot, fon affiftance eft requife activement & paffivement, toutes les fois qu'il s'agit de quelque difcuffion judiciaire concernant les intérêts du mineur.

Si le mineur n'a point de Curateur formel & qu'il foit queftion d'une affaire litigieufe, on doit avant d'agir contre lui, demander qu'il lui foit nommé un Curateur aux caufes (*). Le juge

_____

(*) *Formule d'action contre le mineur par laquelle on demande qu'il ait à fe nommer un Curateur aux caufes.*

L'an 1776, &c. à la requête, &c. je.... huiffier, me fuis tranfporté au bourg de la paroiffe de.... au domicile de Pierre le Maigre voiturier de profeffion : ou étant & parlant à.... je lui ai donné affignation à comparoître à la première audience d'après les delais de l'ordonnance pardevant M. le prevôt Châtelain de la châtellenie royale de.... pour voir dire 1°. qu'attendu fon état de minorité & fon émancipation par le mariage, il fera tenu de fe nommer judiciairement un Curateur aux caufes, ou que faute par lui de le faire, il fera permis au requérant de lui en faire nommer un en la manière accoutumée 2°. pour fe voir condamner fous l'affiftance de ce Curateur à fe défifter de la poffeffion qu'il exerce à la fuite de défunt fon pere depuis environ dix à douze ans, d'une terre labourable appelée....

permet une convocation de parens à cet effet, & d'après leur avis se fait la nomination de ce Curateur. Si c'est au contraire le mineur non pourvu de Curateur, qui ait une action à diriger, il peut se nommer lui-même un Curateur, & pour l'ordinaire c'est celui qui doit lui servir de procureur qu'il prend pour Curateur : mais quel que soit celui qui lui prête son assistance en cette qualité, il doit auparavant avoir fait le serment devant le juge, de s'acquitter fidellement de sa commission.

Observez au surplus que les fonctions du Curateur aux causes ne sont jamais examinées avec scrupule, parce que les choses se passant sous les yeux de la justice, les juges sont censés avoir suppléé à tout ce qui pouvoit manquer du côté de l'exactitude du Curateur. S'il se signifioit même un acte où l'on eût omis de faire mention de l'assistance du Curateur, la signification n'en seroit pas moins valable, soit par ce qu'elle seroit présumée être de l'aveu du Curateur, supposé qu'elle fût favorable au mineur, soit parce que ce Curateur pourroit encore la ratifier par un acte subséquent.

Quand l'assistance du Curateur est nécessaire,

---

de l'étendue de.... arpens située au territoire de.... joignant, &c.

*Si le mineur ne se nomme point de Curateur, on prend un jugement par lequel on se fait autoriser à une convocation de parens en l'hôtel du juge pour cette nomination. Quand le Curateur est nommé, ou par le mineur judiciairement ou en l'hôtel du juge, on lui fait signifier la demande formée contre le mineur avec assignation devant le juge, pour voir adjuger au demandeur les conclusions par lui originairement prises contre ce mineur.*

la partie qui procède avec le mineur fans qu'il foit autorifé d'un Curateur, peut bien lui objecter ce défaut d'autorifation, pour faire ceffer toute procédure jufqu'à ce qu'il foit autorifé ; mais fi cette partie a volontairement procédé avec lui, nonobftant ce même défaut d'autorifation, elle ne peut plus exciper de ce moyen pour faire regarder comme non avenue la procédure faite jufqu'alors ; elle peut fimplement exiger l'affiftance d'un Curateur pour la procédure à continuer. La raifon en eft que le Curateur eft donné au mineur pour fon avantage, & que toutes les fois qu'il l'a fait fans la participation de ce Curateur, il ne l'a pas fait moins valablement que s'il avoit été autorifé.

Lorfqu'il s'agit d'une femme mineure mariée, il ne lui faut point d'autre Curateur que fon mari lorfqu'il eft majeur ; il feroit indécent de la mettre en ce cas fous l'autorité de toute autre perfonne que de celui dont elle dépend naturellement. Voyez à ce fujet ce qui a été dit à l'article AUTORISATION.

Un procureur qui eft mineur a-t-il befoin de l'affiftance d'un Curateur aux caufes dans les affaires qui lui font perfonnelles ? L'affirmative paroît l'opinion la plus conforme aux règles, fur-tout fi l'on fait attention qu'il a été jugé deux fois au parlement de Touloufe, qu'un procureur âgé de moins de vingt-cinq ans ne pouvoit fervir de Curateur aux caufes à fa partie. On a cependant jugé au même parlement, par un arrêt du 13 juillet 1645, dans la caufe d'un confeiller de la cour des aides de Montpellier, qu'on ne pouvoit contraindre un magiftrat de cour fouveraine, quoique mineur, de fe nommer un Curateur aux caufes ;

caufes, & que la dignité de fon état exigeoit qu'il fût réputé majeur; mais cette confidération due à un officier de cour fouveraine ne reçoit point d'extenfion à un procureur.

Les procédures qui fe font en juftice contre des mineurs non affiftés de Curateurs, ne font pas toujours regardées comme nulles. On trouve dans Papon un arrêt qui a déclaré un mineur non recevable à fe plaindre d'avoir été débouté d'un déclinatoire, fur le feul fondement qu'il n'avoit point été affifté d'un Curateur. Bouchel dans fa *bibliothèque* fait mention d'un arrêt du premier février 1586, confirmatif d'une procédure faite contre une fille mineure fans Curateur, par la raifon qu'on trouva qu'elle avoit été fuffifamment défendue. Albert fait mention de deux arrêts du parlement de Touloufe qui ont jugé de même dans de pareilles circonftances. Obfervez auffi que lorfqu'on affigne un mineur fans affigner en même temps fon Curateur, la procédure contre ce mineur ne laiffe pas d'être valable s'il n'a point de Curateur nommé, faute par lui d'avoir comparu pour demander qu'il lui en fût décerné un. C'eft ce qui réfulte d'un arrêt des grands jours de Clermont du 18 octobre 1540, rapporté par Papon: mais l'ufage reçu dans la plupart des fiéges eft de lui en faire nommer un, comme nous l'avons obfervé ci-deffus.

On ne doit pas laiffer ignorer ici qu'on fait une grande différence dans quelques tribunaux entre un mineur émancipé par le mariage, & un mineur émancipé en vertu de lettres du prince ou de fon âge de puberté. Quand l'émancipation réfulte du mariage, on regarde le mineur comme habile à efter feul en jugement, fans aucune affiſtance de Curateur, pour ſes affaires mobiliéres ou perſonnelles, parce qu'on a tout lieu de préſumer qu'il ſe comportera au moins auſſi ſagement ſous les yeux de la juſtice, qu'on a cru qu'il le feroit en lui abandonnant la diſpoſition de ſon mobilier & la jouiſſance de ſes revenus ; & c'eſt d'après ce principe fondé en raiſon qu'on n'exige point au châtelet de Paris, dans ces ſortes d'affaires, de Curateur pour un mineur marié. Nous ajouterons qu'il devroit en être de même d'un mineur émancipé en vertu de lettres du prince ou de ſa puberté, lorſqu'on lui a confié la diſpoſition de ſon mobilier & la puiſſance de ſes revenus, ſans lui nommer de Curateur lors de l'émancipation, parce qu'alors on a préſumé auſſi avantageuſement de lui que d'un mineur marié. Mais quand il s'agit d'affaires réelles ou d'affaires même perſonnelles qui peuvent être de conſéquence, comme celles où il s'agit de ſéparation, de validité de mariage ou de l'état de perſonnes conteſté, on eſt généralement d'accord que le mineur, quoiqu'émancipé par le mariage, a beſoin en juſtice, ainſi que tout autre mineur, de l'affiſtance du Curateur. Avec cette diſtinction on peut concilier beaucoup de préjugés qui ne ſont contraires entr'eux qu'en apparence, parce qu'on peut les ramener au principe qui réſulte de cette même diſtinction. La diverſité apparente de ces préjugés peut naître encore de la diverſité des coutumes qui y ont donné lieu ; car il y a des coutumes où le mariage même n'émancipe point : telle eſt celle de Poitou. Il y en a d'autres où l'émancipation eſt ſubordonnée à des règles particulières ſuivant certains cas, & c'eſt à quoi l'on doit faire attention pour ne point s'appuyer fans connoiffance de caufe fur nombre de préjugés qui fans cette attention pourroient induire en erreur.

Il y a auffi des caufes où un mineur, marié ou non, n'a nullement befoin de l'affiftance d'un Curateur. Il n'en a pas befoin dans celles où il s'agit d'un fait de commerce, dans celles où il eft queftion d'affaires relatives à fon état, ni dans celles où il eft traduit au tribunal de la police. Il n'en a pas befoin non plus dans celles où il demande des gages, des falaires ou le payement de fes ouvrages, parce que s'il a été habile à traiter fans Curateur avec ceux qui lui doivent, il eft pareillement habile à demander fans Curateur ce qui peut lui être dû.

A l'égard des matières criminelles, on diftingue entre celles de grand criminel & celles de petit criminel. Dans celles de la première efpèce, accufateur ou accufé, le mineur n'a pas befoin de l'affiftance d'un Curateur. Il n'en a pas befoin non plus dans celles de petit criminel, lorfque l'affaire fe pourfuit par la voie de la plainte ; mais lorfque la réparation demandée eft introduite par la voie civile, ou que l'affaire eft civilifée, on exige alors un Curateur. Cependant il y a des tribunaux où ces fortes de caufes fe fuivent fans Curateur ; on n'en exige point par exemple au châtelet de Paris, & l'ufage introduit eft la feule règle à obferver à cet-égard (*).

_____

(*) Un acte de notoriété du bailliage de ville Franche en Beaujolois, du 23 juin 1721, attefte que » quand un » mineur âgé de plus de 18 ans veut intenter des demandes » & inftances qui peuvent refléchir directement ou indirec- » tement contre fon tuteur, il comparoît en perfonne à

Nous avons dit que les fonctions de Curateur font des fonctions de droit public, ainfi que celles de tuteur. Ceux qui ne peuvent s'exempter de celles-ci, font obligés de remplir celles-là : elles font dévolues à ceux qui font les plus proches parens des mineurs, & qui en cette qualité ont le plus d'efpérance de leur fuccéder.

Les Curateurs formels ou autres ne font ref-ponfables de rien envers les mineurs, parce que pour l'ordinaire ils n'ont aucune comptabilité : cependant comme ces Curateurs font tenus de veiller à l'emploi des deniers qui ont été rem-bourfés aux mineurs, s'ils les avoient laiffé diffi-per, ils feroient dans le cas d'être recherchés à cet égard.

Les Curateurs aux caufes ne répondent pas non plus de l'évènement des affaires pour lef-quelles ils ont prêté leur affiftance ; ils ne feroient repréhenfibles qu'autant qu'ils auroient ouver-tement induit leurs mineurs dans des procédures abfolument contraires à leurs intérêts, parce que le Curateur aux caufes eft obligé de conduire le mineur comme il fe conduiroit lui - même, autrement il feroit fort inutile qu'on eût recours à fon affiftance.

Lorfque le Curateur a fait des débourfés pour la caufe du mineur, celui-ci eft obligé de lui en faire raifon ; il eft pareillement obligé de lui tenir compte des frais des voyages néceffaires, & même du temps perdu, fi le Curateur eft d'un

---

» l'audience, & là requiert que pour la validité des de-
» mandes qu'il a formées, Curateur au confeil ou *ad lites*
» ( c'eft-à-dire aux caufes ) lui foit decerné afin de lui prêter
» fon autorité pour la validité des procédures. »

état à ne tirer fa fubfiftance que de l'emploi de fon temps.

Si un Curateur n'étoit nommé que pour une caufe qui s'eft préfentée, il ne feroit point cenfé nommé pour toutes les autres caufes à venir ; mais lorfqu'il eft nommé Curateur aux caufes en général, fon affiftance fuffit dans toutes celles qui peuvent avoir lieu.

Lorfque le Curateur eft décédé, le mineur n'acquiert ni plus de pouvoir ni plus de liberté qu'il n'en avoit auparavant; il eft obligé de recourir à l'affiftance & à l'autorifation d'un nouveau Curateur.

*Curateur pour fait d'interdiction.* L'interdiction peut avoir lieu à l'égard des majeurs pour plufieurs caufes, telles que la démence, la fureur, la prodigalité, &c.

Lorfqu'un homme a le malheur de tomber dans la démence, & qu'on le voit incapable de prendre foin de fa perfonne & de fes biens, on lui donne un curateur qui devient pour lui un vrai tuteur comptable de fa geftion & de fon adminiftration. Les actions qui concernent l'infenfé ou le furieux fe dirigent contre ce curateur ; & celui-ci en cette qualité pourfuit de même celles qui regardent les intérêts de l'interdit.

Lorfqu'il s'agit de diffipation & de prodigalité, en réduifant celui qui tombe dans ce genre de déréglement à l'état d'un mineur émancipé, on lui laiffe fimplement la jouiffance de fes revenus & on lui interdit la faculté de former aucun engagement qui ait trait à l'aliénation de fes fonds, à moins que ce ne foit de l'aveu & du confentement de celui qu'on lui donne pour curateur. Quelquefois, au lieu d'un curateur, on se contente de lui donner un conseil avec défenses de contracter & d'intenter aucun procès sans l'avis par écrit de ce conseil ou sans son intervention dans l'acte.

Lorsque le curateur du prodigue est mort, & qu'on néglige de lui en nommer un autre, il rentre dans sa première liberté, au lieu que la mort du Curateur de l'insensé ou du furieux ne change point leur état, ils demeurent toujours interdits. Au surplus voyez à l'article INTERDICTION, pour quelles causes & de quelle manière elle a lieu, combien elle dure, quels en sont les effets, & comment elle finit.

*Curateur pour biens vacans, confisqués & déguerpis.* Lorsqu'une succession est ouverte & qu'il ne se présente pas d'héritiers, ou lorsque ceux qui sont appelés à la recueillir jugent à propos d'y renoncer, les créanciers qui ont intérêt d'être payés sur les biens de cette succession, y font nommer un curateur. Cette nomination n'exige point d'assemblée de parens : on présente une requête au juge expositive du fait, & l'on demande qu'il soit nommé un curateur aux biens vacans ; cette requête est communiquée au ministère public qui indique une personne pour Curateur. Ce Curateur se présente ( * ) & l'on reçoit de lui le serment de s'acquitter fidellement de sa commission. La curatelle s'insinue, & le Curateur entre en fonctions.

_____

( * ) On emploie ordinairement d'anciens praticiens pour ces sortes de fonctions; on leur passe quelques salaires, au moyen de quoi on n'est jamais en peine de trouver des Curateurs en pareille occasion.

Si plusieurs personnes font créer chacune de son côté un Curateur à des biens vacans, il est d'usage de donner la préférence à la curatelle la plus ancienne en date du côté de l'insinuation. Cependant s'il y avoit des raisons pour préférer la curatelle la moins ancienne, eu égard au plus ou moins d'aptitude & de capacité de la part des Curateurs nommés, il resteroit à la prudence du juge de faire prévaloir celle qu'il croiroit la plus avantageuse pour la conservation des biens.

Le Curateur nommé représente le défunt ou l'ancien propriétaire. C'est contre ce Curateur qu'on doit diriger toutes les actions qu'on a à exercer. Le Curateur de son côté est partie capable en cette qualité pour intenter toutes celles qui ont rapport aux intérêts qui lui sont confiés. S'il y a du mobilier il peut le vendre, mais pour que la vente soit régulière, elle doit être faite par l'autorité de justice après publication & affiches, c'est-à-dire à-peu-près de la manière qu'on procède à la vente du mobilier des mineurs. L'article 344 de la coutume de Paris contient des dispositions à cet égard.

Tous les frais légitimes que fait le curateur sont des frais qui doivent lui rentrer par préférence aux créances même les plus privilégiées.

Si après qu'un Curateur s'est immiscé dans l'administration des biens qui lui ont été confiés, il survenoit un héritier inconnu auparavant, tout ce qui auroit été fait avec le Curateur ne seroit pas regardé comme nul; cet héritier seroit obligé de prendre les choses dans l'état où elles se trouveroient; c'est ce qui a été jugé au parlement de Paris par un arrêt du 28 mars 1702.

Nous remarquerons ici d'après de Ferrières

Mm iv.

fur l'article 34 de la coutume de Paris, que lorfque le Curateur eft donné à un fief faifi à la requête des créanciers du vaffal, ce Curateur eft bien reçu à la vérité à faire la foi & hommage au feigneur pour avoir main-levée de la faifie féodale; mais par la mort de ce Curateur il n'y a ni mutation de vaffal, ni ouverture de fief, parce que le débiteur en conferve toujours la propriété jufqu'à une adjudication par décret.

Quand le Curateur eft nommé à une fucceffion vacante ou à un fief abandonné, la chofe eft différente, il n'y a plus alors de propriétaire connu: ainfi le feigneur peut dans ce cas, obliger les créanciers à lui donner ce qu'on appelle un homme vivant & mourant; car le Curateur n'eft point regardé comme tel par fa fimple qualité de Curateur.

Mais obfervez qu'en fait de faifie réelle, les fonctions de Curateur aux biens faifis appartiennent aux commiffaires des faifies-réelles où il y en a de créés en titre d'office.

Ce que nous venons de dire du Curateur aux biens vacans & déguerpis, s'applique au curateur des biens confifqués; car après une confifcation acquife, celui auquel elle doit profiter n'étant point partie capable pour défendre aux droits des créanciers, il faut qu'il faffe créer un Curateur aux biens qui font l'objet de la confifcation. On peut voir ce que dit Auzanet à ce fujet fur l'article 183 de la coutume de Paris.

*Curateur en matière criminelle.* Lorfqu'il s'agit de faire le procès à un accufé muet ou tellement fourd qu'il ne puiffe rien entendre, le juge fans aucune requifition, ni de la partie publique, ni de la partie civile, doit lui nommer d'office un

Curateur qui fache lire & écrire, & il doit être fait mention dans le procès-verbal de nomination de ce Curateur, à peine de nullité, du ferment qu'on eft tenu de lui faire faire de bien & fidellement défendre l'accufé.

Pour que ce Curateur s'acquitte comme il faut de fa commiffion, l'ordondance lui permet de s'inftruire fecretement avec l'accufé par fignes ou autrement des moyens qui peuvent fervir à la juftification de celui-ci. C'eft par cette confidération que le juge doit avoir l'attention de lui donner pour Curateur une perfonne qui le connoiffe particulièrement, & qui ait vécu ou qui ait eu des habitudes avec lui.

Si l'accufé eft muet fans être fourd, ou fourd fans être muet, on peut lui donner à écrire toutes fes réponfes ainfi que fes dires & reproches contre les témoins, lorfqu'il a l'ufage de l'écriture. Mais ce qu'il a écrit doit être figné de lui & du Curateur tout enfemble, ou il doit être fait mention de la raifon pour laquelle ni l'un ni l'autre n'ont figné.

Si ce fourd ou ce muet ne veut écrire ni figner, le Curateur doit répondre en fa préfence, & fournir des reproches contre les témoins. Ce Curateur eft reçu à faire tous les actes que pourroit faire l'accufé ; on obferve à fon égard les mêmes formalités que celles qu'on obferve ordinairemement à l'égard de celui de la défenfe duquel il eft chargé, avec cette différence feulement que le Curateur ne fe met jamais fur la fellette, il refte debout & nu-tête lors du dernier interrogatoire.

Au refte, que l'accufé foit fourd ou muet fimplement, ou qu'il foit tout enfemble fourd &

muet, il n'en doit pas moins être fait mention dans tous les actes de la procédure de l'affistance de son Curateur, & cela à peine de nullité, & des dépens ainsi que des dommages-intérêts des parties contre les juges ; mais dans le difpofitif du jugement, il ne doit être fait mention que de l'accufé.

On ne donne point de Curateur aux accufés qui entendent, & qui pouvant répondre ne veulent rien dire.

Ce que nous venons d'obferver au fujet des fourds & des muets, eft tiré du titre 18 de l'ordonnance criminelle de 1670.

L'article 11 du titre 14 de la même ordonnance a prévu le cas où un accufé n'entendroit pas le françois ; elle veut dans cette occafion qu'il lui foit donné un interprête qui fait alors à-peu-près les fonctions d'un Curateur. *Voyez* INTERPRÊTE.

Quand une communauté s'eft rendue coupable de rebellion, de violence ou de quelqu'autre crime, & qu'il s'agit de lui faire le procès (*), le titre 21 de l'ordonnance que nous venons de citer, veut que cette communauté foit tenue de fe nommer un fyndic ou un député, fuivant que le prefcrira l'ordonnance du juge, à l'effet de la reprefenter dans le procès & de la défendre, & lorfqu'elle refufe de faire cette nomination, le juge eft autorifé à lui nommer d'office un Curateur.

---

(*) L'ordonnance prefcrit la même chofe à l'égard des corps & des compagnies que nous comprenons ici fous le mot général de *communauté* qui s'entend auffi des villes, des bourgs & des villages.

Ce Curateur subit les interrogatoires pour la communauté ; c'est avec lui que se font les confrontations ; & il est employé en cette qualité dans tous les actes de la procédure (*). Mais on ne le comprend point dans le dispositif du jugement qui se rend seulement contre la communauté.

Un autre cas en matière criminelle où les fonctions d'un Curateur sont nécessaires, c'est lorsqu'il s'agit de faire le procès au cadavre ou à la mémoire d'un défunt, soit pour crime de lèze-majesté divine ou humaine, soit pour duel, ou pour homicide de soi-même, ou pour rebellion à justice avec force ouverte, quand l'accusé est mort dans la chaleur de cette rebellion.

Comme l'accusé n'est plus en état de se défendre, l'ordonnance veut que le juge nomme d'office un Curateur au cadavre ou à la mémoire du défunt ; & qu'on prenne par préférence un parent de ce dernier s'il s'en offre quelqu'un pour faire cette fonction.

La procédure s'instruit contre ce Curateur de la même manière qu'elle s'instruit contre celui qui est nommé à une communauté.

Ce Curateur au cadavre ou à la mémoire d'un défunt, a la faculté d'interjeter appel de la sentence rendue dans l'affaire pour laquelle il a prêté son ministère ; il peut même être forcé par l'un des parens à l'interjeter ; mais alors ce parent est tenu d'avancer les frais de l'appel.

Observez que sur cet appel les cours peu-

___

(*) Le meilleur style en dénommant la communauté, est d'ajouter : *représentée par N. son syndic (ou son Curateur) &c.*

vent élire un autre Curateur que celui qui a été nommé par les premiers juges.

Ce que nous difons à ce fujet réfulte du titre 22 de l'ordonnance de 1670. Voyez au furplus ce que nous avons dit à l'article CADAVRE.

*Curateur pour fait de groffeffe.* Ce Curateur a lieu lorfque la femme fe trouve enceinte lors de la mort de fon mari, & ce Curateur, on l'appelle ordinairement *Curateur au ventre.* Ses fonctions font de veiller aux intérêts de l'enfant à naître. Quelquefois auffi les héritiers, lorfqu'ils ont de juftes raifons de craindre de la part de la veuve une fuppofition de part pour les fruftrer de la fucceffion, font créer ce Curateur pour s'affurer en même-temps de la naiffance de l'enfant & de l'état où il fe trouve au moment où il viendra au monde ( * ). Si cet enfant eft dans le cas de vivre, on lui donne un tuteur auquel le Curateur rend compte de fon adminiftration pendant la groffeffe ; mais ce même Curateur peut être continué pour cette adminiftration en qualité de tuteur.

Voyez *le traité des minorités ; Auzanet & de*

( ' ) Denifart dit avoir vu nommer un Curateur au ventre, dans le cas que voici : « Un particulier qui venoit de perdre » fa femme, en époufa prefqu'auffitôt une autre qui étoit » groffe. Les parens du premier lit prétendirent que l'enfant » dont la femme étoit groffe au tems de fon mariage avoit » été conçu du vivant de la première femme, & qu'il ne » pouvoit par conféquent naître légitime. Par provifion on » nomma un Curateur au ventre à la nouvelle époufe, à » l'effet de veiller à fon accouchement, & à ce que l'enfant » fût examiné au moment de fa naiffance par médecins & » chirurgiens qui rapporteroient l'état de l'enfant & s'il étoit » né à terme ».

*Ferrières , fur la coutume de Paris ; les arrêtés du préfident de Lamoignon ; le recueil des actes de notoriété du châtelet de Paris ; le recueil de jurifprudence civile ; la collection de Deniçart; l'ordonnance de 1670, &c.* Voyez auffi les articles AVIS ( *de parens* ), AUTORISATION ( *du mineur* ), CADAVRE, INTERDICTION, MINEUR, &c. ( *Article de M. DAREAU , avocat, &c.* )

## ADDITION A L'ARTICLE CURATEUR.

*Des droits à percevoir relativement aux nominations de Curateur.*

Toutes les nominations de Curateur font fujettes à l'infinuation : celles qui concernent les perfonnes doivent être infinuées dans le lieu de leur domicile & celles qui ont rapport aux biens dans le lieu où ils font fitués. C'eft ce qui réfulte de l'édit du mois de décembre 1703 & de la déclaration du 19 juillet 1704.

Pour les nominations de Curateur à des mineurs , il eft dû un droit d'infinuation par chaque mineur fur le pied réglé par l'article 15 du tarif du 29 feptembre 1722 , qui s'en explique formellement. (*) Le confeil a d'ailleurs rendu en conformité de cet article , une décifion le 28 février 1733.

---

(*) *Cet article porte que* pour chacune nomination de Curateur aux fucceffions vacantes , a fubftitutions , aux interdits , aux mineurs & autres , foit par actes judiciaires ou volontaires , pour quelque caufe que ce foit , les droits d'infinuation en feront payés , pour chaque fucceffion , & pour chacun des interdits , mineurs & autres compris dans un même acte ou fentence , par rapport à la qualité de la perfonne de la fucceffion de laquelle il s'agit.

Suivant une lettre de M. le contrôleur général à M. le procureur général du parlement de Dijon, les droits d'infinuation doivent être avancés par les parens, & pris par préférence fur les meubles.

Divers arrêts & décifions du confeil ont jugé que les droits d'infinuation pour la nomination de Curateur à des mineurs, devoient être perçus indépendamment de ceux qui font réglés par l'article 14 du tarif pour les lettres de bénéfice d'âge.

Le confeil a auffi jugé le 26 août 1741, que conformément au tarif, ces droits devoient être perçus felon la qualité du père des mineurs.

Le fyndic de la communauté des procureurs du bailliage de Grefivaudan ayant formé au confeil une demande dont l'objet étoit de faire dif-penfer de l'infinuation les nominations des Cu-rateurs que les juges donnent d'office aux mi-neurs dans les procès qu'ils ont devant eux, & celles qui ont rapport aux difcuffions bénéficiai-res, cette demande a été rejetée par arrêt du 31 juillet 1742; en conféquence il a été fait dé-fenfe à tout greffier de la province du Dauphiné de délivrer aucune fentence ou acte de nomina-tion de Curateur à des mineurs, fans les avoir fait préalablement infinuer & en avoir payé les droits, à peine de nullité & de 300 livres d'a-mende contre les contrevenans.

Obfervez néanmoins que quand par l'acte de tutelle, on nomme un Curateur pour affifter à l'inventaire, (*) cette nomination eft exempte de l'infinuation : il n'y a que les nominations de

---

(*) C'eft ce qu'on appelle à Paris *fubrogé tuteur.*

Curateur faites lorſqu'il n'y a plus de tuteur, & que les mineurs ſont émancipés, qui y ſoient aſſujetties. C'eſt ce qui réſulte de deux déciſions du conſeil des 6 juillet 1724 & 2 juin 1726.

A l'égard des nominations de Curateur aux prodigues & aux perſonnes en démence, les droits d'inſinuation doivent en être payés ſuivant la qualité de celui qui eſt mis en curatelle, ſur le pied fixé par l'article 15 du tarif du 29 ſeptembre 1722 : ces droits ſont dûs indépendamment de ceux qui ſont fixés par l'article 8 pour l'interdiction quand même les deux diſpoſitions ſeroient contenues dans le même acte : la raiſon en eſt que l'interdiction regarde la perſonne de l'interdit, & que l'édit de 1703 veut que la nomination qui regarde le Curateur ſoit rendue notoire par l'inſinuation.

Il y a ſur cet objet une déciſion du conſeil du 6 ſeptembre 1738 rendu contre Henri Revin, nommé Curateur de Jeanne Coſſette par l'acte d'interdiction.

Par une autre déciſion du 19 juillet 1753, le conſeil a condamné la dame Robiquet, nommée par ſentence du châtelet de Paris, Curatrice de la perſonne & des biens du ſieur d'Aigremont ſon mari, au lieu & place de Nicolas d'Aigremont, au payement du droit d'inſinuation de la même ſentence, & a prononcé tant contre elle que contre un huiſſier & un procureur au parlement l'amende de trois cens livres, parce qu'ils s'étoient ſervis de cette ſentence & l'avoient fait ſignifier avant qu'elle fût inſinuée.

Les nominations de Curateur à des ſucceſſions vacantes ſont aſſujetties à payer autant de droits ſur le pied de l'article 15 du tarif qu'il y a de succeffions vacantes, & felon les qualités des défunts. La même règle doit être obfervée au fujet des nominations de Curateurs aux fubftitutions.

Quant à la nomination de Curateur à des biens déguerpis, le droit d'infinuation doit en être perçu relativement à la qualité de celui qui a fait le déguerpiffement.

Le Curateur aux biens vacans tient lieu de vaffal : c'eft un vaffal provifionnel qui doit acquitter le centième denier de ces biens fi la fucceffion vacante eft ouverte en ligne collatéralle : mais fi elle eft ouverte en ligne directe, il n'eft point dû de centième denier tant que les biens reftent vacans.

CURATEUR EN TITRE. On appelle ainfi en Lorraine des officiers prépofés pour veiller à l'intérêt des abfens & à la confervation des biens des fucceffions vacantes.

Avant que le roi Staniflas, dernier duc de Lorraine, eût fupprimé par fon édit du mois de juin 1751, les anciens bailliages & les autres fiéges fubalternes de cette province pour en créer de nouveaux, les fonctions des Curateurs en titre étoient exercées par des officiers auxquels le fouverain accordoit des provifions pour cet effet.

Ces officiers ayant été fupprimés par l'édit qu'on vient de citer, il n'en fut point établi de nouveaux. Cette circonftance détermina le procureur général de la cour fouveraine de Lorraine & Barrois, qui eft aujourd'hui le parlement de Nancy, à préfenter un requifitoire expofitif que les créations nouvelles de tribunaux & d'officiers de juftice con-

tenues

tenues dans l'édit de juin 1751 , ayant été faites
à l'inſtar des tribunaux , offices & uſages de
France , auxquels elles avoient été aſſimilées , il
n'y avoit point eu de création nouvelle de l'office de Curateur en titre qui étoit inconnu dans
le royaume de France & dont les fonctions s'y
exerçoient par le miniſtère public , enſorte que
s'il n'y étoit pourvu, l'adminiſtration de la juſtice ſeroit interrompue , ou une grande partie
des procédures expoſée à des nullités eſſentiel-
les : qu'ayant fait à cet égard ſes remontrances
à ſa majeſte , il en avoit reçu ordre d'y apporter
un expédient proviſionnel. En conſéquence la
cour rendit le 22 novembre 1751 , en conformité des concluſions de ce magiſtrat , un arrêt
par lequel elle ordonna que dans tous les bailliages , prévôtés & ſiéges de ſon-reſſort , il ſeroit
établi par les officiers de ces ſiéges , ſur les re-
quiſitions des ſubſtituts du procureur général ,
un Curateur aux abſens & aux ſucceſſions vacantes , lequel ſeroit du nombre des avocats des
mêmes ſiéges & prêteroit ſerment pardevant
ces officiers pour faire par proviſion , ſous le
bon plaiſir du roi, & juſqu'à ce qu'il en eût autrement ordonné , les fonctions des Curateurs
en titre ſupprimés , exercer les droits que l'ordonnance du mois de novembre 1707 leur avoit
attribués , & remplir les obligations que cette
loi leur avoit impoſées : il fut en outre ordonné
qu'immédiatement après la preſtation de ſerment
de ces nouveaux officiers , tous les regiſtres ,
titres , lettres , papiers , procédures & deniers
concernant les curatelles , leur ſeroient remis
par les anciens Curateurs en titre , ſous inventaire ſommaire qui en ſeroit dreſſé ſans frais

par les juges, au pied duquel les nouveaux Curateurs s'en chargeroient & en donneroient décharge à leurs prédéceffeurs ou à leurs héritiers fur un *duplicata* de cet inventaire.

Les fonctions du Curateur en titre font déterminées dans l'ordonnance du duc Léopold de Lorraine du mois de novembre 1707, par un chapitre particulier du règlemeut concernant les droits, fonctions & attributions des officiers de juftice.

Suivant l'article premier, les Curateurs en titre ne peuvent pas s'immifcer dans la geftion des fucceffions prétendues vacantes & abandonnées, fi ce n'eft en vertu d'une ordonnance de juftice intervenue fur une requête préfentée foit par eux foit par les autres parties intéreffées, & cette ordonnance doit leur prefcrire ce qu'ils ont à faire.

Les juges peuvent fur la requifition du Curateur en titre, obliger les parties qui font des pourfuites contre des abfens ou relativement à des fucceffions vacantes & abandonnées, de lui avancer une certaine fomme de deniers pour être employée aux frais néceffaires, fauf à la partie qui a fait ces avances à les recouvrer comme frais privilégiés. C'eft ce qui réfulte de l'article 2.

L'article 3 veut que le Curateur en titre tienne un regiftre exact de toutes les pourfuites actives & paffives concernant la curatelle, par chapitre féparé pour chaque affaire & fans aucune confufion des unes avec les autres.

Il eft tenu par l'article 4 de faire tout ce qui lui eft poffible pour avertir les abfens des pourfuites dirigées contre eux.

Suivant l'article 5 , il doit exercer pendant le temps de fa commiſſion les droits dépendans des ſucceſſions vacantes.

L'article 6 attribue aux avocats-Curateurs en titre des bailliages & ſiéges inférieurs le droit de précéder les autres avocats dans les marches & actions publiques.

Il eſt dit par l'article ſept que les regiſtres, papiers & procédures concernant les curatelles , feront remis par inventaire & moyennant décharge valable , entre les mains du ſucceſſeur en charge , à condition que dans le cas du rembourſement des émolumens des pourſuites , ils appartiendront à la veuve ou aux héritiers du prédéceſſeur.

Voyez *les lois citées* , & les articles ABSENS , SUCCESSION , &c.

CURE & CURÉ. On appelle *Cure* un bénéfice eccléſiaſtique qui demande réſidence , & dont le titulaire a ſoin, quant au ſpirituel, d'un certain nombre de perſonnes renfermées dans une étendue de pays qu'on appelle paroiſſe. Et l'on nomme *Curé*, le prêtre qui eſt pourvu d'une Cure.

Il n'eſt pas étonnant que les miniſtres de la religion influent ſouvent ſur l'état des citoyens , & qu'ils ſoient à la fois les interprêtes de la loi divine & les hommes de la loi civile : ce double caractère ſe rencontre ſurtout dans la perſonne des Curés. Le légiſlateur ayant attaché à l'adminiſtration de pluſieurs ſacremens des effets civils de la dernière importance , les Curés qui ſont miniſtres nés de ces ſacremens ſe trouvent chargés de l'exécution d'une partie des lois ; & ſi la religion s'en ſert pour conduire les fidèles à la

N n ij

vie éternelle par l'accompliffement des précep-
tes révélés , l'état à fon tour s'en fert pour affurer & fixer l'exiftence légale des citoyens. Aux
yeux du politique comme du chrétien , le rang
& l'état de Curé ne peut donc manquer d'être
infiniment refpectable.

Le nom de Curé vient-il du mot *Cura* ou *Cu-
rio ?* peu importe. On trouve l'un & l'autre
également employé dans les conciles des onzième & douxième fiècles, ou tantôt on appelle
les Curés *Curati* , & tantôt *Curiones. Parochus* ,
*plebanus* , *rector* ont encore fervi à les défigner.
Il y a des pays où ils ont confervé quelques-
unes de ces dénominations ; en Bretagne on les
nomme recteurs.

Une autre queftion qui mérite plus d'attention , & qui a fouvent agité les efprits, eft de
favoir quelle eft leur origine ; s'ils ont été infti-
tués par Jefus-Chrift lui-même ou s'ils ont été
établis par l'églife. Sont-ils de droit divin ? Sont-
ils de droit pofitif eccléfiaftique ? Ont-ils reçu
leur caractère & leur juridiction du fils de
Dieu, ou font-ils de fimples délégués des évêques ? Les partifans des droits de l'épifcopat ont
cru en relever l'éclat & la fplendeur, en réduifant l'état des Curés à celui de fimples manda-
taires révocables *ad nutum*. Ils n'ont vu dans ces
hommes refpectables & laborieux qui fuppor-
tent le poids & la chaleur du jour , & qu'on
peut à jufte titre appeler les colonnes de l'églife,
que des ouvriers pour ainfi dire étrangers à la
vigne du feigneur, des mercenaires qui n'exerçoient les pouvoirs du faint miniftère que par
procuration,& qui ne rempliffant leurs fonctions
ni en vertu de leur ordre , ni en vertu de leur

caractère, ne pouvoient tenir aucun rang dans la hiérarchie ecclésiastique. Au contraire les défenseurs des droits des Curés, ont soutenu leur indépendance des évêques, & quant à la puissance d'ordre, & quant à celle de juridiction, & faisant remonter leur origine jusqu'à Jesus-Christ, ils les ont regardés comme les successeurs des soixante & douze disciples. Les passions qui se glissent jusques dans le sanctuaire & sur l'autel même ont animé les deux partis & les ont fait sortir des bornes que la religion & la raison leur prescrivoient.

Les évêques ont cherché à opprimer les Curés en leur refusant une institution divine ; & malheureusement les Curés, en réclamant une origine qu'on ne peut leur contester, ont voulu se délivrer d'une subordination que le divin auteur de notre religion a lui-même établie & qui fait la base de tout le gouvernement ecclésiastique.

Jesus-Christ pendant sa vie mortelle a établi deux ordres de ministres. On ne peut se refuser à cette vérité, lorsqu'on voit dans les livres saints la vocation des apôtres & la mission des disciples. Il est certain que les uns & les autres ont été institués pour le même but & le même objet, la prédication de l'évangile. Il est encore certain que les apôtres étoient d'un rang supérieur aux disciples. Leur institution étoit la même : ils tiroient leurs pouvoirs de la même source ; mais ces pouvoirs étoient subordonnés entr'eux & les disciples ne les exerçoient que sous l'inspection & la surveillance des apôtres.

Si les Curés font les successeurs des disciples comme les évêques font ceux des apôtres, tout

eft décidé ; ils font de droit divin. Or, cela
paroît inconteftable. En vain dit-on que l'on ne
trouve point de paroifles établies dans les premiers fiécles de l'églife. Ce n'eft pas faifir l'état
de la queftion. Il ne pouvoit point y avoir de paroifles lorfqu'il n'y avoit point de chrétiens. La
religion a commencé à s'établir dans les villes.
Les fidelles d'abord en petit nombre n'avoient
qu'un temple & n'étoient gouvernés que par
l'évêque ; mais cet évêque avoit avec lui un
certain nombre de prêtres ; & lorfque le chriftianifme en multipliant les profélites, eut converti les habitans des villes, & fe fut répandu
dans les campagnes, les prêtres qui affiftoient
les évêques, & qui demeuroient avec eux, les
quittèrent & s'établirent dans les différens quartiers des grandes villes & dans les campagnes
peuplées de chrétiens ; voila l'origine des paroiffes & des Curés.

Les Curés ne font donc que ces prêtres qui
dans les premiers commencemens du chriftianifme ne quittoient point les évêques & étoient
les compagnons de leurs travaux apoftoliques.
Comment nier que ces prêtres ne fuffent les
fucceffeurs des difciples ? Où trouve-t-on leur
origine dans l'hiftoire de l'églife ? Les actes des
apôtres auroient-ils manqué de nous rapporter
leur inftitution, comme ils nous ont tranfmis
celle des diacres ? Au contraire ces mêmes actes
fuppofent par tout les prêtres auffi anciens que
la religion. S. Paul affemble à Milet les prêtres
de l'églife d'Ephèfe. *Majores natu ecclefiæ*. Le
difcours qu'il leur adreffe prouve qu'il les re-
gardoit comme d'inftitution divine ; *attendite
vobis & univerfo gregi in quo vos fpiritus fanctus*

*posuit episcopos regere eclesiam Dei quam acquisivit sanguine suo.* Il n'est pas possible de traduire ici le mot *episcopos* par évêques dans le sens que nous lui donnons aujourd'hui. Il n'y avoit certainement qu'un évêque à Ephèse, il n'y en a jamais eu plusieurs dans une même ville, c'est donc de tous les prêtres de cette église qu'il faut entendre ee que dit l'apôtre. Cela souffre d'autant moins de difficulté que le texte grec au lieu de *majores natu*, porte les *prêtres de cette église*. Or, ne dit-il pas en termes formels qu'ils doivent leur institution à Dieu même ? *In quo vos spiritus sanctus posuit episcopos.* Ce ne font point les hommes, c'est l'esprit saint qui les a établis pour être les inspecteurs & les surveillans de l'église de Dieu, acquise par son sang. On ne peut donc sans contredire S. Paul, donner aux prêtres une institution positive ecclésiastique.

Mais si cette opinion a toujours été admise dans l'église ; si les pères, les conciles & les docteurs ont toujours regardé les prêtres-Curés comme les véritables successeurs des disciples, alors il n'y aura plus de difficulté. La tradition, règle sûre & infaillible, dissipera les obscurités que pouvoit présenter le texte facré.

Or, on trouve dans tous les auteurs qui ont traité cette matière, des passages précis de S. Ignace, de S. Irénée, de S. Chrisostome, &c. qui ne laissent aucune difficulté sur l'institution divine des prêtres & des Curés. Le clergé de France a toujours tenu la même doctrine ; ses plus célèbres évêques, dès le huitième siècle, ont déclaré positivement qu'ils reconnoissoient les Curés comme leurs associés dans les travaux apostoliques & les successeurs des soixante-dix difciples. C'eft également la doctrine de Gerfon & de S. Thomas. La faculté de Théologie de Paris a toujours eu le foin le plus attentif à condamner toutes les propofitions qui pouvoient y donner quelqu'atteinte. Nous laiffons au théologien à rapporter & à difcuter les preuves de tous ces faits. Ce font des objets abfolument étrangers au jurifconfulte.

A ce précis des preuves de l'origine des Curés, nous nous contenterons d'ajouter qu'ils exerçoient autrefois & de droit commun une juridiction beaucoup plus étendue qu'ils ne l'exercent aujourd'hui. Le père Thomaffin dans fa difcipline eccléfiaftique, prouve d'après les anciens monumens, qu'ils conféroient à leurs paroiffiens les ordres que nous appelons mineurs; on voit dans la vie de faint Seine, qu'il reçut vers l'an 540 la tonfure par les mains du Curé de Maymond, nommé Euftade. Ils avoient auffi le droit de porter des cenfures tant contre le clergé que contre le peuple de leurs paroiffes. Ils pouvoient enfin donner des pouvoirs aux fimples prêtres pour entendre les confeffions de leurs paroiffiens; preuves inconteftables que la juridiction qu'ils exerçoient n'étoit point une juridiction déléguée, mais une juridiction qu'ils ne tenoient que de leur ordination, & par conféquent que de Jefus-Chrift lui-même; premier auteur du facrement de l'ordre.

Si les Curés ne jouiffent plus de tous ces droits, on n'en peut rien conclure contre eux, parce qu'on reconnoît & on a toujours reconnu que l'églife a le droit de limiter & de reftraindre l'exercice des pouvoirs de fes miniftres felon les circonftances & fes befoins. Si les Curés ne

confèrent plus les ordres mineurs , s'ils ne portent plus de cenfures , s'ils ne déléguent plus
pour entendre les confeffions , on ne peut pas
dire pour cela que ces pouvoirs ne font point
attachés à leur ordre & à leur caractère ; on en
doit feulement conclure que l'exercice en eft
limité ou fufpendu par les ordres fupérieurs de
l'églife. Les évêques qui ont abandonné aux
papes beaucoup de droits épifcopaux , n'en
tiennent pas moins ces droits de Jefus-Chrift
lui-même , quoiqu'ils ne les exercent plus ; &
comme un changement dans la difcipline pourroit leur rendre ce que leur foibleffe ou leur
complaifance leur ont fait perdre , de même les
Curés pourroient rentrer dans leurs anciennes
prérogatives , fi l'on abrogeoit les lois récentes
qui les ont réduits à l'état où nous les voyons
aujourd'hui.

Mais de ce que les Curés font d'inftitution
divine , il ne s'enfuit pas qu'ils ne doivent point
être foumis & fubordonnés aux évêques , &
qu'ils leur foient égaux en pouvoirs & en juridiction. Nous ne voyons jamais dans l'écriture
les difciples marcher de pair avec les apôtres ;
ceux-ci au contraire font les chefs de toutes les
affemblées ; par-tout ils portent la parole. Les
dix-fept , dix-huit, dix-neuvième verfets de
l'épître première de faint Paul à Thimotée ,
prouvent la fupériorité des évêques fur les prêtres , & jamais la difcipline de l'églife n'a varié
fur ce point. Au refte , leur inftitution divine &
les pouvoirs qu'ils tiennent immédiatement de
Jefus-Chrift , n'ont rien d'incompatible avec la
fubordination aux évêques ; & s'il eft permis de
comparer les chofes facrées aux profanes , ils

font comme nos tribunaux inférieurs qui tiennent leur juridiction du fouverain, & ne l'exercent cependant que fous l'infpection & la dépendance des cours fupérieures. Nous nous ferons donc un devoir de dire ici avec le concile de Trente, *fi quis dixerit epifcopos non effe presbiteris fuperiores anathema fit.*

A peine le chriftianifme fe fut-il répandu dans les villes & dans les campagnes, que l'on voit des Curés dans l'exercice de leurs fonctions. Saint Paul dans fon épître aux romains, chapitre 16, verfet 1, indique qu'il y avoit une églife à Cencrée. Cette églife avoit feulement un miniftre. Théodoret affure qu'il n'y a jamais eu d'évêque. Ce ne pouvoit donc être qu'un Curé. Eufèbe, livre 2, chapitre 16, rapporte que les différentes paroiffes qui étoient à Alexandrie avoient été établies par faint Marc même. Sozomene en parle comme d'un établiffement fort ancien. Saint Denis qui en fut évêque l'an 248, raffembla les prêtres qui étoient dans les villages de la province d'Arfinoé pour combattre l'erreur des millenaires.

Les Curés ont la même ancienneté dans l'églife d'Occident que dans celle d'Orient. Si l'on en croit Hermas, auteur contemporain des apôtres, il y avoit à Rome dans le temps de faint Clément, qui a fuccédé prefqu'immédiatement à faint Pierre, des prêtres qui gouvernoient fous lui les églifes de cette capitale du monde. On lit dans le pontifical attribué au pape Damafe, que le pape Evarifte qui mourut l'an 108 de Jefus-Chrift, la partagea en différens quartiers, & qu'il en diftribua les titres à fes prêtres qu'on nommoit alors cardinaux & qui n'étoient que de fimples Curés. Enfin ce qui ne laiffe aucun doute fur leur ancienneté, c'eft le trente-fixième canon des apôtres, qui défend aux évêques d'ordonner des prêtres dans les villes & villages qui ne font pas de leurs diocèfes. L'auteur de la fauffe décrétale attribuée au pape faint Denis s'eft donc évidemment trompé lorfqu'il a placé fous le pontificat de ce faint, la formation & l'établiffement des paroiffes. Il eft beaucoup plus ancien. En effet, il a dû y avoir des Curés en titre dès le moment où le nombre des chrétiens & la diftance de leurs habitations de la ville épifcopale a exigé que les prêtres qui vivoient avec l'évêque s'en éloignaffent & fixaffent ailleurs leurs demeures pour diftribuer le pain de la parole & adminiftrer les facremens. Nous ne nous arrêterons point à citer une foule de conciles qui prouvent l'ancienneté des Curés en titre. C'eft un point de fait qu'on ne peut plus contefter.

Un Curé doit être prêtre, âgé de vingt-cinq ans accomplis, & être gradué fi fa Cure eft dans une ville murée.

Selon l'ancien droit, on pouvoit être nommé à une Cure lorfqu'on pouvoit être ordonné prêtre dans l'an de la paifible poffeffion ; il fuffifoit donc d'avoir vingt-trois ans accomplis, puifqu'à 24 ans également accomplis on eft capable de recevoir la prêtrife. Il en étoit de même pour les dignités qui emportent le foin des ames. Nos rois protecteurs nés des canons & de la difcipline eccléfiaftique, & comme tels ayant droit de faire des lois fur tout ce qui ne touche ni à la doctrine ni aux matières purement fpirituelles, ont cru devoir abroger un ufage qui

pouvoit entraîner avec lui de grauds inconvéniens, & dont le moindre étoit de confier les
paroisses aux soins peu vigilans des prêtres mercenaires qui les desservoient, jusqu'à ce que
les vrais titulaires fussent parvenus à l'âge de
vingt-quatre ans : ils ont donc voulu que nul
ne pût être nommé Curé qu'il ne fût actuellement prêtre. Ils ont porté plus loin leur attention pour le bien de l'église. Ils ont cru qu'un
prêtre nouvellement ordonné n'avoit encore ni
un âge assez mur, ni une expérience assez con-
sommée pour exercer dignement & en chef les
fonctions pastorales, & ils ont voulu qu'un Curé
eût au moins vingt-cinq ans accomplis. Ils ont
supposé qu'une année d'exercice dans le ministère étoit au moins nécessaire pour être Curé.
Cette loi est renfermée dans la déclaration du
13 janvier 1742, enregistrée au parlement de
Paris le 26 du même mois & de la même année (*).

C'est donc actuellement une jurisprudence

_____

(*) Voici ce qu'elle dit relativement aux Curés. « Vou-
» lons & nous plaît que nul ecclésiastique ne puisse être
» pourvu dorénavant d'une Cure ou autre bénéfice à charge
» d'ames, soit sur la présentation des patrons, soit en vertu
» de ses degrés, soit à quelqu'autre titre ou par quelque
» collateur que ce soit, s'il n'est actuellement constitué dans
» l'ordre de prêtrise, & s'il n'a atteint l'âge de vingt-cinq
» ans accomplis ; faute de quoi, voulons que sans avoir
» égard aux provisions obtenues qui seront regardées com-
» me nulles & de nul effet, soit en jugement ou autre-
» ment, ladite Cure ou ledit bénéfice soient censés vacans
» & impétrables, & qu'en conséquence il y soit pourvu
» librement & de plein droit d'un sujet capable par ceux
» à qui la collation ou l'institution en appartiennent ».

certaine qu'il faut être prêtre & âgé de vingt-cinq ans accomplis pour être Curé. Sans ces deux qualités, toute efpèce de collation & de provifion feroit radicalement nulle, la Cure feroit impétrable, & la poffeffion même triennale ne pourroit couvrir ce défaut.

En eft-il de même du degré pour être Curé dans les villes murées? Le concordat en porte une difpofition formelle. Nous ordonnons, y eft-il dit, que les églifes paroiffiales qui fe trouvent dans les cités ou dans les villes murées, ne foient conférées qu'à des eccléfiaftiques qualifiés comme ci-deffus, ou du moins qui aient étudié pendant trois ans en théologie ou en droit, ou qui foient maîtres ès-arts (*). Voilà la loi; elle eft pofitive. Pour être Curé *in civitatibus*, c'eft-à-dire dans les villes épifcopales, *& in villis muratis*, c'eft-à-dire dans les villes ou bourgs, qui font entourés de murailles, il faut être docteur, licencié ou bachelier dans quelqu'une des trois facultés fupérieures; c'eft ce qu'il faut entendre par ces mots qualifiés comme ci-deffus, *præmiffo modo qualificatis*. Le concordat n'exige pour ceux qui n'ont point acquis ces degrés, que trois ans d'étude, foit en théologie, foit en droit, ou bien la maîtrife ès-arts.

Cette difpofition du concordat eft abfolument femblable à celle de la pragmatique fanction fur le même fujet, & à l'ordonnance de Louis XII de l'an 1499.

_____

(*) *Statuimus quoque quod parochiales ecclefiæ in civitatibus aut villis muratis exiftentes, non nifi perfonis præmiffo modo qualificatis, aut faltem qui per tres annos in theologiâ vel in altero jurium ftuduerint, feu magiftris in artibus conferantur.*

A ne confulter que la lettre de ces différentes lois, il paroît bien clair que trois ans d'étude en théologie ou en droit fuffifent pour pouvoir posséder une Cure dans une ville murée. Cependant beaucoup d'auteurs prétendent que ce temps d'étude eft infuffifant fi l'on n'y ajoute le degré, qui ne fe donnant que fur des examens, peut feul fournir une preuve de capacité. Ils s'appuient fur l'ordonnance de Henri II de 1551. Mais en faifant attention à cette ordonnance, on ne voit pas que le légiflateur déroge à celle de Louis XII, ni à la pragmatique fanction, ni au concordat. Il ordonne que « les procès mus » fur les Cures des villes murées, feront jugés » fuivant la teneur des ftatuts, décrets & con-» cordats, & fans avoir égard aux impétrations » qui pourroient être faites & fubrepticement » obtenues par perfonnes non graduées & de la » qualité contenue auxdits concordats ». Henri II fe réfère aux concordats précédens qu'il veut être exécutés, & auxquels par conféquent il ne déroge point ; il veut qu'on n'ait aucun égard aux impétrations faites par ceux qui ne feront point gradués & *qui n'auront point les qualités contenues efdits concordats.* Or, une de ces qualités eft d'avoir étudié trois ans, foit en théologie, foit en droit. Il n'y a donc dans cet article de l'ordonnance de Henri II, rien de contraire au concordat & aux autres lois qui l'ont précédé, qui ne demandent que trois ans d'étude dans les facultés de droit ou de théologie pour pouvoir posséder une Cure dans une ville murée.

Cependant Dumoulin eft d'une opinion contraire, & il rapporte un arrêt de 1536 rendu toutes les chambres affemblées, qui a jugé que trois ans d'étude, soit en théologie, soit en droit, sont insuffisans sans le degré. Beaucoup d'auteurs respectables ont embrassé l'opinion de Dumoulin. Les mémoires du clergé disent que sur cette question il n'y a aucun préjugé dans les arrêts ; qu'elle ne s'est pas encore présentée, & que la raison en est que ceux qui ont trois ans d'étude en théologie ou en droit, peuvent facilement acquérir un degré, ce qu'ils aiment mieux faire que de risquer un procès douteux.

Mais si trois ans d'étude en théologie ou en droit paroissent, selon la loi, suffire sans le grade pour posséder une Cure dans une ville murée, il n'en est pas de même du grade sans le temps d'étude. Il est certain qu'il ne mettroit point le Curé à l'abri d'une impétration, & qu'il seroit dans le cas de se voir enlever sa Cure, quelque longue que fût sa possession. Cela ne souffre plus de difficulté depuis la déclaration de 1736 enregistrée à Paris & à Toulouse. Elle veut « que » tous ceux qui obtiendront à l'avenir des degrés » dans les universités du royaume, soient tenus » de se conformer exactement, soit en ce qui » concerne le temps d'étude & en ce qui regarde » les examens & actes probatoires nécessaires » pour obtenir le titre de maître ès arts, où les » degrés de bachelier, ou de licencié, ou du » doctorat, aux règles établies par le concordat, » par les ordonnances du royaume, statuts & » réglemens particuliers de chaque université ; » le tout à peine de nullité des titres ou degrés » qui leur seroient accordés contre lesdites rè- » gles ; & en outre, de déchéance des dignités, » Cures & autres bénéfices qu'ils obtiendroient » en vertu ou sur le fondement desdites lettres » ou degrés ».

Une queſtion non moins importante, & ſur laquelle il y a une grande diverſité d'opinions, eſt de ſavoir dans quel temps il faut avoir le degré requis par le concordat pour être Curé dans une ville murée. Faut-il être gradué avant les proviſions? ſuffit-il de l'être avant la priſe de poſſeſſion? eſt-il néceſſaire de le devenir après la priſe de poſſeſſion? Pour traiter ces queſtions avec clarté, il faut établir différentés hypothèſes qui pourront fournir différentes ſolutions.

La collation d'une Cure dans une ville murée faite par l'ordinaire à un nòn gradué, n'eſt pas radicalement nulle, ſuivant le ſentiment le plus commun des auteurs; ce défaut ſe trouve couvert ſi le pourvu acquiert le degré avant ſa priſe de poſſeſſion. C'eſt ce qui a été jugé par des arrêts du parlement de Paris des 9 février 1699, 12 juillet 1700 & 15 mars 1701, qu'on trouve rapportés dans les mémoires du clergé. Il faut cependant remarquer que ſi un tiers dans l'intervalle de la collation à l'adeption du degré avoit acquis un droit au bénéfice, alors le premier pourvu ne ſeroit plus admis à purger la demeure; & un dévolutaire qui auroit intenté ſa complainte avant que ſon adverſaire eût obtenu le degré, devroit être maintenu. Quand on accorde au pourvu d'une Cure dans une ville murée un délai pour ſe faire graduer, on donne au degré obtenu poſtérieurement aux proviſions, un effet rétroactif qui les complette & les perfectionne. C'eſt une pure faveur que les cours ont cru pouvoir accorder, parce qu'elles ont penſé qu'il étoit indifférent que la capacité du pourvu fût prouvée avant ou après ſes proviſions.

fions. Mais il feroit de toute injuftice qu'une pareille faveur qui n'eft point l'ouvrage de la loi, portât préjudice à un tiers qui auroit un droit acquis. Nous remarquons en paffant qu'un dévolutaire n'a de droit au bénéfice dévoluté que du jour qu'il a intenté fa complainte & mis fa partie en caufe.

Les provifions pour une Cure d'une ville murée, obtenues en cour de Rome par la voie de la prévention, deviennent nulles fi l'ordinaire a conféré à un gradué avant que le pourvu par le pape fe foit mis en règle. Ces provifions deviennent nulles parce que, comme dit Dumoulin, *concordatis papa ipfe ligatus eft & non videtur jure preventionis conferre poffe hujufmodi parochiales ecclefias, nifi qualificatis.* Il faut donc dire avec Boutaric, qu'il ne paroît pas qu'on puiffe donner au grade un effet rétroactif au temps de la provifion au préjudice du droit acquis au gradué pourvu par l'ordinaire ; & que tout ce qu'on peut admettre de plus favorable, eft de faire fubfifter la provifion du pape fi lors de l'obtention du grade les chofes font dans leur entier du côté de l'ordinaire. Si l'on paffe quelque chofe au préventionnaire, il ne doit pas en être de même du dévolutaire. Son rôle auffi défavorable qu'il puiffe être, ne permet pas qu'on tempère en rien pour lui la rigueur des lois. D'ailleurs comment demander au pape un bénéfice fondé fur une incapacité dont on ne fe voit pas foi-même exempt? Comment un non gradué demanderoit-il une Cure en apportant pour raifon que le titulaire actuel n'eft pas gradué? cela impliqueroit contradiction ; ce feroit dire au pape : dépouillez tel titulaire qui ne s'eft pas conformé à la loi, pour revêtir un autre qui n'y a pas plus fatisfait que lui. C'eft bien le cas de dire une fecende fois avec Dumoulin, *concordatis papa ipfe ligatus eft*. Nous avouons que ces principes fur les dévolutaires ne font appuyés fur aucun arrêt : l'efpèce ne s'eft pas préfentée. Mais nous penfons qu'ils feroient non recevables fi avant d'impétrer des Cures de villes murées fur des non gradués, ils ne s'étoient mis en règle du côté des degrés.

Il eft bien rare qu'un réfignataire donne lieu à la queftion que nous agitons. Comme avant fa prife de poffeffion le bénéfice eft encore cenfé réfider fur la tête du réfignant, il paroît d'après l'efprit de la jurifprudence actuelle, qu'il lui fuffit de prendre le grade avant fon vifa ou fa prife de poffeffion.

Mais après la prife de poffeffion peut-on acquérir le grade & fe garantir par-là des impétrations ? Un arrêt du parlement de Paris du 8 janvier 1738 femble avoir jugé l'affirmative. Le fieur Cadot, Curé de la Ville-l'Evêque, qui n'avoit obtenu fon degré que poftérieurement à fa prife de poffeffion, fut maintenu contre le fieur de Lacofte dévolutaire, qui ne l'avoit affigné & mis en caufe qu'après lui avoir donné le loifir de fe faire graduer. Mais comme l'obferve l'annotateur de d'Héricourt, cet arrêt rendu fur des circonftances particulières, ne peut pas fervir de préjugé décifif. En effet, ne feroit-ce pas trop étendre l'interprétation que l'on donne au concordat ? Ne feroit-ce pas introduire une jurifprudence qui tendroit infenfiblement à la deftruction de la loi même ? Un Curé de ville murée pourroit donc refter dix, vingt ans fans prendre des degrés; & lorfqu'il craindroit d'être inquiété , il fe les procureroit & fe mettroit par-là fous la protection des lois après les avoir éludées fi long-temps. L'intention des deux puiffances de qui le concordat eft émané, a été d'affurer aux paroiffes dont les peuples font plus nombreux & plus inftruits , des pafteurs qui euffent fait preuve d'une capacité plus qu'ordinaire. Elles ont voulu pour Curés dans les villes murées , des miniftres fur les lumières & les talens defquels il n'y a ni ne peut y avoir de doute , & qui euffent par conféquent fubi les épreuves auxquelles eft attachée non la certitude , mais au moins la jufte préfomption d'un mérite fuffifant. C'eft donc aller contre l'efprit & l'intention des légiflateurs , que d'admettre en tout temps les Curés des villes murées à prendre les degrés exigés par le concordat.

Ces principes ne peuvent-ils pas conduire à la folution de la queftion de favoir fi la poffeffion triennale peut couvrir dans un Curé de ville murée le défaut de grade ? Il faut d'abord diftinguer celui qui auroit trois ans d'étude en théologie ou en droit fans degré , de celui qui n'auroit ni le temps d'étude ni le degré. Pour le premier, la queftion retombe dans celle que nous avons déja examinée , fi les trois années d'étude en théologie ou en droit font fuffifantes fans le degré. Quant au fecond, la poffeffion triennale lui feroit abfolument inutile ; il ne pourroit invoquer le décret de *pacificis poffefforibus.* Il feroit évidemment *intrus.* On ne pourroit le confidérer autrement fans renverfer le concordat dont l'efprit & la lettre concourent également à exiger pour les villes murées, des Curés qualifiés. Cela se prouve en outre par la declaration de 1736. Quoique cette décision ne s'y lise pas formellement, on la tire cependant par une induction nécessaire. Le roi maintient pour le passé ceux qui ont acquis la possession triennale & auxquels on ne peut opposer d'autres défauts ou incapacités, que ceux qui résultent de la nullité ou de l'irrégularité de leurs titres ou degrés obtenus avant cette déclaration. Donc la possession triennale ne pourroit plus être une raison de maintenir ceux qui par la suite auroient des degrés nuls ou irréguliers ; donc elle ne seroit pas une raison pour maintenir ceux qui n'en auroient point du tout ; autrement il faudroit dire que les provisions d'une Cure dans une ville murée, jointes à des degrés nuls ou irréguliers, ne formeroient point un titre coloré, tandis que ces mêmes provisions sans degré en formeroient un ; ce qui est absurde ; parce qu'une incapacité qui résulte d'une irrégularité dans le degré, résulte à bien plus forte raison du défaut absolu de ce même degré.

Au reste, toutes les difficultés que nous venons de traiter disparoîtroient bientôt, si l'on vouloit s'attacher uniquement aux lois qui régissent cette matière : elles sont claires, elles sont précises. Qu'on examine attentivement la pragmatique sanction, l'ordonnance de 1499, le concordat, la déclaration de 1551, & l'on sera facilement convaincu qu'il faut être gradué ou avoir au moins trois ans d'étude en théologie ou en droit, au moment même des provisions, & que par conséquent tout titre d'une Cure dans une ville murée fait à un prêtre qui n'auroit pas ces qualités est radicalement nul, & ne peut être couvert par la possession triennale.

La pragmatique sanction, §. 13 du chap. 11, ordonne de placer dans les Cures de villes murées (*) des personnes qui soient qualifiées. L'expression *instituantur* que l'on *institue*, ne laisse aucune équivoque ; elle est aussi impérative qu'elle puisse être ; elle est sûrement relative au moment de l'institution, & ne suppose point qu'on puisse valablement conférer les Cures des villes murées à des non gradués. Il n'est plus permis de douter de l'intention de la loi, lorsqu'on voit qu'au §. 19 elle prononce le décret irritant contre toutes les collations faites au mépris des décrets qu'elle vient de porter & parmi lesquels se trouve celui des Cures des villes murées.

L'ordonnance de Louis XII de 1499 s'explique aussi clairement. « Seront tenus les gradués » voulant avoir les églises paroissiales étant de- » dans les villes murées, avoir étudié par le » temps ci-dessus, & faire ce que dessus est dit ». Ces expressions, *les gradués voulant avoir les églises paroissiales*, ne peuvent s'entendre que du temps qui précéde les provisions. Il ne s'agit que des personnes qui veulent avoir les Cures des villes murées : c'est à elles seules que la loi impose des conditions. Si elles n'y ont pas satisfait, elles sont incapables, parce que c'est un préliminaire nécessaire à remplir. « A tout le moins » seront tenus avoir étudié en théologie, en

---

(*) *In ecclesiis autem parochialibus quæ in civitatibus aut villis muratis existunt, instituantur personæ sicut supra qualificatæ.*

» droit civil ou canon par trois ans, ou feront
» tenus d'être maitres ès-arts en univerſité fa-
» meuſe ». L'ordonnance ne dit pas que les pourvus des Cures dans les villes murées feront tenus d'étudier ou de devenir maîtres ès-arts,
mais *d'avoir étudié & d'être maîtres ès-arts* ; ce
qui ſuppoſe néceſſairement le temps d'étude &
le grade antérieurs aux proviſions. Rien de plus
abſolu que ces expreſſions : Seront *tenus d'avoir
étudié ou d'être maîtres ès-arts*. Comment les concilier avec la prétendue juriſprudence moderne,
qui non - ſeulement admettroit les Curés des
villes murées à prendre leurs grades après leurs
proviſions & leur priſe de poſſeſſion, mais encore qui feroit couvrir le défaut de grade par la
poſſeſſion triennale.

Cette prétendue juriſprudence ne feroit pas
moins oppoſée au concordat, qui défend poſi-
tivement de conférer les Cures des villes murées à d'autres qu'à des perſonnes qualifiées.
*Non niſi perſonis præmiſſo modo qualificatis.* . . . .
*conferantur.* ON NE CONFÉRERA LES CURES
DES VILLES MURÉES QU'A DES PERSONNES
DÛMENT QUALIFIÉES. Ces termes ſont prohi-
bitifs & équivalent à un décret irritant ; donc
toute collation d'une Cure dans une ville murée
faite à d'autres qu'à des gradués, eſt ſelon l'intention du concordat, radicalement nulle. D'ailleurs c'eſt un principe univerſellement adopté
en France, que toutes les diſpoſitions de la
pragmatique ſanction qui n'ont point été ſpécialement abrogées par le concordat, doivent être
maintenues dans toute leur vigueur. C'eſt une
ſuite de notre inviolable attachement à ce pré-
cieux monument de nos libertés. Or, la prag-

matique porte le décret irritant contre les provisions des Cures des villes murées, faites à des non gradués ; le concordat ne l'a point abrogé ; donc il doit être exécuté.

La déclaration de Henri II de l'an 1551 est tout auffi formelle que les lois précédentes. « L'univerfité de Paris nous a fait dire & re- » montrer, *expofe le roi dans le préambule*, que » par les décrets & concordats faits entre le » Saint-Siége apoftolique, & de feu bonne mé- » moire le roi François. . . . . efquels foit par » exprès contenu que les bénéfices, Cures & » églifes paroiffiales defdites villes clofes & mu- » rées de notre royaume, ne feront conférées » finon à perfonnes graduées & qualifiées de la » qualité contenue efdits faints décrets & con- » cordats ». L'univerfité demande que les Cures des villes murées ne foient conférées qu'à dès gradués. Elle invoque les faints décrets & les concordats ; elle rapporte même les raifons qui les ont déterminés à porter cette loi. *C'eft qu'aux villes clofes & fermées y a grande affluence de peuples , pour la conduite & inftruction duquel, & pour le conferver & entretenir à la religion, eft befoin qu'en icelles villes foient prépofées perfonnes graduées , &c.* Ces remontrances ne fuppofent point que l'on puiffe être pourvu de ces fortes de Cures fans être gradués ou qualifiés, & que l'on puiffe s'exempter du grade en appelant à fon fecours la poffeffion triennale. Il y a plus : elles tendent à empêcher le pape de difpenfer des degrés, & le légiflateur les décide abfolument néceffaires, en ordonnant *qu'on n'ait aucun égard aux impétrations qui pourroient être faites par perfonnes non graduées & de la qualité con-*

*tenue efdits concordats.* Des provifions d'une Cure dans une ville murée, données par le pape aux non gradués, font donc radicalement nulles ; pourquoi celles données par l'ordinaire ne le feroient-elles pas auffi ? les concordats l'obligent-ils moins que le pape ? Ce n'eft point ici une de ces circonftances où le droit des ordinaires foit plus favorable que celui du fouverain pontife ; ce n'eft point le maintien de la juridiction épifcopale qui a déterminé la loi, mais le bien des peuples. Cette raifon eft toujours la même, foit que les provifions émanent du pape, foit qu'elles émanent de l'ordinaire. Si elle rend nulles les provifions du pape, il doit en être de même de celles de l'ordinaire. Le grade eft donc une capacité effentielle à un Curé d'une ville murée. Or, il eft de principe que le défaut d'une capacité effentielle rend le titre radicalement nul, & qu'un titre radicalement nul ne peut être validé par la poffeffion triennale ; d'où nous tirerons deux conféquences. La première, que le décret *de pacificis* ne peut être d'aucune utilité à un Curé d'une ville murée qui ne feroit pas gradué ; la feconde, qu'il ne peut être admis poftérieurement à fon titre à prendre le degré, parce que ce titre étant radicalement nul, ne peut devenir un titre légitime fuivant cet axiome, *quod ab initio nullum eft ex poft facto convalefcere nequit.* Il eft donc bien vrai que fi l'on s'en tient à la loi fans fe permettre des interprétations qui font prefque toujours arbitraires, un Curé d'une ville murée doit avoir le grade au moment de fes provifions ; qu'il ne peut être admis à l'acquérir, foit avant, foit après fa prife de poffeffion, & que ce défaut ne peut être

couvert par la possession triennale. Ces principes suivis dans la pratique feroient évanouir une
foule de difficultés qui font la source d'une infinité de procès.

Si l'on y oppose l'autorité de la chose jugée,
qu'il nous soit permis de dire avec d'Héricourt,
page 427 de la dernière édition : « Cette juris-
» prudence ne seroit - elle pas du nombre de
» celles qu'on voit s'introduire quelquefois au
» palais fur des matières délicates, & qu'on
» abandonne après pour revenir *aux anciennes*
» *règles* » ? A d'Héricourt nous joindrons Vail-
lant, qui soutient que le grade pris après les
provisions ne peut couvrir l'incapacité du pourvu, parce que *si provisus erat inhabilis tempore*
*provisionis & post ex fiat habilis, provisio non con-*
*valescit & necesse est obtinere novam provisionem :*
Rebuffe fur le §. *statuimus* du concordat, remarque comme nous avons fait, que ces termes, *non nisi personis prædicto modo qualificatis*
*conferantur*, supposent visiblement le degré obtenu avant les provisions, de même que ceux
dont se sert la pragmatique, *instituantur personæ*
*qui gradum magisterii adepti fuerint*. Louet &
Dumoulin font du même avis. Ne pourroit-on
pas dire que la jurisprudence moderne que l'on
suppose opposée à ces principes, n'est pas aussi
certaine que le prétendent quelques auteurs ;
des arrêts contraires aux véritables maximes ne
font ordinairement que des arrêts de circonstances ; on est toujours forcé de revenir à la
loi, quand même on s'en seroit écarté quelquefois.

Le parlement de Toulouse a une jurisprudence qui paroît détruire les principes que nous

venons d'établir ; mais dans le fond ſes arrêts favoriſent notre opinion : il ne regarde les proviſions de cour de Rome que comme de ſimples mandats *de providendo*. Selon lui, le *viſa* forme les véritables proviſions ; ainſi en admettant le pourvu en cour de Rome à prendre ſes degrés avant ſon *viſa*, il ne juge pas que ces degrés puiſſent être obtenus après les proviſions.

Après avoir examiné l'origine, l'ancienneté & les qualités néceſſaires aux Curés, nous nous occuperons de leurs devoirs & de leurs droits.

Nous ne parlerons point ici des devoirs qui regardent le for interne. Nous laiſſons cette matière aux théologiens & aux moraliſtes. Nous ne parlerons que de ceux qui étant preſcrits par les lois civiles & canoniques, peuvent être du reſſort du juriſconſulte.

Parmi les principaux devoirs d'un Curé, la réſidence eſt ſans doute un des plus eſſentiels. Le relâchement & les changemens introduits dans la diſcipline ont contraint l'égliſe à porter des lois pour obliger tant les premiers que les ſeconds paſteurs à réſider dans leurs bénéfices. Il eſt inutile de rapporter les canons que les conciles ont faits à ce ſujet Nous nous contenterons de citer le concile de Trente dans la ſeſſion XXIII *de reformatione*, chapitre premier. Il ſoumet les Curés non réſidens aux mêmes peines que les évêques, c'eſt-à-dire à la perte des fruits à proportion du temps qu'ils n'auront pas réſidé. Il ne leur permet de s'abſenter que pendant deux mois, encore avec la permiſſion de l'évêque qui ne peut accorder un temps plus long, à moins qu'il n'y ait des raiſons graves :

*nisi ex gravi causa.* Si un Curé transgresse ces lois, le concile veut qu'après l'avoir fait citer & avoir établi la contumace, l'ordinaire puisse procéder contre lui par sequestre & soustraction de fruits & par toute autre voie de droit, même par la privation du bénéfice.

Nos rois ont adopté ces sages dispositions. L'ordonnance de Blois, article 14, porte : « A » semblable résidence & sous pareille peine, » seront tenus les Curés & tous autres ayant » charge d'ames, sans se pouvoir absenter que » pour causes légitimes, & dont la connoissance » en appartiendra à l'évêque diocésain, duquel » ils obtiendront par écrit licence ou congé, » qui leur sera gratuitement accordé & expédié, » & ne pourra ladite licence, sans grande oc- » casion, excéder l'espace de deux mois ».

L'article 11 de l'ordonnance de 1629 renouvelle celle de Blois en ces termes : « Les Curés » seront tenus de résider en personne sur les lieux » nonobstant la proximité des villes ; & à faute » de ce faire, ordonne sa majesté en conséquence » de l'article 14 de l'ordonnance de Blois, & » de l'article 7 de l'édit de Melun, les fruits » desdits Curés être saisis au profit des hôpitaux » du lieu prochain, pour autant de temps qu'ils » auront manqué à la résidence. Ils seront som- » més à la requête des procureurs généraux ou » de leurs substituts, par exploits faits au do- » miciles & lieux desdits bénéfices de satisfaire » à ladite résidence ; & à faute de ce faire ac- » tuellement, dans un mois, ou plus ou moins, » selon la distance des lieux, sera procédé aux- » dites saisies ».

Le clergé qui trouvoit que ces lois le mettoit

fous l'influence trop immédiate des tribunaux féculiers, fe plaignit & en demanda la révocation. Mais elles furent feulement modifiées par l'article 23 de l'édit de 1695 ; & ces modifications font que rarement un Curé peut voir fon revenu faifi à la requête du procureur général pour caufe d'abfence. Pour ne pas anticiper fur les matières & intervertir l'ordre que nous nous fommes prefcrit, nous ne nous étendrons pas davantage fur ces ordonnances. Nous nous réfervons de le faire lorfque nous traiterons de la réfidence en général : notre but dans ce moment, eft de ne parler que de ce qui regarde les Curés en particulier.

Selon le concile de Trente & l'ordonnance de Blois, l'évêque eft juge de la légitimité des caufes qui peuvent permettre à un Curé de s'abfenter. Un arrêt du confeil d'état du 12 décembre 1639, rendu fur la requête de l'archevêque de Bordeaux, ordonne que les Curés de ce diocèfe ne pourront, pour quelque caufe & occafion que ce foit, fe difpenfer de la réfidence actuelle fans le congé exprès ou par écrit de l'archevêque ou de fes grands vicaires. Quoique l'évêque foit juge de la légitimité des caufes d'abfence de fes Curés, il ne peut cependant pas refufer arbitrairement la permiffion qu'ils font obligés de lui demander, parce que la même loi qui impofe aux Curés l'obligation de prendre le congé de l'évêque, ordonne certainement à celui-ci de l'accorder lorfqu'il n'aura pas de motifs pour le refufer ; & s'il fe conduifoit autrement, il s'expoferoit à un appel bien fondé, foit fimple, foit comme d'abus.

Mais dans le cas d'une abfence confidérable &

sans permission, un évêque peut-il faire faire le procès à un Curé par son official ? Si l'on suit le concile de Trente, cela ne pourra souffrir aucune difficulté : mais comme sa discipline n'est point reçue en France, on pourroit dire que l'esprit de nos ordonnances est qu'en ce cas le procès soit fait par les juges royaux. Celle de 1629 veut que les poursuites contre les Curés non-résidens soient faites à la requête des procureurs généraux ou de leurs substituts. *Ils seront sommés à la requête de nos procureurs généraux ou de leurs substituts.* L'article 23 de l'édit de 1695 n'est pas si impératif ; il semble n'accorder aux juges royaux qu'une simple faculté qui ne leur attribue pas une juridiction exclusive. « Nos cours de » parlement, nos baillis & sénéchaux....... » pourront les avertir..... Nosdites cours, nos » baillis & sénéchaux pourront à la requête des » procureurs généraux » ; cette expression *pourront* employée deux fois dans cet article ne prouve-t-elle pas que l'intention du légisateur n'est pas de dépouiller les évêques d'une juridiction qui dérive naturellement de leur droit de surveillance & d'inspection, mais seulement de les rendre plus soigneux & plus attentifs, en leur joignant les procureurs généraux & leurs substituts pour veiller à l'exécution des lois portées sur la résidence, de sorte que dans ce cas les juges royaux exercent sur les ecclésiastiques une juridiction cumulative avec les évêques & leurs officiaux. D'ailleurs les peines portées contre la résidence ne sont point d'une nature à n'être point prononcées par le juge d'église. La privation des revenus & la déchéance des bénéfices sont des peines canoniques que l'official peut imposer lorfqu'il a rempli toutes les formalités prefcrites par les lois du royaume.

Si les Curés doivent réfider c'eft principalement pour adminiftrer les facremens à leurs paroiffiens. Parmi ces facremens il en eft fur-tout deux qui intéreffent particulièrement le jurifconfulte par l'influence qu'ils ont fur l'état civil des citoyens. Si le baptême eft l'entrée dans le chriftianifme, l'acte qui le conftate eft auffi le premier titre par lequel nous tenons à la fociété. Un Curé ne peut donc apporter trop de foin pour que cet acte foit en règle & ne contienne aucun vice qui puiffe faire un jour contefter à l'enfant qu'il baptife un état que la nature lui a donné, mais que la loi ne lui affure que lorfqu'il eft attefté par le miniftre des autels qui dans cette occafion eft encore le miniftre de la fociété. Un Curé fe garantira de commettre à ce fujet des fautes dont les fuites font fi importantes, en fe conformant exactement aux lois qui ont été prefcrites fur cette matière, & que nous rapporterons au mot REGISTRE.

Le facrement de mariage, quant à fes effets civils, eft d'une auffi grande conféquence que le baptême. Une connoiffance parfaite des lois de l'églife & de l'état eft le feul moyen que puiffe employer un Curé pour fe comporter de manière à ne pas s'attirer les punitions portées contre leurs infracteurs. Il doit fur-tout faire attention à l'âge & au domicile des parties. Il feroit coupable s'il marioit des mineurs fans le confentement de leurs pères, mères, tuteurs ou curateurs. Il ne commettroit pas une moindre faute s'il uniffoit des perfonnes qui ne font pas domiciliées depuis fix mois dans fa paroiffe, fi elles font de fon diocèfe, ou depuis un an fi elles font d'un diocèfe étranger : mais rien ne pourroit l'excufer fi fe prêtant au rapt & à la féduction il employoit fon miniftère facré pour favorifer des enlèvemens que la loi veut qu'on puniffe de mort. L'article 39 de l'ordonnance de 1629 « fait défenfes à tous les » Curés & autres prêtres féculiers ou régu-» liers, fous peine d'amende arbitraire, de cé-» lébrer aucun mariage de perfonnes qui ne foient » de leurs paroiffes, fans la permiffion de leurs » Curés ou de leurs évêques ; & feront tenus les » juges d'églife juger les caufes defdits mariages, » conformément à cet article. »

L'édit du mois de mars 1697 ajoute à cette difpofition : « Voulons que fi aucuns defdits » Curés ou prêtres, tant féculiers que réguliers, » célébrent ci-après fciemment & avec connoif-» fance, des mariages entre des perfonnes qui » ne font pas effectivement de leur paroiffe, fans » en avoir la permiffion par écrit des Curés de » ceux qui les contractent, ou de l'archevêque » ou évêque diocéfain, il foit procédé contre » eux extraordinairement, & qu'outre les peines » canoniques que les juges d'églife pourront·pro-» noncer contre eux, lefdits Curés & autres » prêtres, tant féculiers que réguliers, qui au-» ront des bénéfices, foient privés pour la pre-» mière fois de la jouiffance de tous les revenus » de leurs Cures & bénéfices pendant trois ans, » à la réferve de ce qui eft abfolument néceffaire » pour leur fubfiftance, ce qui ne pourra excéder » la fomme de fix cents livres dans les plus gran-» des villes, & celle de trois cents livres par-tout » ailleurs, & que le furplus defdits revenus foit

» faifi à la diligence de nos procureurs, & dif-
» tribué en œuvres pies par l'ordre de l'arche-
» vêque ou évêque diocéfain ; qu'en cas d'une
» feconde contravention ils foient bannis pendant
» le temps de neuf ans des lieux que nos juges
» eftimeront à propos........ & que lefdits
» Curés & prêtres puiffent en cas de rapt fait
» avec violence être condamnés à plus grandes
» peines , lorfqu'ils prêteront leur miniftère pour
» célébrer des mariages en cet état. »

Nous ne nous étendrons pas davantage fur ce
fujet ; on trouvera au mot MARIAGE tout ce qui
pourroit manquer ici.

Les Curés, comme nous l'avons déjà dit,
avoient autrefois le pouvoir de déléguer des
prêtres pour entendre les confeffions de leurs
paroiffiens , c'eft - à - dire qu'ils fe choififfoient
eux-mêmes des vicaires qui n'avoient pas befoin
d'autres pouvoirs que ceux qu'ils leur conféroient. Le concile de Trente, feffion 23 , *de
reformation.* a introduit à cet égard un droit nouveau ; il a voulu qu'il n'y eût que les Curés ou
les prêtres approuvés par l'évêque qui puffent
entendre les confeffions , & cela nonobftant tout
privilége & toute coutume contraire , même
immémoriale.

L'édit de 1695 a adopté cette difpofition. Il a
ordonné par les articles 10 & 11, que nul ne
pourroit prêcher & confeffer fans l'approbation
de l'évêque ; il n'a excepté de cette prohibition
que les Curés & autres bénéficiers à charge
d'ames. C'eft donc nne loi générale, établie par
le concours des deux puiffances, que les Curés
ne peuvent plus donner de pouvoirs pour prêcher & confeffer dans leurs églifes. Ils délèguent

encore

encore pour l'adminiſtration des ſacremens de baptême & de mariage.

Ils ont en outre conſervé le droit de faire faire par qui ils le jugent à propos lés inſtructions familières qu'ils doivent à leurs paroiſſiens. L'édit de 1695 ne parlant que de la prédication & de la confeſſion, il s'enſuit par une raiſon toute naturelle qu'il a laiſſé aux Curés tous les pouvoirs dont ils jouiſſoient autrefois. L'évêque d'Auxerre ayant donné deux ordonnances qui exigeoient ſon approbation par écrit pour les cathéchiſmes, les prières du ſoir & les inſtructions familières, les Curés de la ville d'Auxerre furent reçus appelans comme d'abus de ces ordonnances, par arrêt du 9 mars 1756, qui fit défenſes proviſoires de les exécuter. Le moyen employé par les Curés étoit que les cathéchiſmes, les prières du ſoir, les prônes & les autres inſtructions familières ne ſont point compris dans les articles 10 & 11 de l'édit de 1695.

Mais ſi les Curés ne peuvent plus déléguer des prêtres pour les aider dans l'adminiſtration du ſacrement de pénitence, l'évêque peut-il les forcer à prendre des vicaires qui leur ſoient déſagréables ? peut-il en nommer *invito parocho?* C'eſt encore ici une de ces queſtions qui n'auroient jamais dû s'élever ſi les paſteurs du premier & du ſecond ordre ne cherchoient, comme ils le doivent, que le bien de l'égliſe. Il eſt certain que ce bien ne peut s'opérer qu'autant que les miniſtres des autels y concourent par la bonne harmonie & animés par le même eſprit. Cette raiſon puiſée dans le bien général doit ſeule décider la queſtion. Jamais une paroiſſe ne ſera bien gouvernée que quand le Curé & le vicaire unis par le lien de la confiance, de l'eſtime & de l'amitié, travailleront de concert, auront les mêmes vues & ſe concilieront pour les moyens qu'ils doivent employer. Donc on ne doit point donner à un Curé un vicaire qu'il ne regardera que comme ſon ennemi, ou du moins comme ſon délateur & ſon eſpion, dès qu'il ſera contre ſon choix ou ſa volonté.

Ainſi de droit commun un Curé eſt le maître du choix de ſes vicaires. Le fils d'un prêtre avoit été ordonné ſous-diacre. Son évêque lui refuſa la prêtriſe & ne voulut point lui confier l'adminiſtration d'une Cure à laquelle un patron laïc l'avoit préſenté. Alexandre III à qui le ſous-diacre porta ſes plaintes, ordonna que l'évêque placeroit pour deſſervir la Cure, du conſentement du ſous-diacre, un prêtre avec lequel il partageroit les revenus. La conſéquence toute naturelle de ce décret du pape eſt que ſi pour faire deſſervir une Cure il falloit le conſentement d'un titulaire non prêtre, à plus forte raiſon faudra-t-il celui du véritable Curé pour lui aſſocier un coopérateur.

Les conciles laiſſent toujours aux Curés la liberté de ſe choiſir un vicaire, ſoit pendant leur abſence, ſoit qu'ils en aient beſoin pour les ſeconder. C'eſt ce que ſuppoſent évidemment celui de Vicheler de l'an 1240, can. 26; celui de Cognac de l'an 1226, can. 10; celui de Chicheſter de l'an 1289, can. 8; celui de Selsbourg de 1420, can. 5: ceux de Cologne de 1536, de Mayence de 1549, de Cambray de 1565 ne ſont pas moins formels. Celui de Trente lui-même, qui a dépouillé les Curés du droit de déléguer

pour les confeffions, leur a certainement laiffé
celui de choifir leurs vicaires. Il leur enjoint,
feffion 23, chap. premier, de mettre à leur place
des vicaires capables & approuvés par l'évêque,
lorfqu'ils s'abfentent pour caufe légitime. Dans
la feffion 21, ch. 4, il ordonne aux évêques de
contraindre les Curés de s'affocier autant de
prêtres qu'il fera néceffaire pour l'adminiftration
des facremens & la célébration du culte divin.
Si le concile eut penfé que les évêques avoient
le droit de placer les vicaires malgré les Curés,
il eut tenu un langage bien différent.

Ce font ces autorités qui ont déterminé les
canoniftes ultramontains, tels que Pirring, liv.
premier, tit. 28, *de officio vicarii*, & Fagnan fur
le chap. *confultationibus*, tit. *de clerico ægrot.* à
décider que les Curés avoient la liberté de choifir
leurs vicaires. On peut y joindre Vanefpen,
partie première, tit. 3, ch. 2, n°. 2. Parmi nous,
Bouchel, un de nos plus anciens auteurs, a em-
braffé cette opinion ; & Rebuffe, dans fa pratique, au titre de *difpenf. de non-réfiden.* attefte
que de fon temps c'étoit l'ufage général du
royaume.

Nos ordonnances n'ont fait à ce fujet que répéter, pour ainfi dire, les décifions des conciles.
Par-tout elles ordonnent aux Curés abfens de
commettre des vicaires capables & approuvés
par l'ordinaire. C'eft la difpofition précife de
l'article 5 de celle d'Orléans, & de la déclaration
de 1562 rendue à la follicitation du clergé. La
chambre eccléfiaftique des états du royaume
affemblés en 1614 demanda que les Curés qui pour
quelques juftes caufes fe trouveroient abfens &

légtimement difpenfés de réfider , fuffent tenus
de mettre à leur place un vicaire fuffifant , au
gré néanmoins de l'ordinaire & avec fon expreffe
approbation. Enfin l'article 290 de la coutume
de Paris prouve que les Curés ont toujours eu
le choix de leurs vicaires , & que même autrefois
ils leur donnoient des lettres de vicariat. Il n'accorde aux vicaires la faculté de recevoir des
teftamens que lorfqu'ils ont des lettres de vicariat
de leurs Curés , & qu'ils les ont fait enregiftrer
au greffe de la juridiction de leur domicile.

Les cours fouveraines ont adopté l'opinion
favorable aux Curés & l'ont confirmée par leurs
arrêts. Chenu , dans fon recueil de règlemens ,
titre premier, chapitre 12, en rapporte un du
parlement de Paris de 1567, où il eft enjoint au
Curé de Longjumeau de mettre en fon abfence
un vicaire qui foit de bonne vie , doctrine &
exemple. On en lit un dans Chopin, *de facra
politia*, de 1585, qui confirme une fentence de
l'official de Paris, par laquelle il avoit été ordonné au Curé de Saint-Benoît de commettre
un prêtre approuvé par l'ordinaire, pour deffervir l'églife de Saint - Jacques du Haut - pas
alors fuccurfale ou annexe de fa paroiffe. On en
trouve encore plufieurs autres rendus dans le
même efprit. Les parlemens de Rennes, de Touloufe & d'Aix fuivent la même jurifprudence :
cependant il faut convenir qu'aucun de ces arrêts
n'a été rendu entre un évêque & un Curé ; ce
n'eft que par une induction très-forte à la vérité
qu'on les regarde comme décififs en faveur des
Curés. La queftion s'eft préfentée *in terminis*
en 1731 au parlement de Paris. Le Curé de la

paroiffe de Galuis s'étoit rendu appelant comme d'abus de la nomination d'un vicaire que M. l'évêque de Chartres avoit faite malgré lui : M. Gilbert de Voifins, avocat général, ne balança pas à fe déclarer contre l'évêque & à conclure à ce que fa nomination fût déclarée abufive ; mais des confidérations particulières déterminèrent la cour à appointer la caufe, & elle n'a point été jugée.

Les circonftances doivent avoir beaucoup d'influence fur le jugement d'une pareille conteftation. Le droit des Curés de fe choifir leurs vicaires eft fans doute inconteftable, & d'autant plus inconteftable qu'il ne nuit en rien à la fubordination due aux évêques. S'ils ne peuvent pas forcer les Curés à accepter malgré eux des vicaires, de leur côté les Curés ne peuvent pas en choifir malgré les évêques, puifqu'ils font les maîtres de ne pas accorder les pouvoirs néceffaires pour être vicaire. La nomination d'un vicaire faite *fpreto parocho*, lorfque le Curé propofe à l'évêque des fujets capables & fuffifans, feroit abufive ; ce feroit un véritable excès de pouvoir qui tendroit à dépouiller fans raifon un Curé d'un droit que lui donne fon état de Curé : mais auffi fi un Curé refufoit opiniâtrément de recevoir des mains de l'évêque un vicaire, fi s'obftinant à demander pour fon coopérateur un fujet auquel on auroit des reproches bien fondés à oppofer, & mettoit fes paroiffiens dans le cas de manquer des fecours fpirituels qu'il leur doit par lui-même ou par autrui ; alors l'évêque pourroit nommer un vicaire, & cette nomination néceffaire dans les circonftances devroit être maintenue malgré les réclamations du Curé. Il se trouveroit dans la position d'un collateur ordinaire qui ayant négligé de nommer à un bénéfice, ou y ayant nommé un incapable, auroit pour cette fois consommé son droit, & le verroit passer *jure devolutionis* dans les mains de son supérieur: ce seroit une juste punition de son humeur ou de son caprice. Il ne faut jamais perdre de vue que si d'un côté les supérieurs ne doivent point excéder les bornes de leurs pouvoirs, d'un autre côté les inférieurs ne peuvent user de leurs droits que conformément à la raison & aux lois.

Il est certain qu'excepté l'évêque diocésain, qui dans toute l'étendue de son diocèse est toujours le premier pasteur, personne ne peut sans la permission du Curé, célébrer la messe dans son église, y prêcher ou exercer les autres fonctions du saint ministère. Il ne faut pas conclure de-là que par caprice & sans raison il puisse empêcher un prêtre approuvé par l'évêque de dire la messe. Nous pensons que si ce prêtre est né sur la paroisse, il ne peut sans des motifs dont il est responsable, l'éloigner des saints autels. Ce seroit prononcer contre lui une espèce d'interdit deshonorant & infamant. Ce seroit le cas de se pourvoir contre le curé par les voies de droit. Concluons donc qu'un Curé n'est pas plus un despote dans sa paroisse qu'un évêque dans son diocèse. L'un & l'autre ne doivent agir que pour le bien des fidèles confiés à leur sollicitude ; & s'ils doivent veiller à la conservation de leurs droits, ils ne font pas moins obligés de s'abstenir de tout ce qui pourroit nuire & préjudicier à leurs inférieurs quand ils n'ont rien à leur reprocher. C'est sans doute dans cet esprit qu'a été rendu au parlement de Paris l'arrêt du 14 juillet 1700, par lequel deux prêtres habitués à saint Roch & approuvés par l'archevêque pour confesser, célébrer la messe, assister au chœur & prendre place dans les stales, *etiam invito parocho*, furent maintenus dans l'exercice de ces pouvoirs malgré le Curé. Goard, tome premier de son traité des bénéfices, page 755, assure que cet arrêt fut rendu par défaut & en l'absence du Curé qui étoit exilé par ordre du roi.

Un Curé, en vertu de son titre, peut-il confesser dans tout le diocèse, & l'évêque peut-il le restraindre à sa paroisse & à ses paroissiens ? Les principes sont contraires aux prétentions des Curés. En effet, quoiqu'ils aient reçu ainsi que tout prêtre par leur ordination le pouvoir de lier & de délier, il faut cependant convenir que selon les lois canoniques, ce pouvoir quant à l'exercice, est suspendu ; il a besoin pour qu'il soit mis en activité, hors le cas de nécessité, que l'église assigne des sujets à celui qui en est revêtu. C'est ce qu'elle fait par le ministère de l'évêque lorsqu'il donne à un prêtre des provisions d'une Cure, ou qu'il lui en accorde l'institution autorisable. Le pouvoir de lier & de délier suspendu relativement à tous les fidèles, cesse de l'être par rapport à ceux qui lui sont confiés ; certainement par le *visa*, l'évêque n'assigne au prêtre auquel il le donne, que les sujets qui se trouvent dans l'étendue de sa paroisse. Lacombe dans son recueil de jurisprudence canonique, *verbo confeffeur*, a donc tort d'avancer que de même qu'un prêtre qui a une approbation générale & fans limitation, peut confeffer dans tout le diocèfe, de même le Curé par fon feul *vifa* peut confeffer partout. Le vifa n'eft qu'un titre particulier borné & limité de fa nature ; autrement il faudroit dire qu'un Curé feroit nonfeulement Curé de fa paroiffe, mais encore de celles de tout le diocèfe, puifqu'en vertu de fon titre il pourroit exercer partout une des principales fonctions curiales. C'eft encore une erreur de prétendre comme le fait le même auteur, que l'évêque en approuvant le Curé par le *vifa*, lève l'obftacle & le met dans fes anciens droits qui font indéfinis dans fon diocèfe. Les fujets affignés au Curé par fon *vifa* ne font que ceux de la paroiffe dont il eft fait Curé ; c'eft donc fur eux feuls qu'il acquiert des droits. Dans les diocèfes où les Curés font dans l'ufage de confeffer partout indifféremment, les évêques par le confentement tacite qu'ils donnent à cet ufage l'approuvent, & c'eft de cette approbation que les abfolutions tirent leur force & leur validité.

L'évêque peut donc empêcher un Curé de confeffer hors de fa paroiffe & le limiter à fes feules provifions. Saint Charles Boromée dans fon onzième fynode, défend aux Curés des villes d'appeler ceux de la campagne pour les aider dans le tribunal de la pénitence, à moins qu'ils n'aient un pouvoir par écrit de confeffer hors de leurs paroiffes. La congrégation des cardinaux a décidé qu'un Curé n'étoit approuvé que pour le lieu où fa paroiffe eft fituée, & qu'il ne l'eft pas pour tout le diocèfe indifféremment.

L'article 12 de l'édit de 1695, porte : « N'en-
» tendons comprendre dans les articles précé-
» dens les Curés tant féculiers que réguliers qui
» peuvent prêcher & adminiftrer le facrement
» de pénitence *dans leurs paroiffes* ». Ces dernières expreffions, *dans leurs paroiffes*, décident
la queftion ; & felon Gibert dans fa conférence
fur cet édit, il n'y a plus de doute qu'un Curé
ne peut confeffer hors de fa paroiffe fans l'approbation ou la permiffion de l'évêque. Ce ca-
nonifte détruit le fondement de l'opinion contraire, qui eft qu'un homme une fois reconnu
capable de confeffer, eft reconnu capable de
confeffer partout, en remarquant avec raifon
que tel Curé dont les lumières & les talens fuffifent pour conduire & diriger des payfans, feroit très-déplacé à confeffer dans une ville. Mais
il nous paroît fe tromper & n'être pas conféquent avec lui-même, lorfqu'il prétend que l'article de l'édit de 1695 qui défend aux Curés de
confeffer hors de leurs paroiffes fans le confentement de l'évêque, leur permet de confeffer
dans leurs églifes les autres paroiffiens qui s'a-
dreffent à eux avec l'agrément feul de leur
Curé. Circonfcrire un territoire à un tribunal
quelconque, c'eft évidemment borner fa juridiction aux habitans de ce territoire : c'eft ce
que fait l'édit de 1695, en difant que les Curés
pourront fans l'approbation de l'évêque confeffer dans leurs paroiffes. Leur territoire eft
limité ; & comme la confeffion ne peut s'exercer
que fur les perfonnes, il eût été inutile de borner leurs pouvoirs à leurs paroiffes, fi par pa-

roiffe on n'eût entendu leurs paroiffiens. L'argument qu'emploie Gibert ne nous paroît pas victorieux. *Un Curé peut*, dit-il, *confeffer les paroiffiens des autres qui le lui permettent, de même qu'il peut marier les paroiffiens des autres qui le lui permettent.* La comparaifon n'eft rien moins qu'exacte ; les Curés font en poffeffion de déléguer pour l'adminiftration du facrement de mariage & non pour celui de la pénitence ; & s'ils ne peuvent déléguer pour la confeffion fur leurs propres paroiffes, comment le peuvent-ils fur celles des autres ? D'ailleurs la raifon de ce que les lumières & les talens des Curés doivent être proportionnés à l'état de ceux qu'ils confeffent, revient ici dans toute fa force. S'il n'eft pas raifonnable qu'un Curé de la campagne, par exemple, puiffe fans l'approbation de fon évêque, adminiftrer la pénitence dans une ville parce que la capacité requife pour une ville doit être différente de celle qui eft requife pour un village, cette même raifon doit empêcher que le Curé de la campagne ne puiffe fans approbation conteffer les habitans de la ville lorfqu'ils viendront le chercher dans fa paroiffe ; parce qu'il n'y a aucune différence entre les confeffer à la ville ou les confeffer à la campagne. Enfin un Curé confeffera les habitans d'une autre paroiffe en vertu de fon titre ou en vertu du confentement de leur propre Curé. Ce n'eft pas en vertu de fon titre, puifqu'il ne lui donne de pouvoirs que fur fes paroiffiens ; ce n'eft pas en vertu du confentement de leur propre Curé, puifqu'il ne peut déléguer à cet effet. Donc un Curé ne peut fans l'approbation foit tacite, foit expreffe de l'évêque, confesser les habitans d'une autre paroisse.

Nous ne dissimulerons pas que beaucoup d'auteurs sont contraires à l'opinion que nous venons d'embrasser. Elle nous a paru plus conforme aux principes, & nous avons pesé les raisons plutôt que les autorités. Nous avons cru appercevoir qu'elle s'approchoit le plus de l'esprit de notre jurisprudence ; & l'événement de la contestation qui s'est élevée en 1737 entre M. de Saléon évêque de Rhodez, & le sieur de de Brillan, Curé de la cathédrale de cette ville, nous a confirmé dans notre sentiment. M. l'évêque de Rhodez lui avoit défendu par une ordonnance d'entendre en confession d'autres personnes que ses paroissiens, à peine de nullité. Le Curé interjeta appel comme d'abus de cette ordonnance ; il obtint même du parlement de Toulouse permission d'intimer l'évêque & de le prendre à partie, quoique l'article 43 de l'édit de 1695 le défende expressément pour tout ce qui dépend de la juridiction volontaire. Le prélat se pourvut au conseil du roi & y obtint le 14 mars 1740 un arrêt qui confirma son ordonnance & déclara l'appel du Curé abusif. Cet arrêt se trouve dans le rapport que firent les agens généraux du clergé à l'assemblée de cette année. Il est vrai qu'il ne fut pas contradictoire avec le sieur de Brillan décédé pendant le cours de l'instance, mais seulement par défaut contre un autre Curé son voisin qui se trouvoit dans le même cas. Quoiqu'il n'ait pas les caractères nécessaires pour faire regarder la chose comme jugée, c'est cependant un préjugé favorable à

l'opinion que nous venons de défendre, parce
que le roi promit alors aux évêques les mêmes
marques de fa protection lorfque la conduite de
leurs Curés les mettroit dans la néceffité de la
réclamer. Au refte, dans les diocèfes où l'ufage
eft que les Curés confeffent indifféremment leurs
paroiffiens & ceux de leurs confrères avec leur
confentement, les abfolutions font bonnes &
valides, parce que l'ufage autorifé par le filence
des évêques vaut une approbation fpéciale ; &
s'ils peuvent déroger à cet ufage, c'eft un droit
qu'ils n'exercent pas fouvent & dont ils ne doivent ufer qu'avec beaucoup de modération &
pour des raifons très-graves.

L'auteur du dictionnaire de droit canon rap-
parte au mot *Miffion* plufieurs arrêts du confeil
d'état qui maintiennent les évêques dans le droit
de faire faire des miffions·dans les paroiffes de
leurs diocèfes malgré les Curés. Nous obferverons qu'une miffion à laquelle un Curé ne coo-
péreroit pas & même s'oppoferoit, pourroit
difficilement produire les fruits que l'églife defire. Un évêque doit donc rarement employer
des miffionnaires contre le gré des pafteurs ordinaires ; c'eft encore un de ces droits qu'il eft
fouvent prudent & fage de ne pas exercer. Si
la queftion fe préfentoit devant les parlemens,
il pourroit arriver qu'ils fe détermineroient par
les circonftances. Le filence de l'édit de 1695
fur cette matière fembleroit les y autorifer. C'eft
ce que Gibert infinue dans fa conférence fur
l'article 10 de cet édit.

Doit-on excepter de la règle générale à laquelle tous les fidèles font foumis relativement

aux Curés , les monaftères d'hommes & de femmes ? Les religieux font dans l'ufage de s'administrer les facremens entr'eux fans l'approbation des évêques & fans recourir aux Curés. Cet ufage feroit difficile à combattre ; il paroit que l'églife a donné aux fupérieurs de chaque maifon un pouvoir général pour confeffer & adminiftrer leurs religieux ; mais il n'en eft pas de même de leurs domeftiques & des autres féculiers qui pourroient habiter parmi eux ; rien ne les difpenfe des devoirs *parochiaux* ; & il eft sûr que le Curé a feul le droit de les confeffer , de leur adminiftrer le viatique & d'en faire l'inhumation. On trouve dans Lacombe un arrêt du parlement de Bretagne de 1672 qui l'a ainfi décidé en faveur du Curé de Saint-Paterne à Vannes contre les Jacobins de cette ville.

La difficulté eft plus grande pour les monaftères de filles. En général tout ce qui eft extérieur à la clôture , tout ce qui n'habite pas l'intérieur de la maifon ne peut être fouftrait à la juridiction du pafteur ordinaire. Quant à l'intérieur des monaftères , on diftingue ceux qui font exempts de ceux qui ne le font pas. Les maifons exemptes reçoivent les facremens des mains de leurs chapelains qui font auffi les inhumations. Elles ont même le droit d'enterrer chez elles les penfionnaires qui y décédent. Mais cela n'a pas lieu pour celles qui font foumifes à l'ordinaire. Le Curé peut y exercer les droits curiaux & y faire les inhumations ; les penfionnaires doivent être enterrées à la paroiffe. Dire que les Curés violeroient la clôture en venant adminiftrer les malades , c'eft faire une bien

foible objection, puiſque les chapelains la violeroient tout de même. D'ailleurs eſt-ce enfreindre la clôture que d'entrer dans un monaſtère lorſqu'on y eſt appelé par une néceſſité auſſi
urgente que l'adminiſtration des ſacremens? Il
ſeroit ſage à un Curé de déléguer pour ces fonctions le chapelain de la communauté. Ce ſeroit
tout à la fois veiller à la conſervation de ſes
droits & à la tranquillité du monaſtère. Nous
obſerverons que pour adminiſtrer le ſacrement
de pénitence à des religieuſes, il faut même à
un Curé des pouvoirs particuliers de l'évêque,
tant il eſt vrai qu'un ſimple *viſa* n'eſt pas un
titre général qui lève par rapport à toute ſorte
de ſujets, l'empêchement que l'égliſe a mis à
l'exercice des pouvoirs qu'un prêtre reçoit par
ſon ordination.

Il y a quelques maiſons religieuſes qui ont
droit d'exercer les fonctions curiales & d'adminiſtrer les ſacremens à leurs fermiers, domeſtiques, & à tous ceux qui habitent les enceintes
& les baſſes cours de leurs monaſtères. C'eſt un
privilége accordé à l'ordre de Cîteaux dans
lequel il a été maintenu par pluſieurs arrêts ;
privilége, au reſte, qui confirme les principes
que nous venons d'établir.

On a tellement conſidéré en France les Curés
comme des miniſtres auſſi attachés à l'état qu'à
la religion, qu'ils avoient autrefois le pouvoir
de recevoir des teſtamens concurremment avec
les notaires & les autres officiers publics. L'article 250 de la coutume de Paris les y autoriſe.
« Pour réputer un teſtament ſolemnel, eſt requis
» qu'il ſoit écrit & ſigné de la main du teſtateur,

» ou qu'il foit paffé devant deux notaires ou par-
» devant *le Curé* de la paroiffe du teftateur, ou
» fon vicaire général & un notaire, ou dudit
» Curé ou vicaire, & de trois témoins ». L'article 291 ajoute : « Seront auffi tenus lefdits
» Curés & vicaires généraux, de porter & faire
» mettre de trois mois en trois mois ès greffes
» comme deffus, les regiftres de baptêmes,
» mariages, les teftamens & fépultures, fous
» peine de tous dommages & intérêts, & pour
» ce ne doivent rien payer au greffe.

L'ordonnance des teftamens du 31 août 1735
s'exprime ainfi, article 25 : « Les Curés fécu-
» liers ou réguliers pourront recevoir des tefta-
» mens ou autres difpofitions à caufe de mort
» dans l'étendue de leurs paroiffes, & ce feu-
» lement dans les lieux où les coutumes & fta-
» tuts les y autorifent expreffément, & en y
» appelant avec eux deux témoins ; ce qui fera
» pareillement permis aux prêtres féculiers pré-
» pofés par l'évêque à la defferte des Cures
» pendant qu'ils les defferviront, fans que les
» vicaires & autres perfonnes eccléfiaftiques
» puiffent recevoir des teftamens & autres der-
» nières difpofitions. N'entendons rien innover
» aux réglemens & ufages obfervés dans quel-
» ques hôpitaux par rapport à ceux qui peuvent
» recevoir des teftamens ».

L'article 26 continue : « Le Curé ou deffer-
» vant feront tenus immédiatement après la mort
» du teftateur, s'ils ne l'ont fait auparavant, de
» dépofer le teftament ou autre dernière difpo-
» fition qu'ils auront reçus chez le notaire ou
» tabellion du lieu ; & s'il n'y en a point, chez

» le plus prochain notaire royal dans l'étendue
» du bailliage ou sénéchauffée dans laquelle la
» paroiffe eft fituée, fans que lefdits Curés ou
» deffervans puiffent en délivrer aucune expé-
» dition, à peine de nullité defdites expéditions
» & des dommages-intérêts des notaires ou ta-
» bellions, & des parties qui pourroient en dé-
» pendre ».

Ces deux articles ont dérogé à l'ancien droit
en trois chofes; 1°. ils ont ôté aux vicaires le
droit de recevoir des teftamens; 2°. ce droit
pour les Curés eux-mêmes, eft reftraint & limité aux lieux où les coutumes & les ftatuts les
y autorifent expreffément; 3°. ils font obligés
de dépofer les teftamens qu'ils ont reçus chez
le tabellion du lieu ou chez le plus prochain
notaire royal, & ils ne peuvent en délivrer aucune expédition. L'article 33 de la même ordonnance excepte le temps des peftes, pendant lequel tout Curé, vicaire, deffervant, foit régulier, foit féculier, peut recevoir des teftamens.
Les Curés font tenus ainfi que les autres officiers publics, d'obferver toutes les formalités
prefcrites par l'ordonnance & les ftatuts locaux.

Nous ne parlerons pas ici de beaucoup d'autres droits des Curés que nous aurons occafion
de traiter par la fuite, & qui trouveront néceffairement leur place fous les différens mots qui
fe préfenteront, comme DIXME, MONITOIRE,
PORTION CONGRUE, SÉPULTURES, &c.

Comme premiers pafteurs & chefs de leurs
diocèfes, les évêques ont un droit d'infpection
& de furveillance qui entraîne néceffairement
après

après lui le pouvoir de punir & de corriger ;
pouvoir fans lequel ils ne pourroient maintenir
le bon ordre & la difcipline qu'ils font chargés
de conferver. Un des moyens les plus efficaces
pour y réuffir eft fans doute la tenue des fynodes : c'eft dans ces affemblées où l'on peut
remédier aux abus généraux qui s'introduifent
dans un diocèfe. C'eft-là que les Curés les moins
zélés & les moins fervens viennent puifer dans
les exemples & les difcours de leurs fupérieurs
& de leurs confrères, l'efprit & les vertus eccléfiaftiques. Auffi voit-on que dans tous les
fiècles les conciles ont févi contre les Curés qui
cherchoient à fe fouftraire à ce joug falutaire.
Le concile de Metz de l'an 756 condamne ceux
qui fans raifon refufent de s'y rendre, à
foixante livres d'aumônes, & celui de Saintes
de l'an 1280, prononce contre eux la peine
d'interdit. Le concile de Trente en a auffi une
difpofition formelle (*). Cette loi de difcipline
a été adoptée dans nos tribunaux. Ils ont donné
plufieurs arrêts pour contraindre les Curés à fe
rendre aux fynodes. Les Curés réguliers qui fe
prétendent exempts de la juridiction ordinaire,
font foumis à cette loi générale. On voit dans
Bardet un arrêt du 23 février 1637, qui confirma une condamnation à huit livres d'aumône
portée par l'évêque de Beauvais contre un Curé
de l'ordre de Malte. M. Bignon qui porta la pa-

---

(*) *Synodæ quoque diœcefanæ quotannis celebrentur
ad quas exempti etiam omnes qui alias ceffante exemptione
intereffe deberent, nec capitulis generalibus fubduntur ac-
cedere teneantur.*

role dans cette cause, avança que l'obligation d'assister au synode ne pouvoit être anéantie ni par l'exemption ni par la prescription. Un arrêt du grand conseil rapporté par l'auteur des mémoires du clergé, tome 3, page 723, enjoint au Curé de la paroisse de Mont-Saint-Michel, diocèse d'Avranches, d'assister au synode diocésain toutes les fois que les évêques le convoqueront, & ce nonobstant sa prétendue exemption de la juridiction épiscopale.

Parmi les peines dont un évêque peut punir un Curé, il en est qu'il prononce lui-même sans aucune espèce de formes juridiques. Il en est d'autres qu'il ne peut infliger qu'après une information en règle & une procédure légale. L'évêque ne peut pas lui-même prononcer ces dernières. Elles sont uniquement réservées à son official ; nous n'en parlerons point ici. Parmi les premières, la plus commune est l'envoi au séminaire pour quelque temps. Nos rois ont cru digne de leur attention de donner des bornes à ce pouvoir des évêques, & d'empêcher que sous le spécieux prétexte de conserver la discipline, les Curés ne fussent exposés à des vexations & à des actes de despotisme. Une déclaration du 15 décembre 1698, enregistrée dans toutes les cours, porte, « que les ordonnances par les- » quelles les évêques auront estimé nécessaire » d'enjoindre à des Curés ou autres ecclésiasti- » ques ayant charge d'ames dans le cours de leurs » visites, & sur procès verbaux qu'ils auront » dressés, de se retirer dans des séminaires pour » le temps de trois mois & pour causes graves, » mais qui ne mériteront pas une instruction

» dans les formes de la procédure criminelle ,
» feront exécutées nonobftant toute appella-
» tion ».

D'après cette déclaration, il eft certain 1°.
qu'un évêque fans employer la procédure criminelle , ne peut condamner un Curé au féminaire que pour trois mois ; 2°. qu'il ne le peut
que dans le cours de fa vifite ; 3°. qu'il doit
dreffer un procès-verbal qui eft le fondement
de fon ordonnance ; 4°. qu'il faut que la faute
foit grave ; 5°. enfin que l'ordonnance étant
exécutoire nonobftant appel, y eft cependant
fujette. Il faut encore conclure de cette déclaration , que fi l'évêque ordonnoit trois mois de
féminaire hors du cours de fa vifite ou fans avoir
dreffé de procès verbal, fon ordonnance pourroit être attaquée par la voie de l'appel comme
d'abus : il y a apparence que dans ce cas un Curé
obtiendroit facilement un arrêt de défenfe. Il y
a donc deux moyens d'appel comme d'abus d'une
ordonnance d'un évêque qui enjoindroit à un
Curé d'aller au féminaire pendant un certain
temps. Le premier , tiré du défaut des formalités prefcrites par la déclaration de 1698 ; le
fecond, pris dans le fond même de l'ordonnance.
Le premier moyen peut être fufpenfif , c'eft-à-
dire que les cours peuvent accorder un arrêt de
défenfes. Mais fi l'abus n'eft fondé que fur l'injuftice même de l'ordonnance , il n'eft que dévc-
lutif , & l'ordonnance doit être exécutée nonobftant l'appel. Pour mettre le Curé dans le cas de
fe juftifier s'il eft innocent , ou de fe corriger
s'il eft coupable , on doit lui donner copie du
procès verbal dreffé contre lui. S'il parvenoit à

démontrer que l'évêque n'a févi contre lui que
par paffion, il feroit dans le cas de demander
des dommages & intérêts. On en a vu plufieurs
en obtenir & diftribuer aux pauvres de leurs
paroiffes les fommes qui leur avoient été adjugées.

Un arrêt du parlement d'Aix du 28 mars
1740, nous apprend qu'un Curé peut être envoyé au féminaire pour un terme moins long
que trois mois, quoique l'évêque ne foit pas
dans le cours de fa vifite. Alors on ne confidère
point le féminaire comme une peine, mais fimplement comme une correction paternelle &
un remède falutaire pour rappeler à un eccléfiaftique le fouvenir de fes devoirs. On contefte
aux grands vicaires le droit de condamner dans
le cours de leurs vifites un Curé au féminaire.
Les auteurs qui leur font favorables conviennent
qu'il faut que ce pouvoir foit exprimé dans leurs
lettres de vicariat. Le clergé pour prévenir toute
conteftation fur ce point, crut devoir en 1726
demander à ce fujet une déclaration qui n'a pas
encore paru.

Nous connoiffons en France plufieurs efpèces
de Curés; il y a des Curés primitifs & des Curés vicaires perpétuels, dont les charges & les
droits font totalement différens. Il y a en outre
des Curés féculiers & des Curés réguliers. Les
obligations des uns & des autres par rapport
aux fidèles font abfolument les mêmes. Mais les
devoirs qu'impofe la vie monaftique & l'obéiffance due à la règle dans laquelle ils fe font engagés, a fait foumettre les Curés réguliers à
des lois qui leur font particulières & qui ne re-

gardent en rien les féculiers. Nous en rendrons compte lorfque nous aurons parlé des Curés primitifs & des Curés vicaires perpétuels.

*Des Curés primitifs & des Curés vicaires per-pétuels.* Il n'y avoit autrefois dans l'églife qu'une efpèce de Curés : ce n'eft que vers le feptième fiècle que l'on commença à diftinguer les Curés primitifs & les Curés fubalternes. Il paroît qu'il faut attribuer à différentes caufes l'origine de cette diftinction. La première & fans doute la plus favorable eft la deftination que les évêques firent de plufieurs Curés de la campagne qu'ils appelèrent auprès d'eux, pour les feconder dans l'adminiftration du diocèfe & compofer une partie du clergé de la cathédrale. Ces prêtres confervèrent les revenus de leurs Cures, en fe chargeant de les faire deffervir par d'autres prê-tres qui étoient pour ainfi dire à leurs gages, & fur lefquels ils s'attribuèrent une fupériorité. Voilà pourquoi tant de chapitres font encore Curés primitifs.

Vers le neuvième fiècle, l'ignorance & la barbarie féodale ayant régné jufque fur le clergé féculier qui auroit pu difficilement fe préferver de la corruption au milieu d'un peuple corrompu, on fut obligé de recourir aux moines. Les mœurs & les fciences refugiées dans les cloitres furent alors d'un grand fecours à l'églife : mais bientôt le clergé féculier fortit de fon état d'aviliffement, & l'on s'aperçut que les fonctions du miniftère étoient incompatibles avec la vie monaftique. Alors l'églife qui ne s'étoit fervi de moines que comme on fe fert des troupes auxiliaires que de fâcheufes circonftances forcent d'employer, les

Q q iij

rendit à leur premier état & les fit rentrer dans leurs cloîtres. A cette époque ils étoient maîtres de presque toutes les Cures. Les évêques leur en avoient confié une partie, & les seigneurs laïcs qui pendant deux siècles s'étoient emparés des biens ecclésiastiques & sur-tout des paroisses, crurent satisfaire à leur conscience & faire une restitution suffisante, en les remettant à des monastères à qui ils n'avoient jamais appartenu. Les moines en se retirant dans·leurs cloîtres n'abandonnèrent pas les revenus des églises paroissiales ; on toléra même qu'ils en jouîssent, à la charge toutefois de faire desservir les Cures par des prêtres séculiers qui étoient amovibles. Il y eut beaucoup d'évêques qui pour permettre ce partage inouï, par lequel les charges & les travaux se trouvoient d'un côté, & les richesses & l'oisiveté de l'autre, se faisoient payer à chaque mutation de desservant, ce droit si connu sous le nom de rachat des autels, *altarium redemptio*. Telle est l'origine de la supériorité que beaucoup de monastères prétendent sur plusieurs Cures.

Il faut cependant convenir qu'il y en a quelques-unes qui ont servi à la fondation & à la dotation de certains monastères, & que quelques autres ne sont que les chapelles que les moines avoient élevées dans leurs granges & dans leurs fermes, & qui dans la suite sont devenues des paroisses. Ces dernières sont en petit nombre ; c'est pourquoi nos lois en distinguant les chapitres & les monastères Curés primitifs, ont traité bien plus favorablement les chapitres que les monastères, au moins quant aux droits honorifiques.

C'étoit fans doute un grand défordre que de voir les peuples confiés aux foins des pafteurs amovibles, & à qui les Curés primitifs refufoient prefque le néceffaire. L'églife tonna contre cet abus intolérable; mais fes règlemens & fes menaces furent inutiles, & la cupidité trouva pendant long-temps les moyens de les éluder. Nos princes protecteurs de la religion lui ont prêté à cette occafion un bras fecourable, & leurs lois ont enfin mis les canons en vigueur. L'article 12 de l'ordonnance de 1629 eft conçu en ces termes : « Les Cures qui font unies aux » abbayes, prieurés, églifes cathédrales ou » collégiales feront dorénavant tenues à part & » à titre de vicaire perpétuel, fans qu'à l'avenir » lefdites églifes puiffent prendre fur icelles Cures » autres droits qu'honoraires, tout le revenu » demeurant au titulaire, fi mieux lefdites églifes » ou autres bénéfices dont dépendent lefdites » Cures, n'aiment fournir auxdits vicaires la fom- » me de trois cents livres par an, dont fera fait » inftance auprès de notre faint père le pape ». Il paroît que cet article ne fut point exécuté, ou du moins fouffrit beaucoup de difficulté. On en peut juger par le grand nombre de déclarations que Louis XIV & Louis XV ont données à ce fujet.

Le préambule de celle du 29 janvier 1686 nous apprend que dans quelques provinces du royaume plufieurs Curés primitifs & autres à qui la collation des Cures & des vicaires perpétuels appartenoit, commettoient des prêtres pour les deffervir pendant le temps qu'ils jugeoient à propos de les y employer, avec une

Q q iv

retribution très-médiocre. Le roi, pour remédier
à un abus tant de fois condamné par les canons,
ordonne « que les Cures qui font unies à des
» chapitres ou autres communautés eccléfiaf-
» tiques, & celles où il y a des Curés primitifs,
» foient deffervies par des Curés ou des vicaires
» perpétuels qui feront pourvus en titre, fans
» qu'on y puiffe mettre à l'avenir des prêtres
» amovibles, fous quelque prétexte que ce puiffe
» être. »

Il n'eft guère poffible à un légiflateur de tout
prévoir, & il eft peu de lois nouvelles qui ne
donnent lieu à de nouvelles conteftations. Il s'en
éleva beaucoup entre les Curés primitifs & les
vicaires perpétuels. Il faut convenir que jufqu'alors leurs droits refpectifs n'avoient pas
encore été réglés. En payant la portion congrue
aux vicaires perpétuels, les Curés primitifs les
troubloient dans la perception des oblations,
offrandes & autres droits cafuels. La déclaration
du 30 juin 1690 eut pour but de terminer toutes
ces conteftations fcandaleufes. « Voulons, y
» eft il dit, que les vicaires & Curés perpétuels
» jouiffent à l'avenir de toutes les oblations &
» offrandes, tant en cire qu'en argent & autres
» retributions qui compofent le cafuel de l'églife,
» enfemble des fonds chargés d'obits & fonda-
» tions pour le fervice divin, fans aucune dimi-
» nution de leur portion congrue, & ce nonobftant
» toute tranfaction, abonnement, poffeffion,
» fentences & arrêts auxquels nous défendons
» à nos cours & juges d'avoir aucun égard. Pour-
» ront néanmoins lefdits Curés primitifs, s'ils
» ont titre ou poffeffion valable, continuer de

» faire le service divin aux quatre fêtes solem-
» nelles & le jour du patron, auquel jour ils
» pourront percevoir la moitié des oblations &
» offrandes, tant en cire qu'en argent, & l'autre
» moitié demeurera au Curé vicaire perpétuel;
» & sera au surplus notre déclaration du mois de
» janvier 1686 exécutée selon sa forme & teneur,
» en ce qui n'y est pas dérogé par ces pré-
»: sentes ». L'édit de 1695, article 24, ordonne
aux évêques d'établir, suivant les déclarations
de 1686 & 1690, des vicaires perpétuels où il
n'y a que des prêtres amovibles.

Malgré ces lois réitérées, il s'élevoit journellement une infinité de procès entre les Curés
primitifs & les Curés vicaires perpétuels. Deux
déclarations du 5 octobre 1726 & du 15 janvier
1731 ont enfin posé des limites qu'il n'est plus
permis de franchir. Tout y est prévu, tout y est
déterminé. Les prétentions excessives des abbés,
prieurs & communautés y sont réprimées, les
droits des chapitres conservés & l'état des Curés
vicaires perpétuels fixé d'une manière convenable à l'importance & à la dignité de leurs
fonctions. La déclaration de 1726 ne contient
que sept articles: celle de 1731 est beaucoup
plus étendue. Comme c'est elle qui forme la
jurisprudence actuelle, nous allons en rendre
compte, en la conférant avec celle de 1726.
Par ce moyen on connoîtra toutes les lois qui
régissent la matière que nous traitons.

L'article premier assure aux vicaires perpétuels
le titre de Curés vicaires perpétuels qu'ils pourront prendre en toute occasion, même en contractant avec le Curé primitif: c'est ce que signi-

fient évidemment ces expreffions, *en tous actes & en toutes occafions*. L'article 11 de la déclaration de 1726 porte une difpofition femblable.

Plufieurs communautés & des bénéficiers particuliers prenoient fans fondement le titre de Curés primitifs ; l'article 11 de notre déclaration détermine ceux qui pourront le prendre à l'avenir. » Ne pourront prendre le titre de Curés pri-
» mitifs que ceux dont les droits feront établis,
» foit par des titres canoniques, actes ou tran-
» factions valablement autorifées, arrêts contra-
» dictoires, foit fur des actes de poffeffion cen-
» tenaire. N'entendons exclure les moyens & les
» voies de droit qui pourroient avoir lieu contre
» lefdits actes & arrêts ; lefquels feront cependant
» exécutés jufqu'à ce qu'il en ait été autrement
» ordonné, foit définitivement ou par provifion,
» par les juges qui en doivent connoître, fuivant
» ce qu'il fera dit ci-après ». L'article 4 de la déclaration de 1726 s'expliquoit en ces termes :
» Le titre & les droits de Curés primitifs ne
» pouvant être acquis légitimement qu'en vertu
» d'un titre fpécial, ceux qui prétendent y être
» fondés, feront tenus en tout état de caufe d'en
» repréfenter les titres, faute de quoi ils ne pour-
» ront être reçus à le prendre au préjudice des
» vicaires perpétuels à qui la provifion demeu-
» rera pendant le cours de la conteftation ; & ne
» feront réputés valables à cet effet autres titres
» que les bulles du pape, décrets des arche-
» vêques ou évêques, ou actes d'une poffeffion
» avant cent ans & non interrompue ; & fans
» avoir égard aux tranfactions ou autres actes,
» ou aux fentences & arrêts qui pourroient avoir

» été rendus en faveur des Curés primitifs, si ce
» n'est que par leur authenticité & l'exécution
» qui s'en feroit suivie, ils eussent acquis le degré
» d'autorité nécessaire pour les mettre hors
» d'atteinte. »

La différence entre ces deux articles consiste
en ce que selon celui de 1726, pendant le cours
de la contestation, la provision doit demeurer
aux Curés vicaires perpétuels, & que par celui
de 1731 les titres des Curés primitifs doivent
être exécutés provisoirement, quoique les Curés
vicaires perpétuels se pourvoient contre ces
titres par les moyens de droit. Une autre différence, c'est que toutes transactions ou arrêts
non exécutés ne peuvent faire titre aux Curés
primitifs, suivant la déclaration de 1726, au lieu
que selon celle de 1731 tout arrêt contradictoire
ou transaction valablement autorisée fait titre
indépendamment de l'exécution. La déclaration
de 1726 étoit en ce point plus favorable aux
Curés vicaires perpétuels. Elle nous paroît aussi
se rapprocher davantage des principes, en rendant plus difficiles les preuves sur lesquelles on
doit établir la qualité de Curé primitif. Devroit-
on en cette matière permettre de suppléer le
titre constitutif par des actes possessoires ou autres
actes équivalens ? Les Curés primitifs sont aussi
contraires à la discipline de l'église & au droit
commun que les exemptions. On n'admet point
pour celles-ci de titres qui puissent suppléer le
titre constitutif. La possession même, quelque
longue qu'elle soit, est inutile sans ce titre ;
pourquoi n'en est-il pas de même pour les Curés
primitifs ? Leur possession avec un titre est non-

X

feulement une dérogation au droit commun &
à la faine difcipline de l'églife, mais encore une
violation de la loi évangelique qui ne veut pas
que celui qui ne fert point à l'autel vive de l'autel,
& de la loi naturelle qui défend de fe nourrir &
de s'engraiffer des fueurs & des travaux de fes
frères : dès-lors cette poffeffion fans titre n'eft-
elle pas le plus intolérable des abus? On dira
peut-être que ce feroit anéantir tous les Curés
primitifs que de les obliger à repréfenter leurs
titres conftitutifs? Peut-on regarder comme un
inconvénient une loi qui tendroit à rétablir l'ancienne difcipline & à guérir en partie une plaie
dont l'églife gémit encore? D'ailleurs cela ne
feroit que les rendre moins communs fans les
détruire entièrement. Il en feroit comme des
exempts qui fe font confervés malgré la rigueur
des lois portées contre eux.

L'article 3 détermine à qui appartiendra le
titre & les fonctions de Curés primitifs relativement aux communautés religieufes. Les moines
les difputoient à leurs abbés, prieurs réguliers
ou commendataires, & à leurs fupérieurs clauf-
traux. Ils prétendoient être en droit de venir
quand bon leur fembloit, officier dans les églifes
dont leur communauté étoit Curé primitif, &
cela malgré le Curé vicaire perpétuel. Notre article remédie aux inconvéniens qui pouvoient
naître de pareilles prétentions. Il porte: « Les
» abbés, prieurs & autres pourvus, foit en titre,
» foit en commende, du bénéfice auquel la qua-
» lité de Curé primitif fera attachée, pourront
» feuls & à l'exclufion des communautés établies
» dans leurs abbayes, prieurés ou autres béné-

» fices, prendre ledit titre de Curés primitifs &
» en exercer les fonctions; lesquelles ils ne pour-
» ront remplir qu'en perſonne, ſans qu'en leur
» abſence ou pendant la vacance, leſdites
» communautés puiſſent faire leſdites fonctions
» qui ne pourront être exercées dans leſdits cas
» que par les Curés vicaires perpétuels; & à
» l'égard des communautés qui n'ayant point
» d'abbés ni de prieurs en titre ou en commende,
» auront les droits de Curés primitifs, ſoit par
» union de bénéfices ou autrement, les ſupérieurs
» deſdites communautés pourront ſeuls en faire
» les fonctions, le tout nonobſtant tous actes,
» jugemens & poſſeſſions à ce contraires, &
» pareillement ſans qu'aucune preſcription puiſſe
» être alléguée contre les abbés, prieurs ou au-
» tres bénéficiers, ou contre les ſupérieurs des
» communautés qui auront négligé ou qui né-
» gligeront de faire leſdites fonctions de Curés
» primitifs, par quelque laps de temps que ce
» ſoit ». Ces diſpoſitions ſont entièrement conformes à l'article 5 de la déclaration de 1726.

L'article 4 règle quelles ſeront les fonctions
que pourront exercer les Curés primitifs. « Les
» Curés primitifs, s'ils ont titre ou poſſeſſion
» valable, pourront continuer de faire le ſervice
» divin les quatre fêtes ſolemnelles & le jour du
» patron; à l'effet de quoi ils ſeront tenus de
» faire avertir les Curés vicaires pepétuels la
» ſurveille de la fête, & de ſe conformer au rit
» & au chant du diocèſe, ſans qu'ils puiſſent
» même auxdits jours adminiſtrer les ſacremens
» ou prêcher ſans une miſſion ſpéciale de l'é-
» vêque; & ſera le contenu au préſent article

» exécuté nonobſtant tous titres, jugemens ou
» uſages à ce contraires ». Cet article eſt encore
abſolument conforme à la déclaration de 1726.
Il faut en conclure que pour exercer les fonctions
qui y ſont déſignées, le Curé primitif doit avoir
ou titre ou poſſeſſion. L'un ſans l'autre eſt ſuffi-
ſant, parce que l'intention du légiſlateur eſt que
la poſſeſſion ſupplée le titre, & qu'il a ordonné
par l'article précédent que la preſcription ne
pourroit anéantir le titre. On doit encore en
conclure que le titre de Curé primitif & les
charges qui y ſont attachées ne donnent pas le
droit d'exercer les fonctions que cet article
accorde en général aux Curés primitifs. Il faut
en effet, outre le titre de Curé primitif, en avoir
un particulier qui emporte le droit de célébrer
le ſervice divin, ou du moins prouver la poſſeſſion. C'eſt ce que ſuppoſe évidemment notre
déclaration, puiſque dans l'article 2 elle parle
du titre néceſſaire pour prendre la qualité de
Curé primitif, & que dans celui que nous examinons elle ne s'occupe que du titre & de la
poſſeſſion requiſe pour pouvoir officier les quatre
fêtes ſolemnelles & le jour du patron. Cette
diſtinction eſt fondée ſur ce que la qualité générale de Curé primitif n'emporte pas eſſentiellement les droits honorifiques, parce que rien
n'empêche qu'ils ne ſoient ſéparés des droits
utiles. Cette doctrine eſt appuyée ſur deux arrêts
remarquables : l'un du grand conſeil, rendu le
20 ſeptembre 1676 a maintenu l'abbé Deſpreaux
dans le titre de Curé primitif de la paroiſſe de
Cambon, diocèſe de Paris, & cependant lui fait
défenſes d'y officier aucun jour de l'année ; l'autre

du 26 mars 1691 eſt du parlement de Paris : il déboute les religieux de Montdidier, diocèſe d'Amiens, de leurs prétentions quant à la célébration du ſervice divin dans une paroiſſe dont ils étoient reconnus pour Curés primitifs. Ce dernier arrêt eſt d'autant plus important qu'il eſt poſtérieur à la déclaration de 1690 qui maintient en général les Curés primitifs dans le droit d'officier certains jours de l'année.

L'article 5 fixe les droits utiles des Curés primitifs lorſqu'ils officieront : « Les droits utiles » deſdits Curés primitifs demeureront fixés, ſui- » vant la déclaration du 30 juin 1690, à la moitié » des oblations & offrandes, tant en cire qu'en » argent, l'autre moitié demeurant au Curé » vicaire perpétuel ; leſquels droits ils ne pour- » ront percevoir que lorſqu'ils feront le ſervice » divin en perſonne, aux jours ci-deſſus marqués, » le tout à moins que leſdits droits n'aient été » autrement réglés en faveur des Curés primitifs » ou des vicaires perpétuels, par des titres ca- » noniques, actes ou tranſactions valablement » autoriſés, arrêts contradictoires ou actes de » poſſeſſion centenaire ». Cet article déroge à la clauſe portée dans l'article 3 de la déclaration de 1726. Le légiſlateur y ordonnoit que la moitié des offrandes préſentées les jours que les Curés primitifs officieroient, appartiendroit aux Curés vicaires perpétuels, « nonobſtant tous uſages, » abonnemens, tranſactions, jugemens & autres » titres à ce contraires ». Il ſeroit à deſirer que cet obſtacle n'eût pas été réformé, non-ſeulement parce qu'il eſt favorable aux Curés vicaires perpétuels, mais encore parce qu'il obvioit à

beaucoup de procès que font naître les prétendus
titres ou actes poffeffoires allégués par les Curés
primitifs & qu'on leur contefte ordinairement.

Les articles 6 & 7 conservent les usages particuliers & locaux des paroiffes qui ont coutume de s'affembler certains jours de l'année
dans les églifes des monaftères ou prieurés, foit
pour la célébration de l'office divin, foit pour
des *te Deum* ou proceffions générales, &c. Ces
deux articles ne fe trouvent point dans la déclaration de 1726.

Il y a des paroiffes qui font deffervies dans des
églifes de religieux ou de chanoines qui en font
Curés primitifs. On voyoit tous les jours des
difficultés s'élever entre les religieux ou chanoines & leurs vicaires perpétuels. Ce qui y
donnoit le plus fouvent lieu étoit l'ufage du
chœur & des bancs, les fépultures dans l'églife
& les heures des offices. Les articles 8 & 9 de la
déclaration fixent fur ces objets les droits des
uns & des autres, en diftinguant avec foin ce
qui eft de pure police extérieure & ce qui tient
au fpirituel qu'elle laiffe à l'entière difpofition des
évêques. Ces deux articles font encore ajoutés
à la déclaration de 1726. Les voici.

Art. VIII. « Voulons que dans les lieux où la
» paroiffe eft deffervie à un autel particulier de
» l'églife dont elle dépend, les religieux ou cha-
» noines réguliers de l'abbaye, prieurs ou autres
» bénéficiers, puiffent continuer de chanter feuls
» l'office canonial dans le chœur, & de difpofer
» des bancs ou fépultures dans leurfdites églifes,
» s'ils font en poffeffion paifible & immémoriale
» de ces prérogatives ».

Article IX.

Art. IX. « Les difficultés nées & à naître fur
» les heures auxquelles la meffe paroiffiale ou
» d'autres parties de l'office divin doivent être
» célébrées à l'autel & lieux deftinés à l'ufage
» de la paroiffe, feront réglées par l'évêque
» diocéfain, auquel feul appartiendra auffi de
» prefcrire les jours & heures auxquels le faint
» facrement fera ou pourra être expofé audit
» autel, même à celui des religieux ou cha-
» noines réguliers de la même églife ; & les or-
» donnances par lui rendues fur le contenu du
» préfent article feront exécutées par provifion
» pendant l'appel fimple ou comme d'abus, fans
» y préjudicier, & ce nonobftant tous priviléges
» & exemptions, même fous prétexte de juri-
» diction quafi-épifcopale prétendue par lefdites
» abbayes, prieurés ou autres bénéfices, lefdites
» exemptions ou juridictions ne devant avoir lieu
» en pareille matière. »

Après avoir déterminé par l'article 4 quels
étoient les droits honorifiques que pourroient
exercer les Curés primitifs conformément à leur
titre & à leur poffeffion, le légiflateur craignant
de ne s'être pas expliqué affez clairement, &
voulant qu'ils ne puiffent prétendre aucune efpèce
de fupériorité ni fur le fpirituel ni fur le temporel
des églifes paroiffiales, leur défend par l'article
10 de préfider, fous quelque prétexte que ce
foit, aux affemblées que pourront tenir les Curés
vicaires perpétuels avec leur clergé, par rapport
aux fonctions ou devoirs auxquels ils font obligés,
ou autre matière femblable, en leur défendant
pareillement de fe trouver aux affemblées des
Curés vicaires perpétuels & marguilliers qui

regardent la fabrique ou le droit d'en conferver les clefs entre leurs mains, & ce nonobftant tous actes, arrêts & ufages à ce contraires.

L'article XI eft extrêmement important. Il fixe le feul cas dans lequel les Curés primitifs peuvent être déchargés du payement de la portion congrue. « Les abbayes, prieurés ou com-
» munautés ayant droit de Curés primitifs, ne
» pourront être déchargés du payement des
» portions congrues des Curés vicaires perpé-
» tuels ou de leurs vicaires, fous prétexte de
» l'abandon qu'ils pourroient faire des dîmes à
» eux appartenantes, à moins qu'ils n'abandon-
» nent auffi tous les biens ou revenus qu'ils pof-
» fèdent dans lefdites paroiffes & qui font de
» l'ancien patrimoine des Curés ; enfemble le
» droit & titre de Curé primitif ; le tout fans
» préjudice du recours que les abbés, prieurs
» ou religieux pourront exercer réciproquement
» les uns contre les autres, felon que les biens
» abandonnés fe trouveront être dans la menfe de
» l'abbé ou prieur, ou dans celle des religieux ».
Cette difpofition fe trouve dans l'article 7 de la déclaration de 1726, & a été renouvelée par l'article 8 de l'édit de 1768, conçu en ces termes : « Voulons en outre, conformément à nos
» déclarations des 5 octobre 1726, & 15 jan-
» vier 1731, que le Curé primitif ne puiffe être
» déchargé de la contribution à ladite portion
» congrue fous prétexte de l'abandon qu'il au-
» roit ci-devant fait ou qu'il pourroit faire aux-
» dits Curés ou vicaires perpétuels des dîmes
» par lui poffédées, mais qu'il foit tenu d'en
» fournir le fupplément, à moins qu'il n'aban-

» donne tous les biens fans exception qui com-
» pofoient l'ancien domaine de la Cure, enfem-
» ble le titre & les droits de Curé primitif ».
Ces différens articles donnent lieu à beaucoup
de queftions que nous traiterons fous les mots
DIXME ET PORTION CONGRUE.

L'article XII décide quels font les juges qui
doivent prononcer fur les conteftations concernant la qualité de Curé primitif, les droits qui
en dépendent, & en général toutes les demandes
formées entre les Curés primitifs, les Curés
vicaires perpétuels & les gros décimateurs. Ce
font en première inftance les baillis, & les
autres juges royaux reffortiffans nuement aux
cours de parlement, & ce nonobftant toutes
évocations, lettres-patentes & déclarations à
ce contraires.

L'article XIII porte que les fentences & jugemens qui feront rendus fur les conteftations
mentionnées dans l'article précédent, foit en
faveur des Curés primitifs, foit au profit des
vicaires perpétuels, feront exécutés par provifion, nonobftant appel & fans y préjudicier.

L'article XIV apresa voir foumis à l'exécution
de la déclaration dont il s'agit tous les ordres,
congrégations, corps ou communautés fécu-
lières ou régulières, même l'ordre de Malte &
celui de Fontevrault, fait une exception en
faveur des chapitres. Voici comme il s'exprime :
« Sans néanmoins que les chap'tres des églifes
» collégiales ou cathédrales foient cenfés com-
» pris dans la précédente difpofition en ce qui
» concerne les prééminences, honneurs & dif-
» tinctions dont ils font en poffeffion, même de

» prêcher avec la permission de l'évêque cer-
» tains jours de l'année ; desquelles prérogatives
» ils pourront continuer de jouir ainsi qu'ils ont
» bien & dûment fait par le passé ». Le législateur traite bien plus favorablement les chapitres
qui sont Curés primitifs, que les monastères,
abbés, prieurs & autres bénéficiers. Il leur conserve des honneurs & des prérogatives qu'il
refuse à ceux-ci. On peut apporter pour raison
de cette différence, que les unions des Cures
aux chapitres ont quelque chose de moins odieux
& de moins contraire à l'esprit de l'église, que
celles qui ont été faites aux monastères. L'avantage du diocèse & le bien des fidèles a été le
motif des premières, & les autres n'ont pour
l'ordinaire d'autre origine que la cupidité des
moines, qui en restituant la desserte des paroisses
au clergé séculier, ont trouvé le secret de n'a-
bandonner que le travail & les charges & de
conserver l'utile & l'honorifique : nous disons
pour l'ordinaire, parce qu'il faut convenir comme on l'a déjà dit, qu'il y a quelques Cures qui
dans l'origine ont été légitimement unies à des
monastères, soit pour dotation ou fondation,
soit qu'elles doivent leur naissance aux anciennes
fermes & granges qui dépendoient des abbayes.

L'article XV & dernier veut que la déclaration du 29 janvier 1686, celle du 30 juin 1690
& l'article premier de la déclaration du 30 juillet 1710, soient exécutés selon leur forme &
teneur, en ce qui n'est point contraire à celle
dont nous parlons. Nous avons rapporté les deux
déclarations de 1686 & de 1690 ; & pour ne rien
laisser à desirer sur ce qui concerne cette matière,

nous allons rapporter l'article premier de la déclaration de 1710. «Voulons que les mandemens des
» archevêques ou évêques, ou de leurs vicaires
» généraux qui feront purement de police ex-
» térieure ecclésiastique, comme pour les son-
» neries générales, stations du jubilé, procef-
» sions & prières pour les nécessités publiques,
» actions de graces & autres semblables sujets,
» tant pour les jours & heures, que pour la
» manière de les faire, soient exécutés pour
» toutes les églises & communautés ecclésiasti-
» ques séculières & régulières, exemptes &
» non exemptes, sans préjudice à l'exemption
» de celles qui se prétendent exemptes en autres
» choses ».

Quelques auteurs ont pensé que la déclaration de 1731 avoit dérogé à celle de 1726. Ils se fondent sur ce que le roi, dans l'article XV, ne rappelle que celles de 1686, 1690 & 1710, qu'il veut être exécutées. Le silence qu'il a gardé sur celle de 1726 est, disent-ils, une preuve qu'elle doit être regardée comme non avenue. Mais en consultant le préambule de la déclaration de 1731, on voit qu'elle ne doit faire qu'une même loi avec celle de 1726, & celles qui l'ont précédée. «C'est pour faire cef-
» fer ces inconvéniens que nous avons jugé à
» propos de réunir dans une seule loi les dispo-
» sitions de la déclaration du 5 octobre 1726 &
» celles des loix précédentes, en y ajoutant tout
» ce qui pouvoit manquer à la perfection de ces
» loix ». Le législateur s'explique bien clairement. Son intention n'est point d'abroger la déclaration de 1726, mais seulement d'y ajouter

& de la perfectionner : on ne peut donc pas la regarder comme non avenue ; elle eſt dans toute la force, & on n'en peut douter lorſqu'on la voit rappelée dans l'article VIII de l'édit de 1768 avec celle de 1731. ·· Voulons en outre, ·· conformément à nos déclarations du 8 octobre ·· 1726 & 15 janvier 1731 ··. Ces deux déclarations ont donc une égale autorité.

Ces loix ſemblent ne rien laiſſer à deſirer ſur les droits & prérogatives des Curés primitifs. Il nous reſteroit à parler de leurs charges, qui ſont le payement de la portion congrue, les fournitures de ce qui eſt néceſſaire pour le ſervice divin & les réparations des chœurs & cancels des égliſes. Mais toutes ces matières viennent naturellement ſous les mots DÉCIMATEUR, & PORTION CONGRUE. Nous paſſerons donc à ce qui regarde les Curés réguliers.

De droit commun, les religieux ſont incapables de poſſéder des cures ; la vie commune & l'obéiſſance à des ſupérieurs particuliers ont paru trop oppoſées aux fonctions paſtorales, pour qu'on les leur confiât. Cependant pluſieurs congrégations connues ſous le nom de chanoines réguliers de l'ordre de ſaint Auguſtin, ſe ſont maintenues dans la poſſeſſion des Cures qu'elles deſſervoient, dans ces ſiècles où l'ignorance du clergé ſéculier avoit forcé l'égliſe de recourir aux moines. Lorſqu'ils rentrèrent dans leurs cloîtres, & quittèrent les Cures, les chanoines réguliers ſoumis à une règle moins auſtère, parvinrent à faire faire une exception en leur faveur. Nous voyons Innocent III, au chapitre *cum Dei timorem*, *de ſtatu monach.* décider que quoiqu'ils ſoient véritablement compris dans le nombre des moines, *à sanctorum monachorum consortio non putantur sejuncti* ; cependant leur règle moins austère que celle des autres religieux *regulæ laxiori* ne pouvoit être un obstacle à ce qu'ils desserviffent des Cures, pourvu qu'ils euffent toujours avec eux un de leurs confreres pour conserver, autant qu'il est possible, l'esprit de la règle *ad cautelam*, dit ce pape. Le père Thomaffin rapporte des statuts faits par un légat du pape, de concert avec le Comte de Touloufe en 1232, qui ordonnent qu'il y ait au moins trois chanoines réguliers dans chacune des églifes paroiffiales qu'ils deffervent. L'établiffement de la règle *secularia secularibus, regularia regularibus* a confirmé la capacité des chanoines réguliers à poffeder les Cures dépendantes des abbayes de leurs ordres, & on ne la leur difpute plus aujourd'hui.

Les Curés réguliers quoique jouiffant de tous les droits & prérogatives attachés à la qualité de Curé, foit pour le fpirituel, foit pour le temporel, différent cependant en un point bien effentiel des autres Curés. Ils ne font point inamovibles ; leurs fupérieurs réguliers peuvent les rappeler dans leur cloître fans forme de procès ; il n'eft pas même néceffaire qu'une conduite répréhenfible foit le motif de ce rappel, le bien de l'ordre fuffit ; & dès lors on voit qu'il dépend abfolument de la volonté du fupérieur ; mais cependant avec la reftriction dont on parlera tout à l'heure. Cette amovibilité ne prouveroit-elle pas que les bénéfices - Cures ne font point impreffion fur la tête des réguliers, & qu'ils ne font point les vrais titulaires, les vrais époux de leurs églifes ? Des provifions qui n'attachent

point inféparablement un Curé à un bénéfice ;
ne peuvent guères être confidérées que comme
de fimples commiffions, & non pas comme de
véritables titres.

Le droit des fupérieurs réguliers de rappeler
quand bon leur fembloit, les religieux Curés
dans le cloître, pouvoit avoir bien des inconvé-
nients. Rien de plus contraire au bon gouvernement des paroiffes que les changemens multi-
pliés des pafteurs ; comme il eft important
qu'un fujet peu propre à la conduite des ames
ne refte pas longtems dans une Cure, de même
il eft très-avantageux qu'un bon Curé ne foit
point enlevé à fes paroiffiens pour concilier le
bien des paroiffes avec les droits des fupérieurs
réguliers, pour ne pas rompre tous les liens
qui attachent un religieux à fon ordre, & pour
prévenir en même-tems des changemens dangereux ; nos lois ont voulu que les Curés réguliers en demeurant toujours dans la dépendance
de leurs fupérieurs, ne puffent cependant être
révoqués & retirés de leurs bénéfices que du
confentement de l'évêque diocéfain. Un évêque
intéreffé à conferver un bon Curé ne confentira
à fon rappel que lorfque les motifs des fupérieurs lui paroîtront juftes ; & il y donnera volontiers les mains lorfque la conduite du régulier
demandera fon rappel ou fa retraite. Ces lois
femblent avoir paré à tous les inconvéniens.
Elles mettent les Curés réguliers à l'abri des
caprices de leurs fupérieurs, & leur préfentent
une prompte punition s'ils oublient leurs devoirs. Tel eft l'objet des lettres-patentes du
mois d'octobre 1679, enregiftrées le 6 décembre fuivant au grand confeil, & données pour la

congrégation de fainte Genevieve ; de celles du 9 août 1700 pour les religieux de l'étroite & de la commune obfervance de Prémontré ; du 27 février pour l'ordre de la Trinité & Rédemption des captifs ; & du 22 octobre 1710 pour les religieux de la Chancelade. Un arrêt du grand confeil du 6 octobre 1697 a jugé que les Curés de l'ordre de Fontevrault ne pouvoient être révoqués fans le confentement de l'évêque.

Les réguliers ne peuvent accepter de Cure fans la permiffion de leur fupérieur. C'eft ce que portent expreffément les déclarations & lettres-patentes dont nous venons de parler. Ce confentement eft fi effentiel que felon les lois qui ont été données pour les génovefins, ce défaut feroit une nullité radicale qui rendroit le bénéfice vacant & impétrable.

Au refte, quelque exempts de la juridiction ordinaire que foient les réguliers, ils font foumis en qualité de Curés, à tous les règlemens du diocèfe. L'évêque a fur eux la même juridiction que fur les Curés féculiers ; il peut vifiter leurs églifes, leur impofer les peines canoniques lorfqu'ils commettent quelques fautes ; & fi ces fautes exigeoient une inftruction criminelle, il n'eft pas douteux qu'ils ne fuffent jufticiables de l'official diocéfain.

Pour traiter tout ce qui a rapport à cet article, il nous refte à parler des Cures. Une Cure ou paroiffe eft, comme on l'a dit en commençant cet article, un certain territoire circonfcrit & limité, dont les habitans font confiés pour le fpirituel aux foins d'un prêtre attaché à une églife bâtie fur ce territoire, & dans laquelle ces habitans font obligés de

venir remplir les devoirs & affiſter aux cérémonies du chriſtianiſme. Les limites de ce territoire ſont impreſcriptibles, c'eſt-à-dire que
toutes les fois que le titre d'érection ou de bor-
nage eſt repréſenté, il fait évanouir toutes les
prétentions qui ne ſeroient appuyées que ſur
la poſſeſſion. Mais en l'abſence & au défaut du
titre, une poſſeſſion immémoriale ſuffit à un
Curé pour réclamer un canton ou une portion
du territoire comme une dépendance de ſa Cure.
Il y a même beaucoup d'auteurs qui ne demandent qu'une poſſeſſion quarantenaire, & leur
ſentiment paroît aſſez fondé.

Lorſque des maiſons ſont ſituées ſur les con-
fins de deux paroiſſes, ce n'eſt que la ſituation
de la porte d'entrée qui décide de quelle paroiſſe elles ſont. Il ſuit de là qu'on peut changer
de paroiſſe en changeant l'entrée de ſa maiſon.
Cela a été ainſi jugé par un arrêt du parlement
de Paris du 6 mars 1650, rapporté par Dufreſne,
liv 6, ch. 1 ; le Curé & les marguilliers de la
paroiſſe qu'on quitte, n'ont aucune indemnité
à demander. C'eſt ce qui a encore été décidé
par un arrêt du même parlement du 3 mai 1670.
Si par ce changement un Curé perd quelque
partie de ſon revenu, il eſt en même-tems déchargé d'une partie de ſon fardeau ; ainſi tout
ſe trouve compenſé. C'eſt auſſi ſur l'ouverture
principale des portes, qu'on a réglé les limites
des paroiſſes de ſaint Sulpice & de ſaint Côme.
Ce règlement a été homologué au parlement
par arrêt du 18 janvier 1677. On peut conclure de ces arrêts, que quoique l'érection
d'une paroiſſe & les bornes de ſon territoire
dépendent de la puiſſance épiſcopale, les con-

testations qui s'élévent à cette occasion entre les paroisses établies sont de la compétence des juges royaux.

Il n'y a que les évêques qui aient droit d'ériger des Cures : « les archevêques ou évêques, » porte l'article XIV de l'édit de 1695, pourront » avec les solemnités & les procédures accou- » tumées, ériger des Cures dans les lieux où » ils l'entendront nécessaire ».

Dans l'état actuel des choses, toute érection de Cure est nécessairement un démembrement d'une autre paroisse. Cet établissement est donc en même-tems une section de bénéfice ; opération que l'église n'a jamais permise que pour de grandes raisons & des motifs d'une nécessité reconnue. D'après le chapitre *ad audientiam*, tit. *de ecclef. edif.* & le décret du concile de Trente, sess. 21, ch. 4, une des principales raisons pour ériger une Cure, c'est lorsque la distance des lieux & la difficulté des chemins empêchent une partie des paroissiens de se rendre à l'église paroissiale, & mettent obstacle à l'administration des sacrements.

Le grand nombre des paroissiens n'est pas une raison pour ériger une nouvelle Cure, selon beaucoup d'auteurs, parce que, disent-ils, dans ce cas un Curé peut s'associer des coopérateurs & des vicaires. Il faut convenir que cette raison n'est pas solide : un Curé ne peut pas se multiplier à l'infini, & quelque vertueux & habiles que soient ses vicaires, ils n'ont jamais sur l'esprit des peuples le même degré d'autorité que le Curé. C'est pourquoi lorsque les évêques ont érigé en Cure quelques succursales, auxquelles absolument parlant un vicaire pouvoit suffire, leurs décrets ont été confirmés par les parlemens. C'eſt ce qui eſt arrivé en 1672 par rapport à ſaint Roch, qui juſques-là avoit été ſuccurſale de ſaint Germain-l'Auxerrois. Il fut dit n'y avoir abus dans cette érection, quoiqu'on prouvât qu'un ſimple vicaire pouvoit ſuffire pour la deſſerte.

Les évêques ſont juges de la néceſſité ou de la grande utilité de l'érection des Cures. Il ne faut cependant pas croire que leurs déciſions ſur ce point puiſſent être arbitraires. L'édit de 1695 les aſtreint à obſerver les ſolemnités & les procédures accoutumées. La principale & la plus importante de ces procédures eſt l'enquête *de commodo & incommodo.* C'eſt par elle ſeule qu'on peut s'aſſurer de la légimité des motifs qui ont déterminé à ériger la nouvelle Cure. Il faut entendre les parties intéreſſées. Le Curé & les marguilliers de la paroiſſe dont on fait le dénombrement ſont de ce nombre. Il en eſt de même des patrons, ſi cette paroiſſe eſt en patronage. Leur conſentement n'eſt pas néceſſaire ; il ſuffit qu'ils aient été appelés & entendus. On a aſſez fait pour la conſervation de leurs droits. Il paroît qu'autrefois on ne recouroit point au prince pour l'érection des nouvelles Cures ; cependant l'uſage a prévalu, & l'on obtient ordinairement des lettres-patentes ; c'eſt le plus ſûr ; & beaucoup d'auteurs prétendent que ſans cela, le nouveau titulaire ne pourroit pourſuivre & défendre en juſtice les droits de ſon bénéfice. Elles ſont indiſpenſablement néceſſaires, lorſque les habitans ſe chargent de fournir ſur leurs propres biens la portion congrue du nouveau Curé.

L'évêque doit pourvoir à la dotation de la nouvelle Cure. Il le peut, dit l'article XIV de l'édit de 1695, par union de dîmes & autres revenus eccléfiaftiques. Si le Curé de l'ancienne paroiffe eft gros décimateur, il doit contribuer à la portion congrue du nouveau Curé, au prorata de ce qu'il leve dans les dîmes. Cette nouvelle création de Cure ne changeant rien aux droits des décimateurs, il s'enfuit que le Curé n'a aucun droit fur les dîmes, à moins qu'on ne lui en abandonne une partie pour le remplir de fa portion congrue. Si les dîmes ne fuffifent pas pour cela, l'évêque doit y pourvoir par l'union de quelques bénéfices fimples. Si l'éreftion s'eft faite à la follicitation du feigneur & des habitans, c'eft à eux à affurer la fubfiftance de leur nouveau Curé. Dans les villes où les droits çafuels font confidérables & appartiennent aux fabriques, elles doivent payer la portion congrue; c'eft ce que nous voyons dans l'éreftion de la Cure de fainte Marguerite, fauxbourg faint Antoine; la fabrique eft chargée de payer trois cens livres par an au nouveau Curé.

Cette éreftion faite en 1712 par M. le cardinal de Noailles, nous apprend encore que l'on conferve à l'églife matrice, des droits utiles & honorifiques. Les marguilliers de la nouvelle paroiffe de fainte Marguerite, doivent rendre tous les ans le pain béni dans l'églife de faint Paul, le dimanche dans l'oftave de la fête de cet apôtre, aux dépens de la fabrique de leur églife, & payer ce jour-là dix livres à la fabrique de faint Paul & dix livres au Curé, lequel peut en outre, fi bon lui femble, venir tous les ans le jour de fainte Marguerite avec fon clergé y célébrer l'office divin & faire, mais feulement en perfonne, les fonctions curiales, auquel cas, il a le droit de partager avec l'autre toutes les offrandes & honoraires. M. de Harlay avoit fuivi à peu près les mêmes règles, en érigeant en 1673 la Cure de Bonne-Nouvelle qui étoit fuccurfale de faint Laurent. Cette nouvelle Cure fut chargée d'une redevance annuelle de douze cens livres en faveur du Curé de faint Laurent, à qui il fut accordé en outre, la moitié des offrandes que le nouveau titulaire recevroit aux fêtes de Pâques & de Noël.

Lorfque l'églife matrice eft à la pleine collation de l'évêque, il devient collateur de la nouvelle Cure : cela s'eft obfervé pour la Cure de fainte Marguerite. M. de Noailles s'en réferva la collation en qualité de collateur de faint Paul. Lorfque la nouvelle Cure eft dotée aux dépens des fonds de l'ancienne, l'ancien Curé devient Curé primitif & patron. Il eft encore dans l'ufage que les Curés primitifs deviennent patrons des églifes paroiffiales qui s'érigent dans leur territoire. C'eft pourquoi le prieur de faint Martin des Champs a acquis le patronage de la Cure de Notre-Dame de Bonne-Nouvelle, érigée dans le fauxbourg faint-Laurent. C'eft auffi pourquoi M. de Harlay a abandonné aux religieux de faint-Germain le patronage de toutes les Cures qu'on pourroit établir dans le fauxbourg faint-Germain. Il en eft de même lorfqu'une chapelle eft érigée en Cure ; le patron de la chapelle devient patron de la Cure. C'eft en conféquence de ce principe que les abbés de l'abbaye du Bec, en Normandie, font patrons des églifes paroiffiales de faint-Jean en Grêve , & de faint-Gervais de Paris. On a cependant trouvé un moyen pour ne pas accorder aux patrons des chapelles érigées en Cure, le patronage de la Cure : c'eſt de laiſſer le titre de la chapelle attaché à l'autel où il étoit, & d'annexer celui de la Cure à un autre ; par ce moyen l'évêque s'en réſerve la collation, & les droits du patron ſont entièrement conſervés. Cet expédient qui nous eſt venu de Rome, a été mis en uſage lorſqu'on érigea en Cure la chapelle de ſainte-Marguerite. M. de la Fayette en étoit patron laïc ; il prétendit en cette qualité devoir l'être de la nouvelle paroiſſe érigée dans ſa chapelle. L'affaire fut évoquée au conſeil. Ele eſt reſtée indéciſe juſqu'en 1740, que madame l'abbeſſe de ſaint-Antoine à qui M. de la Fayette avoit remis tous ſes droits, la perdit au parlement de Paris. M. de Vintimille fut maintenu dans la pleine collation de la nouvelle Cure.

S'il eſt des circonſtances où il eſt permis de diviſer une Cure, ce n'eſt jamais pour en former un bénéfice ſimple & une vicairie perpétuelle. Cette diviſion abſolument contraire à l'eſprit de l'égliſe & à nos lois, ne pourroit manquer d'être déclarée abuſive. Il en ſeroit de même des unions des Cures a des bénéfices ſimples. En général l'union d'une Cure eſt plus défavorable que ſon démembrement. Il eſt cependant arrivé qu'on en a uni à des ſeminaires ou à des chapitres. Nos ordonnances & le concile de Trente rendent les unions très-difficiles. Les articles XXII & XXIII de l'ordonnance de Blois, prouvent clairement que l'union des Cures à tout autre bénéfice qu'à des Cures, eſt contraire à

l'intention du légiflateur. Ces fortes de bénéfices, pour nous fervir des expreffions de M.
Talon, font d'une fonction trop éminente &
trop néceffaire pour les unir à d'autres bénéfices qui font d'une dignité inférieure & moins
utile dans la Hiérarchie ; ce feroit élever les
membres avec le chef, & mettre la fille au
même rang que la mere.

On a vu des paroiffes entièrement dépeu-
plées par les guerres, la pefte ou la famine.
Le peu de paroiffiens qui pouvoient refter ne
fuffifant point à l'entretien d'un Curé, ces bénéfices ont été réunis aux Cures les plus voifines.
Mais cette union qui ne fe fait point par l'ex-
tinction d'un des deux titres, doit ceffer lorfque la caufe qui l'avoit occafionnée ne fubfifte
plus ; & ces paroiffes venant à fe rétablir & à
fe repeupler, les chofes doivent retourner à
leur premier état. C'eft moins alors la divifion
d'une Cure que le rétabliffement d'une ancienne.
Rien de plus favorable dans le droit canon que
cette divifion ; & fi les évêques ne s'y prétoient
pas, foit pour favorifer les gros décimateurs, foit
pour ne pas payer eux-mêmes une portion congrue, nous penfons que le titre de la Cure n'é-
tant point éteint, & revivant par le rétabliffement de la paroiffe, feroit dans le cas d'être
impétré en cour de Rome, ou d'être conféré
par le fupérieur *jure devolutionis*, par droit de
dévolution.

On a beaucoup difputé pour favoir à quelle
marque on pouvoit reconnoître une églife paroiffiale. On lit dans le journal des audiences,
un arrêt rendu le 12 février 1682, qui a admis
des habitans à prouver que léur églife avoit
autrefois

autrefois été paroiffe, par les anciens veftiges tant du cimetière que des fonds baptifmaux. Corradus, Lacombe & plufieurs autres auteurs remarquent avec raifon que ces preuves ne font pas décifives, parce qu'il y a beaucoup de fimples fuccurfales qui ont des cimetières & des fonds baptifmaux. Ce font cependant des préfomptions qui peuvent fe convertir en preuves, s'il eft certain d'ailleurs que le lieu dont il eft queftion, a été autrefois confidérable & qu'il a fouffert des défaftres & des calamités.

Quant au rang que les paroiffes doivent tenir dans les cérémonies publiques, voici les règles qui s'obfervent. Toute paroiffe doit céder le pas à la cathédrale. Elle le doit auffi dans le concours avec une collégiale. Quand il n'y a que des paroiffes, la plus ancienne doit l'emporter fur les autres. Si les Curés marchent fans leur paroiffe, celui de la plus ancienne doit avoir le premier rang, quoiqu'il foit le plus jeune ou le plus nouveau des Curés. Il n'en eft pas de même dans les fynodes ou affemblées du clergé, Le tems de l'ordination fixe l'ordre des rangs. C'eft la règle générale. Il y a cependant des diocèfes où des ufages particuliers ont prévalu. On eft obligé de s'y conformer. Les conteftations qui peuvent naître à ce fujet doivent être portées devant les juges royaux. Elles ne fe traitent que poffeffoirement, ce qui eft de leur compétence. Deux arrêts des parlemens de Paris & de Rennes du 15 juillet 1602 & du mois de mai 1603, ont déclaré abufives des procédures d'officiaux qui avoient voulu en connoître.

Voyez *d'Héricourt ; Goard ; Lacombe ; Jouffe ; du Perrai & Gibert fur l'édit de 1695 ; les mémoires du clergé ; le dictionnaire du droit canon ; le pere Thomaffin ; inftitutes de l'abbé de Fleuri , code des Curés ; Furgole des Curés primitifs ; Cabaffut* &c. Voyez auffi les articles DÉCIMATEUR, DIXME, PATRON, PORTION CONGRUE, FA-BRIQUE , &c. ( *Cet article eft de M. L'ABBÉ REMY , avocat au parlement* ).

CUSTODES. On donnoit autrefois ce nom à ceux qui avoient foin des cloches, des orne-mens , des linges & des autres meubles dont on fait ufage dans les églifes.

C'étoit un office entièrement fubordonné à l'archidiacre. Les fonctions qui y étoient atta-chées furent fixées par le concile de Tolede.

Ces fonctions font aujourd'hui partagées dans la plupart des chapitres entre le tréforier & le facriftain. Il y a cependant des cathédrales où il exifte encore des offices de Cuftodes , telle que celle de Saint-Omer.

Il y a auffi dans la ville de Lyon une paroiffe qu'on appelle Sainte-Croix qui eft deffervie par des prêtres qu'on nomme Cuftodes. Cette pa-roiffe eft dans les dépendances de la métropole , & le chapitre eft fon curé primitif.

Il s'éleva il y a quelques années une contef-tation entre ces Cuftodes & le chapitre de Lyon, pour fçavoir s'ils avoient 1°. le droit d'affif-tance , 2°. celui de s'abfenter, 3°. celui d'avoir le fel , & 4°. l'exemption des droits d'entrée du vin. Ces quatre queftions ont été décidées en faveur des Cuftodes par arrêt rendu en 1764 au parlement de Paris.

Le parlement de Provence, par arrêt du 4 mars 1677, a jugé que le facriftain d'une églife doit avoir la garde des vafes facrés & ornemens, par préférence au fous-facriftain, qui paroît cependant remplacer les anciens Cuftodes.

Voyez les articles CHAPITRE, SACRISTAIN, TRÉSORIER, &c. ( *Cet article eft de M. DESESSARTS, avocat au parlement* ).

CUSTODINOS. Ce mot eft employé en matière canonique pour marquer une efpèce de convention fimoniaque, par laquelle un titulaire d'un bénéfice prête fon nom à un autre pour en recueillir les fruits.

Comme une telle convention eft contraire à toutes les règles de la difcipline de l'églife, toutes les fois qu'on peut en rapporter des preuves, elle donne lieu au dévolut, & le bénéfice eft vacant de plein droit. Voyez CONFIDENCE. ( *Cet article eft de M. DESESSARTS, avocat au parlement* ).

CYPRÈS. On appelle *branche de Cyprès* un droit de traite qui fe perçoit au bureau de Blaye fur chaque navire chargé venant de Bourg, Libourne & Bordeaux. Il n'appartient au roi que le tiers de cet impôt, les deux autres tiers ont été cédés à la maifon de Saint-Simon.

Quant à l'origine de cet impôt, la chronique Bordeloife rapporte qu'anciennement les matelots qui venoient acheter des vins à Bordeaux, étoient dans l'ufage de remporter avec eux, comme une marque de triomphe, une branche de Cyprès dont ils ornoient leur vaiffeau. Ils étoient tellement attachés à cet ufage, qu'on imagina infenfiblement de leur faire payer un droit auquel ils se soumirent plutôt que d'y renoncer : & c'est à cette circonstance que l'on rapporte l'établissement de ce droit.

CYR. Voyez SAINT CYR.

*Fin du Tome seizième.*

## ADDITIONS ET CORRECTIONS.

### TOME XI.

Pag. 573, ajoutez après la seizième ligne, composée du mot salaire, ce qui suit :

« Observez au surplus que tout ce que dit l'ordonnance qu'on vient de citer au sujet des greffiers des tailles, est aujourd'hui sans objet, attendu que ces officiers n'existent plus.

### TOME XVI.

Observez que depuis l'impression de l'article *Contrôleur général des domaines & bois*, le roi a supprimé par son édit du mois d'août 1777, les offices de cette nature, à l'exception de ceux qui ont été créés & établis dans les provinces & domaines dépendans des apanages des princes frères de sa majesté, & de M. le duc d'Orléans. Les titulaires de ces offices conservés doivent continuer leurs fonctions comme avant l'édit dont il s'agit ; & ces fonctions sont les mêmes que celles que devoient remplir les officiers supprimés dans les diverses généralités du royaume.

Pag. 247, lign. 5, vendues depuis, ajoutez, la réunion de cette île à la couronne, la déclaration, &c.

Pag. 249, lign. 17 & 21, Surrenne, lisez Sartenne.

Pag. 251, lign. 11, excepté comme nous venons de la dire, lorsque l'inspecteur des bois est en coise, lisez excepté lorsque l'inspecteur des bois est partie.

*Les Tomes XVII & XVIII paroîtront en Mars 1778.*

www.ingramcontent.com/pod-product-compliance
Lightning Source LLC
Chambersburg PA
CBHW060823220326
41599CB00017B/2267